국사편찬위원회
주관·시행

단비
숨에 합격하는

심화·이론

단비한국사능력검정시험
집필위원회

한국사능력검정시험

Korean History

형설 eLife

머리말

단비 한국사능력검정시험 심화·이론의 장점 및 활용에 대하여

한국사에 대한 교양을 함양함과 동시에 각종 한국사 시험 통과라는 두 마리의 토끼를 잡을 방법은 없는가?

필자가 수험 준비에 대한 부담 없이 가볍게 읽는 것만으로도 흥미와 재미를 느끼며 동시에 각종 시험에도 대비할 수 있는 통합적인 한국사 참고서가 필요하다는 판단을 하게 된 것은 이와 같은 고민 때문이었다.

이 책은 이러한 문제 의식에서 출발하여 짧은 시간과 노력으로 최대한의 성과를 얻고자 하는 수험생들을 위해 저술되었다. 단기간에 심화 등급 획득을 원하는 수험생뿐만 아니라 공무원, 언론사, 공기업 및 대기업 등 취업을 준비하는 학생들과 한국사에 대한 보다 깊이 있는 지식과 교양의 습득을 원하는 분들까지도 만족시킬 수 있는 내용과 체제를 지향하였으며, 나아가 한국사의 최신 동향까지도 담아내려고 노력하였다.

한국사에 대한 종합적 이론서로써 본서는 다음과 같은 특성을 가지고 있다.

첫째, 저자의 다년간 연구와 강의 경험을 바탕으로 하여 시험에 자주 출제되거나 수험생이 실수할 수 있는 개념·내용을 자세히 소개하고자 노력하였다. 본문에서 강조체로 쓰여진 부분은 특히 유념할 필요가 있다.

둘째, 각 시대별 핵심 개념의 흐름 전개를 최대한 '도표화'하고 해당 내용에 상응하는 사진·지도·그림·통계 등을 가급적 최대한 많이 수록하여 수험생의 이해를 돕고, 혼자 학습하더라도 핵심 개념을 놓치는 일이 없도록 배려하였다.

셋째, 역사적으로 비중 있는 내용과 관계된 '사료' 및 '자료'들을 꼼꼼하게 수록하고, 그 의미를 분석해 놓음으로써 수험생들의 사료 이해 능력을 극대화하고 한국사의 전반적 흐름의 맥을 혼자서도 파악할 수 있도록 노력했다.

Preface

 마지막으로 교재와 연계된 최고급 퀄리티의 동영상 강의 과정을 두어 보다 체계적인 내용 습득을 원하는 수험생에게 양질의 한국사 콘텐츠를 제공함으로써 텍스트 교재만 가지고 학습하는 데 있을지 모를 미비점을 최소화하려고 노력하였다.

 이제 수험생 여러분이 본서를 기본으로 하여 꼼꼼하게 준비한다면, 한국사능력검정시험과 각종 한국사 시험에서 목표하는 수준에 도달하는 것은 어려운 일이 아니라고 생각하면서 두려운 마음으로 책을 세상에 내놓는다.

 천학비재한 저자에게 집필의 기회를 제공하고 물심 양면으로 지원해 주신 형설출판사에 심심한 감사의 마음을 전한다. 분명한 것은 필자의 무리한 요구와 난삽한 원고를 예쁜 책으로 탈바꿈시키며 끈질긴 프로 근성을 보여주신 편집진이 없었더라면, 이 책의 가치는 반감되었을 것이라는 점이다. 편집진께 다시 한번 감사드린다.

대표저자 정한진

한국사 능력 검정 시험에 대하여

1 시행 목적

주변국의 역사 왜곡과 역사 지식 약화에 대한 우려의 목소리가 커지자, 정부는 우리 역사에 대한 관심을 높이고자 2006년부터 국사편찬위원회 주관하에 '한국사능력검정시험'을 실시하고 있다. 그 결과 한국사에 대한 국민적 관심을 높이고, 일반인의 역사에 대한 이해 수준을 향상시키기 데 중요한 역할을 하고 있다.

2 변천

2020년까지는 시험을 고급(1~2급), 중급(3~4급), 초급(5~6급) 3개 과정으로 나누어 실시하였으나 2020년 6월부터 이를 심화(1~3급)와 기본(4~5급) 과정으로 재편하여 오늘에 이르고 있다.

3 시험 세부 내용

시험 종류	심화	기본
요구수준	한국사에 대한 체계적인 이해를 요구함. 한국사 주요 사건과 개념의 숙지와 역사 자료 분석, 사료 및 자료 해석 능력, 한국사의 흐름 속에서 시대적 상황 및 쟁점을 파악하는 능력을 평가함	한국사에 관한 기초적인 역사 상식을 중점적으로 테스트 함. 한국사의 시대별 기본 특징 및 그 흐름을 이해하는 데 요구되는 필수 지식 및 이해 능력을 평가함
시험 시간	80분	70분
문항수	50문항 (5지 택1형)	50문항 (4지 택1형)
인증등급	1급 (80점 이상) 2급 (70~79 점) 3급 (60~69 점)	4급 (80점 이상) 5급 (70~79 점) 6급 (60~69 점)
년 시험회수	6회 실시 (2022년 기준)	6회 실시 (2022년 기준)
인증유효기간	없음	없음

4 등급의 활용

가장 높은 등급을 요구하는 과정으로는 5급 공개경쟁채용시험, 외교관후보자 선발시험, 7급 공개경쟁채용시험이 대표적이며, 한국사능력검정시험 2급을 자격 요건으로 하고 5년의 유효기간도 설정하고 있다. 기타 각종 공무원 시험 및 정부투자기관 공채, 교원자격 시험의 경우 3~4급의 자격을 요구하고 있으며, 상당수의 기관과 민간 기업들도 채용 시험에서 한국사능력검정시험의 등급 활용을 확대해 나가는 추세이다. 물론 그 기준은 매우 다양하므로 취업을 준비하는 수험생의 입장에서 확인하는 것이 필수적이지만 적어도 3급 이상 정도의 자격을 취득해야 폭넓은 활용이 가능하다고 판단된다.

5 현황과 전망

그 동안 제기되었던 몇 가지의 미비점에도 불구하고 한국사능력검정시험의 활용도가 넓어짐에 따라 응시 인원이 꾸준히 증가하여 최근에는 연 50만 명 정도에 이르게 되었다. 등급 획득 비율의 경우 2급을 기준으로 볼 때 평균적으로 약 50%의 합격률을 보이고 있다.
앞으로 이러한 추세는 당분간 계속될 것으로 예상된다. 또한 50%의 합격률이 말해주듯 수험생의 꾸준한 관심이 합격의 관건임을 알 수 있다.

이 책의 구성

1. 한국사의 핵심을 시대별, 주제별로 정리하였다.
2. 내용 이해를 돕기 위해 그림, 사진 도표를 풍부하게 수록하였다.
3. 내용을 한눈에 파악할 수 있도록 자료, 사료, 한눈에 보기 등을 활용하였다.

1 보충 설명

팁을 설정하여 주요 단어나 내용에 대한 설명을 통해 본문을 심도 있게 이해할 수 있도록 하였다.

2 보충 그림

본문과 관련된 사진, 그림들을 팁에 설정하여 본문 이해를 도울 수 있도록 하였다.

3 그림 & 사진 & 표

본문과 관련된 그림, 사진, 표를 다양하고 풍부하게 제시하여 학습자들이 본문 이해를 하는 데에 도움이 될 수 있도록 하였다.

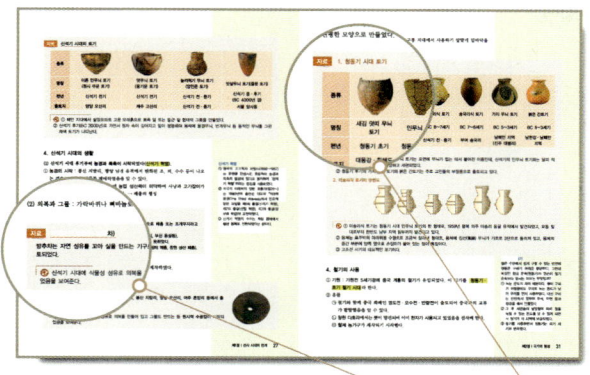

4 자료

자료를 설정하여 본문과 관련된 보충/심화 학습된 내용을 다루어 학습자들이 깊이 있고 폭넓은 학습이 가능하도록 하였다.

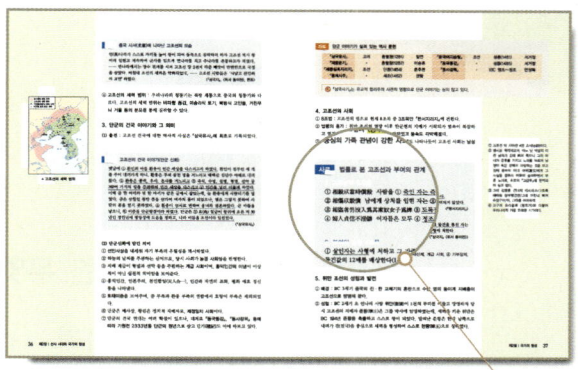

5 사료

사료를 설정하여 본문과 관련된 고전/신문 내용을 제시함으로써 학습자의 흥미를 유발하며 본문의 심도 있는 이해가 가능하도록 하였다.

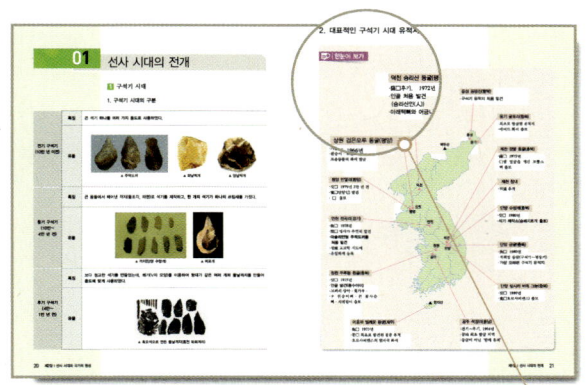

6 한눈에 보기

한눈에 보기를 설정하여 본문의 핵심 내용을 한눈에 정리할 수 있게끔 하였다.

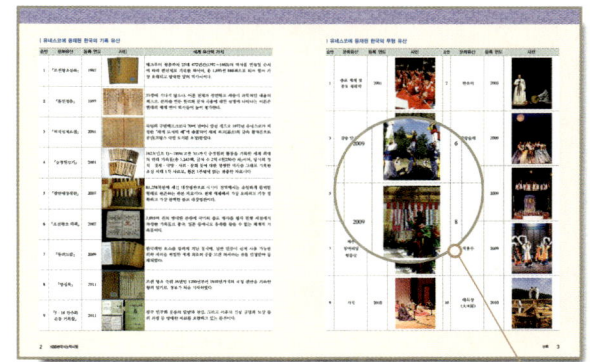

7 부록

부록을 설정하여 본문에서 미처 다루지 못한 추가적인 설명을 덧붙였다.

차례

제1장 역사란 무엇인가

01 역사 학습의 목적 …… 16
　1. 역사의 의미 …… 16
02 한국사와 세계사 …… 19
　1. 한국사의 보편성과 특수성 …… 19
　2. 민족 문화의 이해 …… 19

제2장 선사 시대와 국가의 형성

01 선사 시대의 전개 …… 22
　1. 구석기 시대 …… 22
　2. 신석기 시대 …… 27
02 국가의 형성 …… 31
　1. 청동기·초기 철기 시대 …… 31
　2. 단군과 고조선 …… 37
　3. 철기 시대 여러 나라의 성장 …… 40

제3장 고대 사회

01 고대의 정치 …… 48
　1. 고대 국가의 성립 …… 48
　2. 고구려의 발전 …… 49
　3. 백제의 발전 …… 54
　4. 신라의 발전 …… 59
　5. 가야 연맹 …… 64
　6. 삼국의 통치 체제 …… 66
　7. 대외 항쟁과 신라의 삼국 통일 …… 69
　8. 남북국 시대의 정치 변화 …… 72
　9. 발해의 건국과 발전 …… 75

Contents

    10. 남북국의 통치 체제 ·· 79
    11. 신라 하대의 사회 동요 ································· 82

02 고대의 경제 ·· 87
    1. 삼국의 경제생활 ·· 87
    2. 남북국 시대의 경제적 변화 ························· 90

03 고대의 사회 ·· 95
    1. 신분제 사회의 성립 ······································ 95
    2. 고대 사회의 모습 ·· 96
    3. 남북국 시대의 사회 ······································ 99

04 고대의 문화 ··· 101
    1. 고대 문화의 성격 ·· 101
    2. 유학과 학문 ··· 101
    3. 불교 사상 ··· 104
    4. 도교 사상과 풍수지리설 ····························· 111
    5. 과학 기술의 발달 ·· 113
    6. 고대인의 자취와 멋 ···································· 115
    7. 일본으로 건너간 우리 문화 ····················· 126

제4장 중세 사회

01 중세의 정치 ·· 130
    1. 중세 사회의 성립과 전개 ·························· 130
    2. 통치 체제의 정비 ·· 137
    3. 문벌 귀족 사회의 성립과 동요 ················ 142
    4. 대외 관계의 변화 ·· 149
    5. 고려 후기의 정치 변동 ······························ 153

02 중세의 경제 ·· 159
    1. 중세의 경제 정책 ·· 159
    2. 중세의 경제 활동 ·· 163

03 중세의 사회 ································ 168
  1. 고려의 신분 제도 ······················ 168
  2. 백성들의 생활 모습 ···················· 171

04 중세의 문화 ································ 175
  1. 중세 사회의 성립과 전개 ··············· 175
  2. 불교 사상과 신앙 ······················ 180
  3. 과학 기술의 발달 ······················ 185
  4. 귀족 문화의 발달 ······················ 187

제5장 근세 사회

01 근세의 정치 ································ 196
  1. 근세의 성립과 전개 ···················· 196
  2. 통치 체제의 정비 ······················ 204
  3. 사림의 대두와 붕당 정치 ··············· 212
  4. 조선 초기의 대외 관계 ················· 220
  5. 양난의 극복 ···························· 222

02 근세의 경제 ································ 228
  1. 경제 정책 ······························ 228
  2. 양반과 평민의 경제 활동 ··············· 233

03 근세의 사회 ································ 236
  1. 양반 관료 중심의 사회 ················· 236
  2. 사회 정책과 사회 시설 ················· 238
  3. 향촌 사회의 조직과 운영 ··············· 239
  4. 성리학적 사회 질서의 강화 ············ 240

04 근세의 문화 ································ 243
  1. 민족 문화의 융성 ······················ 243
  2. 성리학의 발달 ·························· 247
  3. 불교와 민간 신앙 ······················ 249
  4. 과학 기술의 발달 ······················ 250
  5. 문학과 예술 ···························· 253

제6장 근대 태동기

01 근대 태동기의 정치 변동 ·················· 260
  1. 통치 체제의 변화 ······················ 260
  2. 정쟁의 격화와 탕평 정치 ··············· 262

3. 정치 질서의 변화 ··· 270
　　4. 대외 관계의 변화 ··· 271

02 근대 태동기의 경제 변화 ··· 273
　　1. 수취 체제의 개편 ··· 273
　　2. 서민 경제의 발전 ··· 277
　　3. 경제의 발전 ··· 281

03 근대 태동기의 사회 변동 ··· 286
　　1. 사회 구조의 변동 ··· 286
　　2. 향촌 질서의 변화 ··· 290
　　3. 사회 변혁의 움직임 ······································· 292

04 근대 태동기의 문화 ··· 297
　　1. 성리학의 변화 ··· 297
　　2. 실학의 발달 ··· 299
　　3. 과학 기술의 발달 ··· 308
　　4. 문화의 새 경향 ·· 311

제7장 근현대 사회

01 외세의 침략적 접근과 개항 ······································· 322
　　1. 흥선대원군의 정치 ·· 322
　　2. 개항과 불평등 조약 체제 ································· 326

02 개화 정책의 추진과 위정척사의 반발 ···························· 330
　　1. 개화사상의 형성과 개화 세력의 대두 ···················· 330
　　2. 개화사상의 추진에 대한 반발 ···························· 334
　　3. 갑신정변 ··· 338

03 개혁의 추진과 구국 민족 운동의 전개 ·························· 342
　　1. 동학 농민 운동 ··· 342
　　2. 갑오·을미개혁(1894~1895) ······························ 348
　　3. 아관 파천과 독립 협회의 활동(1896~1898) ············ 353
　　4. 대한제국과 광무개혁(1897~1910) ······················· 357
　　5. 을사조약에 대한 민족의 저항 ···························· 363
　　6. 항일 의병 전쟁의 전개 ··································· 367
　　7. 애국 계몽 운동의 전개 ··································· 371

04 개항 이후의 경제와 사회 ······································· 375
　　1. 열강의 경제 침탈 ··· 375
　　2. 일본의 제국주의적 경제 침탈 ···························· 377

    3. 경제적 구국 운동 ··· 379
    4. 사회 구조와 의식의 변화 ··· 381

05 근대 문물의 수용과 근대 문화의 형성 ··· 383
    1. 근대 문물의 수용 ·· 383
    2. 언론 기관의 발달 ·· 385
    3. 근대 교육과 국학 연구 ··· 389
    4. 문예와 종교의 새 경향 ··· 392

제8장 독립운동기

01 일제의 침략과 민족의 수난 ·· 396
    1. 국권의 피탈 과정 ·· 396
    2. 1910년대 일제의 식민 통치 ·· 398
    3. 문화 통치(민족 분열 통치, 1919~1931) ··· 404
    4. 민족 말살 통치(1931~1945) ·· 407

02 3·1 운동과 대한민국 임시 정부 ·· 410
    1. 3·1 운동 이전의 독립운동(1910년대) ·· 410
    2. 3·1 운동 ··· 413
    3. 대한민국 임시 정부 수립(1919) ·· 415

03 무장 독립 전쟁의 전개 ·· 421
    1. 3·1 운동 이후 국내의 저항 ·· 421
    2. 의열 투쟁의 전개 ·· 421
    3. 1920년대 독립 전쟁 ··· 423
    4. 1930년대 독립 전쟁 ··· 427
    5. 1940년대 독립 전쟁 ··· 431

04 국내의 사회·경제적 민족 운동과 실력 양성 운동 ··························· 434
    1. 3·1 운동 이후 사회주의와 민족주의의 대립 ···································· 434
    2. 6·10 만세 운동과 광주 학생 항일 운동 ··· 436
    3. 민족 유일당 운동과 신간회의 결정 ··· 438
    4. 사회적 민족 운동 ·· 440
    5. 실력 양성 운동 ··· 442
    6. 노동 운동과 농민 운동 ··· 445
    7. 국외 이주 동포의 활동과 시련 ·· 448

05 민족 문화 수호 운동 ··· 450
    1. 일제의 식민지 교육·문화 정책 ·· 450
    2. 국학 운동의 전개 ·· 452
    3. 교육·종교 활동 ··· 456
    4. 문학과 예술 활동 ·· 457

제9장 현대 사회의 발전

01 대한민국의 수립 ·· 462
   1. 8·15 광복(1945)과 군정의 실시 ······································ 462
   2. 모스크바 3국 외상 회의와 좌우 대립 ······························ 466
   3. 대한민국의 수립(1948)과 6·25 전쟁 ······························ 471

02 민주주의의 시련과 발전 ·· 475
   1. 제1공화국(1948~1960)과 4·19 혁명 ······························ 475
   2. 제2공화국(1960~1961) ·· 477
   3. 제3공화국(1963~1972) ·· 478
   4. 유신과 제4공화국(1972~1980) ·· 480
   5. 5·18 광주 민주화 운동과 제5공화국의 강압 정치 ·········· 482
   6. 6월 민주 항쟁 ·· 484
   7. 제6공화국(1988~) ·· 485

03 통일 정책 ·· 487
   1. 북한 사회의 변화 ··· 487
   2. 남북한 통일 정책 비교 ·· 489

04 경제 발전과 사회·문화의 변화 ·· 492
   1. 경제 혼란과 전후 복구 ·· 492
   2. 경제 성장과 노동 문제 ·· 495

부록

부록 1 | 유네스코에 등재된 한국의 유산 ······································ 502
부록 2 | 개화기와 대한제국시기 군사제도의 변천 ······················ 506
부록 3 | 역대 대통령 선거와 공화국의 변천 ································ 507
부록 4 | 한 눈에 보는 한국사 흐름도 ·· 512

1

역사란 무엇인가

01 역사 학습의 목적

02 한국사와 세계사

01 역사 학습의 목적

1 역사의 의미

1. 역사의 어원(語源)

① 한자의 '歷'은 과거 사실로서의 역사를 의미하며, '史'는 기록으로서의 역사를 의미한다.
② 'history'는 '탐구' 또는 '탐구를 통하여 획득한 지식'을 의미한다.
③ 독일어의 'geschichte'는 '과거에 일어난 일'을 뜻한다.

> **자료 역사의 어원**
>
> 한자의 '歷史'라는 말에서 '역(歷)'이란 세월, 세대, 왕조 등이 하나하나 순서를 따라 계속되어 가는 것으로서 '과거에 있었던 사실'이나 '인간이 과거에 행한 것'을 의미하며, '사(史)'란 활쏘기에 있어서 옆에서 적중한 수를 계산 기록하는 사람을 가리키는 말로서 '기록을 관장하는 사람' 또는 '기록한다'는 의미로 쓰였다. 한편 영어에서 역사를 뜻하는 'history'라는 단어의 어원으로는 그리스어의 'historia'와 독일어의 'geschichte'를 들 수 있다. 그리스어의 'historia'라는 말은 '탐구' 또는 '탐구를 통하여 획득한 지식'을 의미하며, 독일어의 'geschichte'라는 말은 '과거에 일어난 일'을 뜻한다.

2. 역사의 두 가지 의미 - 객관성과 주관성

(1) '사실'로서의 역사(history as past)
① 역사를 과거에 있었던 사실 그 자체로 본다.
② 역사의 객관성을 강조하는 것이다.

> **사료 사실로서의 역사**
>
> "역사가는 오직 역사적 사실에 대해서만 순수한 사랑을 느껴야 하고, 역사적 사실을 제시하는 것만을 역사 서술의 최고 법칙으로 삼아야 한다. 역사가는 자기 자신을 죽이고 과거가 본래 어떠했는가를 밝히는 것을 지상 과제로 삼아야 하고, 오직 역사적 사실로 하여금 이야기하게 해야 한다." 〈랑케〉

(2) '기록'으로서의 역사 또는 '기술(記述)'로서의 역사(history as historiography)
① 역사는 과거 사실을 바탕으로 역사가가 주관적으로 재구성한 것이다.
② 필연적으로 역사가의 주관이나 가치관, 즉 사관이 개입된다.

랑케(Leopold von Ranke, 1795~1886)
독일의 역사가. 객관적 기술을 강조하였으며 '근대 역사학의 아버지'라 불린다. 저서로는 『라틴 및 게르만 제(諸) 민족의 역사 1494~1514』(1824) 등이 있다.

> **사료** 기록으로서의 역사
>
> - "모든 역사는 현재의 역사다. 서술되는 사건이 아무리 먼 시대의 것이라 할지라도 역사가 실제로 반영하는 것은 현재의 요구나 상황이다." 〈크로체〉
> - "역사는 증거의 해석으로 진행된다. 증거란 단순히 기록이라고 부르는 것의 집합적인 명칭이며, 기록은 지금 여기에 존재하고 역사가는 그에 대해 고찰함으로써 과거 사건에 대한 물음에 대답을 얻을 수 있는 과정인 것이다." 〈콜링우드〉

크로체(Benedtto Croce, 1866~1952)
이탈리아의 철학자이자 역사학자, 정치가. 역사 해석의 중요성과 역사가의 직관을 중시하였다. 저서 『역사이론으로서의 역사』, 『19세기 유럽사』 등이 유명하다.

(3) 절충적 입장 – 역사는 현재와 과거의 끊임없는 대화

① 영국의 역사학자 카는 역사를 현재를 대표하는 역사가가 과거의 증거인 역사 사료를 취사 선택하여 사실성을 바탕으로 역사가의 해석을 절충하는 부단한 상호 작용의 과정으로 보았다.
② 객관과 주관의 요소가 모두 필요하다는 입장이다.

> **사료** 카(E. H. Carr)의 역사관
>
> "역사가와 역사상의 사실은 서로를 필요로 한다. 사실을 갖지 못한 역사가는 뿌리가 없는 존재이고, 역사가가 없는 사실이란 생명이 없는 무의미한 존재이다. 사실이란 역사가들이 그것을 찾아줄 때만 이야기하게 되는 것이고, 어떠한 사실에 발언권을 줄 것인가를 결정하는 것도, 그리고 어떠한 순서와 전후 관련 속에서 이야기할 것인가를 결정하는 것도 역사가인 것이다. 역사란 과거와 현재의 끊임없는 대화이며, 과거의 사실과 현재 역사가와의 부단한 상호 작용이다." 〈카, 『역사란 무엇인가?』〉

카(Edward Hallett Carr, 1892~1982)
영국의 역사학자이자 외교관. 국제 연합의 세계 인권 선언의 기초위원회 위원장으로 활약하였다. 저서 『역사란 무엇인가?』, 『러시아 혁명사』 등이 유명하다.

2 역사의 서술

1. 동양의 역사 인식 – 감(鑑)

① 동양에서는 전통적으로 역사학의 1차적 목적을 귀감(교훈)에서 찾는다.
② 서거정의 『동국통감』(조선), 사마광의 『자치통감』(북송), 주희의 『통감강목』(남송) 등 '鑑'(거울 감)자를 쓴 역사책이 많다.
③ '역사는 거울이다.' 라는 말은 역사를 거울, 즉 교훈으로 본다는 뜻이다.

2. 동양의 역사 서술 방법

(1) 기전체(紀傳體)

① 본기(황제), 세가(제후), 열전(신하), 표(연대), 지(사회, 경제, 문화, 제도) 등으로 구성하는 정사체(正史體)로, 본기·열전의 이름을 따서 기전체라 부른다.
② 사마천의 『사기』에서 시작하여 반고의 『한서(漢書)』 등 당대(當代)의 대표적인 역사책이 기전체로 쓰였다.
③ 『삼국사기』(김부식), 『고려사』(정인지), 『동사(東史)』(이종휘), 『해동역사』(한치윤) 등이 해당된다.

> **자료** 『삼국사기(三國史記)』의 구성 : 기전체
>
> ① 「본기」 28권(신라 1~12, 고구려 13~22, 백제 23~28), 「연표」(29~31), 「지」(32~40), 「열전」(41~50) 등으로 구성되어 있다.
> ② 삼국의 역사를 모두 「본기」로 구성하였다. 조선 시대에 편찬된 『고려사』가 각 왕대의 역사를 〈세가〉로 구성하였던 것과 비교된다. 이는 『삼국사기』를 사대주의적인 역사서로 비판하는 것이 지나치다는 점을 보여준다.

(2) 편년체(編年體)
① 일기처럼 사건이 일어난 연대순으로 쓰는 방법이다.
② 서술하기가 쉬운 면이 있어 대부분의 역사책이 이 방식을 택하였다.
③ 유네스코 세계기록문화유산으로 지정된 『조선왕조실록』, 『승정원일기』가 대표적이다.

(3) 기사본말체(紀事本末體)
① 사건 중심으로 서술하는 방법이다.
② 이긍익의 『연려실기술』이 대표적인 역사책이다.

(4) 강목체(綱目體)
① 강목 형식의 편년체 서술로, 큰 줄거리 기사를 강(綱), 구체적인 요점 설명을 목(目)으로 하고, 세부 사항은 주(注)를 달아 처리한다. 저자의 사관(史觀)에 따라 사건들을 선정하여 서술하기 편리하다.
② 중국 남송 시대 주자의 『통감강목』과 조선 후기 실학자 안정복의 『동사강목』이 대표적이다.

MEMO

한국사와 세계사

1 한국사의 보편성과 특수성

1. 세계사적 보편성과 민족사적 특수성
① 보편성은 모든 민족의 공통점으로, 세계사와의 연관성을 갖는다.
② 특수성은 민족 고유의 특징으로, 민족 역사의 중심이다.

2. 보편성과 특수성의 조화
역사를 올바르게 이해하기 위해서는 세계사적 보편성과 지역적 특수성을 균형 있게 파악해야 한다.

자료 보편성과 특수성의 예

보편성	불교	유교	화폐 사용	민중 봉기	국가의 형성
특수성	호국 불교	충효 사상	상평통보	임술 농민 봉기	고조선의 성립

보편성과 특수성을 조화시킨 예 : 외래 사상인 불교와 유교를 받아들여 한국화·토착화시켰다.

---

2 민족 문화의 이해

1. 민족의 기원
① 우리 민족은 만주(요령, 길림)와 한반도에 분포한다.
② 인종적으로는 황인종이며, 언어적으로는 알타이어 계통이다.
③ 동이족(東夷族), 예(濊), 맥(貊), 예맥족(濊貊族), 한족(韓族) 등으로 불렸다.

2. 우리 민족의 형성 시점
① 한반도에 사람이 살기 시작한 것은 구석기 시대(약 70만 년 전)부터이다.
② 민족의 기틀은 정착 생활이 시작되는 신석기 시대에서 청동기 시대를 거치면서 형성되었다.

우리 민족을 가리키는 여러 가지 명칭

① 동이(東夷)
  ㉠ 동이·서융(西戎)·남만(南蠻)·북적(北狄) 등 동쪽에 사는 오랑캐(이민족)를 통칭하였다.
  ㉡ '이(夷)'를 '대(大)'와 '궁(弓)'의 결합으로 보고, 이(夷)의 어원을 '큰 활을 가진 사람'이라 해석하기도 하였다.
  ㉢ 중원고구려비에는 신라를 동이라 칭하고 있으며, 조선 시대에는 일본을 동이라 칭하기도 하였다.
  ㉣ 한나라 이후에는 대체로 한민족을 가리키는 말로 이해되고 있으며, 『후한서』, 『삼국지 위서』, 『양서』, 『수서』, 『신당서』, 『후당서』 등에 동이에 관한 기록들이 있다.

② 예맥(濊貊)
  ㉠ 고대 중국 동북부와 한반도 북부 지역에 거주한 민족으로, 예(濊·穢·薉) 혹은 맥(貊·貉)으로도 불렸으며, 오늘날 한민족의 근간이 되는 민족 중의 하나이다.
  ㉡ 예(濊)족은 보통 고조선 계통 사람들, 맥(貊)족은 부여·고구려 계통 사람들을 가리키기도 한다.
  ㉢ '예(濊)'는 호랑이, '맥(貊)'은 곰을 의미하며, 천신족이 이 둘을 정복한 사실이 '단군신화'에 반영되었다는 주장도 있다.

③ 한(韓)
  ㉠ 고조선(古朝鮮)의 준왕(準王)이 위만(衛滿)의 공격을 받고 남하하여 한왕(韓王)을 자칭하였다.
  ㉡ 한강 이남의 진한·마한·변한 등으로 발전하였다.

2

선사 시대와 국가의 형성

01 선사 시대의 전개

02 국가의 형성

01 선사 시대의 전개

1 구석기 시대

1. 구석기 시대의 구분

전기 구석기 (10만 년 이전)	특징	큰 석기 하나를 여러 가지 용도로 사용하였다.
	유물	▲ 주먹도끼　　▲ 외날찍개　　▲ 양날찍개
중기 구석기 (10만~ 4만 년 전)	특징	큰 몸돌에서 떼어낸 격지(돌조각, 파편)로 석기를 제작하고, 한 개의 석기가 하나의 쓰임새를 가졌다.
	유물	▲ 격지(단양 수양개)　　▲ 찌르개
후기 구석기 (4만~ 1만 년 전)	특징	보다 정교한 석기를 만들었는데, 쐐기(V자 모양)를 이용하여 형태가 같은 여러 개의 돌날격지를 만들어 용도에 맞게 사용하였다.
	유물	▲ 흑요석으로 만든 돌날격지(홍천 하회계리)

2. 대표적인 구석기 시대 유적지

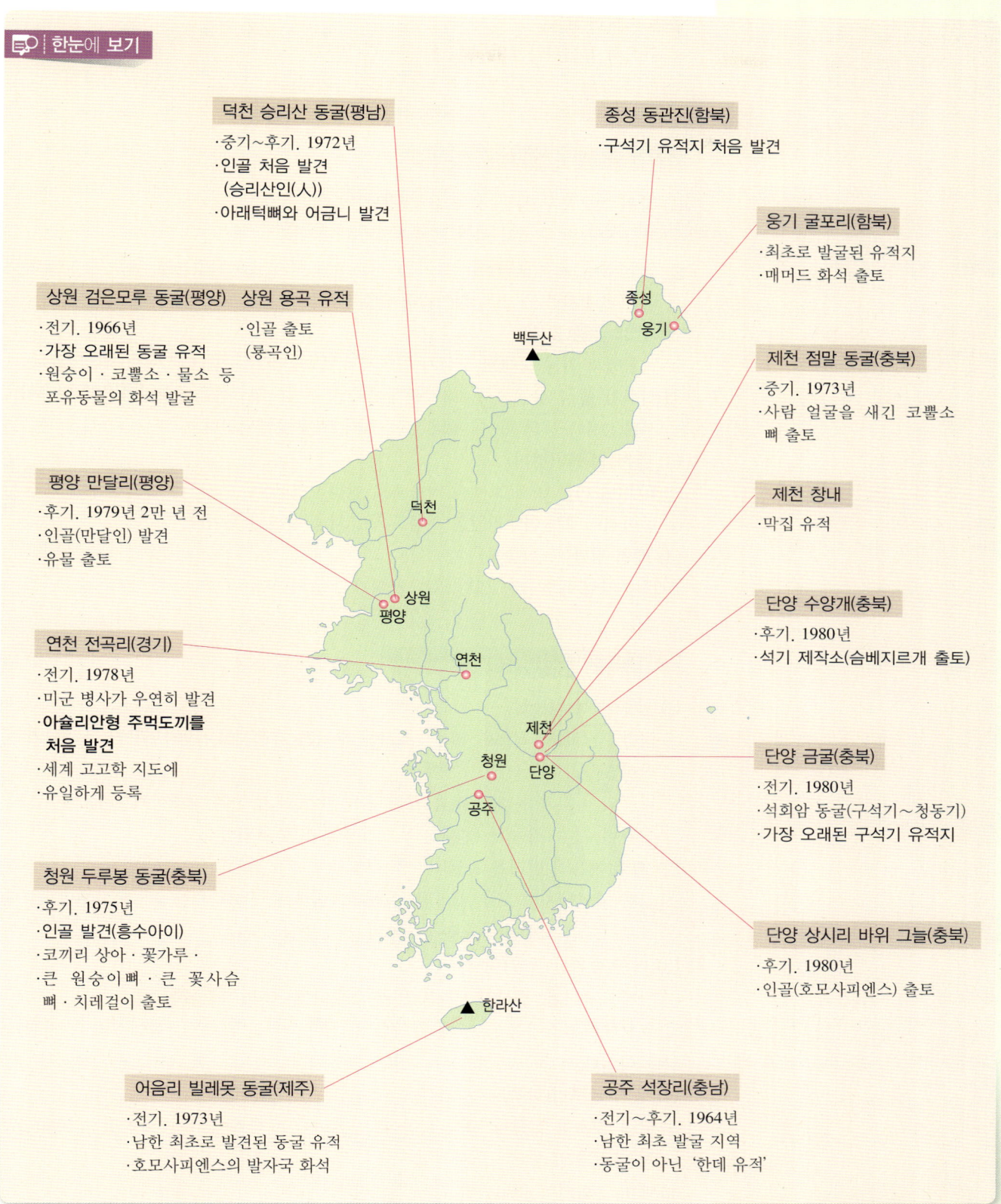

한눈에 보기

덕천 승리산 동굴(평남)
- 중기~후기. 1972년
- 인골 처음 발견 (승리산인(人))
- 아래턱뼈와 어금니 발견

종성 동관진(함북)
- 구석기 유적지 처음 발견

상원 검은모루 동굴(평양)
- 전기. 1966년
- 가장 오래된 동굴 유적
- 원숭이·코뿔소·물소 등 포유동물의 화석 발굴

상원 용곡 유적
- 인골 출토 (룡곡인)

웅기 굴포리(함북)
- 최초로 발굴된 유적지
- 매머드 화석 출토

제천 점말 동굴(충북)
- 중기. 1973년
- 사람 얼굴을 새긴 코뿔소 뼈 출토

평양 만달리(평양)
- 후기. 1979년 2만 년 전
- 인골(만달인) 발견
- 유물 출토

제천 창내
- 막집 유적

단양 수양개(충북)
- 후기. 1980년
- 석기 제작소(슴베지르개 출토)

연천 전곡리(경기)
- 전기. 1978년
- 미군 병사가 우연히 발견
- **아슐리안형 주먹도끼를 처음 발견**
- 세계 고고학 지도에 유일하게 등록

단양 금굴(충북)
- 전기. 1980년
- 석회암 동굴(구석기~청동기)
- 가장 오래된 구석기 유적지

청원 두루봉 동굴(충북)
- 후기. 1975년
- 인골 발견(흥수아이)
- 코끼리 상아·꽃가루·큰 원숭이뼈·큰 꽃사슴 뼈·치레걸이 출토

단양 상시리 바위 그늘(충북)
- 후기. 1980년
- 인골(호모사피엔스) 출토

어음리 빌레못 동굴(제주)
- 전기. 1973년
- 남한 최초로 발견된 동굴 유적
- 호모사피엔스의 발자국 화석

공주 석장리(충남)
- 전기~후기. 1964년
- 남한 최초 발굴 지역
- 동굴이 아닌 '한데 유적'

종성 동관진
1932년 일제 시대에 발견되었으나, 일제 식민사학자들이 한반도 구석기 시대의 존재를 고의적으로 부정하였다.

룡곡인
1980~81년 평안남도 상원군 용곡리에서 출토된 구석기 시대인의 머리뼈. 북한은 이를 50만 년 전의 인골이라고 주장하였으나 최근의 분석은 4~5만 년 전의 인골로 판단된다.

연천 전곡리
연천 전곡리에서 발견된 아슐리안형 주먹도끼는 유럽·아프리카의 아슐리안 문화 전통과 동아시아의 찍개 문화 전통으로 나누어진다는 H. 모비우스 학설을 무너뜨리는 결정적 증거가 되었다.

승리산인
유적의 위층에서는 사람의 아래턱뼈가 발견됐으며 아래층에서는 치아와 어깨뼈가 발견됐다. 아래층 사람은 10만 년 전, 위층의 아래턱뼈 주인은 약 4~5만 년 전의 사람으로 추정된다.

최초로 발견된 구석기 유적

종성 동관진(함북)
① 구석기 유적지가 처음 발견된 곳이다(1932).
② 한데 유적으로는 유일하게 짐승 화석(하이에나·코끼리·사슴)이 발견되었다.

전기 구석기 유적기 (10만 년 이전)

(1) 상원 검은모루 동굴·용곡 유적(평남)
① 가장 오래된 구석기 시대 동굴 유적이다(북한).
② 상원 용곡 유적(룡곡인) : 화석으로 된 사람 뼈가 출토되었는데, 북한은 이를 50만 년 혹은 100만 년 전의 것이라고 주장한다.

(2) 단양 금굴(충북)
① 남한에서 가장 오래된 구석기 유적지로, 1982년부터 발굴 조사가 시작되었다.
② 석회암 동굴 유적으로, 외날찍개·외날 주먹도끼·몸돌·격지석기와 원숭이·사자·사슴 등의 화석, 무늬 없는 토기 등이 발굴되었다.

(3) 연천 전곡리(경기)
① 1978년 미군 병사 보웬이 처음으로 발견하였다.
② 동아시아에서 아슐리안형 주먹도끼가 처음 발견된 곳이다.

(4) 제천 점말 동굴(충북)
1973년 사람의 얼굴을 새긴 코뿔소 뼈가 출토되었다.

중기 구석기 유적지(10만~4만 년 전)

(1) 공주 석장리(충남)
① 남한 지역에서 최초로 발굴·조사된 구석기 유적지로, 1964년부터 조사되기 시작하였다.
② 사람의 머리카락, 땅바닥과 벽에 홈을 파서 새겨 놓은 고래상과 돌을 떼어 내어 아가미·눈·비늘 등을 새긴 물고기상 등이 출토되었다.

(2) 제주 어음리 빌레못 동굴
① 남한 지역에서 최초로 발견된 동굴 유적이다.
② 호모사피엔스의 발자국 화석 100여 점이 발굴되었다.

(3) 덕천 승리산 동굴(평남)
① 한반도 최초로 구석기 시대의 인골 화석이 발견되었다(승리산인).
② 호모에렉투스에서 한 단계 진화한 약 10만 년 전의 호모사피엔스(슬기 사람)의 화석이다.

(4) 웅기 굴포리(함북)
① 국내 최초로 발굴된 구석기 유적지로, 1947년 학계에 처음 알려졌고 1960년부터 여러 차례 발굴·조사되었다.
② 매머드 화석이 출토되었고, 찍개·밀개·긁개 등이 출토되었다.

(5) 단양 수양개(충북)
① 충주댐 수몰 예정 지구 조사 과정에서 충북대 박물관이 1980년 발견하였다.
② 주먹도끼, 찍개, 긁개, 밀개, 몸돌, 슴베찌르개 등 후기 구석기 유물이 발굴되었다(석기제작소 발견).

후기 구석기 유적지(4만~1만 년 전)

(1) **단양 상시리 바위 그늘(충북)** : 동굴이 아닌 바위 그늘 유적으로, 호모사피엔스사피엔스(슬기슬기 사람)의 인골이 출토되었다.
(2) **청원 두루봉 동굴(충북)**
① 1976년 7월 석회암 채취를 위한 발파 작업 중 동물의 뼈가 노출되면서 알려졌다.
② 코끼리 상아가 한국에서는 최초로 출토되었고, 사슴 머리뼈와 사슴 뼈를 갈아서 만든 2점의 치레걸이가 출토되었다.
③ 남한 지역에서는 처음으로 완전한 사람 뼈가 출토되었는데, 4만 년 전에 죽은 5세 정도의 어린아이 뼈 2구이며, 1983년 당시 발견자인 김흥수 씨의 이름을 따서 '흥수아이'라 부른다.
④ 뼈와 함께 국화 등의 꽃가루가 발견되어 당시 장례 풍습에 의해 매장된 것으로 해석된다.
(3) **제천 창내(충북)** : 후기 구석기인들의 주거지인 막집과 둥근 밀개 등이 발견되었다.
(4) **평양 만달리** : 만달인이라는 인골이 발견되었다(호모사피엔스사피엔스, 슬기슬기 사람).
(5) **덕천 승리산** : 1972~1973년의 발굴 조사에서 약 4만 년 전의 현생 인류('승리산인', 호모사피엔스사피엔스, 슬기슬기 사람)의 뼈 화석이 발굴되었다.

3. 구석기 시대 유물

(1) **뗀석기(打製石器)** : 용도에 따라 다음과 같이 분류할 수 있다.
① 사냥 도구 : 주먹도끼, 찍개, 찌르개
② 조리 도구 : 긁개, 밀개, 자르개
③ 연장 도구 : 새기개, 뚫개, 돌마치
(2) **뼈도구(骨角器)** : 동물의 뼈나 뿔로 만든 뼈를 도구로 이용하였다.

흥수아이 복원상

만달인
1979년 만달리에서 머리뼈를 비롯한 유골이 발견되었는데 체질 구조로 볼 때 약 2만 년 전의 사람으로 추정된다. 북한은 만달인을 우리 민족의 직접적인 조상이라고 주장하고 있다.

자료 구석기 유물 특징

1. 주먹도끼(hand axe, 전기 구석기)
① 사냥과 가죽 벗기기, 땅을 파서 풀이나 나무뿌리를 캐는 등 구석기 시대에 가장 오랫동안 사용되었던 다용도 만능 석기이다.
② 원래 유럽과 서아시아 지역은 주먹도끼를 주로 썼고 동아시아 지역은 찍개를 주로 썼다고 구분하였으나, 근래 한반도를 비롯한 동북아시아 지역에서도 아슐리안(주먹도끼가 처음 출토된 프랑스 마을 이름) 계통의 주먹도끼가 다수 발견되고 있다.

2. 용도에 따른 석기

▲ 긁개　　▲ 자르개　　▲ 밀개　　▲ 새기개

3. 슴베찌르개
① 슴베(자루)와 찌르개(창)의 합성어이다.
② 구석기 시대 후기에 주로 사용한 자루 달린 창날이다.

4. 구석기 시대의 생활

경제	사냥·채집·어로를 주로 하는 **채집·획득 경제**에 머물렀다.
생활	무리를 지어 **이동 생활**을 하였다.
주거	동굴, 바위 그늘, 강가의 <mark>막집</mark>에서 살았다.
토기	농경이 시작되지 않았으므로 토기는 사용하지 못했다.
사회	아직 계급이 나타나지 않아 **평등한 공동체 사회**이며, 연장자가 무리를 이끌었다.
신앙	신앙은 없었으나, 시체를 매장하거나 풍요와 사냥감의 번성을 기원하는 **주술적 행위**가 나타났다.
예술	동굴 벽화를 그리고, 공주 석장리와 단양 수양개에는 **고래·물고기** 조각 등을 새긴 유물이 발견되었다.

구석기인들과 막집

5. 중석기 시대

① **시기** : 구석기에서 신석기 시대로 넘어가는 과도기이다.
② **환경의 변화** : 빙하기가 끝나고 날씨가 따뜻해지면서 큰 짐승들이 사라지고 여우, 토끼 등 작고 빠른 짐승이 출현하였다.
③ **도구의 특징**
　㉠ 잔석기(細石器, 세석기) : 토끼, 여우, 새 등 작고 빠른 짐승을 잡기 위해 활, 톱, 창, 작살 등의 잔석기를 주로 사용하였다.
　㉡ 이음 도구 : 한 개 내지 여러 개의 석기를 나무와 뼈에 꽂아서 톱이나 낫처럼 이용한 복합 도구를 사용하였다. 활과 화살이 사용되었다.

| 자료 | 중석기 시대의 특징 |

① 유럽에서는 **구석기 시대에서 신석기 시대로 넘어가는 과도기적인 단계**를 중석기 시대로 부르고 있다. 그러나 우리나라에서 중석기 시대를 설정하는 것은 아직 문제로 남아 있다. 북한에서는 웅기 부포리와 평양 만달리 유적을 중석기 시대로 보고 있으며, 남한에서는 제주 고산리 유적이 대표적이다.

② **제주 고산리 유적** : 중석기 시대(후기 구석기)와 신석기 시대 초기로 넘어가는 전환기를 보여주는 대표적인 유적으로 1만 2,000년 전에 조성되었다. 1987년 발굴이 시작되자 중석기의 세형돌날문화(좀돌날 잔석기, 사진 참조)와 함께 신석기 시대의 출현을 알리는 덧무늬 토기(융기문 토기)가 출토되어 중석기 시대와 신석기의 연결을 보여준다.

▶ 좀돌날 잔석기(제주도 고산리)
중석기 시대와 신석기 시대에 사용된 세모꼴로 된 잔석기로, 주로 작살, 살촉 등에 썼다.

2 신석기 시대

1. 신석기 시대의 특징

① 우리나라의 신석기 시대는 약 기원전 8천 년경부터 시작되었다.
② 유적지는 주로 강가나 바닷가에 집중되어 있다.

| 자료 | 구석기 유적지와 신석기 유적지 |

① 구석기, 신석기 유적지 모두 강가나 바닷가에 위치하고 있다.
② 신석기 시대에 생활 영역이 바닷가로 보다 확대되고 있다.
③ 구석기 유적지는 빈번히 출제되므로 숙지해야 한다.

방사성 탄소 연대 측정법(radiocarbon dating)
방사성 동위 원소인 탄소-14(C14)의 조성비를 측정하여 그 만들어진 연대를 추정하는 방법이다. 고고학 유물의 연대를 측정할 때 주로 사용된다. 식물은 광합성을 통해 대기 중에 있는 탄소를 고정시키기 때문에 살아 있는 동물과 식물이 가지고 있는 탄소-14의 비율은 공기 중의 비율과 일치한다는 원리를 이용한 것으로, 보정(calibration)을 거치지 않은 순연대에 대해 흔히 1950년을 기준으로 BP(before present)라는 단위를 쓰며, 보정을 통해 실제의 날짜와 일치시킨다. 시카고 대학교의 윌러드 리비가 1949년에 발견하였다. 리비는 탄소-14를 이용하면 1분에 단위그램당 14개의 14C가 붕괴한다는 결과를 얻었고, 이로 인해 1960년 노벨 화학상을 받게 되었다.

신석기 움집(서울 암사동)

2. 대표적인 신석기 시대 유적지

(1) 서울 암사동
① 1925년의 대홍수 때 발견된 이후 1967~1980년대에 여러 차례 발굴된 대표적인 유적지이다.
② 신석기 시대 움집터와 빗살무늬 토기(櫛文土器)를 비롯해 돌도끼 · 돌화살촉 · 긁개 등 생활 도구와 돌낫 · 보습과 같은 농기구 등이 대량 출토되었다.

(2) 부산 동삼동(東三洞) 패총
광복 전후에 발굴된 조개무지 유적으로, 빗살무늬 토기층과 더불어 그 밑에서 바닥이 둥근 이른 민무늬 토기(無文土器)가 발굴되었다.

(3) 봉산 지탑리(智塔里, 황해)
① 돌가래 · 돌보습(石犁) 57개 · 돌낫 등의 농기구가 발견되었는데, 특히 가루를 빻는 데 쓰이는 갈돌이 발견되어 떡의 역사의 시작이라고 해석하기도 한다.
② 탄화된 곡물(조, 피)이 발견되어 농경 사실을 입증해 준다.

(4) 웅기(雄基) 패총
화덕과 같은 난방 장치가 발견되었다.

(5) 평양 남경 유적
① 1979년부터 발굴된 신석기~철기 유적지이다.
② 신석기 집터에서 좁쌀 1되가 출토되었고, 청동기 집터에서 벼 · 수수 · 기장 · 콩 · 조 등이 탄화된 채 발견되어 당시의 활발한 농경 활동을 보여준다.

점토 얼굴상(양양 오산리)

(6) 양양 오산리(강원)
① 1977년 발견, 1981~1987년까지 6차에 걸쳐 발굴되었다.
② 14채의 신석기 움집터를 비롯해 완형 토기 20개를 포함, 토기편 2,000여 점과 석기 200점 등이 발굴되었다. 신석기 시대의 보편적 움집과 달리 일종의 지상 가옥 등이 특징적이다.
③ 흙으로 만든 점토 얼굴상이 발굴되었다.

3. 신석기 시대의 도구

① 돌을 갈아서 만든 간석기를 주로 사용하였다.
② 신석기 토기 : 이른 민무늬 토기 → 덧무늬 토기 → 눌러찍기 무늬 토기 → 빗살무늬 토기의 순서로 발전하였다.

자료 간석기

▲ 갈판과 갈돌

▲ 농경 굴지구(전북 진안)
땅을 파고 돌을 일구는 기구이다.

① 갈판에 나무 열매나 곡물을 올려놓고 갈돌로 껍질을 벗기거나 가루로 만드는 데 사용하였다.
② 농경 굴지구는 돌괭이 · 돌보습 · 돌삽 등 땅을 파고 일구는 농기구이다.

자료 | 신석기 시대의 토기

종류				
명칭	이른 민무늬 토기 (원시 무문 토기)	덧무늬 토기 (융기문 토기)	눌러찍기 무늬 토기 (압인문 토기)	빗살무늬 토기(즐문 토기)
편년	신석기 전기	신석기 전기	신석기 전·중기	신석기 중·후기 (BC 4000년 경)
출토지	양양 오산리	제주 고산리	신석기 전·중기	서울 암사동

① 해안 지대에서 살았으므로 고운 모래흙으로 뾰족 밑 또는 둥근 밑 형태의 그릇을 만들었다.
② 신석기 후기(BC 2000년)로 가면서 점차 속이 깊어지고 밑이 평평하며 몸체에 물결무늬, 번개무늬 등 동적인 무늬를 그린 채색 토기가 나타난다.

4. 신석기 시대의 생활

(1) 신석기 시대 후기부터 **농경과 목축이 시작**되었다(신석기 혁명).
① 농경의 시작 : 봉산 지탑리, 평양 남경 유적에서 탄화된 조, 피, 수수 등이 나오는 것으로 보아 **잡곡류**를 재배하였음을 알 수 있다.
② 농경을 시작하는 단계였기 때문에 **농업 생산력이 미약**하여 사냥과 고기잡이가 여전히 식량을 얻는 중요한 수단이었다. → 패총의 형성

자료 | 조개더미(貝塚, 패총)의 형성과 변화
① 조개, 굴 등의 껍데기가 쌓여서 무덤처럼 형성된 것으로 패총 또는 조개무지라고 부른다.
② 조개더미는 주로 신석기 시대에 형성되었다(웅기 굴포리, 부산 동삼동).
③ 청동기 시대 : 농경이 본격화되어 패총이 거의 형성되지 못하였다.
④ 철기 시대 : 어업 기술의 발달로 패총이 다시 형성되었다(김해 패총, 창원 성산 패총).

신석기 혁명
① 영국의 고고학자 차일드(1892~1957)는 문명을 탄생시킨 원동력이 농경과 목축의 발상에 있다고 평가하여 '**신석기 혁명**'이라는 명칭을 사용하였다.
② 미국의 미래학자 앨빈 토플러(1928~)는 1980년에 출판된 대표작 『제3의 물결(The Third Waves)』에서 인류의 발전 과정을 **제1의 물결**(신석기 혁명), 제2의 물결(산업 혁명), 제3의 물결(정보화 혁명)로 표현하였다.
③ 신석기 혁명의 의의는 채집 경제에서 **생산 경제**로 전환되었다는 점이다.

(2) 의복과 그물 : 가락바퀴나 뼈바늘로 의복과 그물을 제작하였다.

자료 | 가락바퀴(紡錘車, 방추차)
방추차는 자연 섬유를 꼬아 실을 만드는 기구로, 봉산 지탑리, 양양 오산리, 여주 흔암리 등에서 출토되었다.

신석기 시대에 식물성 섬유로 의복을 만들어 입고 그물도 만드는 등 **원시적 수공업**이 시작되었음을 보여준다.

신석기 움집의 바닥

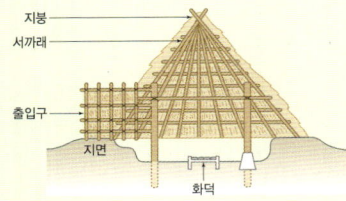

신석기 움집의 구조

조개껍데기 가면(부산 동삼동 패총)

치레걸이

신석기 시대의 여인상(울산 신암리)

울산 신암리와 함경북도 농포동 유적에서는 흙으로 빚은 여인상이 출토되었다. 풍요와 다산을 기원하는 신석기 시대의 제의와 관계있는 유물이다.

(3) 주거 생활 : 농경이 시작됨에 따라 정착 생활이 시작되어 강가나 바닷가에 움집을 짓고 살았다.
① <mark>바닥</mark>은 원형이나 모서리가 둥근 사각형으로, 지하 또는 반지하 형태로 땅을 판 뒤 지붕을 만들고, 중앙에 화덕을 설치하여 난방과 가사를 겸하였다. 남쪽으로 출입문을 내었으며, 화덕이나 출입문에 저장 구덩이를 만들었다.
② 규모는 4~5명 정도의 한 가족이 살기에 적당한 크기였으며, 부족한 식량을 쉽게 확보하기 위해서 어로 생활을 주로 하였음을 알 수 있다.
(4) 사회 : 혈연 공동체적인 씨족 사회에서 **족외혼**을 통하여 점차 **부족** 사회로 발전해갔으나, 아직 계급이 나타나지 않아 **평등 사회**였다.
(5) 종교 : 농경 생활을 하게 되면서 자연의 섭리를 깨닫기 시작하여 **원시 신앙**이 발생하였다.
① 애니미즘 : 농사에 영향을 끼치는 자연 현상이나 **자연물에 영혼이 있다고 믿는** 신앙으로, 태양이나 물에 대한 숭배가 으뜸이었다.
② 샤머니즘 : 영혼이나 하늘을 인간과 연결시켜 주는 무당과 그 주술을 믿는 신앙이다.
③ 토테미즘 : 자기 부족의 기원을 특정한 동식물과 연결시켜 그것을 신성시하는 신앙이다.
④ 조상 숭배 : 영혼 불멸과 조상의 영혼이 후손에게 영향을 준다고 믿어 조상을 숭배하였다.
(6) 예술 : 흙으로 빚어 구운 얼굴 모습, 동물의 모양을 새긴 조각품, <mark>조개껍데기 가면</mark>, <mark>치레걸이</mark>, <mark>여인상</mark> 등 다양한 형태의 예술품이 나타났다.

> **자료 동침신전앙와장(東枕伸展仰臥葬)**
>
> 신석기 시대에 시체의 머리를 태양신이 떠오르는 동쪽으로 두고 얼굴을 위로 향하게 하는 매장 방법으로, 무덤 속에 음식도 함께 넣어 주었다. 영혼 불멸과 함께 태양 숭배와 사후 세계를 믿고 있었음을 의미한다.

한눈에 보기 구석기와 신석기의 생활 특징 비교

구분	구석기	신석기
경제	채집 경제	농경과 목축의 시작(생산 경제), 원시적 수공업 시작(가락바퀴)
도구	뗀석기	간석기
생활	이동 생활	정착 생활 시작
주거	동굴, 막집	강가나 바닷가의 움집
토기	없음	토기 처음 사용(곡식 생산·저장)
사회	평등 사회	부족 사회, 평등 사회
신앙	주술적 의미	애니미즘, 샤머니즘, 토테미즘(종교의 출현)
예술	동굴 벽화	조개껍데기 가면, 치레걸이

02 국가의 형성

1 청동기·초기 철기 시대

1. 청동기의 보급

① 기원 : 기원전 2천 년경 요령 지방에서 청동기 문화가 유입되면서 빗살무늬 토기를 대신하여 덧띠 새김무늬 토기가 사용되었다.
② 특징 : 우리나라 청동기는 주석만 합금되어 있는 중국과 달리 아연도 들어 있고, 동물 문양을 사용하고 있어 북방 시베리아 계통의 영향을 받은 것으로 본다.
③ 영향 : 농업 생산력의 증대로 잉여생산물이 생기면서 계급이 발생하여 지배·피지배 사회가 출현하였다.

2. 청동기 시대의 유적

(1) 청동기 시대 유적지는 요령·길림을 포함하는 만주 지방과 한반도에 폭넓게 분포되어 있다.
① 평북 의주 미송리 동굴에서 1959년 미송리식 토기가 발견되었다.
② 경기 여주 흔암리에서 탄화미가 발견되어 벼농사가 시작되었음을 알 수 있다.
③ 충남 부여 송국리에서 탄화미, 반달돌칼, 홈자귀, 붉은 간토기, 송국리식 토기 등이 발견되었다.
④ 울산 검단리에서 집단 주거지인 환호가 1990년에 발굴되었다. 환호란 외침을 막기 위해 호(해자, 즉 성 밖을 둘러싼 못)로 둘러싸인 마을을 말한다.
(2) 청동기 시대의 무덤으로는 고인돌, 돌무지무덤, 돌널무덤 등이 있다.

덧띠 새김무늬 토기

부여 송국리 유적지
① 돌널무덤(石棺墓)
  ㉠ 여러 장의 판석으로 널을 만들고 뚜껑돌은 한 장의 큰 돌로 덮었다.
  ㉡ 출토 유물 : 비파형 동검, 곡옥(굽은 옥), 돌화살촉, 부채모양 청동도끼 거푸집
② 독무덤
  ㉠ 크기로 보아 어린아이의 것으로 추정된다, 주로 '송국리식 토기'를 이용하여 제작하였다.
  ㉡ 출토 유물 : 송국리식 토기, 붉은 간토기, 청동도끼 거푸집
③ 기타 유물 및 유적 : 2중 목책, 반달돌칼, 탄화미
④ 집터 : 화덕은 없고, 저장용 구덩이가 다수 발견되었다. 직사각형 집터는 지상식에 가까운 것으로 주춧돌이 있는 팔달된 집 형태를 하고 있다.
⑤ 송국리식 토기는 납작 밑에 긴 달걀형 몸체, 목이 거의 없이 아가리가 밖으로 약간 꺾인 모습이 특징이다.

▲ 울산 검단리(원 부분)

자료 청동기 거석 문화

▲ 고인돌(북방식)　▲ 고인돌(남방식)　▲ 고인돌(개석식)　▲ 돌널무덤　▲ 선돌

① 북방식 : 지상에 네 면을 판석으로 막아 묘실을 설치한 뒤 그 위에 상석을 올린 형식이다.
② 남방식 : 지하에 묘실을 만들어 그 위에 상석을 놓고 돌을 괴는 형식이다.
③ 개석식 : 지하에 묘실을 만들었으나 남방식과 달리 돌을 괴지 않고 묘실 위에 상석을 바로 올린 형식이다.
④ 2000년 고창·화순·강화 고인돌 유적이 유네스코 세계문화유산에 등재되었다.

3. 청동기 시대의 유물

① 비파형 동검, 거친무늬 거울
- ㉠ 북방식 고인돌, 미송리식 토기와 함께 **고조선의 세력 범위와 일치**하고 있어 고조선의 영역을 확인시켜 주는 유물들이다.
- ㉡ 청동은 합금이라 재료가 흔하지 않아 주로 무기, 제기(의기), 장신구 등을 만들었다.

② 농기구 : 여전히 반달돌칼, 바퀴날 도끼, 홈자귀 등의 석기를 썼다.
- ㉠ 반달돌칼 : 벼 이삭을 자를 때 구멍에 끈을 끼워 손으로 잡고 쓰는 농기구이다.
- ㉡ 홈자귀 : 끈을 묶기 위한 홈이 파여 있는 돌도끼로, 유구석부라고도 한다.
- ㉢ 바퀴날도끼 : 환상석부로, 가운데 구멍에 자루를 끼워 쓸 수 있다.

자료 | 청동기 시대의 유물로 본 생활 모습

1. 농경문청동기(폭 12.8cm)
① 곡식을 항아리에 저장하는 모습
② 농기구(따비)로 밭을 가는 사람. 앞쪽에는 고랑과 이랑이 구분된 밭의 모습이 보인다.
③ 괭이를 들고 작업하는 사람
④ ③을 확대한 모양

▲ 농경문 청동기(대전 괴정동 출토)

2. 청동제 유물

▲ 비파형 동검

▲ 거친무늬 거울

▲ 청동방울(팔주령, 전남 화순 출토)
의식을 행할 때 흔들어 소리를 내던 주술적·종교적인 도구이다.

3. 청동기 시대 농기구

▲ 반달돌칼

▲ 홈자귀

▲ 바퀴날 도끼

▲ 막대에 연결한 바퀴날 도끼

③ 토기 : 대체로 무늬가 없으며, 언덕진 구릉 지대에서 사용하기 알맞게 밑바닥을 편평한 모양으로 만들었다.

자료 1. 청동기 시대 토기

종류						
명칭	새김 덧띠 무늬 토기	민무늬 토기	미송리식 토기	송국리식 토기	가지 무늬 토기	붉은 간토기
편년	청동기 초기	청동기 초·중기	BC 8~7세기	BC 7~6세기	BC 5~3세기	BC 5~3세기
출토지	대동강·황해도 지역	제주 고산리	신석기 전·중기	부여 송국리	남해안 지역 (진주 대평리)	남한강·남해안 지역

① 청동기 시대를 대표하는 민무늬 토기는 표면에 무늬가 없는 데서 붙여진 이름인데, 신석기의 민무늬 토기와는 달리 적갈색을 띠며 형태가 다양하고 세련되었다.
② 청동기 후기의 가지 무늬 토기와 붉은 간토기는 주로 고인돌의 부장품으로 출토되고 있다.

2. 미송리식 토기의 단면도

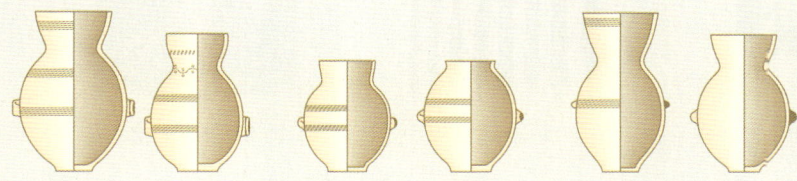

① 미송리식 토기는 청동기 시대 민무늬 토기의 한 형태로, 1959년 평북 의주 미송리 동굴 유적에서 발견되었고, 요동 일대로부터 한반도 남부 지역 일부까지 발견되고 있다.
② 몸체는 표주박의 아래위를 수평으로 조금씩 잘라낸 형태로, 몸체에 집선(集線) 무늬가 가로로 3단으로 둘러져 있고, 몸체의 중간 부분에 양쪽 옆으로 손잡이가 붙어 있는 점이 특징이다.
③ 고조선 시기의 대표적인 토기이다.

4. 철기의 사용

① 기원 : 기원전 5세기경에 중국 계통의 철기가 유입되었다. 이 시기를 **청동기·초기 철기 시대**라 한다.
② 유물
  ㉠ 철기와 함께 중국 화폐인 **명도전·오수전·반량전**이 출토되어 중국과의 교류가 활발했음을 알 수 있다.
  ㉡ 창원 다호리에서는 붓이 발견되어 이미 한자가 사용되고 있었음을 짐작케 한다.
  ㉢ 철제 농기구가 제작되기 시작했다.

청동기와 철기
철은 주변에서 쉽게 구할 수 있는 반면에 청동은 구하기 어려운 합금이다. 그런데 복잡한 합금 문화(청동기)가 단순히 철기 문화보다 앞서는 이유는 무엇일까?
① 녹는 온도의 차이 때문이다. 철이 구하기 쉬웠음에도 구리의 녹는 온도가 낮아 구리를 먼저 사용하였다. 대신 구리는 단단하지 못하여 주석, 아연 등과 합금을 해서 만들었다.
② 그 후 제련술이 발달함에 따라 철을 녹일 수 있는 온도를 낼 수 있게 되면서 철기가 각 지역에 보급되었다.
③ 철기를 사용하면서 청동기는 의기 제기로 변하였다.

자료 | 청동기·초기 철기 시대 중국과의 교류를 보여주는 유물

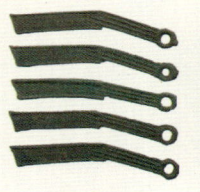
▲ 명도전

▲ 오수전

▲ 반량전

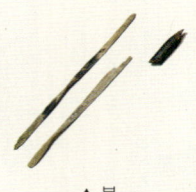
▲ 붓

> 경남 창원 다호리에서는 오수전과 함께 글씨를 쓰는 붓과 지우개 역할을 하는 작은 칼이 발견되었는데, 이는 한반도 남부까지 한자를 사용하였음을 말해주는 것이며, 중국 청동 화폐의 전파와 함께 당시 중국과 활발한 교류가 있었음을 알 수 있다.

경남 창원 다호리 유적지
① 1988년 발굴
② 무덤 : 널무덤(통나무 널무덤, 목관묘), 독무덤(옹관묘)
③ 유물
　㉠ 칠초 동검, 칠초 철검
　㉡ 붓, 부채, 칼집, 화살, 중국 거울(성운경)
　㉢ 오수전 ㉣ 가야금의 원조인 현악기
④ 의미 : 기원전 1세기경의 철기 시대 변한의 대표 유적

동검　**철검**

현악기

비파형 동검과 세형 동검의 관련성
1995년 중국 요녕성 본계시의 고대 무덤에서 비파형 동검과 세형 동검을 섞어 놓은 양식의 청동단검이 출토되었는데 이는 세형 동검이 비파형 동검을 계승한 것임을 보여주는 증거이다.

③ 독자적인 청동기 문화가 발전하였다.
　㉠ 철기의 전래를 전후하여 한반도 내의 청동기 문화도 독자적으로 발전하였다.
　㉡ 기존의 비파형 동검은 한국식 동검인 세형 동검으로, 거친무늬 거울은 잔무늬 거울로 발전하였다.
　㉢ 청동기를 제작하던 거푸집의 출토는 한반도 독자 청동기 제작 기술의 발전을 보여준다.

자료 | 한반도 독자적 청동기 문화의 발전

▲ 세형 동검　▲ 거푸집(용법)　▲ 잔무늬 거울

④ 철기 시대의 토기 : 덧띠 토기와 검은 간토기(흑도)가 사용되었다.
⑤ 무덤
　㉠ 널무덤 : 목관묘(木棺墓)라고도 불리는 묘제로, 구덩이를 파고 나무로 된 널이나 목관을 이용하여 시신을 안치하는 양식이 유행하였다.
　㉡ 독무덤 : 옹관묘(甕棺墓)라고도 불리며, 큰 항아리를 맞붙여서 관으로 쓰는 무덤이다.

자료 | 철기 시대의 토기와 무덤

    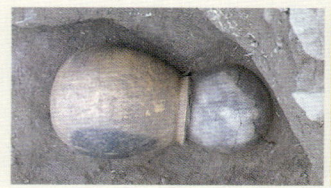 

▲ 덧띠 토기　▲ 검은 간토기　▲ 널무덤(목관묘)　▲ 독무덤(옹관묘)

한눈에 보기 | 선사 시대의 무덤 양식 정리

시대		무덤 양식		특징
청동기	초기·중기	돌무지무덤		지상에 시신을 놓고 돌로 쌓아올려 봉분을 만드는 형태르 초기의 무덤 양식 → 고구려 고분 양식으로 발전
		고인돌		고임돌을 놓고 판석을 덮는 형태로 북방식과 남방식으로 나눈다.
		돌널무덤		BC 9세기경에 출현 땅을 파고 네 벽면에 네 장의 돌널을 설치하여 무덤방을 만듦 → 남방식 고인돌의 지하 매장부
		돌곽무덤		돌널무덤과 같은 양식 여러 장의 판석으로 벽면을 둘러싸는 것이 특징
	후기·초기 철기	독무덤		청동기 말기~초기 철기 대표 양식 옹기 같은 독 두 개를 맞물리고 그 안에 시신을 담아서 대장
초기 철기		움무덤 (초기 철기)	움무덤 (토광묘)	구덩이(토광)를 파고 별다른 시설 없이 시신을 안치하는 양식
			널무덤 (목관묘)	토광에 미리 준비한 나무관을 안치하는 양식
			덧널무덤 (목곽묘)	토광에 목곽을 만들고 그 안에 시신과 유물을 안치하는 양식

※움무덤 형태는 초기 철기 시대에 집중되었고 이후 우리나라의 대표적인 모제로 정착

5. 청동기·초기 철기 시대의 생활과 예술

(1) 사회생활
① 농업이 발달하면서 잉여 생산물이 축적되어 **사유 재산제와 빈부차**가 나타나고 계급이 출현하였다.
② 금속 무기의 사용으로 정복 활동이 활발해지면서 **지배자인 군장(족장)**이 출현하였다.
③ 선민사상이 대두되고(단군신화), 주변 부족을 통합하면서 **최초로 국가가 성립**하였다(고조선).
④ 농경과 전쟁에서의 **노동력이 중시**되면서 가부장제 사회로 변화하고 분업이 시작되었다.

(2) 경제생활
① 보리, 콩, 조, 수수 등의 밭농사 중심이었으나, 일부 저습지에서 **벼농사가 시작**되었다.
② 청동은 약하고 구하기 어려워 농기구로 사용하지 않았고, 다양해진 간석기를 농기구로 썼다.
③ 철제 농기구를 사용하면서 농업이 비약적으로 발전하였다. 농기구는 석기에서 철기로 발전하였다.

철제 농기구

(3) 주거 생활
① 배산임수의 취락 형성 : 농경의 발달과 인구의 증가로 밀집된 취락이 형성되고 완전한 정착 생활을 영위하였다.
② 움집은 점차 **지상 가옥**으로 발전하였다.

자료 움집의 변화

구분	신석기	청동기
모양	원형	직사각형
구조	지하	지상 가옥
특징	중앙에 화덕(취사, 난방), 화덕 옆 저장 구덩이	배산임수, 집단 취락, 주춧돌 이용
규모	4~5명 정도의 가족용	부부 중심 가족용(4~8명)
집터		

울주 반구대 바위그림
① 청동기~초기 철기 시대 유적
② 새끼를 밴 고래와 흰긴수염고래 등 58점의 고래 그림 조각
③ 배나 작살, 그물 등을 이용한 고래 사냥 기술이 소개
④ 부근에 있는 천전리 각석은 바위면에 마름모무늬, 둥근 무늬, 우렁무늬, 사슴, 물고기, 새, 사람 얼굴상 등 다양한 무늬를 새겨 놓아 선사 시대 풍요를 기원하였던 것으로 보이며, 그림과 함께 법흥왕 대의 신라 왕족의 방문 기록을 담은 원명(525)과 추명(539)이 새겨져 있음
⑤ 정몽주(鄭夢周, 1337~1392)가 언양 유배 시절 자주 들렀으며, 조선 시대 겸재(謙齋) 정선(鄭敾, 1676~1759)이 이곳에서 그린 산수화 '반구'가 최근 발견되기도 함

고령 양전동 바위그림(암각화, 岩刻畵)
① 대가야의 중심지인 경북 고령 '알터마을' 입구 양전동 소재
② 농업과 관련된 태양 숭배를 보여주는 동심원
③ 신의 얼굴을 본뜬 가면 등이 조각되어 있고, 주변에 하늘의 별자리를 옮겨 놓은 모양 등이 조각되어 있어 제사를 지냈던 장소로 해석

(4) 예술
① 이 시기의 예술은 종교나 정치적 요구와 밀착되어 주술적 의미를 담고 있었다.
② 호랑이, 말 모양 등 동물 모양의 띠고리 장식은 한반도 청동기가 북방 계통임을 보여준다.
③ **울주 반구대 바위그림**은 물고기, 사람 등의 형상과 고래잡이 모습, 사냥하는 광경 등이 사실적으로 묘사되어 있는데, 사냥과 고기잡이의 성공과 풍성한 수확을 비는 주술적 의미이다.
④ **고령 양전동 바위그림**에는 추상적인 기하학적 문양과 동심원(태양 숭배) 등이 새겨져 있어 **풍요를 비는 제사터**의 의미로 보고 있다.

▲ 동물 모양의 띠고리 장식

▲ 울주 반구대 암각화

▲ 고령 양전동 암각화

2 단군과 고조선

1. 고조선의 건국과 중심지 이동

① 건국 : BC 2333년에 단군왕검이 최초의 국가인 고조선을 건국했다.
② 고조선에 관한 최초의 기록 : BC 7세기에 중국 제나라에서 편찬된 『관자』에 보이며, 『사기』〈조선열전〉과 『한서』〈조선전〉에도 기록되어 있다.
③ 고조선의 중심지 이동 : 초기에는 요령 지방을 중심으로 성장하였으며, 뒤에 대동강 유역으로 중심지가 이동한 것으로 추정된다.

> **『관자』의 고조선 기록**
> 기원전 7세기 중국 제(齊)나라 관련 문헌인 『관자(管子)』에는 "돈을 주고 조선(朝鮮)에서 반점 모피와 모피 의류를 구입해 오자"라는 기록이 나온다.

자료 고조선의 위치에 대한 설(說)

1. 대동강 중심설
① 『삼국유사』는 『고기(古記)』를 인용하여 단군이 평양에 건국하였다고 주장하였고, 정약용·한치윤 등 실학자들이 이를 계승하였다.
② 북한 학계는 1993년에 발굴된 단군릉을 근거로 평양을 중심으로 만주 일대까지 지배했다는 대동강 중심설을 주장하고 있다.

2. 요동 중심설
조선 초 권람은 『응제시주』에서 기자가 요서·요동 지역에 건국하였다고 주장하였고, 17~18세기 남인 학자들과 민족주의 사학자인 신채호·박은식 등이 이를 계승하였다.

3. 중심지 이동설
전기 고조선은 요동에 있었는데, 후기에 대동강 유역으로 이동한 것으로 보고 있다.

> 현재까지 발견된 세형 동검의 80% 이상이 평양 주변에 집중되어 있어서 이 검을 사용하던 시기에는 평양이 고조선의 중심이었을 가능성이 높다. 세형 동검의 편년은 BC 5세기 이전으로 올라갈 수 없으므로 평양과 대동강 유역은 후기 고조선의 중심지로 판단된다.

▲ 고조선 중심 이동

2. 고조선의 발전

① 배경 : 중국에서 BC 12세기 은·주(殷·周) 교체의 혼란기와 BC 8세기 이후 춘추·전국의 전란이 계속되자 중국 내의 동이계 지배층들이 고조선으로 망명하여 고조선 사회가 단계적 발전을 할 수 있었다.
② 발전
 ㉠ BC 4세기 요하를 경계로 중국의 연(燕, 전국 7웅의 하나)과 대립할 정도로 성장하여 대릉하를 경계로 연과 접했으나, BC 3세기 초 연나라 장수 진개의 침입을 받아 약해지기 시작했는데, 이 무렵 수도가 요하 유역에서 대동강 지역으로 이동해 온 것으로 보인다.
 ㉡ BC 3세기에는 부왕, 준왕 등 강력한 왕권을 형성하여 왕위를 세습하고, 왕 밑에 상(相)·경(卿)·대부(大夫)·대신·장군·박사(博士) 등의 관직을 두어 상당한 수준의 국가 체제를 갖추고 있었다.

> **요하 지역의 강상무덤·누상무덤**
> ① 요동 반도 여대시에 위치한 BC 8~7세기경의 고조선 시대 지방 귀족의 무덤이다.
> ② 140여 명의 인골이 발굴되어 BC 8~7세기의 고조선 사회가 노비가 존재하고 순장제가 시행될 만큼 귀족들의 권력이 강력했음을 보여준다.
> ③ 비파형 동검, 거푸집 등이 발굴되어 이 시기에 발달된 청동기 문화를 엿볼 수 있다.

> **사료** 중국 사서(史書)에 나타난 고조선의 모습
>
> 연(燕)나라가 스스로 자기를 높여 왕이 되어 동쪽으로 침략하려 하자 고조선 역시 왕이라 일컫고 계속하여 군사를 일으켜 연나라를 치고 주나라를 존중하고자 하였다. …… 연나라에서는 장수 진개를 시켜 고조선 땅 2천여 리를 빼앗아 만번한으로 국경을 삼았다. 마침내 조선의 세력은 약화되었다. …… 고조선 사람들은 '사납고 잔인하며 교만' 하였다.
> 〈『삼국지』, 〈위서 동이전〉, 한조〉

④ 고조선의 세력 범위 : 우리나라의 청동기는 북방 계통으로 중국의 청동기와 다르다. 고조선의 세력 범위는 비파형 동검, 미송리식 토기, 북방식 고인돌, 거친무늬 거울 등의 분포를 통해 짐작할 수 있다.

3. 단군의 건국 이야기와 그 의미

(1) 출전 : 고조선 건국에 대한 역사적 사실은 『삼국유사』에 최초로 기록되었다.

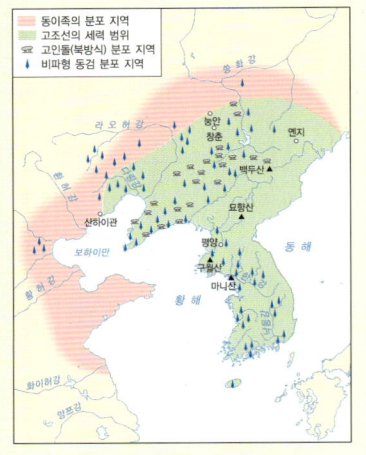

▲ 고조선의 세력 범위

> **사료** 고조선의 건국 이야기(단군 신화)
>
> 옛날에 ① 환인의 아들 환웅이 인간 세상을 다스리고자 하였다. 환인이 천부인 세 개를 주어 내려가게 하니, 환웅은 무리 삼천 명을 거느리고 태백산 신단수 아래로 내려왔다. ② 환웅은 풍백, 우사, 운사를 거느리고 ③ 곡식, 수명, 질병, 형벌, 선악 등 360여 가지의 일을 주관하여 인간 세상을 다스리고 ④ 인간을 널리 이롭게 하였다. 이때 곰 한 마리와 범 한 마리가 같은 굴에서 살았는데, 늘 환웅에게 사람되기를 빌었다. 곰은 삼칠일 동안 몸을 삼가여 여자의 몸이 되었으나, 범은 그렇지 못하여 사람의 몸을 얻지 못하였다. ⑤ 환웅이 임시로 변하여 웅녀와 결혼하였다. 곧 아들을 낳으니, ⑥ 이름을 단군왕검이라 하였다. 단군은 ⑦ 요(堯) 임금이 왕위에 오른 지 50년인 경인년에 평양성에 도읍을 정하고, 나라 이름을 조선이라 일컬었다.
> 〈『삼국유사』〉

(2) 단군신화에 담긴 의미
① 선민사상을 내세워 자기 부족의 우월성을 과시하였다.
② 하늘의 날씨를 주관하는 신이므로, 당시 사회가 **농경** 사회임을 반영한다.
③ 지배 계급이 형벌과 선악 등을 주관하는 **계급 사회**이며, **홍익인간의 이념**이 이상적이 아닌 실천적 의미임을 보여준다.
④ 홍익인간, 인본주의, 천인합일(天人合一), 인간과 자연의 조화, 평화 애호 정신 등을 나타낸다.
⑤ 토테미즘을 보여주며, 곰 부족과 환웅 부족의 연합에서 호랑이 부족은 제외되었다.
⑥ 단군은 제사장, 왕검은 정치적 지배자로, 제정일치 사회이다.
⑦ 단군의 건국 연대는 여러 학설이 있으나, 대체로 『동국통감』, 『동사강목』 등에 따라 기원전 2333년을 단군의 원년으로 삼고 단기(檀紀)도 이에 따르고 있다.

자료　단군 이야기가 실려 있는 역사 문헌

『삼국유사』	고려	충렬왕(1281)	일연	『동국여지승람』	조선	성종(1481)	서거정
『제왕운기』	〃	충렬왕(1287)	이승휴	『동국통감』	〃	성종(1485)	서거정
『세종실록지리지』	조선	단종(1454)	춘추관	『동사강목』	〃	18C 영조~정조	안정복
『응제시주』	〃	세조(1462)	권람				

👉 『삼국사기』는 유교적 합리주의 사관의 영향으로 단군 이야기는 싣지 않고 있다.

4. 고조선의 사회

① 8조법 : 고조선의 법으로 현재 8조목 중 3조목만 『한서지리지』에 전한다.
② 법령의 증가 : 위만 조선의 멸망 이후 한군현의 지배가 시작되자 법속이 복잡하고 엄격해져 법 조항이 60여 조로 증가되었고 풍속도 각박해졌다.
③ 특징 : 8조법과 〈공후인〉이라는 당시의 노래에도 나타나듯이 고조선 사회는 남성 중심의 가족 관념이 강한 사회였다.

〈공무도하가(공후인)〉
① 고조선 때 지어진 4언 고시(古詩)이다.
② 뱃사공 곽리자고가, 어느 날 백발의 미친 남자가 강에 빠져 죽으니 그의 아내가 공후를 가지고 노래를 부르며 남편이 죽은 강에서 자살하는 것을 보고 집에 돌아와 아내 여옥(麗玉)에게 그 사실을 말하자 여옥이 슬퍼하면서 부른 노래로, 최표의 『고금주』에 한역되어 실려 있다.
③ 그대 강물을 건너지 마시라고/그토록 애태워 당부했건만/그대 마침내 빠져 죽었구려/아, 그대를 어이하리
④ 고구려 유리왕의 〈황조가〉와 더불어 우리나라의 가장 오래된 시가이다.

사료　법률로 본 고조선과 부여의 관계

1. 고조선의 8조법
① 相殺以當時償殺　사람을 ① 죽인 자는 즉시 죽이고,
② 相傷以穀償　남에게 상처를 입힌 자는 ② 곡식으로 갚는다.
③ 相盜者男沒入爲其家奴女子爲婢 ③ 도둑질을 한 자는 노비로 삼는다.
④ 婦人貞信不淫僻　여자들은 모두 ④ 정조를 지키고 음란하거나 편벽되지 않았다.
〈『한서지리지』〉

2. 부여의 법률 4조목
① 살인자는 사형에 처하고 그 가족은 ② 노비로 삼는다. ③ 남의 물건을 훔친 자는 물건값의 12배를 배상한다(1책 12법). ④ 투기가 심한 부인은 사형에 처한다.
〈『삼국지』〈위서 동이전〉〉

👉 고조선과 부여의 문화적 연관성을 볼 수 있다.
① 생명 중시, ② 농경 사회(노동력 중시), ③ 사유 재산제, 계급 사회, ④ 가부장제, 일부다처제

5. 위만 조선의 성립과 발전

① 배경 : BC 3세기 중국의 진·한 교체기의 혼란으로 수만 명의 동이계 지배층이 고조선으로 망명해 왔다.
② 성립 : BC 2세기 초 연나라 사람 위만(衛滿)이 1천의 무리를 이끌고 망명하자 당시 고조선의 지배자 준왕(準王)은 그를 박사에 임명하였는데, 세력을 키운 위만은 BC 194년 준왕을 축출하고 스스로 왕이 되었다. 밀려난 준왕은 한강 남쪽으로 내려가 진(진국)을 중심으로 세력을 형성하여 스스로 한왕(韓王)으로 칭하였다.

섭하 사건
BC 128년 고조선에 복속해 있던 예국(濊國) 왕 남려가 28만의 주민을 이끌고 한나라에 투항하자, 한은 그곳에 창해군을 설치하고 고조선을 압박했으나 토착인의 저항으로 실패했다. 이후 한나라는 창해군을 재건하기 위해 요동 도위 섭하(涉何)를 사신으로 보내 우거왕을 압박했다. 섭하는 우거왕이 거부하자 돌아가던 중에 자신을 배웅하던 고조선의 장수를 살해했다. 이에 분개한 우거왕은 군대를 보내 섭하를 살해하여 보복하였고, 양국의 관계는 극도로 악화되었다.

한군현에 대한 투쟁
① 한사군이 설치된 지 20여 년만인 BC 82년 진번과 임둔은 토착민의 저항으로 폐지되고, 그 관할하의 여러 현이 각각 낙랑과 현도에 귀속되었다.
② BC 75년 압록강 중류에 위치한 현도군이 고구려인의 저항을 받아 만주 흥경 지방으로 축출되어 낙랑군만 겨우 유지되었다.
③ 고구려 미천왕의 공격으로 낙랑이 멸망하고(313), 요동의 공손씨가 황해도 지역에 설치한 대방군도 고구려의 공격으로 소멸(314)됨으로써 한군현은 완전히 축출되었다.

③ **발전** : 위만 조선이 수준 높은 철기 문명을 바탕으로 주변의 소국을 복속하고 한강 이남의 진국(辰國)과의 중개 무역으로 강성해지자 한나라는 고조선 접경 지역에 창해군을 설치하여 고조선을 압박하였다.
④ **멸망** : 우거왕(위만의 손자) 시기에 섭하 사건으로 양국의 관계가 악화되자 한무제는 5만의 육군과 7천의 수군을 보내 고조선을 공격했고, 1년간 굳건히 버티던 고조선은 니계상 삼(參)이 우거왕을 살해하는 내분으로 왕검성이 함락되어 멸망했다(BC 108).
⑤ **한군현 설치** : 한(漢)은 위만 조선을 멸망시킨 후 그 영토 안에 낙랑, 진번, 임둔, 현도 등 4군을 설치하고 태수를 두어 통치했다. → 토착민들은 한 군현에 대한 지속적인 투쟁을 전개한다.

자료 위만 조선(BC 194~108)의 역사적 의의

위만은 진·한 교체기에 유이민 집단을 이끌고 고조선으로 들어올 때에 상투를 틀고 조선 옷을 입고 있었다. 준왕을 몰아내고 왕이 된 뒤에도(BC 194) 나라 이름을 그대로 조선이라 하였고, 그의 정권에는 토착민 출신으로 높은 지위에 오른 자가 많았다.

👉 위만의 고조선은 단군의 고조선을 계승하였다.

3 철기 시대 여러 나라의 성장

1. 여러 나라 성립의 배경

① **정치적 배경** : 고조선의 멸망 이후 각 지역에서 군장이 왕을 칭하는 연맹 왕국으로 발전하였다.
② **문화적 배경** : 발달된 철기 문화를 기반으로 여러 나라가 성장하였다.

2. 부여

(1) **건국** : 부여라는 이름이 BC 3세기 이전의 지리 기사를 실은 『산해경』과 『사기』 〈화식전〉에 보이는 것으로 보아 대체로 기원전 4세기경에 건국된 것으로 보인다(북부여).
(2) **위치** : 지금의 북만주 눙안(農安)·창춘(長春) 일대의 쑹화강(松花江) 유역의 평야 지대로 중심이 이동하여 기원전 1세기에는 강력한 왕국으로 등장하였다.
(3) **정치** : 세습 왕이 중앙을 통치하고 왕 아래 가축의 이름을 딴 제가(諸加 : 마가·우가·저가·구가)들이 4출도를 다스리는 5부족 연맹체였다.
① 왕은 대사자(大使者)·사자(使者) 등의 관리를 두었으며, 제가들도 각기 대사자·사자를 두었다.
② 왕권은 미약하였으나, 왕이 나온 대표 부족의 세력은 매우 강해서 궁궐, 성책, 감옥, 창고 등의 시설을 갖추고 있었고, 왕이 죽으면 많은 사람들을 순장하였다.

▲ 초기 철기 시대 여러 나라의 성장

순장
순장의 풍습은 고대 사회의 보편적 관습이었다. 부여는 귀한 사람이 죽으면 수백 명을 순장하였고 신라에서도 왕이 죽으면 남녀 5명씩 순장했다. 또한 고구려나 가야의 무덤에서도 순장의 흔적이 발견된다. 그러나 사회가 발전하면서 순장은 금지되었고(신라 지증왕) 흙으로 만든 인형인 토용(土俑)을 대신 부장하는 방향으로 변화되었다.

③ 1세기 초에 왕호를 사용할 정도로 발전하여 북으로 흑룡강 이남, 남으로 백두산에서 요하강 상류에 이르고, 동으로는 연해주에 미치는 광대한 국가를 형성했다.
④ 3세기 말 선비족의 침입으로 쇠퇴한 이후 고구려의 보호로 명맥을 유지하다가 문자왕 때 고구려에 복속되어 1천여 년의 역사를 마감하였다(494).

> **사료** 왕권이 약했던 부여의 모습
> 옛 부여 풍속에 가뭄이나 장마가 계속되어 오곡이 영글지 않으면 그 허물을 왕에게 돌려 '왕을 바꾸어야 한다.'고 하거나 '죽여야 한다.'고 하였다. 〈『삼국지』, 〈동이전〉〉

(4) **경제** : 반농반목(半農半牧)의 형태였으며, 특산물로 말·주옥·모피 등이 유명하였다.

> **사료** 중국인이 본 부여
> 부여에는 구릉과 못이 많아서 동이 지역 가운데서 가장 넓고 평판한 곳이다. 토질은 오곡을 가꾸기엔 알맞지만 과일은 생산되지 않는다. 사람들 체격이 매우 크고 성품이 강직 용맹하며 근엄하고 후덕하여 다른 나라를 노략질하지 않았다.
> 〈『삼국지』, 〈동이전〉〉

(5) **사회** : 왕·제가·호민 등이 지배층이고, 양인인 하호(下戶), 천민인 노비가 있었다.
(6) **풍속** : 순장(殉葬)과 후장(厚葬), 우제점법(牛蹄占法), 형사취수제(兄死娶嫂制), 은력(殷曆)의 사용, 흰 옷의 선호, 투기가 심한 부인은 사형에 처하는 일부다처제, 수렵 사회의 전통인 영고(12월)라는 제천 행사 같은 문화적 특징이 있었다.

3. 고구려

(1) **시원** : 한사군이 설치될 당시 현도군 내에 고구려현(高句麗縣)이 있었다는 기록으로 보아 BC 2세기 이전에 '구고구려'라는 작은 나라가 있었으며, BC 75년 현도군을 몰아낼 만큼 세력이 컸다.
(2) **건국** : 동부여에서 남하한 주몽이 이끈 부여족의 한 갈래(계루부 집단)가 '구고구려'의 토착 세력(소노부 집단)을 대신하여 압록강 지류인 동가강 유역 졸본 지방에서 건국하였다(BC 37).
① 유리왕 때 국내성으로 천도하여 **5부족 연맹**을 토대로 발전하였다.
② 한군현을 공격하여 요동 지방으로 진출하였고, 태조 때 옥저를 정복하여 동쪽으로 진출하였다.
③ 태조왕(53~146) 때부터 **계루부**의 고씨가 왕위를 세습하였다. 절노부는 왕비족으로, 연나부·연노부라고도 하였다. 토착 세력인 소노부, 순노부, 관노부 등 5부족이 중심이었다.

후장
죽은 자를 위한 장례를 성대히 하는 풍습. 부여의 경우 장례 날짜를 길게 하는 것을 선호하였으며, 여름철에는 얼음을 채워 시체의 부패를 막고 수십 일씩 장례를 진행하기도 했다. 『삼국지』 〈동이전〉에는 고구려의 후장 풍습으로 금은보화나 그릇들을 무덤에 함께 묻었다는 내용이 기록되어 있다.

우제점법
소의 굽을 태워 갈리진 모양을 보고 점을 치는 의식

소노부와 적통대인
원고구려의 토착 세력으로 주몽이 이끄는 계루부 집단에 의해 대체된 듯 하다. 『삼국지』 〈동이전〉에는 "소노부가 본래 국주(國主)였다. 지금 비록 왕이 되지 못하지만 그 적통대인은 고추가라 칭하며, 또한 종묘(宗廟)를 세우고 영성과 사직에 제사를 지낸다."고 하였다. 적통대인은 소노부의 지도자로 보이며 이는 고구려 초기 소노부가 상당한 정도의 자치력을 지닌 집단임을 보여준다.

④ 관직 : 왕 아래 상가, 고추가, 대로, 패자 등의 대가들이 있었으며, 대가들도 각기 사자, 조의, 선인 등의 관리를 거느렸다.
⑤ 제가 회의라는 귀족 회의가 있어 왕을 선출하는 등 **국가의 중대사를 결정하였다.**

사료 초기 고구려의 관직

벼슬로는 상가, 대로, 패자, 고추가, 주부, 우태, 승, 사자, 조의, 선인이 있으며, 신분의 높고 낮음에 따라 각각 등급을 두었다. 왕의 종족으로서 대가는 모두 고추가로 불린다. 모든 대가들도 스스로 사자, 조의, 선인을 두었는데 그 명단은 모두 왕에게 보고해야 한다. 이들은 회합할 때 순서상 왕 밑에 있는 사자, 조의, 선인과 같은 줄에 앉지 못한다.
〈『삼국지』, 〈동이전〉〉

🔹 초기 고구려가 계루부 집단 중심으로 확장해 나가는 과정에서 타 부족의 장에게 '우태', '고추가'라는 칭호를 부여하면서 통합해 나갔음을 알 수 있다.

(3) **약탈 경제** : 대부분 산악 지대로 자급자족이 어려웠다. 좌식자가 많았고, 생산물과 약탈물은 **부경**이라는 창고에 보관하였다. **맥궁**이라는 화살이 특산물로 유명하였다.

사료 초기 고구려의 경제 생활

큰 산과 깊은 골짜기가 많고 평원과 연못이 없어서 계곡을 따라 살며 골짜기 물을 식수로 마셨다. 좋은 밭이 없어서 힘들여 일구어도 배를 채우기는 부족하였다. 대가들은 농사를 짓지 않으므로, 좌식자가 만여 명이나 된다. 하호들이 먼 곳에서 양식·고기·소금 등을 운반하여 그들에게 공급한다.
〈『삼국지』, 〈동이전〉〉

🔹 좌식자(坐食者)는 군인·무사·전사 계층, 하호는 생산 계층이다.

국동대혈(國東大穴)
① '나라의 동쪽에 있는 큰 굴'이라는 뜻으로, 당시 고구려의 수도인 국내성(집안) 동쪽에 위치하였다.
② 수신(隧神) : 동굴신이라는 뜻으로, 혈신(穴神)이라고도 한다. 고구려의 굴 신앙을 보여주며, 제천 행사인 동맹 때 제사를 지냈다.
③ 국동대혈 위쪽에 있는 통천동은 수신(隧神)을 맞이한 곳으로, 해마다 10월에 고구려 왕이 군신들을 거느리고 이곳에서 하늘에 제사지냈다. 이것은 하늘에 제사지낸 '천자(天子)의 나라'로서, 고구려가 중국과 대등했다는 의미로 해석된다.

(4) **풍속** : 처가살이인 **서옥제**(壻屋制, 서옥은 사위집), **형사취수제**, 10월에 **동맹**이라는 제천 행사를 하고 국동대혈에서 하늘에 제사를 지냈으며, 주몽과 어머니 유화부인을 조상신으로 섬겨 제사를 지냈다.

사료 초기 고구려의 풍속

- 남녀가 결혼하면 곧 죽어서 입고 갈 수의를 미리 조금씩 만들어 둔다. 장례를 성대하게 지내니 금·은의 재물을 모두 소비하며, 돌을 쌓아서 봉분을 만들고 소나무, 잣나무를 그 주위에 열지어 심는다.
〈『삼국지』, 〈동이전〉〉
- 혼인할 때 말로 미리 정하고, 여자의 집 뒤편에 서옥(壻屋)이라는 작은 별채를 짓는다. 신랑이 신부의 집 문밖에서 자신의 이름을 밝힌 후 신부와 잘 수 있도록 청하면 신부 부모는 이를 허락하고, 신랑이 가져온 돈과 폐백은 서옥 곁에 쌓아둔다. 아들을 낳아서 장성하면 남편은 아내를 데리고 자기 집으로 돌아간다.
〈『삼국지』, 〈동이전〉〉
- 10월이 되면 나라 사람들이 크게 모여 하늘에 제사를 지내며 잔치를 베푸는데, 이를 동맹(東盟)이라고 한다. 나라 동쪽에 큰 동굴이 있는데 이를 수혈(隧穴)이라 부르며, 10월의 국중 대회에서 수신(隧神)을 맞아 나라 동쪽에서 제사를 지내는 곳이다.
〈『삼국지』, 〈동이전〉〉

🔹 **중국 측 입장이 반영된 『삼국지 위서 동이전』의 기록**
① 고구려 : 성품은 흉악하고 급해서 노략질하기를 좋아하였다.
② 부여 : 사람들 체격이 매우 크고 성품이 강직 용맹하며 근엄하고 후덕하여 다른 나라를 노략질하지 않았다.
③ 부여와 고구려를 차별한 이유 : 중국과 외교 관계에 있던 부여에 대해서는 호의적으로 기록하고, 자주 충돌했던 고구려에 대해서는 나쁘게 기록하고 있다.

4. 옥저와 동예

구분	옥저	동예
위치	지금의 **함흥평야** 일대(총 5천 호)	지금의 강원도 **동해안** 일대(총 2만여 호)
계통	부여족의 한 갈래	고구려 계통
경제	토지 비옥, 해산물 풍부, 고구려 **태조왕 때 복속**되어 소금, 어물, 맥포를 공납	토지가 비옥, 해산물 풍부, 특산물로 **단궁·과하마·반어피**가 유명, 명주, 삼베 등의 방직 기술 발달
풍속	**민며느리제**, 가족 공동 무덤(골장제)	**족외혼**, **책화**(責禍, 다른 부족의 영역 침범 시 노비, 소, 말 등으로 변상하는 풍습으로 씨족 사회의 유풍), **무천**(舞天, 10월, 제천 행사)
공통점	① **왕이 없고**, 후(侯)·읍군(邑君)·삼로(三老) 등 군장이 지배하였다. ② 부여족의 한 갈래로 **고구려와 언어·풍습이 같았다.** ③ 선진 문화의 수용이 늦어 씨족 사회의 풍습이 남아 있었다.	

> **자료** 동예의 집터

▲ 철(凸)자형 집터(강원도 강릉)

▲ 여(呂)자형 집터(강원도 횡성)

5. 진국과 삼한

(1) **진국(辰國)** : 중국 동북 지방에서 이주해 온 동이족의 한 갈래인 한족(韓族)은 BC 8세기경에 한강 이남 지역에 비파형 동검을 사용하는 수많은 성읍 국가를 세우고 BC 4세기경에는 진국이 성립되었다.

(2) **삼한(三韓)의 성립** : BC 2세기경 준왕을 필두로 하는 고조선의 망명객이 남하하자 진국의 발전이 촉진되면서 삼한(三韓)이 형성되었다.

① **마한(馬韓)** : 54개 소국이 소속되어 10만여 호를 거느렸으며, 천안, 익산, 나주 지역을 중심으로 형성되었다.

② **변한(弁韓)** : 경남 해안의 김해, 마산 지역을 중심으로 12국이 성립되었으며, 철이 많이 생산되어 일본과 낙랑에 수출하였다.

③ **진한(辰韓)** : 낙동강 유역과 경주 지역에는 위만 조선의 지배층이 대거 남하하여 진한 12국을 형성하였다.

④ **정치적 특징** : 삼한은 군장 국가로, 저수지 관리권을 가진 **신지(臣智)·견지(遣支)의 대군장**, **읍차(邑借)·부례(不例) 등 소군장** 등이 있었다.

목지국(目支國)
충남 직산(稷山), 천안 또는 전북 익산에 있던 마한의 소국 중 하나인 목지국이 마한 왕으로 추대되어 삼한 전체(진왕, 진국왕)를 주도하였다. 백제의 성장에 따라 4세기 근초고왕에게 대부분 병합되고, 익산 지역을 거쳐 마지막에 나주 부근에 자리 잡고 6세기 초까지 존속한 것으로 보인다.

솟대

⑤ 목지국 : 삼한 중 마한의 세력이 가장 컸으며, 그중 **목지국**(마한 왕)이 삼한을 주도하였다. 목지국은 남하한 부여족이 건국한 백제와 대립하는 형세를 보이다가 통합되고 말았다.

(3) 경제 : 벼농사가 발달하여 김제 벽골제, 의성 대제지, 상주 공검지, 밀양 수산제, 제천 의림지 등의 저수지가 많았으며, 특히 변한은 **철** 생산이 활발하여 낙랑, 왜 등에 수출하고 화폐처럼 사용하였다.

(4) 풍속
① 제천 행사로 5월 수릿날의 기풍제(祈豊祭)와 10월의 추수 감사제를 거행했으며, 공동 작업의 풍습인 두레가 있었다.
② 마한에서는 종교적 제사장의 역할을 하는 천군이 **솟대**(蘇塗)라고 불리는 독립된 영역을 지배하여 제정 분리가 이루어진 특성을 보인다.

사료 마한의 풍속 : 소도(蘇塗, 솟대)와 문신

- 천신에 제사 지내는 사람을 '천군(天君)'이라고 한다. 특별한 읍이 있어 '소도'라고 하는데, 큰 나무를 세우고, 방울과 북을 매달아 놓고 귀신을 섬겼다. 죄인이 도망하면 잡아가지 못하였다. 〈『삼국지 위서 동이전』, 〈마한조〉〉
- 그(마한) 남쪽 경계에는 왜와 가까워 역시 몸에 문신을 하였다. 〈『후한서 동이전』, 〈마한조〉〉

솟대의 의미
솟대는 나무로 새를 조각하여 장대 끝에 꽂아 세운 것으로, 성역인 소도를 상징하는 표식이다. 나무 새는 하늘과 인간 세상을 연결한다고 생각되었다. 이러한 솟대 신앙은 마한에서 기원하고 있으며, 만주와 시베리아 일대에도 널리 분포하고 있다. 소도의 존재는 당시 마한의 사회가 제정 분리적 특징을 가졌음을 보여준다.

(5) 주거지와 무덤
① 땅을 파고 생활하는 초가지붕의 반움집(토실)과 귀틀집을 짓고 살았다.
② 고인돌보다 한 단계 진화된 움무덤(토광묘)과 나무 널무덤(창원 다호리), 돌덧널무덤(석곽묘)이 유행하였다.

자료 마한의 유적

1. 마한의 토실(土室)

▲ 마한의 토실(충남 공주)

① 『삼국지 위서 동이전』에 기록된 땅을 파고 생활하는 마한의 토실 형태의 집터로 최근 공주 장선리에서 발견되었다.
② "초옥 토실(草屋土室)을 만들어 거처했는데 형태가 무덤과 같으며, 출입구는 위에 있고, 가족이 모두 그 안에서 생활하여 장유(長幼) 남녀(男女)의 구별이 없다."
〈『삼국지 위서 동이전』, 〈마한조〉〉
③ 땅을 파서 만든 단순한 움집(수혈 유구)과 달리, 수직으로 구멍을 파서 공간을 만든 뒤 다시 그 옆을 수직으로 파 내려가 2단, 3단의 방을 만든 것으로 일종의 개미굴 같은 형태의 움집이다. 기둥을 세워 초가로 덮고 사다리를 이용해서 출입한 것으로 보인다.

2. 마한의 무덤

▲ 마한의 무덤(전남 나주)

중앙에 널무덤이 있고 주변에는 해자 모양의 고랑이 있어 주구묘라고 불린다.

한눈에 보기 — 여러 나라의 생활 모습 정리

구분	위치	정치	경제	사회	제천 행사
부여	만주 송화강 유역 평야 지대	• 5부족 연맹체 • 가(加)들에 의해 국왕 선출 • 왕이 중앙, 가들이 4출도를 따로 다스림(연맹 왕국) • 1세기 초 왕호 사용	• 반농반목 • 말, 주옥, 모피 등 특산물	• 순장 • 우제점복 • 1책 12법 (4개조의 법) • 고구려와 백제의 원류	영고 (수렵 전통, 12월)
고구려	동가강 유역의 졸본 (→ 통구)	• 5부족 연맹체 • 대가들은 각기 사자, 조의, 선인 등의 관리를 거느림(연맹 왕국) • 제가 회의에서 중대사 결정	약탈 경제(산악지대로 식량 부족)	• 서옥제(데릴사위) • 조상신 숭배	동맹 (추수 감사제, 10월)
옥저	함경도와 강원도 북부의 동해안 지방	• 왕이 없고 군장(읍군, 삼로)이 지배 • 고구려의 압박으로 연맹 왕국으로 발전하지 못함	• 공납 경제(고구려) • 토지 비옥 • 해산물 풍부	• 가족 공동 무덤 • 민며느리제	
동예			• 공납 경제(고구려) • 토지 비옥, 해산물 풍부 • 단궁, 과하마, 반어피, 방직 기술 발달	• 족외혼 • 책화	무천(10월)
삼한	한강 이남 (마한, 진한, 변한)	• 마한의 목지국이 주도 (78개의 소국) • 군장 – 신지, 견지, 읍차, 부례 • 소도(천군) – 제정분리	• 벼농사 발달(두레) • 철 생산, 수출, 화폐처럼 사용(변한)	• 반움집, 귀틀집에서 거주	수릿날(5월) 계절제(10월)

3

고대 사회

01 고대의 정치
02 고대의 경제
03 고대의 사회
04 고대의 문화

01 고대의 정치

1 고대 국가의 성립

1. 국가의 발전 단계

① **군장 국가** : 청동기 시대 계급이 발생하면서 군장(君長) 또는 부족장이 건국한 부족 국가, 성읍 국가, 도시 국가를 말하며, 최초의 국가는 **고조선**이다.

② **연맹 왕국** : 왕이 출현하여 연맹체를 형성하였으나, 군장이 자기 부족을 각자 지배하면서 왕권은 미약한 편이었다. 철기 시대 여러 나라에 해당하며, 그 중 옥저·동예는 군장 국가에 머물렀다.

③ **중앙 집권 국가(고대 국가)** : 왕권이 점차 강화되고 부족적 전통이 약화되면서 고구려·백제·신라의 삼국이 성립하였다. 가야는 중앙 집권을 이루지 못하고 신라와 백제에 흡수되었다.

2. 중앙 집권 국가(고대 국가)의 특징

① 변천

구분	연맹 왕국	중앙 집권 국가
왕위	정형화된 제도로 정착 안 됨	세습(형제 → 부자 상속)
왕권	상대적으로 약화	강화(신분과 정치 제도가 확립됨)
군장	자기 부족 독자 지배	왕권에 의해 중앙의 귀족으로 흡수
법률	엄격한 관습법	율령 반포(정치·사회 전반을 규정하는 성문법전)
권력	지방 분권	중앙 집권
영역	소규모 성읍 국가의 연합	적극적인 정복 전쟁으로 영토의 확장
종교	원시 신앙	국가 통치 이념으로 불교 수용 → 백성의 통합

② **대표적 특징** : 3국은 강력한 왕권을 바탕으로 정복 활동을 벌이면서 점차 영역 국가로 성장하였다.

구분	부자 상속	불교의 수용	율령 반포
고구려	2세기 고국천왕	4세기 소수림왕(372, 전진에서 수용)	소수림왕(373)
백제	4세기 근초고왕	4세기 침류왕(384, 동진에서 수용)	고이왕(3세기 후반)
신라	5세기 눌지왕	5세기 눌지왕(묵호자) → 법흥왕 공인(527)	법흥왕(520)

삼국의 율령 반포

율령의 반포는 중앙 집권 국가 체제가 정비되었음을 의미하는데 고구려는 소수림왕, 신라는 법흥왕 때 율령이 반포되었다. 백제의 경우 율령을 반포했다는 기록은 없지만 고이왕 때 관등제와 관리의 복색이 정해졌다는 기록이 있으므로 율령 체계가 마련된 것으로 보고 있다.

2 고구려의 발전

1. 왕대로 본 시대사

1대 「동명왕」 BC 37~AD19
① 고주몽 또는 추모왕으로, 요령성 환인에 있는 졸본에 건국(BC 37)하였다.
② 비류국(송양)·행인국·북옥저 등을 정복하였다.

▲ 오녀산성(졸본성)

비류국
① 다물국(多勿國) 또는 비류나(沸流那)로도 부름
② 비류국왕 송양은 고구려 5부의 하나인 소노부(消奴部)의 장(長)으로 보이며, 주몽의 계루부(桂婁部)와 주도권 싸움을 함
③ 주몽은 졸본 부여왕의 딸인 소서노(김西奴, 졸본 지역의 토착 세력)와의 결혼으로 세력을 확대하여 비류국 병합

사료 고구려 건국 설화의 변천과 특징

- "옛적 시조 추모왕(주몽)이 나라를 세웠는데, 왕은 부여에서 태어났으며, 천제(天帝)의 아들이었고, 어머니는 하백의 따님이었다. 알을 깨고 세상에 나왔는데, 태어나면서부터 (신령스러운 기운이) 있었다." 〈광개토대왕 비문〉

- "주몽의 아버지는 천제(天帝)의 아들인 해모수(解慕漱)였다. 주몽의 어머니인 하백(河伯)의 딸 유화부인(柳花夫人)이 해모수와 정을 통한 뒤 집에서 쫓겨났다. 이때 동부여의 금와왕(金蛙王)이 태백산 남쪽 우발수(優渤水)에서 유화부인을 만나 이야기를 듣고 이상히 여겨 방 속에 가두었더니 햇빛이 따라다니며 비친 뒤 태기가 있어 큰 알을 하나 낳았다. …… 알을 덮어 따뜻한 곳에 두었더니 한 사내아이가 껍데기를 깨뜨리고 나왔다. 골격과 생김새가 영특하고 기이하였다. 7살에 스스로 활과 살을 만들어 쏘는데 백발백중이었다. 부여 말로 활을 잘 쏘는 사람을 주몽이라 하므로 이름을 주몽이라 하였다." 〈삼국사기〉

① 동명 설화(東明說話) : 부여족이 공유하고 있던 설화로 그 내용이 1세기 말에 편찬된 중국책 『논형(論衡)』에 기록되어 있으며, 고구려 건국 이전부터 전해져 왔던 것으로 보인다.

② 이를 바탕으로 만들어진 주몽 설화는 적어도 1세기 이후에 성립되었으며, 현재 주몽설화를 전하는 최초의 기록은 414년에 설립된 〈광개토왕릉비〉이다. 또한 435년 고구려를 방문한 북위사신 이오(李傲)의 견문을 바탕으로 편찬된 『위서(魏書)』와 5세기 중반에 축조된 〈모두루묘지〉에도 주몽 설화가 나온다.

③ 두 설화의 차이점
 ㉠ 동명 설화 : 탁리국 국왕의 시비(侍婢)가 천기를 받아 아들을 낳고 그가 활을 잘 쏘는 동명이 되어 부여의 왕이 되었다.
 ㉡ 주몽 설화 : 수신(水神)인 하백의 딸이 햇빛에 감응되거나 천제와 결합하여 알을 낳고 그 알에서 주몽이 태어난 것으로 나온다. 주인공의 계통이 더욱 구체적으로 설정되고 난생(卵生)의 요소가 새롭게 첨가되었다.

④ 주몽 설화의 변천 : 5세기경에 주몽설화는 또다시 변화되는데, 『삼국사기』, 『삼국유사』 등 고려 시기 문헌에 기록된 내용은 이러한 변화를 겪은 것들이다. 〈광개토왕릉비〉와 비교할 때 해모수(解慕漱)와 유화(柳花)라는 인격신이 새롭게 등장하며 출생지도 북부여(광개토왕릉비)에서 동부여(『삼국사기』)로 바뀌었다.

⑤ 의미 : 왕계의 교체 및 고구려사의 변천과 연관된 것으로 보이는데, 구체적 원인에 대해서는 의견이 분분하다

2대 「유리왕」 BC 19~AD 18
'해(解)'씨 왕. 〈황조가〉로 유명하고 국내성(집안)으로 천도하였다(AD 3).

3대 「대무신왕」 18~44
동부여왕 대소를 죽이고 병합하고, 낙랑을 공격하였다. 아들이 호동왕자로 유명하다.

4대 「민중왕」 44~48
대무신왕의 동생(『삼국사기』)이라고도 하고, 대무신왕의 아들로, 모본왕의 동생(『삼국유사』)이라고도 한다.

5대 「모본왕」 48~53
'해' 씨의 마지막 왕이다.

고구려 초기 국왕들의 성씨(해씨 왕)
『삼국유사』에는 초기 국왕들의 성씨가 건국자인 추모왕의 고씨와 다른 해(解)씨라고 기록되어 있다. 그러나 초기 고구려왕들의 성씨에 대해서는 고구려 왕실의 교체와 맞물려 학자들 간의 다양한 견해가 병존하고 있다.

6대 「태조왕」 53~146
① 거의 100년간 집권하면서 안으로 계루부 고씨(高氏)의 왕위 계승권을 확립하여 태조왕이라는 이름을 얻게 되었다.
② 왕위의 형제 상속을 이루어 왕권을 강화하였다.
③ 동옥저를 정복하여 풍부한 물자를 공급받음으로써 중국과의 전쟁에서 후방 기지를 확보하였다.
④ 후한의 요동군과 현도군을 공격하여 영역을 넓히는 등 적극적 공세를 취했다.

7대 「차대왕」 146~165
연나부 출신으로 조의 벼슬에 있던 명림답부가 쿠데타를 일으켜 왕을 폐하고 신대왕을 옹립하였다.

8대 「신대왕」 165~179
① 명림답부를 최초의 국상에 등용하였다.
② 후한의 침공을 격퇴하고, 176년 왕자 남무를 태자로 책봉하여 부자상속제의 기틀을 마련하였다.

9대 「고국천왕」 179~197
① 왕권은 더욱 안정되고 중앙 집권도 한층 강화되었다.
② 부족적 전통을 지녀온 5부를 행정 단위를 의미하는 동, 서, 남, 북 중의 방향을 표시하는 5부로 개편하고, 5부의 족장들은 중앙 귀족으로 편입되었다.
③ 왕위 계승이 형제 상속에서 부자 상속으로 바뀌었으며, 절노부의 명림씨가 왕비족으로 정해졌다.
④ 한미한 출신의 을파소를 국상으로 기용하여 춘대추납의 진대법(194)을 실시하고 소농들의 보호 정책을 추진하였다.

10대 「산상왕」 197~227
고국천왕의 동생으로, 형수인 왕비 우씨와 결합하고 우씨의 추대를 받아 즉위하였다(형사취수의 대표적 사례).

11대 「동천왕」 227~248
오와 교류하고 서안평을 공격하였으나, 위장 관구검이 침입(244)하였다. 밀우와 유유의 활약으로 겨우 막았다.

12대 「중천왕」 248~270
순장을 금지하고, 투기가 심한 관나 부인을 처형하였다(전통적 나부(那部)의 해체를 의미).

13대 「서천왕」 270~292
중천왕의 둘째 아들. 숙신의 침입을 격퇴하고, 왕위를 찬탈하려던 동생인 일우와 소발을 처단하였다.

명림답부(67~179)
연나부 출신으로 조의 벼실에 있으면서 차대왕을 죽이고 왕의 동생인 신대왕을 옹립했으며 고구려 최초의 국상이 되어 정권을 장악하였다. 172년 후한의 침입을 격퇴하였으며 113세까지 생존하였다.

형사취수제
형이 사망하면 동생이 형의 재산을 상속하고 형수를 아내로 맞이하는 풍습이다. 유목민에게 흔히 보이는 관습이며 씨족의 재산과 생명을 유지하려는 목적에서 이루어졌다. 부여·고구려 및 흉노에서 나타났다.

14대 「봉상왕」 292~300
숙부 달가와 동생 돌고를 처형하고 돌고의 아들 을불을 죽이려고 하였다. 모용씨의 침입으로 서천왕릉이 도굴되었다. 모용씨는 선비족으로 5호 16국 시대에 전연과 후연을 세웠다. 국상 창조리의 혁명으로 자살하고, 을불이 왕(미천왕)이 되었다.

15대 「미천왕」 300~331
서안평을 점령(311)하여 요동으로의 진출로를 확보하고 낙랑을 축출(313)하였으며, 대방을 점령(314)하여 중국 세력을 완전히 몰아냈다.

16대 「고국원왕」 331~371 : 고구려의 위기
전연 모용황의 침입으로 수도가 함락(342)되고 미천왕의 시신이 도굴되는 국난을 당했으며, 백제 근초고왕의 공격으로 평양성 전투(371)에서 전사하였다.

17대 「소수림왕」 371~384
① 전진과 수교하고 순도가 불교를 전래(372)하였다.
② 율령(373)을 반포하고 태학(372)을 세웠다.

18대 「고국양왕」 384~391
① 신라 내물왕의 조카 실성을 인질로 삼았다.
② 소수림왕의 아우로, 광개토태왕의 아버지이다.

19대 「광개토태왕」 391~413
① 최초로 '영락'이라는 연호를 사용하였으며, 시호는 '국강상광개토평안호태왕'이다.
② 후연을 격파하여 요동을 확보하고, 북쪽으로 숙신을 정복하여 만주 일대를 장악하였다.
③ 동예를 정복하고, 계속적으로 백제를 압박하여 백제의 아신왕에게 항복을 받아내고(396) 한강 이북까지 진출하였다.
④ 백제와 왜(일본)가 신라를 공격하자 도움을 요청한 내물왕에게 5만의 군대를 보내 왜를 격퇴하고 신라를 구원하였다(400).
⑤ 동부여를 정벌하고 후연을 압박하여 내분으로 멸망에 이르게 하였다(408).

자료 태왕릉
① 광개토태왕릉비 약 400m 주변에 있다.
② 규모가 장군총(장수왕의 무덤으로 추정)의 두 배 정도이며, 이곳에서 발굴된 벽돌과 청동 방울에 '태왕'이라는 글귀로 보아 광개토태왕(호태왕)의 무덤으로 본다.
③ 장군총이 7층 규모에 널방이 5층에 있는 데 비해, 태왕릉은 8층 규모에 널방이 8층에 있다. 널방의 위치가 점차 내려오는 추세로 보아 태왕릉이 장군총보다 먼저 만들어진 것으로 해석된다.

▲ 고구려의 중요 지역

을불(미천왕) 이야기
을불의 아버지 돌고가 형인 봉상왕에 의해 반역 혐의로 죽음을 당하자 도망한 을불이 온갖 고생을 겪는다는 내용이 『삼국사기』에 전한다. 을불은 머슴살이로 고생하면서 마련한 밑천으로 소금장수를 했다. 한 노파가 소금을 더 줄 것을 요구하자 이를 거절했는데, 노파가 자신의 신발을 소금 속에 몰래 감추고 을불이 신발을 도둑질 했다고 고발하였다. 을불은 관가에서 매를 맞고 신발값을 변상한 후에 겨우 풀려난다. 이 이야기를 통해 미천왕의 고난과 고구려 시기 소상인(행상), 머슴제의 존재 등을 확인할 수 있다.

우리나라 고대에 사용된 독자적 연호 (年號)

고구려	광개토태왕	영락(광개토태왕비문)
	장수왕(추정)	연가, 연수, 건흥
신라	법흥왕	건원
	진흥왕	개국, 대창, 홍제
	진평왕	건복
	선덕여왕	인평
	진덕여왕	태화
장안	김헌창	경운

▲ 태왕릉

자료 광개토태왕릉비(414)

고구려 국내성이 있던 중국 지린성(吉林) 지안현(集安) 퉁거우(通溝)에 소재하고 있다.

1. 비문의 구성(3부분)
① 고구려의 건국 신화와 추모왕(동명왕), 유류왕(유리왕), 대주류왕(대무신왕)으로 이어지는 계보를 정리하였다.
② 광개토태왕의 정복 활동: 만주 정복, 백제 정벌, 신라 구원, 동부여 및 숙신 정벌에 대한 내용들을 연대순으로 기록해 놓았다. 64개의 성(城)과 1,400개의 촌(村)을 공파(攻破)하였다.
③ 능을 관리하는 수묘인(守墓人, 능지기) 연호(煙戶)의 숫자와 차출 방식, 수묘인의 매매 금지에 대한 규정: 고구려 수묘제(守墓制)의 실상과 수묘인의 신분 등 연구에 중요한 자료이다.

2. 신묘년(辛卯年) 기사(記事)를 둘러싼 논쟁과 임나일본부설

倭以辛卯年來渡海破百殘加羅新羅以爲臣民

① '임나일본부설(任那日本府說)'의 시작: 일본 포병 중위 사코 카게노부(酒匂景信)가 비문을 1883년에 입수하여 참모 본부에서 비밀리에 해독 작업을 진행했고, 1888년에 요코이 다다나오(橫井忠直)가 "왜가 신묘년에 바다를 건너와서 백제와 신라 등을 깨고 신민으로 삼았다."고 해석하였으며, 『일본서기』에 기록된 '임나일본부'의 근거로 삼았다.
② 우리 측에서는 '도해파(渡海破)'의 주어를 고구려로 보아 "신묘년에 왜가 침입해오니 (고구려 광개토태왕)이 바다 건너 왜를 깨뜨리고 백제와 □□ 신라를 신민으로 삼았다."고 해석하여 일본인들과는 다른 견해를 제시했다.
③ 최근 근초고왕 시기의 백제 장군 목라근자(木羅斤資)가 369년 가야 7국을 평정하고 382년 임나(고령 대가야)를 구원함으로써 시작되어 6세기까지 지속된 백제의 임나경영을 『일본서기』 편찬 당시 백제계 후손들이 윤색함으로써 생긴 역사적 오해라는 견해가 제시되었다(김현구).

▲ 광개토왕비

20대 「장수왕」 413~491
① 79년간 재위하면서 부왕의 정복 사업을 계승하여 고구려 최고의 전성기를 이룩했다.
② 광개토왕비를 건립하였다(414, 국내성).
③ 흥안령 일대의 초원 지대를 장악하는 한편, 중국 남북조(북위·송)와 동시 교류하는 양면 외교 정책으로 중국을 견제하였다.
④ 평양으로 천도(427)하고 안학궁을 건설하여 왕권을 강화하고 남진 정책을 폈다. 이에 백제는 신라와 동맹(433)을 체결하고 북위에 국서(472)를 보내 군사 원조를 요청하였다.
⑤ 백제의 수도인 위례성(한성)을 함락(475)시키고 백제 개로왕을 살해하여 죽령에서 남양만에 이르는 남한강 유역까지 확보하고 중원고구려비를 세웠다(480).
⑥ 평양 천도 시기에 지방에 경당을 설립하여 한학과 무술을 가르쳤다.

▲ 고구려의 전성(5세기)

장수왕이 보낸 간첩 도림
장수왕이 백제의 정세를 알아보기 위해 파견한 승려 신분의 첩자이다. 백제 개로왕이 바둑을 매우 좋아한다는 사실을 알고 접근하여 신임을 얻게 되자 왕성을 쌓는 거대한 토목 공사를 제안하여 백제의 재정을 고갈시키는 데 성공했다. 고구려로 돌아와 이 사실을 장수왕에게 보고하자 475년 왕은 3만의 군대를 보내 한성을 함락하고 개로왕을 죽였다.

사료 ─ 장수왕의 자주 외교

481년, 고구려가 사신을 보내 (남제에) 공물을 바쳤다. 북위에도 사신을 보냈다. 그러나 (고구려)의 세력이 강성하여 통제받지 않았다. 북위는 사신의 숙소를 만들 때 남제 사신의 숙소를 제일 크게 만들고 고구려는 그 다음 크기로 하였다. 489년, 남제의 사신이 북위에 갔을 때 고구려의 사신과 나란히 앉게 되었다. 남제의 사신이 "고구려는 우리 조정에서 신하로 따르고 있는데 오늘 감히 우리와 나란히 설 수 있는가?"라고 항의하였다. 〈『남제서』〉

> 사료에 보이듯이 고구려는 남북조와 동시에 교류하였다. 고구려의 국력이 강했기 때문에 북위와 남제는 고구려를 함부로 다룰 수 없었다. 게다가 북위는 형식상 남제의 조공국이던 고구려를 남제와 동등하게 대우하였고 이로 인해 남제의 항의를 받았던 것이다. 이러한 고구려의 조공 외교는 강력한 힘을 바탕으로 당시의 국제 관계를 고려한 실리 추구 정책이었다.

자료 ─ 중원고구려비

5월에 고려 대왕 상왕공(相王公)은 신라 매금(寐錦)과 세세토록 형제처럼 지내기를 원하였다. …… 매금의 의복을 내리고 …… 상하(上下)에게 의복을 내리라는 교를 내리셨다. …… 12월 23일 갑인에 동이매금(東夷寐錦)의 상하가 우벌성에 와 교(敎)를 내렸다.

> 충북 충주시 소재. 국보 제205호. 5세기 남한강 이남을 확보하고 세운 척경비로, 한반도에서 발견(1979)된 유일한 고구려비이다. '전부대사자', '제위', '사자' 등 고구려의 관직 이름이 보이며, 신라왕을 '동이매금'이라고 낮추어 부르는 등 고구려가 천하의 중심이라는 자부심을 보여주고 있다. 장수왕 혹은 문자명왕대에 세워진 것으로 추정된다.

▲ 중원고구려비

21대 「문자왕」 491~519

부여를 복속(494)시켜 고구려 최대 영토를 확보하였다.

22대 「안장왕」 519~531

① 남북조(북위·양)와 동시 교류하는 외교 정책을 폈다.
② 한씨 미녀와의 사랑 이야기가 전해지며, 신하들에게 피살되었다는 내용이 『일본서기』에 기록되어 있다.

23대 「안원왕」 531~545

나·제 연합의 공격을 받고, 안원왕 말년 수도에서 벌어진 추군(양원왕 지지) 측과 세군 측 간의 내전으로 패배한 세군 측의 피살자가 2천여 명이나 되었고, 승리한 추군 측의 왕자가 양원왕으로 즉위하였다. 이후 왕권이 쇠퇴하기 시작하였다.

24대 「양원왕」 545~559

북제, 돌궐의 침입을 받았고, 나·제 연합군에게 한강 유역을 상실(551)하였다. 고구려의 고승 혜량(惠亮)이 신라의 거칠부에게 '나라에 정란이 있어 멸망이 멀지 않다(『삼국사기』).'고 하면서 신라로 투항하였다.

안장왕과 한씨 미녀 이야기

안장왕이 태자의 신분으로 백제에 몰래 잠입하여 정보를 수집하던 중 '한주'라는 미녀를 만나 사랑을 나누고 돌아왔는데, 한씨 미녀가 지역 태수의 청혼을 거절하고 투옥되자 왕에 오른 안장왕이 장군 '을밀'의 도움으로 그 지역을 정복하여 다시 사랑을 맺었다는 내용이 『신증동국여지승람』에 전한다. 춘향전의 유래로 보고 있다.

25대 「평원왕」 559~590
① 나제 동맹이 결렬(554)되고, 수가 남북조를 통일(589)하여 신라와 수교(594)하여 고구려를 압박하였다.
② 한강 유역을 되찾기 위해 온달 장군을 보내 공격하였으나 아차산성에서 전사하였다(590).

자료: 6세기 후반 고구려 귀족 연립 정권의 수립과 특징

551년 나·제 동맹군의 반격으로 한강 유역을 상실하고, 이어 북제와 돌궐의 압박이 거세지자 평원왕 시기 이후 고구려 귀족들은 일단 그들 간의 분쟁을 중단하고 타협책으로 귀족 연립 정권 체제를 구축한 뒤 외침을 방어하는 데 주력하였다. 이 체제하에서 실권자의 직인 대대로(大對盧)는 소수의 유력 귀족들이 3년마다 선출하였으며, 합의가 여의치 않을 때는 각기 병력을 동원해 무력으로 승부를 가렸다. 이때 국왕은 궁문을 닫아걸고 간섭하지 못했다. 왕은 천손으로서 최고 사제의 권능은 여전히 유지하였으나 현실 정치에서 그의 힘은 크게 약화되었다. 이러한 체제의 기본적인 틀은 고구려 말기까지 지속되었다. 후일 연개소문의 쿠데타와 집권 과정도 이러한 맥락에서 이해되어야 한다.

3 백제의 발전

1. 왕대로 본 시대사

세기	백제
1C	• 토착 세력(한강 유역) + 유이민(고구려계)의 결합 • 1대 「온조왕」 BC 18~AD 28 　- 고구려계의 유이민(온조, 비류)과 한강 유역의 토착 세력이 결합하여 하남 위례성에 도읍하였다(BC 18). 　- 그 후 도읍을 위례성에서 한성(하북 위례성)으로 옮기고, 십제(十濟)를 '백제'(百濟)로 고쳤다.
2C	2대 「다루왕」 28~77 → 3대 「기루왕」 77~128 → 4대 「개루왕」 128~166 → 5대 「초고왕」 166~214
3C	6대 「구수왕」 214~234 → 7대 「사반왕」 234

자료: 하남 위례성의 유력한 유적지 풍납토성(廣州風納里土城)

① 원래 행정 구역은 경기도 광주이나 지금은 서울 송파구 소재
② 성벽은 돌이 아니라 모래로 쌓아 올린 토성(土城)이며, 한강 유역에 있는 백제 유적 가운데 최대 규모의 토성으로, 몽촌토성(송파)·삼성동 토성 등과 더불어 백제 초기 한성 시대의 대표적인 성(城)으로 파악되며, 규모로 보아 대규모 인력을 동원할 수 있는 강력한 왕권의 성립을 암시해 준다. 최근의 발굴로 드러난 유적과 유물을 근거로 한성 백제 시대의 수도 위례성으로 보는 견해가 많다.

③ 풍납토성 출토 유물

▲ 초두
(중국제 청동 자루 솥)

▲ 대부(大夫) 명 토기

▲ 중국제 청동 고리

8대 「고이왕」 234~286
① 낙랑군과 대방군, 말갈족을 북으로 밀어내면서 **영토를 넓히고 국가 체제를 새롭게 정비**했다.
② 중앙 집권 체제의 정비 : 중앙에 **6좌평**을 두어 업무를 분장시키고 **16관등제**와 **백관의 공복**을 제정하여 지방의 족장들을 차등 있게 중앙 관료로 흡수함으로써 정비된 고대 왕국의 모습을 갖추었는데, **율령의 반포**가 있었던 것으로 보인다.
③ **형제 상속**을 확립하고, 귀족 회의인 **남당**을 설치하였다.
④ **목지국**을 공격하여 **한강 유역을 장악**하였다.

사료 | 백제의 남당
춘 정월 초길(初吉)에 왕이 자주색으로 된 큰 소매 달린 도포와 푸른색 비단 바지를 입고 금꽃으로 장식한 검은색 비단 모자(오라관)를 쓰고, 흰 가죽 띠를 두르고, 검은 가죽신을 신고 남당(南堂)에 앉아 정사를 보았다. 〈『삼국사기』, 〈고이왕 28년 조〉〉

> 남당은 왕을 중심으로 귀족들이 모여 정사를 논의하던 정청이다. 고이왕대 국왕의 권력이 어느 정도 공고해졌음을 보여준다. 이후 왕권이 더욱 강화되고 정치 기구가 복잡해지면서 행정 부문은 다른 기관으로 분리되었고, 남당은 군신 회의나 연회를 행하는 장소로 성격이 바뀌었다.

9대 「책계왕」 286~298
10대 「분서왕」 298~304
낙랑 공격이 실패로 돌아가고 낙랑 태수가 보낸 자객에게 살해되었다.
11대 「비류왕」 304~344
12대 「계왕」 344~346

13대 「근초고왕」 346~375
① 천안에서 익산 지방으로 옮긴 것으로 추정되는 **마한을 통합**하고(369), 전라남도 해안까지 확보했다.
② 장군 목라근자를 보내 **가야 7국**을 **병합**하였는데, 그의 후손이 왜국으로 건너갔기 때문에 『일본서기』에는 마치 왜국이 가야를 정복하여 임나일본부를 설치한 것처럼 윤색되었다.
③ 황해도 치양에서 고구려를 물리친 후 평양성까지 진격하여 **고국원왕을 전사**시켰다(371).
④ 동진과 교류하는 한편, 요서 · 산둥 · 일본(규슈) 등으로 해외 진출이 활발하여 강력한 국제적 상업 국가로 성장했다.

⑤ 왕위의 부자 상속제를 확립하였다.
⑥ 일본에 대한 정치·문화적 영향력이 커서 왜왕에 칠지도를 하사하였고(369), 아직기가 일본의 태자에게 한자를 가르치고 왕인이 『논어』와 『천자문』을 전해 주었다.
⑦ 박사 고흥이 백제 역사서인 『서기』를 편찬하였다(375).

사료 한성 시기 백제의 팽창

1. 4세기 백제의 요서 지역 진출
- 백제는 본래 고려(고구려)와 함께 요동의 동쪽 1,000여 리에 있었다. 고려가 요동을 차지하니, 백제는 요서를 차지하였다. 백제가 통치한 곳을 진평군(진평현)이라 한다. 〈『송서』〉
- 처음 백가(百家)로서 바다를 건넜다 하여 백제라 한다. 진대(晉代)에 구려(句麗, 고구려)가 이미 요동을 차지하니 백제 역시 요서, 진평의 두 군을 차지하였다. 〈『통전』〉

2. 칠지도(七支刀)
- (앞면) 태□(泰□) 4년 □월 16일 병오일 정오에 무쇠를 백 번이나 두들겨서 칠지도를 만든다. 이 칼은 백병(재앙)을 피할 수 있다. 마땅히 후왕(왜왕 旨를 가리킴)에게 줄 만하다.
- (뒷면) 선세(先世) 이래 아무도 이런 칼을 가진 일이 없는데, 백제 왕세자가 기이하게 태어나 성스러운 덕이 있기 때문에(奇生聖音) 왜왕 지(旨)를 위하여 일부러 만들었다. 후세에 길이 전할 것이다.
〈『일본서기(日本書紀)』 신공기(神功記), 1993 소진철(蘇鎭轍)의 해석〉

🔄 백제 근초고왕이 4세기에 왜왕에게 하사한 철제(鐵製) 칼로, 길이 74.9cm에 앞뒷면 61자(字)가 금상감(金象嵌)되어 있다. 현재 일본 나라현 이소노카미 신궁에 보관되어 있다.

3. 한성 시기 백제 금동관의 의미
① 한성 백제가 옛 마한의 영역을 흡수하는 과정에서 지방의 전략적 요충 지역을 장악한 유력자에게 하사한 위세품으로 보인다.
② 공주 수촌리, 고흥 길두리 등 충청, 전라도 각지에서 동일한 양식의 금동관이 7점이나 출토되었고, 일본 큐슈 지역에서도 1점이 출토되어 백제의 세력권을 가늠해 볼 수 있다.

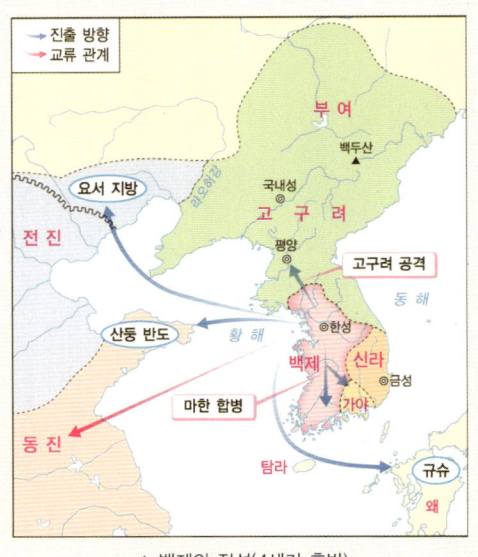
▲ 백제의 전성(4세기 후반)

▲ 칠지도

▲ 백제금동관 복원품(광주 수촌리 출토)

14대 「근구수왕」 375~384

15대 「침류왕」 384~385

동진의 승려 마라난타가 불교를 전하였다(384).

16대 「진사왕」 385~392

광개토태왕에게 한강 이북 지역의 10여 개 성(392, 요충지 관미성)을 빼앗겼다.

17대 「아신왕」 392~405

수군까지 동원한 광개토태왕의 공격으로 한성이 포위되자 항복을 청하고 조공을 바쳤다(396). 이에 왜와 연결하기 위해 태자 전지를 외교 사절로 파견하였다.

18대 「전지왕」 405~420

상좌평제를 설치하고, 남조의 동진과 교류하였다.

19대 「구이신왕」 420~427

20대 「비유왕」 427~455

신라 눌지마립간과 나제 동맹을 체결하고(433), 남조의 송과 교류하였다.

21대 「개로왕」 455~475

북위에 국서를 보내 원병을 요청하였으나(472), 장수왕의 침공으로 한성이 함락되고 왕은 살해되었다(475).

백제·신라의 나제 동맹(433~553)의 변천

① **한성 시기**: 신라와 백제가 고구려의 남하에 대항하기 위하여 맺은 공수 동맹으로 427년 고구려의 평양 천도 후 백제의 비유왕과 신라 눌지왕이 동맹을 체결하였다(433).

② **웅진 시기**: 475년 한성을 상실한 백제의 적극적인 노력으로 결혼 동맹으로 발전하였는데 백제 동성왕은 신라에 사신을 보내 혼인을 청했고 소지왕이 이에 응하여 왕족인 이찬 비지의 딸을 동성왕에게 시집보내며 성립되었다(493).

③ **사비 시기**: 성왕은 진흥왕과 더불어 고구려를 공격하여 한강 유역을 일시 회복하였으나(551) 진흥왕의 배신으로 한강 유역을 상실하고 120년에 걸친 나제 동맹은 결렬되었다(553). 복수전에 나선 성왕이 관산성(옥천) 전투에서 전사하며 백제는 한강 유역과 가야 지역에 대한 영향력을 완전히 상실하였다(554).

사료 | 개로왕이 북위에 보낸 국서(472)와 한성 함락(475)

우리나라는 고구려와 더불어 근원이 부여에서 나왔습니다. 전에는 고구려가 옛 우의를 굳게 지키더니, 점차 승냥이와 같은 추악한 무리가 되어 백제를 압박하고 외교를 방해하였습니다. 이로 인해 우리는 재물과 힘이 다하고 위례성이 함락될 위험에 처하였습니다. 고구려의 잘못은 하나 둘이 아닙니다. 겉으로는 겸손한 말을 지껄이면서도 속으로는 흉악한 짐승의 저돌성을 품고 있습니다. 남쪽의 송과 수교하기도 하고, 북쪽으로는 유목 민족인 유연과 맹약을 맺기도 하여 서로 순치(脣齒)의 관계를 이루면서 폐하의 영토를 짓밟으려 하고 있습니다. 한 방울씩 새어나오는 물이라도 마땅히 일찍 막아야 하니, 지금 취하지 않으면 뒷날 후회할 것입니다.

〈『위서』, 〈백제열전〉〉

① 백제 개로왕이 고구려 협공을 요청하며 북위에 보낸 국서이다. 당시 중국은 남북조 시대로, 북위와 송이 대립하고 있었다.
② 고구려 장수왕은 남북조 동시 교류라는 외교 전략을 구사했으며 북위와 백제의 연결을 우려했을 것이다.
③ 장수왕의 3만 군대를 동원한 보복 공격으로 한성이 함락되고, 8천 명이 포로가 되었으며, 개로왕은 살해되었다(475). 한성은 철저히 파괴되었는데 수십 일간 불탔다고 한다.
④ 신라의 원군 1만을 이끌고 온 태자 문주는 한성을 포기하고 급히 웅진으로 천도하는데, 백제는 사실상 나라가 망하는 참극을 겪었던 것이다.

22대 「문주왕」 475~477
웅진(공주)으로 천도하였다(475). 병관좌평 해구가 왕을 시해하였다.

23대 「삼근왕」 477~479

24대 「동성왕」 479~501
① 북위의 군대가 요서 지역을 침략하자 이를 격퇴하였다(490).
② 신라 이찬 비지의 딸과 혼인하여 신라 소지마립간 간의 나제 **결혼 동맹을 체결**하였다(493).
③ 탐라를 복속하고(498) 사비 천도를 꾀하는 등 왕권 강화를 시도하였으나, 백가가 보낸 자객에 살해되었다.

> **사료** 백제의 요서 경략과 북위와의 전쟁
>
> 이 해(490)에 위나라 오랑캐(북위)가 또다시 기병 수십만을 동원하여 백제를 공격하여 그 지경(地境)에 들어가니 모대(동성왕)가 장군 사법명·찬수류·해례곤·목간나를 파견하여 무리를 거느리고 오랑캐 군대를 기습 공격하여 그들을 크게 무찔렀다. 건무 2년(495, 동성왕 17년)에 모대가 사신을 보내 표문을 올려 말하였다. ……
> 〈『남제서』〉
>
> ① 북위와 대립하던 남제(南齊)의 역사서에 기록된 내용으로 중국 측은 허구의 기사로 보고 있으나, 근초고왕 시기의 요서 진출과 관련하여 볼 때 백제의 요서 경략설을 뒷받침하는 흥미로운 사료로 볼 수 있다.
> ② 북위가 수십만의 기병을 보내려면 고구려를 통하거나 수군으로 바다를 건너와야 하는데, 이는 현실적으로 불가능하므로 백제와의 전쟁 무대는 중국의 북쪽 지방일 가능성이 높다.

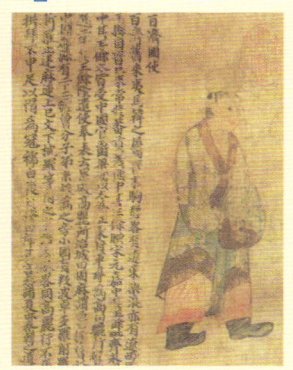

무령왕이 양나라에 파견한 백제 사신의 모습

6세기 전반 중국 남조의 양나라에 온 외국 사신들의 모습을 그린 〈양직공도(梁職貢圖)〉 중에서 무령왕이 파견한 백제 사신을 그린 부분이다. 백제가 마한에서 비롯되어, 요서 지방을 차지했으며 무령왕이 고구려를 크게 물리쳤다는 내용이 실려 있다.

25대 「무령왕」 501~523
① 백가의 반란을 진압하고 22담로에 왕족을 파견하여 지방 통제를 강화하였다.
② 섬진강 하구의 대사진을 탈취하고 가야 세력을 압박하였다(513).
③ 남조의 양에 사신을 보내고(521), 양으로부터 '영동대장군'이라는 관작을 받았다.
④ 공주 송산리 고분군에 중국 남조 양나라의 영향을 받은 **무령왕릉(벽돌무덤)**이 축조되었다.

26대 「성왕」 523~554
① 사비(부여)로 천도하고(538), 국호를 '남부여'라 고쳤다.
② 22부의 중앙 관서를 설치하고, 수도 5부와 5방(方)-군(郡)-성(城)의 지방 행정 구역을 정비하였다.
③ 남조의 양과 교류하여 문물을 적극적으로 수용하였으며, **노리사치계가 일본에 불교를 전파**하였다.

④ 불교 교단을 정비하고, 겸익을 인도에 파견하여(526) 불경을 번역하였으며, 담욱·혜인이 계율적인 소(疏)를 저술하였다.
⑤ 신라와 연합하여 일시적으로 한강 하류를 회복하였지만(551), 신라 진흥왕의 배신으로 한강 유역을 상실하자 신라에 대한 보복 전쟁을 일으켰으나 관산성(옥천)에서 전사하였다(554).

27대 「위덕왕」(창왕) 554~598
① 수와 친선을 맺고, 아좌태자가 일본 쇼토쿠태자의 스승이 되었다.
② 부왕인 성왕을 추모하기 위해 능산리에 절을 창건하였다(567). 최근 절터에서 금동대향로와 창왕명석조사리감이 출토되었다.
③ 죽은 왕자를 추모하기 위해 부여 왕흥사 창건을 시작했다(577).

자료 위덕왕의 능산리 절과 왕흥사 창건의 의미

위덕왕(창왕)은 관산성 전투를 주도하였기에 "원로 대신의 만류를 뿌리치고 무리한 원정을 감행함으로써 아버지(성왕)를 전사시키고 나라를 누란의 위기에 빠뜨렸다."는 비난을 피할 수 없었는데, 『일본서기』에 따르면 패전을 두고두고 자책했던 창왕(위덕왕)은 555년 신하들에게 "출가하여 수도하고자 한다."는 심경을 보였다. 결국 그는 실추된 왕실의 권위를 회복하고 정국을 안정시킬 목적으로 절을 창건하고 죽은 이의 혼을 달래는 불교 제의에 힘을 쏟았다고 볼 수 있다.

▲ 부여 능산리 절터 복원도

28대 「혜왕」 598~599
백제 기술자들에 의해 왜의 나라 지방에 아스카지(飛鳥寺)가 창건되었다.

29대 「법왕」 599~600
영을 내려 살생을 금하고, 민가의 매를 놓아주고, 어렵 도구를 불태우게 했다.

4 신라의 발전

1. 왕대로 본 시대사

구분	신라			
1C	• 진한의 소국인 사로국에서 출발(BC 57) • 토착 세력(경주 지역)+유이민의 결합으로 성립			
	1대	박혁거세	BC 57~AD 4	거서간, 서라벌 건국(금성)
	2대	남해(朴)	4~24	차차웅
	3대	유리(朴)	24~57	이사금, 도솔가, 회소곡 이야기
	4대	석탈해(昔)	57~80	계림(국호)
	5대	파사(朴)	80~112	-

『일본서기』에 기록된 관산성 전투와 성왕의 죽음(554)

성왕의 아들 부여창(위덕왕)은 권신들의 반대에도 불구하고 충북 옥천의 관산성을 공격하였다. 부여창이 오랫동안 전쟁을 지휘하는 것을 보고 성왕은 격려차 군대를 이끌고 전선으로 향했는데 미리 정보를 알고 매복하고 있던 신라인 고간 고도(苦都)에게 사로잡혔다. 고도가 성왕에게 두 번 절한 후 "왕의 머리를 베게하여 주십시오."라고 말하자 성왕은 늠연한 자세로 "왕의 머리는 종의 손에 맡길 수 없다."라며 거절하였다. 고도가 "우리나라 국법에는 맹세한 바를 어기면 비록 국왕이라 하더라도 마땅히 종의 손에 죽습니다."라고 말했다. 이에 성왕이 하늘을 우러러 크게 탄식하고는 만감이 오가는 듯 눈물을 흘렸다. 잠시 후 성왕은 비장한 어조로 "과인은 매양 뼈에 사무치는 고통을 참고 살아왔지만, 구차하게 살고 싶지 않다."고 말하고는 머리를 늘여 베임을 당하였다. 신라인들은 성왕의 시신 가운데 몸은 돌려주었으나 머리는 북청이라는 관청의 계단 밑에 묻어 사람들이 밟고 다니게 했다. 이 여파로 백제군은 4명의 좌평과 사졸 29,600명이 몰살하고 한 필의 말도 돌아가지 못하였다고 한다. 성왕의 죽음에 책임을 느낀 부여창(위덕왕)은 출가하여 부왕의 명복이나 빌고자 하였다. 이러한 기록은 사실 여부를 떠나 관산성 패전으로 인한 백제의 충격이 얼마나 컸는지를 생생히 전하고 있다.

신라의 왕호 변천

칭호	시기	뜻	특징
거서간	박혁거세	군장	성읍 국가 단계
차차웅	남해~	제사장	제정 일치
이사금	유리~	연장자	연맹 왕국 단계
마립간 왕	내물~ 지증~	대수장 한자식	왕권 강화 → 중앙 집권
불교식 왕명	법흥~진덕	불교	
중국식	무열~	시호	왕권 전제화

2~3C	박	• 6대 「지마」 112~134 • 7대 「일성」 134~154 • 8대 「아달라」 154~184	김	• 13대 「미추」 262~284 • 14대 「유례」 284~298 • 15대 「기림」 298~310 • 16대 「흘해」 310~356
	석	• 9대 「벌휴」 184~196 • 10대 「나해」 196~230 • 11대 「조분」 230~247 • 12대 「첨해」 247~261		

박(10왕) – 석(8왕) – 김(38왕) 3성이 번갈아 즉위

17대 「내물마립간」 356~402
① 김씨가 왕위를 독점 세습하기 시작하고, 왕호도 대군장을 뜻하는 마립간으로 바꾸어 왕권 강화와 중앙 집권 체제를 정비하였다.
② 낙동강 동쪽 진한 지역의 대부분을 차지하였다.
③ 풍부한 부장품을 담은 거대한 돌무지 덧널무덤이 축조되기 시작했다.
④ 고구려를 통하여 북조의 전진과 교류하고(381), 고구려 광개토태왕의 도움으로 왜를 격퇴하였다(400).

사료 광개토태왕의 군대 파견과 내물왕

1. 고구려의 왜 격퇴
(영락) 9년(399)에 백잔(백제)이 서약을 어기고 왜와 화통하므로 왕은 평양으로 내려갔다. 신라가 사신을 보내 왕에게 말하기를 "왜인이 그 국경에 가득 차 성을 부수었으니, 노객은 백성된 자로서 왕에게 귀의하여 구원을 청한다."고 하였다. 10년(400) 보병과 기병 5만을 보내 신라를 구원하게 하였다. 관군이 이르자 왜적이 물러가므로, 뒤를 급히 추격하여 임나가라의 종발성에 이르렀다. 왜구는 위축되어 궤멸되고 신라의 매금(왕)이 와서 조공하였다. 〈광개토태왕릉비문〉

> 4세기 말 고구려와 신라의 관계 : 신라에 쳐들어 온 왜를 물리치는 과정에서 내물왕은 고구려의 도움을 청하였다. 이후 신라는 고구려의 영향을 받으면서 고구려의 간섭과 도움으로 중앙 집권 국가로 성장하였다.

2. 호우명 그릇
1946년 경주의 왕릉급 고분(호우총)에서 출토된 제사용 청동 그릇으로, 밑바닥에 '乙卯年國岡上廣開土地好太王壺杅十'이라고 새겨져 있는데 을묘년은 415년 장수왕 시기로 추정된다. 신라가 광개토태왕의 제사와 관련 있음을 보여주는 유물이며, 4세기 말 고구려 광개토태왕이 내물왕을 도와 신라에 쳐들어 온 왜·백제·가야 세력을 격퇴한 광개토태왕비문의 내용이 사실임을 보여준다.

▲ 호우명 그릇과 명문이 새겨진 바닥

18대 「실성마립간」 402~417
태자 눌지가 어려서 인질로 갔던 실성이 고구려의 도움으로 즉위하였으나, 눌지를 죽이려다 오히려 살해되었다.

19대 「눌지마립간」 417~458
① 백제 비유왕과 나제 동맹을 체결하여(433) 고구려의 영향에서 벗어나려 하였으며, 부자 상속제를 확립하였다. 부족 집단인 6촌도 이 무렵 행정적인 6부로 개편되었다.
② 고구려 묵호자가 불교를 전래하였으나(457), 토착 신앙이 강하여 공인되지는 못하였다.

20대 「자비마립간」 458~479

21대 「소지마립간」 479~500
① 백제 동성왕과 나제 결혼 동맹(493)을 체결하였다.
② 사방에 우역(郵驛, 역참)을 설치하고(487), 경주에 시장(동시)을 개설(490)하였다.

22대 「지증왕」 500~514
① 국호를 '사로'에서 '신라'로, 왕호는 '마립간'에서 '왕'으로 개정하는 한화(漢化) 정책을 추진했다(503).
② 우경을 실시하고, 순장을 금지시켰으며(502), 시장 감독청으로 동시전을 설치하였다(509).
③ 지방에 군주를 파견하여 군현제를 강화하고 이사부를 보내 우산국(울릉도)을 복속시켰다(512).

23대 「법흥왕」 514~540
① 병부(兵部)를 설치하여 군권을 장악하고(517), 율령을 반포하고 공복을 제정하였다(520).
② 대가야의 요청으로 결혼 동맹을 체결하였으며(522), 울진 봉평 신라비를 건립하였다(524).
③ 이차돈의 순교로 불교를 공인하였으며(527), 백제를 통하여 남조의 양과 교류하였다.
④ 상대등직을 설치하였으며(531), 김해의 금관가야를 정복하여 낙동강까지 영토를 확장하였다(532).
⑤ 신라로는 최초로 '건원'이라는 독자적 연호를 사용하였다(536).

24대 「진흥왕」 540~576
① 6부의 군사를 통합하여 국가 핵심 부대인 대당(大幢)을 편성하였다(544).
② '개국'이라는 독자적 연호를 사용하였다(551). 남한강 상류의 적성을 점령하고 단양 적성비를 세웠다(551).
③ 백제를 공격하여 한강 하류를 독점하고 신주를 설치 했으며(553) 나제 동맹은 결렬되었다. 북한산 순수비를 세웠다(555).
④ 창녕의 비화가야를 정복하고 창녕비를 세웠고(561), 대가야를 정복하였다(562).

▲ 신라의 전성(6세기)

진흥왕과 천전리 각석의 원명과 추명
진흥왕의 아버지이자 법흥왕의 동생인 입종갈문왕이 애인인 어사추여랑과 천전리에 왔다는 내용이 기록되었다(원명). 그 후 입종갈문왕은 법흥왕의 딸인 지소부인과 결혼하여 삼맥부지(진흥왕)를 낳았는데, 입종갈문왕이 죽은 후에 지소부인이 어린 진흥왕과 함께 천전리에 왔다는 내용이 추가로 기록되어있다(추명).

⑤ 확보한 한강 유역의 당항성을 이용하여 북제에 사신을 파견하고 남조(진)에서 불경을 가져오는 등 처음으로 중국과 직접교류를 시작하였다(564).
⑥ 황룡사를 준공하였으며(566), 함경도까지 진출하여 황초령비·마운령비를 세웠다(568).
⑦ 팔관회를 개최하고(572), 화랑도를 국가적인 조직으로 확대 정비하였다(576).
⑧ 사정부(감찰)와 품주(후의 집사부)를 설치하고, 거칠부가 역사서인 국사(國史)를 편찬하였다(545).
⑨ 고구려에서 귀순한 승려 혜량을 최초로 국통에 임명하여 불교 교단을 정비했다(551).

자료 | 진흥왕 순수비(巡狩碑)

① 북한산비(555) : 첫 번째 줄에 '진흥태왕(眞興太王)'이라고 새겨져 있으며, 추사 김정희가 1816년에 발견하고 판독한 것으로 유명하다(김정희의 「금석과안록」).
② 창녕비(561) : 비화가야를 정복하고 세운 비석이다. 대가야 멸망(562) 1년 전이므로 대가야 멸망과 연관된 비석은 아니다. 갈문왕·대등·사방군주·당주·촌주 등의 관직명이 나온다. '사방 군주(四方軍主)'는 한성 군주(경기 광주), 비리성 군주(함남 안변), 감문 군주(경북 개령), 비자벌 군주(경남 창녕) 등 네 명의 지역 사령관을 가리키는 말로, 신라 경주가 천하의 중심이라는 의식을 내포하고 있다.
③ 황초령비(568) : 4개 순수비 중 제일 먼저 발견된 비로, 김정희가 본격적으로 연구하기 시작하였다.
④ 마운령비(568) : 최남선에 의해 소개된 비석으로, 진흥왕이 국경 지대를 순시하여 민심을 살핀 사실과 비를 세우게 된 내력이 기록되어 있고, 수행한 사람들의 이름과 관직이 뒷면에 새겨져 있다.

▲ 북한산비 ▲ 창녕비
▲ 황초령비 ▲ 마운령비

김유신(595~673)
① 금관가야 출신의 진골 귀족
② 647년 상대등 비담 염종의 난 진압(선덕여왕)
③ 654년 이찬 알천과 함께 이찬 김춘추를 왕위에 추대
④ 660년 백제를 멸망시킨 주역 → 상대등에 임명(무열왕)
⑤ 663년 주류성 전투에서 백제 부흥 운동 진압(문무왕)
⑥ 668년 고구려 멸망에 공헌 → 최고직인 태대각간에 임명(문무왕)

25대 「진지왕」 576~579
진흥왕의 둘째 아들로, 거칠부를 상대등에 임명하였는데 음란하다는 이유로 화백에서 폐위를 결정하여 쫓겨났다.

26대 「진평왕」 579~632
① 진흥왕의 손자로, 위화부(인사, 581)·조부(재정, 584)·예부(의례, 586), 영객부(사신 접대, 621)를 설치하여 관제를 정비하고, 수·당과 교류하였다.
② 원광법사가 왕의 요청으로 수나라에 고구려 원정을 청하는 걸사표를 지었으며(611) 화랑도의 세속 5계를 제정했다.
③ 왕실의 신성을 강조하여 성골(聖骨) 개념을 사용하였다.

27대 「선덕여왕」 632~647
신라 최초의 여왕으로, 첨성대·분황사·황룡사 9층 탑을 건립하고, 김유신이 비담의 반란을 진압하였다(647).

28대 「진덕여왕」 647~654

① 성골의 마지막 왕으로, 집사부와 창부(재정, 651)·좌이방부(형부, 651)를 설치하였다.
② 김춘추를 통해 나·당 연합을 결성하였고(648), '태화'라는 독자적 연호를 포기하고 당의 연호를 사용하였다.

> **자료** 신라의 금석문

▲ 포항 중성리 신라비 　▲ 영일 냉수리비 　▲ 울진 봉평비 　▲ 영천 청제비 　▲ 단양 적성비 　▲ 남산 신성비

① 포항 중성리 신라비(501 추정, 지증왕) : 2009년 발견된 신라 최고(最古)의 비석으로, 신라의 6부 명칭, 지명, 인명, 관등 등이 나타나고 재산 분쟁에 대한 중앙 정부의 판결 내용이 기록되어 있다.
② 영일 냉수리비(503, 지증왕) : 경북 영일군 냉수리에서 발견한 비석으로, '지도로 갈문왕'이라는 지증왕의 즉위 전 호칭으로 보아 지증왕 때 건립된 것으로 보인다. 일종의 재산 분쟁에 대한 소유권(철광산 등에 관한 분쟁으로 추정)을 명시한 문서적 성격을 갖는다. 신라의 옛 국명인 '사라(斯羅)'·'지도로(지증왕의 본명)' 등의 명칭과, 지명, 아간지·나마 등의 관등명이 나온다.
③ 울진 봉평비(524, 법흥왕) : 울진 지역이 신라 영토로 들어가면서 거벌모라의 남미지 주민들이 저항하자 '6부 회의'를 열고 대인(大人)을 파견하여 처벌하는 내용이다. 노인법(奴人法), 장형(杖刑) 등은 법흥왕 때 율령의 존재를 증명하고 있다. '신라 6부' 등 신라 연구에 필요한 자료들이 들어 있다.
④ 영천 청제비(536, 법흥왕) : 청못이라는 저수지를 축조할 때 7,000명을 동원했다는 글로 보아 당시의 역역(力役) 동원 체계를 짐작할 수 있다.
⑤ 단양 적성비(551, 진흥왕) : 단양 적성(赤城)을 점령하고 세운 척경비. 이사부·거칠부·김무력(김유신의 조부) 등의 신라 장군이 고구려 지역이었던 적성을 공략하고 난 뒤, 그들을 도와 공을 세운 적성 출신의 야이차(也尒次)와 가족 등 주변 인물을 포상하고 장차 야이차와 같이 신라에 충성을 바치는 사람에게는 똑같은 포상을 내리겠다는 것을 적고 있다. 대중등·군주·당주·사인 등의 관직명과 국법·적성전사법·소자(小子)·소녀(小女)·여(女) 등 율령과 조세 관련 용어 등이 나온다.
⑥ 남산 신성비(591, 진평왕) : 남산 신성을 쌓을 때 '3년 이내에 무너지면 처벌한다.'는 서약과 부역 동원 내용이 새겨 있다.

> **중성리비, 냉수리비와 봉평비 발견의 의미**
① 국왕은 6부 가운데 훼부와 사훼부만 직접 통치했다.
② 6세기 전반까지 신라는 6부(훼부, 사훼부, 본피부, 사피부, 잠훼부, 한기부) 대표의 합의를 바탕으로 국가를 운영한 사실이 밝혀졌으며, 중앙 집권이 진행되는 단계임을 알 수 있다.
③ 중성리비와 냉수리비의 내용에서 보이는 재산 분쟁에 대한 합의적 판결은 본격적인 율령이 제정되어 시행되기 이전(봉평비는 율령 반포 이후)에 과도기적으로 행해졌던 신라 사회 통치 방식의 일단을 잘 보여준다.

5 가야 연맹

1. 전기 가야 연맹

▲ 가야 연맹

① 형성 배경 : 낙동강 하류 변한 지역에서 철기 문화를 바탕으로 6가야(또는 12가야) 연맹 왕국이 출현하였다.

② 6가야와 금관가야
  ㉠ 성립 : 전설에 의하면 서기 42년 가야 지방의 아홉 촌장인 간(干)들이 김해의 구지봉에 올라 거북이 노래를 부르며 놀다가 하늘에서 내려온 6개의 **황금알**을 받았는데, 제일 먼저 알에서 나온 **수로(首露)**가 왕이 되었고, 나머지 5명은 각기 다섯 가야의 통치자가 되었다고 한다.
  ㉡ 발전 : 가야의 연맹장인 김해의 **금관가야**는 한 군현·왜와의 중계 무역으로 번성하였으나 4세기 초 고구려가 낙랑을 몰아냄으로써 유력한 교역 상대를 잃게 되었고, 4세기 중반 근초고왕의 정복 사업으로 백제의 지배하에 들어가게 되었다.
  ㉢ 멸망 : 4세기 말 신라를 지원하러 내려온 **고구려 광개토태왕**의 군대에 의해 낙동강 서쪽 지역으로 축소되어 **세력이 약화**되었으며 6세기 백제의 세력이 약해진 틈을 탄 신라 법흥왕의 세력 확대로 **금관가야가 멸망**하기에 이른다(532).

사료 | 금관가야와 대가야의 건국 설화

• 김해(金海) 북쪽 구지봉(龜旨峰)에서 사람들을 부르는 이상한 소리가 났다. "너희들은 산꼭대기에 올라 흙을 파면서 '거북아, 거북아, 머리를 내어라. 내어놓지 않으면 구워서 먹으리.'라는 노래를 부르며 춤을 추어라. 그러면 곧 대왕을 맞이하게 되리라."라고 하였다. …… 하늘에서 줄이 내려와 지상에 닿았다. 줄 끝을 보니 빨간 천에 싸인 금 상자가 한 개 있었다. 상자를 열자 황금빛 알 여섯 개가 나왔다. 여섯 알이 모두 사내아이로 변했는데 생김새가 늠름하고 단정했다. 가장 먼저 태어난 아이가 그 달 보름에 왕위에 앉았다. 그는 세상에 처음으로 나타났다고 하여 수로(首露)라 하고, 금알(金卵)에서 나왔다 하여 성을 김씨(金氏)라 했다.
〈『삼국유사』, 〈가락국기〉〉

• (대가야) 시조는 이진아시왕인데, 그로부터 도설지왕까지 대략 16대 520년이다. 최치원이 지은 이정 스님의 전기에 이르기를, "가야 산신인 정견모주가 천신인 이비가지에게 감응을 받아 뇌질주일과 뇌질청예를 낳았는데, 뇌질주일은 이진아시왕의 별칭이고, 뇌질청예는 수로왕의 별칭이다."라고 하였다.
〈『신증동국여지승람』〉

👉 김수로는 금관가야의 시조이며, 이진아시왕은 대가야의 시조이다. 이진아시왕과 수로왕의 관계를 형제로 상정함으로써 발전이 늦었던 대가야가 의도적으로 자국의 기원을 금관가야와 같은 시대로 끌어올리려 했음을 엿볼 수 있다.

2. 후기 가야 연맹

① 대가야의 흥망
  ㉠ 배경 : 경남 해안 지대의 고분의 수나 규모가 위축되는 대신 경상도 내륙 지방의 고분은 수가 늘어나고 규모도 매우 커진 것을 보아 5세기 이후 **고령의 대가야**로 세력이 이동하고 있음을 알 수 있다.
  ㉡ 발전
    • 475년 백제의 한성 함락 이후 주변 정세를 이용하여 세력을 확대하였고, 친

백제 정책하에 대가야-백제-신라 연합이 이루어졌다.
- 섬진강 하구를 장악하여 중국·왜와 활발한 교류를 하였는데, 479년 <mark>대가야 하지왕</mark>은 중국 남제에 사신을 파견하였다.
- 6세기 초반 섬진강 하구를 놓고 백제 무령왕과 대립하자 친신라 정책으로 전환하여 신라 법흥왕과 대가야 이뇌왕이 결혼 동맹을 맺기도 했다(522).

ⓒ 멸망
- 529년 결혼 동맹이 파기되고 법흥왕이 대가야를 공격하자 백제와 연합하였으며 금관가야 멸망 이후 백제 사비에서 2차에 걸친 임나(대가야) 부흥 회의(543)가 열리기도 하였으나 백제를 도와 참여한 관산성 전투(554)에서 신라에 대패하였다.
- 신라 진흥왕이 보낸 장군 이사부가 이끈 신라군이 고령을 함락하자 마지막 왕 도설지가 항복함으로써 대가야는 멸망하였다(562).

② 가야의 문화
ⓐ 우륵(가야금), 강수(유학), 김생(글씨) 등 대가야 출신의 문화인이 신라에서 활약하였다.
ⓑ 가야의 발달된 토기(<mark>수레 토기</mark> 형식)는 일본의 스에키 토기에 영향을 주었다.
ⓒ 고분의 형태는 널무덤(토광묘), 돌널무덤(석관), 돌방무덤(석실), 덧널무덤(목곽), 돌덧널무덤(석곽) 등으로 다양하며, 김해 대성동 고분(금관가야)과 고령 지산동 고분(대가야)이 대표적이다.

대가야 하지왕

이 시기에 대가야는 합천, 거창, 함양, 산청, 아영, 하동, 사천 등지를 포괄하는 후기 가야 연맹의 맹주로 등장했다. 479년 중국 남조 국가인 남제에 사신과 국서를 보내고 남제로부터 '보국장군본국왕'에 책봉되는 등 당시 동아시아 국제 사회의 일원으로 부상했다.

가야의 수레 토기

자료 1. 김해 대성동 고분(금관가야)

▲ 동복(청동솥) ▲ 원통형·파형 동기 ▲ 철제 갑옷과 말 가리개 ▲ 투구 ▲ 오리 모양 토기 ▲ 말 모양 띠고리

① 파형 동기 : 방패 중앙에 꽂아 쓰는 장식으로, 일본에서 많이 발견되는 것으로 보아 당시 가야와 일본의 긴밀한 교류 관계를 보여준다.
② 동복 : 기마 민족(흉노)들이 사용하는 청동 솥으로, 대성동 세력의 북방과의 교류를 보여준다.

2. 고령 지산동 고분(대가야)

▲ 가야의 금관 (지산동 출토 추정) ▲ 금동관 ▲ 철제 갑옷 ▲ 장경호(목항아리)

신라 6부의 형성과 해체
① 고조선 멸망(BC 108) 이후 대규모 유이민의 경주 분지 이주가 이루어짐
② 이주민과 토착 세력이 여러 집단을 형성했고, 결국 3세기 후반 부체제의 여섯 집단이 형성됨(훼, 사훼, 잠훼, 본피, 사피(습비), 한기)
③ 각 부는 내부의 자치적 통치권을 행사했으나, 국가 중대사의 경우 귀족 회의의 구성원으로 신라 국가를 구성하는 단위 정치체인 6부 중심 체제를 형성
④ 530년대 왕경의 행정 구역 재편이 이루어지면서 각 부는 자치성을 상실하고 국왕 중심의 중앙 집권적 정치 체제로 전환됨

신라 6부의 족단 구성
6부는 각 족단을 기본으로 구성되었는데 왕을 배출한 족단이 중심이었다.
① 훼·사훼부 : 김씨 족단(국왕)
② 잠훼부 : 박씨 족단
③ 한기부 : 석씨 족단
④ 본피·사피부 : 사로 6촌 세력 + 편입 구성원

대대로
5부의 제가 회의에서 선출되었으며 임기는 3년이었다. 대대로 아래에는 재정을 담당하는 주부, 내무를 담당하던 내평, 외무를 담당하던 외평이 국정을 분장하였다.

6 삼국의 통치 체제

1. 삼국 초기의 부와 귀족 합의 기구
① 고구려, 백제는 중앙에 5부를 두었고, 신라는 6부를 두었다.
② 각 부의 귀족들은 귀족 회의체에 참가하여 국가의 중대사를 결정했다.
③ 역대 귀족 합의 기구

고구려	백제	신라	발해
제가 회의	정사암	화백 회의	정당성
고려 전기	고려 후기	조선 전기	조선 후기
도병마사(도당)	도평의사사	의정부	비변사

사료 ▸ 삼국의 귀족 회의체

- 감옥이 없고, 범죄자가 있으면 제가들이 모여서 논의하여 사형에 처하고 처자는 몰수하여 노비로 삼는다. 제가의 우두머리인 대대로는 제1품에 해당하는 벼슬로 국사를 총괄하였으나, 3년마다 교체하였다. 마땅한 인물이 없을 경우에는 각기 사병을 동원하여 싸워 이기는 자가 차지하였다. 그때 왕은 겁이 나서 왕궁 문을 닫고 자신만을 지키며 이를 막지 못하였다. 〈『구당서』〉
- 호암사(사비 부근)에 정사암이란 바위가 있다. 국가에서 재상을 뽑을 때 후보자 3~4명의 이름을 써서 상자에 넣어 바위 위에 두었다. 얼마 뒤에 열어 보아 이름 위에 도장이 찍혀 있는 자를 재상으로 삼았다. 이 때문에 정사암이란 이름이 생기게 되었다. 〈『삼국유사』〉
- 큰일이 있을 때에는 반드시 중의(衆意)를 따른다. 이를 화백(和白)이라 부른다. 한 사람이라도 반대하면 통과하지 못하였다. 〈『신당서』〉

> 귀족 합의제의 구체적 사례 : 진지왕(576~579)은 "정치가 어지럽고 음란하다."는 이유로 화백 회의에 의하여 폐위되었다.

2. 관등제의 형성
① 삼국은 왕권을 강화하면서 관등제를 정비하였는데, 관등과 관직 체계는 신분제와 연관되어 운영되었다.
② 고구려의 관등 : 평양 천도 이후에 1관등의 수상격인 대대로가 나타났다.

등급	관등명	등급	관등명	등급	관등명
1	대대로(대막리지)	6	대사자	11	제형
2	태대형(막리지)	7	대형	12	과절
3	울절	8	발위사자	13	부절
4	태대사자	9	소사자	14	선인
5	조의두대형	10	서형	–	–

자료 | 고구려 관등제의 변천

① 3세기경의 『삼국지』, 〈동이전〉에는 상가(相加)·대로(對盧)·패자(沛者)·고추가(高鄒加)·주부(主簿)·우태(優台)·사자(使者)·조의(皂衣)·선인(先人) 등의 관명이 나오는데, 대부분 『삼국사기』, 〈고구려본기〉에서 확인된다. 이들 관명은 대체로 나부(那部)의 여러 세력에게 수여한 것(패자·우태·조의), 계루부 왕권을 뒷받침하던 것(주부·사자), 그리고 각 나부가 자치권을 행사하기 위해 설치한 것(사자·조의·선인) 등으로 분류되는데, 연맹 왕국적인 정치 특징을 잘 보여준다.

② 초기 관등제는 3세기 후반 이후 왕권 강화와 나부의 해체에 따라 변모하는데, 자치적 성격의 관등은 소멸·변화되었고 왕권을 중심으로 편제하는 과정에서 형계(兄系)와 사자계(使者系)를 중심으로 하는 새로운 관등제가 성립되는데 6세기경에는 12혹은 14등급으로 정비되었다(본문 참조).

③ 6세기 중반에 귀족 연립 체제의 성립에 따라 제1등인 대대로(大對盧)가 최고 실력자로 부상하고 5등급인 조의두대형 이상이 제가 회의에 참여하여 국가 기밀을 장악하게 되었다.

고추가(高鄒加)와 대가(大加)
고추가는 여러 귀족보다 우세한 대족장이란 뜻을 가진 칭호이다. 고구려 초기에는 왕비족인 절노부의 대인(大人), 왕의 동생이나 아들 같은 막강한 세력을 가진 이들에게 주어졌다. 왕권이 강화됨에 따라 그 지위가 격하되어 귀족의 명예 호칭으로 바뀌어 갔다. 이들은 14관등에서 최고 관등까지 올라갈 수 있었다. 나머지 귀족들은 대가 혹은 소가로 불렸는데, 이들은 최고 관등에 올라갈 수 없었다. 고추가의 칭호는 고구려 말기까지 존재했다.

③ 백제의 관등: 수상적인 **상좌평(내신좌평)**이 국정을 총괄하였다.

등급	관등명	등급	관등명	등급	관등명	등급	관등명
1	좌평	5	한솔	9	고덕	13	무독
2	달솔	6	내솔	10	계덕	14	좌군
3	은솔	7	장덕	11	대덕	15	진무
4	덕솔	8	시덕	12	문독	16	극우

상좌평
전지왕(408) 때 처음 나타난다. 좌평으로 이루어진 최고 귀족 회의 의장의 직책으로 추측된다. 6좌평 중 왕명출납을 맡은 내신좌평을 지칭하는 것으로 보기도 한다.

자료 | 백제 관등의 특징

1. 6좌평 : 고이왕대에 설치되었다.

내신좌평	내두좌평	내법좌평	위사좌평	조정좌평	병관좌평
왕명 출납	재무, 회계	의례, 교육	왕궁 수비	법무, 형벌	국방

2. 솔계(率系) 관등
① 출현 시기 : 관위에 접미사 솔이 붙는 관료들은 한성 시기 영토가 확장되던 근초고왕대 분화된 것으로 추정된다.
② 특징 : 이 관등의 소유자들은 주로 군사·외교적 방면에서 두드러진 역할을 수행하였으며 본인의 역량에 따라 최고 관등인 좌평까지 승진할 수 있었는데 골품에 묶여 승진이 제한되었던 신라 6두품과는 큰 차이점이다. 동성왕 때 연돌은 달솔에서 병관좌평까지 승진하였고, 계백과 황산벌 전투에 참여한 상영도 달솔에서 좌평으로 승진하였다. 지방 행정 조직인 군(郡)의 책임자인 군장은 군대의 지휘관이며 관등은 덕솔이었다. 좌평, 달솔을 비롯한 솔계(率系)의 고위 관등은 은화(銀花)로 관(冠)을 장식했다는 기록이 있다.

3. 덕계(德系) 관등
사료상에 잘 나타나지는 않고 있으나 덕계 관등은 솔계와 달리 전문적인 직능을 가진 사람들로 보인다.

④ 신라의 관등
㉠ 이벌찬 이하 17관등이 있었다. 예외적으로 이벌찬 위의 관등인 태대각간, 대각간이 수여되기도 했다.

ⓒ 신라의 왕경인들은 17관등의 **경위**(京位)의 적용을 받고, 지방민들은 11등급의 외위를 수여받는 이원적 관등제가 운영되었다(골품 제도 참고).

> **자료** 신라의 경위와 외위
>
> | 경위 | 1 이벌찬 | 2 이찬 | 3 잡찬 | 4 파진찬 | 5 대아찬 | 6 아찬 | 7 일길찬 | 8 사찬 | 9 급벌찬 | 10 내마 | 11 나마 | 12 대사 | 13 사지 | 14 길사 | 15 대오 | 16 소오 | 17 조위 |
> |---|---|---|---|---|---|---|---|---|---|---|---|---|---|---|---|---|---|
> | 외위 | | | | | | | 1 약간 | 2 술간 | 3 고간 | 4 귀간 | 5 찬간 | 6 상간 | 7 (하)간 | 8 일벌 | 9 일척 | 10 피일 | 11 아척 |
>
> ① 경위는 왕경인을 대상으로 하고, 외위는 지방의 촌주 세력에게 부여되었으며 경위에 비해 신분적 지위가 낮았다.
> ② 외위의 최고 관등인 약간, 술간 등은 경위 5두품에 준하는 대우를 받았다.

3. 삼국의 중앙·지방·군사 조직

백제 성왕의 방(方) - 군(郡) - 성(城)제
전국을 5방으로 구획한 후 하나의 방 아래 몇 개의 군을 두고, 군 아래에는 몇 개의 성을 편제시키는 방식으로서 지방에 대한 중앙의 통제력을 강화시키기 위한 행정과 군사 시스템이었다. 당시 백제에는 37군이 있었는데, 각 군에는 5~6개의 성이 편제되었다.

구분	고구려	백제	신라
수상	국상(초기), **대대로·막리지**(후기)	6좌평(상좌평)	각간, 상대등
관등	대대로 이하 14관등(대대로는 관등과 관직이 일치함)	좌평 이하 16관등	이벌찬 이하 17관등
귀족 회의	제가회의(조의두대형 이상)	정사암 회의	화백 회의
중앙 행정	5부(적통대인이 다스림)	5부	6부 체제
지방(상위)	5부(지방관 : 욕살)	**5방**(지방관 : 방령)	5주(지방관 : 군주)
지방(하위)	성(지방관 : **처려근지**, 도사)	**군**(지방관 : 군장)	군(지방관 : 태수)
특수 행정	3경(국내성, 평양성, 한성-황해도 지역)	22담로(지방에 왕족 파견)	2소경(사신) : 동원경(강릉), 중원경(충주)
교육 기관	태학(중앙)·경당(지방)	-	-
군사 (지휘관)	각 성주가 자기 병력 보유 (대모달, 말객 등이 지휘)	군 단위 700~1,200명의 군대(방령과 군장이 지휘)	서당(중앙)·6정(6주)(군주·대감·당주)
	대부분 **지방 장관이 군사 지도자 겸임**(지방 행정과 군사 조직의 일원화 특징)		
청소년 조직	선비(先人 혹은 선배)	수사(修士)	화랑도

7 대외 항쟁과 신라의 삼국 통일

1. 고구려와 수·당의 전쟁

① <mark>7세기의 십자형 외교 대립</mark> : 수·당과 신라 연합의 동서 진영에 대하여 고구려·백제·돌궐·왜로 이어지는 남북 진영이 서로 대립하고 있었다.

② 고구려와 수의 전쟁
  ㉠ 배경 : 강력한 수나라의 압박을 받은 고구려가 위기를 돌파하기 위해 영양왕 때 요충지인 요서 지방을 선제 공격하였다(598).
  ㉡ 수의 침략 : 1차로 수문제가 30만의 병력으로 침략했으나 이를 격퇴하였다.
  ㉢ 살수대첩(612) : 수양제의 2차 공격도 요동성, 대동강에서 저지되었으며, 우중문의 30만 별동대가 평양을 공격하였으나, 을지문덕이 살수에서 대승을 거두어 살아 돌아간 자가 2,700여 명에 불과했다.
  ㉣ 결과 : 수나라는 그 후 두 차례나 침략해왔으나 고구려에 의해 격퇴되었으며, 지나친 국력 소모로 나라가 멸망하였다(618).

▲ 7세기 십자형 외교 대립

사료 을지문덕의 오언시 〈여수장우중문시〉

神策究天文 신묘한 계책은 천문을 꿰뚫었고
妙算窮地理 기묘한 계획은 지리를 통달하였구나.
戰勝功旣高 싸움마다 이겨 공이 이미 높았으니
知足願云止 만족함을 알고 그만둠이 어떠리.
〈『삼국사기』, 을지문덕〉

> 을지문덕은 용맹과 지략에도 뛰어났지만 문학적 재능도 범상치 않았다. 그가 적장 우중문에게 보낸 야유조의 5언시이다.

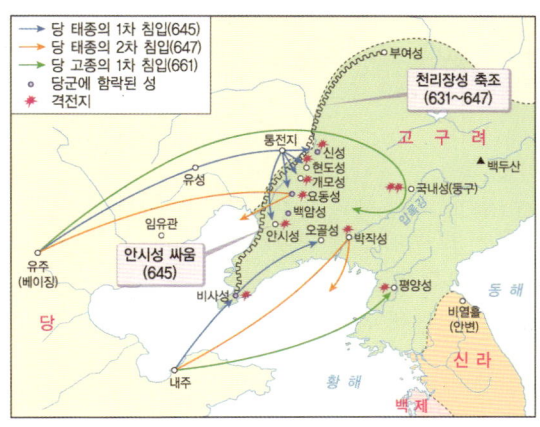
▲ 고구려와 당나라의 전쟁

▲ 중국 요령에 있는 백암성
주변에 개모성, 요동성, 안시성과 함께 고구려 천리장성의 주축을 이루는 성으로, 당태종의 침입으로 요동성과 함께 함락되기도 하였다.

제1절 | 고대의 정치

③ 고구려와 당의 전쟁
  ㉠ 연개소문은 당의 침입에 대비해 만주 동북쪽의 부여성에서 서쪽 요동반도 끝의 비사성에 이르는 천리장성을 축조하였다(631~646).
  ㉡ 당 태종이 침입하였으나, 안시성 전투에서 대패하고 물러갔다(645)

자료 7세기 고구려의 외교 활동

① 벽화 속의 모자에 새의 깃(조우관)을 꽂은 두 명의 인물은 연개소문이 보낸 고구려 사신이라고 추정되는데 학자들은 이 벽화가 640년에서 660년 사이, 즉 고구려와 당나라의 대립 시기에 그려진 것으로 보고 있다(신라인이라는 주장도 있다).
② 7세기 중엽 고구려가 사마르칸트에 이르는 중앙아시아까지 외교 활동을 넓혀 당나라를 견제하려고 노력했다는 증거로 볼 수 있다.
③ 조우관(鳥羽冠)을 쓴 모습은 고구려뿐만 아니라 백제(양직공도), 신라인(장회태자묘 예빈도)이 나타나는 벽화나 그림에 보이는 고대 한국인의 전형적인 모습이다. 고구려의 경우 신분에 따라 새의 깃털을 좌우에 꽂는데, 빛깔로 신분을 구분했다.

▲ 사마르칸트의 아프랍시압 궁전 벽화에 그려진 고구려 사신
(오른쪽 조우관을 쓴 두 사람)

2. 백제의 멸망(660)

30대 「무왕」 600~641

① 수와 교류하고, 친당 정책을 펴서 당으로부터 '대방군왕백제왕'이라는 칭호를 받았다.
② 관륵을 일본에 보내 발달된 불교 사상을 전하였다(602). 신라 선화공주와의 〈서동요〉로 유명한 왕이다.
③ 왕흥사를 완공하고, 인공 연못인 궁남지를 건설하였다(634).
④ 익산 지역으로 천도를 시도하였고, 미륵사를 창건하였다.

31대 「의자왕」 641~660

① '해동증자'라 불릴 정도로 효심이 깊었다.
② 신라의 대야성(합천)을 함락시키고(642), 당항성을 되찾아 한때 국위를 크게 떨쳤다.
③ 만년에는 좌평 성충 등의 충고를 무시하고 사치와 향락에 빠져 나·당 연합군의 침략에 대비하지 못했다.
④ 계백이 황산벌 전투에서 패하고, 나·당 연합군이 사비성을 함락함으로써 백제는 멸망하였다(660).
⑤ 당나라군은 웅진도독부를 설치하고 의자왕의 아들 부여융을 웅진도독으로 임명하였다.

3. 고구려의 멸망(668)

26대 「영양왕」 590~618

① 요서를 선제 공격하였고(598), 을지문덕이 수의 침입을 막아내고 살수대첩을 거두었다(612).
② 이문진이 신집 5권을 편찬하고(600), 담징이 일본에 종이·먹을 전파하고 호류사 금당벽화를 그렸다(610).

27대 「영류왕」 618~642

① 대당 강경파 연개소문이 천리장성을 축조하며 전쟁 준비에 주력하자, 온건파인 영류왕은 그를 제거하려 하였다.
② 연개소문은 쿠데타를 일으켜 왕과 반대파를 살해하고 보장왕을 옹립하였다.

28대 「보장왕」 642~668

① 연개소문이 대막리지와 대대로가 되어 독재를 하였고, 왕권과 연결된 불교를 누르고자 도교를 장려하였다.
② 당 태종의 침략을 안시성 전투에서 막아냈으나(645), 연개소문 사후(665) 그를 이은 장남 남생과 동생들의 내분으로 나·당 연합군에게 나라가 망하는 비운을 맞았다(668).
③ 당은 평양에 안동도호부를 설치하고 설인귀를 도호부사로 삼아 고구려 영토를 직접 지배하였다.
④ 당은 신라에도 계림도독부를 두어 문무왕을 대도독에 임명하여 한반도 지배 야욕을 드러냈다(663).

4. 백제와 고구려의 부흥 운동

① 백제
  ㉠ 전개 : 의자왕의 동생 복신과 승려 도침·왕자 풍이 주류성(한산), 흑치상지가 임존성(대흥)을 중심으로 부흥 운동을 벌였다. 내분이 일어나 복신이 도침을 죽이고, 왕자 풍은 복신을 죽였다.
  ㉡ 결과 : 왕자 풍은 백제를 지원하러 온 왜와 연합하여 나·당 연합군에 맞섰으나, 백강(금강 하구) 전투에서 패하여 부흥 운동은 실패하였다(663).

② 고구려
  ㉠ 전개 : 검모잠이 한성(황해도), 고연무가 오골성에서 보장왕의 서자 안승을 왕으로 옹립하고 부흥 운동을 전개하였으나, 안승이 검모잠을 살해하고 신라에 투항함으로써 실패로 끝났다.
  ㉡ 보덕국의 성립 : 신라가 금마저(익산)에 세운 나라로, 안승을 고구려의 왕으로 임명(674)하여 나·당 전쟁에서 안승을 따르는 고연무를 비롯한 고구려 유민을 활용하려 하였다. 통일 후 신문왕은 안승을 진골로 편입시키고 금마저를 폐지하고, 이에 반발하는 대문의 반란을 진압하였다(684).

▲ 백제와 고구려의 부흥 운동

안승의 가계
중국 측 사서인 『자치통감』에는 안승이 고구려 마지막 왕인 보장왕의 외손자라고 기록되어 있다.

5. 나·당 전쟁과 신라의 삼국 통일(676)

▲ 나·당 전쟁

① 신라는 사비성을 탈환하여 소부리주를 설치하여 백제 땅에 대한 지배권을 장악했다(671).
② 매소성 전투 : 이근행이 이끄는 당군 및 거란·말갈병 20만을 매소성(연천)에서 대파하였다(675, 육군).
③ 기벌포 전투 : 설인귀가 이끄는 당의 해군을 금강 하구 기벌포에서 괴멸시켰다(676, 수군).
④ 통일 전쟁의 승리 : 신라는 평양의 안동도호부를 요동성으로 밀어내고 대동강에서 원산만에 이르는 땅을 차지하는 데 성공했다(676).
⑤ 삼국 통일의 의미
  ㉠ 삼국 통일을 달성하여 민족 문화 발전의 토대를 마련하게 되었다.
  ㉡ 당군을 무력으로 축출하고 달성한 **자주적 성격**을 갖는다.
  ㉢ 한계 : 외세 개입으로 대동강~원산만 이남으로 영토가 축소되었다.

> **당의 신라 영토 안정 시기**
> 당이 대동강 이남 지역을 신라의 땅으로 공식적으로 인정한 것은 성덕왕 때(735)로, 발해가 당의 산둥 반도를 공격하자(732) 발해와 신라를 동시에 견제하려는 이이제이(以夷制夷) 정책 때문이다.

8 남북국 시대의 정치 변화

1. 통일 신라의 발전

① 신라의 시대 구분
  ㉠ 『삼국사기』
  ㉡ 『삼국유사』

시대 구분	상대	중대	하대
분류 기준	성골	진골(무열계)	진골(내물계)
왕명	박혁거세 ~진덕여왕	무열왕 ~혜공왕	선덕왕 ~경순왕

시대 구분	상대	중대	하대
분류 기준	고유 왕명	불교식 왕명	중국식 왕명
왕명	박혁거세 ~지증왕	법흥~선덕· 진덕여왕	무열왕 ~경순왕

  ㉢ 『삼국사기』에서 통일 이후를 중대(中代)로, 『삼국유사』에서는 하고(下古)로 나누었는데, 이 시기를 신라 역사의 큰 전환기로 보았다는 점에서 공통적이다.

② 통일 이후 신라
  ㉠ 삼국 통일 이후 영역이 확대되고, 인구의 증가·생산력 증대·강력한 군사력을 바탕으로 **정치적인 안정**을 이루었다.
  ㉡ 통일 신라의 사회의 가장 큰 변화는 **골품제의 약화와 중앙 집권적 관료제의 강화**라고 할 수 있다.
  ㉢ **신라 통일의 정치적 결과** : 신라의 통일은 보수 세력인 성골이 아니라, 신세력인 진골과 신 김씨 세력이 이룩했으나 왕권 강화는 상대적으로 진골의 특권을 약화시키는 요인이 되었으며, 진골 다음의 6두품이 왕권을 옹호하는 세력으로 성장하는 전기가 되었다.

2. 왕권의 전제화

29대 「태종 무열왕(김춘추)」 654~661
① 최초의 진골 출신 왕으로, 직계 자손의 세습제를 확립하여 왕권을 안정시켰다.
② 아들 문왕(文王)을 집사부 장관인 중시로 임명하여 기능을 강화하고 귀족 회의의 의장인 상대등의 세력을 약화시켰다.
③ 왕의 동생들에게 특권적 지위를 부여하던 갈문왕 제도를 폐지하였다.
④ 상대등으로 임명된 김유신의 활약으로 백제를 정복하였다(660).
⑤ 불교식 왕명을 버리고 중국식 시호(무열)를 취했다.

30대 「문무왕」 661~681
① 우이방부(형벌, 667)를 설치하고 고구려를 정복하였다(668). 태대각간 김유신이 죽었다(673).
② 나·당 전쟁을 통해 당을 축출하고 삼국 통일을 달성하였다(676).
③ 의상이 부석사를 창건하였고(676), 백금서당(672)과 자금서당(677)을 설치하였다.
④ 사후에 용이 되어 왜구를 물리치겠다는 유언에 따라 해중릉으로 대왕암을 만들었다.

자료 장회태자 예빈도의 신라 사절
① 1971년 발견된 당나라 고종의 여섯 째 아들 장회태자 이현의 묘에 그려진 벽화로, 장회태자가 각국의 외교 사절을 접견하는 내용이다.
② 오른쪽 두 번째 인물은 소매 넓은 두루마기와 넓은 통바지를 입고, 머리에는 새 깃털을 꽂은 조우관을 쓰고 있어 신라인으로 추정된다.
③ 장회태자의 활동 시기인 675년 9월 신라에서 견당사를 파견했다는 기록이 있어서 신라의 문무왕이 파견한 사신으로 보인다.

▲ 조우관을 쓴 신라 사신
(오른쪽에서 두 번째)

31대 「신문왕」 681~692과 왕권의 전제화
① 귀족 세력 숙청 : 김흠돌의 난(681)을 진압하였는데, 왕의 장인인 김흠돌을 비롯한 파진찬 흥원(興元), 대아찬 진공(眞功) 등을 처형하고 이찬 군관(軍官)도 고발하지 않았다는 죄목으로 처형하였다.
② 감은사를 완공하고 문무왕의 대왕암을 바라볼 수 있는 이견대(利見臺)를 설치하였으며, 만파식적(萬波息笛)을 얻었다(682).
③ 지방 제도 정비 : 보덕국의 반란을 진압하고(683), 전국에 9주(총관) 5소경(사신)을 두어 지방 통치 조직을 정비했다. 주 밑에는 117개의 군(郡)과 293개의 현(縣)을 두고 각각 태수와 현령을 파견하였으며 외사정을 보내 감찰하도록 했다.
④ 중앙 관제와 군제 개혁 : 유교 교육을 강화하기 위해 국학(國學)을 설치하고 (682), 공장부·예작부를 설치하여(686) 중앙 관부를 중국의 6전 제도와 비

집사부(執事部)
① 진덕왕 5년(651)에 품주(稟主)를 개편하여 처음 설치한 후 흥덕왕 때(829) 집사성(執事省)으로 이름이 바뀜
② 장관 : 중시(中侍), 경덕왕 때(747) 시중(侍中)으로 바뀜. 제5등 대아찬(大阿飡)부터 제2등 이찬(伊飡)까지 중시에 취임할 수 있었는데, 대개 파진찬(波珍飡)이 임명되었으며, 진골 출신의 아찬(阿飡)이 임명된 경우도 있음
③ 차관 : 전대등(典大等) 2인. 경덕왕 때 시랑(侍郎)으로 바뀜
④ 배경 : 진덕왕 때 정권을 장악한 김춘추(金春秋)·김유신(金庾信) 세력이 화백(和白) 회의로 상징되는 귀족 세력에 대항하여 왕권의 전제화(專制化)를 이루기 위해 설치했다고 이해
⑤ 역할
  ㉠ 기밀 업무와 왕명 출납 담당
  ㉡ 전제 왕권의 방패제 역할 : 중대에 역할 강화
  ㉢ 중추원(고려)·승정원(承政院, 조선)과 비슷

김흠돌(金欽突, ?~681)
신라 중대의 귀족. 김유신·김인문을 도와 고구려 정벌에 큰 공을 세워 관등이 제3위인 잡찬까지 올랐으나, 신문왕 원년(681)에 파진찬 흥원(興元), 대아찬 진공(眞功) 등과 함께 반란을 일으켰다가 실패하여 죽임을 당하였으며, 신문왕의 왕비였던 그의 딸도 궁궐에서 쫓겨났다. 왕권 강화 정책에 대한 귀족 세력의 반발로 보는 견해와 신문왕이 이전의 관료 세력을 제거하고 새로운 정치 세력을 구축하려는 과정에서 일어난 사건으로 보는 견해가 있다.

시위부와 6두품의 진출
『삼국사기』, 〈무관조〉에서는 6정, 9서당의 장군 36명의 자리에는 모두 진골 귀족만이 임명될 수 있다는 규정이 있었다. 그러나 신문왕 시기에 확대된 시위부의 장군 6명은 6두품에게도 개방되었다. 통일기 전제 왕권과 6두품 세력의 연결을 알 수 있다.

숫하게 개혁하였고, 통일전의 6정(停)을 폐지하고 **중앙군을 9개의 서당**으로 **지방군을 10개의 정(停)**으로 확대 개편했다. 국왕의 경호 조직인 **시위부**를 확대·강화하였다(681).
⑤ **경제 개혁** : 관료에게 관료전을 지급하여 조(租)만 수취하게 하고(687), **녹읍을 폐지**하였다(689).
⑥ **왕실 강화** : 5묘제(직계 조상인 태조대왕·진지대왕·문흥대왕·태종대왕·문무대왕(文武大王)을 실시하고 묘에 제사를 지냈으며(686), 수도를 달구벌(대구)로 천도하려 시도하였다(689).
⑦ **왕권과 6두품의 결합** : 왕권의 강화로 진골 귀족 세력이 약화된 반면 왕의 정치적 조언자와 행정 실무를 담당하는 세력으로 **6두품**이 성장하게 되었다.

> **사료 만파식적 설화의 의미**
>
> 왕이 아버지 문무대왕을 위하여 감은사를 세웠다. …… 용이 말하기를 "이 대나무로 피리를 만들어 불면 천하가 화평해질 것입니다. 지금 아버님께서 큰 용이 되시고 김유신도 천신이 되셨습니다. 두 분 성인이 마음을 합하여 이같이 값으로 헤아릴 수 없는 큰 보물을 만들어 저를 시켜 바치는 것입니다."라고 말하였다. 왕이 돌아와 대나무로 피리를 만들어 월성의 천존고에 보관하였다. 이 피리를 불면 적병이 물러가고 질병이 낫고, 가물 때는 비가 오고, 비올 때는 비가 개이고, 바람이 가라앉고, 물결은 평온해졌다. 이 피리를 만파식적이라 부르고 나라의 보물로 삼았다. 《삼국유사》
>
> 🔍 만파식적의 전설은 문무왕이 죽어서 동해의 호국용이 되었다는 전설과 함께 통일 후의 국태민안과 왕권 안정에 대한 염원과 자신감이 반영된 이야기로 볼 수 있다.

32대 「효소왕」 692~702
서·남시전(695)·비금서당을 설치하였다.

33대 「성덕왕」 702~737
① 왕권이 더욱 안정되고 유교 정치는 한층 강화되었는데, 국학에 당에서 가져 온 공자와 72제자의 화상을 안치하여 사실상 **문묘**를 설치하였다.
② 백성에게 **정전을 지급**하고(722), 대동강 이남의 영토를 확보(733~735)하였다.

34대 「효성왕」 737~742
성덕왕의 둘째 아들로, 파진찬 영종의 모반을 진압하였다.

3. 6두품 세력의 대두

① 왕권이 전제화되자 상대등을 대표로 하는 귀족 세력의 정치적 영향력은 약화되었다.
② **6두품의 진출** : 신분상의 제약으로 높은 관직으로의 진출이 어려웠지만 **집사부**를 중심으로 전제 왕권을 뒷받침하며 점차 두각을 나타내었다.

4. 전제 왕권의 동요

35대 「경덕왕」 742~765
① 국학을 태학감으로, 사정부를 숙정대로 바꾸고 박사와 조교 등을 두어 유교 교육을 강화했다.

② 중앙 관료의 칭호와 군현의 이름을 중국식 한자 이름으로 바꾸었다.
③ 불국사의 창건을 후원(751), 귀족의 반발로 내외군관의 월봉을 폐지하고 녹읍이 부활(757)되었는데, 귀족층의 반발과 보수로 회귀하는 사회적 분위기가 시작되었다.

36대 「혜공왕」 765~780

대공의 난(768)으로 시작된 귀족들의 반란은 3년간 96명의 각간이 싸울 정도로 치열하게 전개되었으며, 혜공왕 10년(774)에는 귀족파인 상대등 김양상(후일 선덕왕으로 즉위)이 권력을 장악하고 왕은 허수아비가 되었다가 이찬 김지정의 난(780) 때 살해되어 무열계 왕계가 끊어졌다.

9 발해의 건국과 발전

1. 발해의 역사적 위치(698~926)

① **고구려 계승** : 발해는 고구려를 계승하고 있다. 고구려 출신(대조영)이 건국하였고, 지배층이 고구려인이며, 발해왕들이 일본에 보낸 국서에 '고려 국왕'이라 자칭하였고, 고구려 문화를 계승하고 있다.
② **독자적인 연호의 사용** : 발해는 천통(대조영), 인안(무왕), 대흥(문왕) 등 <mark>독자적인 연호</mark>를 사용하여 대외적으로 중국과 대등함을 과시하였다.
③ **남북국 시대** : 동시대인인 최치원이 발해를 '북국'으로 칭한 이래 18세기 실학자 유득공은 『발해고』에서 통일 신라와 발해가 공존했던 200여 년을 '남북국 시대'라고 불러야 한다고 처음으로 주장하였다.

발해 국왕의 연호

국왕	연호
고왕(대조영)	천통
무왕	인안
문왕	대흥, 보력
선왕	건흥

사료 중국의 동북공정과 발해의 역사

1. 중국의 동북공정(東北工程)
중국 국경 안에서 전개된 모든 역사를 중국 역사로 만들어 한반도가 통일되었을 때 일어날 가능성이 있는 영토 분쟁을 미연에 방지하기 위해 2002년부터(~2006) 중국이 추진한 동북 지역의 역사와 현상에 관한 연구 공정(프로젝트)을 말한다. 정식 명칭은 '동북변강역사여현상계열연구공정(東北邊疆歷史與現狀系列研究工程)', 즉 '동북 변경 지역의 역사와 현상에 관한 체계적인 연구 과제(공정)'로, 고조선·고구려·발해 등은 고대 중국의 동북 지방에 속한 지방 정권으로 규정한다.

2. 발해가 우리 국가임을 증명할 수 있는 근거
• 발해 말갈의 대조영은 본래 고구려의 별종이다. 고구려가 망하자, 대조영은 그 무리를 이끌고 영주로 이사하였다. 대조영은 드디어 그 무리를 이끌고 동쪽 계루의 옛 땅으로 들어가 동모산을 거점으로 하여 성을 쌓고 거주하였다. 대조영은 용맹하고 병사 다루기를 잘하였으므로, 말갈의 무리와 고구려의 남은 무리가 점차 그에게 들어갔다. 〈『구당서』〉
• 발해는 고구려 옛 땅에 세운 나라이다. 사방 2천 리며, 주현과 관역이 없으며, 곳곳에 촌리가 있는데 모두 말갈 부락이다. 백성은 말갈인이 많으며, 토인은 적다. 모두 토인이 촌장이 되었으며, 대촌에는 도독, 다음에는 자사이며, 그 아래는 백성들이 모두 수령이라 부른다. 〈『유취국사』〉

💡 일본의 역사서인 『유취국사』의 〈발해국지장편〉에 실려 있는 내용인데, 이는 재당 유학승 영충(永忠)이란 사람이 발해 지역을 견문한 내용을 892년에 편찬한 것이다. 당시의 상황을 전해주는 중요한 사료이다. 토인은 고구려 유민을 지칭한다.

2. 발해의 건국

1대 「고왕」(대조영) 698~719
① 고구려 장군 출신인으로, 고구려 유민과 말갈의 연합 국가를 건국하였다 (698).
② 당나라의 고구려 유민 분산 정책에 따라 요서 지방의 영주(조양)로 이주하였으나 696년 거란 출신 이진충이 당나라 측천무후에 반기를 들고 일어난 틈을 타 걸사비우가 이끄는 말갈과 손을 잡고 당나라에 반기를 들었다.
③ 당나라 이해고의 군대를 천문령 싸움에서 격파하고 동모산(지린성 둔화현 육정산)에 정착하여 국호를 발해, 연호를 천통(天統)이라 하였다.
④ 중국 『사서』는 713년 당나라 현종이 '좌효위 대장군 발해군왕 홀한주도독(左驍衛大將軍渤海郡王忽汗州都督)'의 별직을 주고 진국(震國)이라 칭하던 것을 '발해군' 왕으로 봉하였다고 기록하고 있다.

3. 발해의 발전

2대 「무왕」 719~737
① 이름은 대무예이다. '인안' 이라는 독자적 연호를 사용하였다.
② 영토 확장 : 만주의 대부분과 연해주 지역으로 영토를 확대하였고, 요서 지역에서 당군과 격돌, 돌궐·일본과 연결하여 당과 신라를 견제하고 동북아시아의 세력 균형을 유지하였다.
③ 적극적 외교 추진 : 일본에 국서를 보내 수교하고 무역로인 '일본도'를 개설하였다(727). 국서에 "고구려의 옛 땅을 회복하고 부여의 풍속을 가졌다."고 기록했다.
④ 대당 강경책 : 장군 장문휴의 수군을 보내 당나라 산동 지방의 덩저우(登州)를 공격하여 자사 위준을 죽였다(732).

사료 발해 무왕의 덩저우(산동 반도) 공격

무왕이 즉위한 지 얼마 안 되어서 흑수말갈의 사신이 당에 조공하니 …… "흑수가 당에게 벼슬을 청하면서 우리에게 알리지 않으니, 이는 반드시 당과 더불어 앞뒤로 우리를 치려는 것이다." 하고, 곧 아우 문예와 장인 임아상을 시켜 군사를 동원해서 치게 하였다. 개원 20년(현종, 732) 발해 무왕이 장수 장문휴를 보내 해군을 이끌고 등주지사 위준을 공격하자 조서를 내려 토벌하게 하고 이어 태북원외경 김사란을 신라로 보내 발해의 남쪽 국경을 공격하게 하였다. 〈『신당서』〉

① 배경 : 흑수말갈과 신라를 통해 발해를 견제하려는 당의 분열 정책이다.
② 무왕의 동생 대문예는 무왕이 흑수말갈을 치려하자 "흑수가 당의 벼슬을 청하였다 하여 그를 바로 치고자 한다면 이것은 당을 저버리는 것이다. 지난날 고구려의 전성기에 강병 30여 만으로 당과 맞서 복종하지 않다가, 당병이 한번 덮치매 땅을 쓴 듯이 다 멸망하였다. 오늘날 발해의 인구가 고구려의 몇 분의 일도 못되는데도 당을 저버리려 하니, 이 일은 결단코 옳지 못하다." 며 당에 투항하였다.
③ 무왕이 당나라에 왕명을 어기고 당에 망명한 동생 대문예의 소환을 요구했으나 당이 이를 거절하자 당을 공격하였다.
④ 당의 원병 요청으로 발해를 공격한 신라는 "마침 산이 험하고 날씨가 추운데다 눈이 한길이나 내려서 병사들이 태반이나 얼어 죽어 전공(戰功)을 거두지 못한 채 돌아오고", 당은 신라의 패강(대동강) 이남 소유를 정식 인정하게 되었다(성덕왕, 732).

3대 「문왕」 737~793
① 이름은 대흠무이다. '대흥'이라는 독자적 연호를 사용하였다.
② 당·신라와 친선을 맺고, 상설 교통로인 '신라도'를 개설하였다.
③ 수도의 천도 : 동모산(구국)에서 중경(742), 상경(756), 동경(785)으로 수도를 여러 번 옮겼다.
④ 일본에 보낸 국서에서 자신을 '고려국왕'이라 칭하고(758) 또 다른 국서에서는 천손(天孫)임을 자랑하였다(771). 정효공주 묘지문에는(792) 왕을 '황상(皇上)'이라고 칭하며 황제 국가의 면모를 과시했다.

4대 「원의」 793
폐왕. 왕실의 혼란

5대 「성왕」 793~794
동경에서 상경으로 수도를 옮겼다.

6대 「강왕」 794~809, 7대 「정왕」 809~812, 8대 「희왕」 812~817, 9대 「간왕」 817~818
왕실의 혼란

10대 「선왕」 818~830과 해동성국
① 영토 확장 : 연호를 '건흥'이라 하고, 말갈족 대부분을 복속하였고 요동으로 진출하여 최대 영토를 확보하고 발해의 전성기를 이룩했다. 이후 당은 13대왕 현석 시기에 발해를 '해동성국'이라 칭하였다.
② 행정 조직 정비 : 확장된 영토를 효과적으로 통치하기 위해 5경 15부 62주의 지방제도를 완비하였다.
③ 학문 장려 : 당나라 빈공과에 신라 다음으로 많은 급제자를 배출했다.

4. 발해의 대외 관계
① 당 : 8세기 초 무왕 때 대립 관계에서 8세기 후반 문왕 때부터 친선 관계로 바뀌었다.
② 일본 : 신라를 견제하기 위하여 처음부터 끝까지 우호적 관계였다.
③ 신라
  ㉠ 대립 : 당의 견제 정책으로 기본적으로 적대 관계였으며, 발해 무왕 때 당을 공격하자 신라가 발해를 공격하였고, 쟁장 사건(897), 등제 서열 사건(906) 등으로 대립하였다.
  ㉡ 교류 : 상설 교통로(신라도)가 개설되고, 사신 교환, 무역 등이 이루어졌으며, 신라 말 발해가 거란에게 공격을 당하였을 때 원조를 요청하기도 하였다.
④ 돌궐 : 당을 견제하기 위하여 돌궐과는 친선 관계를 유지하였다.
⑤ 말갈 : 발해의 피지배층을 이루었으나, 흑수말갈 부족처럼 독립된 세력을 유

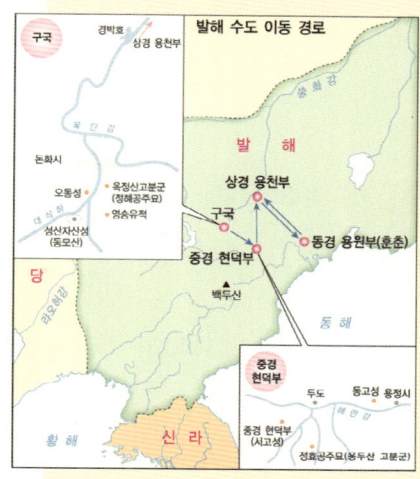

▲ 발해의 수도 천도

빈공과에 합격한 발해인
빈공과에 합격한 발해인은 대략 10여 명으로 알려지고 있는데, 이름이 확인되는 사람은 오소도(872), 고원고(892), 오광찬(906) 등 3명이다. 이는 신라인 합격자 80명에 비하면 적지만, 신라 다음으로 많은 수이다.

▲ 발해 5경과 최대 판도

쟁장 사건
897년 당에 하정사로 파견된 발해 왕자 대봉예가 신라 사신보다 윗자리에 앉기를 요청하였으나 신라의 반발로 당이 허락하지 않은 사건이다.

등제 서열 사건
872년 당의 빈공과에 발해인 오소도가 급제했을 때 신라인 급제자 이동보다 위에 이름이 붙자 신라가 당에 항의했는데, 후일 오소도의 아들 오광찬이 빈공과에 급제했을 때(906) 신라인 최언위보다 이름이 아래에 붙자 오소도가 순위를 바꾸어 달라고 요구하면서 신라와 발해가 충돌한 사건이다.

지하며 발해와 적대적 관계를 유지한 부족도 있었다.
⑥ 거란 : 발해 말기 거란의 침입으로 발해가 멸망하였다.

자료 발해의 대외 교류

1. 발해 · 신라의 교류와 대립

연도	내용
700	대조영이 건국 후 신라에 사신을 파견, 신라는 대아찬(5품)의 관등을 내림
732	발해 무왕이 당을 공격하자 당의 요청에 의해 신라가 발해를 공격했으나 실패
문왕 시기	발해 5경인 남경남해부가 신라도에 위치하여 지속적 교류가 있었음을 추측케 함
790~812	원성왕과 헌덕왕 때 발해에 사신을 파견
897	당에 파견된 신라와 발해 사신 중 누가 윗자리에 서는가를 놓고 갈등한 정쟁 사건 발생
906	등제 서열 사건(빈공과 합격 서열을 놓고 양국이 다툰 사건)
911	거란이 침략하자 발해가 신라에 원군을 요청했으나 신라가 응한 기록은 없음

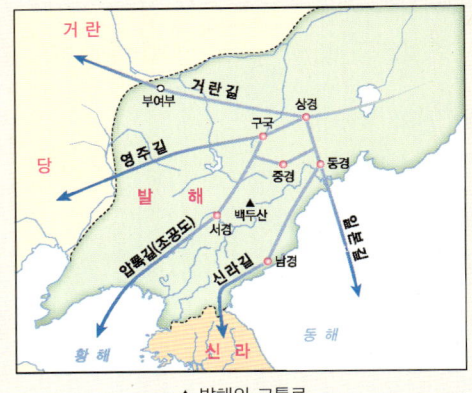
▲ 발해의 교통로

2. 발해의 5대 교통로
발해 수도 상경(上京)을 출발하여 동경과 남경을 거쳐 신라로 가던 교통로인 신라도, 당과 통교하던 조공도(朝貢道) · 영주도(營州道)를 비롯, 거란 · 일본과 통교하던 거란도 · 일본도 등도 있다.

5. 발해의 멸망

① 9세기 말을 고비로 귀족들의 권력투쟁이 격화되면서 국력이 약화되고 916년 거란이 세운 요(遼)나라의 침략을 받아 926년 멸망하였다.
② 이 시기는 국왕들의 묘호조차 제대로 알 수 없다.

11대 「이진」 830~857, 12대 「건황」 857~871, 13대 「현석」 871~894(**당이 발해를 '해동성국'이라 칭함**), 14대 「위해」 894~906

15대 「인선」 906~926 거란에 멸망하였다(926).
③ 일설에는 백두산의 화산 폭발이 발해의 멸망에 큰 영향을 주었다는 견해도 있다.
④ 발해 부흥 운동
  ㉠ 발해 유민들은 압록부 일대를 중심으로 부흥 운동을 일으켜 '후발해국'을 세웠는데, 뒤에는 열씨(列氏)의 정안국(定安國)으로 바뀌었으나 985년 거란에게 멸망당했다.
  ㉡ 고려에 투항 : 왕자 대광현을 포함한 5만여 명의 발해인들은 고려로 망명해 와서 고려 지배층의 일부를 구성하였으며 고려 문화 발전에 적잖이 기여했다.

정안국(定安國, ?~986)
① 발해 멸망 후 발해 유민들이 중심이 되어 건국되었다.
② '후발해'라 부르기도 하며, 대씨 → 열씨 → 오씨 정권으로 변화되었다.
③ 970년 정안국왕 오열만화는 송과 국교를 맺어 거란을 협공할 것을 제안하였으나 실현되지 못하였다.
④ 친송 정책에 위협을 느낀 거란의 공격으로 멸망하였다(986).

사료 발해 왕자 대광현의 투항

934년 7월 발해국 세자 대광현이 수만의 무리를 이끌고 내투하니, 그에게 왕계(王繼)라는 성명을 내려주고 왕실 호적에 싣게 했다. 특별히 원보(元甫)라는 관직을 내리고 백주(황해도 백천)를 지키게 했으며 발해 왕실의 제사를 받들게 했다. 그를 따라온 사람에게는 벼슬을 내리고 군사에게는 토지와 집을 내려주는데 차등있게 했다. 〈『고려사』, 〈태조 세가 17〉〉

> 대광현의 후손들은 고려에서 큰 활약을 하였다. 유득공은 『발해고』에서 거란의 1차 침입 시 안융진 전투를 승리로 이끈 장수 대도수가 대광현의 아들이고, 몽고 침입 시 큰 활약을 한 대금취가 대도수의 후손이라고 기록하고 있다.

10 남북국의 통치 체제

1. 통일 신라의 통치 체제

(1) 집사부의 기능 강화(왕권 전제화)
① 내용 : 집사부의 기능을 강화하고, 그 아래 위화부를 비롯한 13부를 두고 행정 업무를 분담시켰다.
② 중시(시중) : 집사부의 장관으로 진골 출신이 임명되었는데, 왕권을 옹호하는 행정적인 대변자인 동시에 정치적 책임자의 역할을 하였다.

(2) 중앙 관부

신라 관부	시기	업무	발해	고려	조선
병부	법흥왕(516)	군사, 국방	지부	병부	병조
위화부	진평왕(581)	관리 선발	충부	이부	이조
조부	진평왕(584)	공물, 부역	인부	호부	호조
승부	진평왕(584)	말의 관리	–	–	–
예부	진평왕(586)	의례, 교육	의부	예부	예조
창부	진덕여왕(651)	재정, 회계	인부	호부	호조
영객부	진덕여왕(651)	사신 접대	의부	예부	예조
좌이방부	진덕여왕(651)	형법, 법률	예부	형부	형조
집사부	진덕여왕(651)	최고 기구, 국가 기밀	정당성	중서문하성	의정부
우이방부	문무왕(667)	형법, 법률	예부	형부	형조
사정부	진흥왕 → 무열왕(659)	관리 감찰	중정대	어사대	사헌부
선부	문무왕(678)	선박, 해상 교통	–	–	–
국학(國學)	신문왕(682)	국립대학	주자감	국자감	성균관
예작부	신문왕(686)	토목	신부	공부	공조
공장부	신문왕	수공업	신부	공부	공조

(3) 지방 행정 : 신문왕 때 9주 5소경 제도가 마련되었다.
① 전국을 9주로 나누고 총관을 파견하여 군사적 기능보다는 행정적 기능을 강화했다.
② 9주 장관 명칭의 변화 : 군주(지증왕) → 총관(문무왕) → 도독(원성왕)
③ 일부 군·현에는 지방관(각각 태수와 현령)이 파견되었고, 촌락은 토착 세력인 촌주가 다스렸다.

통일 신라의 군·현
주 밑에는 117개의 군(郡)과 293개의 현(縣)을 두어 각각 태수와 현령이 파견되었다.

신라와 고려의 향(鄕) 제도

신라의 향은 8~9세기 무렵에 설치된 것으로 신라의 군현제가 성립된 이후 새로 설정된 행정 구획이다. 중앙에서 지방관으로 향령(鄕令)이 파견되었으며, 그 아래에는 재지 유력자인 촌주가 있어 향내 촌락을 장악했다. 향이 설치된 원인은 분명치 않으나 대부분 정치·사상적 요인과 관계 있는데 화랑 제도와 관계있는 지역도 있으며, 왕족(진골)인 김입언(金立言)이 향령으로 부임했다는 사실 등은 이러한 향의 성격을 시사해준다. 고려 시대의 향은 신라와는 다르게 고려의 지배 체제 정비 과정에서 독자적 향제가 성립된 것으로 보인다. 고려의 향은 지방관이 파견되지 않았으며, 향민은 양인이었으나 과거 응시나 국학 입학이 금지되는 등 일반 군현민과는 차별을 받았다는 점에서 부곡과 유사하였다.

④ 부곡(군현의 백성보다 천시됨)과 **향(鄕) 같은 특수 행정 구역**이 존재했다.
⑤ 상수리 제도 : 지방 호족의 자제를 인질로 중앙에 올라오게 한 제도로, 고려의 기인 제도로 이어졌다.
⑥ 소경의 설치 : 수도 경주가 지역적으로 치우친 것을 보완하기 위해 군사·행정상의 요지에 왕족이나 귀족들을 내려 보내 통치하게 하였다.
⑦ 각 지역 지방관을 감찰하기 위해 외사정을 파견하였다.

> **자료 5소경(小京)**
>
> ① 통일 전 : 2소경(충주의 국원소경, 강릉의 북소경)
> ② 통일 후
>   ㉠ 5소경으로 확대
>
> | 5소경 | 설치 시기 | 현재 지명 |
> |---|---|---|
> | 북원소경(北原小京) | 678년(문무왕) | 원주 |
> | 금관소경(金官小京) | 680년(문무왕) | 김해 |
> | 서원소경(西原小京) | 685년(신문왕) | 청주 |
> | 남원소경(南原小京) | 557년(진흥왕 → 경덕왕) | 남원 |
> | 중원소경(中原小京) | 685년(신문왕) | 충주 |
>
>   ㉡ 장관 : 사신(사대등). 급찬(9관등)~파진찬(4관등)이 취임했다.
> ③ 설치 목적과 성격 변화
>   ㉠ 초기 : 고구려·백제 등의 귀족 집단 이주 감시
>   ㉡ 수도 금성(경주)의 편재성 보완
>   ㉢ 각 지방의 균형 있는 발전 도모
>   ㉣ 지방 정치·문화의 중심지
> ④ 진흥왕이 대가야를 통합한 후 대가야의 지배층을 충주로 옮기면서 설치한 국원소경은 경덕왕 때 중원소경(中原小京)으로 개칭하면서 5소경으로 정비되었다. 이곳에서 우륵, 강수(强首), 김생(金生) 등이 배출되었다.

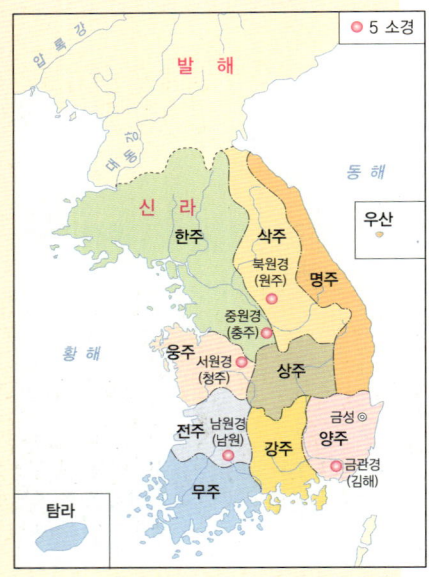
▲ 통일 신라 9주 5소경

9서당의 색깔 명칭
녹금·비금·자금(신라인) 같은 색깔 명칭은 각 서당 군사들이 착용한 옷소매 색깔을 기준으로 정해졌다.

(4) 군사 제도
① 중앙군 **9서당(誓幢)** : 국왕의 직속 부대이며 민족 융합 일환으로 신라인(녹금·비금·자금서당), 고구려인(황금서당), 백제인(백금·청금서당), 보덕국인(적금·벽금서당), 말갈인(흑금서당) 등으로 구성되었다.
② 지방군 10정(十停) : 9주에 1정을 배치하고 국경인 한주에는 2정을 설치하였다.
③ 특수군 : 주에 배치된 기병 군단인 5주서와 국경 지역에 배치된 3변수당, 각 주에 2개씩 배치된 보병 부대인 만보당 등이 확인된다.

2. 발해의 통치 체제

(1) 중앙 통치 조직 : 3성 6부
① 왕을 가독부(可毒夫)라 부르고 높일 때는 황상(皇上)이라 칭하였다.
② 당의 3성 6부 제도를 수용하였으나 명칭과 운영에는 독자성을 유지했는데, 6부를 좌·우사정이 2원적으로 통제한 것이 대표적이다.

③ 정당성은 최고 통치 기구로 귀족들이 모여 **국가 중대사를** 결정하였다.
④ 중정대(관리 감찰), 문적원(서적 관리), 주자감(최고 교육 기관) 등을 설치하였다.

자료 발해의 중앙 통치 조직

기구		장관	기능	당
3성	정당성	대내상	최고 기구	상서성
	선조성	좌상	정책 수립	문하성
	중대성	우상	정책 수립	중서성
6부	충부	경	문관 인사	이부
	인부	경	조세 재정	호부
	의부	경	의례 교육	예부
	지부	경	군사 국방	병부
	예부	경	법률 형법	형부
	신부	경	건설 토목	공부
1대	중정대	대중정	관리 감찰	어사대
1원	문적원	감	도서 관리	비서성
1감	주자감	감	국립대학	국자감
1국	항백국	상시	환관청	–
7시	전중시	대령	왕실 물품	–
	종속시	대령	종친 관리	–
	태상시	경	제사 예절	–
	사빈시	경	사신 접대	–
	대농시	경	농업	–
	사장시	영	무역	–
	사선시	영	궁중 잔치	–

▲ 발해의 중앙 통치 조직도

(2) 지방 행정 조직
① **5경** : 수도 상경용천부를 비롯한 5경은 각 지방의 전략적 요충지에 설치되었다.
② **15부 62주** : 전국을 15부(지방관 **도독**)로 나누고, 부 아래에 62주(지방관 **자사**)가 편성되었다.
③ 현이 설치된 곳에는 지방관으로 현승이 파견되었으며, 말단 촌은 지방 세력인 촌장이 다스리게 하고 지방관의 간접 통치를 받았다.

(3) 군사 조직
① **중앙군** : 10위가 있었으며 왕궁과 수도 경비를 맡았는데, 각 위마다 대장군 1명과 장군 1명을 두어 통솔하였다.
② **지방군** : 농병 일치의 부병 중심이었으며, 각 지방관이 군사 지휘관을 겸임하였다.

11 신라 하대의 사회 동요

1. 신라 하대의 사회적 모순

① 정치적 혼란의 격화 : 골품제의 모순과 왕위 쟁탈전으로 왕권이 약화되고 귀족 연합 정치가 전개되었는데, 집사부의 중시 대신 상대등의 권위가 올라간 것이 그 사정을 말해준다.

② 김헌창의 난(822)
  ㉠ 배경 : 선덕왕 사후 원성왕에게 왕위를 빼앗겼던 **무열계 김주원**의 아들로 웅주(공주)도독이었는데, 왕위 계승에 불만을 품고 반란을 일으켜 **국호를 장안(長安), 연호를 경운(慶雲)**이라고 했다.
  ㉡ 경과 : 김헌창은 전라도와 경상도 일부 지역을 장악하는 등 큰 세력을 형성했으나 **정부군에게 진압**되었으며, 그의 아들 **김범문**이 한산(서울 지역)에 도읍을 두고 다시 반란을 도모하였으나 실패했다.

③ 왕위 쟁탈전의 전개
  ㉠ 김헌창의 난 이후 9세기 초 헌덕왕과 흥덕왕 때 일시적 안정이 있었으나 흥덕왕 사후 왕위는 원성왕 직계 후손들의 실력 쟁탈전으로 변했다.
  ㉡ 왕위 쟁탈전 시기의 왕대사

37대 「선덕왕」 780~785
내물왕 10세손으로 즉위하여 무열왕계가 단절되었다.

> **김주원과 원성왕**
> 김주원은 태종 무열왕의 후손으로 선덕왕이 죽자 귀족들에 의해 왕위 계승자로 추대되었으며 궁궐로 들어오려 하였다. 마침 홍수 탓에 궁궐로 통하는 알천의 물이 불어서 건너오지 못하자 이를 하늘의 뜻이라고 주장한 상대등 김경신이 원성왕으로 즉위하였다. 김주원은 하슬라(강릉)로 피신하였고, 명주군왕에 봉해져 강릉 김씨의 시조가 되었는데 이에 불만을 품은 그의 아들 김헌창이 웅주에서 반란을 일으키게 된다.

38대 「원성왕」 785~798
① 독서삼품과를 실시하였다(788).
② 후손들이 격심한 왕위 쟁탈전을 벌였다.

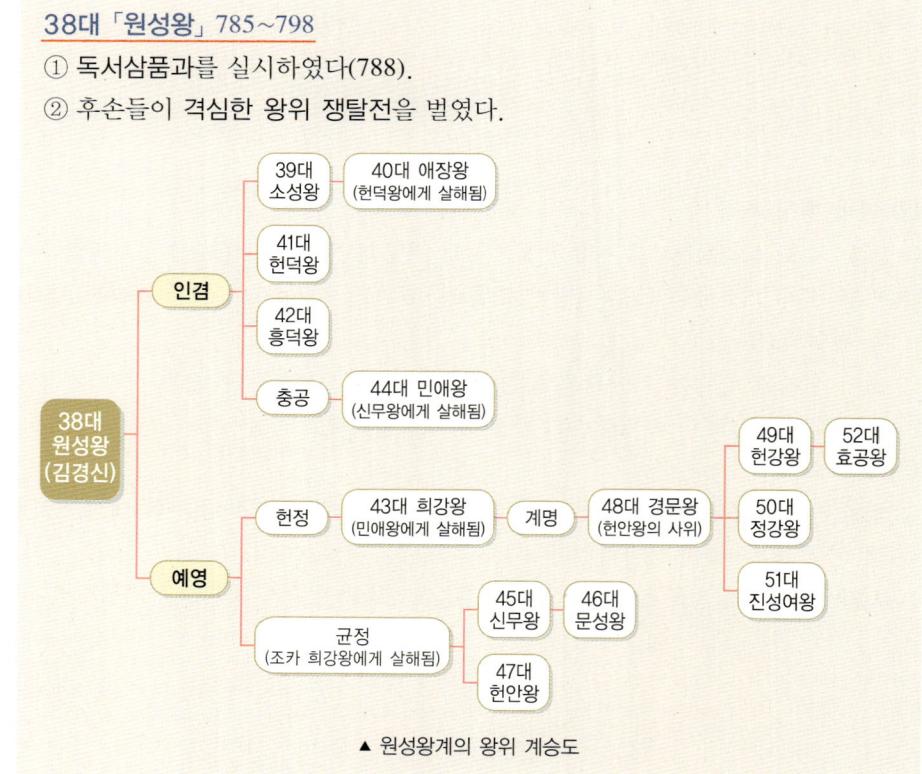

▲ 원성왕계의 왕위 계승도

39대 「소성왕」 798~800
빈번한 왕위 쟁탈전이 일어나기 시작하였다.

40대 「애장왕」 800~809
해인사를 창건하였고(802), 반란으로 살해되었다. 사치를 막기위해 금·은 용기 제작을 금지시켰다.

41대 「헌덕왕」 809~826
웅천주도독 김헌창의 난이 일어났고(822), 조카 애장왕을 살해하고 즉위하였다.

42대 「흥덕왕」 826~836
장보고를 청해진 대사(828), 대아찬 김우징을 시중에 임명하였다. 차 재배가 시작되고, 사치를 금지하는 규정을 반포하였다.

43대 「희강왕」 836~838
삼촌 균정을 살해하고 즉위하였다.

44대 「민애왕」 838~839
김우징(신무왕)에 살해되었다.

45대 「신무왕」 839
장보고의 지원으로 즉위에 성공하였다.

46대 「문성왕」 839~857
청해진에서 일어난 장보고의 난을 진압하였다(846).

47대 「헌안왕」 857~861

48대 「경문왕」 861~875
헌안왕의 사위. 화랑 세력을 배경으로 즉위했으며 나름의 개혁을 추진했다. 『삼국유사』에 경문왕의 당나귀 귀에 관한 설화가 전한다.

49대 「헌강왕」 875~886
왕이 동해 용왕의 아들 처용을 발탁했다(『삼국유사』). 사치와 환락의 시대이다.

자료 신라 중대와 하대의 정치 특징 비교

구분	중대	하대
왕권	전제화 무열왕계 왕위 계승(진골 출신) 귀족 숙청(신문왕) → 김흠돌의 난 진압	약화 → 왕위 쟁탈전 내물왕계 왕위 계승 귀족 연합 정치 → 김헌창의 난으로 혼란
권력 기구 동향	왕권 중심 : 집사부의 강화(중시 → 시중)	상대등의 권력 강화 → 왕위 찬탈
6두품의 동향	왕권과 결탁하여 조언자로 활동	반신라화, 호족과 연합
지방 통치	지방 안정 : 9주 5소경 제도 정비	지방 혼란 : 농민 봉기 → 호족 성장
토지 제도	녹읍 폐지, 관료전 지급	녹읍 부활
정치 이념의 변화	유교 이념 추구(6두품) → 국학 설치	골품제 강화 → 6두품의 좌절
불교 특징	교종 중심의 5교	각 지방의 선종 9산 확산

50대 「정강왕」 886~887

51대 「진성여왕」 887~897

① 『삼대목』을 편찬하였고(888), 원종·애노의 난이 일어났다(889).
② 궁예·견훤이 봉기하고, 최치원은 시무조를 올렸다(894).
③ 하층민의 저항과 봉기 : 지배 세력의 대토지 소유 확대와 가혹한 조세 수취 등으로 농민들은 토지를 잃고 노비가 되거나 초적이 되기도 했으며, 진성여왕 시기의 원종·애노의 난(889)을 시발로 전국적인 농민 봉기가 일어났다.

삼대목
진성여왕 때(888) 각간 위홍과 대구화상이 왕명을 받아 편찬한 향가 모음집이다. 현재 전하고 있지 않다.

사료 신라 말 농민 봉기

- 진성여왕 3년(889) 나라 안의 여러 주·군에서 공부(貢賦)를 나르지 않으니 부(府)의 창고가 비어 버리고 나라의 쓰임이 궁핍해졌다. 왕이 사신을 보내어 독촉하였지만, 이로 말미암아 곳곳에서 도적이 벌떼같이 일어났다. 이에 원종·애노 등이 사벌주(경북 상주)에 의거하여 반란을 일으키니 왕이 나마(奈麻) 벼슬의 영기(令奇)에게 명하여 잡게 하였다. 영기가 적진을 쳐다보고는 두려워하여 나아가지 못하였다. 〈『삼국사기』〉
- 진성여왕 10년(896) 도적들이 국도(國都, 경주) 서남 방면에서 일어나 그들이 바지를 붉게 하여 스스로 구별하였는데, 사람들이 이를 적고적이라 불렀다. 〈『삼국사기』〉

- 당나라 19대 황제(소종)가 중흥을 이룰 때, 전쟁과 흉년 두 가지 재앙이 서쪽(당)에서 멈추어 동쪽(신라)으로 왔다. 어디고 이보다 더 나쁜 것이 없었고 굶어 죽고 싸우다 죽은 시체가 들판에 즐비하였다. 〈『해인사 묘길상탑기』〉

💡 **해인사 묘길상탑**
① 진성여왕 9년(895)에 농민 반란의 극심한 전란으로 사망한 승병들의 명복을 빌기 위해 해인사 경 내에 세운 탑
② 탑에서 발견된 최치원의 글이 『묘길상탑기』인데, 최치원은 전쟁으로 인한 참상을 묘사하였다. '묘길상'은 본래 문수보살을 한문으로 번역한 말이다

2. 호족과 반신라 세력의 성장

(1) 호족(豪族)의 성장

① 특징 : 지방에서 독자적으로 성장하여 재력과 무력을 소유했던 세력을 호족(豪族)이라 한다. 이들은 사병을 양성하고 스스로 성주·장군이라 칭하면서 지방의 행정권·군사권을 장악한 반독립적 세력으로 성장하였다.
② 호족의 출신 배경 : 권력 투쟁에서 밀려난 중앙 귀족(궁예), 무역으로 재력과 무력을 축적한 해상 세력(왕건), 군진 세력(장보고), 촌주 출신의 토착 세력(견훤) 등으로 다양하였는데, 특히 세력이 큰 것은 군진 세력과 해상 세력이었다.

9세기 후반의 군진(軍鎭) 세력
일부 호족들은 군사 요충지에 설치된 군진을 기반으로 성장하였다. 패강진(782)은 성덕왕 때 당으로부터 대동강 이남의 영유권을 인정(735)받아 개척하기 시작하였으며, 당성진(829, 흥덕왕, 경기 남양), 청해진(828, 흥덕왕, 완도), 혈구진(844, 문성왕, 강화도)이 대표적인 군진이었다. 한편 『신당서』에는 중국에서 신라로 오는 주요 항해 요충지인 장구진이 기록되어 있다.

사료 장보고(?~846)의 해상 세력

- 장보고는 신라로 돌아와 흥덕왕을 찾아와 만나서 말하기를 "중국에서는 널리 우리나라 사람들을 노비로 삼으니 청해진을 만들어 적으로 하여금 사람들을 약탈하지 못하도록 하기를 원하나이다."라고 하였다. 청해는 신라의 요충으로 지금의 완도를 말하는데, 대왕은 그 말을 따라 장보고에게 군사 만 명을 거느리고 해상을 방비하게 하니 그 후로는 해상으로 나간 사람들이 잡혀가는 일이 없었다. 〈『삼국사기』〉
- 문성왕 8년(846) 봄에 청해진 대사 궁복(장보고)이 자기 딸을 왕비로 맞지 않는 것을 원망하고 청해진을 근거로 반란을 일으켰다. 13년(851) 2월에 청해진을 파하고 그곳 백성들을 벽골군으로 옮겼다. 〈『삼국사기』〉

💡 군진 세력의 대표자이자 호족의 선구인 장보고는 가문이 미미한 평민 출신으로, 왕위 쟁탈전에 참여하여 김우징을 도와 신무왕 즉위(839)에 기여하였으나, 문성왕 때 반란을 일으켰다가 부하 염장에게 살해되었다.

(2) 사원 세력의 성장과 선종(禪宗)
① 상당한 경제력과 인력을 바탕으로 한 불교 사원들도 지방 세력화하였으며, 승군도 보유하였다(『해인사 묘길상탑기』의 기록).
② 이 시기 중국에서 유입되어 유행한 새로운 불교 사상인 **선종**은 중국 문화에 대한 이해의 폭을 넓혀주었을 뿐만 아니라 지방 호족과 6두품 지식인들의 반신라적 성향에 영향을 미쳐 고려 왕조 개창의 사상적 바탕이 되었다.

(3) 6두품의 동향
① **정치적 성향** : 도당 유학생 출신의 지식층이었던 6두품은 **골품제 사회를 비판**하면서 호족 및 사원(선종) 세력과 연계하여 **반신라적 활동**을 하였으며 점차 새로운 정치 이념을 제시하였다.
② **6두품의 대표적 인물** : 통일기에 활약한 강수와 설총, 하대에 활동한 녹진, **최치원**, 최승우, 최언위, 왕거인 등이 유명한데, 이들은 골품제적 모순의 타파와 능력 위주의 관료 정치의 이상을 지향하면서 후삼국 성립 시기 권력의 보좌 역할을 하였다.

> **사료** 골품제의 모순에 좌절한 6두품
>
> - 설계두는 (6두품으로) 신라의 귀족 자손이다. 일찍이 친구 네 사람과 술을 마시며 각기 그 뜻을 말할 때 "신라는 사람을 쓰는 데 골품을 따져서 그 족속이 아니면 비록 뛰어난 재주와 큰 공이 있어도 한도를 넘지 못한다. 나는 멀리 중국에 가서 출중한 지략을 발휘하고 비상한 공을 세워 영화를 누리며, 높은 관직에 어울리는 칼을 차고 천자 곁에 출입하기를 원한다."라고 하였다. 그는 621년 몰래 배를 타고 당으로 갔다. 〈『삼국사기』〉
> - 최치원이 서쪽으로 당에 가서 벼슬을 하다가 고국에 돌아왔는데 전후에 난세를 만나서 처지가 곤란하였으며 걸핏하면 모함을 받아 죄에 걸리겠으므로 스스로 때를 만나지 못한 것을 한탄하고 다시 벼슬할 뜻을 두지 않았다. 그는 세속과 관계를 끊고 자유로운 몸이 되어 숲 속과 강이나 바닷가에 정자를 만들고 소나무와 대나무를 심으며 책을 벗하여 자연을 노래하였다. 〈『삼국사기』〉

최치원(857~?)
① 경주 출생, 호는 고운(孤雲)·해운(海雲)
② 생애
  ㉠ 868년 12세에 당에 유학~874년 빈공과 장원 급제, 당에 17년간 머무르며 『토황소격문(討黃巢檄文)』 등을 남겼다.
  ㉡ 894년 진성여왕에게 10여 조의 시무책(時務策) 건의했으나 추진되지는 않았으며 아찬(阿飡)의 벼슬을 받았다.
  ㉢ 897년 효공왕 때 관직에서 물러나 각지를 유랑하며 가야산(伽倻山) 해인사(海印寺)에 머물렀는데, 후일 신선이 되었다고 한다(자살로 추정).
③ 문집인 『계원필경』과 『사산비문(四山碑文)』이 전하며, 『제왕연대력』이나 『중산복궤집』 같이 다수는 전하지 않는다.

(4) 독자적 세력의 성장
신라 말의 전국적인 혼란을 틈타 점차 신라에 대항하여 국가 권력을 잡으려는 세력이 등장하였다.

인물	시기	세력 근거지
양길(梁吉)	889(진성여왕)	북원(北原, 원주)
기훤(箕萱)	〃	죽주(竹州, 안성)
궁예(弓裔)	891(진성여왕)	기훤의 부하로 출발하여 양길에게 투항 → 독자 세력화
견훤(甄萱)	892(진성여왕)	완산(完山, 전주)
왕건(王建)	895(진성여왕)	송악의 호족, 궁예의 부하

3. 후삼국의 성립

(1) 신라 왕실의 마지막 황혼

52대 「효공왕」 897~912
후삼국 시대가 되었다.

53대 「신덕왕」 912~917
헌강왕의 사위이며 아달라왕의 후손으로 박(朴)씨 왕이다.

54대 「경명왕」 917~924
신덕왕의 아들(朴). 사천왕사 벽화의 개가 울었다는 등 여러 가지 변괴가 있었다.

55대 「경애왕」 924~927
신덕왕의 아들(朴). 포석정 연회 중 견훤의 공격으로 자살하였다.

56대 「경순왕」 927~935
김부(金傅). 나라를 들어 왕건에게 투항하였으며, 최초의 사심관(경주)으로 임명되었다.

▲ 후삼국 성립

견훤(?~936)
상주 호족 아자개와 무진주(광주) 호족의 딸 사이에서 태어났는데 아버지 아자개의 성이 이씨였지만 후에 스스로 성을 바꾸어 견씨라고 했다. 신라의 군인으로 출세했는데, 뒤에 마음을 바꾸어 농민 세력을 규합하여 무진주를 점령하고(889), 진성여왕 6년(892)에 스스로 왕이라 칭했다. 최승우를 책사로 발탁하고 백제 부흥을 내세워 민심을 얻은 후, 전주를 점령하고 이곳을 수도로 국호를 후백제라고 하였다(900).

궁예(?~918)
권력 쟁탈전에 밀려난 신라 왕족의 후예로서 승려가 되었으나, 세상이 소란해지자 큰 뜻을 품고 처음에는 죽주 기훤의 부하가 되었으나(891), 뒤에 원주 양길의 부하가 되어 군사를 이끌고 한반도 중부 일대를 장악하면서 세력이 커졌다. 책사 종간을 발탁하고 양길을 몰아낸 후 송악(개성)을 수도로 하여 후고구려를 세웠다(901). 그러나 904년에 국호를 마진(摩震)으로 바꾸고 수도를 철원으로 옮겼으며 후에 국호를 태봉(泰封)으로 바꾸었다(911). 송악의 호족 왕건이 이 시기 궁예의 부하가 되었다.

광평성(廣評省)
궁예가 마진~태봉 시기에 골품제를 대신할 새로운 관제를 채택하여 설치한 최고 관청으로, 고려 초까지 이어졌다. 장관은 광치내(뒤의 시중)이며, 그 아래 대룡부(호부)·내봉성(도성)·수춘부(예부)·병부·봉빈부(예부)·의형대(형부)·조위부(회계)·물장성·금서성(비서성)·원봉성(한림원)·비봉성 등 실무를 담당하는 관청을 두어 사무를 분담하였다.

(2) 후백제와 후고구려

구분	후백제	후고구려
건국	• 900년 견훤	• 901년 궁예
기반	• 호족 • 867년 경북 상주에서 아자개의 아들로 태어남. 변방의 비장(裨將) 출신 • 900년 완산주 도읍. 후백제 건국 • 927년 신라 경애왕 살해 • 930년 고창(안동) 전투에서 고려에 패배 • 935년 아들 신검에 의해 금산사 유폐 • 935년 고려에 귀순 • 936년 일리천 전투 패배로 후백제 멸망. 황산(충남 논산)에서 병으로 죽음	• 도적 집단에서 출발 • 894년 명주(강릉)에서 독립 • 896년 송악(개성)의 왕건 부자 귀순 • 901년 후고구려 건국 • 904년 국호 : 마진, 연호 : 무태 • 905년 도읍 : 철원, 연호 : 성책 • 911년 국호 : 태봉, 연호 : 수덕만세 • 914년 연호 : 정개 • 918년 멸망 → 왕건의 고려 건국 • 송악(개성) → 철원(905, 마진·태봉)
수도	• 완산주(전주)	• 경기, 강원, 황해도
영역	• 차령 이남(충청, 전라)	• 골품제 철폐, 관제(광평성·9관등제)
특징	• 경제력·군사력 우위, 중국과 외교	−
외교	• 오월·후당, 일본과 교류	
한계	• 지나친 수취, 호족 포섭 실패	• 지나친 수취, 미륵 신앙에 의존

고대의 경제

1 삼국의 경제생활

1. 삼국의 경제 정책

(1) 고대 국가 성장기의 경제 정책

① 주변 지역의 소국을 정복하여 토산물을 공물로 수취하였다.
② 전쟁 포로는 노비가 되어 귀족에게 분배되었으며, 군공을 세운 자에게는 일정 지역의 토지와 농민을 식읍으로 지급하였다.
③ 정복지에 대한 수탈과 차별을 점차 줄여갔지만 여전히 신분적 차별과 경제적 부담을 졌다.

(2) 수취 체제의 정비

① 합리적인 징세 기준을 만들어 **호세(재산 기준, 3등급)**로 포, 곡식을 수취하였고, 15세 이상의 남자를 부역에 동원하였다.
② 삼국의 토지 단위 : 고구려는 밭이랑을 기준으로 한 **경무법**, 백제는 파종량을 기준으로 한 두락제, 신라는 수확량을 기준으로 한 **결부법**이 있었다.

자료 | 고대의 수취 체제 특징

1. 조세 제도의 기본 개념(조·용·조, 남북국 시대 이후 본격 정비됨)

조세(전세), 조(租)	공납, 조(調)	역(役), 용(庸)
토지세(土地稅)	호구세(戶口稅)	인두세(人頭稅)
수확량 기준	특산물 징수	노동력 동원
1/10	현물로 납부	16~60세 정남
30두/300두(1결)	상공+별공+진상	군역+요역

2. 삼국의 수취 체제

① 세(인두세)는 포목 5필에 곡식 5섬이다. 조(租)는 상호가 1섬이고, 그 다음이 7말이며 하호는 5말을 낸다. 〈『수서』 고구려〉
② 세는 포목, 비단 실과 삼, 쌀을 내었는데, 풍흉에 따라 차등을 두어 받았다. 〈『주서』 백제〉
③ 2월 한수 북부 사람 가운데 15세 이상 된 자를 징발하여 위례성을 수리하였다. 〈『삼국사기』 백제 본기〉

  ① 고구려는 호구세인 조(租), 인두세인 세(稅)를 거두었다.
  ② 삼국은 재산의 정도에 따라 호(戶)를 3등분으로 구분하여 조세를 징수하였다.
  ③ 삼국은 다른 시대와 달리 15세 이상의 남자를 역에 동원하였다.

> **사료** 설씨녀 설화와 군역

설씨녀는 (신라의) 율리 민가의 여자이다. …… 진평왕 때에 그 아버지가 나이가 많았는데도 정곡(正谷)을 방어하는 당번이 되었다. 그녀는 아버지가 늙고 병들었기 때문에 차마 멀리 떠나보낼 수 없었으며, 또 여자의 몸이어서 아버지를 모시고 갈 수도 없었으므로, 다만 홀로 근심에 싸여 있었다. …… 사량부의 소년 가실이 설씨에게 말했다. "나는 비록 한 나약한 사람이지만 일찍이 의지와 기개로써 자부하고 있으니, 그대 아버님의 병역을 대신해 주기 바라오."…… 아버지가 "어린 딸을 주어 그대 아내로 삼고 싶다."라고 하였다. …… 그런데 마침 국가에서 사고가 있어 다른 사람을 보내어 교대시키지 않았으므로 가실은 6년 동안이나 머무르고 돌아오지 못했다. 그녀의 아비가 말하기를 "정해진 3년 기한이 넘었으니 다른 이에게 시집가거라." 하였다.

〈『삼국사기』〉

① 백성들에게 군역은 고된 부담이었다.
② 병역을 대신하는 것이 가능하였고 기간이 정해져 있었음(3년)을 알 수 있다.

(3) 농민 안정책의 실시
① 철제 농기구를 보급하였고 **우경을 장려**하였다(신라 지증왕).
② 황무지를 개간하고 저수지를 축조하였으며 흉년 시 춘대 추납의 **구휼제(진대법)** 를 실시했다.

> **사료** 진대법(賑貸法)

겨울 10월에 왕(고국천왕)이 사냥하실 때 길가에서 어떤 사람이 앉아 우는 것을 보고 어째서 우느냐고 물었다. 대답하되, "신은 가난하여 품팔이로 어머니를 봉양하였는데, 올해는 흉년이 들어 품팔이를 할 수 없어 한 되, 한 말의 양식도 얻어 쓸 수 없어 웁니다."고 하였다. 왕이 말하기를 "아, 내가 백성의 부모가 되어 백성을 이러한 극한 지경에 이르게 하니 나의 죄다." 하고 …… 또 소속 관리에게 명하여 매년 봄 3월부터 가을 7월까지 관청의 곡식을 내어 백성의 식구가 많고 적음에 따라 등급을 정하여 꾸어 주고 겨울 10월에 갚게 하는 상설 규정을 만드니 내외가 크게 기뻐했다. 〈『삼국사기』〉

각 시대의 춘대 추납의 빈민 구제책 : 진대법(고구려), 흑창(고려 태조)·의창(고려 성종), 환곡·사창(조선)

(4) 수공업
① 삼국은 노비 중에서 기술이 뛰어난 자에게 국가가 필요한 무기, 장신구 등을 생산하게 하였다.
② 국가 체제를 정비하면서 무기·비단 등 **수공업을 관장하는 관청**을 두고 수공업자를 배정하여 필요한 물품을 생산하였다.

(5) 상업 : 신라는 5세기 말 **경주에 시장**을 설치하고(소지왕, 490) 6세기 초 시장 감독 기관인 **동시전**을 설치하였다(지증왕, 509).

> **사료** 시장의 설치

- '처음으로 서울에 시장(京師市)을 열어 사방의 물화를 통하게 하였다.' 〈『삼국사기』, 소지왕 12년〉
- 시장에서 물건을 사고파는 것은 모두 부녀(婦女)들이 한다. 〈『신당서(新唐書)』, 〈신라편〉〉

최초의 시장이 490년 신라 소지왕 때 경주에 설치되었다. 지증왕 때는 동시(東市, 509)와 동시전이 설치되고, 효소왕 때 서시·남시가 증설되었다(695).

(6) 대외 무역

① 형태 : 주로 왕실과 귀족을 위한 공무역이었고, 4세기 이후에 국제 무역으로 발달하였다.
② 내용 : 고구려는 남북조 및 북방 민족과 교류하였으며, 백제는 남중국 및 왜, 신라는 고구려와 백제를 통해 무역을 하였으나, 6세기 한강 진출 이후에는 당항성을 통해 중국과 직접 교역할 수 있었다.

2. 귀족의 경제생활

① 경제 기반 : 귀족은 자기 소유지와 노비, 국가에서 준 **식읍**·**녹읍**·노비를 가지고 있었으며 전쟁 참여와 고리대를 통해 토지와 노비를 증식할 수 있었다.
② 생활 : 화려한 집과 비단옷, 금·은제 장신구를 사용하는 사치스런 생활을 영위하였다.

3. 농민의 경제생활

① 농민은 자기 소유의 토지를 경작하거나 부유한 자의 토지를 빌려 경작하였다.
② 농업 기술
  ㉠ 시비법이 발달하지 못해 1년 또는 수년간 토지를 묵혀 두었다.
  ㉡ 4~5세기가 지나면서 철제 농기구가 점차 보급되었으며 6세기에 이르러 우경과 함께 널리 사용되었다.
③ 농민의 생활 : 국가와 귀족의 과도한 수취와 전쟁 동원으로 인하여 생활이 곤란하였고 자연재해를 당하거나 고리대를 갚지 못하는 경우에는 몰락하여 노비, 유랑민, 도적이 되기도 하였다.

▲ 삼국의 경제 활동

식읍(食邑)
국가에서 왕족, 공신 등에게 준 토지와 가호로서, 조세를 수취하고, 노동력을 징발할 권리를 부여하였다. 고려 시대에는 형식과 성격이 변화되어 유지되다가 조선조에 폐지되었다.

녹읍(祿邑)
국가에서 관료 귀족에게 지급한 일정 지역의 토지로 직역에 대한 녹과(祿科)적 성격을 가졌다. 조세를 수취할 권리뿐만 아니라 토지에 딸린 노동력을 징발할 수 있었다.

사료 고구려의 귀족과 평민의 생활 모습

▲ 고구려 귀족 생활 모습
(중국 길림성 집안 각저총)

▲ 고구려 귀족 저택의 주방
(황해 안악 3호분)

▲ 기와집 토기

▲ 초가집 토기(평민)

• 그 나라는 3만 호인데 대가들은 밭갈이하지 않고 먹는 자가 1만 명이나 되며, 하호(下戶)는 먼 곳에서 쌀, 낟알, 물고기, 소금 등을 져서 날라다 대가에 공급하였다.
《삼국지》

• 대가들은 밭갈이를 하지 않고 하호들은 부세를 바치며 노비와 같다.
《위략》

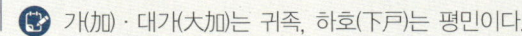
가(加)·대가(大加)는 귀족, 하호(下戶)는 평민이다.

2 남북국 시대의 경제적 변화

1. 통일 신라의 경제 정책

① 삼국 시대와의 차이점 : 통일 이후에는 피정복민과의 갈등 해소와 사회 안정에 치중하였다.
② 조세 정책
  ㉠ 당나라 조(租, 조세), 용(庸, 역역), 조(調, 공물)의 3세 제도가 정비되었다.
  ㉡ 조세는 수확량의 1/10로 완화하고, 공물은 촌락 단위로 특산물을 부과하였으며, 역(부역)은 16~60세 남자들에게 군역과 요역을 부과하였다.
③ 신라의 민정 문서
  ㉠ 서원경(지금의 청주) 부근의 4개 촌락을 조사한 문서로, 일본 동대사 정창원에서 발견되어 정창원 문서 또는 신라 장적, 신라 촌락 문서라고 부르며, 경덕왕(755) 혹은 헌덕왕(815) 때 작성된 것으로 보인다.
  ㉡ 작성 목적 : 노동력과 생산 자원을 관리하기 위해 작성하였는데, 특히 노동력이 철저히 파악되었으며 토지와 인구 이외에 유실수·뽕·잣·호두나무까지도 기록하였다.
  ㉢ 촌주가 3년마다 조사하였는데, 촌주는 토착 세력가이다.
  ㉣ 호(戶)는 노동력에 따라 9등급으로, 인구는 남녀별·연령별로 6등급으로 구분하였다.

사료 민정 문서(民政文書)

사해점촌의 호(戶)는 11호인데 중하 4호, 하상 2호, 하하 5호이다. 인구는 147명인데, 남자는 정(20~59세)이 29명(노비 1명 포함), 조자(15~19) 7명(노비 1), 추자(10~14) 12명, 소자(1~9) 10명, 3년간 태어난 소자 5명, 제공(6,069) 1명이고, 여자는 정녀 42명(노비 5), 조여자 9명, 소여자 8명, 3년간 태어난 소여자 8명(노비 1), 제모 2명, 노모(70세 이상) 1명과 다른 마을에서 이사 온 추자 1명, 소자 1명이다. …… 말은 22마리에 3마리가, 소는 17마리에 5마리가 새로 보태졌다. 논은 102결인데, 관모전 4결, 내시령답 4결, 촌민이 받은 것이 94결이며, 그 중 촌주가 받은 것은 19결이다. 밭은 62결, 마전은 1결 정도이다. …… 뽕나무는 914그루가 있었는데 3년간 90그루를 새로 심었다. 잣나무는 86그루인데 34그루를 새로 심었으며, 호두나무는 74그루가 있었는데 3년간에 38그루를 새로 심었다.

신라의 민정 문서에 나오는 토지

① **연수유전(烟受有田)과 연수유답(烟受有畓)** : '민호가 국가로부터 지급받아 가지고 있는 전답'이라는 뜻으로 성덕왕 때 백성에게 지급하였다는 정전(丁田)으로 보인다(722). 농민이 원래 소유한 토지에 대해 국가가 권리를 인정해주고 그 대신 국가에 조세를 납부하는 형식을 취한 것으로 추측된다.
② **촌주위답(村主位畓)** : 촌주에게 지급된 토지이다.
③ **관모답(官謨畓)** : 국가 소유의 전답으로, 농민들이 경작하여 수확물은 관청 경비에 충당하였다.
④ **내시령답(內視令畓)** : 관리(내시령)에게 지급한 토지로, 일종의 관료전이다.
⑤ **마전(麻田)** : 삼(麻)을 재배하던 토지이다.

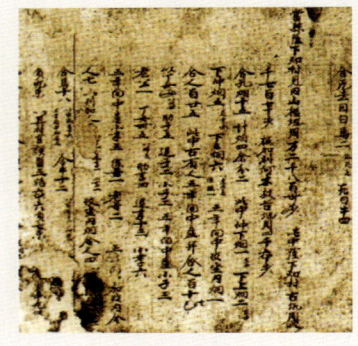

▲ 신라의 민정 문서

ⓤ 농민의 생활 : 농민은 대부분 자영농으로서 상속받은 연수유답(정전)을 소유·경작하는 한편, 촌주위답(촌주 소유)·내시령답(관료전)·관모답(관청 경비)·마전 등을 공동 경작하는 역역을 부담하고 있었다.

ⓥ 당시의 생산 계층은 노비가 아니라 농민이었음을 알 수 있다.

④ 토지 제도의 변화

㉠ 녹읍 폐지 : 왕권을 강화하고 농민 경제를 안정시키고자 귀족들의 식읍을 제한하고, 관료전을 지급하였고(687), 녹읍을 폐지하여(689) 귀족 세력을 억제하는 한편, 백성들에게 정전을 지급하여(722) 농민에 대한 국가의 지배력을 강화하려고 하였다.

㉡ 녹읍 부활 : 귀족 세력의 반발로 녹읍이 다시 부활하였다(경덕왕, 757).

자료 | 왕토(王土) 사상과 수조권의 분급 개념

① A : 수조권(소유권은 인정하지 않음) 분급
② B·C : 조(조세)
③ D : 매매와 상속으로 소유권 이전·임대 가능

* 민전(民田) : 농민의 소유지
* 과전(科田) : 관리의 수조지

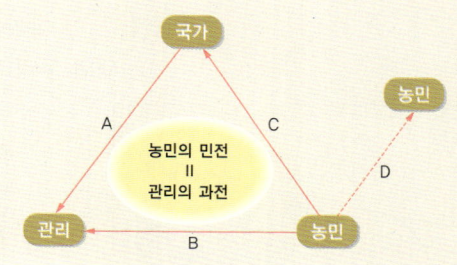

사료 | 녹읍·식읍·관료전

1. 녹읍·식읍·관료전의 성격

- 19년 금관국주 김구해가 왕비 및 그의 세 아들인 맏아들 노종, 둘째 아들 무덕, 막내아들 무력과 함께 금관국의 보물을 가지고 항복하여 왔다. 왕이 예에 맞게 그를 대우하여 상등 직위를 주고 금관국을 그의 식읍으로 주었다. 아들 무력은 벼슬이 각간에 이르렀다. 〈삼국사기〉
- 문무왕 8년(668) 김유신에게 태대각간의 관등을 내리고 식읍 500호를 주었다. 〈삼국사기〉
- 왕건은 투항한 경순왕에게 경주를 식읍으로 주고, 견훤에게 양주(楊州)를 식읍(食邑)으로 주었다. 〈고려사〉

토지	녹읍(祿邑)	식읍(食邑)	관료전(통일 이후)
지급 대상	귀족 관료에게 지급(직역의 대가)	왕족, 공신(전공자) 등에게 지급	관직자에게 지급
징수 내용	원칙적으로 조세(수조권) + 역(노동력) 징발	조세(수조권) + 물품 수취	조세만(수조권) 징수
세습 여부	원칙적으로 세습 불가능	세습 가능	세습 불가능

2. 녹읍의 폐지와 부활

- 신문왕 7년(687) 5월에 문무 관료전을 지급하되 차등을 두었다.
- 신문왕 9년(689) 내외관의 녹읍을 혁파하고 매년 조(租)를 내리되 차등이 있게 하여 이로써 영원한 법식을 삼았다.
- 성덕왕 21년(722) 8월에 처음으로 백성에게 정전을 지급하였다.
- 경덕왕 16년(757) 3월에 여러 내외관의 월봉을 없애고 다시 녹읍을 나누어 주었다.
- 소성왕 원년(799) 3월에 청주 거노현으로 국학생의 녹읍을 삼았다. 〈삼국사기〉

> 녹읍의 폐지와 부활은 왕권과 귀족들의 세력 다툼과 밀접한 관련이 있으며, 통일기 왕권 전제화 시기에 폐지되었던 녹읍은 후에 귀족 세력의 반발로 다시 부활되었다.

2. 통일 신라의 경제 활동

① 경제력의 성장
　㉠ 농업 활동 : 농업 생산력이 성장하였는데 흥덕왕 때 당에서 **차 재배법**을 들여와(김대렴) 지리산에서 재배가 성행하기도 하였다(828). 아직 시비법이 발달하지 못하여 휴경지가 많았다.
　㉡ 수공업 : **공장부**(신문왕)라는 관청을 두어 전국의 수공업을 관장했다. 왕실과 귀족이 사용할 금은 세공품, 비단, 그릇, 가구, 철물 등을 **관청 수공업**을 통해 해결하였다.
　㉢ 상업 : 농업 생산력의 성장을 토대로 경주의 인구가 증가하고 상품 생산이 늘어나 이전에 설치된 동시(지증왕, 509)만으로는 수요를 감당할 수 없어 **서시와 남시**(효소왕, 695)를 설치하였고 지방의 주와 소경 등 교통의 요지에 **시장**이 개설되었다.

② 대외 무역의 발달

▲ 남북극 시대의 무역과 교통로

　㉠ 당 : 공무역과 사무역을 하였으며, 당의 산둥 반도와 양쯔 강 하류에 **신라방·신라촌**(거주지), **신라소**(감독), **신라관**(여관), **신라원**(절) 등을 설치하였다.
　㉡ 일본 : 초기에는 교류에 제한을 두었으나 **8C 이후에는 활발한 무역 활동**이 이루어졌다.
　㉢ 무역항 : 경주와 가까운 국제 무역항인 울산에는 이슬람 상인까지 내왕하였으며, 전남 영암과 남양만의 당항성도 무역항으로 번성하였다.
　㉣ 장보고의 활약
　　• 흥덕왕 때 설치된 **청해진**(828) 대사 장보고는 1만의 군대와 수백 척의 배를 상주시키고 해적들을 소탕한 후 남해·황해의 해상 무역권을 장악하였다.
　　• 대당 무역을 주도하고 일본에 경제 사절단 성격의 회역사를 파견하여 교역을 하였으며, 하카타에 무역소를 두는 등 활발한 중계 무역을 통해 일본에서는 **해신(海神)**으로 알려질 정도로 국제적 명성을 날렸다.
　　• 그는 당나라 산동성 적산촌에 **법화원**이라는 대규모의 사찰을 건립하기도 했다.
　　• 중앙의 왕위 계승 쟁탈전에 참여하여 신무왕을 즉위시키기도 하였으나 중앙의 **귀족 세력에게 암살**된 후(846) 청해진은 해체되고 소속 주민과 병사들은 김제의 벽골제로 강제 이주되어 농민이 되었다.

사료 장보고의 활약

- 다이죠강이 다자이후에 명하여 말했다. "신라인 장보고가 작년 12월 말안장 등을 바쳤는데, 장보고는 다른 나라의 신하가 되어서 감히 문득 공물을 바치니 옛 규범을 상고해보면 정당한 물건이 아니다. 마땅히 예의로써 거절하여 조속히 물리쳐 돌려보내도록 하라. 그들이 가지고 온 물건은 임의로 민간에 맡겨 교역할 수 있게 하라. 다만 백성(일본인)들로 하여금 물건을 구매하는 값을 어기고 다투어 가산을 기울이지 않도록 하라." 〈『속일본기』 권 10, 841년〉

  ① 장보고는 개인이 한 국가를 상대로 외교 관계를 맺고자 할 정도의 실력이 있었다.
  ② 다이자후 : 현재의 후쿠오카에 있던 외교·무역을 관장하던 관청이다. 9~11세기까지 일본의 무역·외교 장소는 다자이후 안에 있던 홍려관으로 한정되었다.

- 생전에 귀하를 직접 뵈온 적은 없으나 높으신 이름을 오래전에 들었기에 흠양하는 마음이 더욱 깊어만 갑니다. …… 이 엔닌은 대사(장보고)의 어진 덕을 입었기에 삼가 우러러 뵙지 않을 수 없습니다. 저는 이미 뜻한 바를 이루기 위해 당나라에 머물러 있습니다. 부족한 이 사람은 다행히도 대사께서 발원하신 곳(법화원)에 머물 수 있었던 데 대해 감경한 마음을 달리 비교해 말씀드리기가 어렵습니다. …… 언제 뵈올지 기약할 수 없으나 삼가 글을 바쳐 안부를 여쭙니다. 〈『엔닌 입당구법순례행기』, 840년 2월〉

  일본인 구법승 엔닌이 장보고에게 보낸 편지로 보살핌에 대한 감사를 전하고 있다. 그의 순례기에는 당시 일본과 당을 오가는 사절들이 장보고의 도움 없이는 왕래가 어려웠던 사정들이 소개되어 있다.

3. 귀족의 경제생활

① 녹읍과 식읍을 통하여 농민을 지배하고 조세와 공물을 거두었으며 노동력을 동원하였다.
② 귀족의 호화 생활 : 노비, 목장, 섬을 소유하고, 비단, 양탄자, 유리그릇, 귀금속 등 당·아라비아의 수입품을 사용하였으며, 금입택·사절유택 등의 호화 별장을 소유하였다.

금입택·사절유택
구체적으로 어떤 집인지는 알 수 없으나 문자의 뜻으로 보면 금(金)이 들어가는 집, 사계절 노는 집이라고 풀이된다. 경주 귀족들의 사치스런 생활을 잘 나타내주고 있는데 경주에만 35개의 금입택이 있었다고 한다.

사료 왕경인 귀족들의 호화 생활

- (경주와 그 일대는) 하나의 초가집도 없이 지붕과 담이 이어졌으며, 노래 소리가 길에 가득하여 밤낮을 그치지 않았다.
- 재상의 집에는 녹(祿)이 끊이지 않고, 일하는 노동(奴僮)이 3천 명이요, 갑옷과 무기와 소, 말, 돼지의 수가 이와 비슷하였다. 〈『삼국유사』〉
- 왕(헌강왕)이 좌우와 더불어 월상루에 올라 사면을 바라보니, 서울(경주)에 민가가 즐비하고 풍악 소리가 끊이지 않았다. 왕이 시중 민공을 돌아보며, "내가 들으니 지금 민간에서는 지붕을 기와로 덮고 짚을 쓰지 아니하며, 밥을 짓되 숯으로 짓고 나무를 쓰지 않는다고 하니 과연 그러한가?" 하고 물으니, 민공이 "신도 역시 그와 같이 들었습니다." 하였다. 〈『삼국사기』〉

  신라 하대로 가면서 귀족들이 득세하여 경주는 사치와 향락의 도시로 변질되어 갔다. 『삼국유사』에는 9세기경 경주의 인구가 18만 호였다고 한다.

4. 농민의 경제 생활

① 시비법이 발달하지 못하고 **휴경** 농법이 일반적이었으며 비옥한 토지는 귀족이 소유하고 농민의 토지는 척박하여 생산량이 부족했을 뿐만 아니라 **소작농은 수확량의 1/2을 지불**해야 했으므로 생활은 안정되지 못했다.

② 전세는 생산량의 1/10 정도였지만, 그 밖에 **삼베, 명주실, 과실류** 등 여러 가지 물품을 공물로 내고 부역과 군역도 과중하여 농사에 지장을 초래할 정도였다.

③ 향·부곡에 사는 농민들은 일반 농민보다 형편이 어려웠는데, 이들이 더 많은 공물 부담을 져야 했기 때문이다.

> **사료** 남북국 시대 농민의 생활
>
> • 신라 한기부 여권의 딸 지은은 홀어머니 밑에서 나이 32세가 되도록 시집을 가지 못하고 어머니를 봉양하였다. 집안이 어려워 남의 집안일을 하고 삯을 받아 겨우 먹고 살았다. 나중에는 부잣집 종으로 몸을 팔아 어머니를 봉양하였다. 뒷날 어머니가 내막을 알고는 밥도 먹지 않고 모녀가 대성통곡하였다. 그때 지나가던 화랑 효종이 이 광경을 보고 자기 집 조 백 석과 의복을 갖다 주어 변상을 하고 좋은 사람에게 시집가게 해주었다 〈『삼국사기』〉
>
> • 진정법사는 신라 사람으로 출가하기 전 군역에 나가 있었다. 집이 가난하여 장가도 가지 못하고 동원되었는데, 남는 시간에 날품팔이를 하여 홀어머니를 봉양하였다. 집에 있는 재산이라고는 한쪽 다리가 부러진 솥뿐이었다. 하루는 스님이 문 앞에 와서 절을 짓는 데 필요한 철을 구하자 어머니는 이 솥을 시주하였다. 〈『삼국유사』〉
>
> 👉 통일 신라 시기 일반 백성들의 곤궁한 생활상이 사료에 잘 나타나고 있다.

5. 발해의 경제

① 수취 제도 : 조세로 조, 콩, 보리 등 곡물을 거두고, **공납**으로는 베, 명주, 가죽을 받았다. 농민은 궁궐, 관청 등의 건축에 **부역**으로 동원되었다.

② 경제의 발전(9세기)

　㉠ 농업 : 밭농사 중심이며 일부 지방에서는 벼농사가 보급되었다. 목축과 수렵이 발달하였고, 특히 솔빈부의 말은 유명하여 수출하였다.

　㉡ 수공업 : 금속 가공, 직물(삼베, 명주, 비단), 도자기업 등이 발달하였고, **철 생산이 풍부**하였다. 특히 **발해** 자기(磁器)는 가볍기가 '새의 깃털' 같고 광택이 있어 인기 있는 수출 품목이었다.

　㉢ 상업 : 수도 상경 등 교통의 요지에는 상업이 발달하였고 **현물 화폐**와 함께 **외국 화폐**도 통용되었다.

③ 대외 무역

　㉠ 당과의 무역이 활발하여 산둥반도의 덩저우에 **발해관**을 설치하였다.

　㉡ 일본과의 무역도 규모가 커서 한 번에 수백 명이 왕래하였으며, **신라**(신라도), 거란과도 무역이 이루어졌다.

　㉢ **수출품은 모피**(주로 일본), 인삼, 불상, 자기, 수입품은 귀족의 수요품인 비단, 책 등이었다.

발해의 모피 수출
담비 가죽으로 만든 모피 의류는 헤이안 시대 일본 귀족들의 사치품으로 신분의 위세를 나타내는 데 이용되었다. 일부 학자는 발해를 포함한 모피 교역 경로를 '담비의 길'이라고도 부른다.

고대의 사회

1 신분제 사회의 성립

1. 사회 계층과 신분 제도

① 기원 : 청동기 시대 계급이 처음 발생하였다.
② 형성 : 철기 시대 중앙 집권 과정에서 여러 부족들이 중앙으로 통합되면서 신분 제도로 발전하였다.
③ 내용 : 연맹 왕국 시기에는 가(加) 또는 대가(大加) 등 족장들이 경제적 부유층인 호민(豪民)을 통해 평민인 하호(下戶)를 지배하였다. 하호는 농민으로, 전투는 하지 않았으나, 부역을 담당하였다.

2. 귀족, 평민, 천민

① 귀족 : 삼국은 고대 국가로 성장하면서 귀족, 평민, 천민의 신분 구조를 확립하였고, 신분은 세습되었다. 신분은 개인의 능력보다 그가 속한 **친족의 사회적 위치**에 따라 결정되었다. 지배층은 자신들의 특권 유지를 위해 **율령**을 제정하였다.
② 평민 : 대부분 농민으로서 **자유민**이었으나, 정치적으로나 사회적으로 많은 제약을 받았다.
③ 노비 : 전쟁 노비, 채무 노비, 형벌 노비 등이 있었다. 삼국 시대에는 **전쟁 노비**가 많았으나, 통일 신라 이후로 전쟁 노비는 소멸되어 갔으며 **채무 노비**가 증가했다.

사료 노비 관련 사례

1. 정복민을 노비로 만든 사례
고구려왕 사유(고국원왕)가 보병과 기병 2만을 거느리고 와서 치양(황해도 백주)에 주둔하고 군사를 나누어 민가를 약탈하였다. 왕(근초고왕)이 태자에게 군사를 주니 곧장 치양으로 가서 고구려군을 급히 깨뜨리고 5,000명을 사로잡았다. 그 포로를 장사에게 나누어 주었다. 〈『삼국사기』〉

2. 정복민을 노비에서 해방한 사례
가야가 배반하니 왕(진흥왕)이 이사부에게 토벌하도록 명령하고, 사다함에게 이를 돕게 하였다. 사다함이 기병 5,000명을 거느리고 들이닥치니 일시에 모두 항복하였다. 공을 논하였는데 사다함이 으뜸이었다. 왕이 좋은 농토와 포로 200명을 상으로 주었다. 사다함은 세 번 사양했으나 왕이 굳이 주자, 받은 사람은 놓아주어 양민을 만들고, 농토는 병사에게 나누어 주었다. 이를 보고 나라 사람들이 아름답다고 하였다. 〈『삼국사기』〉

> 🌐 삼국 시대에도 노비가 해방되는 경우가 있었으나, 노비의 능력이 아니라 전적으로 주인의 의사에 따른 것이었다.

2 고대 사회의 모습

1. 고구려의 사회 기풍

(1) 상무적 기풍

① 상무적 기풍이 강하여 평상시에도 전투에 대비하기 위해 무릎을 꿇고 절할 때에도 한쪽 다리를 꿇고 다른 쪽은 펴서 몸을 일으키기 쉬운 자세를 취하여 부여와 같지 않았으며, '길을 걸을 적에는 모두 달음박질하듯 빨리 갔다.'고 한다.

② 왕족인 고씨와 5부 출신의 귀족들이 지배층을 형성하였으며, 전쟁이 나면 스스로 무장하여 싸웠다.

(2) 법률

① 형법이 엄격하여 **반역죄는 화형**(가족은 노비), 전쟁에서 패하거나 **항복하는 자는** 사형, 도둑질한 자는 12배로 배상하는 **1책 12법**을 시행하였다.

② 연좌제가 적용되어 죄를 지은 자의 가족들이 연좌 노비가 되는 경우도 많았다.

(3) 사회 제도

① 고분 벽화에 나타난 인물 묘사에서 귀천에 따라 인물의 크기에 차등을 두었음을 알 수 있다.

② **진대법 실시(194)** : 가난한 농민을 구제하여 국가 재정과 국방력을 유지하고 귀족 세력이 커지는 것을 막으려는 정책이었다.

> **자료** 고구려 벽화에 나타나는 신분별 특징
>
>
>
> ▲ 교예도(강서 수산리 고분)   ▲ 묘주인좌상(안악 3호분)
>
> 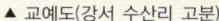 신분에 따라서 사람의 크기가 다르게 묘사되었다. 중국 역사서인 〈수서, 「고구려전」〉에는 "고구려왕은 백라관(白羅冠)을 썼다."라고 했는데 안악3호분 묘 주인이 쓴 까만색 책(巾幘)위로 흰색의 곱고 섬세하게 짜여진 '라(羅)'로 만든 덧관이 있어 '백라관'으로 추정하기도 한다. 이렇게 되면 그림의 주인공은 고구려왕이다.

(4) 혼인 풍습

① **귀족** : 지배층의 혼인 풍습으로는 **형사취수제와 서옥제**가 있었다.

② **평민** : 평민은 남녀 간의 **자유로운 교제**를 통해 혼인했으며 남자 집에서 돼지고기와 술을 보낼 뿐 **다른 예물은 주지 않았다.**

사료 고구려의 혼인 풍습

- 고구려는 언어·생활 습관이 부여와 같은 점이 많은데……, 형이 죽으면 형수를 아내로 삼는 풍속이 있었다. 〈양서, 『동이열전』〉
- 구두로 약속이 정해지면 신부집에서 큰 본채 뒤에 작은 별채를 짓는데, 이를 서옥이라 한다. 해가 저물 무렵 신랑이 신부집 문 밖에 와서 이름을 밝히고 꿇어앉아 절하며 안에 들어가서 신부와 잘 수 있도록 요청한다. 이렇게 두세 번 청하면 신부의 부모가 별채에 들어가 자도록 허락한다. 자식을 낳아 성장하면 신부를 데리고 자기 집으로 간다. 〈『삼국지위서동이전』〉

> 형사취수제(兄死取嫂制)는 일종의 형제 상속으로, 자기 집단의 인적·물적 손실을 방지하거나, 또는 형수와 남은 자녀를 부양하기 위한 목적이며, 주로 귀족들 사이에서 행해졌다. 서옥제는 일종의 처가살이로 중국의 친영제와 다른 우리나라의 전통적인 결혼 풍습이다.

2. 백제인의 생활상

(1) 풍속
① 언어·풍습이나 모두 고구려와 비슷하였으며, 중국 양나라에 파견된 사신이 함께 동행한 **신라 사신의 통역**을 맡았던 것으로 보아 신라와도 언어가 같았던 것으로 보인다.
② 고구려와 같이 **상무적 기풍**을 간직하고 말타기와 활쏘기를 좋아하였다.

(2) 엄격한 형법
① 반역자·전쟁에서 퇴각한 자·살인자는 참수하였고, 반역죄에는 연좌제가 적용되었다.
② 도둑질한 자는 귀양 보냄과 동시에 훔친 **재물의 2배**로 물게 하였다.
③ 관리가 뇌물을 받거나 횡령죄를 지을 경우 **3배**를 배상하고 죽을 때까지 금고형에 처하였다(고이왕 시기).
④ 간음한 부인은 남편의 노비로 삼았다.

(3) 지배층 : 왕족인 **부여(夫餘)씨**, 왕비족인 **진(眞)·해(解)씨**와 귀족인 사(沙)·연(燕)·협(劦)·국(國)·목(木)·백(苩)씨 등 8성 귀족이 지배층을 구성하였으며, **투호와 바둑 및 장기**는 고구려와 마찬가지로 백제 지배층이 즐기던 오락이었다.

사료 백제의 풍속

- 백제의 언어와 복장은 고구려와 거의 같다. 〈『양서』, 「동이열전」, 백제〉
- 왕의 성은 부여씨로 '어라하'(於羅瑕)라고 부르며, 백성들은 '건길지'라고 부르니 이는 모두 왕이라는 뜻이다. 왕의 아내는 어륙(於陸)이라 호칭하니 왕비라는 뜻이다. 〈『주서』, 「백제열전」〉
- 왕은 소매가 큰 자주색 도포에 푸른 비단 바지를 입고, 흰 가죽 띠에 까만 가죽신을 신으며, 오라관에 금꽃으로 장식한다. 군신들은 붉은 옷을 입고 관은 은꽃으로 장식한다. 서민에게는 자주색이나 붉은색의 옷이 금지된다. 〈『신당서』, 「동이열전」, 백제〉

국왕의 옹립과 폐위에 영향을 미친 화백 회의
신라 진지왕(576~579)은 "정치가 어지럽고 음란하다."는 이유로 화백 회의에 의하여 폐위되었으며, 654년 진덕여왕이 후사 없이 죽자 대소신료들은 화백 회의 의장 상대등 알천에게 섭정을 청하였는데, 이에 알천은 "저는 늙고 이렇다 할 덕행이 없습니다. 지금 덕망이 높은 이는 춘추공이니, 세상을 다스릴 뛰어난 인물입니다."라 답하며, 김유신과 논의하여 김춘추를 왕위에 오르게 하였다.

족강(族降)
골품제에서 신분이 하강하는 경우를 말한다. 진골은 물론이고 6, 5, 4두품과 지방의 촌주도 족강으로 신분이 낮아질 수 있었다. 진골인 김유신 가문도 신라 하대에 6두품으로 족강되었다. 그러나 족강의 구체적 기준은 정확히 알 수 없다.

3. 신라의 골품 제도와 화랑도

① 화백 회의 : 국초부터 여러 부족의 대표가 모여 정치를 운영하던 전통(6부 체제)을 계승한 귀족의 합의체이며 왕권 견제와 귀족들의 단합을 꾀하였다.

② 골품 제도
  ㉠ 성립 시기 : 중앙 집권기 각 부족장 세력을 세력 정도에 따라 편제하면서 마련되었다.
  ㉡ 성격 : 개인의 정치·사회 활동과 관등의 상한선, 가옥 크기, 심지어 의복의 색깔, 수레의 크기까지 규제하는 신분제적 기준이었다.
  ㉢ 변천 : 초기에는 골(왕족), 품(귀족)으로 나누었으나, 진평왕(6~7C 초) 때 8등급(성골·진골, 6~1두품)으로 구성되었다. 7세기 중반에 성골이 소멸하고, 통일 이후 3~1두품은 평민화되면서 진골, 6~4두품의 4등급으로 정착되었다. 통일 후 고구려 귀족 출신은 6두품, 백제 귀족 출신은 5두품을 주었다.

사료 골품제의 특징

▲ 신라의 골품과 관등표

② 골품에 따라 승진할 수 있는 관등의 상한선이 정해져 있다(중위제).
③ 복색(관복)은 신분(골품)이 아니라 관등에 따라 구분되었다.
④ 중앙 장관직(대아찬 이상)은 진골만 가질 수 있다. 집사부의 중시(장관)는 진골만 할 수 있고, 6두품은 차관급인 시랑(아찬)이 상한선이다.
⑤ 지방민은 경주(왕경)에 거주할 수 없었다. 반면 왕경의 백성들은 관직을 갖고 관위를 받을 수 있었다. 백성이 올라간 관위는 대사였다. 대사는 4두품이 올라가는 최고 관위였다. 여기서 왕경 백성과 4두품의 신분적 차이가 크지 않았음을 알 수 있다.

1. 골품과 관등
• 신라는 관료를 세울 때 친속을 상으로 하며, 그 족의 이름은 제1골, 제2골이라 하여 나눈다. 왕족을 제1골로 하여 처도 같은 족인데 자식을 낳으면 모두 제1골로 한다. 제2골의 여자와 혼인하지 않으며 혼인하더라도 첩으로 삼는다.
〈『신당서』〉

• 4두품에서 백성에 이르기까지는 방의 길이와 너비가 15척(자)을 넘지 못한다. 느릅나무를 쓰지 못하고, 우물천장을 만들지 못하며, 당기와를 덮지 못하고, 짐승 머리 모양의 지붕 장식이나 높은 처마 등을 두지 못하며, 금은이나 구리 등으로 장식하지 못한다. 섬돌은 산의 돌을 쓰지 못한다. 담장은 6척을 넘지 못하고, 대문과 사방문을 만들지 못하고 마구간에는 말 2마리를 둘 수 있다.
〈『삼국지 위서 동이전』〉

① 개인의 능력이 아무리 뛰어나도 신분 상승은 불가능하다.

2. 득난(得難)
법호(法號)는 무염으로 달마대사의 10대 법손이 된다. 속성(俗姓)은 김씨로 태종 무열왕이 8대조이시다. 할아버지는 주천으로 골품은 진골이고 한찬을 지냈으며, 고조부와 증조부는 모두 조정에서는 재상, 나가서는 장수를 지내 집집에 널리 알려졌다. 아버지는 범청으로 골품이 진골에서 한 등급 떨어져서 득난(得難)이 되었다. 나라에 5품이 있는데 성이(聖而), 진골, 득난 등이다. 득난(得難)은 귀성(貴姓)을 얻기 어려움을 이야기한 것이다.
〈최치원, 성주사 낭혜화상백월보광탑비〉

① '득난'은 6두품을 일컫는 말로, 6두품은 대족장의 후예로 '득난(得難)'으로 불릴 정도로 귀성(貴姓)이었다는 자부심을 보여주는 표현이다.
② 진골에서 6두품으로 신분이 하락하는 경우가 있었는데 이를 족강이라 한다. 그러나 골품의 한계를 넘는 신분 상승은 불가능하였다.

③ 화랑도
- ㉠ 기원과 구성 : 원시 사회의 청소년 집단에서 유래한 것으로 **귀족의 자제를 화랑**으로 삼고 그를 따르는 귀족에서 평민까지 망라한 많은 **낭도**로 구성되었다.
- ㉡ 역할 : 인재를 양성하고 여러 계층이 같은 조직 속에서 일체감을 갖고 활동함으로써 계층 간의 대립과 갈등을 완화·조절하는 역할을 하였다.
- ㉢ 조직과 활동 : 명산대천을 다니며 제천 의식을 행하고, 사회 규범을 배우며, 사냥과 전쟁에 관하여 교육을 받으면서 **심신을 연마**하였다. 진흥왕 때 **원화 제도를 개편**하여 화랑 제도를 만들고 국가 차원에서 그 활동과 조직을 확대하였으며, 진평왕 때 승려 원광은 세속 5계를 가르쳐 규범을 제시하였다.

중위제
골품제로 인한 관등 승진 제한을 무마하기 위해 도입한 제도로 아찬·대나마·나마에 적용한 제도이다. 6등급인 아찬은 사중아찬까지, 10등급 대나마는 구중대나마까지, 11등급 나마는 칠중나마까지 진급시켰는데, 예를 들어 대아찬의 관등에 올라갈 수 없었던 6두품은 공을 세워 관등을 올려야 할 경우 중아찬, 삼중아찬, 사중아찬까지 승진할 수 있었으나 5등급인 대아찬은 될 수 없었다. 골품제의 한계를 해결하려는 편법이었으나 골품제의 모순을 해결할 수는 없었다.

사료 세속 5계와 난랑비서문

1. 세속 5계(世俗五戒)
원광법사가 수나라에 가서 유학하고 돌아오자 귀산 등(귀산과 추항)이 "저희 세속의 선비들이 어리석어 아는 바가 없으니 원컨대 한 말씀을 내려 주셔서 종신토록 계명을 삼았으면 합니다."라고 말하였다. 법사는 "불교의 계율에는 보살계가 있는데, 그 종목이 10가지라서 남의 신하된 자로서는 아마 감당하기 어려울 것이다. 여기 세속 5계가 있으니, 하나는 충(忠)으로써 임금을 섬기고, 둘은 효(孝)로써 부모를 섬기며, 셋은 믿음(信)으로써 친구를 사귀고, 넷은 전장에 나아가 물러서지 않으며, 다섯은 생명 있는 것을 가려서 죽인다는 것이다."라고 하였다. 〈『삼국사기』〉

👉 사군이충(事君以忠, 충성으로 임금을 섬김), 사친이효(事親以孝, 효도로써 어버이를 섬김), 교우이신(交友以信, 신의로서 벗을 사귐)은 유교, 살생유택(殺生有擇)은 불교, 임전무퇴(臨戰無退)는 무인 정신을 잘 나타낸다.

2. 난랑비서문(鸞郞碑序文)
우리나라에는 현묘한 도가 있어 이를 풍류(風流)라 하는데, 이는 실로 3교(三敎)를 모두 포함한 것이다. 집안에서는 효도하고 밖에서는 나라에 충성을 다하는 이것은 ① 공자의 취지이며, 모든 일을 거리낌 없이 처리하고 말하지 않고 실행하는 것은 ② 노자의 가르침이며, 모든 악한 일을 하지 않고 착한 일만 받들어 행하는 것은 천축 태자 ③ 석가의 교화 그대로이다. 〈『삼국사기』〉

👉 최치원이 신라의 화랑 '난랑'을 위하여 만든 비문으로, 일부가 『삼국사기』, 『진흥왕본기』에 인용되어 있다. ① 유교, ② 도교, ③ 불교로, 유·불·선 3교의 조화 정신을 나타낸다.

---

3 남북국 시대의 사회

1. 통일 후 신라 사회의 변화

① 삼국 통일의 의의 : 삼국 통일은 삼국이 지니고 있던 혈연적 동질성과 문화적 공통성을 바탕으로 하여 우리 민족 문화가 하나의 국가 아래 발전하는 계기가 되었다.

② 신라의 민족 통합책
- ㉠ <mark>백제와 고구려의 옛 지배층에게 신라의 관등을 주었으며</mark>, 중앙군인 9서당에 편성함으로써 민족 통합에 노력하였다.
- ㉡ 신라의 지배층은 삼한(삼국)이 하나가 되었다는 자부심을 가지게 되었다.

③ 전제 왕권의 성립과 약화 : 통일 후 늘어난 영토와 인구를 바탕으로 경제력이 증가하였으며, 왕권이 강화되어 이를 바탕으로 100여 년 동안 안정된 사회가 유지

고구려, 백제 유민에 대한 관등 규정
신라는 통일 전쟁 당시 투항한 고구려 왕족(안승)을 진골로 편입한 것을 시작으로 삼국 통일 이후 고구려와 백제의 유민들의 신라 사회 포섭을 위한 관등 규정을 마련하였다. 문무왕 13년(673) 백제 유민의 관직 규정을 정했는데, 신라 17관등 중 10위인 대나마(大奈麻) 이하에 임명될 수 있었다. 그리고 신문왕 6년(686)에는 고구려 유민에 대한 관직 규정도 마련하여 고구려 유민에게는 최고 7위 일길찬(一吉湌)까지 임명할 수 있게 했다.

되었다. 그러나 하대에는 이러한 기풍이 변하였는데, **흥덕왕이 사치를 금하는 명령(834)**을 내릴 정도로 점차 사회 기강이 흔들렸다.
④ **골품 제도의 변화** : 하급 신분층에서 골품의 구분이 점차 희미해지면서 3~1두품의 구별은 실질적인 의미를 잃고 평민과 동등하게 간주되었다.
⑤ **골품제의 모순 심화** : 상위 골품의 구별은 더욱 강화되었다. 6두품의 신분 상승은 여전히 한계가 있었고 이들은 점차 반신라 세력화되어갔다.

2. 발해의 사회

① **구성** : 발해 지배층의 구성원은 **왕족인 대씨, 귀족인 고씨, 말갈족 일부**가 포함되었으며, **피지배층은 대부분 말갈인**이었다.
② **사회 기풍** : 타구와 격구를 즐겼으며, **상무적 기풍**도 강하여 "발해인 세 사람이 호랑이 한 마리를 당해낸다."는 말이 외국에 알려질 정도로 용맹하였다.
③ **혼인과 가족 제도** : 남자가 여자를 훔쳐 달아나 결혼하는 **약탈혼**의 풍습이 있었으며 일부일처의 가족 제도가 기본이었는데 가정생활에서 **여성의 힘이 강했다.**
④ **풍속** : 당의 문화를 받아들이고 있었지만, 고구려나 말갈 사회의 전통적인 생활 모습을 오랫동안 유지하고 있었는데, 세시풍속으로 남녀 여럿이 모여 노래하고 춤추는 **답추(踏鎚)**가 대표적이다.

> **사료** **발해의 여성**
>
> 발해의 부인들은 모두 사납고 투기가 심하다. 대씨는 다른 성과 서로 연계하여 10자매를 이루었는데, 이들이 번갈아 가며 남편을 감시하여 남편이 첩을 두는 것을 용납하지 않으며, 다른 여자와 연애하는 것도 용납하지 않는다. 만일 이런 일이 있다는 것을 알게 되면 부인은 반드시 독을 넣어 남편과 사귄 여자를 죽이려고 한다. 한 남편이 일을 저질렀으나 자기 아내가 알지 못하였다면, 나머지 아홉 사람이 모두 일어나 그를 꾸짖으면서 다투어 증오하는 것을 서로 자랑으로 여겼다. 〈송막기문〉
>
> 👉 발해 여성들의 사회적 지위가 낮지 않았으며, 이러한 특징이 일부일처제가 일반적이었던 사정을 설명해주고 있다.

고대의 문화

1 고대 문화의 성격

1. 삼국 문화의 성격
① 고구려 : 중국과의 항쟁 과정에서 호전적이고 진취적이며 패기와 정열이 넘쳤다.
② 백제 : 우아하고 세련된 귀족 문화가 발달하였다.
③ 신라 : 소박하고, 고구려와 백제의 문화를 수용하면서 조화미를 갖추었다.

2. 통일 신라 문화의 성격
① 통일 이후 문화의 폭이 확대되고, 당 문화를 중심으로 한 국제 문화 조류에 참여하였다.
② 불교가 대중화되어 민간 문화의 수준이 향상되었으며, 중대에는 조형 미술이 발달하고 하대에는 중앙의 귀족 문화가 지방으로 확산되었다.

3. 발해 문화의 성격
① 고구려 문화를 계승하고 당 문화를 수용하여 만주 지역의 문화적 중심지로 발전하였다.
② 소박한 말갈 문화의 전통이 오랫동안 유지되었다.

2 유학과 학문

1. 한자의 보급과 교육
① **시작** : 한자는 창원 다호리 유적에서 붓이 발견되는 것으로 보아 철기 시대에 처음 사용한 것으로 추정된다.
② 삼국 시대에는 이두와 향찰을 사용하여 한문의 토착화를 위한 노력을 기울였다.
③ 삼국의 교육 기관과 학문의 발달
  ㉠ **고구려** : 수도에는 태학을 세우고 5경을 가르치는 오경박사를 두어 유교 경전과 역사서를 가르치고, 지방에는 경당을 세워 청소년에게 한학과 무술을 가르쳤다.
  ㉡ **백제 : 오경박사**·의박사·역박사 등을 두어 유학 경전과 기술학 등을 가르쳤으며, 북위에 보낸 국서나 사택지적비에 한문학의 발달 모습이 보인다.
  ㉢ **신라** : 청소년들의 유교 경전 학습과 관련된 내용의 임신서기석이 있다.

백제의 오경박사(五經博士)
백제 시대 오경(五經)에 통달한 사람에게 준 칭호이다. 백제에는 일찍이 박사 제도가 있어서 여러 전문 분야에 관한 박사들이 있었는데 경서(經書)에 능통한 사람을 오경박사라 하여 귀히 여겼다. 오경박사는 역박사(易博士)·역박사(曆博士)·의박사(醫博士) 등과 같이 일본에 초빙되어 일본 상대(上代)의 문명을 계발(啓發)하고 지도하여 일본의 문화 발전에 기여하였다. 무령왕 때 오경박사 단양이(段楊爾)·고안무(高安茂), 성왕 때 왕유귀(王柳貴) 등이 초빙되어 고대 일본의 유교 교육을 담당한 사실이 『일본서기(日本書紀)』에 나타나 있다.

사택지적비(砂宅智積碑)

① 백제 의자왕 때 귀족 사택지적이 남긴 비이다.
② 1948년 부여에서 발견, 현재 국립부여박물관에 소장되어 있다.
③ '사택'은 백제 팔성 귀족의 하나인 '사씨(沙氏)'로서 관직도 '대좌평(大佐平)'이어서 백제 최고급 귀족이 남긴 중요한 금석문 자료이다. 사륙변려체의 유려한 문장으로 모두 56자이며 백제 한문학의 높은 수준을 알 수 있다. 내용은 불교 사상을 기본으로 하며 도교적 색채도 지니고 있다.

> **사료** 임신서기석(壬申誓記石)
>
> 임신년 6월 16일에 두 사람이 함께 맹세하여 기록한다. 하늘에 맹세한다. 지금으로부터 3년 이후에 충도(忠道)를 지키고 허물이 없기를 맹세한다. 만일 이 서약을 어기면 하늘에 큰 죄를 지는 것이라고 맹세한다. 만일 나라가 편안하지 않고 세상이 크게 어지러우면 '충도'를 행할 것을 맹세한다. 또한 따로 앞서 신미년 7월 22일에 크게 맹세하였다. 곧 시경(詩經)·상서(尙書)·예기(禮記)·춘추전(春秋傳)을 차례로 3년 동안 습득하기로 맹세하였다.
>
> 🔄 임신년은 서기 612년(진평왕), 혹은 732(성덕왕) 때로 추측되며, 화랑으로 추정되는 두 명의 젊은이들이 유학을 학습하였음을 알 수 있다. 경주박물관에 있다.

▲ 임신서기석

④ 통일 신라
  ㉠ 국학 : 신문왕 때 국학을 설립하였고(682), 성덕왕 때 **문묘**를 설치하였으며(717), 경덕왕 때 국학을 태학감으로 고치고 **박사와 조교**를 두어 필수 과목인 『논어』와 『효경』 등을 가르쳐 유교 교육을 강화했다.
  ㉡ 국학의 교육 과정

구분	전공 과목	필수 과목	입학 자격	수업	연한교수
1과	예기·주역 – 예(禮)를 전문	논어·효경	진골, 6두품 출신으로 15~30세의 귀족 자제	최고 9년	경학박사, 조교
2과	좌전·모시(시경) – 역사를 전문				
3과	문선·상서(서경) – 문학을 전문				

  ㉢ 독서삼품과 : 원성왕 때 유교 경전의 이해 수준을 시험하여 관리를 선발하는 독서삼품과를 마련하였다. 시험의 합격자는 상·중·하의 3등급과 최고 점수의 **특품**으로 나누었는데, 국학생을 관직에 등용하기 위한 국학의 최종 시험에 해당한다.

> **사료** 국학(國學)과 독서삼품과(讀書三品科)
>
> • 국학은 예부에 속한다. 신문왕 2년에 설치하였다. 『주역』, 『상서』, 『모시』, 『예기』, 『춘추좌씨전』, 『문선』으로 나누어 학업을 닦게 하였다. 모든 학생의 관등은 대사(大舍, 12관등) 이하로 하며, 15세에서 30세까지 모두 학업에 종사한다. 9년을 기한으로 하되, 우둔하여 향상되지 못한 자는 퇴학시킨다. 〈『삼국사기』〉
> • 처음으로 독서삼품과를 정하여 출신케 하였다. 『춘추좌씨전』, 『예기』, 『문선』을 읽어 뜻에 능통할 뿐만 아니라 『논어』, 『효경』에도 밝은 자를 상품(上品)으로 하고, 『곡례』, 『논어』, 『효경』을 읽은 자를 중품(中品)으로 하고, 『곡례』, 『효경』을 읽은 자를 하품(下品)으로 한다. 또 5경(五經)·3사(三史)와 제자백가의 책에 두루 능통한 자가 있으면 특채해서 등용한다. 〈『삼국사기』〉
>
> 🔄 독서출신과(讀書出身科)라고도 하며, 788년(원성왕) 국학(國學) 내에 설치한 일종의 유학 졸업 시험으로, 유학 보급에 기여하였으나, 골품 제도로 인해 제대로 기능을 발휘하지는 못하였다.

2. 역사 편찬과 유학의 보급

① **역사 편찬** : 삼국은 왕실의 권위를 높이고 충성심을 모으기 위한 목적으로 역사를 편찬하였으나, 현재 남아 있는 책은 없다.
  ㉠ 고구려 : 국초에 『유기』 100권이 있었는데, 이문진이 『신집』 5권으로 간추렸다(영양왕, 600).
  ㉡ 백제 : 고흥이 근초고왕 때 『서기』를 편찬하였다. 『서기』를 참고한 것으로 보이는 『일본서기』(720)에는 『백제기』, 『백제본기』, 『백제신찬』 등의 백제 역사서가 인용되어 있다.
  ㉢ 신라 : 거칠부가 『국사』를 편찬하였다(진흥왕, 545).
  ㉣ 금관가야 출신들이 편찬한 가야의 역사서인 『개황력』은 『삼국유사』에 명칭이 나오나 현재 전하지 않는다.
  ㉤ 신라 하대 : 최치원은 신라의 왕대사인 『제왕연대력』을 편찬했으나 전하지 않는다.

② **유학의 발달(통일기)**
  ㉠ 통일 신라의 김대문은 8세기에 활동했던 진골로, 자기 문화를 자주적으로 인식하였다. 『화랑세기』, 『고승전』, 『한산기』(신라 한산주의 지리), 『계림잡전』(신라의 설화) 등을 지었으나 현재 전하지 않는다.
  ㉡ 통일 신라 때 유학 보급에는 **6두품**의 활약이 컸다.
  • 문무왕 때의 강수는 외교 문서에 능하여 〈답설인귀서〉, 김인문의 석방을 요청하는 〈청방인문서〉 등을 지었다.
  • 설총은 '이두'를 집대성하였고, 〈화왕계〉를 신문왕에게 바쳤다.

사료 **설총의 〈화왕계(花王戒)〉**

어떤 이가 화왕(모란)에게 말하였다. "두 명(장미와 할미꽃)이 왔는데 어느 쪽을 취하고 어느 쪽을 버리시겠습니까?" 화왕이 말하였다. "장부(할미꽃)의 말도 일리가 있지만 어여쁜 여자(장미)는 얻기가 어려운 것이니 이 일을 어떻게 할까?" 장부가 다가서서 말하였다. "저는 대왕이 총명하여 사리를 잘 알 줄 알고 왔더니 지금 보니 그렇지 않군요. 무릇 임금된 사람치고 간사한 자를 가까이하지 않고 정직한 자를 멀리하지 않는 이가 적습니다. 이 때문에 맹가(맹자)는 불우하게 일생을 마쳤습니다. 옛날부터 도리가 이러하였거늘 저인들 어찌 하겠습니까?" …… 이에 왕(신문왕)이 얼굴빛을 바로 하며 말하였다. "그대의 우화는 진실로 깊은 뜻이 담겨 있도다. 기록해 두어 왕자의 경계로 삼게 하기 바란다."하고 설총을 높은 관직에 발탁하였다. 〈삼국사기〉

👉 설총은 화왕계에서 유교적 합리주의에 입각한 도덕 정치를 강조하고 있다.

---

③ **통일 신라 말기(도당 유학생)**
  ㉠ 신라 말 도당 유학생은 **숙위 학생(宿衛學生)**이라고도 하며, 상당수가 당의 빈공과에 급제하였다. 최초로 빈공과에 합격한 김운경과 신라 말 3최(崔)로 불린 최치원, 최승우, 최언위(최치원의 족제) 등이 유명하였다.

신라의 대당 숙위 외교와 숙위 학생

숙위(宿衛)란 당나라 주변 국가의 국왕이 자식(왕자)이나 일족을 당나라 조정에 파견해 황제를 보필하고 경호하게 했던 제도로, 당나라 주변의 23개 나라가 숙위를 파견했다. 그런데 나·당 간의 숙위 외교는 조금 독특하였다. 즉 양국 간의 조공, 인질의 성격과 함께 문화 흡수를 위한 국학 유학생까지도 포함하였던 것이다. 중대에는 주로 신라의 왕자들이(신라 말까지 16명 파견), 하대에는 도당 유학생이 파견되었는데 이들 숙위 학생들의 학비와 체류 비용은 당나라 조정에서 부담하였다.

4산비명
최치원이 쓴 금석문으로 사륙변려체 형식의 문장이다. 불교의 선종 사상을 중심으로 유교, 노장 사상 및 풍수 도참 사상까지 다양한 내용을 수록하였다. 숭복사 창건비문, 쌍계사 진감선사비문, 봉암사 지증대사비문, 성주사 낭혜화상비문이 있으며, 신라 말의 불교와 사상사 연구에 중요한 사료이다.

  ⓒ 이들은 대부분 **6두품** 출신으로 당시 골품제의 모순을 지적하였으며 후일 반신라적 태도를 취하기도 하였다.
  ⓒ **최치원**은 당에서 문장가로 이름을 떨쳤으며 귀국하여 **개혁안 10여 조**를 건의하였으나 받아들여지지 않자 은둔 생활하며 뛰어난 문장과 저술을 남겼다. 문집인 『계원필경』과 <4산비명>이 전한다.

사료   6두품 도당 유학생들의 활동(김윤경 · 최지원 · 최승우 · 최언위)

- 김운경이 빈공과에 처음으로 합격한 뒤에 당나라 말기까지 과거에 합격한 사람은 58명이었고 5대에는 32명이나 되었다. 대표적인 사람은 최치원, 최신지, 박인범, 최승우 등이다. 〈『삼국사기』〉
- 최치원은 당의 학문을 많이 깨달아 얻은 바가 많았으며, 귀국하여 이를 널리 펴보려는 뜻을 가졌으나 그를 의심하고 꺼리는 사람이 많아 그의 뜻을 용납할 수 없어 대산군(전북 태인) 태수로 나가게 되었다. 그가 귀국했을 때는 난세가 되어 모든 일이 뜻대로 되지 않으므로 다시 벼슬에 뜻을 두지 않고 풍월을 읊으며 세월을 보냈다. 〈『삼국사기』〉
- 최승우는 당나라에 가서 급제하였으며, 그가 지은 글은 4·6문 5권이 있는데 스스로 서문을 지어 호본집이라 하였다. 후에 견훤을 위하여 격문을 지어 우리 태조(왕건)에게 보냈다. 최언위(최신지)는 나이 18세 때 당나라에 유학하여 급제하였다. 우리 태조가 개국하자 조정에 참여하여 벼슬이 한림원 태학사 평장사에 이르렀으며, 죽자 문영이라는 시호를 내렸다. 〈『삼국사기』〉

빈공과(賓貢科)
당에서 외국인들을 위해 보는 과거 시험으로, 명에 와서 폐지되었다. 신라에는 과거 제도가 없었고 골품 제도로 인해 출세에 제약이 많았으므로 신라인들이 응시하여 급제하는 경우가 많았다. 이들은 반신라 활동에 나서 최치원은 시무 10여 조를 건의하였다가 은거하고, 최승우는 후백제를 지지하였으며, 최언위는 고려에 협력하였다.

④ 발해
  ㉠ 당에 유학생을 파견하였고 그 중에는 당의 빈공과에 급제한 사람도 여러 명이 나왔다.
  ㉡ **정혜공주 묘지**와 **정효공주 묘지**에서 세련된 사륙변려체 문장을 구사하였고, 유교 경전을 인용하는 등 한문을 능숙하게 구사하고 있다.

3 불교 사상

1. 불교의 전래

① 삼국은 왕권의 강화에 힘쓰던 4세기에 불교를 수용하였다.
② 삼국의 불교 수용 시기

구분	시기	연대	전래 및 공인
고구려	소수림왕	372	전진의 순도
백제	침류왕	384	동진의 마라난타
신라	눌지왕	457	고구려 묵호자(아도), 최초 불교 전래(민간 차원의 비밀 포교)
	법흥왕	527	이차돈의 순교(527) 이후 불교 공인

사료   불교 공인을 위해 순교한 이차돈

왕이 불교를 일으키려 하자, 여러 신하(귀족)들이 반대하였다. 이차돈이 죽으면서 말하기를 "내가 불법(佛法)을 위해 죽으니 내가 죽을 때 반드시 이상한 일이 있을 것이다."라고 하였다. 과연 그의 목을 베자 핏빛이 젖과 같이 희었다. 사람들이 이를 보고 괴이하게 여겨 다시는 불교를 반대하지 않았다.   〈『삼국유사』〉

> 🌐 신라는 전통 사상이 강한데다 왕권 강화에 유리한 불교 수용에 대해 귀족들이 반대하여 고구려나 백제가 왕실의 환영을 받으면서 수용된 것과 달리 공인이 쉽지 않았다. 이차돈의 순교는 초기의 왕실 불교에서 귀족 불교로 이어지는 과정을 보여준다.

③ 삼국 불교의 공통적 특징
  ㉠ **왕실 불교, 귀족 불교, 호국 불교, 샤머니즘적 불교**(전통 신앙을 대신하는 기능)의 특징을 보인다.
  ㉡ 중앙 집권과 **왕권 강화**에 기여하였고, 원광의 세속 5계 등과 같이 국가 정신 확립의 토대가 되었으며, **서역과 중국의 문화를 전달**하여 새로운 문화 창조에 기여하였다.

사료   삼국의 불교

1. 삼국 불교의 성격 : 호국(護國) 불교
- 황룡사의 호법룡은 곧 나의 맏아들이오. 본국에 돌아가서 그 절 안에 9층탑을 이룩하면 이웃 나라가 항복하여 오고, 구한이 와서 조공하여 나라를 다스리는 것이 길이 태평할 것이오. 탑을 세운 뒤에는 팔관회를 베풀고 죄인을 놓아 주면 외적이 침해하지 못할 것이며, 다시 나를 위하여 왕도 남쪽에 사원을 짓고, 아울러 나의 복을 빌어 주면 나도 그 은덕을 갚겠소.   〈『삼국유사』〉
- 왕이 고구려가 영토를 자주 침범함을 불쾌히 여겨, 수나라 군사를 청하여 고구려를 치려고 원광에게 군사를 청하는 글(걸사표, 乞師表)을 지으라 하였다. 원광이 말하기를, "자기가 살려고 남을 멸하는 것은 승려의 도리가 아니나, 제가 대왕의 땅에 살며 대왕의 곡식을 먹고 있으니 어찌 감히 명령에 따르지 않겠습니까." 하고, 곧 글을 지어 올렸다.   〈『삼국사기』, 진평왕〉

> 🌐 황룡사 9층탑의 건립 동기와 걸사표는 호국 불교의 모습을 잘 보여준다.

2. 삼국 불교의 샤머니즘적 성격

진평왕 때에 지혜라는 비구니가 있었다. 안흥사에 살았는데 불전을 수리하려 했지만 힘이 모자랐다. 어느 날 꿈에 아름답고 구슬로 머리를 장식한 선녀가 나타나서 "나는 선도산 신모(神母)다. 네가 불전을 수리하려 하는 것을 기쁘게 생각하여 돕고자 한다. 내가 있는 자리 밑에서 금을 꺼내어 불상을 만들고, 해마다 남녀 신도들을 모아 널리 모든 중생을 위해 법회를 베풀라."고 하였다. 지혜가 놀라 깨어 신모를 모신 사당 밑에 가서 황금 160냥을 파내어 불전을 수리하는 일을 완성하였으니, 이는 모두 신모가 이르는 대로 따랐던 것이다.   〈『삼국유사』〉

> 🌐 불교가 수용되는 과정에서 토착 신앙과 융합되어 샤머니즘적 성격을 띠고 있다.

2. 삼국 불교의 발전

(1) 고구려
① 6세기 이후 대승 불교의 공(空) 사상을 강조하는 삼론종이 발달하였다.
② 6세기 초 승랑은 북위에 들어가 중국 삼론종의 3대조가 되었고, 혜관은 일본 삼론종의 시조가 되었으며, 혜량은 신라로 망명하여 진흥왕에 의해 국통에 임명되었으며, 보덕은 연개소문이 불교를 억압하자 백제에 내려가 열반종을 전하였다.

(2) 백제
① 율종을 중심으로 발전하여 성왕 때 겸익이 인도에서 율장을 가지고 돌아와 계율종의 시조가 되었다. 성왕 때 노리사치계는 일본에 불교를 전파하였다.
② 무왕은 왕흥사와 미륵사를 창건(호국 불교)하고 승려 관륵을 일본에 보내 불교 사상과 천문·역법을 전해 주었다.

(3) 신라
① 불교 공인 이후에 특히 왕권과 밀착되어 발달하였다.
  ㉠ 업설 : 사람의 행위에 따라 업보를 받는다는 업설은 왕즉불 사상과 함께 왕실의 권위를 높였다.
  ㉡ 미륵 신앙 : 미륵불이 나타나 이상적인 불국토를 건설한다는 미륵불 신앙은 화랑 제도와 밀접한 관련을 가지면서 널리 받아들여졌다.

업설(業說)의 확대
왕과 귀족의 우월한 지위는 선한 공덕을 많이 쌓은 결과라는 해석이 가능하여, 왕의 권위와 귀족의 특권을 인정하는 일면이 있다.

금동삼산관 미륵보살반가사유상 (삼국 시대)

> **자료** 불교와 왕권의 밀착과 성골 개념의 형성
> ① 불교에서 사용하는 진·선·덕·법 등의 글자를 넣어 만든 왕명을 말하며, 왕을 부처와 동일시하는 왕즉불(王卽佛) 사상을 통해 왕권을 강화하려는 의도이다. 6~7세기 신라의 법흥왕, 진흥왕, 진지왕, 진평왕, 선덕여왕, 진덕여왕이 이에 해당한다.
> ② 진흥왕은 자신을 불교를 수호하는 '전륜성왕'이라 칭하였으며, 진평왕은 왕즉불 사상과 왕족이 전생에 부처의 혈통이었다는 진종 설화를 끌어들여 자신을 석가의 부친 이름을 따서 백정(百淨)이라 하고, 왕비는 석가의 모친 이름인 마야부인을 취하여 썼다.
>
> 🌐 전륜성왕과 진종 설화의 개념은 더욱 개념화되어 진평왕 시기에 이르면 최고로 고귀한 신분이라는 성골(聖骨) 개념으로 발전하게 된다.

> **사료** 신라의 미륵불 신앙과 화랑도
> 진지왕 때에 흥륜사의 승려 진자가 미륵상 앞에서 소원을 빌며 말했다. "원컨대 우리 부처님이 화랑으로 변하여 세상에 나타나시면 내가 항상 얼굴을 가까이 뫼시고 받들어 모시겠습니다." 그 정성스럽고 지극한 기원의 심정이 날로 더해 가더니 어느 날 꿈에 한 승려가 나타나 말했다. "웅천의 수원사에 가면 미륵선화를 볼 수 있으리라." 진자가 꿈에서 깨어 놀랍고도 기뻐서 그 절을 찾아가니 …… 수려한 남자 아이가 영묘사의 동북쪽 길가에서 노는 것을 보았다. 진자는 그가 미륵선화라고 생각하여 가마에 태우고 들어와서 왕에게 보였다. 왕은 그를 공경하고 사랑하여 받들어 국선(國仙)으로 삼았다.
> 〈『삼국유사』〉
>
> 🌐 미륵불이 나타나 이상적인 국토를 건설한다는 신앙으로, 삼국 시대의 신라 후기에 민간에서 유행하였으며, 화랑도와 밀접한 관련을 가지면서 신라 사회에 정착하였다. 화랑은 미륵불, 화랑도는 미륵을 좇는 무리라 하여 미륵 신앙과 관련시켰다. 이 시기 미륵반가사유상이 많이 제작되었다.

② 호국 신앙의 발달
  ㉠ 진흥왕은 나라의 평안을 기원하기 위해서 **황룡사를 창건**하고 처음으로 **백좌강회**(百座講會)를 개최하여(551) 인왕경을 독송하고, 인왕회라는 행사를 통해 국가의 평안을 자주 기원하였다. 토속신앙과 관련된 팔관회를 승려가 주관한 것도 신라 불교의 **호국적 성격**을 잘 보여준다.
  ㉡ 진평왕 때 원광(542~640)은 수에 보내는 **걸사표와 화랑도의 세속 5계**를 지어 새로운 사회 윤리와 국가 정신을 확립하는 데 힘썼으며, 선덕여왕은 분황사를 창건하고 호국적 염원하에 **황룡사 9층 탑**을 건립했다.
③ 교단과 종파의 형성
  ㉠ 진흥왕 때 고구려 귀화승 혜량을 **국통**으로 삼고, 그 아래 주통·군통을 두어 교단을 정비하였다.
  ㉡ 자장(590~658)은 승려들의 엄격한 금욕 생활과 의식(儀式)을 강조한 **계율종**을 포교하여 불교 종파 중 지배적 자리를 차지했다.

> **백좌강회**
> 국가의 안위를 기원하는 불교법회로 국왕이 주관하며, 100개의 불상, 100개의 보살상, 100개의 법사가 참여해야 되기 때문에 백좌강회라 한다. 진흥왕이 최초로 개최하였다.

한눈에 보기 | 삼국 승려의 활동 정리

	고구려		백제		신라
승랑 (6세기 초반)	중국 삼론종의 3대조	겸익 (6세기 초)	530년 성왕 시기 인도 유학, 율학 확립	혜량	• 진흥왕(551) 때 고구려에서 신라로 망명 • 교단 정비, 최초의 국통
혜자 (595년 도일)	일본 쇼토쿠 태자의 스승	노리사치계	552년 성왕의 명으로 일본에 불상과 불경 전래, 일본 불교의 시작	원광 (542~640)	• 걸사표를 지음 • 화랑도의 세속 5계
담징 (579~631)	• 일본에 종이·먹 제조법 전래 • 호류사 금당벽화 제작	혜총	• 595년 일본에 율종을 전파 • 고구려 혜자와 함께 활동	자장 (590~658)	• 신라 계율종 창시 • 황룡사 9층 탑 건립 건의
혜관 (625년 도일)	일본 삼론종의 시조	관륵	무왕 시기(602) 일본에 불교 사상 및 천문·역법 전래		
보덕 (7세기 후반)	650년 백제로 망명하여 열반종 전래				

3. 불교 사상의 발달

(1) 통일 신라
① 신라의 불교 사상은 고구려와 백제의 문화를 종합하여 한민족 문화의 토대를 마련한 7세기 후반기에 정립되었다.
② 원효(617~686)
  ㉠ 저술 : 『대승기신론소』·『금강삼매경론』 등을 비롯한 240여 권의 불교 관련 책을 저술하여 불교의 사상적 이해 기준을 확립하였다.

> **신라 교종 5개 종파**
>
> | 종파 | 개창자 | 시기 | 중심 사찰 |
> |---|---|---|---|
> | 계율종 | 자장 | 선덕여왕 | 양산 통도사 |
> | 열반종 | 보덕 | 의자왕 | 전주 경복사 |
> | 법성종 | 원효 | 문무왕 | 경주 분황사 |
> | 화엄종 | 의상 | 문무왕 | 영주 부석사 |
> | 법상종 | 진표 | 경덕왕 | 김제 금산사 |

법상종과 진표

법상종은 미래 부처인 미륵불이 먼 훗날 지상에 와서 이상 사회를 건설한다는 믿음을 중요시했는데, 이 신앙을 크게 퍼뜨린 이가 백제계 유민 출신 진표(眞表)였다. 그는 경덕왕 때 김제의 금산사를 중심으로 활약하면서 백제 유민들에게 미래의 꿈을 심어 주었는데, 그 전통은 후백제를 세운 견훤까지 이어진다. 법상종은 옛 고구려 유민 사이에서도 크게 영합되어서, 결국 신라 하대의 불교는 옛 신라 지역의 교학 불교와 나머지 지역의 미륵 신앙으로 양분되는 형세를 이루었다.

- ㉡ 화쟁(和諍)과 무애 : 원효가 저술한 『십문화쟁론』에서 피력된 사상이며, 다른 종파들과의 사상적 대립과 분파 의식을 극복하려는 조화 사상으로, **일심(一心)** 또는 원융 회통(圓融會通)의 논리로 불교 교리상의 논쟁을 극복하려 했으며 **무애(無㝵, 거침없음)**의 자유정신을 강조했다.
- ㉢ 불교 대중화 : 극락에 가고자 하는 **아미타 신앙(정토 신앙)**을 자신이 직접 전도하여 **불교 대중화**에 크게 기여하였다. 그는 승복 대신 광대 옷을 입고 〈무애가〉라는 노래를 부르면서 대중들을 교화시켰다고 한다.

③ 의상(625~702)
- ㉠ 저술 : 『화엄일승법계도』를 저술하여 모든 존재는 상호 의존적인 관계에 있으며 서로 조화를 이루고 있다는 **화엄 사상**을 정립하였다(일즉다 다즉일, 一卽多 多卽一).
- ㉡ 활동 : 화엄 사상을 바탕으로 교단을 형성하여 많은 제자를 양성하였고, 부석사를 비롯한 여러 사원을 건립하여 불교 문화의 폭을 확대하였다.
- ㉢ 특징 : 의상은 아미타 신앙과 함께 현세에서 고난을 구제받고자 하는 **관음 신앙**을 이끌었다.

자료 의상의 화엄일승법계도(華嚴一乘法界圖)

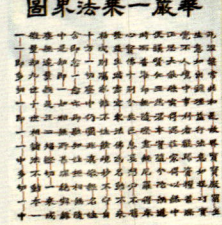
◀ 『화엄일승법계도』

화엄 사상의 요지를 간결한 시(詩)로 축약한 글이다. 중심의 '법(法)'자에서 시작하여 역시 같은 중심의 '불(佛)'자에 이르기까지 칠언삼십구(七言三十句)의 210자가 54개의 각을 이루면서 한 줄로 연결되어 있다. 670년(문무왕 10년) 신라의 승려 의상(義湘)이 완성하였다.

> 의상의 화엄(華嚴) 사상 : 모든 존재는 상호 의존적인 관계로 서로 조화를 이루고 있다는 사상으로, 전제 왕권을 뒷받침하는 사상으로 이해되기도 한다('하나' = 왕).

④ 원측(613~696)
- ㉠ 저술 : 15세에 당에 유학하여 현장의 제자가 된 후 **유식론(唯識論)**을 독자적으로 발전시켰으며, 『해심밀경소』·『인왕경소』 등의 저술을 남겼다.
- ㉡ 활동 : 현장의 사상을 계승한 규기와 그 제자들은 자은학파, 원측과 그 제자들은 **서명학파**를 형성하여 중국 불교 사상에 큰 영향을 미쳤다.
- ㉢ 영향 : 원측이 토대를 놓은 서명학파는 티베트 불교에 영향을 주었고, 신라 유식학을 발전시켰다.

⑤ 혜초(704~787) : 바닷길로 인도의 5천축국을 순례하고, 육로로 돌아오는 길에 중앙아시아 여러 나라를 지나면서 각 나라의 풍물을 생생하게 기록한 『왕오천축국전(往五天竺國傳)』을 남겼다.

⑥ 김교각(696~794) : 혜초와 같은 시기 활동한 신라 왕손 출신 승려로 중국의 구화산에서 75년간 고행과 포교 활동을 전개하다가 입적하여 지장보살의 화신이 되었는데 지금까지도 높은 숭상을 받고 있다.

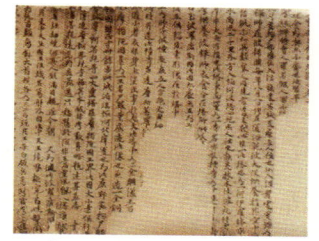
▲ 『왕오천축국전』 1권 필사본이 전한다

왕오천축국전(往五天竺國傳)
1908년 중국 돈황의 석굴에서 발견되었다. 인도 유학승 혜초는 이 여행기에서 인도, 중앙아시아, 페르시아, 아라비아의 역사·정치·문화·풍속·종교 등을 정확하고 상세하게 기술하였다. 이 기행문은 간결한 필치와 탁월한 표현력으로 당시의 문화를 묘사함으로써 문학적 가치와 함께 최고 수준의 사료적 가치를 지닌 것으로 평가되고 있다.

사료 원효와 의상의 불교 사상

- 헛되고 헛된 논의가 구름이 달리듯 하여, 혹은 말하기를 내가 바르고 남은 바르지 못하다고 하고, 혹은 말하기를 내가 옳고 남은 옳지 못하다 하여, 드디어 그러한 형세가 강물과 같이 되었다.　〈『십문화쟁론』〉
- 원효는 언제나 술에 취한 채 방방곡곡의 촌락을 누비며 노래를 부르고 춤추고 다니며 불도(佛道)를 전하였다. 이 때문에 뽕 따는 늙은이에서부터 무뢰배에 이르기까지 부처님의 명호를 외우고, 나무아미타불이라는 합장의 미덕을 알았으니, 원효의 교화가 참으로 컸다.　〈『삼국유사』〉
- 하나 가운데 일체의 만물이 다 들어 있고, 만물 속에는 하나가 자리 잡고 있으니, 하나가 곧 일체의 만물이고, 만물은 곧 하나에 귀속되어 있는 것이다.　〈『화엄일승법계도』〉

원효와 의상의 사상적 특징 비교

공통점	원효	의상
불교 수준 확대	『대승기신론소』, 『금강삼매경론』 저술	화엄 교단 설립, 사원 건립(부석사, 부산사)
조화 사상	화쟁 사상(일심·원융 회통)	화엄 사상(화엄일승법계도)
불교 대중화	아미타 신앙(정토 신앙)	아미타 신앙, 관음 신앙

4. 신라 하대의 선종(禪宗) 불교

① 전래 및 발전
　㉠ 신라에 선종이 전해진 시기는 784년 승려 도의가 당나라의 서당지장에게서 남종선을 전수받고 귀국(821)한 데서 비롯되었다.
　㉡ 신라 말의 혼란기의 변화와 맞물려 크게 기반을 넓혔다.

② 특징
　㉠ 실천적 경향 : 경전의 이해를 통하여 깨달음을 추구하는 교종과 달리, 선종은 문자를 뛰어넘어 구체적인 실천 수행을 통하여 마음속에 내재된 깨달음을 얻는 방법을 취하였다. 따라서 교리보다는 불립문자(不立文字), 교외별전(敎外別傳), 직지인심(直旨人心), 견성성불(見性成佛) 같은 직관적인 수행 방법을 중시하였다.
　㉡ 개혁적 성격 : 선종의 확산은 경전 연구와 교단 조직을 중시하는 기존의 교종 중심 체제를 뒤엎는 혁신적인 것이었고, 당시 불교계에서 일어나고 있던 개혁 요구를 반영하는 것이었다.
　㉢ 지방 불교 : 선종은 독자적인 세력을 구축하고자 하는 지방 호족의 이념적 지주가 되었으며, 선종 승려들은 지방 호족 출신이 많았다.

선종의 대표적 이론
① 이심전심(以心傳心) : 진리는 마음에 의해서만 전해진다.
② 불립문자(不立文字) : 문자에 의해 교(敎)를 세우지 않는다.
③ 견성오도(見性悟道) : 자기 본래의 성품을 깨우쳐 번뇌를 해탈하고 부처의 지혜를 얻는다.
④ 교외별전(敎外別傳) : 마음에서 마음으로 진리를 전한다.
⑤ 직지인심(直指人心)·견성성불(見性成佛) : 참선을 통하여 사람의 마음을 바르게 볼 때 그 마음의 본성이 곧 부처님의 마음임을 깨닫게 된다.

③ 9산 선문의 개창 : 선종을 공부하고 돌아온 도당 유학파 승려들은 호족 세력과 결합하여 각 지방에 근거지를 두었는데, 그 중 대표적인 선종 사원이 9산 선문이다. 도의가 시조인 가지산문이 최초이며, 태조 왕건의 스승이 된 이엄의 수미산문이 마지막으로 성립되었다.

④ 영향
  ㉠ 선종은 지방을 근거로 성장하여 **지방 문화 역량을 증대**시켰다.
  ㉡ 선종 승려는 사회 변혁을 희망하던 6두품 지식인과 함께 **고려 왕조 개창의 사상적 바탕**을 마련해 주었다.
  ㉢ 형식과 권위를 배격하는 교리의 영향으로 불교 의식을 중시하지 않아 조형 미술이 점차 쇠퇴하였다.

사료 선종 불교의 수용과 영향

820년대 초에 승려 도의가 서쪽으로 바다를 건너가 당나라 서당 대사의 깊은 뜻을 보고 지혜의 빛이 스승과 비슷해져서 돌아왔으니, 그가 그윽한 이치를 처음 전한 사람이다. 그러나 메추라기의 작은 날개를 자랑하는 무리들이 큰 붕새가 남쪽으로 가려는 높은 뜻을 헐뜯고, 기왕에 공부했던 경전 외우는 데만 마음이 쏠려 선종을 마귀 같다고 다투어 비웃었다. 도의는 빛을 숨기고 자취를 감추어 서울에 갈 생각을 버리고 마침내 북산에 은둔하였다. 〈최치원, 봉암사 지증대사적조탑비 서문〉

① 선종 불교는 신라 통일 무렵 법랑, 신행, 도의 등에 의해 전래되었으나, 교종에 눌려 관심을 끌지 못하였다.
② 선종은 지방에서 독자적 세력을 키우려는 호족의 적극적인 후원을 받았다. 김흔이 성주산파, 명주도독이 사굴산파, 왕건이 수미산파 등을 지원한 것이 대표적인 예이다.
③ 깨달음과 사제 간의 법맥을 중시하는 선종의 영향으로 승탑(부도)이 유행하였다.

▲ 쌍봉사 철감선사 승탑
(전남 화순)

자료 선종 9산의 위치와 개창자

9산 종파	개창자	중심 사찰
가지산파	도의	장흥 보림사
실상산파	홍척	남원 실상사
동리산파	혜철	곡성 태안사
사굴산파	범일(진골)	강릉 굴산사
봉림산파	현욱	창원 봉림사
사자산파	도윤	영월 흥녕사
희양산파	도헌	문경 봉암사
성주산파	무염(진골)	보령 성주사
수미산파	이엄	해주 광조사

▲ 선종 9산

한눈에 보기 | 교종과 선종의 특징 비교

경향	교종(敎宗) 5교	선종(禪宗) 9산
경향	이론 불교(교리 연구·불경 해석)	개인적인 정신 세계 강조, 실천 불교(참선·사색)
지지	왕실 및 중앙 귀족	지방 호족 및 6두품
시기	중대(중기)	하대(말기)
영향	전제 왕권 강화, 조형 미술 발달	고려 건국의 사상적 바탕, 지방 문화 발전, 승탑 유행
영향	전제 왕권 강화, 조형 미술 발달	고려 건국의 사상적 바탕, 지방 문화 발전, 승탑 유행
성격	전통과 권위 중시	반신라적, 개혁 불교
승려	원효, 의상	도의, 도선, 이엄

5. 발해의 불교

① 고구려 불교를 계승하고 왕실 불교·귀족 불교 중심으로 발전하였다. 문왕은 스스로를 불교적 성왕이라 일컫기도 하였다.

② 수도 상경에서 10여 개의 절터와 불상이 발굴되었고, 동경용원부에서 **이불병좌상**이 발굴되었다(불상 항목 참조).

4 도교 사상과 풍수지리설

1. 도교(道敎)

① 특징 : 도가(노장) 사상과 신비 사상·불로장생의 신선 사상·은둔 사상 등이 결합된 도교는 삼국 시대에 전래되어 귀족 사회를 중심으로 인기리에 보급되었다.

② 고구려
   ㉠ 영류왕 때 당나라에서 **도사**와 **『도덕경』**을 보내오면서 귀족 사회에 전파되었다(624).
   ㉡ 보장왕 때 **연개소문**이 불교와 연결된 왕실을 견제하기 위하여 **도교**를 장려하였는데, 보덕은 이에 반발하여 백제로 망명하여 열반종을 전래하였다.

자료 | 고구려의 도교 영향(강서대묘의 사신도)

▲ 청룡도

▲ 백호도

▲ 주작도

▲ 현무도

사신은 상상의 동물로 불로장생을 염원하는 도교 사상과 일접한 관련이 있다.

③ 백제 : 산수무늬 벽돌, 부여 능산리 금동 대향로, 무령왕릉 지석의 매지권, 사택지적비문 등에 도교의 영향이 나타난다.

> **사료** 백제의 도교 사상과 관련 유물
>
> **1. 백제의 도교 사상**
> - 갑인년 정월에 나지성(奈祗城)의 사택지적은 몸이 해가 가듯 쉽게 가고 달이 가듯 돌아오기 어려움을 슬퍼하여 금을 뚫어 진당(珍堂)을 세우고 옥을 깎아 보탑(寶塔)을 세우니 사람이 늙어가는 것을 탄식하여, 불교에 귀의하고 원찰을 건립한다.
> 〈사택지적비문〉
> - 을사년 8월 12일 영동대장군 백제 사마왕이 돈 1만 문으로 토지신, 토왕, 토백, 토부모에게 서쪽 땅을 사들여 묘를 만들었으니 문서를 만들어 남긴다. 현 율령에 따르지 않는다.
> 〈무령왕릉매지권〉
>
> **2. 관련 유물**

 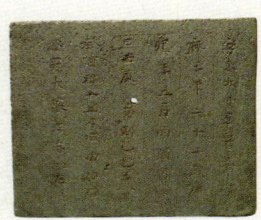 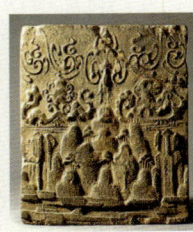 

▲ 사택지적비　　▲ 무령왕릉지석(매지권)　　▲ 산수무늬 벽돌　　▲ 금동 대향로

> ① 사택지적비는 백제 의자왕 때 대좌평 사택지적이 남긴 비로, 도교와 불교 사상이 담겨 있다.
> ② 무령왕릉의 발굴 과정에서 발견된 두 개의 지석 중 하나에는 지신(地神)에게 땅을 사서 묘지를 만들었다는 내용의 매지권과 그 위에 놓인 중국 화폐인 오수전 90매가 있었다. 이러한 의식은 도교적 영향이라고 보인다.
> ③ 산수무늬 벽돌의 문양에 보이는 봉분 모양의 문양은 신선이 산다는 전설상의 봉래산을 표현한 것이다.
> ④ 금동대향로의 뚜껑 부분은 전체가 4~5단으로 이루어진 삼신산의 형태로, 신선이 살고 있다는 전설의 봉래산을 연상케 한다.

④ 신라 : 화랑의 역사를 선사(仙史)로, 화랑을 국선(國仙)이라 하여 도교 사상의 영향을 보여준다.

⑤ 통일 신라 : 최치원이 유·불·선 3교에 정통하였고, 12지신상 등이 도교의 영향 이다.

⑥ 발해 : 정효공주 묘지(墓誌)에 '무악에서 영기를 받고 낙천에서 신선에 감했다.'는 기록이 있다.

▲ 김유신묘 둘렛돌 12지신상 탁본　　▲ 정효공주 묘지

2. 풍수지리설(風水地理說)

① 전래 : 통일 신라 말 도선이 당에서 처음 수용하여 고려 건국의 바탕이 된 사상이다.
② 특징 : 도참 사상과 결합되어 지방 중심의 국토 재편성을 주장하였다.
③ 내용
　㉠ 동리산문 혜철의 제자인 도선은 지금은 전하지 않는 비결서인 『도선비기』·『송악당명기』·『삼각산명당기』 등을 저술하여 풍수지리설을 이론화하였다.
　㉡ 땅의 기운에 의해 인간이 영향을 받는다는 관점을 견지하는 풍수 사상은 산세와 수세를 살펴 도읍·주택·묘지 등을 선정하는 인문지리적 학설로서 국토의 효율적 이용과 관련되어 있다.
④ 영향
　㉠ 경주 중심의 지리 개념에서 벗어나 다른 지방의 중요성을 자각하는 계기를 마련하였다.
　㉡ 지방 호족의 출신지에 대한 자부심에 근거를 제공하였으며, 경주를 중심으로 하는 신라 정부의 권위를 약화시켰다. 이후 비보 사찰과 비보 사탑의 건립 같은 새로운 국토 지리 관념이 성행하였다.

고구려 고분의 북두칠성 그림

장천 1호분(집안)

첨성대(신라 선덕여왕)

5 과학 기술의 발달

1. 천문학

① 발달 배경 : 천문 현상은 농경과 밀접한 관련이 있고, 왕의 권위를 하늘과 연결시켜 주기 때문에 관심을 가졌다.
② 고구려 : 별자리를 그린 천문도를 제작하고, 고분 벽화에도 별자리 그림이 그려져 있다.
③ 신라
　㉠ 7세기 선덕여왕 때 세계 최고(最古)의 첨성대를 세웠다.
　㉡ 시간을 측정하는 해시계와 물시계도 제작되었으며 물시계를 중요시하여 성덕왕 때는 누각전(漏刻典)이라는 관청이 설치되었다.
④ 천문 현상의 관측과 기록 : 『삼국사기』에 일식과 월식, 혜성의 출현, 기상 이변 등에 대한 정확한 관측 기록이 많이 수록되어 있다.

2. 수학

① 고구려의 고분 석실이나 천장의 구조, 백제의 정림사지 5층 석탑, 신라의 황룡사 9층 목탑 등에 수학적 지식이 활용되었다.
② 통일 신라 석굴암의 구조는 정사각형과 대각선, 정삼각형과 수선, 원형과 균등 분할 등 기하학 기법을 응용하여 조화의 미를 창조한 것이다. 석가탑, 다보탑 등에도 정밀한 수학 지식이 이용되었다.

고대 일식 관측 기록의 정확성

최근의 연구 결과에 의하면 『삼국사기』와 『삼국유사』에 기록된 천문 현상 관련 기록이 무려 240여 개나 있으며, 기록된 일식이 실제로 일어난 비율이 90%에 이르러 비슷한 시기 일본 기록의 35%, 중국 기록의 77%에 비해 월등히 높은 정확성을 보여준다. 이는 우리나라 고대의 천문 관측이 중국의 기록을 옮겨 적은 것이 아니라 수준 높은 독자적 관측이 이루어졌음을 보여주는 결정적 증거이다.

석굴암 배치도

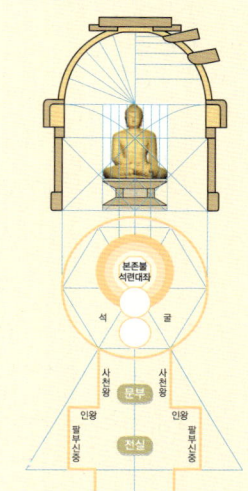

3. 목판 인쇄술과 제지술의 발달

① 배경 : 통일 신라에서는 불교 문화의 발달에 따라 대량으로 불경을 인쇄하기 위해 목판 인쇄술과 질 좋은 종이를 만들 수 있는 제지술이 발달하였다.
② 인쇄술 : 8세기 초에 만든 <무구정광대다라니경>은 세계 최고(最古)의 목판 인쇄물로, 불국사 3층 석탑인 석가탑(건립 연도 751)에서 발견되었다(1966).
③ 제지술
  ㉠ 목판 인쇄술과 더불어 발달한 제지술은 통일신라 기록 문화 발달에 크게 기여하였다. 『다라니경』은 닥나무로 만든 신라산 종이를 사용하여 현재까지 잘 보존되고 있다.
  ㉡ 구례 화엄사의 석탑에서 발견된 두루마리 불경에 쓰인 종이도 통일 신라 시대에 만들어진 것인데, 얇고 질기며 아름다운 백색을 그대로 간직하고 있는 닥나무 종이가 사용되었다.

4. 금속 기술

① 고구려 : 철 생산이 풍부하고 일찍부터 제철 기술이 발달하였으며, 고분 벽화에도 철을 단련하고 수레바퀴를 제작하는 기술자의 모습이 사실적으로 그려져 있다.
② 백제 : 강철에 금상감한 칠지도와 정교한 공예 기술을 보여주는 능산리 금동대향로 등에서 발달된 금속 공예의 모습을 알 수 있다.
③ 신라 : 금세공 기술이 발달하여 순금 금관을 제작하였다.
④ 통일 신라 : 성덕 대왕 신종(771)은 아연이 함유된 청동으로 만들었는데, 신비한 종소리와 표면에 장식된 비천상 무늬는 당시 신라의 금속 주조 기술이 매우 뛰어났음을 보여주고 있다.

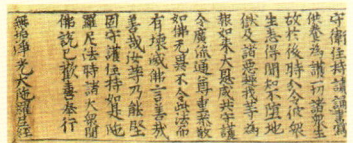

무구정광대다라니경

세계 최고(最古)의 목판 인쇄물이며 최고급 닥나무를 재료로 만든 신라산 종이를 사용하였다.

신라 금관

현재까지 신라 왕릉급 무덤에서 출토된 금관은 모두 6점이다. 금관 출토 무덤은 5세기 후반~6세기 전반에 축조되었으므로 눌지, 자비, 소지, 지증왕 시기에 해당된다. 금관은 초월적 권력을 지닌 왕의 독점물이라기보다는 왕족이 자신들의 고귀한 신분을 배타적으로 드러내기 위해 착용한 이른바 위세품일 가능성이 높은데, 15세 전후의 아이 무덤인 금령총에서도 금관이 출토된 것은 이를 증명해준다.

▲ 백제 금동대향로　　▲ 금관 (경주 황남대총)　　▲ 성덕대왕 신종 비천상　　▲ 성덕대왕 신종

5. 농업 기술

① 특징 : 철기 시대에 쟁기와 같은 철제 농기구가 보급되면서 깊이갈이가 가능하였고, 농업 생산력이 크게 증대될 수 있었다. 쟁기는 농경에 가축의 힘을 이용할 수 있게 해주었다.
② 고구려 : 일찍부터 쟁기갈이를 시작하고, 4세기경부터 보습을 사용하였다.

③ 백제 : 4~5세기경 수리 시설의 확충 및 **철제 농기구** 개량으로 논농사가 발달하였다.
④ 신라 : 5~6세기경 **지증왕**이 우경을 본격적으로 보급하는 것으로 보아 **깊이갈이**가 확대되고 있음을 알 수 있다.

6. 의학(醫學)

① 삼국에서 의학이 일정한 궤도에 오른 것은 4세기 전후로 추측된다.
　㉠ 신라 의사 김무, 진명이 일본 귀족과 천황의 왕후를 고쳤다는 기록이 최초이다(414).
　㉡ 452년 백제는 일본에 의사 덕래를 파견하였으며 **성왕은 의박사를 파견하였다**(553).
② 통일 신라는 의학 교육 기관인 '의학'을 설치하고(효소왕, 692), 박사를 두어 학생들에게 『본초경』, 『갑을경』 등 의서를 교육하게 하였다.

7. 조선술의 발달

① 삼국 시대 : 고구려 **광개토태왕**은 일찍부터 배를 이용한 **수군을 운용**하여 백제를 압박하였고, 신라는 조선술을 일본에 전수하였다는 기록이 있으며, 지증왕 때 이사부가 우산국 정벌에 나설 수 있었던 것은 신라의 발달된 조선술 덕분이었다.
② 통일 신라 : 장보고의 활발한 해상 활동은 발달된 조선 기술의 뒷받침 없이는 불가능한 것이었다.

> **사료** 일본인도 인정한 신라의 조선술
>
> • (839년 일본 정부는) 다자이후에 명령하여 신라선을 만들어서 능히 풍파를 견딜 수 있게 했다. 〈『속일본후기』〉
> • (840년 다자이후에서) 대마도의 관리가 말하기를, "먼 바다에 이는 바람과 파도가 위험하고 연중 바치는 공물과 네 번 올리는 공물은 자주 표류하거나 바다에 빠진다.'고 합니다. 전해 들건대 신라선은 능히 파도를 헤치고 갈 수 있다고 하니, 바라건대 신라선 6척 중에서 1척을 나누어주십시오."라고 말했다. 이에 허락했다. 〈『속일본후기』〉

6 고대인의 자취와 멋

1. 고분과 고분 벽화

(1) 고구려
① 돌무지무덤
　㉠ 초기에는 주로 돌무지무덤을 축조하였으며, 만주 집안 일대에 1만 2,000여 기의 무덤떼를 형성하고 있다. 돌무지무덤은 **벽화가 없는 것**이 특징이다.
　㉡ **장군총**은 잘 다듬은 돌을 7층까지 쌓아 올린 대표적인 돌무지무덤으로, 장수왕릉으로 추정된다.
② 굴식 돌방무덤 : 돌로 널방을 짜고 그 위에 흙으로 덮어 봉분을 만든 양식으로 널방의 벽과 천정에는 벽화를 그리기도 하였다.

자료 벽화 고분과 고분

1. 고구려 벽화 고분의 분포

▲ 집안 지역의 벽화 고분   ▲ 황해 평안도 지역의 벽화 고분

2. 굴식 돌방무덤의 구조

 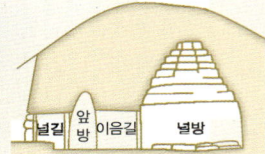

구조상 도굴이 쉬운 대신 널방이 있어 벽과 천장에 풍부한 벽화를 그릴 수 있다.

㉠ 1기(4~5세기)

구분	비교적 이른 시기 (4세기 후반~5세기)에 축조	
고분 특징	축조된 돌방무덤은 양쪽에 측실이 딸린 전실과 그 뒤 주실로 구성되는 **T자형**으로 규모가 큰 것이 특징이다. **안악 3호분, 덕흥리 고분, 약수리 고분**이 대표적이다.	
	황해도 안악 지역	평안남도 남포 지역
대표적 고분 벽화	   ▲ 안악 3호분 묘주(동수) ▲ 안악 3호분 여주인 ▲ 안악3호분 수박도	  ▲ 덕흥리 고분 묘주 (유주자사 진) ▲ 덕흥리 고분의 견우직녀도
내용	안악 3호분(357, 동수묘) 1949년에 발견된 안악 3호분에서는 묵서명이 발견되어 뜨거운 논쟁이 계속되고 있다. 묵서명에 기록된 사람은 중국의 전연에서 고구려로 망명한 **동수(佟壽)**이나 이 묵서가 주인으로 보이는 벽화가 아니라 전실의 다른 사람 벽화에 위에 있는 것이 논쟁의 쟁점이다. 북한 학계는 망명인 동수는 이 무덤의 주인이 아니라 오히려 주인을 모시던 신하로 벽화에 남은 것이며 **이 무덤의 주인은 고국원왕이라고 주장**하고 있다. 그러나 벽화 여주인의 화려한 복장과 머리 장식, 풍만한 얼굴형 등은 다른 지역의 고구려 벽화에 나타난 인물들과는 다르게 중국적 요소를 보인다는 점에서 **남한과 중국학계는 중국에서 망명한 동수의 묘**로 보고 있다. 묵서명의 기록으로 축조 연도를 정확히 알 수 있는 무덤이다.	덕흥리 고분(409년) 1976년 남포 지역에서 발견된 덕흥리 고분에서도 묵서명이 발견되었다. 묵서명에 의하면 무덤의 주인은 **광개토태왕의 신하로 활약하던 유주자사 진(鎭)**으로 밝혀졌다. 문제는 '유주자사'라는 표현이다. 유주는 지금의 중국 북경 지역의 옛 이름인데, 진을 고구려인으로 볼 경우 유주가 고구려의 지배하에 있었다는 증거가 되므로 중국과 북한 간의 첨예한 논쟁이 되고 있다. 북한은 370년경 북중국의 혼란기에 고구려가 북경 지역의 유주 13군 75현을 지배했으며 이 묘가 그 증거라고 주장하고 있는 반면 중국은 진이 유주자사를 지내던 중국인 망명객이라고 보고 있다. 분명한 것은 진이 중국 망명객이든 고구려인이든 간에 **광개토태왕 시기 고구려의 강성함을 이해하는 데 덕흥리 고분이 중요한 역할을 한다는 것이다.**

ⓛ 2기(6세기 이후)

구분	6세기 이후
고분 특징	전실의 규모가 조금씩 축소되어 몸자형으로 바뀌며 현실 세계를 반영하는 벽화가 많이 그려진다. 대표적으로 **무용총, 각저총, 수산리 고분**이 있다.
대표적 고분 벽화	국내성 집안의 벽화(6세기) / 평안남도 지역 벽화(6세기)    ▲ 무용총 무용도 ▲ 무용총 수렵도 ▲ 각저총 씨름도     ▲ 오회분 해의 신 ▲ 오회분 달의 신 ▲ 삼실총 기마무사도 ▲ 쌍영총 기마인물상 ▲ 수산리 고분 귀부인  ▲ 장천 1호분 예불도 ▲ 통구 12호분 적장참수도
내용	① **장천 1호분 예불도**에 나타난 부처 그림은 우리나라에서 **가장 오래된 불교화**로 역사적 가치가 높다. ② 수산리 고분 벽화에 나타난 **귀부인의 복식**은 일본에서 발견된 다카마쓰 고분의 여인 의상과 매우 유사한데 **고구려 문화의 일본 전파**를 잘 보여주는 자료이다.

ⓒ 3기(7세기)

구분	6세기말~7세기(고구려 멸망 시기까지)
고분 특징	무덤방의 규모가 더 작아져 전실이 없는 **단실묘**가 유행한다. 전기부터 나타난 **4신도 벽화**가 천장으로부터 주벽으로 내려와 전 공간을 차지하면서 색이나 선이 화려해지고 세련된 면모를 보이는데 **진파리 고분, 강서 고분(우현리 3묘)** 등이 대표적이다.
대표적 고분 벽화	평양 부근 / 평안남도 남포 지역(강서대묘의 사신도)     ▲ 진파리 1호분 소나무 ▲ 진파리 4호분 연꽃 ▲ 청룡도 ▲ 현무도
내용	7세기 사신도 유행의 의미 상상의 동물인 4신은 음양오행설에서 각각 사방을 대표하는 신적인 존재이며 나쁜 기운을 물리치고 동서남북을 지키는 역할을 한다. 사신도가 유행한 7세기는 고구려가 수·당과 운명적 전쟁을 하던 때와 일치한다. 이는 **방어의 개념이 중요시되면서 나타난 변화**라고 볼 수 있다.

(2) 백제

① **한성 시기** : 초기에 고구려의 영향을 받아 **돌무지무덤**을 만들었고 **석촌동 고분**이 유명하다. 고구려와 고분 양식이 같다는 사실은 백제 건국 세력이 고구려에서 나왔다는 건국 이야기의 내용을 뒷받침하고 있다.

> **자료** 고구려와 백제의 돌무지무덤
>
>
>
> ▲ 고구려 장군총   ▲ 백제 초기 서울 석촌동 고분
>
> 백제와 고구려가 초기에 모두 돌무지무덤을 만든 것은 두 나라의 건국 세력이 같은 계통임을 증명한다.

② **웅진 시기**

㉠ **굴식 돌방무덤** 또는 널방을 돌로 쌓은 **벽돌무덤**이 축조되었다(공주 송산리 고분군).

㉡ 벽돌무덤은 중국 남조의 영향을 받은 것으로 완전한 형태로 발견된 **무령왕릉**(송산리 7호분)과 송산리 6호분도 벽돌무덤이며 6호분에서는 **벽화**(사신도)가 발견되었다.

> **자료** 무령왕릉의 내부와 출토 유물
>
>
>
> ▲ 무령왕릉 내부   ▲ 금관 장식   ▲ 석수   ▲ 지석(誌石)   ▲ 오수전
>
> 무령왕릉의 공식 명칭은 송산리 7호분으로, 중국 남조(양)의 영향을 받은 벽돌무덤이다. 지석(誌石)이 들어 있어 삼국 시대 왕릉 가운데 묻힌 사람이 누군지 확인할 수 있는 유일한 무덤이다. 벽화는 그려져 있지 않다.

③ **사비 시기** : 규모는 작지만 세련된 **굴식 돌방무덤**을 만들었다(부여 능산리 고분군). 능산리 1호분에서는 **사신도 벽화**가 발견되었다.

(3) 신라

① 통일 이전 : 마립간 시기 거대한 돌무지 덧널무덤을 축조하였으며, 통일 직전에는 굴식 돌방무덤도 출현하였다.

> **자료** **돌무지 덧널무덤의 구조**
>
>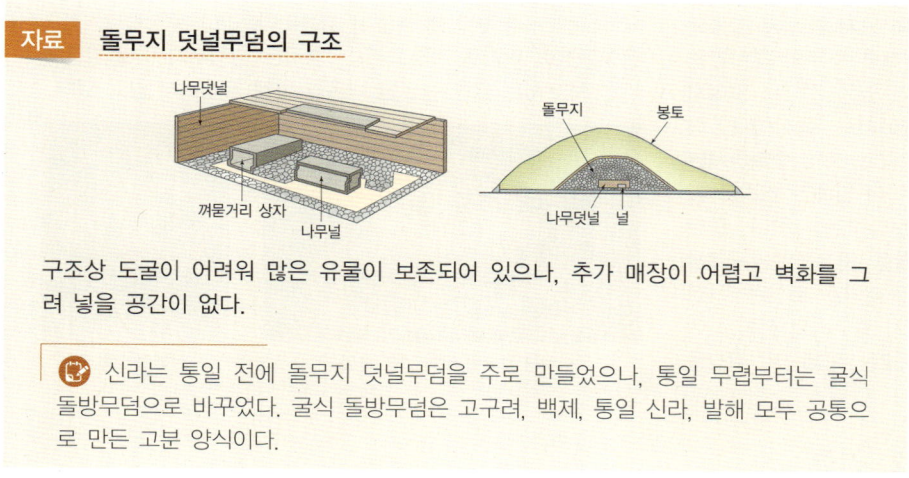
>
> 구조상 도굴이 어려워 많은 유물이 보존되어 있으나, 추가 매장이 어렵고 벽화를 그려 넣을 공간이 없다.
>
> 🔎 신라는 통일 전에 돌무지 덧널무덤을 주로 만들었으나, 통일 무렵부터는 굴식 돌방무덤으로 바꾸었다. 굴식 돌방무덤은 고구려, 백제, 통일 신라, 발해 모두 공통으로 만든 고분 양식이다.

② 통일 신라
  ㉠ 불교의 유행으로 불교식 화장법이 유행하여 대왕암(문무왕의 해중릉)을 만들고, 고분도 규모가 작은 굴식 돌방무덤으로 바뀌었다.
  ㉡ 무덤의 봉토주의를 둘렛돌로 두르고, 12지신상을 조각하는 신라만의 독특한 양식이 나타났다(김유신 묘, 성덕왕릉, 괘릉). 이러한 양식은 고려, 조선의 왕릉 양식으로 계승되었다.

▲ 대왕암(문무왕 수중릉)　　　▲ 김유신 묘　　　▲ 12지신상

③ 발해는 고구려를 계승한 정혜공주 묘와 당의 영향을 받은 정효공주 묘가 대표적이다.

구분	정혜공주 묘	정효공주 묘
지역	지린성 육정산 고분(둔화현, 동모산 지역)	지린성 용두산 고분(허룽현, 중경 지역)
가계	문왕의 둘째 딸(777, 40세로 사망)	문왕의 넷째 딸(792, 36세로 사망)
양식	굴식 돌방무덤(고구려 양식)	벽돌무덤(중국 양식)+평행 고임 양식 천정(고구려)
특성	모줄임 천장 구조, 2개의 돌사자상 출토, 여러 조각으로 파괴된 묘지(墓誌)	묘지(墓誌)에 '황상(皇上)'이라는 표현, 벽화 출토

자료 중국 지린성에서 발견된 발해 황후 무덤과 발해의 외왕내제(外王內帝) 체제

2009년에는 중국 지린성 허룽시 지역의 발해 왕실 무덤군에서 발해 황후 무덤이 발굴되었는데, 발해의 3대 문왕의 황후 효의왕후와 9대 간왕의 황후 순목황후의 묘지(墓誌)가 출토되었다. 그런데 순목황후의 묘지에는 "발해국 순목황후는 간왕의 황후 태(泰)씨이다."라는 내용이 들어 있는 것으로 알려지고 있는데, 1980년 발굴된 정효공주 묘에서도 '황상(皇上)'이라는 표현, 즉 '황상께서 조회를 열지 않고 크게 슬퍼하시면서~'라고 새겨진 묘지명이 나온 적이 있어 발해가 스스로 황제국임을 자부하고 있었다는 사실이 보다 분명해졌다. 또한 고구려 조우관(새 깃털 모양 관)의 전통을 잇고 있는 금제관식도 출토되었다. 발해사 전문가 서울대 송기호 교수는 "가장 강력한 제국인 당나라 시절인데도 발해가 고구려의 전통을 이으면서 **밖으로는 왕을 칭하고 내부적으로는 황제국의 위상을** 유지한 이른바 '외왕내제(外王內帝)' 체제였던 것으로 봐야 한다."며 "이는 발해가 당나라의 지방 정권에 불과했다는 중국의 동북공정 논리를 뒤엎는 자료이다."라고 주장했다. 최근 동북공정에 박차를 가하고 있는 중국은 현재까지 이번 발굴에 대한 보고서는 물론 관련된 내용을 일체 공개하지 않고 있다.

▲ 최근 발굴된 발해 왕릉 고분군

▲ 발해의 금제관식

2. 건축

(1) **궁궐** : 고구려가 평양에 세운 안학궁은 장수왕의 남진 정책을 보여주는 대표적인 궁궐이다.

(2) **사찰**

① 백제

  ㉠ 백제 건축물로는 위덕왕이 아버지 성왕을 위해 세운 <mark>능산리 절터(567)</mark>, 7세기 무왕이 백제 중흥을 내세우며 세운 **부여 왕흥사**와 **익산 미륵사**가 유명하다.

  ㉡ 능산리 사지에서 발굴된 창왕명 사리감에는 '백제 창왕 13년에 창왕의 누이가 사리를 공양했다.'는 명문이 새겨져 있어 위덕왕(창왕) 때 세워졌음을 알 수 있다.

능산리 절터 출토 유물

능산리 절은 554년 관산성 전투에서 신라군에 의해 전사한 아버지 성왕의 명복을 빌기 위해 창왕(위덕왕)이 창건한 절로 추정되며 1993년 금동대향로가 출토되어 세상에 알려졌으며 최근에는 사리감이 출토되었다.

백제 금동대향로

창왕명석조사리감

자료 미륵사지의 발굴

미륵사는 중앙에 목탑과 동서 석탑을 세운 3탑 양식의 독특한 방식으로 건축되었는데, 서탑만 남아 있고 동탑·목탑은 소실되었다. 2009년 미륵사지 서탑 안에서 사리병과 금판 모양의 봉안 기록이 발견되었는데, '좌평 사택적덕(沙宅積德)의 딸인 백제 왕비가 건립을 발원했다.'고 되어 있어 무왕과 선화공주가 미륵사를 창건했다는 『삼국유사』의 설화에 의문이 제기되고 있다.

▲ 미륵사지탑 사리함 봉안 기록(금속판)

▲ 사리함

▲ 복원 중인 미륵사지

② 신라 : 6세기 진흥왕의 팽창 의지가 엿보이는 **황룡사**가 유명하며, 7세기에 건립된 **9층 목탑**은 몽골의 침입으로 소실되었다.
③ 통일 신라의 건축물 : 경덕왕 때 김대성의 발원으로 만들었다는 **불국사와 석굴암**이 대표적이다.
　㉠ 불국사 : 불국토의 이상을 조화와 균형 감각으로 표현하였고, 대웅전으로 올라가는 **청운교·백운교**와 극락전으로 올라가는 연화교·칠보교 등의 계단이 독특하다.
　㉡ 석굴암 : 본존불상을 중심으로 완벽한 통일과 조화의 세계를 표현한 인공 석굴로, 1995년 불국사와 함께 유네스코 세계문화유산으로 등록되었다.
　㉢ 안압지 : 문무왕 때 조성된 인공 연못으로, 1975년에 출토된 술 마실 때 벌칙을 새겨 넣은 **14면체 주사위(목제 주령구)**가 발견되어 신라 귀족의 화려했던 생활 모습을 엿볼 수 있다.
④ 발해는 상경에 당의 장안성을 본뜬 **주작대로**를 건설하였다.

▲ 황룡사와 9층 목탑(복원도)

▲ 안압지와 그 곳에서 출토된 주사위(목제 주령구)

▲ 불국사

▲ 석굴암

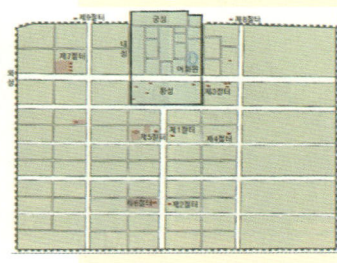
▲ 발해의 주작대로(상경)

3. 탑과 승탑

① 고구려 : 주로 **목탑** 양식이 발달하였는데 현재 남아 있는 것은 없다.
② 백제 : 목탑 양식을 계승한 **미륵사지 석탑**은 가장 오래된 석탑이며, 이를 계승한 **부여 정림사지 5층 석탑**은 당나라 장수 소정방이 '백제를 정벌한 기념탑'이라는 뜻의 글귀를 이 탑에 남겨 놓아 한때 '평제탑'이라고 잘못 불리는 수모를 겪기도 하였다.
③ 신라 : 분황사 탑은 돌을 다듬어 전탑 양식으로 만든 석탑이며(**모전석탑**), 황룡사 9층 목탑은 남아 있지 않다.

▲ 미륵사지 석탑(백제)

▲ 정림사지 5층 석탑(백제)

▲ 분황사 석탑(신라)

④ 통일 신라
   ㉠ 중대 : 이중 기단 위에 3층으로 석탑을 쌓는 양식을 완성하였다. 감은사지 3층 석탑, 불국사 3층 석탑(석가탑), 다보탑이 대표적이다.
   ㉡ 신라 하대 : 기단과 탑신에 부조로 불상을 새기는 양식이 유행하여 양양 진전사지 3층 석탑, 화엄사 4사자 3층 석탑 등이 만들어졌다.

▲ 감은사지 3층 석탑
(신문왕, 682)

▲ 불국사 3층 석탑
(경덕왕, 751)

▲ 다보탑(경덕왕, 751)

▲ 진전사지 3층 석탑
(9세기 초)

▲ 화엄사 4사자 3층 석탑
(8세기 중반)

⑤ 승탑 : 승려의 사리나 유골을 안치한 묘탑으로 탑비와 함께 선종이 융성한 신라 하대에 발달하였다.
   ㉠ 시초 : 『삼국유사』에 의하면 7세기 원광법사 사후에 승탑을 만들었다는 기록이 있으나 전하지 않고, 844년에 건립된 **전흥법사염거화상탑**이 가장 오래되었는데, 신라 승탑 양식의 시원이 되었다.
   ㉡ 양식 : 신라 승탑은 전체적으로 탑신이 8각형이며 옥개석이 둥근 지붕 형태인 **8각 원당형(圓堂形)**이 일반적이며, 특히 대안사 적인선사 승탑과 쌍봉사 철감선사 승탑은 아름답게 균형 잡힌 조화미를 보여준다.

▲ 전흥법사염거화상탑(844)

▲ 대안사 적인선사 승탑
(전남 곡성, 861)

▲ 쌍봉사 철감선사 승탑
(전남 화순, 868)

4. 불상(佛像)

① 삼국 시대의 불상 : 삼국 시대에는 **금동미륵보살반가상** 제작이 많았으며, 탑 모양의 관과 삼산관을 쓴 금동미륵반가상이 유명하다.
  ㉠ 고구려 : 연가 7년명 금동여래입상은 북조 양식으로, 강인한 인상과 은은한 미소를 띠고 있다.
  ㉡ 백제 : 서산 마애삼존석불은 부드럽고 온화한 '백제의 미소'로 유명하다.
  ㉢ 신라 : 경주 배리석불 입상은 푸근한 자태와 부드럽고 은은한 미소를 띠고 있다.
② 통일 신라 : 석굴암 본존불은 균형과 조화를 특히 강조하고 있다.
③ 발해 : 동경용원부에서 발견된 **이불병좌상**이 유명하며, 고구려 양식을 계승한 것이다.

 ▲ 연가 7년명 금동여래입상 (고구려)
 ▲ 서산 마애삼존불(백제)
 ▲ 경주 배리석불(신라)
 ▲ 탑 모양관 금동미륵보살반가사유상 (삼국 시대)

 ▲ 금동삼산관미륵보살반가사유상 (삼국 시대)
 ▲ 석굴암 본존불(통일 신라)
 ▲ 이불병과상(발해)

5. 조각

① 통일 신라 : 무열왕릉비 받침돌(귀부), 법주사 쌍사자 석등이 유명하다.
② 발해 : 상경에 남아 있는 발해 석등은 웅대한 느낌을 주며, 고구려의 영향을 받은 벽돌과 기와 무늬, 정혜공주 묘에서 출토된 **돌사자상** 등이 대표적이다.

 ▲ 무열왕릉비 귀부 (통일 신라)
 ▲ 법주사 쌍사자 석등 (통일 신라)
 ▲ 발해 석등
 ▲ 보상화무늬 벽돌 (발해)
 ▲ 발해 돌사자상

6. 공예

① **종** : 현존하는 가장 오래된 **상원사 동종**은 725년 성덕왕 때 제작되었으며, 강원도 평창 오대산에 있다. 비천상 무늬와 에밀레종으로 유명한 **봉덕사 성덕대왕 신종**은 771년 혜공왕 때 만들었다. 신라의 종은 꼭대기 걸개 옆에 음관(音管)이 붙어 있는데, 이는 후대 한국 종의 고유한 특징으로 발전하였다.

② **자기** : 발해에서는 자기 공예가 발전하였는데, 발해의 **자기**(磁器)는 가볍고 광택이 있어 당에서 수입해 갔다고 한다.

▲ 상원사 동종

▲ 성덕대왕 신종

7. 글씨 · 그림과 음악

(1) 글씨

① **고구려** : 광개토태왕비의 전한 예서체의 웅건한 글씨는 뛰어난 걸작이다.

② **백제** : 무령왕릉매지권의 화려하고 유려한 필체가 돋보인다.

③ **통일 신라** : 무열왕의 아들 김인문, **김생**(왕희지체)과 9세기 후반의 요극일(구양순체) 등이 유명하였는데, 특히 김생은 질박하면서도 굳센 신라의 독자적인 서체를 열었다.

(2) 그림
신라의 그림으로 경주 황남동 천마총에서 출토된 **천마도**는 자작나무에 그린 것이다. 솔거의 황룡사 소나무 그림은 사실적 묘사로 유명하였으나 전하지 않으며, 불화로 **화엄경 변상도**의 일부가 전하고 있다.

▲ 광개토태왕비문 글씨

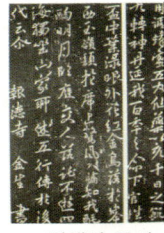
▲ 김생의 글씨 (통일 신라)

▲ 천마도(경주 황남동 천마총 출토)

(3) 음악과 무용

① **삼국 시대** : 고대의 음악은 종교 및 노동과 밀접한 관련이 있었다. 고구려의 국상 **왕산악**은 거문고를 발명하였고, 신라 거문고의 명인 **백결 선생**은 방아 타령, 가야의 **우륵**은 가야금의 연주자로 유명하다.

② 통일 신라 : 신라 하대에 당으로부터 당악이 수용되어 귀족 계층에게 정착되었다. 한편 고구려와 백제의 악기와 음악을 받아들이고 신라의 것을 융합한 고유한 향악이 확립되었다.

8. 한문학과 향가

① 삼국 시대
  ㉠ 한시 : 고구려 유리왕의 〈황조가〉, 을지문덕의 〈오언시〉 등이 유명하다.
  ㉡ 민중 노래 : 민중의 무속 신앙을 표현한 가야의 〈구지가(龜旨歌)〉, 노동요적 성격의 신라 〈회소곡〉, 백제인의 〈정읍사〉 등이 백성들 사이에서 불리었다.
  ㉢ 향가의 출현 : 신라 진평왕 때 승려인 융천사가 지었다는 〈혜성가〉가 화랑들에게 불리었다.

> **사료** 유리왕의 〈황조가〉
>
> 翩翩黃鳥 雌雄相依 (편편황조 자웅상의)
> 펄펄 날아다니는 꾀꼬리는 암수가 다정히 노니는데,
> 念我之獨 誰其與歸 (염아지독 수기여귀)
> 외로울사 이내 몸은 뉘와 함께 돌아갈꼬.
> 〈『삼국사기』〉

② 통일 신라
  ㉠ 향가의 발전
    • 불교 의식, 가요 및 한시와 구별되고 통일 신라 시대 널리 유행한 특정한 기능은 없는 우리말 노래이다.
    • 통일 신라의 지배층인 승려와 화랑들이 불렀다는 향가는 『삼국유사』에 14수, 『균여전』에 11수 등 모두 25수가 전해지는데, 진성여왕 때 대구화상과 각간 위홍이 『삼대목』이라는 향가집을 편찬하였다고 하나 남아 있지 있다.
    • 내용 : 화랑에 대한 사모의 심정을 표현한 득오곡의 〈모죽지랑가〉(효소왕), 경덕왕 때 월명사가 죽은 누이를 그리워하며 지은 〈제망매가〉와 나라의 근심을 없앤 내용의 〈도솔가〉 등이 있으며, 같은 시기 충담사는 백성의 평안함을 기원하는 〈안민가〉를 지었다. 이밖에도 향가의 주제는 대체로 불교적 성격을 띠는 것이 많았다.
  ㉡ 설화 문학 : 서민들 사이에 구전되었던 설화 문학은 『삼국유사』에 많이 수록되어 있는데, 〈임금님 귀는 당나귀 귀〉, 〈에밀레종〉, 〈효녀 지은〉(효공왕), 〈효자 손순 설화〉 등이 대표적이다.

신라 최초의 향가 〈혜성가〉
진평왕 대 혜성의 출현으로 신라인들이 두려워할 때 융천사라는 승려가 〈혜성가〉라는 향가를 지어 부르자 혜성이 사라지고 신라에 침입했던 왜병들도 물러갔다는 내용이다. 일본의 침략을 근거로 창작 연대를 594년(진평왕 16년)으로 보아 이 노래가 최초의 향가일 것으로 추정한다. 최근에는 이때 나타난 혜성이 609년의 헬리 혜성이라는 주장도 제기되었다.

〈도솔가〉의 유래
『삼국유사』에 의하면 760년(경덕왕 19) 하늘에 두 개의 해가 나타나 열흘이 되어도 사라지지 않자 월명사를 불러 〈도솔가〉를 지어 부르니 이변이 사라졌다는 내용이 전하고 있다.

사료 월명사의 〈제망매가〉

생사의 길은 여기에 있으매 두려워지고
나는 갑니다 하는 말도
다 못하고 가 버렸는가.
어느 가을 이른 바람에 여기저기 떨어지는 잎처럼

한 가지에 낳아 가지고
가는 곳 모르누나.
아아. 미타찰에서 만나 볼 나는
도 닦으며 기다리리라.

① 신라 경덕왕 때의 승려 월명사가 지은 향가로 형제간의 우애와 그리움을 노래하고 있다.
② 향가는 삼국~고려 시대까지 이어졌던 우리 고유의 시가(詩歌)로, 향찰이나 이두로 쓰여졌다.

③ 발해 : 정혜·정효공주 묘지의 4·6 변려체의 수려한 문장과, 일본에 사신으로 간 양태사의 한시 〈다듬이 소리〉가 있다.

사료 양태사의 〈다듬이 소리〉

서리 기운 가득한 하늘에 달빛 비치니 은하수도 밝은데 나그네 돌아갈 일 생각하니 감회가 새롭네.
홀로 앉아 지새는 긴긴 밤 금신에 젖어 마음 아픈데 홀연히 이웃집 아낙네 다듬이질 소리 들리누나.
바람결에 그 소리 끊기는 듯 이어지는 듯 밤 깊어 별빛 낮은데 잠시도 쉬지 않네.
나라 떠나와서 아무 소식 듣지 못하더니 이제 타향에서 고향 소식 듣는 듯하구나.
〈『경국집』〉

양태사는 발해 문왕(737~793) 때의 장군으로 무인이면서도 시를 잘 지었다고 한다. 사신으로 일본에 갔다가 고국에 있는 아내를 그리워하며 지은 시이다.

7 일본으로 건너간 우리 문화

1. 삼국 문화의 일본 전파

① 삼국의 문화는 6세기 야마토 정권의 탄생과 7세기 나라 지방을 중심으로 <mark>아스카 문화 발달</mark>에 크게 기여하였다.
② 백제 : 가장 큰 영향
  ㉠ 『일본서기』에 의하면 4세기 근초고왕 때 아직기는 도일하여 일본 태자의 스승이 되었으며, 왕인은 『천자문』과 『논어』를 전해 주었다.
  ㉡ 6세기 성왕 때 노리사치계는 불경과 불상을 전해 주었으며, 백제의 영향을 받은 것으로는 고류사 미륵반가 사유상, 호류사 백제관음상, 목탑 양식의 5층 탑, 불교 가람 양식 등이 있다.

아스카 문화
고구려, 백제, 신라와 중국 남조의 영향을 받아 7세기 초에 발달한 일본 최초의 불교 문화이다.

▲ 삼국 문화의 일본 전파

ⓒ 5경 박사들이 유학을 전해 주었으며, 의(醫)·역(曆)·천문박사, 채약사, 화가, 공예 기술자 등이 건너가 문물을 전해주었다.

③ 고구려
ㄱ. 7세기 초 영류왕 때 담징은 일본에 종이·먹 제조법을 전하고, 호류사 금당벽화를 그렸다고 한다.
ㄴ. 승려 혜자는 쇼토쿠 태자의 스승이 되었고(595), 혜관은 일본 삼론종의 개조가 되었다(625).
ㄷ. 일본 나라시에서 발견된 다카마쓰 고분벽화가 고구려 수산리 벽화 고분과 흡사하다는 점에서 고구려의 영향력을 살펴볼 수 있다.

④ 신라 : 일본과 문화 교류는 적었지만, 조선술과 제방 쌓는 기술을 전하였는데, '한인의 연못'이라는 이름까지 생겼다.

⑤ 가야 : 가야의 토기는 스에키 토기에 영향을 주었다.

자료   삼국 문화의 일본 전파

▲ 금동미륵보살반가상 (삼국 시대) ⇔ ▲ 목조미륵보살반가상 (일본)   ▲ 수산리 벽화 (평남 강서) ⇔ ▲ 다카마쓰 고분벽화 (일본 나라시)

2. 통일 신라 문화의 일본 전파

① 통일 신라의 문화는 일본에서 파견해 온 사신을 통해 7세기 후반 일본 하쿠호 문화 성립에 영향을 주었다.
② 원효, 강수, 설총 등의 불교와 유교 사상이 일본에 전파되고, 8세기 신라 승려 심상에 의하여 전해진 화엄 사상은 일본 화엄종 부흥에 많은 영향을 주었다.

하쿠호(白鳳) 문화
7세기 후반에 발달한 일본의 고대 문화로, 당과 통일 신라의 영향을 많이 받았다. 불상, 가람 배치, 탑, 율령과 정치 제도에서 신라의 불교와 유교의 영향이 컸다.

4

중세 사회

01 중세의 정치
02 중세의 경제
03 중세의 사회
04 중세의 문화

01 중세의 정치

1 중세 사회의 성립과 전개

1. 중세 사회의 성립

▲ 고려의 민족 재통일

왕건의 발해 유민 포용
926년 발해가 거란에게 멸망한 이후 많은 유민이 고려로 망명하였다. 당시 고려에 온 발해 유민 중에는 관리, 장군, 학자, 승려 등이 상당수 있었는데, 태조는 이들을 적재적소에 임명하여 후삼국 통일에 활용하였다. 특히 발해 태자 대광현에게는 왕계라는 성명을 내려주고 그를 왕실 족보에 넣어주어 당당한 왕족으로 대우했으며, 발해 선조에 대한 제사를 받들게 하는 등 동족의식을 분명히 하였다. 따라서 왕건의 통일은 발해를 포함한 진정한 의미의 민족 재통일이라고 볼 수 있다. 대광현의 후손인 대도수는 후일 거란의 침략 시에 안융진 전투에서 맹활약을 하였다.

분야	고대 사회	중세 사회
정치	진골 중심의 사회	호족 중심의 사회, 지배층의 확대
사회	신분 중심의 폐쇄적 사회(골품제)	능력 본위의 개방적 사회(과거제)
문화	귀족 문화	귀족 문화와 지방 문화가 함께 성장
사상	불교 중심	유교와 불교의 융합, 문화의 폭과 질이 향상
민족의식	보수적이고 미약한 민족의식	강력한 민족의식의 성장

2. 고려의 건국과 민족의 재통일

① **왕건의 등장** : 송악의 호족 세력인 왕건은 예성강의 해상 세력과 결합하여 성장하였다. 궁예의 장수로 활약하면서 금성(나주)을 점령하여 후백제를 견제하였다(903).

② **고려의 건국** : 궁예의 실정과 호족 세력의 지지를 바탕으로 새 왕조를 개창하였는데, 고구려를 계승하여 국호를 고려라 하고, 연호를 천수(天授), 도읍을 송악으로 정하였다(918).

③ **민족의 재통일**
  ㉠ **재통일 전략** : 왕건은 통일 전략으로 민심을 수습하고, **지방 호족 세력을 통합**하여 기반을 확립하면서 신라에 대한 적극적인 우호 정책과 **발해 유민에 대한 포용 정책**을 폈다. 대외적으로는 중국의 분열을 이용하여 5대 여러 나라와 교류를 활발히 하였다.
  ㉡ **결과** : 신라의 경순왕이 항복하고(935), 후백제에서는 내분이 일어나 견훤이 귀순하였으며, 결국 견훤의 아들 신검의 저항을 물리치고 후백제를 정벌하여 (936) 민족의 재통일을 달성하였다(936). 이때 태조의 나이 60세, 궁예를 대신한 지 19년 만의 일이었다.

자료 고려 건국의 민족사적 의미

고려는 새로운 통일 왕조로서 커다란 역사적 의의를 지닌다. 고려의 성립은 고대 사회에서 중세 사회로 이행하는 우리 역사의 내재적 발전을 의미한다. 신라 말의 6두품 출신 지식인과 호족 출신을 중심으로 성립한 고려는 골품 위주의 신라 사회보다 개방적이었고, 통치 체제도 과거제를 실시하는 등 효율성과 합리성이 강화되는 방향으로 정비되었다. 특히, 사상적으로도 유교 정치 이념을 수용하여 고대적 성격을 벗어날 수 있었다.

> **자료** 민족 재통일 과정에서의 주요 전투

전투	연대	내용
공산 전투	927	고려가 견훤의 공격을 받는 신라를 구원하고자 경애왕을 죽이고 돌아오는 견훤을 공격한 전투. 고려 측 장수 신숭겸, 왕락(김락) 등이 죽고 왕건이 겨우 목숨을 부지할 정도로 고려군의 대패로 끝났다. 이 전투로 고려와 후백제의 화친이 깨어지고 후삼국 통일을 위한 치열한 전투가 시작되었다. 훗날 예종(1120)이 눈물을 흘리며 두 장수를 애도하는 도이장가(悼二將歌)를 지을 정도였다(공산은 현재 대구의 팔공산).
고창 전투	930	후삼국의 전황을 고려 쪽으로 기울게 한 결정적인 전투(현재 경북 안동)
일리천 전투	936	934년 후백제의 웅진 이북 30여 성 항복 → 935년 3월 신검의 쿠데타, 견훤을 금산사에 유폐하고 동생 금강 살해 → 935년 6월 견훤, 고려로 망명 → 935년 11월 신라 경순왕 김부가 고려에 항복 → 936년 2월 견훤의 사위인 박영규가 고려로 망명 후백제와 고려의 마지막 전투로 고려가 신검군을 격퇴하고 후삼국 통일을 달성하였다(현재 경북 구미 선산).

3. 태조(918~942)의 정책

(1) 왕권 강화 추진

① 관료 조직의 정비 : 태봉의 관제를 바탕으로 신라와 중국의 제도를 참작하여 9등급으로 나누었다가, 통일 이후 16등급으로 확대하였다.

② 호족에 대한 회유와 통제
 ㉠ 회유책 : 호족에 대해 폐백을 후하게 하고 언사를 낮추는 '중폐비사(重幣卑辭)' 정책으로 접근하여 정략 결혼, 사성 정책(성씨 수여), 호족에게 중앙 관직 수여 및 역분전 제공 등을 통해 호족 세력을 흡수·통합해 나갔다.
 ㉡ 견제책 : 지방 호족들에게 그 지역의 관할권을 주는 대신 연대 책임을 지우는 사심관 제도를 실시하고, 일종의 인질 정책인 기인 제도를 활용하여 호족을 견제하였다.
 ㉢ 신하의 예절 강조 : 태조가 통일 직후 "신하들의 예절을 밝히기 위하여" 『정계(政誡)』 1권과 『계백료서(誡百寮書)』 8편을 저술하여 반포하였다고 하나, 전하지 않아 구체적인 내용을 확인할 수 없다.

왕씨 성을 하사받은 호족 왕순식(王順式)
본관 강릉(江陵). 본명 김순식(金順式). 922년(태조 5)에 고려에 귀순하여 왕건으로부터 왕씨 성을 하사받고 대광(大匡, 정1~2품)에 임명. 936년(태조 18)에 일리천 전투(一利川戰鬪, 경북 구미 선산)에서 후백제의 신검(神劍)군을 토벌하는 데 큰 공을 세웠다.

> **자료** 지방 호족에 대한 회유와 통제 – 사심관과 기인 제도

- 태조 18년 신라왕 김부(경순왕)가 항복해 오니 신라국을 없애고 경주라 하였다. 김부로 하여금 경주의 사심관이 되어 부호장 이하의 임명을 맡게 하였다. 이에 여러 공신이 이를 본받아 각기 자기 출신 지역의 사심이 되었다. 사심관은 여기에서 비롯되었다. 〈『고려사』〉
- 건국 초에 향리의 자제를 뽑아 서울에 볼모로 삼고, 또한 출신지의 일에 대하여 자문하게 하였는데, 이를 기인이라 한다. 〈『고려사』〉

① 호족 – 중앙(→ 문벌 귀족) – 사심관(연대 책임) 지방(→ 향리) – 기인(호족의 자제를 인질로 개경에 머물게 함)
② 사심관(事審官)은 고려에 투항한 경순왕 김부가 최초이며, 부호장 이하의 향리를 임명하는 대신, 출신지에 대해 연대 책임을 졌다. 조선 시대에 경재소와 유향소 제도로 분화·발전되었다.
③ 통일 신라의 상수리 제도 → 고려의 기인 제도 → 조선의 경저리 제도로 변화하였다.

(2) 민생 안정책

① 취민유도(取民有度) : '백성에게 조세를 수취할 때에 일정한 법도가 있어야 한다.'는 의미로 조세 제도를 합리화하여 세율을 1/10로 경감하고, 빈민 구제 기관인 흑창을 설치하여 농민의 생활을 안정시키려고 하였다.
② 애민 정책 : 공신과 호족의 횡포를 금하는 조서를 내리고, 전란 중 억울하게 노비가 된 자를 해방시켜 주었다.

사료   취민유도 : 백성의 세금 감면

그(태조)가 건국하고 즉위한 지 삼사일만에 여러 신하들을 맞아들여 만나보고 개탄하면서 말하기를, "근년에 백성들을 혹독하게 수탈하여 토지 1경의 조(租)를 6석까지 받아냈으므로 백성들이 살기 어렵게 되었다. 나는 이것을 아주 가련하게 생각한다. 지금부터는 마땅히 1/10을 받는 제도를 써서 한 부(負)에 조 3승(升)을 받도록 하여야 할 것이다."라고 하면서, 드디어 민간에서 거두어들이는 3년간의 조를 면제하여 주었다.
〈『고려사』,「태조세가」〉

분사 제도(分司制度)
태조 때 북진 정책을 추진하는 과정에서 서경에 설치된 중앙의 주요 관서와 명칭이 같은 별도의 행정 조직으로, 문종 때 정비되고 예종 때 이르러 확대되었다. 분사병부·분사국자감·분사태사국 등 수많은 분사의 사례는 서경이 개경에 버금가는 조직을 지닌 부도로서 독자적인 행정 체계를 지녔음을 뜻하는 것이다. 이처럼 커다란 규모의 관료 조직의 녹봉을 위해 서해도 세곡미 17만 석이 서경 대창(大倉)에 납입되었다. 묘청의 난 이후에 점차 폐지되었다.

(3) 북진 정책

① 내용 : 서경(평양)을 중시하여 북진 정책의 전진 기지로 삼고, 학교를 설치하고 개경과 비슷한 규모의 관청을 설치하여 옛날 왕경의 위엄을 되찾아 놓았다(==분사 제도==). 태조 말에는 청천강~영흥만까지 영토를 확장하였다.
② 거란에 대한 강경책 : 거란은 고려와 친선을 맺고자 사신과 낙타 50마리를 보내왔는데, 태조는 '거란은 발해를 멸망시킨 무도한 나라이므로 교류할 수 없다.'며 사신 30명을 섬으로 쫓아 보내고 낙타는 개경의 만부교에서 굶어 죽게 하는 강경책을 취했다(942, 만부교 사건).

자료   태조가 제시한 국가의 기본 정책

1. 태조의 북진 정책
우리 태조께서는 즉위한 후에 아직 김부가 복종하지 않고 견훤이 포로가 되기 전인데도, 자주 서도(西都)에 행차하여 친히 북방의 변두리 땅을 순수하였습니다. 그 뜻이 옛 땅을 …… 반드시 석권하여 이를 차지하려 하였으니…….   〈『고려사』〉

2. 훈요 10조
제1조 우리나라의 대업은 부처님의 호위에 힘입은 것이다. ⇒ 불교
제2조 도선이 정한 이외에 함부로 절을 짓지 말라. ⇒ 풍수지리설
제3조 장자가 왕위 계승을 하되, 어질지 못하면, 신망 있는 자에게 정통을 잇게 하라. ⇒ 풍수지리설
제4조 거란은 짐승과 같은 나라이니, 그 풍속을 따르지 말라.
⇒ 대거란 강경책, 만부교 사건으로 연결
제5조 서경(西京)은 수덕이 순조로워 대업을 만대에 전할 땅이므로 마땅히 1년에 100일 이상 머물도록 하라. ⇒ 북진 정책, 풍수지리설
제6조 연등회와 팔관회는 성대히 하라. ⇒ 불교, 도교
제7조 간언을 따르고 참언을 멀리하라. ⇒ 유교
제8조 차현(금강) 이남, 공주강(차령 산맥) 밖은 마땅히 벼슬을 주어 일을 보게 하지 말라.
제9조 관리의 녹은 공평하게 하고 함부로 늘리지 말라. ⇒ 유교
제10조 경전과 역사서를 두루 보아 옛일을 거울삼아 오늘을 경계하라. ⇒ 유교

① 유교·불교·풍수지리 사상과 토착 신앙을 모두 중시하는 융합적인 사상이 담겨있다.
② 태조 26년 박술희에게 전해준 훈요십조는 그 후 거란의 침입 때 없어졌고, 오늘날 전하는 내용은 현종 시기 최항(최언위의 손자)의 집에 보관된 것을 최제안(최승로의 손자)이 우연히 발견하여 왕에게 바침으로써 후세에 전해지게 되었다.

(4) 문화 정책

① 숭불 정책 : 훈요 10조 제1항에서 불교를 권장하였고, 법왕사·왕륜사·흥국사 등의 사찰을 건립하였으며, 연등회와 팔관회 같은 불교 관련 행사를 중시하였다.
② 비보 사찰의 건립 : 풍수지리설에 입각하여 개경 7층탑과 서경 9층탑을 세웠으며, 후백제의 신검이 항복한 황산에 개태사를 지어 산령을 중시하였다.
③ 교육의 장려 : 서경에 학교를 세워 의(醫)·복(卜) 과정을 두었으며 학보를 만들어서 운영 기금을 마련하였다.

4. 광종의 개혁 정치

(1) 광종 이전의 왕대사

2대 「혜종」 943~945

왕규가 난을 일으켜 혜종을 죽이고 외손자 광주원군을 왕으로 세우려다 실패하였다.

3대 「정종」 945~949

① 왕식렴의 후원으로 왕규·박술희 등 정적을 제거하고 즉위하였다.
② 거란 침입에 대비하여 광군사를 설치하고 광군 30만 명을 모집하였다.
③ 서경 천도를 계획하였으나 실패하였다.

(2) 4대 「광종」(949~975)의 왕권 강화 정책

① 자주성 과시 : 칭제(稱帝) 건원(建元)하여 광덕·준풍 등 독자적 연호를 사용하고 개경을 황도, 서경을 서도라고 불렀다.
② 왕권 강화 노력
  ㉠ 949년 주현공부법 : 주현을 단위로 공물과 부역의 액수를 정하여 국가 재정을 강화하였다.
  ㉡ 956년 노비안검법(본격적인 개혁 시작) : 호족(공신)의 경제력·군사력 약화, 국가 재정 확보, 민심 획득이 목적이었다.
  ㉢ 958년 과거제 실시 : 후주에서 귀화한 쌍기의 건의를 받아들여 실시했다. 신구 세력의 세대 교체를 이루고, 6두품 출신 신진 유학자들이 대거 진출하였으며 양반 관료 제도가 시작되었다.
  ㉣ 960년 관료의 공복 제정 : 관료의 기강 확립을 위해 관복을 자(紫)·단(丹)·비(緋)·녹(綠)색으로 구분하는 4색 공복제를 시행하였다.
  ㉤ 962년 송과 수교하였다. 963년 빈민 구제 기금인 제위보를 설치하여 가난한 농민을 구제하였다.
  ㉥ 고려 건국에 공이 많은 개국 공신이라도 개혁에 불만을 가진 자는 무자비할 정도로 과감하게 숙청하였다.
③ 불교 장려와 종파 통합
  ㉠ 제관(『천태사교의』 저술)을 남중국 오월에 파견하여 천태학 서적을 전하고(960) 높은 수준의 천태학을 들여와 교종과 선종의 대립을 한층 높은

왕규(王規)의 난
경기 광주 호족으로, 두 딸이 태조의 제15비와 제16비이다. 혜종을 죽이고 외손자 광주원군(廣州院君)을 왕으로 세우려다 정종 즉위 후 왕식렴에 의해 실패하고 참살되었다.

왕식렴(王式廉)
왕건의 사촌동생으로 국초부터 서경에 부임하여 북진 정책을 총괄하였다. 강력한 군사력으로 왕규(王規)의 난을 평정하였다.

박술희
태조의 공신으로 혜종 즉위에 공을 세웠으나, 정종 때 유배 후 살해되었다.

광군(光軍)
① 정종 때 거란의 침입에 대비하여 설치(947) : '정종 2년에 거란이 침략하려 하므로 군사 30만 명을 뽑았는데, 이를 광군이라 하고 광군사(지휘부)를 설치하였다(『고려사』).'
② 일종의 농민 예비군으로 30만의 병력으로 구성되었다.
③ 후에 주현군으로 정비되었다.

고려 시기의 독자적 연호

국가		연호	국왕
후고구려	마진	무태(武泰)	궁예
		성책(聖册)	궁예
	태봉	수덕만세(水德萬歲)	궁예
		정개(政開)	궁예
고려		천수(天授)	태조
		광덕(光德)	광종
		준풍(峻豊)	광종
대위		천개(天開)	묘청

차원에서 지양하고자 했다. 이 시기 의통은 중국 천태종의 16조가 되어 활약하였다.
ⓒ 교종을 화엄종 중심으로 통합하기 위해 개경에 귀법사를 세우고 균여를 주지로 임명하였다(964).
ⓒ 선종의 여러 종파를 법안종을 중심으로 정리하고자 했고 그 일환으로 중국에서 혜거를 귀국시켰다.
ⓒ 승과 제도를 실시하고 국사(혜거), 왕사(탄문)제를 도입하였다(968).

5대 「경종」 975~981
① 광종의 탄압에 숨죽였던 구세력에 대한 사면령을 내렸다.
② 전시과를 처음으로 실시하였다(시정전시과, 976).

5. 유교적 정치 질서의 강화

(1) 6대 「성종」 981~997
① 유교 정치 이념 확립 : 최승로(927~989)는 시무 28조를 통해 5조 치적평을 올려 교훈으로 삼도록 하고, 유교 사상에 입각한 중앙 집권적 귀족 정치를 강조하였다.
② 통치 체제의 정비
  ㉠ 중앙 행정 기구 : 당의 관제를 기반으로 한 2성 6부를 마련하고(982), 송의 관제를 수용한 중추원과 삼사, 독자적 기구인 도병마사와 식목도감을 설치하였다.
  ㉡ 지방 조직 : 12목을 설치하고(983) 지방관을 파견하여 중앙 집권을 강화하였다. 향리 제도(호장·부호장)를 마련하여 호족을 향리로 편입하고 중앙에서 직접 통제하였다(983). 그 후 12목이 12군(軍)으로 바뀌어 목사 대신 절도사가 파견되었고 바로 10도(道)가 마련되었다(10도 12군제, 995). 경주에 동경을 설치하였다(987).
  ㉢ 중앙의 관계와 향직을 개정 : 중앙 문관에게는 문산계를 부여하고, 지방의 향리와 노병(老兵)에게는 무산계를 부여하는 등 관료와 호족의 서열화를 강화하였다.
  ㉣ 태조 때 시작되어 서경에도 개경과 비슷한 행정 기구를 설치한 분사 제도를 정비하였다.
③ 군사 제도 정비
  ㉠ 중앙군 : 6위를 설치하여 수도 경비와 국경 방어를 담당하게 하였다. 이후 현종 때 설치되는 친위 부대인 2군과 더불어 2군 6위의 중앙군 체제가 갖추어지기 시작하였다.
  ㉡ 지방군 : 병농 일치의 의무병제를 실시하여 양인 백정들로 군대를 조직하였다.
④ 유학의 장려와 교육 시설의 확충
  ㉠ 교육 기구 : 개경에는 국자감을 설치하고(992), 지방 12목에 향교를 열어

최승로
신라 6두품 출신 유학자로, 경순왕이 고려에 투항할 때 아버지를 따라 고려에 왔다. 시무 28조를 성종에게 건의하였는데, 그중 22조가 전해진다. 63세의 나이로 죽자 성종이 몹시 슬퍼하였다고 한다.

고려 문·무산계의 특징
관직의 기준이 되는 종1품~종9품의 품계에 부가되는 관계(官階)로 중국의 제도를 모방하였으나 중국과는 다르게 운용되었다. 즉 문반·무반의 구별 없이 양반 관료 모두에게 문산계를 적용하였으며 무산계는 관료가 아닌 노령 군인·향리·탐라왕족·여진추장·공장(工匠)·악공(樂工) 등 특수직에 수여되었다. 문·무산계의 기준에 따라 경정전시과 체제(문종)에서 토지가 지급되었다. 조선은 문·무반 관료를 구분하여 각각 문산계와 무산계를 적용하였다는 점에서 고려와 다르다.

경학 박사·의학 박사를 파견하였다(987). 개경에 비서성, 서경에 수서원이라는 도서관을 설치하고 과거 출신을 우대하였다.
ⓛ 문신월과법의 시행 : 중앙의 문신들에게 매월 시 3편, 부 1편을 바치게 하여 관리의 질적 향상을 도모하였다.
ⓒ 과도한 재정 낭비를 억제하기 위해 연등회와 팔관회 등 불교 행사를 폐지하였다.

사료 유교 통치 이념과 중앙 집권 정책을 주장한 최승로의 시무 28조

- 불교는 수신(修身)의 근본이며, 유교는 치국(治國)의 근원이니, 몸을 닦는 것은 내생을 위한 것이며, 나라를 다스리는 것은 곧 오늘의 할 일입니다. 오늘은 지극히 가깝고 내생은 지극히 먼 것이니, 가까운 것을 버리고 먼 것을 구하는 일이 또한 그릇된 일이 아니겠습니까. ⇒ 유교 중시
- 왕이 백성을 다스리는데 집집마다 찾아가 매일같이 돌보는 것은 아니므로 수령을 나누어 보내 백성들의 이해를 살피게 하는 것입니다. 그러므로 우리 성조(聖祖)께서도 통합한 뒤에 외관을 두고자 하였으나, 대개 초창기였으므로 일이 번거로워 겨를이 없었습니다. 지금 가만히 보건대 향호(鄕豪)가 매양 공무를 빙자하고 백성을 침폭(侵暴)하니 그들이 견뎌내지 못합니다. 청컨대, 외관을 두소서. 비록 일시에 다 보내지 못한다 하더라도 먼저 여러 주현을 아울러 한 사람의 관원을 두고, 그 관원에 각기 2~3원을 설치하여 애민하는 일을 맡기소서. ⇒ 지방관 파견을 통한 중앙 집권

〈『고려사』〉

최승로는 유교 통치 이념을 제시하였으며 중앙집권적 귀족 국가 설립을 지향하였다.

⑤ 사회·경제 정책
ⓛ 광종 때 노비안검법으로 해방된 노비들 중 일부를 되돌리는 **노비환천법(奴婢還賤法)**을 실시하였다(987).
ⓒ 빈민 구제 기구인 흑창을 확대하여 **의창**을 만들고, 물가 조절 기구인 **상평창**을 개경과 서경, 12목에 설치하였다. 면재법(免災法)을 만들어 재해 시 조(租)를 면제해주었다.
ⓒ 이자가 원금을 넘지 못하게 규정한 **자모상모법(字母相法)**을 시행하였다(982).
ⓔ 최초의 화폐인 **건원중보**라는 **철전**을 발행하였다.

사료 고려 초기 최승로의 자주 의식

예악(禮樂)·시서(詩書)의 교훈과 군신·부자의 도리는 마땅히 중국을 본받아 비루한 것은 고쳐야 할 것입니다. 그러나 그 밖에 수레와 말, 의복 등의 제도는 자기 나라 풍속에 따르게 하여 사치와 검소를 적절하게 할 것이고, 무리하게 중국과 꼭 같이 할 필요는 없습니다.

〈『고려사절요』〉

연등회와 팔관회

팔관회(八關會)	연등회(燃燈會)
호국적 성격, 토속신에 대한 제사, 도교	불교 법회
송(宋)·여진(女眞)·탐라(耽羅)의 사절이 축하의 선물을 바치고 무역을 크게 행하는 국제적 행사	개경과 각 지방에서도 거행, 4월 초파일·불사(佛寺)·사탑 건립 등 경축 행사 시에도 실시
개경(11월 15일), 서경(10월 15일)	처음 매년 1월 15일 → 2월 15일
신라 진흥왕 12년에 처음 실시 → 최승로의 건의에 의해 성종 때 폐지되었다가 현종 때 부활	

(2) 정치와 제도의 안정

7대「목종」997~1009
① 개정전시과를 실시하여 18등급의 관품에 따라 수조권을 지급하였다(998).
② 강조가 정변을 일으켜 천추태후와 김치양, 목종마저 제거하고 현종을 즉위시켰다.

8대「현종」1009~1031 지방 제도 완성
① 제도 개편 : 지방 행정을 5도 양계, 4도호부 8목 등으로 정비하였으며(1018), 주현공거법을 실시하여 향리의 자제들로 과거 시험을 통해 관직에 오를 수 있도록 하였다.
② 사회 시책 : 노부모가 있는 정남의 군역을 면제하는 면군급고법과, 의창을 확대하여 빈민을 구제하기 위한 주창수렴법을 실시하였다.
③ 거란 침략 격퇴 : 거란 장수 소배압의 침입이 있었으나, 강감찬이 귀주대첩에서 승리하였으며(1018), 거란의 침입에 대비하여 초조대장경을 조판하고 왕가도에게 명하여 개경에 나성을 축조하였다(1029).
④ 문화 : 개경에 현화사(현화사 7층 석탑)를 건립하고, 연등회와 팔관회를 부활시켰으며(1010), 최항 등에게 7대 실록(태조~목종)을 편찬하게 하였으나, 현재 남아 있지 않다.

9대「덕종」1031~1034
평장사 유소의 지휘로 압록강~동해안 도련포에 이르는 천리장성 축조를 시작하였다(1033).

10대「정종」1034~1046
천리장성을 완성하였다(1044). 권형(저울의 기준)을 제정하고 두량을 균일하게 하는 등 도량형기(자·말·저울)의 규격을 법적으로 고정하였다.

11대「문종」1046~1083 문물의 완비
① 각종 법규 정비 : 양반 공음전시법을 마련하고(1049), 현직 관료에게만 수조권을 지급하는 경정전시과(1076)가 시행되고 문무관의 녹봉 제도가 확립되었다. 사형수 삼심제와 죄인을 심문할 때 3명의 형관이 입회하는 삼원신수법을 시행하였다(1062). 또한 과거 응시자의 인적 사항을 가리는 봉미법을 시행하여 과거 제도의 공정성을 확보하려고 노력하였으며 향리에 대한 9단계 승진 규정을 정하였다.
② 사회 시책 : 재해 시 세금을 면제받을 수 있는 재면법과 답험손실법을 제정하고, 개경에 빈민 의료 기관인 동서대비원을 설치하였으며, 기인선상법을 정하여 향리의 자제였던 기인을 임의로 선상케 하여 인질의 성격을 없애고 중앙의 강력한 통제하에 두었다.
③ 문화 : 왕실의 원찰로 흥왕사를 건립(1067)하고, 아들(대각국사 의천)을 출가시켜 불교를 장려하였으며, 최충의 9재 학당을 비롯한 사학 12도가 융성하였다.
④ 풍수지리에 입각해 남경을 설치하였다(1067).

12대「순종」1083(3개월), 13대「선종」1083~1094
① 동생인 대각국사 의천이 흥왕사에 교장도감을 설치하고 『교장』을 간행하기 시작하였다(1086).
② 천태종의 중심 사찰로 국청사를 창건하였다(1089).

문종의 문물 제도 개혁

그는 고려 시대의 성군(聖君)이었다. 그의 통치 기간 중에 고려의 여러 문물 제도가 완비되고 학문이 발달하였으며, 사회가 안정되었다. 중앙에서는 내사문하성을 중서문하성으로 고쳐 부르게 되었고, 6부의 상서 위에 판사를 두고 2품 이상의 재상들이 이를 겸임하도록 하여 국정의 논의와 행정의 실무를 맡도록 한 '6부 판사제'를 본격적으로 시행하였다. 지방 제도로는 개성부가 다시 복구되어 수도인 개성 주위의 경기를 통치하게 되었다. 이러한 정치 제도의 정비를 바탕으로 다양한 제도의 정비도 이루어졌다.

2 통치 체제의 정비

1. 중앙의 정치 조직

① 정비 과정 : 성종 때 2성 6부와 중요 기구가 설치되고, 현종 때 도병마사가 성립되었으며 문종 때 정치 조직이 완비되었다.

② 중앙 정치 조직표

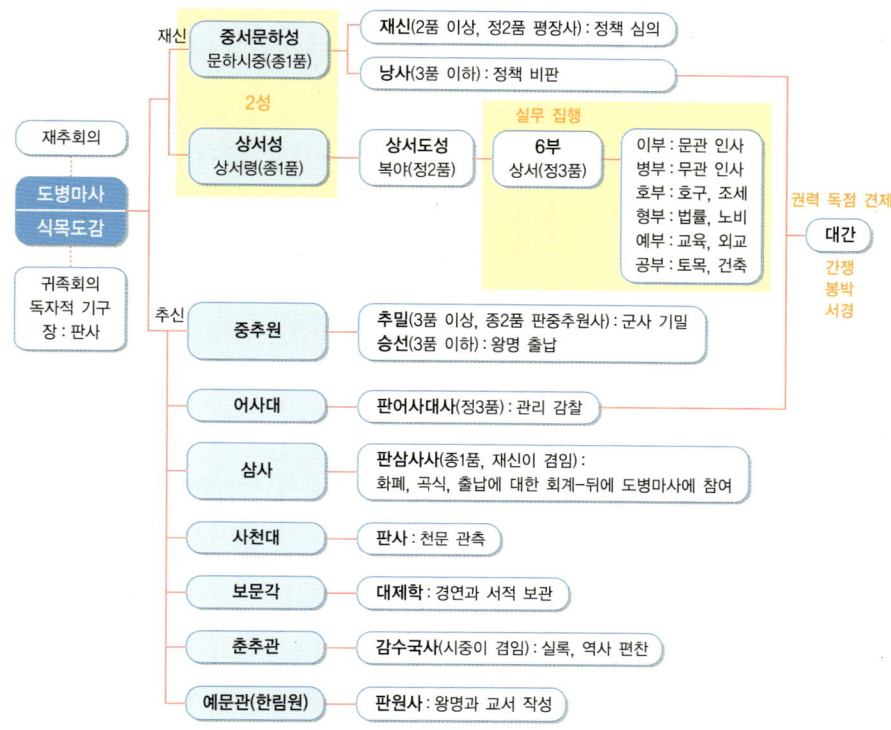

2. 중앙 관제

(1) 2성 6부

① 중서문하성 : 2품 이상의 재신과 (재부) 3품 이하의 낭사(간관)로 구성되었다.
  ㉠ 재신 : 최고 정무직으로 백관을 통솔하고 국가의 중요 정책을 심의·결정하였다.
  ㉡ 낭사 : 간쟁과 봉박, 서경 등 언관의 기능을 수행하였다.
  ㉢ 재신들이 6부의 판사(判事)를 겸임하였다.
② 상서성 : 상서도성(상층 조직)과 6부(하층 조직)로 구성되었다. 정책 집행을 담당하였다.
③ 6부 : 각 부에는 상서가 책임자로 실무를 집행하고 중서문하성의 재신이 각 부 판사를 겸하였다.

(2) 중추원

① 2품 이상의 추신들로 구성되는 추부는 군사 기밀을 관장하며 재신과 함께 국정을 총괄하였다.

재신이 6부 판사를 겸직한 이유
정3품 상서는 정책을 결정하는 중서문하성이나 도병마사에 참여할 자격이 없었으므로 행정과 정책 사이의 괴리가 생길 수 있었다. 이에 상서 위의 관직인 판사를 두어 중서문하성의 재신이 겸직함으로써 이러한 문제점을 보완하려 하였다. 그러므로 상서성은 고위직의 상서 도성, 하위 행정 실무 조직인 상서 6부의 이원적 체제로 운영되었다.

고려·조선의 6부 서열
고려 6부의 서열은 병부를 중시하여 이·병·호·형·예·공인데 이는 조선(이·호·예·병·형·공)과 달랐다.

② 3품 이하의 승선들로 구성되는 승선방은 왕명 출납을 담당하였다.
(3) 삼사 : 송나라 제도를 수용한 기구로 화폐와 곡식의 출납에 대한 회계를 담당하였다. 송과는 달리 재정 수입과 관련된 사무만 담당하고 조세의 수취와 집행은 각 관청에서 하였다.

> **자료 고려의 재상과 재추**
>
> ① 고려의 재상은 중서문하성의 2품 이상 관원과 중추원의 정3품 직학사 이상, 상서성의 복야 등이 해당된다. 이들은 구체적인 행정 실무를 수행하는 것이 아니라 국정 운영 전반에 대해 논의·결정하는 관직이므로 의정 기능이 핵심이다.
> ② 국정의 핵심은 중서문하성의 '재신 5직'이 담당했다. 이들은 문하시중(종1품), 문하시랑평장사(정2품), 중서시랑평장사, 참지정사, 정당문학, 지문하성사 등인데, 그 중 수상인 문하시중은 상서 6부의 이부판사를 겸임했으며, 나머지 재신들도 판병, 판호부사 등을 순서대로 겸임하였다.
> ③ 중추원의 추밀은 판중추원사(종2품), 중추사, 지중추원사 등 7직을 말한다. 이들 재신 5직과 추밀 7직은 중앙의 각 기관의 장을 겸임했는데, 중서문하성의 재신은 삼사와 한림원의 판사를, 추신은 6부 상서와 대간의 최고직 등을 겸직하였다.
> ④ 더구나 재신과 추밀만이 국가 중대사를 결정하는 도병마사에 참여할 수 있었다. 결국 고려 시대의 정치 체제는 재추 중심이었으며, 국정이 재추에게 집중됨으로써 관료 제도가 귀족적 성격을 가질 수밖에 없었다.

(4) 도병마사와 식목도감
① 도병마사(재추회의, 도당) : 중서문하성의 재신과 중추원의 추밀로 구성된 의결 기구로 국방 문제와 국가 중요 정책을 협의해서 결정하였다. 고려 후기 도평의사사로 개칭되면서 국가 최고 기관으로 발전하였다.
② 식목도감 : 국내 정치에 관한 법의 제정 및 각종 시행 규칙을 다루던 일종의 입법 기관이었다.
③ 특징 : 삼국 시대 이래의 관행인 합좌 제도의 전통을 이은 **고려만의 독자적 기구**이다.

> **사료 고려의 합좌 기구 도병마사(도평의사사)**
>
> 합좌(合坐)의 예식(禮式)은 먼저 온 사람이 자리를 떠나 북쪽을 향하여 서고, 뒤에 온 사람이 그 지위에 따라 한 줄로 서서 읍한 다음 함께 자리 앞에 이르러 남쪽을 향하여 두 번 절하고, 자리를 떠나 북쪽을 향하여 엎드려서 서로 인사말을 주고받는다. …… 녹사(錄事)가 논의할 일을 앞에 가서 알리면, 각기 자신의 의사대로 그 가부를 말한다. 녹사는 그 사이를 왔다 갔다 하면서 논의가 한 가지로 결정되도록 하며, 그렇게 한 뒤에 시행한다. 〈이제현, 『역옹패설』〉

(5) 대간(臺諫) : 대간이란 대관(臺官)과 간관(諫官)을 합하여 부르는 명칭이다.
① 구성
  ㉠ 간관 : 중서문하성의 3품 이하의 낭사의 관원으로 상시(정3품), 간의대부(정4품) 등 14명이 해당된다.

ⓒ 어사대(대관) : 판어사대사(정3품)로부터 감찰어사(종6품) 등 20여 명으로 구성되어 관리의 감찰을 담당하는 본연의 업무 외에 간관의 역할도 함께 수행하였다.
② 직무 : 국왕의 비행을 간언하는 **간쟁**, 잘못된 조칙을 시행하지 않고 돌려보내는 **봉박**, 관리의 임면 및 법령의 개폐 등에 대한 동의를 표하는 **서경권**을 행사하였다.
③ 기능 : 왕권을 견제하고, 재추를 비롯한 **문무백관을 감사·탄핵**하였는데, 대간의 활동은 조선으로 계승되어 더욱 독자적 역할로 발전하였다.

사료 　대간의 역할

① 채하중을 첨의정승으로 삼았는데, 감찰사에서 채하중의 직첩에 서명을 하지 않고 있다가 여러 달 만에야 서명하였다.
　　〈『고려사』, 공민왕 3년 6월〉

② 왕이 수가(隨駕) 군사에게 미리 녹을 지급하도록 명하자 어사가 이를 반박하니 왕이 노하여 어사를 순군소에 가두었다.
　　〈『고려사』, 충렬왕 13년 4월〉

③ 기거랑 윤언이, 좌사간 정지상, 우정언 권적 등이 글을 올려 당면 정책의 옳고 그른 데 대하여 진술하니 왕이 이를 너그럽게 받아들였다.
　　〈『고려사』, 인종 7년 5월〉

 ① 서경, ② 봉박, ③ 간쟁

(6) 관직과 관계(官階)의 특징

① **실직** : 일정한 직임을 맡는 직책이 있는 관직이다. 6품을 기준으로 참상·참하로 나뉘며 일상의 조회에 참여할 수 있는 **상참관(6품)** 이상의 관직을 중시하였다.
② **산직(散職)** : 일정한 직임이 없는 허직으로 성종때 관리정원의 한계를 극복하기 위해 설치·정비되었다.
　　ⓐ **검교직** : 임시직으로 문반 5품, 무반 4품 이상의 관직에 설정되고 **녹봉과 토지**가 지급되었다.
　　ⓑ **동정직** : 문반 6품, 무반 5품 이하의 관직에 설정되었고 **토지(한인전)**가 지급되었다.
　　ⓒ **첨설직** : 공민왕(1354)때 설치된 산직으로 홍건적과 왜구의 침입 등으로 국가 재정이 고갈되자 **군공을 세운 자**들에게 임기응변식으로 수여되었다. 남발로 인해 문제가 되자 조선 초에 폐지되었다.

자료 　고려 관직 체계의 구분

문무품관(品官)				이속(품관 이외의 실무 종사자)	
실직	재추(2품 이상)	참상(6품 이상)	참하(7품 이하)	이직(吏職, 서리)	잡류
산직		검교직	동정직		

※ 특징
① 입사직(入仕職)인 품관, 양반으로 순차적 승진 가능
② 문산계 적용

※ 특징
① 미입사직(未入仕職)이므로 품관으로 진출 불가능
② 이속은 무산계를 적용

▲ 5도(3경 4도호부 12목)와 양계

고려의 안찰사와 조선의 관찰사 비교

분야	안찰사	관찰사
신분	중앙직, 상피제가 적용되지 않음	외관직, 상피제 적용
임기	6개월(봄·가을로 교체)	1년
관등	5·6품의 하위직 임명(통치력 한계)	종2품 당상관(방백이라 불리며 예하 수령에 대한 강력한 권한 행사)
관등	한 곳에 상주하지 않고 지방 순시	각 도의 감영에 상주, 행정을 장악
특징	유사시 군사권 보유	지방의 군권 장악

3. 지방 행정 조직의 정비

(1) **행정 조직의 정비** : 성종 때 12목이 설치되었고, 현종 때 4도호부 8목으로 개편되었으며, 그 후 전국을 **5도 양계**로 편성하고 그 아래 3경·4도호부를 비롯한 군, 현, 진을 설치하였다.

(2) **이원화** : 일반 행정 구역인 5도와 군사 행정 구역인 양계로 이원화되었다.

① 5도(안찰사)·3경

㉠ 현종 때 거란의 재침에 대비하기 위해 경기를 제외한 5도를 두었다(1018).

㉡ 도는 상설적인 행정 총괄 기관이 없는 일반 행정 단위로서, **안찰사**는 도 내의 지방을 순찰하고 중앙과 지방의 연락적 기능을 담당하였다.

㉢ 3경의 설치 : 3경의 장관은 유수이며, 성종 때 개경·서경·동경(경주)에서 문종 때 개경·서경·남경으로 정비되었다.

㉣ 도 아래 주(지사)·군(지사)·현(현령)이 있었으며, 중앙 집권이 취약하여 지방관이 파견되지 않은 속현이 더 많았다. 속현은 향리가 행정의 실무를 담당했는데, 지방관이 파견된 주현의 통제를 받았다.

㉤ 향리는 속현과 향·부곡·소를 지배하고, 조세·공물 징수, 노역 징발 등 실무 행정을 담당하였으며, 노동 부대인 **일품군**을 지휘하였다. 직역에 대한 대가로 외역전을 지급받았다.

㉥ 향·부곡·소는 향리가 지배하는 특수 행정 구역으로, 소속민의 신분은 양인이나 거주 이전의 자유가 없고, 국학 입학과 과거 응시가 금지되었다. 향·부곡은 농업, 소는 수공업에 종사하였는데 일반민보다 조세 부담이 컸다.

② 양계(병마사)

㉠ 접경 지역에 동계와 북계를 설치하고 장관인 **병마사**를 파견하였는데, 병마사는 안찰사와 달리 지방에 상주하였으며, 지위는 안찰사보다 높았다.

㉡ 중요 군사 요지에는 **방어주·진**을 설치하여 방어사·진장 등이 파견되었다.

4. 군역 제도와 군사 조직

(1) **중앙군** : 2군 6위

① 구성 : 중앙군은 **응양군과 용호군**의 2군(친위군)과, 수도를 방어하는 좌우위·신호위·흥위위·금오위·천우위·감문위 등의 6위가 있었다. 각 군과 위는 **상장군**(정3품)·**대장군**(종3품)이 지휘하였다.

② 편성 : 군역을 세습하며(**군반 씨족**), 군인전을 지급받는 **전문적인 직업 군인**(중류층) 중심이었으며 이들은 무반으로 승진이 가능하였다. 직업 군인 이외에 지방에서 의무병으로 올라온 보승·정용군도 편성되었다.

③ 중방 : 2군 6위의 상장군·대장군으로 구성되는 **무신 최고 합좌 기구**로 응양군의 상장군이 의장 역할을 하였다.

(2) **지방군**

① 주현군 : 5도에 편성된 예비군적인 군대로, **보승군**(보병)·**정용군**(기병)·**일품군**(노역) 등이 있었으며, 정용군은 수령이, 일품군은 향리가 지휘하였다.

② 주진군 : 양계에 배치된 국방의 상비군으로 좌·우·초군의 병종이 있었으며 도령이 지휘하였다.

한눈에 보기 | 고려 시대의 특수 부대

명칭	시기	구성	목적
광군	정종(947)	광군 30만 + 광군사(지휘부)	거란 침입 대비, 청천강 지역에 배치된 고려의 주력군
별무반	숙종(1103)	신기군(기병), 신보군(보병), 항마군(승병)	윤관의 여진 정벌 → 동북 9성 개척
삼별초	최우 (13세기 초반)	좌별초, 우별초, 신의군(몽고군의 포로에서 탈출한 자로 구성)	치안 유지(좌·우별초) → 대몽 항쟁의 중심
익군	공민왕 시기	양계 지역 만호부의 예하 부대(농민군)	반원 정책(反元政策)의 실시로 원과의 관계가 악화되면서 평안도·함경도의 국경 지역에 설치된 군사 조직 → 고려 전기 주현군 제도의 재편성
연호군	우왕(1378)	농민군(초기) → 노비·양민 혼성 부대(후기)	왜구의 침입에 대비

5. 관리 등용 제도

(1) 과거 제도

① 정비 : 광종(958) 때부터 실시한 과거제는 식년시(3년)가 원칙이나 대체로 격년시(2년)로 시행되었고, 공민왕 때부터 향시·회시·전시의 3단계로 정비되었다.

② 과거의 종류
  ㉠ 제술과 : 한문학에 대한 논술 시험으로 명경과보다 중시되어 10배 이상의 합격자를 선발했다.
  ㉡ 명경과 : 유교 경전에 대한 이해 능력을 시험하였다.
  ㉢ 잡과 : 법률, 회계, 지리, 점복 등 기술학을 시험하였다.
  ㉣ 승과 : 교종선과 선종선이 있었으며 합격자는 대덕의 승계와 토지(별사전)가 지급되었고 승진과 서경 등 일반 관료제와 동일한 방식으로 운용되었다.

③ 응시 자격 : 법적으로는 양인 이상이면 누구나 응시할 수 있었으나, 실제로 문과는 귀족과 향리 자제가 응시하였고, 백정 농민은 주로 잡과에 응시하였다.

(2) 음서 제도

① 대상 : 왕족의 후예(조종묘예음서), 공신의 후손(공신음서), 5품 이상의 고위 관리 자손이 과거 시험 통과 없이 관직에 진출하는 특별 채용 제도였다.

② 특징 : 음서는 과거보다 중요시되었고 대상도 5품 이상이어서 공음전과 더불어 고려 문벌 사회의 귀족적 특징을 나타내는 제도였다.

③ 기타 관리 등용 제도 : 학식과 재능 있는 인물의 천거제, 국왕의 호위 측근으로 성중애마 같은 진출로가 있었다.

과거 시험의 절차
현종 때(1024) 1차 시험인 계수관시(향시)가 실시되어 지방의 토공(향시 합격자)을 선상하여 2차로 국자감시에 응시하게 했다. 국자감시에 합격하면 입학이 가능하였으며 일정 수학 연한이 되면 3차 시험인 예부시(동당시)에 응시하였다. 예부시는 초시와 최종 시험인 복시로 나뉘었으며, 전시는 고려 말까지 정착되지 못했다.

고려 시대 승려의 품계
교종 ─ 대덕 → 대사 → 중대사 → 삼중대사 → 수좌 → 승통(僧統)
선종 ─ 대덕 → 대사 → 중대사 → 삼중대사 → 선사 → 대선사(大禪師)

성중애마
고려 중기 이후 병제가 무너지면서 변칙적으로 특수 부대가 나타났으며, 특히 몽골 영향기에 궁실을 숙위하는 별도의 특수 부대가 설립되면서 성중애마가 제도화되었던 것으로 보인다. 충렬왕 때 상류층 자제로 왕을 숙위하도록 하고, 이들을 '홀치(忽赤)'라고 지칭하였는데, 이후에 그들 가운데 궁중에서 왕의 측근인 내시 등, 근시의 임무를 수행하던 자들이 군사적 기능을 강화하여 성중애마의 주축을 이루게 되었다.

> **사료** 고려 과거제의 특징인 좌주와 문생의 관계

양숙공의 맏아들인 평장사 임경숙은 네 번 과거의 시험관이 되었다. 몇 해 지나지 않아 그 문하에 서대를 찬 사람이 10여 명이 되었는데, 그중에 장군이 3명, 낭장이 1명 있었다. 청연각의 학사 유경이 과거에 합격한 지 16년 만에 사마시를 주관하여 합격자를 발표하고 그 다음날 찾아뵈었다. 평장사 임경숙은 태사로서 현직에서 물러나 있었는데, 재상인 두 조카와 추밀인 두 조카, 그리고 여러 종제와 사위들이 모두 경대부로서 임경숙이 관장하였던 과거 시험에 합격자들과 함께 섬돌에 섰다. 유경이 합격자들을 거느리고 들어가 뜰아래에서 절하니 …… 보는 사람이 모두 하례하고 찬탄하였다.

💡 시험관인 지공거를 좌주, 합격자를 문생이라 하여 사제 관계를 형성했는데 고려 관료 사회의 독특한 풍습이었으며 조선 시대에는 과거의 전시 제도가 발달해 점차 사라졌다.

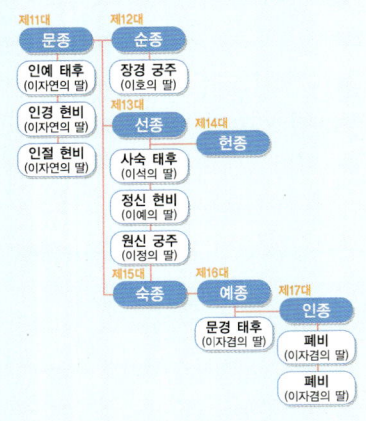

경원(인주) 이씨의 융성

3 문벌 귀족 사회의 성립과 동요

1. 문벌 귀족 사회의 성립

(1) 문벌 귀족

① **형성** : 지방 호족 출신과 신라 6두품 계통의 유학자들이 성종 이후 새로운 지배층으로 성장하였다. 여러 대에 걸쳐 고위 관료를 배출한 가문들이 왕실 및 상호 간의 혼인을 통해 문벌 귀족을 형성하였다.

② **특권의 독점** : 문벌 귀족들은 정치적으로는 **과거와 음서**를 통해 관직을 독점하고, 경제적으로는 **과전과 공음전**의 혜택을 받아 부를 축적하였다.

③ **대표적 가문** : 안산 김씨(김은부), **경원 이씨**(이자연, 이자겸), 해주 최씨(최충), 경주 김씨(김부식), 파평 윤씨(윤관), 강릉 김씨(김인존) 등이 대표적이다.

> **사료** 문벌 귀족의 특권
>
> - 김돈중은 김부식의 아들이다. 지공거 한유충 등이 처음에 김돈중을 제2등으로 정하였다. 왕이 아버지를 위로하려고 장원으로 급제시켰다. 『고려사』
> - 예종이 돌아가고 어린 왕(인종, 14세에 즉위)이 즉위하니 이자겸의 아들들이 앞을 다투어 제택(第宅)을 건축하여 길거리에 쭉 뻗쳐 있고, 권세가 더욱 떨치며, 뇌물을 공공연히 주고받으며, 자기 종들을 풀어놓아 다른 사람의 말과 수레를 빼앗아서 자기 물건을 실어들이므로 힘없는 백성은 수레를 부수고 말과 소를 팔아 도로가 시끄러웠다. 〈『고려사절요』〉

💡 고려의 문벌 가문으로 인정받기 위해서는 몇 가지 공통적 기준을 동시에 갖추어야 했다.
① 부계·모계·처계 조상 중에 재신이나 추밀 등 재추직을 역임한 인물이 있었다.
② 가계 조상 중 개국 공신을 배출하였다.
③ 왕실과의 혼인 관계를 맺거나, 신라 왕실의 후손임을 강조했다.
④ 위 조건에 더하여 가문 내에 과거 급제자가 많을수록 훌륭한 문벌로 간주되었다.

(2) 문벌 귀족 사회의 모순 심화

① **시기** : 문벌 귀족 사회의 전성기였던 문종 대를 지나 **인종** 대에 이르는 시기에 문벌 귀족 사회의 모순이 점차 축적되기 시작하였는데, 이들은 **특권**을 놓고 다투거나 **왕권과 대립**하기도 했다.

② **측근 세력과 문벌 귀족의 갈등** : 신진 세력 중에서 왕의 측근 세력으로 성장한 예종 때 **한안인**(이자겸에 살해), 인종 때 이자겸 제거 계획에 동원된 **김찬**(내시)·**최탁**(상장군) 등은 문벌 귀족을 비판하면서 대립하였다.

(3) 문벌 귀족 융성기의 왕대사

14대 「헌종」 1094~1095
숙부 계림공(숙종)에 양위하였다.

15대 「숙종」 1095~1105
① 이자의의 난(1095)을 진압하였다.
② 6촌 이내의 혼인을 금지하였다(1096).
③ 남경을 중시하였다(1099).
④ 은병(1101)과 해동통보를 주조하였다(1102).
⑤ 서경에 기자 사당을 설치하여 제사지냈다(1102).
⑥ 윤관의 주장으로 별무반을 설치하였다(1103).

16대 「예종」 1105~1122
① 윤관이 여진족을 몰아내고 **동북 9성**을 설치하였으나(1107), 1년 만에 돌려주었다.
② 국자감의 진흥을 위하여 **국학 7재**(1109)와 장학 재단인 **양현고**(1119)를 설치하고, 궁궐 내에 학문 연구 기구인 **청연각 · 보문각**(1116)을 설립하였다.
③ 빈민들을 위해 **혜민국(惠民局)**을 설치하고(1112), 송에서 **대성악**(아악)을 수입하였다(1116).
④ 팔관회를 열어 태조를 위험에서 구해준 신숭겸 · 김락을 추도하여 **도이장가**(향가)를 지었다(1120).

17대 「인종」 1122~1146
① 이자겸의 난을 진압한 후(1126), 15조의 유신령을 내려 정치 개혁을 시도했다(1127).
② 향교를 세워 지방 교육을 진흥시키고(1127), 집현전, 서적소를 설치하여 학사들과 서적을 강독하였다(1129).
③ 국학 7재 중 무인 교육 기관인 **무학재**를 폐지하였다(1133).
④ 김부식이 묘청 · 정지상 등의 서경 천도 운동을 진압하였다(1135).
⑤ 김부식이 『삼국사기』를 편찬하였다(1145).

2. 이자겸의 난(1126)

① 원인 : 금의 사대 요구에 타협적인 이자겸 세력에 대한 불만이 증대되고 이자겸 중심의 경원 이씨 세력의 권력 독점에 대해 측근 세력의 불만이 커지면서 정치적 갈등이 표출되었다.
② 경과 : 이자겸은 십팔자(十八子) 도참설을 유포하여 **왕위 찬탈**을 시도하였다. 인종은 이자겸의 수하인 **척준경**을 이용하여 이자겸을 제거하고, **정지상의 탄핵**으로 척준경마저 몰아내어 이자겸의 난은 종결되었다.

③ 결과 : 이자겸의 난으로 경원 이씨는 몰락하고, 문벌 귀족 사회의 붕괴를 촉진시키는 계기가 되었으며 민심 불안에 따른 도참설과 서경 천도론이 대두되었다.

3. 묘청의 서경 천도 운동(1135)

① 배경 : 금국 정벌과 서경 천도를 주장하는 서경파 문벌 귀족에 대해 개경파 문벌 귀족이 반대·대립하였다.

구분	서경파	개경파
중심 인물	서경파 신진 관료 중심(정지상·백수한)	개경파 문벌 귀족(김부식·한유충)
사상	풍수지리설, 자주적 전통 사상(묘청)	유교 사상
대외 정책	북진 정책	사대 정책
역사 의식	고구려 계승	신라 계승
주장	서경 천도·금국 정벌·칭제 건원	금(金)과의 사대
성향	혁신파, 국풍파	보수파, 유학파

② 경과
  ㉠ 천도의 실패 : 묘청은 서경에 대화궁을 짓는 등 서경 천도를 추진하였으나, 개경파 문벌 귀족의 반대로 좌절되었다.
  ㉡ 묘청의 봉기 : 국호를 대위국, 연호를 천개, 군대를 천견충의군이라 하고, 군사를 일으켜 서북 지방을 장악했으나 김부식이 이끄는 관군에게 진압되고 묘청은 살해되었다.
③ 결과 : 서경 세력은 몰락했으며, 분사 제도 및 3경제는 폐지되었다.
④ 의미 : 묘청의 난은 문벌 귀족 사회의 내부적 모순의 결과이자, 자주적 전통 사상과 보수적 유교 사상의 충돌이었다. 서경파의 패배는 고려의 고구려 계승 의식과 북진 정책의 후퇴를 의미하였다.

묘청의 난과 『삼국사기』 편찬
인종이 1145년에 김부식 등에 명하여 『삼국사기』를 편찬하게 한 것은 바로 묘청 일파의 국수주의와 모험주의를 경계하고, 합리적 관료 정치를 안정시키려는 정치적 의도가 반영된 것이었다.

사료 정지상과 신채호 그리고 서경 천도 운동

1. 신채호의 서경 천도 운동 평가
묘청의 서경 천도 운동에 대하여 역사가들은 단지 왕사(王師, 김부식)가 반적(反賊, 묘청)을 친 것으로 알았을 뿐인데, 이는 근시안적인 관찰이다. 실상은 낭가와 불교 양가 대 유교의 싸움이며, 국풍파 대 한학파의 싸움이며, 독립당 대 사대당의 싸움이며, 진취 사상 대 보수 사상의 싸움이니, 묘청은 전자의 대표요, 김부식은 후자의 대표였던 것이다. 묘청의 천도 운동에서 묘청 등이 패하고 김부식이 이겼으므로 조선사가 사대적·보수적·속박적 사상인 유교 사상에 정복되고 말았다. 만약 김부식이 패하고 묘청이 이겼더라면 조선사가 독립적·진취적으로 진전하였을 것이니 이것을 어찌 '일천년래 제일대 사건(一千年來 第一大事件)'이라 하지 아니하랴.
〈신채호, 『조선사연구초』〉

💡 일제 시대의 민족주의 역사학자 신채호는 묘청의 서경 천도 운동을 자주적 국풍 운동으로 높이 평가하였다. 민족주의적 역사관의 표현으로 볼 수 있다.

2. 정지상(鄭知常, ?~1135)의 〈송인(送人, 大同江)〉
雨歇長堤草色多　비 그친 긴 둑에 풀빛 짙은데
送君南浦動悲歌　남포에서 님을 보내니 슬픈 노래 울린다
大同江水何時盡　대동강 물은 어느 때나 마를 것인가
別淚年年添綠波　이별의 눈물 푸른 물결에 더하는 것을

💡 서경파의 대표적 문인이었던 정지상이 남긴 절창의 시다. 묘청의 난이 일어났을 당시 정지상은 개경에 있었으며 김부식에게 죽음을 당했다. 당시의 세인들이 김부식이 자신보다 시적 재주가 뛰어난 정지상을 시기해 왕에게 보고도 하지 않고 죽였다고 비난한 기록도 있다.

4. 무신 정권의 성립(1170)

(1) 배경

① **문벌 귀족 지배 체제의 모순 심화** : 묘청의 난 이후 귀족 간의 권력 독점을 위한 갈등과 정치적 분열이 심화되었다.

② **무신 차별** : 무신들은 전시과에서 **문신보다 적은 액수의 토지를 지급받고**, 하급 무인들은 규정된 군인전도 제대로 받지 못하는 경우가 많았으며, 2품 이상은 승진이 불가능했을 뿐만 아니라 군사 지휘권은 문관이 장악하는 등 차별을 받았다.

③ **의종의 실정** : 측근 세력을 키우면서 이들에 의존하고 향락에 빠지는 등 실정을 거듭했다.

(2) 무신 정권의 성립

① **발생** : 정중부 · 이의방 · 이고 등이 정변을 일으켜 의종을 폐하고 **명종을 옹립**하였다(경인난, 1170).

② **변천** : 이고 · 이의방을 제거한 **정중부**는 중방을 통해 독재권을 행사하였다. 이후 계속된 정권 쟁탈전은 1196년 **최충헌**이 등장하여 강력한 독재 정치로 최씨 정권의 기반을 마련하면서 외형적 안정을 찾았다.

구분	정중부	경대승	이의민	최충헌	최우	최항	최의	김준	임연	임유무
최고 기구	중방	도방	중방	도방	정방 · 서방 · 삼별초			정방		
				교정도감(최씨 정권 최고 기구)						
국왕	명종			신종 · 희종 · 강종	고종				원종	
집권 시기	1170~	1179~	1183~	1196~	1219~	1249~	1257~	1258~	1268~	1270~

자료 무신 정권의 권력 기구

기구	무신 정권	성격 및 기능
중방(重房)	무신 정변~	무신 합좌 기구
교정도감	최충헌	최씨 정권의 반대 세력을 제거하고, 국정을 총괄하는 최고의 정치 기구 → 장(長) : 교정별감(최충헌)
정방(政房)	최우	최우의 집에 설치한 인사 총괄 기구 → 공민왕 때 폐지
서방(書房)	최우	자문 · 고문을 주임무로 하던 문사(文士)들의 숙위 기구
도방과 삼별초	최씨 정권	최씨 정권의 군사적 기반 ※삼별초 : 최우가 집권하면서 설치한 야별초에서 분리된 좌별초, 우별초와 몽골에 포로로 잡혀갔던 병사들로 조직된 신의군을 말한다.

(3) 영향

① **정치** : 무신 독재 정권이 수립되었으며 문벌 귀족은 붕괴하였다.

② **경제** : 전시과 체제가 점차 붕괴하고 사전과 농장이 확대되었다.

③ **사회** : 이의민 등 천민 출신의 등장으로 하극상의 풍조가 만연하고 신분 질서가 동요되었으며, 지방 통제력이 약화되어 민중 봉기가 전국적으로 일어났다.

④ 문화 : 최씨 무신 정권의 후원으로 **조계종**이 발달하고 **패관 문학**이 유행하는 등 새로운 문학 활동이 활발하였다.

(4) 무신 집권기의 왕대사

18대 「의종」 1146~1170

무신 정변이 일어나 거제도로 유배되었으며 후에 살해되었다.

19대 「명종」 1170~1197

① 김보당이 동계에서 의종 복위 운동을 벌이고(1173), **조위총**이 서경에서 정중부·이의방 타도를 내걸고 군사를 일으켰다(1174).
② 망이·망소이가 공주 명학소에서 난을 일으켰다(1176).
③ 경대승의 집권(1179)에 이어 이의민이 집권(1183)하고, 최충헌이 집권(1196)하면서 폐위되었다.

20대 「신종」 1197~1204

만적의 난(1198)이 일어나고, 진주·경주 등지에서도 민중 봉기가 발생하였다.

21대 「희종」 1204~1211

최충헌을 제거하려다 실패하고 폐위되어 강화로 유배되었다.

22대 「강종」 1211~1213

명종의 아들로, 최충헌에 의해 즉위하였다.

> **23대 「고종」 1213~1259**
> ① 최충헌이 죽고 아들인 최우가 실권을 장악하였다.
> ② 몽골의 침입으로 **강화도로 천도**하였다(1232).
> ③ 팔만대장경 간행을 시작하였다(1236~).
> ④ 유경과 김준이 최의를 살해하여 **최씨 정권이 붕괴**되었다(1258).
>
> **24대 「원종」 1259~1274**
> ① 임연이 죽은 후 아들인 임유무가 살해되면서 **무신 정권이 붕괴**되었다(1270).
> ② 개경으로 환도하였다(1270).
> ③ 삼별초 항쟁을 진압하고(1273), 결혼도감을 설치하여(1274) 원에 공녀를 바쳤다.

5. 사회의 동요

(1) 무신 정권 전복 시도

① 동북면병마사 김보당이 난을 일으켜 무신 정권 타도·의종 복위 운동을 벌였다(계사의 난, 1173).
② 서경유수 조위총이 난(1174)을 일으켜 중앙의 무신들과 3년간 맞섰으나 실패하였다.
③ 불교계의 반발(교종) : 문벌 귀족과 연결되었던 교종(귀법사, 흥왕사) 계통 승려들이 최충헌에게 저항하였으나 진압되었고 이후 **최씨** 정권은 선종인 **조계종**을 후원하였다.

> **사료** 지배층의 무신 정권 타도 운동
>
> 동북면병마사 김보당이 동계에서 군사를 발동하여 정중부, 이의방 등을 토벌하고 의종을 복위시키려 하니 …… 조위총이 군사를 일으켜 …… 동북 양계의 여러 성에 격문을 보내어 불러 말하기를, "소문을 들으니 서울에서는 중방에서 의논하기를 '북계에 가까운 여러 성에는 대체로 거세고 나쁜 사람들이 많으니 마땅히 가서 토벌해야 한다.'고 하고 군사를 이미 크게 동원하였으니, 어찌 가만히 앉아 있다가 스스로 주륙을 당하겠는가? 마땅히 각각 병마를 규합하여 속히 서경으로 나오라"라고 하였다. 이에 철령(자비령) 이북의 40여 성이 와 호응하였다.
> 〈『고려사절요』〉

(2) 하층민의 봉기

① **서북계의 민란(1172)** : 최초의 본격적인 농민 항쟁으로, 조위총의 난에 참여하는 형태로 지속되었다.
② **망이·망소이의 난(1176)** : 공주 명학소에서 일어난 민란으로 **신분 해방 운동**의 측면도 있었다.
③ **전주 관노의 난(1182)** : 군인(주현군)이 주동이 되고 관노들이 들고 일어나 40일간 **전주를 점령**했다.
④ **김사미·효심의 난(1193)** : 규모가 가장 컸던 민란으로 농민군이 연합 전선을 이루었다.
⑤ **만적의 난(1198)** : 최충헌의 사노(私奴)인 만적은 신분 해방을 넘어 정권 탈취까지 목표로 하였는데, 고려 최초의 노비 반란이었다.
⑥ **기타** : 최광수의 고구려 부흥 운동(서경), 이연년 형제의 백제 부흥 운동(담양), 이비의 신라 부흥 운동(경주) 등 삼국의 부흥을 내건 하층민의 봉기가 계속되었다.

(3) 하층민 봉기의 결과

① **정부의 회유** : 백성의 생활을 안정시키기 위해 빼앗은 토지를 돌려주기도 하고 조세를 감면하기도 했다.
② **신분 질서 해체** : 무신 정권은 하층민을 회유하기 위해 **부곡·소의 주민을 양민으로 해방**시켜 주었으며 많은 노비들이 자유를 얻었는데, 이는 고려 귀족 사회의 신분 질서가 해체되고 있음을 의미한다.

▲ 무신 정권기 하층민의 봉기

> **사료** 무신 집권기 민중 봉기
>
> • 이미 우리 고을을 현으로 승격시키고 수령을 두어 위로하다가, 다시 군사를 보내 우리 어머니와 처를 붙잡아 가두니 그 뜻이 어디에 있는가. 차라리 창칼 아래 죽을지언정 항복하여 포로는 되지 않을 것이며, 반드시 왕경(王京)에 쳐들어가고야 말 것이다.
> 〈『고려사』〉
>
> 💡 망이·망소이의 난으로 명학소가 충순현으로 승격되었다.
>
> • 남적(南賊)이 봉기하여 큰 도적인 김사미는 운문에 웅거하고, 효심은 초전에 웅거하여 망명한 무리를 불러 모아 주현을 노략질하였다. ⇒ **신라 부흥 운동 성격**
> 〈『고려사』〉
>
> • 최광수는 스스로를 고구려 부흥병마사라 칭하고 서북면의 여러 성에 격문을 돌려 반란에 동조할 것을 획책하였다. ⇒ **고구려 부흥 운동**
> 〈『고려사』〉
>
> • 경계(庚癸) 이래로 고관이 천민과 노비에서 많이 나왔다. 장수와 재상이 어찌 씨가 따로 있으랴. 때가 오면 누구나 할 수 있다. 우리가 왜 근육과 뼈를 괴롭게 하며 채찍 밑에서 고통을 겪어야 하는가? ⇒ **만적의 난(노비 신분 해방)**
> 〈『고려사』〉

6. 최씨 무신 정권

(1) 최충헌의 집권(1196~1219)

① 내용 : 최충헌은 강력한 독재 정치로 무신 정권 초기의 혼란을 수습하고 4대 60여 년 간의 최씨 무신 정권의 토대를 마련하였다. 그는 2왕(명종, 희종)을 폐하고 4왕(신종, 희종, 강종, 고종)을 옹립하는 등 국정을 농단하였으며 강력한 **독재적 통치 기구를 만들고(교정도감)** 무단 정치를 펼쳤다.

② 봉사 10조 : 집권 초기 최충헌은 명종에게 토지 겸병 금지, 조세 개혁 등을 주요 내용으로 하는 시무책 10조를 올렸으나 제대로 시행되지 못하였다.

③ 경제권 확대 : 전라도와 경상도 일대에 **대규모** 농장을 소유하였으며 특히 토지가 비옥한 **진주 지방을 식읍으로** 받아 경제권을 장악한 후, **진강후**라는 벼슬을 받고 이를 관리하기 위한 **흥녕부**라는 기구를 설치하여 정권의 기반으로 삼았다.

자료 최충헌의 시무 10조

1. 왕은 개경의 정전에서 정사를 돌볼 것
2. 쓸데없는 관원을 혁파할 것
3. 토지 겸병을 막을 것
4. 조부(租賦)를 공평하게 할 것
5. 진상을 빙자한 지방관의 탐학을 막을 것
6. 승려의 취식과 궁궐 출입을 막을 것
7. 지방관의 업적 평가를 엄하게 할 것
8. 사치를 금하고 숭검(崇儉)을 장려할 것
9. 비보 사찰 이외의 사찰을 없앨 것
10. 아첨하는 신하를 멀리하고 직간하는 신하를 임용할 것

(2) 최우(1219~1249)

① 정치 기구 설치 : 정방을 자기 집에 설치하여(1225) 인사권을 장악하고, 서방을 만들어(1227) 문신들을 3번으로 나누어 교대로 숙위하도록 했는데, 이때 최자·이규보·이인로 등이 활동하였다. 또한 **삼별초**를 조직하여 정권의 무력 기반으로 삼았다.

② 강화 천도 : 몽골과의 장기 항전을 위해 강화도로 천도한 후 성을 쌓고 전쟁에 대비했으며(1232), 국학을 진흥시키고 **팔만대장경 조판을 완성**하였다.

(3) 최씨 정권의 몰락 : 최항을 이어 집권한 최의가 부하인 김인준(김준)에게 피살됨으로써 최씨 정권은 막을 내렸다(1258).

사료 최우의 문신 기용과 신진 사대부의 중앙 진출

최우는 일찍이 관리를 등용함에 있어서 문학에 능하고 행정 실무에 능한 사람을 첫째로, 문학에는 능하나 행정 실무에 능하지 못한 사람을 그 다음으로, 행정 실무에 능하나 문학에 능하지 못한 사람을 또 그 다음으로, 문학도 행정 실무도 능하지 못한 사람을 최하로 하여 인사의 기준으로 삼았다.

〈『고려사절요』〉

문학에 능하고 행정 실무에 능한 이른바 '능문(能文) 능리(能吏)'의 사람들이 등용되었는데, 후일 이들은 신진 사대부로 성장하게 된다.

4 대외 관계의 변화

1. 북진 정책과 친송 정책

거란과는 국초부터 대립하였으나 선진 문화를 흡수할 목적으로 송과 수교를 맺고 (962) 유학생을 파견하는 등 적극적으로 교류하였다.

2. 거란의 침입과 영향

① 거란의 침입과 격퇴 : 고려의 북진 정책과 친송 정책은 송과 대립하고 있던 거란을 자극하였는데, 거란은 발해를 무너뜨린 데(926) 이어 발해 유민이 세운 정안국마저 멸망시키고(986) 고려에 침입하였다.

구분	시기	고려왕	거란군 규모	경과 및 결과
1차	993	성종	소손녕 80만 대군이라 주장	**안융진 전투의 승리**, 서희의 외교 담판으로 **강동 6주**(994) 획득
2차	1010	현종	거란 성종 40만	**강조의 정변**(1009)을 구실로 침입 : 개경 함락 양규의 활약(흥화진 전투의 승리)
3차	1018	현종	소배압 10만	강감찬과 강민첨의 **귀주대첩**(살아 돌아간 자 수천에 불과) → 천리장성 축조

▲ 강동 6주와 천리장성

강조의 정변
목종 12년(1009) 서북면 도순검사 강조가 김치양의 반역을 들어 목종을 폐위시키고 대량원군 순(현종)을 세워 왕위에 올린 사건이다.

사료 서희와 소손녕의 외교 담판

(소손녕이) 서희에게 말하였다. "그대 나라는 신라 땅에서 일어나 고구려의 땅은 우리가 소유하였는데 당신들이 그 땅을 침식하였다. 고려는 우리나라와 땅을 접하고 있는데도 바다를 건너 송나라를 섬기고 있기 때문에 이번의 공격이 있게 된 것이다. 지금 땅을 떼어 바치고 조빙(朝聘, 사신 파견)을 한다면 아무 일이 없을 것이다."
…… 서희가 말하였다. "우리나라는 곧 고구려의 옛 터전을 이었으므로 고려라 이름하고 평양을 도읍으로 삼은 것이다. 만약, 지계(地界)로 논한다면 상국(上國)의 동경(東京 : 곧 遼陽)도 모두 우리 경 내에 들어가니 어찌 침식이라 말할 수 있겠는가.

뿐만 아니라 압록강 안팎도 역시 우리 경 내인데 지금은 여진이 그곳에 도거(盜據)하여 완악(頑惡)하고 간사한 짓을 하므로 도로의 막히고 어려움이 바다를 건너는 것보다 심하다. 조빙(朝聘)을 통하지 못하게 된 것은 여진 때문이니 만약에 여진을 쫓아내고 우리의 옛 땅을 되찾게 하여 성보(城堡)를 쌓고 도로가 통하게 되면 감히 조빙을 닦지 않겠는가!"

〈『고려사절요』〉

💡 서희의 뛰어난 외교전으로 강동 6주를 확보할 수 있었다.

② 영향
  ㉠ 고려의 힘으로 **고려·송·거란 사이의 세력 균형**이 유지되었으나 고려는 거란(요)의 연호를 쓰고 송과의 공식적 외교 관계를 일시적으로 단절할 수밖에 없었다(문종 시기인 1071년 국교 재개).
  ㉡ 강감찬의 건의로 왕가도가 개경에 **나성(외성)**을 축조하고(1009~1029), 유소의 감독으로 압록강~도련포에 이르는 **천리장성**을 쌓아 거란과 여진에 대비하였다(1033~1044).

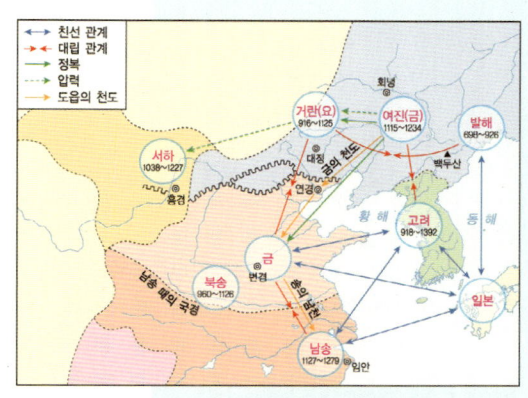

▲ 10~12세기의 동아시아 정세

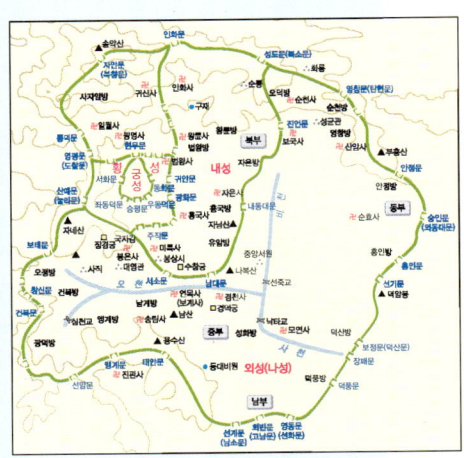

▲ 개성과 내성과 나성(외성)

▲ 동북 9성의 위치

ⓒ 거란의 침입을 불력(佛力)으로 막기 위해 **초조대장경**을 간행하였으나 후에 몽골의 침입(2차, 1232)으로 소실되었다. 거란의 2차 침입 시에 많은 사서가 소실되어 현종 때 태조~목종에 이르는 7대 실록을 편찬하였으나, 전하지 않는다.

3. 여진 정벌과 동북 9성의 개척

① 여진의 흥기 : 12세기 초 만주 하얼빈 지방에서 일어난 완옌부의 추장 영가가 두만강 지역으로 진출하여 고려와 긴장 관계를 유지하였으며, 그의 뒤를 이어 추장이 된 오야속이 침입해 와 고려와 충돌하였다(1104).

② 여진 정벌과 9성 축조
  ㉠ 별무반의 편성 : 기병으로 구성된 여진족에 패한 고려는 윤관의 건의로 신기군(기병)·신보군(보병)·항마군(승병)으로 편성된 별무반을 조직하였는데, 위로는 문·무산직 관리로부터 아래로는 상인·노비까지 편성된 거국적 군사 조직이었다.
  ㉡ 동북 9성 설치와 환부 : 윤관과 오연총은 17만의 별무반을 이끌고 함경도 일대의 여진족을 토벌하고 9성을 쌓았으나(1107) 방비의 어려움으로 군사를 철수하였다(1109).
  ㉢ 금의 건국(1115) : 오야속을 이은 영걸 아골타가 만주 일대를 통일하여 금나라를 건국하고 고려에 형제의 관계를 요구했다.

③ 북진 정책의 좌절 : 거란(요)을 멸망시킨 금이 고려에 군신 관계를 요구해 오자(1125), 이자겸·김부식 등은 자신들의 정권 유지를 위해 현실적인 사대의 예를 취하고 금과 평화 관계를 유지했다.

한눈에 보기 | 고려 초 송·거란·여진 관계

국왕	태조	광종	성종	문종	숙종·예종·인종
정책	친중국 반거란	친송 정책	송과 중립, 반거란	친송 정책	여진 정벌 → 금에 사대
내용	① 태조 왕건 중국 5대의 하나인 후진에 거란을 협공하자고 제의(940년경) → 성사되지 못함 ② 거란의 사절단을 유배 보내고 낙타 50필을 만부교에서 아사시킴(만부교 사건, 942)	① 송과 외교 관계 성립 (사신 파견, 962)	① 송태종 거란 공격을 위한 원병 요청(985) → 고려 거절 ② 거란의 1차 침입 시 고려는 송에 원병 요청 → 송의 거절로 송과의 외교 단절됨(993)	① 거란의 약화로 송과 외교 관계 재개됨(1071) ② 송나라는 거란을 견제하기 위해 '고려교역법'을 만들어 고려를 우대(1079) → 고려는 송의 군사적 협력 제의 거절	① 윤관의 여진 정벌(1107) ② 여진족 금 건국(1115) → 금의 사대 요구 수용 ③ 금에 밀린 남송은 연려제금책(聯麗制金策)을 수립하고 금나라와의 분쟁에 고려가 개입하기를 희망 → 고려의 거절

> **사료** 여진 정벌과 북진정책의 좌절

1. 별무반의 조직과 동북 9성

윤관이 아뢰기를, "신이 오랑캐에게 패한 것은 그들은 기병인데 우리는 보병이라 대적할 수 없었기 때문이었습니다." 이에 왕에게 건의하여 새로운 군대를 편성하였다. 문·무 산관(散官), 이서(吏胥), 상인, 농민들 가운데 말을 가진 자를 신기군으로 삼았고, 과거에 합격하지 못한 20살 이상 남자들 중 말이 없는 자를 모두 신보군에 속하게 하였다. 또 승려를 뽑아서 항마군으로 삼아 다시 군사를 일으키려 하였다.

〈『고려사절요』〉

👉 윤관과 오연총이 여진을 정벌한 뒤 길주, 공험진 등 9성을 쌓고 선춘령에 '고려지경(高麗之境)'이라고 새긴 비를 세워 경계를 삼은 일을 그린 그림이다.

◀ 척경입비도
(조선 시대, 17세기)

2. 대외 정책의 변화–금에 대한 사대

• 바야흐로 금나라가 전성기를 맞아 우리나라를 신하로 삼으려 하였다. 여러 사람이 어지럽게 논의하였는데, 이 공(公)이 홀로 따지며 아뢰기를 "임금이 환란을 당하면 신하는 욕을 보게 되는 것이니, 신하는 감히 죽음을 아끼지 않습니다. 여진은 본래 우리나라 사람의 자손으로서 신하가 되어 차례로 우리 임금께 조공을 바쳐 왔고, 국경 근처에 사는 사람도 모두 오래전부터 우리나라의 호적에 올라 있습니다. 우리나라가 어찌 거꾸로 그들의 신하가 될 수 있겠습니까?" 이때에 권신이 임금의 명령을 제멋대로 정하여 신하를 칭하면서 서약하는 글을 올렸다. 그러나 진정 인종의 맑은 마음에서 나오는 것이 아니었으므로 공이 매우 부끄러워하고 슬퍼하였다. ⇒ 북진 정책의 좌절

〈윤언이 묘지명〉

• 지금 대송(大宋)도 거란과 더불어 서로 형제가 되어 대대로 화친하여 서로 통하니, 천자의 높음은 천하에 대적이 없거늘 오랑캐 나라에 굴복하여 섬김은 곧 이른바 '성인의 권(權)으로써 도(道)를 이룬다.'고 하는 것으로서, 국가를 보전하는 양책인 것입니다. ⇒ 사대 정책으로 전환

〈『고려사』〉

👉 사료는 금나라와의 관계에 대해 각각 자주적 입장과 사대적 입장을 나타내고 있다. 윤언이는 윤관의 아들이다.

4. 몽골과의 전쟁

(1) 몽골의 침입과 고려의 항쟁

① 발단 : 몽골과의 연합으로 거란을 무너뜨린 강동성 전투(1219) 이후 몽골 사신 저고여 피살 사건(1225)으로 6차례에 걸친 몽골의 침입이 시작되었다(1231~1259).

② 경과
  ㉠ 살리타를 앞세운 1차 침입에 박서가 귀주에서 항전하고(1231), 최우는 이듬해 강화도로 천도하였다(1232).
  ㉡ 2차 침입 때 승려 김윤후는 처인성(경기도 용인)에서 처인부곡 주민들과 살리타를 사살하고(1232), 5차 침입 시에도 충주 전투를 승리로 이끌었다.
  ㉢ 3차 침입 때에는 대구 부인사 대장경과 경주 황룡사 9층 목탑이 소실되고, 호국 불교의 염원으로 팔만대장경을 조판하기 시작하였다(1236~1251).
  ㉣ 6차 침입 때에는 충주의 다인철소 주민들이 몽골에 대항하여 싸웠다(1254).

③ 개경 환도 : 원종은 김준을 살해한 임연이 죽자 그의 아들 임유무를 제거하고 몽골과 강화를 한 다음 개경으로 환도하였다(1270).

삼별초의 성격
삼별초는 국가의 재정에 의해 양성되었고 국고에서 녹봉이 지급되었으므로 고려의 정규군으로 볼 수 있다. 그러나 최우에 의해 조직되었고 최씨 정권의 무력적 기반으로 활동하였으므로 사병적 성격도 농후하였다.

(2) 삼별초의 항쟁

① 원인 : 몽골과의 굴욕적인 항복에 반대하여 강화도에서 배중손 등이 반란을 일으켜 왕족인 승화후 온을 왕으로 추대하고 반몽 정권을 세웠다.
② 경과 : 이후 진도 용장산성에 행궁을 마련하고 서남해 연안 지역과 30여 개의 섬을 장악하고, 일본에 국서를 보내는 등 한때 해상 왕국을 건설했다.
③ 결과
  ㉠ 배중손이 전사하자 김통정이 제주도로 근거지를 옮기면서 저항하였으나, 김방경이 이끄는 여·몽 연합군에게 평정되었다. 원은 제주에 탐라총관부를 설치하고 목마장을 두었다(1273).
  ㉡ 의의 : 삼별초의 항전은 고려 무인의 항몽 의지와 자주 정신의 표현이었다.

[사료] 대몽 항쟁의 기록

1. 박서의 귀주성 전투
몽골이 이번에는 섶나무에 사람의 기름을 적시어 두텁게 쌓아 놓고 불을 지르며 성을 공격하였다. 박서는 물로 그 불을 끄려 하였으나 불이 더 타올랐으므로 군사들에게 진흙을 가져다가 물에 풀어서 뿌리게 하니 불길이 꺼졌다. 다시 적들은 수레에다 건초를 적재하고 불을 질러 성 문루(門樓)를 공격하였다. 그러나 박서는 미리 준비하여 두었던 물을 퍼부어 불을 껐다. 이와 같이 적들이 30일간이나 성을 포위하고 있으면서 지혜를 다 짜고 모든 수단을 다하여 공격하였으나, 박서가 임기응변으로 방어를 굳게 하였으므로 적군이 이기지 못하고 퇴각하였다. 〈「고려사」〉

나이 70이 넘은 몽골의 늙은 장수가 박서와 김경손을 다음과 같이 칭찬했다고 한다. "내가 어려서부터 종군하여 천하의 성지를 공격하고 방어하는 것을 보아왔지만, 이런 맹공을 받고도 항복하지 않는 성은 처음이다. 성중의 장수는 후에 반드시 재상이 될 것이다."

2. 김윤후의 처인성 전투
김윤후는 고종 때의 사람으로 일찍이 중이 되어 백현원에 있었다. 몽골병이 이르자, 윤후가 처인성으로 난을 피하였는데, 몽골의 원수 살리타가 와서 성을 치매 윤후가 이를 사살하였다. 왕은 그 공을 가상히 여겨 상장군의 벼슬을 주었으나 이를 사양하고 받지 않았다. ⇒ 처인부곡은 현으로 승격
〈「고려사」〉

3. 충주 다인철소 주민들의 항쟁
몽골병이 오자 충주 부사 우종주와 유홍익은 양반 등과 함께 다 성을 버리고 도주하고, 노군과 잡류만이 힘을 합하여 쳐서 이를 쫓았다. ⇒ 다인철소는 현으로 승격 〈「고려사」〉

[자료] 몽골의 침략과 대몽 항쟁 정리

구분	시기	발달과 구실	고려 장군	몽골 장군	전환	결과
1차	1231	저고여 피살 사건	박서·김경손	살리타	귀주성의 대승	서경 주변에 다루가치 설치
2차	1232	고려의 강화 천도	김윤후	살리타	처인성 전투에서 살리타 사살	
3차	1235	몽골 출륙 항복 요구	최우	당올대	고려군의 소극 저항, 죽주성 전투의 승리(송문주)	부인사 대장경, 황룡사 9층 목탑 소실(1238)
4차	1247	몽골 출륙 항복 요구	최우	아무칸	원황제 정종의 죽음으로 철수	상대적으로 적은 피해
5차	1253	항복과 고려 국왕의 입조	김윤후	야굴	춘주성(춘천)의 몰살(1253), 충주성의 대승(1253)	김윤후의 지도로 충주성의 천민까지 용감하게 싸운 자랑스런 승리
6차	1254	항복과 고려 국왕의 입조	백성의 항전	차라대	충주 다인철소의 승리(1254)	6년에 걸친 가장 강력한 침략, 고려민 20만 몽골에 끌려감

5 고려 후기의 정치 변동

1. 원의 내정 간섭

(1) 영토 상실

① 쌍성총관부(1258~1356) : 철령 이북의 지역을 원이 직접 관할하기 위하여 화주(영흥)에 설치하고 관리를 파견하였는데 **공민왕** 때 무력으로 탈환하였다.

② 동녕부(1270~1290) : 자비령 이북 지역을 관할하기 위해 서경에 설치하였으나 충렬왕 때 환수하였다.

③ 탐라총관부(1273~1301) : 삼별초를 진압하고 목마장을 두기 위해 제주에 설치하였는데, 충렬왕 때 반환되었다.

(2) 관제와 칭호 격하

① 2성 6부 : 2성의 격을 낮추어 **첨의부**로 바꾸고, 6부의 이부·예부를 **전리사**로 통합하며 공부는 폐지하여 1부(첨의부) 4사로 바뀌었다. 이밖에도 중추원은 밀직사로(충렬왕), 도병마사는 도평의사사로 명칭이 격하되었다.

② 왕실 용어의 격하 : 폐하를 전하로, 태자를 세자로, 짐(朕)을 고(孤)로 격하시켰으며, 묘호도 조·종에서 **충○왕**이라고 부르게 하였다.

(3) 내정 간섭 강화

① 내정 간섭 기구

  ㉠ 정동행성 : **일본 원정**을 위한 기구로 설치되었으나, 원정 실패 이후에도 유지되며 내정을 간섭하였다.

  ㉡ 이문소 : 정동행성의 부속 관서로 사법 기관(범죄 단속)이었으나 반원 세력을 억압하고 부원 세력의 이익을 대변하는 기구로 변질되었다.

  ㉢ 기타 : 순찰 기구인 순마소와 군사 기구인 만호부가 설치되고, 지방에는 감찰관인 **다루가치**가 파견되었다.

② 입성책동(立省策動) : 유청신 등 친원파들은 고려 국호를 폐지하고 원의 성을 설치하자고 주장하였으나 고려의 상하 군신들이 적극 반대하여 저지되었다(1323).

③ 왕실의 결혼 : 충렬왕이 원의 황제 **쿠빌라이(세조)**의 사위가 된 이후 역대 국왕은 원나라 황실의 공주를 아내로 삼았으며, 고려 세자는 원나라 수도인 북경에 **토루카(禿魯花 : 質子)**로 머물다 귀국하여 왕위에 올랐다.

④ 심양왕 제도 : 만주 지역을 관할하는 봉작 직위로 **심양왕(충선왕)**을 두었는데, 후일 심양왕과 고려 국왕 사이의 왕위 쟁탈전이 일어나는 계기가 되었다.

(4) 물적·인적 수탈 : 결혼도감을 통해 **공녀(貢女)**를 바쳤으며, 매(송골매)의 사육을 위해 설치한 응방은 민폐가 컸다.

(5) 영향

① 정치 : 고려는 자주성에 심각한 손상을 입었다.

② 문화

  ㉠ 몽골풍 유행 : 변발·몽골어·족두리·연지, 조혼 등 몽골의 풍습이 유행하였다.

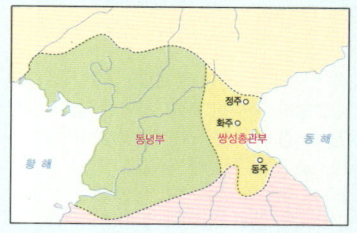

동녕부와 쌍성총관부

원 간섭기 관제 격하

고려 초기	원 간섭기 변화
도병마사	도평의사사
중추원	밀직사
2성	첨의부(도첨의사사)
6부 이부	전리사로 통합
6부 예부	전리사로 통합
6부 병부	군부사
6부 형부	전법사
6부 호부	판도사
6부 공부	폐지
어사대	감찰사
한림원	문한서

정동행성

충렬왕 6년(1280)에 원이 일본원정을 위해 설치한 기구로 장관인 좌승상은 고려왕이 자동적으로 맡았으며, 그 밑에 여러 관직을 두었으나 실제적 권한은 없었다. 이 기구의 중심은 부속 기구인 이문소였다.

일본 원정

충렬왕 때 원은 일본을 침략하였는데 그 과정에서 고려가 많은 시달림을 받았다. 두 차례의 일본 원정(1274, 1281)에서 고려의 김방경은 원나라 군대와 함께 일본 큐슈 침략에 나섰으나 카마쿠라 바쿠후의 완강한 저항과 태풍으로 실패하였다. 이때 고려는 함선과 군대, 군량미를 부담하는 어려움을 겪었다.

다루가치(達魯花赤)

원나라가 고려의 내정을 간섭하기 위해 파견한 관리로, 1231년(고종 18) 서경 등에 72명의 다루가치가 파견되었다. 충렬왕(1278) 때 원나라에 친조(親朝)하면서 철수하였다.

ⓒ 원과의 문화 교류 : 충선왕은 연경(북경)에 만권당을 설치하여 고려와 원의 학자들을 초빙하여 문화 교류에 힘써 **성리학이 수용되었으며(안향)**, 원의 수시력, 목화(문익점)가 전래되고(1364), 최무선은 화약 제조법을 배워 화통도감을 설치하고 왜구를 격퇴하였다(1380).

(6) 원 간섭기의 왕대사

25대 「충렬왕」 1274~1298/1298~1308
일본 원정 실패(1274, 1281), 동녕부 회복(1290), 탐라 회복(1294)

26대 충선왕 1298/1308~1313
① 즉위 교서를 반포한 후 정방을 폐지하고 **사림원**을 설치하여 신진 관료 중심의 개혁을 추진하였다(1298).
② 조비무고 사건으로 폐위되었다.
③ 고려 국왕에 복귀하고 **심양왕**(만주 지역의 책임자)에 봉해졌다(1308).
④ 조카 고에게 심양왕을 양위하여 아들 충숙왕과 조카 고의 왕위 다툼을 초래했다.
⑤ 소금 전매제(1309)를 실시하고, 연경(북경)에 학술 기구인 **만권당**을 설치하였다(1313).

27대 「충숙왕」 1313~1330/1332~1339
① 심왕(심양왕) 고와 왕위 다툼, **백이정**이 원에서 주자학을 수용하고(1314), 사심관을 폐지하였다(1318).
② 사회·경제적 개혁을 추진하기 위해 토지와 노비의 개혁 기구인 **찰리변위도감**을 설치하였다.

28대 「충혜왕」 1330~1332/1339~1344
충숙왕의 아들로, 황음무도하여 원에 의해 폐위와 복위를 거듭하였다.

29대 「충목왕」 1344~1348
정치도감(1347, 양전 사업)을 개혁하고, 진제도감(1348, 빈민을 구제)을 설치하였다.

30대 「충정왕」 1349~1351
폐위 후 살해당했다.

2. 고려 말의 개혁 정치

(1) 충선왕의 개혁
① **시작** : 충선왕은 즉위 초 교서를 발표하고 개혁을 단행하였는데 개혁파 **홍자번**이 지원하였으며, **사림원**이라는 기구를 설치하고 신진 사류를 중심으로 개혁을 추진하였다(1298).
② **사림원의 개혁** : 충렬왕의 측근 세력을 제거하고 관료 정치를 회복하는 방향에서 관제를 바꾸었으며, 농무사를 파견하여 권세가들의 농장을 견제하여 국가 수입을 확대하고(소금전매제), 강제로 노비가 된 사람을 **양민**으로 환원시키려는 조치가 이루어졌으나 권세가의 반발로 **실패**하였다.

충선왕의 즉위 교서(1298. 1)
충선왕이 즉위한 직후 발표한 교서이다. 정치·경제·사회 전반에 걸쳐 고려가 당면하고 있던 폐단을 과감히 바로잡으려는 30여 항목의 개혁안이 담겨있다. 부역과 과세의 공평부과, 인사와 지방 행정의 과감한 혁신, 부원 세력의 견제 등이 주요 내용이다. 이를 바탕으로 사림원의 개혁으로 이어졌다.

조비무고 사건(1298)
원나라 출신 충선왕비 계국대장공주가 충선왕이 총애하던 조비(趙妃)를 자신을 저주하였다는 명목으로 처벌한 사건이다. 계국대장공주의 조비에 대한 질투에서 비롯되었지만 충선왕의 개혁 정치를 반대하는 국내 정치 세력 및 원나라의 이해 관계가 얽히면서 충선왕 퇴위의 직접적인 구실이 되었고, 이후 원나라의 고려에 대한 간섭이 증대되는 계기가 되었다.

원 간섭기 고려 국왕의 중조(重祚)
중조란 한번 물러났던 국왕이 다시 왕위에 오름을 뜻한다. 충렬왕의 아들인 충선왕이 즉위했으나(1298), 조비무고 사건으로 도중하차하고 충렬왕이 복위하였다. 그 후 원에 머물던 충선왕이 원나라 황제 무종의 옹립에 공을 세워 다시 왕위에 오르게 된다. 이 같은 중조는 충숙·충혜왕 시기에도 일어났는데 이는 당시 고려 왕실이 원의 내정 간섭에 얼마나 취약했는지를 잘 보여준다.

(2) **충숙왕의 개혁** : 권세가들이 불법으로 차지했던 토지와 노비를 색출하여 본래의 주인에게 되돌려 주기 위한 기구로 **찰리변위도감(1318)**을 설치하고 개혁을 시도하였으나 권세가의 반발로 **실패**하였다.

(3) **충목왕의 개혁**
① 시작 : 8세의 어린 나이로 즉위한 충목왕을 보좌하여 **시폐 개혁 상소**를 올린 이제현과 명망 있는 원로인 한종유 · 박충좌 등이 개혁을 이끌었다.
② **정치도감의 개혁(1347)** : 우정승 왕후를 중심으로 설치된 특별 기구로 부원 세력을 척결하면서 권세가들이 불법으로 차지한 토지와 노비를 조사하여 본 주인에게 돌려주고 **녹과전도 부활**하는 등 개혁에 박차를 가했으나 기씨 중심의 부원 세력의 반발로 실패하였다.

(4) **공민왕(1351~1374)의 개혁**

① 개혁 시기의 시대적 상황

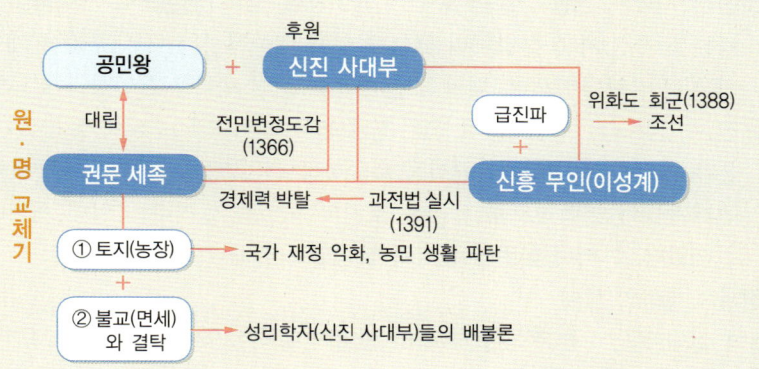

② <u>**반원 자주 정책**</u>
  ㉠ **몽골풍 폐지** : 즉위하자마자 몽골풍의 의복과 변발을 폐지하였다(1351).
  ㉡ **관제 복구** : 원의 연호와 관제를 폐지하여 **문종 때의 관제로 복귀**하였으며, 내정 간섭을 하던 정동행성의 **이문소를 폐지**했다(1356).
  ㉢ **부원배 제거** : 원 순제의 황후인 기황후 일족으로 부정부패를 일삼던 기철 형제 등 친원 세력을 제거하였다(1356).
  ㉣ **영토의 수복** : **쌍성총관부를 탈환**하고(1356) 동녕부(심양)를 점령하기도 하였으며(1357), 고구려 옛 땅을 수복하기 위해 인당 · 최영 · 이성계 등으로 하여금 세 차례나 요동을 공격하게 하였다(1369~1370).
  ㉤ **군제의 개편** : 전기의 중앙군인 2군 6위를 복구하였으며 지방의 5도에는 **진수군(眞守軍)**을 두고 양계에는 만호부와 익군을 설치하였다.
  ㉥ **반발** : 친원파 권세가들의 반발로 김용 등이 왕을 시해하려 한 '**흥왕사의 변**'(1363)이 발생하였고, 노국공주의 죽음(1365)으로 개혁의 의지가 약해지기도 하였다.

공민왕의 반원 정책의 배경
1354년(공민왕 3) 반란에 휩싸인 원나라가 고려에 원병을 요청하자 최영이 출병하여 반란을 진압하였다. 이 과정에서 고려군은 원나라 군대가 매우 취약함을 알게 되었으며, 1356년 자신감을 얻은 공민왕은 부원배 숙청과 반원 정책을 추진해 나갈 수 있었다.

> **사료** 공민왕의 반원 자주 정책
>
> 원의 연호인 '지정'의 사용을 중단하고 교시하기를 "생각하건대, 태조께서 창업하시고 여러 성인들이 계승하여 다행히 선대의 업을 지켜왔다. 그러나 요사이 나라의 풍속이 일변하여 오직 권세만 추구하게 되어 기철 등이 군주를 전율케 하는 위협으로 나라를 다스리는 법을 흔들어, 관리의 인사권이 그의 손아귀에 있고 …… 토지와 노비를 함부로 탈취하니, 이는 과인의 부덕 탓인가." 하였다. 〈『고려사』〉

③ 왕권 강화 정책
  ㉠ 정방을 완전히 폐지 : 인사 절차를 쇄신하여 문관의 인사권을 이부, 무관의 인사권은 병부로 돌렸다.
  ㉡ 성균관의 정비 : 성균관을 부흥시켜 순수한 유교 교육 기관으로 개편하고, 이색, 정몽주, 정도전, 박상충, 이숭인 등 재주 있는 인재를 모아 교육의 수준을 높였다.
  ㉢ 신진 사대부 등용 : 문학 중심의 과거제를 경학 중심으로 개혁하여 정치 경륜을 가진 자를 선발하려 했는데 이때 배출된 신진 사대부들은 개혁 추진 실무를 담당했으며, 뒷날 조선 왕조의 중심 세력으로 등장하게 되었다.
  ㉣ 전민변정도감 설치 : 승려 신돈을 중용하여 개혁을 주도하게 하였다. 신돈은 이공수, 경천흥 등 권신을 축출하고 **전민변정도감을 설치하여(1366)** 권세가들이 불법적으로 탈취한 토지와 노비를 돌려주는 일대 개혁을 추진하였다. 그러나 신돈의 실각과 죽음으로 실패하였다(1370).

(5) 결과 : 개혁의 실패
① 개혁 실패 원인 : 원과 권문 세족의 반발이 강력했으며 개혁 주체 세력인 신진 세력의 역량이 부족하였고, 신돈의 횡포와 공민왕의 실정도 실패의 원인이었다.
② 영향 : 신진 사대부의 진출로 고려의 멸망과 조선의 건국으로 연결되었다.

자료 공민왕의 영토 회복과 역대 국경선의 변화

▲ 공민왕의 영토 회복

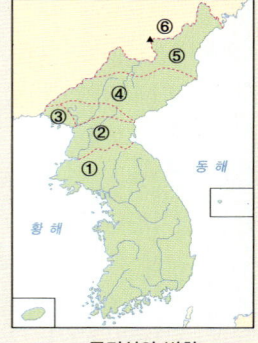

▲ 국경선의 변화

기구	시대	북방 경계선	상대국
①	통일 신라	대동강~원산만	당
②	고려 태조	청천강~영흥	거란
③	강동 6주	압록강~	거란
④	천리장성	압록강~도련포	거란, 여진
⑤	공민왕	원 세력 축출	몽골
⑥	조선 세종	압록강과 두만강	여진

> **사료** 전민변정도감
>
> 신돈이 전민변정도감을 두기를 청하고 스스로 판사가 되어 다음과 같이 방을 내렸다. '요사이 기강이 크게 무너져 사람들이 탐욕스럽고 포악하게 되어 종묘·학교·창고·사원 등의 토지와 대대로 내려오는 토지와 노비를 권세가가 거의 다 빼앗아 차지하고는, 혹 이미 돌려주도록 판결난 것도 그대로 가지고 있으며, 혹 양민을 노예로 삼고 있다. 이제 도감을 두어 고치도록 하니 잘못을 알고 스스로 고치는 자는 죄를 묻지 않을 것이나, 기한이 지나 일이 발각되는 자는 엄히 다스릴 것이다.' 사람들이 '성인이 나타났다.'고 하였다.
> 〈『고려사』, 「신돈열전」〉
>
> ① 고려 후기 권세가에게 점탈된 전민(田民, 토지나 농민)을 되찾아 바로잡기 위하여 설치된 임시 개혁 기관
> ② 1269년(원종 10) 최씨 무신 정권을 몰락시킨 김준(金俊)의 전민(田民)을 임연(林衍)·임유무(林惟茂) 부자가 차지하기 위해 설치한 것이 최초로, 그 이후 충렬왕, 공민왕, 우왕 대에도 각각 설치되었다.
> ③ 1366년 공민왕 때 신돈(辛旽)이 형인추정도감(刑人推整都監)의 기능을 확대하여 명칭을 전민변정도감으로 바꾸고, 판사(判事)가 되어 개혁을 추진하였다.

3. 권문 세족과 신진 사대부의 대립

구분	권문 세족	신진 사대부
출신 배경	무신 정권과 원을 배경으로 편성된 다양한 출신 성분의 **귀족 계층**	지방 **향리 출신**
출신 성격	음서로 통한 관직 진출로 신분 세습, 최고 기구인 **도평의사사**를 장악(귀족적)	유교적 소양과 행정 능력을 갖춘 **능문능리로 과거를 통해 진출**(실무적)
진출 시기	원 간섭기에 골격이 갖추어짐	**무신 집권기 진출 이후 공민왕의 개혁 정치에 힘입어 세력 확장**
경제력	토지 겸병으로 **광대한 농장을 소유한 부재(不在) 지주**	대부분 **지방 중소 지주**, 황무지 개간, 농법 개량에 직접 참여하는 재향(在鄕) 지주적 성향이 강함
대외 정책	친원적 성향	반원**친명적 성향**
사상	친불교적 성향	성리학적 유교 사상과 사회 **개혁적 성향**, 불교 배척(배불론)

4. 홍건적·왜구의 침입과 격퇴

(1) 홍건적의 침입(공민왕 시기)

① 1차 침입(1359) : 모거경의 침입으로 서경이 함락되었으나 고려의 이승경·이방실 등이 격퇴하였다.
② 2차 침입(1361) : 사유·관선생 등이 10여 만을 이끌고 재차 침략하여 개경이 함락되고 공민왕이 복주(안동)로 피신하였다. 고려 장군 정세운·이방실·안우·김득배 등이 개경을 수복하였으며, 동북면 상만호 이성계가 홍건적 장수 사유·관선생 등의 목을 베는 등 두각을 나타내기 시작했다.

> **자료** 안동 놋다리밟기 - 시·도 무형문화재 제7호
>
> 이 놀이는 음력 정월 대보름날 밤에 행해진다. 놀이의 기원 중 대표적인 것은 다음과 같다. 고려 시대 공민왕이 홍건적의 침입을 피하여 왕후와 안동으로 길을 떠났다. 개성을 떠나 문경새재를 넘어 예천의 풍산을 거쳐 소야천의 나루에 이르렀다. …… 이때 마을 부녀자들이 나와 개울에 들어가 허리를 굽히고 다리를 놓아 왕후가 발을 적시지 않고 건너가게 하였다.

▲ 놋다리밟기

왜구의 침략 기록

고려 말 조선 초에 침입한 왜구에 대한 기록은 고려 고종 10년(1223)부터 조선 세종 25년(1443)까지 220년 동안 나타난다. 이 기간 동안의 왜구 침입 기록은 648회에 이르는데 이 가운데 고려 시대가 519회, 조선이 129회를 차지해 고려 말 왜구의 활동이 가장 극심했음을 보여주고 있다.

(2) 왜구의 침입

① 고종(1223) 때 침입이 시작되어 공민왕~우왕 시기에 가장 극심하였다.

② 왜구의 토벌

전승	지명	시기	장군
홍산대첩	충남 부여	1376(우왕)	최영
진포대첩	전북 군산	1380(우왕)	나세, 최무선(화포 사용)
황산대첩	전북 남원	1380(우왕)	이성계
관음포대첩	경남 남해	1383(우왕)	정지, 최무선
대마도 정벌	대마도	1389(창왕)	박위

(3) 신흥 무인 세력의 성장

① 배경 : 홍건적과 왜구의 격퇴 과정에서 최영과 이성계 같은 신흥 무인들이 성장하였다.

② 최영의 집권 : 이인임을 중심으로 한 권문 세족의 횡포가 심해지자 최영이 이성계와 연합하여 이인임을 축출하고 권력을 장악하였다.

③ 위화도 회군과 이성계의 권력 장악 : 이성계가 급진파 사대부와 결합되어 가자 이성계의 견제를 모색하던 최영은 명이 철령위를 설치한다는 통고를 기회로 요동 정벌을 단행하고 이성계를 파견하였으나, 이성계는 위화도에서 군대를 돌려 우왕과 최영을 제거하고 실권을 장악하였다(1388).

▲ 홍건적과 왜구의 침입

5. 고려 멸망기의 왕대사

32대 「우왕」 1374~1388
왜구 토벌, 이인임 제거와 최영의 집권, 이성계의 위화도 회군

33대 「창왕」 1388~1389
조준의 전제 개혁 상소, 최영 제거, 쓰시마섬 정벌(박위, 1389)

34대 「공양왕」 1389~1392
이성계 3군 도총제사로 군통수권 장악, 과전법 제정, 정몽주의 피살(1392), 폐위 후 삼척에 유배 중 살해되었다.

철령위 문제

명은 고려가 점령한 쌍성총관부 지역의 철령 이북 지역을 명의 영토라고 주장하고 이곳을 요동에 귀속시키려 했다. 1388년 명이 요동에서 철령까지 70참(站)을 두는 철령위를 설치하겠다고 정식 통고보하자, 고려 정부는 철령위 설치의 중계 지점인 요동을 정벌하기로 하고 이성계를 파견하였다. 이후 조선이 건국되는 과정에서 명이 철령위를 설치하지 않음으로써 이 문제는 해결되었다.

중세의 경제

1 중세의 경제 정책

1. 농업 중심의 산업 발전

① **중농 정책** : 개간을 장려하여 일정 기간 소작료 면제해주고, 농번기에는 잡역 동원을 금지하였다. 재해 시에 세금을 감면하여 주고, 고리대의 이자를 제한하였으며 농민 유망을 방지하기 위해 **흑창(태조)·의창(성종)** 등의 구휼 정책을 실시하였다.

② **상공업** : 자급자족적 농업 경제구조로 인해 **상공업은 부진**하였다.
  ㉠ 상업 : 개경에 시전을 설치하고 **국영** 점포를 열었으며 **화폐를 만들어 보급**하였으나 널리 쓰이지 못했다.
  ㉡ 수공업 : 관청수공업 중심이었으며, 지방의 소(所)에서도 먹, 종이, 금, 은 등 수공업 제품을 생산하여 공물로 바치게 하였다.

> **사료** **고려의 농업 장려 정책**
>
> - 임금(태조)이 명을 내리기를, "몰락한 사람들에게 조세를 면제해 주고 농업을 권장하지 않으면 어찌 집집마다 넉넉하고 사람마다 풍족하게 될 수 있으랴. 백성에게 3년 동안의 조세와 부역을 면제해 주고, 사방으로 떠돌아다니는 자는 농토로 돌아가게 하며, 대사면을 행하여 함께 휴식하게 하라."고 하였다. 〈『고려사절요』〉
> - 진전(황무지)을 개간하여 경작하는 자는 사전(개인 소유지)의 경우 첫해에는 수확의 전부를 가지고, 2년째부터 경작지의 주인과 수확량을 반씩 나눈다. 공전(국가 소유지)의 경우는 3년까지 수확의 전부를 가지고, 4년째부터 법에 따라 조(租)를 바친다. 〈『고려사』〉

2. 국가 재정의 운영

① 과세의 근거 자료 : 토지 대장인 양안은 20년마다, **호적**은 3년마다 작성하였다.
② 조세 수납 : 호부(호적과 양안 관리)·삼사(재정과 회계 담당)는 사무만 맡고, 실제 조세 수취와 집행은 일원화되어 있지 않고 각 **관청에서 징수**하였다.
③ 재정 지출 : 재정은 주로 관리의 녹봉, 국방비, 왕실 경비 등에 지출되었고, 특히 국방비 지출이 많았다.
④ 관청의 경비 : 토지(공해전)를 지급받아 경비를 충당하였는데 부족한 비용은 각 관청 스스로 마련하였다.

고려 호적
부부를 중심으로 이루어진 가족을 등재하되, 때에 따라서는 여러 세대의 가족이 한 호적에 기록되기도 하였다.

3. 수취 제도의 종류와 특징

세금	구분	부과 단위	특징
조(租)	전세 (조세)	토지세	• 결부제 : 비옥도에 따라 **3등급(상·중·하)**으로 구분하여 세액을 달리 징수했다. • 세액 : 민전은 수확량의 **1/10(30두)**을 국가에, 공전(공해전·둔전)은 1/4을 국가에, 사전은 1/2을 토지 주인에게 바쳤다. • 조운 : 조창(지방) → 좌·우창(개경)
조(調)	공납 (특산물)	호세	• 중앙 관청에서 필요한 물품과 액수를 각 군현에 할당하면 각 군현은 이를 각 **가호에 다시 할당**하여 향리가 거두었다. • 현물로 납부하였으며, **상공(정기)**과 **별공(수시)**이 있었다. • 농민에게는 ==조세보다 큰 부담==이 되었다.
용(庸)	역(役)	인두세	• 노동력 동원 : 16~60세 정남에게 부과되었으며 **1년에 약 20일** 정도였다. • 군역과 요역(일반 노동력)으로 나뉘었다. • 요역은 호를 인구와 장정이 많고 적음에 따라 **9등급으로 나누어 부과**했다.
기타	특수세		어민에게는 **어염세**, 상인에게는 **상세** 등을 징수하였다.

공물이 농민에게 큰 부담이 되었던 이유
① 현물로 징수했으므로 생산량의 감소나 생산지의 변화로 납부 기준에 맞는 품질과 수량을 맞출 수 없어 다른 곳에서 구입해서 납부해야 했다.
② 호(戶) 단위로 징수했기 때문에 그 해의 생산량이나 빈부의 차이가 전혀 고려되지 않았기 때문이다.

사료 고려의 수취 제도

① 대사헌 조준 등이 상소를 올리기를 "태조가 즉위한 지 34일 만에 여러 신하들을 맞이하면서 '최근 백성들에 대한 수탈이 가혹해지면서 1결의 조세가 6석에 이르러 백성의 삶이 너무 어려우니 나는 이를 매우 가련하게 여긴다. 지금부터 마땅히 10분의 1세로 하여 밭 1부의 조를 3되로 하라.' 라고 한탄하여 말하였는데……"라고 하였다. 〈『고려사』〉

② 무릇 토지의 등급은 묵히지 않는 토지를 상(上)으로 하고 한 해 묵히는 토지를 중(中)으로 하고 두 해 묵히는 토지를 하(下)로 한다. 〈『고려사』〉

③ 편성된 호는 인구와 장정이 많고 적음에 따라 9등급으로 나누어 부역을 시킨다. 〈『고려사』〉

④ 의종이 청녕재 남쪽 기슭에 '정(丁)'자 누각을 지어 중미정이라는 현판을 붙였다. 그 남쪽 시냇물을 흙과 돌로 막고 언덕 위에 초가 정자를 지었는데, 물오리가 놀고 갈대가 선 것이 강호의 경치 같았다. 배를 띄우고 아이들을 시켜 뱃노래와 어부 노래를 부르게 함으로써 흥을 돋웠다. 당초 이 정자를 지을 때에 요역에 동원된 농민들에게 자기의 식량을 싸오게 했다. 한 농민이 매우 가난해서 준비하지 못하자 다른 농민들이 밥 한 숟가락씩 나누어주어 먹게 했다. 하루는 그의 아내가 음식을 가지고 와서 남편에게 "친한 사람을 불러서 함께 드세요." 하며 권했다. 남편이 "집이 가난한데 어떻게 마련했는가?" 하고 묻자, 아내는 "머리카락을 잘라 팔아서 식량을 구했어요." 하며 자기 머리를 보여주었다. 그 농민이 목이 메어 먹지 못하고 이를 듣던 사람들도 그들을 불쌍하게 여겼다. 〈『고려사』〉

① 태조의 1/10세(세금 감면)
② 비옥도에 따른 조세의 차등 징수
③ 요역 부과 기준
④ 요역 징발 시 숙식은 본인 부담 → 백성들에게 큰 부담

4. 전시과 제도와 토지 소유

(1) 전시과 제도의 성립과 변천

① 전시과의 특징

　㉠ 문무 관리를 관등에 따라 18등급으로 나누어 **전지(田地)**와 **시지(柴地**, 땔감을 얻을 수 있는 임야)를 차등 있게 지급하였다.

　㉡ 퇴직 시나 사망 시 국가 반납이 원칙이었으나 점차 직역과 함께 세습되는 경향이 나타났다.

　㉢ 분급된 전지는 수조권만 인정된 것이었으며 토지 자체를 준 것은 아니었다.

　㉣ 관리에게는 수조권과 더불어 직역의 반대 급부인 **현물 녹봉**이 지급되었다.

② 전시과의 정비 과정

역분전(役分田)	태조	공신에게 **논공행상(論功行賞**, 통일에 대한 공로)으로 지급
시정전시과(始定)	경종(976)	전시과 처음 시작, **인품**+**관품**을 고려하여 지급(전·현직)
개정전시과(改定)	목종(998)	• **관품만 고려**(18등급), 현직+퇴직(현직이 퇴직보다 우대) • **한외과**(등급에 들지 못한 자 지급) 규정 마련(시지는 미지급) • **군인전시과** 제정
경정전시과(更定)	문종(1076)	• **현직 관리에 한해 토지 지급**, 전시과 체제의 완비 • 무관에 대한 대우가 현저히 상승함 • **공음전시과 제정**, 한인전, 별사전(지사와 승려), 무산계전시(노병, 향리, 여진족) 지급 • 한외과 폐지 → 18과 안에 포함(한인전으로 정비)

고려의 녹봉제
문종 때 정비된 녹봉제에 의해 1년에 2회(1월, 7월) 녹패가 지급되었으며 좌창인 광흥창에서 녹패와 현물을 교환하였다.

시정전시과의 인품 기준
인품은 관복을 기준으로 자삼(紫衫, 자주색)·단삼(丹衫, 붉은색)·비삼(緋衫, 진홍색)·녹삼(綠衫)의 4단계로 구분하였다. 여기에 문반·무반·잡업으로 나누어 관품에 따른 구분도 동시에 반영하고 있는데 자삼층만이 18체계로 되어있고 나머지 복색은 문·무·잡업별로 나누는 다른 기준이 적용되었다. 전체적으로 자삼의 관복을 입는 계층을 우대하고 있다.

사료　역분전과 전시과 토지 지급 변화

(태조 때) 처음으로 역분전을 정하였다. 조신(朝臣)과 군사들에게 관직의 등급을 논하지 아니하고 그들 행동의 선악과 공로의 대소를 보아 지급하였는데 차등이 있었다.　〈『고려사』〉

※단위 : 결

시기		등급	1	2	3	4	5	6	7	8	9	10	11	12	13	14	15	16	17	18
경종 (976)	시정 전시과	전지	110	105	100	95	90	85	80	75	70	65	60	55	50	45	42	39	36	33
		시지	110	105	100	95	90	85	80	75	70	65	60	55	50	45	40	35	30	25
목종 (998)	개정 전시과	전지	100	95	90	85	80	75	70	65	60	55	50	45	40	35	30	27	23	20
		시지	70	65	60	55	50	45	40	35	33	30	25	22	20	15	10			
문종 (1076)	경정 전시과	전지	100	90	85	80	75	70	65	60	55	50	45	40	35	30	25	22	20	17
		시지	50	45	40	35	30	27	24	21	18	15	12	10	8	5				

① 토지(수조권) 지급 액수가 점차 축소되었다.
② 시지를 받지 못하는 관리도 있었다(개간 사업으로 임야가 점차 줄어들었기 때문이다.).

(2) 토지의 종류

① 소유권에 의한 분류

　㉠ 공전(公田) : 소유권이 국가에 있는 토지로 내장전·공해전·둔전 등이 해당된다.

　㉡ 사전(私田) : 소유권이 개인에게 있는 토지로 민전·귀족의 농장 등이 해당된다.

② 수조권에 의한 분류

　㉠ 공전 : 수조권이 국가 또는 관청에 귀속되어 있는 민전으로 국가 재정의 기반이었다.

　㉡ 사전 : 국가가 행사하던 수조권이 관리 등에게 사여된 경우로 전시과의 과전이 해당된다.

③ 토지의 종류(수조권에 의한 구분)

　㉠ 공전

토지	지급 대상과 내용	세습 여부
공해전	중앙과 지방 관청 경비 충당	
내장전	왕실 경비 충당을 위한 왕실 소유지로 사실상 세습	○
둔전	군대의 비용을 마련하기 위해 군사 요충지에 설정한 토지	
학전	관학의 유지 비용을 마련하기 위해 설정한 토지	
민전	백성의 소유지로 국가에 조를 바치던 토지(국가의 재정 기반)	○

　㉡ 사전

토지	지급 대상과 내용	세습 여부
과전	문무 관리에게 보수로 지급한 토지	×
공음전	5품 이상의 관리에게 지급, 세습 가능	○
공신전	공신(功臣)에게 지급	○
한인전	과거나 음서를 통하여 산직인 동정직을 받았으나 아직 실직에 임명되지 않은 6품 이하의 관인인 한인에게 지급한 토지 (관인 신분 유지 목적)	×
군인전	직업 군인(중류) : 직역 세습의 조건으로 세습	○
외역전	지방 향리 : 직역 세습의 조건으로 세습	○
구분전	하급 관료와 군인의 유가족	○
사원전	사원에 수조권이 분급된 토지, 개인적으로 기증된 토지는 면세	○
별사전	승려·풍수가에게 분급되는 토지	×
별정전	악공·공장 등 무산계에 지급된 토지	×
녹과전	무신 정변 이후 토지의 세습화 경향으로 관리에게 지급할 토지가 없고 녹봉 지급도 어렵게 되자 부족한 녹봉을 보충해주기 위해 일시적으로 지급한 토지(1271). 현직 관리 위주로 경기 8현에 한정하여 지급	×

내장전과 장·처전(莊處田)

고려 시대 왕실의 토지에는 촌락 단위의 수조지(收租地)인 장·처전(莊處田)과 함께 왕실 소유인 내장전이 있었다. 장·처전도 왕실의 재정을 담당하는 내장택(內莊宅)에 소속되었다는 점에서 넓은 의미의 내장전에 속하지만, 대개 좁은 의미의 내장전은 왕실 소유지를 말한다. 장·처는 당시 행정조직인 군현 제도의 일환을 이루는 단위로서 이속층(吏屬層)이 있었으며, 왕실은 여기서 수조권을 행사했다. 이와 달리 내장전은 왕실에 직속된 왕실의 소유지로서 주변 농민의 요역 노동(役勞動)을 동원하여 왕실이 직접 경영하거나 내속 노비(內屬奴婢)에게 경작시켰다.

2 중세의 경제활동

1. 귀족의 경제활동

(1) 귀족의 수입

① 조와 지대 : 개인 소유지 · 공음전 · 공신전에서 생산량의 1/2을 수취하였으며, 과전에서는 생산량의 1/10을 조세로 징수하였다.

② 녹봉 : 관료를 47등급으로 나누어 1년에 두 번(1, 7월) 녹봉을 지급하였는데(문종), 관리들은 녹패를 제시하고 쌀, 보리, 베, 비단 등을 수령하였다.

③ 외거 노비로부터 **신공(身貢)**으로 매년 노동력과 물품(베 · 곡식)을 수취하였다.

④ 사전(賜田, 하사받은 토지) · 사패(賜牌, 개간 허가서) · 개간 · 겸병 등으로 **농장**을 형성하는 등 불법적으로 대토지를 점유하였다.

(2) 화려한 생활 : 문벌 귀족과 권문세족은 큰 누각과 별장을 소유하고, 외출 시 시종을 거느리고 말을 탔으며 중국에서 수입한 차를 다점에서 즐기기도 하였다.

> **사료 문벌 귀족의 호화 생활**
>
> 김돈중 등이 절의 북쪽 산은 민둥하여 초목이 없으므로 그 인근의 백성들을 모아 소나무, 잣나무, 삼나무, 전나무와 기이한 꽃과 이채로운 풀을 심고 단을 쌓아 임금의 방을 꾸몄는데 아름다운 색채로 장식하고 대의 섬돌은 괴석을 사용하였다. 하루는 왕이 이곳에 행차하니 김돈중 등이 절의 서쪽 대에서 잔치를 베풀었다. 휘장, 장막과 그릇이 사치스럽고 음식이 진기하여 왕이 재상, 근신들과 더불어 매우 흡족하게 즐겼다.   〈『고려사』〉

2. 농민의 경제활동

① 농민의 생활 : 민전을 경작하거나 국공유지 또는 다른 사람의 소유지를 소작하였다. 혹은 품팔이를 하거나 부녀자들이 삼베, 모시, 비단 등을 짜는 일을 하여 생계를 유지하였다.

② 농업 기술 발달

　㉠ 특징 : 소를 이용한 깊이갈이가 일반화되고, **시비법이 발달**하여 휴경지가 감소하며 연작지가 증가하였다.

　㉡ 내용 : 밭농사에서는 2년 3작의 윤작법이 보급되었고, 논농사에서는 고려 말 이앙법(모내기법)이 직파법 대신에 남부 일부 지방에 보급되기 시작했다.

　㉢ 농서 간행 : 고려 후기에 이암이 중국 농서(農書)인 『농상집요』를 소개하였고, 중국 화북 지방의 농업을 소개한 『제민요술』이 도입되었다. **문익점**은 공민왕 때 원에서 **목화씨**를 수입하여 목화 재배가 이루어졌다(1363).

　㉣ 개간과 **간척지 확대** : 12세기 이후 개간 사업이 확대되었으며, 13세기 강화도 피난 이후 강화도 지방을 중심으로 한 간척 사업이 활발히 진행되었다.

시비법의 발달

밭을 묵혀서 그 밭에 자란 풀을 태우거나 갈아엎어 비료를 주던 방식에서 들의 풀이나 갈대를 베어 와 태우거나 갈아엎은 녹비에 동물의 똥오줌을 풀이나 갈대와 함께 사용하는 퇴비가 만들어졌다.

문익점(1331~1400)

본관은 남평, 호는 삼우당. 공민왕 9년(1360) 문과에 급제하였으며 1363년 사신의 일행인 서장관으로 원에 갔다 올 때 목화를 전래하였다. 1364년 기황후의 세력이 덕흥군(공민왕의 부친인 충숙왕의 아우)을 고려왕으로 삼아 고려를 공격하여 최영과 이성계에 의해 격퇴되었는데, 이때 덕흥군 편에 가담한 기록이 있다. 공양왕 대에는 사전 개혁에 반대하다가 조준의 탄핵으로 숙청되기도 했다. 목화 전래의 공으로 고려 및 조선의 전 시대를 통해 추앙되었다.

고려 후기 강화도 간척지

> **사료** 고려의 농업

- 큰 산과 깊은 계곡이 많아 험하고 평지가 적다. 그러므로 경작지가 산간에 많은데, 오르내리면서 경작하는 데 힘이 많이 들고 멀리서 보면 계단과 같다. ⇒ 계단식 경작지
  〈『고려도경』〉
- 명종 18년 3월(1182) 때에 맞추어 농사를 권장하고 힘써 제언(堤堰)을 수축하여 저수하고 물을 대게 하여 황모지(荒耗地)가 없도록 하여 백성들의 먹을거리를 풍족하게 하라. ⇒ 수리 시설 확충 노력
  〈『고려사』〉
- 수리 시설이 이어져 있는 토지는 밭 혹은 논으로 서로 경작하며, 토지의 등급을 헤아려 비옥한 토지는 해마다 돌려가며 벼를 경작하되, 3월 안에 심을 수 없으면 4월 중순은 넘기지 말아야 한다. ⇒ 선진 농법의 보급 노력 〈『농상집요』〉
- 공민왕 11년(1362) …… 논을 다루는 우리나라 사람은 반드시 크고 작은 도랑에서 물을 끌어들일 뿐이요, 수차(水車)로 하면 물을 쉽게 댈 수 있다는 것을 알지 못합니다. 이렇기 때문에 논 아래에 웅덩이가 있고 깊이가 한 길이 채 못 되어도 그 물을 내려다만 보고 감히 퍼 올리지 못합니다. 그러므로 낮은 땅은 물이 항상 고여 있고, 높은 땅은 항상 풀이 무성해 있는 것이 십중팔구나 됩니다. 그러니 계수관(界水官, 지방 관리)에게 명령하여 수차를 만들게 하고 그 만드는 법을 배우게 한다면 민간에 전해 내려갈 수 있게 될 것입니다. 이것이 가뭄의 해에 대비하고 황무지를 개간하는 데 있어서 제일의 계책입니다. ⇒ 수차 활용 주장
  〈『고려사』〉

3. 수공업자의 활동

① 전기에는 **관청수공업과 소수공업**이 중심이었다.
  ㉠ 관청수공업 : 관청에서는 일할 기술자를 **공장안(工匠案)**에 등록하여 국가와 왕실에 필요한 물품을 생산하게 하였다.
  ㉡ 소(所)수공업 : 금·은·철·실·옷감·종이·먹·차·생강 등을 생산하여 공물로 납부하였다.
② 후기에는 유통 경제가 발전하면서 **사원수공업과 민간수공업**이 발달했다.
  ㉠ 사원수공업 : 승려나 사원의 노비들이 베, 모시, 기와, 술, 소금 등을 생산하였다.
  ㉡ 민간수공업 : 농촌의 **가내수공업**이 중심이었으며, 농민들은 삼베, 모시, 명주 등을 생산해 직접 사용하거나 공물로 바쳤다.

> **사료** 고려 후기 사원 경제의 발달
>
> 승려들이 심부름꾼을 시켜 절의 돈과 곡식으로 각 주군에 장리(長利, 고리대)를 놓아 백성을 괴롭히고 있다. 부역을 피하려는 무리들이 부처의 이름을 걸고 돈놀이를 하거나 농사, 축산을 업으로 삼고 장사를 하는 것이 보통이 되었다. 어깨를 걸치는 가사는 술 항아리 덮개가 되고, 범패를 부르는 장소는 파, 마늘밭이 되었다. 장사꾼과 통하여 팔고 사기도 하며, 손님과 어울려 술 먹고 노래를 불러 절간이 떠들썩하다.
> 〈『고려사』〉
>
> 💡 고려 후기 사원은 장생고를 고리대로 이용하여 농민을 수탈하였고, 양조업, 소금 생산, 목축업, 파·마늘·꿀 등 특용 작물 재배까지 진출하여 상행위를 하였다. 이에 충숙왕 3년(1316)에는 승려들의 상행위를 금지하는 법적 조치가 취해졌으나 이러한 폐단은 근절되지 못했다.

4. 상업 활동

(1) 도시 중심의 상업 활동
① **시전(개경)** : 태조 2년(919) 개경에 시전을 설치하여 관청과 귀족이 이용하게 하였다.
② **관영 상점** : 개경, 서경, 동경(경주) 등 대도시에는 관청의 수공업장에서 생산한 물품을 판매하는 서적점, 약점과 술과 차를 파는 주점, 다점 등을 개설하였다.
③ **경시서 운영** : 시전의 상행위를 감독하는 기관으로 시장 질서를 바로잡는 역할을 하였다(조선 세조 때 평시서로 개칭).

(2) 지방의 상업 활동
① **시장 개설** : 관아 근처에 농민, 수공업자, 관리 등이 모여 쌀·베 등 일용품을 서로 바꿀 수 있는 시장이 열렸다.
② **행상의 활동** : 지방 시장에서 물품을 팔거나 마을을 돌아다니면서 베나 곡식을 받고 소금·일용품 등을 판매하였다.

(3) 후기 상업 발달과 소금의 전매제
충선왕 1년(1309) 국가의 재정 수입을 늘리기 위하여 소금의 전매제를 시행하고, 각 군현에 염창(鹽倉)을 설치하였다. 이 시기 정부는 경제력 발달을 위해 농민에게 강제로 물건을 판매하고, 조세를 대납하는 등 농민을 유통 경제에 편입시키려 노력하였으며 일부 부를 축적한 수공업자와 상인이 관리가 되어 신분 상승을 하기도 했다.

고려 후기 상인들의 관직 진출
즉위 과정에서 상인 세력의 경제적 도움을 받은 숙종은 상당수의 상인들에게 높은 벼슬을 내렸으며, 충혜왕은 돈 많은 상인인 임신의 딸 은천옹주와 혼인하였는데 임신의 경제력을 중시했기 때문이다.

사료 고려 후기의 상업 활동

신우(우왕) 7년(1381) 8월에 서울(개성)의 물가가 뛰어올랐다. 최영이 이를 미워하여 무릇 시장에 나오는 물건은 모두 경시서로 하여금 물가를 평정(評定)하고 세인(稅印, 세금을 바쳤다는 도장)을 찍게 하고 난 뒤에 비로소 매매하게 하였고, 도장을 찍지 않은 물건을 매매하는 자는 …… 죽이겠다고 하였다. 이에 경시서에 큰 갈고리를 걸어두고 사람들에게 보였더니 장사하는 자들이 벌벌 떨었다. 그러나 이 일은 마침내 시행되지 못하였다. 〈『고려사』〉

최영의 시전 통제 노력이 실패할 만큼 시장을 통한 상거래가 활성화되고 있음을 알 수 있다.

▶ **고려의 교통로와 산업 중심지**
육로 교통의 역로가 개척되면서 여관인 원이 발달하여 이곳이 상업 활동의 중심지가 되었다.

5. 화폐 주조와 고리대의 유행

(1) 화폐 주조

① 발행 목적 : 고려 정부는 화폐 주조에서 생기는 이익금을 통해 재정을 확보하고, 경제 활동을 장악할 목적으로 100여 종에 이르는 다양한 화폐를 발행하고 유통시키려 노력하였다.

② 유통 노력 : 추포(베)의 사용을 금지하고, 관리의 녹봉을 화폐로 지급하며, 화폐만 사용하는 주점·다점 등을 설치하여 유통에 노력하였으나 백성들의 반발로 널리 유통되지 못하였다.

(2) 발행된 화폐

구분	철전	동전	은병(활구)	쇄은	소은병	지폐(저화)
모습	▲ 건원중보	▲ 삼한통보 ▲ 해동통보 해동중보·동국통보 등 다수 발행	전하지 않음	▲ 쇄은	▲ 소은병	전하지 않음
발행 시기	성종 15년(996)	• 삼한통보 : 숙종 2년(1097) • 해동통보 : 숙종 7년(1102)	숙종 6년(1101)	충렬왕	충혜왕	공양왕 3년(1391)
특징	널리 유통되지 못하고 목종 5년(1002) 유통 중단	숙종이 동생인 의천의 건의를 받아들여 주전관을 세우고 화폐 유통 추진	은 1근의 가치를 지닌(포 100필) 고액 화폐로 동전과 달리 널리 유통	품질이 떨어지는 은병으로 인한 폐단을 바로잡기 위해 국가 인증 화폐로 쇄은 유통	은병의 품질을 개선하기 위해 보다 소액 가치를 지닌 인증 화폐인 소은병을 유통	정치적 혼란과 사회 경제적 제약으로 인해 유통되지 못함

> **사료** 고려의 화폐 유통 노력 : 은병의 발행
>
> 왕(숙종)이 조서를 내리기를, "금·은은 천지의 정기이며 국가의 보배이다. 근래에는 간특한 백성이 몰래 구리를 섞어 주조하는바 이제부터는 유통하는 은병에 모두 표인하는 것을 영구한 격식으로 하고 어기는 자는 중한 죄로 처단하라."고 하였다. 이때부터 은병을 화폐로 사용하였는데, 은 1근으로써 본국의 지형을 본떠서 만들었다. …… 돈을 사용하는 길을 다시 정하니, 차와 술과 음식 등을 파는 점포들에서는 교역에 전과 같이 전폐를 사용하도록 하고, 그 밖의 백성들이 사사로이 서로 교역하는 데에는 임의로 토산물을 쓰도록 하라. 〈『고려사』〉

(3) 고리대와 보(寶)의 성행

① 고리대 : 왕실, 귀족, 사원(장생고)은 재산 축적의 수단으로 고리대를 활용하였으며, 빌렸다가 갚지 못한 농민들은 토지를 빼앗기거나 노비가 되었다.

② 보(寶)
  ㉠ 목적 : 기금을 모아 그 이자로 공적 사업의 경비를 충당하려 했다.
  ㉡ 종류 : 학보(학교 재단), 경보(經寶, 불경 간행), 팔관보, 제위보(빈민 구제, 광종), 광학보(승려 장학금) 등 다양하였으나 시간이 지나면서 고리대로 변질되어 농민 생활에 피해를 주었다.

6. 무역 활동

① 무역의 특징 : 고려 초기에는 공무역이 중심으로 사무역은 통제되었으나, 원 간섭기 이후에 사무역도 활발하게 이루어졌으며 예성강 어귀의 벽란도와 남쪽의 합포(마산)가 국제 무역항으로 번성하였다.

② **송과의 무역** : 특히 **종이와 먹**이 비싼 값에 수출되고, 왕실과 귀족의 수요품인 서적·지도·문화재·약재·비단을 수입하였다.

③ 거란·여진 : 은을 수입하고 농기구와 식량을 수출하였다.

④ 일본 : 11세기 후반 문종의 병을 치료하기 위한 의사 파견을 요청하면서부터 교역이 이루어졌으며 유황·수은 등을 수입하였다.

⑤ **아라비아(대식국) 상인** : 현종 15년(1024)에 내왕한 아라비아 상인 기록이 최초이며 송나라 상인을 따라왔던 것으로 보인다. 지속적 무역 활동이 이루어지지는 않았지만, 이를 통해 고려(COREA)라는 국명이 서방에 알려지게 되었다.

송나라 상인의 무역 활동
송나라 상인의 최초 내왕 기록은 현종 3년(1014) 육세령이 토산물을 가지고 온 것이 처음이다. 그 후에 현종 때부터 1278년 충렬왕 때까지 260년간 총 126회에 걸쳐 연인원 5천여 명이 벽란도를 통해 무역 활동을 하였는데 특히 문종 대가 가장 활발하였다.

고려의 종이와 먹 수출
고려의 종이와 먹은 품질이 우수하여 송나라 황실과 귀족층에서 큰 애호를 받았다. 고려 종이는 가죽처럼 질기고 반질반질하여 경면지(鏡面紙)라는 별명을 얻을 정도였다.

『고려사』의 아라비아 상인 기록
현종~정종 시기 단 3차례 방문 기록이 전한다. 명성과는 다르게 아라비아 상인들과는 꾸준한 교역 활동이 이루어지지 못했음을 알 수 있다.

▲ 고려 전기의 대외 무역

03 중세의 사회

1 고려의 신분 제도

1. 귀족

(1) 귀족의 특성

① 고려의 신분 구성 : 대략 귀족과 중류층, 그리고 양민과 천민으로 구성되었다.
② 귀족은 왕족을 비롯하여 5품 이상의 고위 관료가 주류를 형성하였으며 이들은 음서나 공음전을 받는 특권층이었다.
③ 고려 귀족의 변천

구분	형성 시기	특징
호족	10~11세기(나말 여초)	개국공신으로 중앙 진출, 호장·부호장
문벌 귀족	12세기	• 왕실 및 귀족 가문 간의 중첩된 혼인 관계, 음서·공음전 등 특권 독점 • 개경에 거주(죄가 있을 경우 형벌로 귀향형) • 지방 향리의 자제도 과거를 통해 귀족의 대열에 진입 가능
무신 정권	12세기 후반 ~13세기 후반	• 귀족층의 변화 • 정변으로 100년간 권력 장악, 대농장 소유, 사회 혼란
권문세족	12세기	도평의사사 장악, 음서 선호, 대농장을 소유(산천을 경계)했으며 국가에 세금을 납부하지 않음
신진 사대부	14세기 말	지방 향리 출신, 무신 집권기 중앙 진출, 성리학 수용, 권문세족과 대립

> **사료** 권문세족과 재상지종(宰相之宗)
>
> 이제부터 만약 종친으로서 같은 성에 장가드는 자는 황제의 명령을 위배한 자로서 처리할 것이니, 마땅히 여러 대를 내려오면서 재상을 지낸 집안의 딸을 취하여 부인을 삼을 것이며, 재상의 아들은 왕족의 딸과 혼인함을 허락할 것이다. 만약 집안의 세력이 미비하면 반드시 그렇게 할 필요는 없다. 안산 김씨, 경주 김씨, 정안 임씨, 경원 이씨, 철원 최씨, 해주 최씨, 공암 허씨, 평강 채씨, 청주 이씨, 당성(남양) 홍씨, 황려(여흥) 민씨, 횡천 조씨, 파평 윤씨, 평양 조씨는 다 여러 대의 공신 재상의 종족이니 가히 대대로 혼인할 것이다. 남자는 종친의 딸에게 장가가고 딸은 종비(宗妃)가 됨직하다. 〈『고려사』〉

>> 고려 왕실은 근친혼이 성행하였다. 고려 말 원 간섭기에 원나라는 동성(同姓) 간에 결혼을 한다는 것은 있을 수 없는 일이라며 이의 폐지를 요구했고, 이에 충선왕은 1308년 강력한 금지법을 만들었는데 그 결과 이른바 '재상지종(宰相之宗)'이 성립되었다. 재상지종은 왕실과 결혼할 수 있는 15개의 유력 가문으로 고려 말 권문세족을 대표하였다.

2. 중류층

① **성립**: 후삼국의 혼란을 거쳐 고려의 지배 체제가 정비되는 과정에 통치 체제의 하부 구조를 맡아 중간 역할을 담당하는 집단으로 자리를 잡았다. 이들은 **직역을 세습**했고, 그에 상응하는 **토지를 지급**받았다.

② **유형**
  ㉠ 하급 관리: 서리(중앙 관청), 역리(驛吏), 잡류(말단 서리)가 있었다.
  ㉡ 실무 관리: 남반(궁중 실무), 향리(지방 실무)가 있었다.
  ㉢ 기술 관리: 역관, 의관 등으로 **잡과를 통해** 진출하였다.
  ㉣ 직업 군인: **군반 씨족**(하급 장교)은 군공을 세워 귀족으로 신분 상승도 가능하였다.

③ **향리**: 지방의 호족은 향리로 편제되었는데, **호장·부호장**을 대대로 배출한 지방의 실질적 지배층이었으며, **배타적 통혼과 과거 응시 자격**을 가지고 하위의 향리와 스스로를 구분하였다.

사료 향리 제도 정비 과정

주·부·군·현의 향리들의 직제를 개정하여 …… 당대등을 호장으로 대등을 부호장으로 하고 낭중을 호정으로 원외랑을 부호정으로 집사를 사(史)로 하였다.
〈『고려사』〉

① 신라 말과 고려 초 지방의 호족들은 점차 당대등·대등이라 불리면서 정비되어 갔다.
② 성종 때 향리직제가 마련되어 당대등·대등같은 유력 호족을 호장·부호장이라 개칭하고 그 아래의 향직까지 개편하였는데 신라식 제도를 청산한 것이었다(사료 내용).
③ 현종 때에는 각 지방의 향리 정원과 공복이 제정되었다(1018).
④ 문종 대에는 **향리들의 9단계 승진 규정**이 마련되었는데 이를 통해 향리에 대한 중앙의 통제가 강화되어 갔음을 알 수 있다.

향리 승진 9단계
제단사 → 병사·창사 → 주부군현사 → 부창정 → 부호정 → 호정 → 창정 → 부호장 → 호장

자료 향리층의 중앙 진출 과정

① **과거를 통한 진출**: 문종 2년(1048)의 판문(판결하여 내린 문서)에 의하면 각 주현의 부호장 이상의 손자와 부호정 이상의 아들 가운데서 제술·명경업에 응시하려는 자는 소재관의 시험을 거쳐 서울에 올라가 과거를 볼 수 있었다. 물론 의업(醫業)은 자격 제한 없이 모든 향리들에게 개방되어 있었다. 이에 많은 향리의 자손이 과거를 통해 지위 상승을 하였는데 대표적 예가 9재 학당을 연 최충이다.
② **선상 기인역(其人役)을 통한 진출**: 문종 때의 규정에 의하면 기인으로써 일정 기간 동안 복역하면 동정직(실제 업무를 보지 않는 관직으로 문반 6품, 무반 5품 이하에 설치됨)을 수여하고 역을 마치면 실직(주로 서리)을 주도록 하였다.
③ 군직과 군공을 통해 중앙에 진출하기도 하였다.
④ 호장층은 매년 정기적으로 개경에 올라와 왕을 알현해야 했는데 이들을 진봉장리(進奉長吏)라 하였다. 이들은 무산계(향리·여진 추장·탐라 왕족·노병·공장(工匠)·악인(樂人)에게 수여했던 품계)나 동정직을 받기도 했다.
⑤ 고려 말 이들 향리 출신 관료들이 신진 사류의 주류를 형성하여 사회 개혁의 일익을 담당하였는데 충선왕 대 사림원의 학사로서 개혁에 참여한 이진, 충목왕 대의 개혁 정치 기구인 정치 도감의 관원으로 활약한 전녹생·안축 등도 향리에서 중앙으로 진출한 가문 출신이었다.

3. 양민

① 유형
- ㉠ 일반 주·부·군·현에 거주하며 농업이나 상공업에 종사하는 사람을 의미한다.
- ㉡ 농민과 달리 **상인과 수공업자는 농민보다 천시**되었으며 문무관직 진출은 원칙적으로 허용되지 않았다.

② 백정 농민 : 양민의 대다수인 농민들로 민전을 경작하거나 소작하였으며, **법적으로는 과거 응시에 제한이 없고 토지를 받는 군인으로 선발될 수 있었다.** 조세·공납·역의 의무가 있었다.

③ 특수 집단민 : 향·소·부곡·장(莊)·처(處)·진(津)·역(驛)의 거주민을 의미한다.
- ㉠ 신분은 양인이었지만 일반 군현민에 비해 더욱 과중한 세금을 부담했으며, 농사일(향·부곡·장·처), 수공업(소), 뱃사공(진) 등에 종사하였다.
- ㉡ 법제적 차별 : 일반 군현민과 달리 과거에 응시할 수 없었으며, 국자감 입학이 금지되었다. 관직에 진출해도 승진 제한이 적용되었고, 거주 이전이 제약되었다.

4. 천민

(1) 노비(천민의 대다수)

① 신분은 세습되었으며 매매·증여·상속의 대상이었다. 부모 중 어느 한쪽이 노비이면 자식도 노비가 되는 **일천즉천(一賤則賤)**의 원칙이 적용되었다.

② 국역(國役)의 의무가 없는 대신 권리(교육, 관직 진출)도 없었으며, 결혼하여 가정을 꾸릴 수 있었다.

(2) 구분

① 공노비
- ㉠ 입역 노비 : 궁중, 관청에서 잡역에 종사하며 급료를 받고 생활하였으며 60세 이후에는 면역되었다(丁老制).
- ㉡ 외거 노비 : 지방에 거주하면서 농업에 종사하였으며, 수입 중에서 규정된 액수를 관청에 납부하였다.

② 사노비
- ㉠ 솔거 노비 : 주인집에 거주하면서 잡일을 하였으며 외거 노비에 비해 사회·경제적 지위가 열악하였다.
- ㉡ 외거 노비 : 주인과 따로 살면서 일정량의 신공을 바쳤다. 이들은 자신의 토지를 소유할 수 있었으므로 신분적으로는 주인에게 예속되었으나 **경제적으로는 양인 백정과 비슷하였으며 또한 지위 상승과 재산 증식이 가능하였다.**

평민의 과거 급제
문종 때 철장(鐵匠)의 후예 경정상은 직한림원에 임명된 일이 있으며, 씨족이 불명한 이신석이 과거에 급제한 사실도 확인할 수 있다.

고려의 노비 관련 법률

법률	시기	내용
노비세전법 (奴婢世傳法)	태조	공신의 반발을 피하기 위해 노비세전의 원칙을 인정하였다.
천자수모법 (賤子隨母法)	정종 (1039)	양천 결혼 금지, 노비의 자식은 어머니의 소유주에 귀속된다.
일천즉천 (一賤則賤)	충렬왕	부모 중 어느 한쪽이 노비면 그 자식은 무조건 노비이다.

자료 무신 정변 이후 신분이동의 증가

1. 노비의 신분 상승
- 평량은 평장사 김영관의 집안 노비로 경기도 양주에 살면서 농사에 힘써 부유하게 되었다. 그는 권세가 있는 중요한 길목에 뇌물을 바쳐 천인에서 벗어나 산원동정의 벼슬을 얻었다. 그의 처는 소감 왕원지의 집안 노비인데, 왕원지는 집안이 가난하여 가족을 데리고 가서 위탁하고 있었다. 평량이 후하게 위로하여 서울로 돌아가기를 권하고는 길에서 몰래 처남과 함께 원지의 부처와 아들을 죽이고 계속해서 양민으로 행세할 수 있음을 다행으로 여겼다. 《고려사절요》
- 고종 45년 2월에 최의가 집안 노비인 이공주를 낭장으로 삼았다. 옛 법제에 노비는 비록 대공이 있다 하더라도 돈과 비단으로 상을 주었을 뿐 관작을 제수하지는 않게 되어 있다. 그런데 최항이 집정해서는 인심을 얻고자 처음으로 집안 노비인 이공주와 최양백·김인준을 별장으로 삼고, 섭장수는 교위로 삼았다. 《고려사》

💡 노비의 신분 상승은 무신 집권기와 원 간섭기에 활발하였다.

2. 부곡 출신 향리의 신분 상승
나라 제도에 부곡리(部曲吏)는 비록 공이 있더라도 5품을 넘을 수 없었다. 유청신은 몽골어를 익혀 왕명으로 여러 차례 원에 사신으로 다녀왔는데, 답변을 잘하여 충렬왕의 총애를 받고 낭장에 임명되었다. 왕이 교서를 내리기를, "유청신은 힘을 다하여 공을 세웠으니 비록 그 가세(家世)가 5품에 제한되어야 마땅하나, 그만은 3품까지 오를 수 있도록 허용하라."고 하였다. 또한 고이부곡(高伊部曲)을 승격시켜 고흥현(高興縣)으로 삼았다. 《고려사》,「유청신 열전」

💡 고려는 계층 간의 신분 변동이 어느 정도 가능하여 신라보다 능력 중심의 개방적 사회였다.
① 향리(중류) → 과거 → 문반 귀족
② 군인(중류) → 군공 → 무반 귀족
③ 향·소·부곡(하층 양민) → 망이·망소이 봉기(공주 명학소) → 군현으로 승격, 백정 양민화
④ 외거 노비(천민) → 재산 증식 → 양민으로 신분 상승

2 백성들의 생활 모습

1. 농민의 공동 조직

① **향도(香徒)** : 고려 시대에 성행한 농민 조직으로, **매향(埋香) 활동**을 하면서 대규모 인력이 동원되는 불상 석탑을 만들거나 절을 지을 때에도 주도적 역할을 하였다.

② **향도의 변화** : 고려 후기에 이르면 **신앙 결사체에서 공동체 조직으로 변모**하여 마을 노역, 혼례, 상장례, 마을 제사 등 공동체 생활을 주도하는 농민 조직으로 발전해갔다.

자료 사천매향비(泗川埋香碑)

경남 사천 소재. 고려 후기(우왕, 1387) 불교 신자 4,100여 명이 향계(香契)를 조직하여, "나라가 태평하고 백성이 살기가 평안함을 미륵보살에게 비는" 매향 의식을 치른 후 세웠다. 비문은 승려 달공이 짓고, 수안이 썼으며, 김용이 새겼다. 현재 발견되는 10여 개의 매향비의 공통점은 모두 미륵 신앙과 관계있고, 매향처가 바닷가에 집중되어 있으며, 고려 말~조선 초에 조성되었다는 점이다.

▲ 사천매향비

2. 사회 시책과 제도

① **농민 안정책** : 농번기에 잡역을 면제하고, 재해 시 조세와 부역을 감면하였으며, 고리대를 규제하였다(성종, 자모상모법).

② 사회 제도
- ㉠ 의창 : 성종(986) 때 흑창을 확대한 것으로 평상시 곡물·소금·포·된장 등을 저장하였다가 흉년에 빈민을 구휼하였다.
- ㉡ 상평창 : 성종(993) 때 개경·서경·12목에 설치하였으며, **물가를 조절**하여 백성의 생활 안정을 꾀했다.
- ㉢ 의료 기관 : 빈민의 치료를 위해 개경과 서경(분사대비원)에 동·서대비원(문종)을 열었으며, **혜민국**을 두어 의약을 전담하게 하였다(예종, 1112).
- ㉣ 재해 발생 시 **구제도감**이나 **구급도감**을 임시 기관으로 설치하였으며, 빈민 구제 기금으로 제위보를 두었다.

3. 법률과 풍속

(1) 법률(형법)

① 관습법 중시 : 중국의 당률을 참고한 71개조의 **법률**이 있었으나, 대개 관습법에 따랐으며 **지방관이 재량권**을 가지고 사법권을 행사했다.

② 유교 윤리 강조 : **반역죄·불효죄는 중죄**로 다스렸으며, 귀양형을 받은 사람이 부모상을 당했을 때 상을 치를 수 있도록 7일간의 휴가를 주었다. 또한 70세 이상 노부모를 모실 경우 형 집행을 보류하기도 하였다.

③ 형벌의 종류
- ㉠ 태(笞, 매)·장(杖, 매)·도(徒, 징역)·유(流, 귀양)·사(死, 사형)의 5종이 있었다.
- ㉡ 중죄인의 경우 3인이 합의하여 재판하는 **삼원신수법**(문종, 1062)이 시행되고 **사형은 3심제**였다.

(2) 풍속

① 의례 : 장례와 제사 의례는 유교적 규범을 시행하려는 정부의 의도와는 달리, 대개 **토착 신앙과 융합된 불교와 도교의 풍습**을 따랐다.

② 명절 : 정월 초하루(1월 1일), 삼짇날(3월 3일), 단오(5월 5일), 유두(6월 6일), 추석(8월 15일) 등이 있었으며 단오는 설, 추석과 함께 3대 명절로 격구와 그네뛰기, 씨름 등이 성대히 거행되었다.

③ 불교 행사 : 매년 2월 15일 **연등회**가 전국적으로 거행되었으며, 11월 15일(서경은 10월 15일)에는 토속 신앙과 불교 축제인 **팔관회**가 성대히 거행되었다.

사료 고려 시대의 풍속과 신앙

① 나의 소원은 연등과 팔관에 있는 바, 연등은 부처를 제사하고, 팔관은 하늘과 5악(岳)·명산·대천·용신(龍神) 등을 봉사하는 것이니, 후세의 간사한 신하가 신위(神位)와 의식 절차를 늘리거나 줄이자고 건의하지 못하게 하라.
「고려사」

② 고려 사람들은 병이 나서 아파도 약을 먹지 않는다. 오직 귀신만을 섬겨 주문과 방술을 알 따름이다. 「고려사」

① 태조 왕건의 훈요 10조의 일부이다. 불교 및 토착 신앙을 중시했음을 알 수 있다.
② 송나라 사신인 서긍이 기록한 「고려도경」의 내용으로 고려인의 무속적 풍습을 보여준다.

한눈에 보기 | 고려 명절의 풍속

이름	날짜(음력)	풍속	이름	날짜(음력)	풍속
설날	1월 1일	차례, 세배	백중	7월 15일	불교 행사, 호미 씻기, 머슴을 위한 위로 행사
대보름	1월 15일	달맞이, 다리 밟기, 부럼 깨기
연등회	2월 15일	거국적 불교 행사	한가위	8월 15일	조상에게 차례, 성묘
삼짇날	3월 3일	화전 놀이, 봄맞이 축제	팔관회	11월 15일	불교 관련 행사 + 토속신에 대한 축제
단오	5월 5일	격구, 그네 뛰기, 씨름
유두	6월 6일	맑은 물에 머리 감기	동지	동짓날	팥죽 먹기

4. 혼인과 여성의 지위

① 혼인
  ㉠ 연령 : 여자는 18세 전후, 남자는 20세 전후에 혼인을 하였다.
  ㉡ 특징 : 국초에 왕실에서는 근친혼이 성행하였으며, 일부일처제가 일반적 형태였다. 몽골의 간섭기에는 조혼의 풍습이 출현하였다.
② 재산 상속 : 남편의 사후 부인이 재산 분배권을 행사하기도 하였으며, 부모의 재산은 자녀에게 균분하게 분배되었다.
③ 고려 시대 여성의 지위 : 남성과 대등한 지위(사회 진출은 제한)
  ㉠ 여자도 호주가 될 수 있었으며, 호적도 남녀 차별 없이 연령순으로 기재하였다.
  ㉡ 아들이 없을 경우 양자를 들이지 않고 딸이 제사를 담당하였다.
  ㉢ 사위가 처가의 호적에 입적하여, 사위와 함께 사는 가족이 많았으며, 사위와 외손자에게까지 음서의 혜택이 적용되었다.
  ㉣ **여성의 재가**(再嫁)가 비교적 자유롭게 이루어졌고, 재가녀의 자식이 사회적으로 진출하는 데 제약이 없었다(관직 진출 후 인사상의 불이익은 존재).

왕실과 귀족 여성의 재혼
고려의 지배층 여성들은 재가는 물론 삼가(三嫁)를 하는 경우도 있었다. 4대 광종의 딸인 문덕왕후는 홍덕원군과 근친혼을 했다가 남편이 죽은 뒤 6대 성종과 재혼하여 왕비가 되었으며, 빼어난 미모를 지닌 김양감의 딸은 남편이 죽은 뒤 25대 충렬왕과 혼인하였는데, 충렬왕이 죽은 뒤 그 아들인 충선왕과 혼인하여 숙비에 봉해졌다. 허공의 딸은 3남 4녀의 어머니였음에도 불구하고 남편이 죽은 뒤 충선왕과 혼인하여 순비에 봉해졌다. 고려의 왕들은 과부와 결혼하는 것을 전혀 부끄러워하지 않았다.

사료 | 고려 시대 여성의 지위

박유가 왕(충렬왕)에게 글을 올려 말하기를 "우리나라는 남자는 적고 여자가 많은데 지금 신분의 높고 낮음을 막론하고 처를 하나 두는 데 그치고 있으며 아들이 없는 자들까지도 감히 첩을 두려고 생각하지 않고 있습니다. 청컨대 여러 신하, 관료들로 하여금 여러 처를 두게 하되 품위에 따라 그 수를 점차 줄이도록 하여 보통 사람에 이르러서는 1인 1첩을 둘 수 있도록 하며 여러 처에서 낳은 아들들도 역시 본처가 낳은 아들처럼 벼슬을 할 수 있게 하기를 원합니다. 이렇게 한다면 나라 안에 원한을 품고 있는 남자와 여자들이 없어지고 인구도 늘게 될 것입니다."라고 하였다. 부녀자들이 이 소식을 듣고 원망하여 두려워하지 않는 자가 없었다. 때마침 연등회 날 저녁 박유가 왕의 행차를 호위하여 따라갔는데 어떤 노파가 그를 손가락질하면서 "첩을 두고자 요청한 자가 저놈의 늙은이다."라고 하니, 거리마다 여자들이 무더기로 손가락질하였다. 당시 재상들 가운데 그 부인을 무서워하는 자들이 있었기 때문에 그 건의를 정지하고 결국 실행되지 못했다.

〈「고려사」, 「박유열전」〉

고려 말 여성의 지위를 보여주는 중요한 사료이다. 재상들이 부인을 무서워하며 일부다처제 논의를 시행하지 못했다는 기록을 통해 고려 시대 여성의 지위가 높았으며 가부장제의 풍습이 약했음을 알 수 있다.

사료 고종 때 경상도 안찰부사 손변(?~1251)의 판결 : 남녀 균분 상속

어떤 남매가 서로 송사를 하였는데, 남동생 측의 주장은 "둘 다 같은 부모 태생인데 왜 부모의 유산을 누이가 혼자 독차지하고 동생인 나에게는 나누어 주지 않느냐?"는 것이었고, 이에 누이는 "아버지가 돌아가실 때 재산 전부를 나에게 주었으며, 너에게 준 것은 검정 옷 한 벌, 미투리 한 켤레, 검정 갓 하나, 종이 한 권뿐이었다. 증거 서류가 구비되어 있으니 어떻게 어길 수 있느냐?"고 반박했다. 이에 손변은 "부모의 마음은 어느 자식에게나 다 똑같은 법이다. 어찌 장성하여 출가한 딸에게는 후하고 어미 없는 코흘리개에게는 박하겠는가? 다만 동생이 의지할 데란 누이뿐인데, 만약 어린아이에게 재산을 누이와 균등하게 나누어 준다면 누이의 동생에 대한 사랑이나 양육이 혹 지극하지 못할까 염려했던 것 같다. 아이가 장성해서 이 종이를 가지고 소장을 써서 검은 옷과 검은 갓을 외출복으로 착용한 채 미투리를 신고 관가에 고소하면 이 사건을 잘 판별해 줄 관원이 있을 것으로 생각해서 이 네 가지 물건만을 동생에게 남겨 주었을 것이다." 손변의 말을 들은 남매는 아버지의 뜻을 깨닫고 서로 부여잡고 울음을 터뜨렸다. 결국 손변은 남매에게 재산을 사이좋게 절반씩 나눠 주었다.

〈『고려사』, 「손변열전」〉

① 고려 시대 재산 상속에 있어서 남녀의 권리가 동등했으며, 지방관이 형사·민사 소송을 담당하고 관습법에 의거 처리했음을 보여주는 중요한 사료이다.

② 손변의 인품 : "손변은 성품이 강하고 실무에 능했으며 송사를 처리하는 것이 정확해 지방관으로 가는 곳마다 성적을 나타내었다. 그러나 그의 처가 왕실의 서족(庶族)이어서 대간 등 중요 관직에 임용될 수 없었다. 이에 손변의 처가 자신을 버리고 세족의 가문에 장가가라고 권하자 손변이 웃으면서 말하기를 '나의 벼슬길을 얻기 위해 30년 동안의 조강지처를 버린다는 것은 차마 못할 일이다. 하물며 자식까지 있지 않은가? 그럴 수 없다.'라고 끝내 처의 말을 듣지 않았다. 아들 손세정도 과거에 응시하지 못하였다." 〈『고려사절요』 고종 38년 5월〉

중세의 문화

1 중세 사회의 성립과 전개

1. 유학의 발달

(1) **특징** : 유교는 치국의 도로, 불교는 수신의 도로 서로 보완하는 기능을 수행하면서 유교와 불교가 함께 발전하였으며, 경학보다 **사장(詞章)** 위주의 유학에 치중하여 실용성을 강조하였다.

(2) **고려 초기의 자주적 성격**

① 특징 : 국초에는 **6두품 계통** 유학자들이 활동하였으며(최언위, 최응, 최지몽), 과거제 이후 **중국파 유학자(쌍기)**가 중용되었고, 성종 때에 이르러 **국내파(최승로)**에 의한 유교 정치 사상이 확고하게 정립되었다.

② 대표적 학자
   ㉠ **최승로(927~989)** : 시무 28조의 개혁안을 올리고 유학을 치국의 근본으로 삼아 사회 개혁을 추진하였으며 자주적이고 독자적인 유학 사상을 견지하였다.
   ㉡ **김심언(?~1018)** : 성종에게 **봉사 2조**를 올려 유교적 정치 이념 실현의 지침을 제공하였다.

(3) **고려 중기**

① 특징 : 문벌 귀족 사회의 발달과 함께 유교 사상도 점차 **보수적·현실적 성격**으로 변화되었다.

② 대표적 학자
   ㉠ **최충(984~1068)** : '해동공자'로 칭송받았고, 9재 학당을 설립하였으며 『중용』의 대의를 취하고 있다는 점에서 **훈고학적 유학에 철학적 경향**을 새로이 불어넣었다(문종).
   ㉡ **김부식(1075~1151)** : 학문적으로 중국의 세련된 유학을 소화하는 입장을 취하여 중기의 보수적이면서 현실적 성격의 유학을 대표했다(인종).

(4) **고려 후기** : 무신 집권기 문벌 귀족의 몰락으로 한동안 유학이 크게 위축되었다.

2. 교육 기관

① 고려 전기 : 태조 때 개경과 서경에 학교를 설치하고, 교육 장학 재단인 **학보**를 설립했으며, 성종 때 개경에 **국자감**이 설치되었다.

② 국자감과 향교
   ㉠ **국자감** : 국자학·태학·사문학의 **유학부**와 율·서·산학 등의 **기술학부**로 나뉘었다. 유학부에는 7품 이상 관리의 자제가, 기술학부에는 8품 이하 관리나 서민의 자제가 입학하였는데, 인종 때 **경사 6학**이 정비되었다.
   ㉡ 지방에는 **향교**가 설치되어 지방 관리와 향리, 서민 자제의 교육을 담당하였다.

③ 사학의 발달(고려 중기)
  ㉠ 사학 12도 : 최충의 문헌공도를 비롯한 12개의 사학이 융성하였다. 문헌공도는 9재 학당이라고도 하였는데 9경과 3사를 가르쳐서 명성을 떨쳤다.
  ㉡ 관학의 위축 : 사학에서 교육받은 학생이 과거에서 좋은 성적을 거두자 국자감의 관학 교육은 위축되었다.

9재 학당의 변천
사학의 대표 주자였던 9재 학당은 몽골침략기 강화도로 옮겨오면서 관학의 성격을 가지게 되었다. 이후 국학 전단계 수준의 학생들을 위한 교육 기관으로 고려 말까지 존속하였다.

9경과 3사
9경은 확실치 않으나 5경(시, 서, 역, 예기, 춘추)에다 논어, 효경, 맹자, 주례를 합친 것으로 보이며, 3사는 사기(史記), 한서(漢書), 후한서(後漢書)를 말한다.

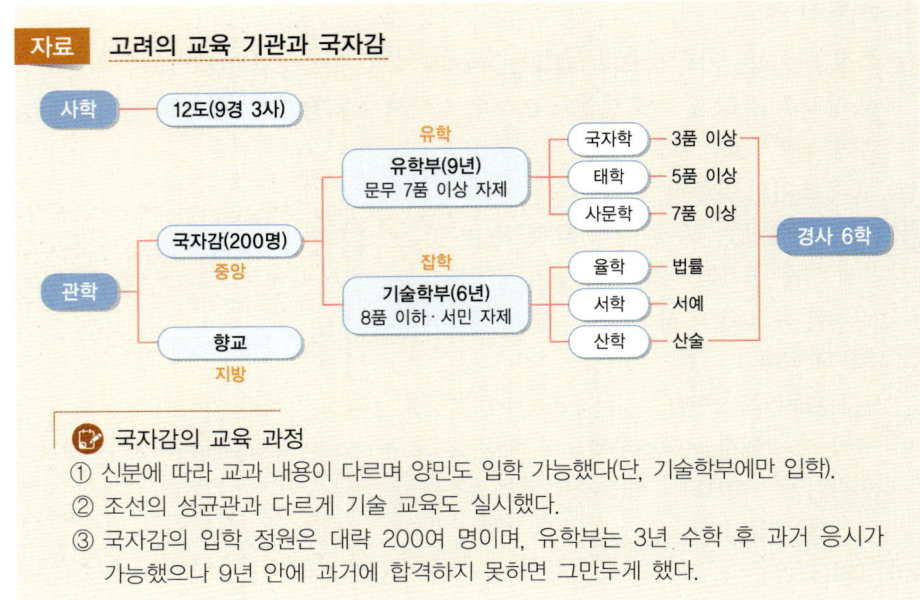

자료 고려의 교육 기관과 국자감

🔎 국자감의 교육 과정
① 신분에 따라 교과 내용이 다르며 양민도 입학 가능했다(단, 기술학부에만 입학).
② 조선의 성균관과 다르게 기술 교육도 실시했다.
③ 국자감의 입학 정원은 대략 200여 명이며, 유학부는 3년 수학 후 과거 응시가 가능했으나 9년 안에 과거에 합격하지 못하면 그만두게 했다.

사료 최충의 문헌공도(9재 학당)

최충이 후진들을 불러 모아서 가르치기를 부지런히 하니, 여러 학생들이 많이 모여들었다. 낙성, 대중, 성명, 경업, 조도, 솔성, 진덕, 대화, 대빙의 9재로 나누었는데, 시중최공도라고 일렀으며, 과거를 보려는 자는 반드시 먼저 그 도(徒)에 들어가서 배웠다. 해마다 더운 철이면 귀법사의 승방을 빌려서 여름 공부를 하며, 도 가운데에서 급제한 자로 학문은 우수하면서 벼슬하지 않은 자를 골라 교도로 삼아 구경(九經)과 삼사(三史)를 가르치게 하였다. 〈『고려사절요』〉

🔎 예전에는 9재를 교육과정의 차이를 의미하는 것으로 보았으나 최근의 연구는 단순한 반편성 구분으로 보고 있다.

무학재(강예재)
국자감에 설치한 7개의 전문 강좌 중의 하나로 무예를 가르쳤다. 당시 여진 정벌의 시대적 분위기를 반영한다. 그러나 문신들의 격렬한 반대로 인종 때 폐지되었다.

임천각
왕실 도서관이다. 송나라 사신 서긍은 『고려도경』에서 고려 왕궁에는 도서관인 임천각이 있는데 장서가 수만 권이요, 원로 학자와 권위 있는 선생들이 학문을 연구하고, 개경의 거리마다 글을 읽는 소리가 들린다고 기록하고 있다.

④ 관학(국자감)과 유교 진흥책
  ㉠ 숙종 : 국자감에 서적포를 설치하고 서적을 간행했으며, 평양에 기자사당(箕子祠堂)을 세워 기자를 교화의 임금으로 받들어 유교 전통의 뿌리를 고조선에서 찾으려 하였다.
  ㉡ 예종 : 국자감에 사학을 모방한 전문 강좌인 7재(무술교육 과정인 무학재 포함)와 장학재단인 양현고를 설치하여 국학을 진흥하였다. 또한 궁중에 청연각·보문각(1164)·천장각(1117)·임천각 등의 왕실 도서관 겸 학문연구소를 설치하였다.

ⓒ 인종 : 국자감의 7재를 정비하여 **무학재를 폐지하고**, 경사 6학으로 바꾸었으며, 지방의 **향교를 증설**하고, 경연을 자주 시행하였다. 집현전을 설치하여 (1136) 대학사, 학사를 두고 시강을 관장하게 했다.
ⓔ 충렬왕 : 국자감을 성균관으로 개칭하고, 공자의 사당인 문묘를 두었으며, 안향의 건의로 교육 재단인 **섬학전**을 설치하였다. <mark>경사교수도감</mark>을 설치하여 (1296) 7품 이하의 관원에게 경서와 역사를 가르쳤다.
ⓜ 공민왕 : 기술학부를 분리하여 성균관을 순수한 유학 교육 기관으로 부흥시켰으며, 성리학 진흥에 힘써 이색·정몽주·정도전 등 뛰어난 학자를 배출하였다.

> **사료** 공민왕 시기 이색의 성균관 부흥 노력
>
> 성균관을 다시 짓고 이색을 판개성부사 겸 성균관 대사성으로 삼았다. 이색이 다시 학칙을 정하고 매일 명륜당에 앉아 경(經)을 나누어 수업하고 강의를 마치면 서로 더불어 논란하여 권태를 잊게 하였다. 이에 학자들이 많이 모여 함께 눈으로 보고 마음으로 느끼는 가운데 주자 성리학이 비로소 흥기하게 되었다. 〈「고려사」〉

경사교수도감의 설치 배경
고려 시대에는 경학(經學)보다 한문학(漢文學)이 중요시되었고, 당시 관리들은 시문학에 몰두해 경전·역사를 널리 아는 자가 없었다. 이에 충렬왕은 경·사를 중시하는 교령(敎令)을 반포하고 경·사에 능통한 인재들을 경사교수에 임명하여 국자감에서 학생들을 가르치게 했다. 이후 성리학이 전래되어 유학 연구의 필요성이 더욱 절실해지자 1296년(충렬왕 22) 독립적인 특수 관청인 경사교수도감을 설치하여 7품 이하의 관원에게 경서와 사서(史書)를 가르치게 하고, 이 가운데 성적이 뛰어난 자를 우대하여 발탁·등용했다. 이렇게 되자 일반 관료뿐 아니라, 선비들이 모여들어 경서와 성리학 연구가 심화되기 시작하였다.

3. 역사서의 편찬

① 초기 : 고구려 계승 의식을 표방하였으며 『**구삼국사**』(고구려 계승, 전하지 않음)가 저술되었고, 현종 때 태조~목종에 이르는 **7대 실록**을 편찬하였다(전하지 않음).
② 중기 : 유교적 합리주의 사관과 신라 계승 의식 강화
  ㉠ 고려 중기에 가야의 역사를 정리한 『**가락국기**』와 『**고금록**』(박인량, 문종 시기), 고려의 건국사를 정리한 『**편년통록**』(김관의, 의종) 등이 있으나 전하지 않는다.
  ㉡ 『**삼국사기**』의 편찬 : 인종 23년(1145)에 김부식이 왕명을 받아 편찬하였다. 현존하는 우리나라 최고(最古)의 역사서로서, 고려 초에 쓰여진 『구삼국사』를 기본으로 유교적 합리주의 사관에 기초하여 기전체로 서술되었다. 신라 계승 의식이 많이 나타나고 있다.

> **자료** 『삼국사기』의 유교 사관과 『삼국유사』의 비교
>
> 성상 전하께서 "또한 그에 관한 옛 기록은 표현이 거칠고 졸렬하며, 사건의 기록이 빠진 것이 있으므로, 이로써 군주와 왕비의 착하고 악함, 신하의 충성됨과 사특함, 나랏일의 안전함과 위태로움, 백성의 다스려짐과 어지러움을 모두 펴서 드러내어 권하거나 징계할 수 없다. 그러므로 마땅히 재능과 학문과 식견을 겸비한 인재를 찾아 권위 있는 역사서를 완성하여 만대에 전하여 빛내기를 해와 별처럼 하고자 한다."라고 하였습니다. 〈「삼국사기」〉

구분	『삼국사기』	『삼국유사』
저자	김부식	일연
시기	고려 중기(1145)	고려 후기(1282)
사관	유교적 합리주의	불교적 관점
체제	기전체 정사	야사체 설화
의식	신라 계승	고조선 계승
경향	보수적	자주적

③ 고려 후기(무신 정권, 몽골 침략기)의 자주적 사관
  ㉠ 『동명왕편』(이규보, 1193) : 고구려 건국 영웅인 **동명왕(주몽)**을 칭송한 영웅 서사시로 고구려 계승 의식을 반영하고 있다.
  ㉡ 『해동고승전』(각훈, 1215) : 삼국의 승려 30여 명의 전기가 수록되었으며, 우리나라의 불교사를 중국과 대등한 입장에서 서술하여 불교 문화에 대한 자부심이 나타나고 있다.
  ㉢ 『삼국유사』(일연, 1281) : 불교사를 중심으로 고대의 민간설화나 전래 기록을 수록하는 등 우리의 고유 문화와 전통을 중시하였으며, 단군을 민족의 시조로 여겨 최초로 건국 이야기를 수록하였다.
  ㉣ 『제왕운기』(이승휴, 1287) : 우리나라의 역사를 중국사와 대등하게 파악하고 발해를 우리 역사로 보는 자주성을 나타내었다.

사료 | 고려 후기의 자주적 사관

- 동명왕의 사적은 변화, 신이하여 사람의 눈을 현혹시키는 것이 아니라, 실로 나라를 창시하신 신의 자취인 것이다. 이런 까닭에 시를 지어 기록하여 천하 사람들로 하여금 우리나라의 근본이 성인의 나라임을 알게 하려 할 뿐이다.
  〈이규보, 『동명왕편』〉

- 대체로 옛날 성인들은 예악으로써 나라를 일으키고, 인의로써 가르치되 난잡한 귀신의 일은 말하지 아니하였다. 그러나 제왕들이 일어날 때에는 천명을 받고 보통 사람들과 다른 점이 있은 뒤에야 큰 변란을 기회로 삼아 대업을 이루었다. 그러므로 삼국의 시조들이 모두 신기한 일로 태어났음이 어찌 이상하겠는가. 신이편을 다른 글보다 먼저 쓰는 이유가 여기에 있다."
  〈일연, 『삼국유사』〉

- 처음에 누가 나라를 열고 바람과 구름을 이끌었는가? 석제(釋帝)의 손자, 그 이름은 단군(檀君)이로세. 본기에 이르기를, 상제(上帝) 환인(桓因)에게 서자가 있어 웅(雄)이라 하였는데, 일러 말하기를, "삼위태백에 이르러 널리 인간을 이롭게 하고자〔弘益人間〕한다."라고 하였다.
  요동에 별천지가 있으니, 중국과는 확연히 구분되도다. 큰 파도가 출렁거리며 삼면을 둘러쌌는데, 북녘에는 대륙이 있어 가늘게 이어졌도다. 가운데에 사방 천 리 땅, 여기가 조선(朝鮮)이니, 강산의 형승은 천하에 이름이 있다. 밭 갈고 우물 파며 평화로이 사는 예의의 집, 중국인들이 우리더러 소중화라 하네.
  〈이승휴, 『제왕운기』〉

🌐 고려 후기 역사 서술의 특징
① 단군을 민족의 시조로 인식(『삼국유사』, 『제왕운기』)
   → 고조선 계승 의식
② 민족적 자주 의식을 바탕으로 전통 문화를 올바르게 이해하려는 노력
③ 배경 : 무신 정변 이후 사회적 혼란과, 몽골 침략으로 인한 민족의식의 고조

---

④ 고려 말기 성리학적 사관
  ㉠ 특징 : 성리학적 유교 사관이 대두되면서 **정통 의식과 대의명분**을 강조하였다.
  ㉡ 반몽 개혁적 관찬 사서 : 충렬왕 초 정가신은 『천추금경록』을 편찬하여 고려사를 간단히 정리하였고, 원부 등이 왕명으로 『고금록』(충렬왕)을 편찬하였는데 성리학적 사관이 뚜렷하게 나타나지는 않은 것 같다.
  ㉢ 충숙왕 때 민지는 『본조편년강목』(1317)을 편찬했는데 **성리학적 역사 서술의 효시**로 보이며, 이를 증수한 『세대편년절요』에는 태조의 조상인 호경부터 원종까지의 역사를 정리하였다.
  ㉣ 이제현은 성리학적인 유교 사관을 반영한 『사략』(공민왕, 1357)을 지었으나 그 속에 실린 사찬만이 전하고 있다. 그의 역사 서술에는 개혁을 단행하여 왕

『고금록』
『고금록』은 고려 전기에 박인량이 처음 편찬했다가 원부 등이 두 번째로 편찬하고, 공민왕 6년(1357)에 이인복이 세 번째로 편찬했으나 모두 전하지 않는다.

권을 중심으로 국가 질서를 회복하려는 의식이 나타나고 있는데 그의 사관은 뒷날 정도전 등이 『고려국사』를 편찬할 때 큰 영향을 주었다.

4. 성리학의 전래

(1) 고려 말 성리학(性理學)의 수용

① 학문적 특징 : 남송의 주희가 집대성한 성리학은 종래의 자구(字句) 해석에 치우친 한·당의 훈고학이나 사장 중심의 유학과는 달리 인간의 심성과 우주의 원리 문제를 철학적으로 탐구하는 신유학(新儒學)으로 송학·주자학이라고도 불리었다.

② 수용 : 고려에 성리학을 소개한 사람은 충렬왕 때 안향(1243~1306)이었으며, 백이정·우탁 → 이제현·박충좌 → 이색 → 정몽주, 권근, 정도전으로 이어졌으며 이들은 신진 사대부 계층이었다.

(2) 고려 성리학의 특징

① 실천적 기능 강조 : 신진 사대부는 현실 사회의 모순을 시정하기 위한 개혁 사상으로 성리학을 받아들였기 때문에 형이상학적 측면보다는 일상 생활과 관계되는 실천을 중시했다.

② 생활에서 실천 노력 : 『소학』과 『주자가례』를 중시하고, 불교의 폐단을 지적하였으며, 권문세족의 탐욕을 비판하였다. 이후 성리학은 새로운 국가 사회의 지도 이념으로 등장하였다.

사료 최초로 성리학을 소개한 안향(1243~1306)

- 일찍이 중국에서 주자의 저술을 얻어보니, 성인의 도를 환하게 밝혀 불교를 배격한 공로는 공자와도 견줄만하였다. 공자의 학문을 배우고자 한다면 먼저 회암(주자)의 학문을 배워야 한다. 그러므로 그대들은 주자의 신서를 읽고 행해서 학문에 힘써 소홀히 하지 말아야 할 것이다.
  〈『회헌실기』〉

▲ 안향의 초상

- 안향이 학교가 날이 갈수록 쇠퇴되는 것을 근심하여 양부(兩府-첨의부와 밀직사의 대신들)와 의논하기를 "재상의 직임은 인재 교육이 제일 긴급한 일인데 지금 양현고가 완전히 탕진되어 선비를 양성할 비용이 없으니 관원들로 하여금 베를 차등 있게 내게 하여 본전을 남겨두고 이식만을 쓰도록 하되 이름을 섬학전이라고 하기 바란다."라고 하니 양부가 왕에게 그대로 보고하였다. 충숙왕 6년에 문묘(文廟, 공자묘)에 그를 종사(從祀)하자는 의논이 있었는데 어떤 사람이 이르기를 "안향이 비록 섬학전을 두자고 건의하여 설치하기는 하였지만 어찌 이것만으로 문묘에 종사케 할 수야 있는가?"라고 하였으나 안향의 문생(門生)인 신천(辛蕆)이 강력히 주장하고 요청하여 마침내 종사하게 되었다.
  〈『고려사』, 안향열전〉

> 섬학전은 안향의 제의에 따라 국자감 학생의 학비를 보조하기 위해 관리들이 기부한 장학 기금으로 기존의 장학 재단인 양현고에 귀속시켜 운용하게 하였다.

2 불교 사상과 신앙

1. 불교 정책

① 국가의 지원

    ㉠ 태조 : 불교를 적극 지원하여 개경에 사원을 건립하고(법왕사·왕륜사 등), 불교 관련 사무를 처리하기 위한 관청인 **승록사**를 설치하였으며, 불교 수호와 연등회·팔관회의 성대한 개최를 당부하는 훈요 10조를 남겼다.

    ㉡ 광종 : 승과 제도 시행, **국사·왕사 제도**를 두어 불교를 국교의 지위로 올렸다.

② 귀족과 일반민도 현세적 기복 신앙으로 불교를 널리 신봉하였다.

> **승록사**
> 불교계의 중요 의식이나 행사를 주관하고 승적을 맡아 승려를 등록·정리하는 등 국가의 불교 정책에 대한 행정적 보조를 맡았던 관청이다. 조선 세종 때 폐지되었다.

사료 고려 시대 국가적 지원을 받은 불교

(광종이) 혜거로 국사를 삼고, 탄문으로 왕사를 삼았다. 왕이 참소를 믿고 사람을 많이 죽였으므로 마음속에 스스로 의심을 품고 죄악을 소멸하고자 널리 재회를 베푸니 무뢰배들이 승려라 사칭하여 배부르기를 구하고 구걸하는 자가 모여들었으며 혹은 떡·쌀·연료를 지방의 도로에서 나누어 주는 것이 이루 다 헤아릴 수 없었다.

〈『고려사』〉

2. 불교 통합 운동과 천태종

(1) 고려 초의 불교

① 광종의 불교 정리

    ㉠ 교종을 **화엄종(균여)** 중심으로 정리하고, 선종의 여러 종파는 **법안종**을 중심으로 통합하고자 했다.

    ㉡ 개경에 **귀법사**를 세우고 **균여**를 주지로 세워 화엄종의 재정립을 꾀하고, 중국에서 혜거를 귀국시켜 선종 교단을 지도하고자 했다.

    ㉢ 광종 대 승려의 활동

> **균여의 화엄종 통합**
> 신라 말 화엄종은 왕건을 지원하는 희랑(希郎) 중심의 북악파와 견훤을 지지하는 관혜(觀惠)의 남악파로 나뉘어 대립하였다. 희랑은 태조 왕건을 지지함으로써 고려 왕실과 연결되었으며 그의 사상은 광종 시기 균여에게 계승되었다. 균여는 이러한 왕실의 후원을 바탕으로 화엄종의 분열을 극복하고 교종을 화엄종 중심으로 정리하였다.

승려	활동 시기	활동 내용
혜거	899~974	태조의 흠모를 받았고 광종 때 국사로 임명되었으며 선종의 통합을 위해 노력하였다.
탄문	900~975	교종 입장에서 선종을 융합하려 노력하였다. 혜종과 정종이 공경하였으며 광종은 왕사로 임명하였다.
균여	923~973	• 화엄 사상을 정비하고 **보살의 실천행**을 폈으며, 화엄 사상을 중심으로 법상종을 융합하려는 **성상융회(性相融會)의 수행법**을 주장하였다. • 향가 형식의 불교 찬가인 『보현십원가』를 저술하여 불교 대중화를 꾀했다.
제관	?~970	광종 때 중국에 건너가 천태학의 요지를 밝힌 『**천태사교의**』를 저술하였다.
의통	927~988	광종 때 남중국의 오월에 건너가 중국 천태종의 13대 교조가 되었다.

② 현종에서 문종 대에 개경에 **현화사**(문벌 귀족, 법상종)와 **흥왕사**(문종, 화엄종) 같은 큰 절이 세워졌으며 화엄종과 법상종이 나란히 융성하였으나, 11세기에 들어서면서 종파적 분열상을 나타내기 시작하였다.

(2) 교단 통합 운동
① 의천(1055~1101, 문종의 넷째 아들) : 흥왕사를 근거지로 삼아 화엄종을 중심으로 교종을 통합하려 하였으며, 대장경을 보완하기 위해 송·요·일본 등에서 유행하던 장소(章疏)를 수집하여 그 목록인 『신편제종교장총록』을 편찬하고 이를 바탕으로 교장도감을 설치하여(1086) 『교장』을 간행, 교종의 교리를 정리하려고 했다.
② 천태종의 개창
  ㉠ 의천이 선종을 통합하기 위해 **국청사**를 창건하고 **천태종**을 창시하였다.
  ㉡ 교·선의 사상적 통합을 위해 이론의 연마와 실천을 아울러 강조하는 **교관겸수(敎觀兼修)**를 제창하였다.
③ 교단의 분열 : 불교계의 폐단을 시정하려는 대책이 따르지 않아, 의천의 사후 교단은 다시 분열되면서 귀족 중심의 불교가 지속되었다.

> **왕실·귀족과 불교 교단의 유착**
> 왕실은 화엄종 교단을 장악하기 위해 문종의 아들인 대각국사 의천과 숙종의 아들이자 의천의 조카인 원명국사 징엄을 출가시켜 종단의 주지직을 승계하였으며, 문벌 귀족 인주 이씨 세력은 현화사를 중심으로 한 법상종 교단에 대대로 자손을 출가시켜 강력한 유대 관계를 맺고 있었다. 이 과정에서 각 교단의 분열과 갈등이 심화되었다.

사료 의천의 불교 통합 운동

- 우리 해동 보살님(원효)은 성(性)과 상(相)을 융통하여 밝히고 고금을 세밀히 살펴서 백가이쟁(百家異諍)의 실마리를 화합시켰으니 …… 저(의천)는 천행을 두터이 입어 불승을 사모하여 선철의 저술을 얻어 보았으나, 성사보다 나은 이가 없었습니다. ⇒ 교종과 선종의 통합 노력
  〈『대각국사문집』〉

▲ 의천

- 정원법사께서 "관(觀)을 배우지 않고 경(經)만 배우면 비록 오주의 인과를 들었더라도 삼중의 성덕에는 통하지 못하며, 경을 배우지 않고 관만 배우면 비록 삼중의 성덕을 깨쳤으나 오주의 인과를 구별하지 못한다. 그런즉 관도 배우지 않을 수 없고, 경도 배우지 않을 수 없다."고 하였다. 내가 교관에 마음을 다 쓰는 까닭은 이 말에 깊이 감복하였기 때문이다. ⇒ 교관겸수
  〈『대각국사문집』〉

3. 결사 운동과 조계종

(1) 무신 집권기 신앙 결사(結社) 운동
① 보조국사 지눌(1158~1210)의 **수선사 결사** 운동 : 불교계의 타락을 비판하고 독경·선수행·노동 중시의 개혁 운동을 제창하였다.
② 조계종의 개창(지눌)
  ㉠ **정혜쌍수(定慧雙修)**와 **돈오점수(頓悟漸修)**의 수행법을 강조하였다.
  ㉡ 선종을 중심으로 교종을 포용하여 교와 선의 대립을 극복하고자 한 지눌의 논리는 선교 일치 사상을 완성한 것이었다.

> **수선사 결사(結社)**
> 지눌이 1182년 개경의 보제사에서 시작한 신앙 결사이다. 그 뒤 여러 사찰을 돌며 결사에 힘썼는데 팔공산 거조사에서 〈권수정혜결사문〉을 발표하면서 본격화 되었다. 이후 송광산 길상사(현 송광사)로 근거지를 옮겼는데 최우 무신 정권 당시 왕실의 사액으로 수선사로 개칭하자 결사의 명칭도 바뀌었다.

> **정혜쌍수(定慧雙修)와 돈오점수(頓悟漸修)**
> 정혜쌍수는 선과 교학을 나란히 수행하되, 선을 중심으로 교학을 포용하자는 이론이며, 돈오점수는 단번에 깨닫고 꾸준히 실천하자는 주장을 일컫는다. 선종은 돈오를 지향한다. 지눌은 돈오를 지향처로 삼으면서도 사람들이 오래 익혀 온 잘못된 습관을 고치려면 깨달음의 꾸준한 실천이 필요하다는 뜻에서 점수를 아울러 강조하였다.

사료 보조국사 지눌의 활동

1. 정혜결사 운동

지금의 승려들을 보면, 아침저녁으로 행하는 일들이 비록 부처의 법에 의지하였다고 하나, 자신을 내세우고 이익을 구하는 데만 사소하고 용렬하며 세속의 일에 골몰한다. 도덕을 닦지 않고 옷과 밥만 허비하니, 비록 출가하였다고 하나, 무슨 덕이 있겠는가? …… 하루는 같이 공부하는 사람 10여 인과 약속하였다. 마땅히 명예와 이익을 버리고 산림(山林)에 은둔하여 같은 모임을 맺자. 항상 선정(禪定)을 익히고 지혜를 고르는 데 힘쓰고, 예불하고 경전을 읽으며 온 힘을 다해서 각자 맡은 바 임무에 따라 경영한다. ⇒ 후일 수선결사로 명칭 바뀜 〈『권수정혜결사문』〉

2. 지눌의 선교일치 사상

- 선(禪)은 부처의 마음이요, 교(敎)는 부처의 말씀이다. 깨닫는 것(돈오)과 수련하는 것(점수)은 분리될 수 없으며, 정(定)과 혜(慧) 또한 함께 닦아야 한다. ⇒ 돈오점수, 정혜쌍수 〈지눌〉
- 보통 사람은 망상을 마음이라 하여 마음 밖에서 부처를 찾아 헤맨다. 그러다가 깨달은 사람의 가르침을 입어 바른 길에 들어가 자신의 본성을 보게 되면, 여러 부처와 더불어 털끝만큼도 다르지 않은 본성이 본래부터 갖추어져 있음을 안다. 하지만 깨달은 본성이 부처와 다르지 않다 하더라도, 어려서부터 계속된 습관들을 갑자기 버리기 어렵다. 깨닫고 닦음에 의하여 오랜 세월을 지나는 동안에 성인이 된다. ⇒ 돈오점수 〈지눌〉

▲ 보조국사 지눌

자료 천태종과 조계종의 특징 비교

구분	천태종	조계종
창시자	대각국사 의천	보조국사 지눌
발전 시기	중기(전기)	후기
중심 사찰	흥왕사, 국청사	송광사(수선사)
배경	화엄종과 법상종, 선종 등 종파적 분열	불교계의 타락
주장	교관겸수(敎觀兼修), 내외겸전(內外兼全)	정혜쌍수(定慧雙修), 돈오점수(頓悟漸修)
경향	교종(화엄종)의 입장	선종의 입장, 결사 운동 추진(정혜결사)
후원 세력	문벌 귀족	최씨 무신 정권의 적극적 후원
한계	의천 사후 다시 분열	개혁 쇠퇴 → 권문 세족과 결탁
공통점	불교 통합 운동(교선 일치·선교 일치), 원효의 화쟁 사상 계승	

③ 진각국사 혜심(1178~1234)의 유·불 일치설 : 수선사 2대 교주이자 지눌의 제자인 혜심은 유교와 불교가 다르지 않다고 주장하여 장차 성리학을 수용할 수 있는 사상적 토대를 마련하였다.

사료 혜심의 유·불 일치설

나는 옛날 공(公)의 문하에 있었고 공은 지금 우리 수선사에 들어왔으니, 공은 불교의 유생이요 나는 유교의 불자입니다. 서로 손과 주인이 되고 스승과 제자 됨은 옛날부터 그러하였고 지금에야 비롯된 것은 아닙니다. …… 『기세계경』에서 부처님 말씀에 '나는 두 성인을 보내 교화를 펴리라.'고 하였는데, 하나는 가섭보살(노자)이고, 또 하나는 유동보살(공자)로서 유교와 도교, 불교는 그 방편은 다르지만 진실은 같은 것입니다(참정 최홍윤에게 답함). 〈『진각국사 혜심 어록』〉

불교 선종과 성리학의 관계
- 불교: 교종(경전·교리 연구) → 선종(정신세계 추구) ┐ 영향
- 유교: 훈고학(경전 자구 해석) → 성리학(철학적·사변적) ┘ ⇒ 성리학은 불교 선종의 영향을 받음

▲ 진각국사 혜심

④ 원묘국사 요세(1163~1245)의 백련결사
  ㉠ 내용 : 자신의 행동을 진정으로 참회하는 **천태교학의 법화 신앙**을 이론적 기반으로 하여 강진 만덕사에서 제창하였다.
  ㉡ 특징 : 수선결사가 지식인층의 호응을 받은 반면, 백련결사는 지방 호족과 민중의 적극적인 호응을 얻었고 강력한 항몽 투쟁을 표방하여 최씨 정권의 비호를 받기도 하였다.

> **자료** 정혜결사와 백련결사 비교
>
> | 구분 | 시호 | 종파 | 결사체 | 중심 사찰 | 활동 |
> |---|---|---|---|---|---|
> | 지눌 | 보조국사 | 조계종 | 정혜결사(수선사) | 송광사 | 선교 일치 |
> | 혜심 | 진각국사 | 〃 | 〃 | 〃 | 유·불 일치설 |
> | 요세 | 원묘국사 | 천태종 | 백련결사 | 만덕사 | 법화 신앙에 중점 |

(2) 고려 말의 불교
① 특징 : 사원은 왕실 및 권문세족의 후원을 받으며 막대한 토지를 소유하고 부를 축적하였다.
② 정화 노력의 실패 : 불교계의 타락을 시정하기 위해 태고국사 <mark>보우</mark>(1301~1382)가 공민왕의 왕사가 되어 정치 정화와 9산 선문의 통합, 한양 천도를 주장하고 교단 정비에 노력하였으나 성과를 거두지 못하였다.

(3) 신진 사대부의 불교 배척
① 배경 : 권문세족과 결탁된 불교계의 타락
② 특징 : 성리학적 입장에서 불교 이론의 모순점을 지적하였으며, 불교 자체를 공격하였다는 점에서 이전의 배불론과는 달랐다.

보우의 노력
보우는 교단을 통합, 정리하는 것이 불교계의 폐단을 바로잡는 우선 과제라고 생각하였다. 그러나 교단과 정치적 상황이 얽혀 이런 개혁을 지속적으로 추진할 수 없었다.

> **사료** 신진 사대부의 배불론
>
> - 아직도 저들 이단을 물리치지 못하였으니 끝내 분함을 스스로 참지 못하여 이 글을 지어 후인에게 사람마다 깨달을 수 있기를 바라는 것이오. 이 때문에 비유를 취한 것이 비속하고 자질구레한 것이 많으며, 글을 쓰는 데 분격함이 많았다. 그러나 이것을 보면 유교와 불교를 분명하게 분별할 수 있을 것이니, 비록 당장에는 행할 수 없다 하지만 그래도 후세에 전할 수 있으니 내 죽어도 편안하오.
> 〈정도전, 『불씨잡변』〉
>
> - 유자(儒者)의 도는 음식이나 남녀 관계와 같이 모두 일상생활에 대한 일로서 누구나 동일합니다. …… 불교는 이와 같지 않습니다. 속세를 떠나 친척을 버리고 남녀 사이를 끊고 석굴 안에 홀로 앉아 초의목식(草衣木食)합니다. 공허한 것을 보고 신조로 삼으니 어찌 평상의 도라고 말할 수 있겠습니까?
> 〈정몽주의 배불론, 『고려사』〉

4. 대장경의 간행

(1) 배경 : 불교 사상에 대한 이해 체계가 정비되면서 불교 관련 서적을 모두 모아 <mark>경·율·론</mark> 삼장으로 구성된 대장경이 편찬되었는데, 거란의 침입을 부처님의 힘을 빌려 물리치려는 염원도 또 다른 배경이었다.

경(經)·율(律)·론(論)
경은 부처가 설한 근본 교리이고, 율은 교단에서 지켜야 할 윤리 조항과 생활 규범이며, 논은 경과 율에 대한 승려나 학자의 의론과 해석을 일컫는다.

(2) 간행 과정

① 초조대장경(현종, 1011~1087) : 거란의 침입을 막아내려는 염원으로 70여 년의 기간에 걸쳐 목판에 새겨 간행하였다(몽골 침입 때 소실).

②『교장』: 의천이 송·요의 대장경에 대한 주석서(장소)를 모아『교장』을 편찬하였다. 우선 목록인『신편제종교창총록』을 만들고 간경도감(1086)을 설치하여 목록에 따라 목판으로 간행하였다(몽골 침입 때 소실).

③ 재조대장경(再雕大藏經)(고종, 1251) : 일명 팔만대장경
　㉠ 고종 때 대장도감을 설치하고 몽골 격퇴의 의지를 담아 16년 만에 완성하였다.
　㉡ 팔만대장경은 잘못된 글자나 빠진 글자가 거의 없는 제작의 정밀성과 글자의 아름다움으로 세계에서 가장 우수한 대장경으로 꼽힌다(세계기록문화유산).

재조대장경(합천 해인사)

> **자료** 속장경의 정확한 명칭 교장(敎藏)
>
> 교장(敎藏)은 그 동안 속장(續藏), 속장경(續藏經), 속대장경(續大藏經) 등으로 알려져 왔으나 이는 잘못 알려진 것이다. 교장은 의천이 경. 율. 논 등의 삼장(三藏) 즉 대장경에 대해 연구하여 해석한 장소(章疏)를 수집하고 그 목록을 만들고 간행한 것이다. 그러므로 속장경이란 명칭은 오류이며 '교장'이 정확한 명칭이다.

5. 도교와 풍수지리설

(1) 도교

① 특징 : 불로 장생과 현세 구복을 추구하였으며 국가의 안녕과 왕실의 번영을 기원하는 초제가 성행하였는데, 국가적으로 이름난 명산대천에 제사지내는 팔관회는 도교와 민간 신앙 및 불교가 융합된 행사였다.

② 발전 : 예종 이후로는 도교 사원인 복원궁을 세우고 초제를 지내며, 본격적으로 도교를 보급했다.

③ 영향 : 불교적인 요소와 도참 사상도 수용되어 일관된 체계를 보이지 못하였으며, 교단도 성립하지 못한 채 민간 신앙으로 전개되었다.

(2) 풍수지리설

① 특징 : 풍수지리설은 미래의 길흉화복을 예언하는 도참 사상이 더해져 고려 시대에 크게 유행하였다.

② 영향
　㉠ 고려 초 개경과 서경이 명당이라는 설이 유포되어 서경천도와 북진 정책의 이론적 근거가 되었다.
　㉡ 문종을 전후한 시기에는 한양 명당설이 대두하여 이곳을 남경으로 승격시키고 숙종은 궁궐을 축조하고(1104) 몇 달씩 머물기도 하였다.
　㉢ 예종 때 풍수지리설을 담은 각종 비록(秘錄)들을 모아『해동비록』을 편찬하였다(1106).

초제(醮祭)
원시천존을 최고의 신으로 받들고 북극성을 현천상제, 북두성을 북두신군이라 신격화하면서 복을 기원하는 의례를 말한다. 고려 예종 시기에 자주 거행되었으며 소격전이 주관하였다. 조선에서는 소격서에서 초제를 거행하였다.

남경 궁궐 건설
숙종 6년(1101)부터 숙종 9년까지 남경개창도감을 설치하고 남경 건설을 완료하였다. 이때 남경의 경역을 확정하고, 궁궐과 부속 건물을 짓고 인구를 모아들였는데, 궁궐의 위치는 지금의 청와대설 혹은 창경궁설 등이 있다.

3 과학 기술의 발달

1. 천문학과 의학

① 과학 기술의 발달 배경 : 고대의 전통 과학을 계승하고 중국·이슬람의 과학 기술을 수용하였으며, 국자감의 잡학 교육과 기술관 등용을 위한 잡과가 실시되어 과학 기술이 발달할 수 있었다.

② 천문학과 역법
  ㉠ 사천대(서운관)를 설치하여 천문과 역법을 담당하였으며, 첨성대에서 일식·혜성·태양 흑점 등에 관한 관측이 이루어졌다.
  ㉡ 역법 : 초기에는 신라 때부터 쓰던 당의 선명력을 사용하였으나, 충선왕 때부터 수시력(원+이슬람 역법)을 채택하였다.

> **사료 고려 시대의 일식 관측**
>
> 공민왕 7년(1359) 12월 초하루에 사천대 관리 위원경이 일식을 보고하였다. …… '일식 시간을 빠르게 판정하거나 늦게 판정한 사람은 다 용서 없이 죽입니다. 지금 예보 담당자인 위원경이 계산을 잘못하였으니 처벌하여야 할 것입니다.' 얼마 뒤 전라도에서 일식을 본 사람이 있었으므로 죄를 면하게 되었다. 〈『고려사』〉

▲ 개성 첨성대

고려의 천문 관측 기록
『고려사』「천문지」에 실린 일식 기록은 130여 회나 되고, 혜성 관측 기록도 87회에 이른다.

수시력
1년을 365.2425일로 계산하는 것을 말한다. 이것은 300년 후인 16세기 말 서양에서 개정한 그레고리우스력과 같다.

③ 의학의 발달
  ㉠ 의학 교육 : 국자감에서 실시하지 않고 태의감에서 별도로 교육했으며, 의원을 뽑는 의과(잡과)를 실시하였다.
  ㉡ 고려 중기 자주적 의학 발달 : 향약방이라는 고려의 독자적 처방이 이루어지고 『향약구급방』을 비롯한 많은 의서가 편찬되었다.
  ㉢ 후기 : 고려 말에 쓰여진 임상서인 『삼화자향약방』은 조선 시대의 『향약집성방』의 저본이 되었다.

『향약구급방』
고려 고종 때인 13세기에 편찬하였으며 현존하는 우리나라 최고(最古)의 의학서로서 질병 처방 및 국산 약재 180여 종을 소개하고 있다.

2. 인쇄술의 발달

(1) 특징 : 고려 시대 기술학에서 가장 뛰어난 분야가 인쇄술이었다.
(2) 목판 인쇄술 : 고려대장경의 판목은 고려의 목판 인쇄술이 최고 수준에 이르렀음을 입증하고 있다.
(3) 금속 활자
① 발달 배경 : 목판 인쇄술 발달과 청동 주조 기술 발달, 인쇄에 적당한 잉크(먹)와 제지술 등이 어우러진 결과였다.
② 금속 활자본
  ㉠ 12세기 말~13세기 초에는 이미 금속 활자 인쇄술이 발명되었으며, 강화도

『상정고금예문』
12세기 인종 때 최윤의 등이 지은 의례서인데, 강화도로 천도할 때 예관이 가지고 오지 못하여, 집권자 최우의 소장본을 바탕으로 강화도에서 금속 활자로 28부를 인쇄하였다.

최고(最古)의 금속 활자 증도가자 논란
최근 『직지』보다 앞선 금속 활자가 발견되어 연구 중이다. 『남명천화상송증도가』는 1239년 목판으로 간행되었는데 이때 목판에 새긴 글씨의 저본으로 쓰인 것이 금속 활자로 인쇄된 『남명천화상송증도가』를 바탕으로 한 것이었다. 최근에 발견된 금속 활자는 이 번각본(목판본) 『남명천화상송증도가』의 활자와 일치하고 있어서 현존 최고의 금속 활자일 가능성이 높다.

피난 시절 『상정고금예문』(1234)을 인쇄하였는데, 서양보다 200여 년이나 앞선 것이었다(전하지 않음).
ⓛ 청주 흥덕사에서 간행한 『직지심체요절』(1377)은 현존하는 세계 최고(最古)의 금속 활자본으로 공인받고 있다(유네스코 기록 유산).
ⓒ 최근 『직지』보다 이른 시기에 제작된 금속 활자인 **'증도가자'**가 발견되었다.

(4) **제지술의 발달** : 전국적으로 닥나무 재배를 장려하고, 종이 제조의 전담 관서(紙所, 지소)를 설치하여 우수한 종이를 만들었으며, 중국에 수출되어 경면지라 불리며 호평을 받았다.

> **자료** 『직지』
>
> 청주 흥덕사에서 1377년에 금속활자로 간행한 『백운화상초록불조직지심체요절』로, 줄여서 『직지심체요절』, 『직지』 등으로 부른다. 한때 『직지심경』이라 잘못 불리기도 하였다. 고려 말에 국사 백운 스님이 선불교에서 전해져 내려오는 이야기를 모아 만든 책으로, 상하 두 권이었으나, 현재 하권만 남아 있고 그것도 첫 장은 없어진 상태이다. 현재 프랑스 국립도서관에 소장되어 있다.

▲ 『직지』

3. 농업 기술의 발달

① 간척 사업 : 고려 후기 강화도 피난 시기에 간척 사업이 활발하였다.
② 농업 기술
  ㉠ 이앙법의 보급 : 논농사에서는 직파법이 일반적이었으나 고려 후기에 이앙법이 남부 일부 지방에서 시작되었다.
  ㉡ 윤작법 : 밭농사는 1년 1작에서 2년 3작(조·보리·콩)으로 발전하였다.
  ㉢ 시비법(퇴비 이용법)과 소를 이용한 깊이갈이가 발달하여 휴경지가 감소하고 연작이 가능해졌다.

4. 화약 무기 제조와 조선 기술

(1) **화약 제조 기술 전래**
① 최무선(1325~1395)의 노력 : 원나라 사람 이원으로부터 어렵게 화약 제조법을 배웠으며 우왕 3년(1377) 화통도감을 설치하고 20여 종의 화약 무기를 제조하였다.
② 왜구 격퇴 : 최무선은 화약 무기를 이용하여 진포(금강 하구) 싸움에서 왜선 400여 척을 불사르고 대승을 거두었다(1380).

(2) **조선술**
① 대형 범선 : 송과의 해상 무역 발달로 길이가 96척이나 되는 대형 범선이 제조되었다.

왜구 격퇴를 위해 만든 고려의 누전선(樓戰船)

② 조운선 : 조운 체계가 확립되면서 1,000석의 곡물을 적재할 수 있는 대형 선박을 건조하여 해안 조창에 배치하였고, 200석을 운반하는 소형 조운선도 조창(강)에서 운용하였다.
③ 전함 : 13세기 원의 일본 원정에 필요한 전함 수백 척을 건조했으며, 고려 말에는 배에 화포를 설치하여 왜구 격퇴에 활용하였다(최무선의 진포·정지의 관음포 전투).

4 귀족 문화의 발달

1. 문학의 발달

(1) 고려 전기의 문학
① 특징 : 초기에 독자적인 모습을 보였으나, 중기에는 귀족화되면서 당(시)·송(산문)의 문학을 숭상하는 풍조가 유행하였다.
② 향가 : 신라 이래 향가의 맥이 이어졌으며 균여의 「보현십원가」 11수(균여전)와 향가 형식의 「도이장가」(예종)가 전해지고 있는데 향가는 차츰 한시에 밀려 자취를 감추게 되었다.
③ 전기의 시인 : 박인량(?~1096), 김황원(1045~1117), 정습명, 정지상 등이 유명하였으며 특히 박인량의 시는 송나라에서도 널리 칭송되었다.

(2) 무신 집권기
① 12세기 후반 : 낭만적이고 현실 도피적인 수필과 가전체 문학이 유행하여 문신들의 좌절감을 표현했는데, 『국순전』(임춘)·『파한집』(이인로)이 대표적이다.
② 최씨 무신 집권기 : 형식보다는 내용에 치중하여 현실을 제대로 표현하는 데 관심을 기울였으며 설화 문학(『보한집』)이 유행하였다. 이규보(1168~1241)의 『동국이상국집』, 최자(1188~1260)의 『보한집』 등이 있다.

(3) 고려 후기의 문학
① 경기체가(景幾體歌)의 등장 : 신진 사대부의 유교 정신과 자연의 아름다움을 표현한 「한림별곡」(여러 유생들), 「관동별곡」·「죽계별곡」(안축) 등이 창작되었다.
② 설화 문학과 패관 문학의 발달 : 형식에 구애받지 않는 설화 형식으로 현실을 비판하였으며, 민간의 구전을 한문으로 기록하였다. 『백운소설』(이규보)·『역옹패설』(이제현) 등이 대표적이다.

박인량
고려 초의 시인이자 대문장가였다. 1075년(문종 29) 요나라에 진정표를 올려 국경 지역의 보주성 수축을 철회해 줄 것을 청했는데, 그의 문장에 감동한 요의 황제가 청을 받아들여 보주성 건설을 중지시켰다고 한다.

임춘과 죽림고회
무신 정권 시절 정계에서 소외된 문신들의 문학 모임으로, 이인로·임춘·오세재 등 7인이 모여 음주와 청담을 논했는데 중국 진나라의 죽림 7현을 모방하였다. 이인로를 제외하고는 대부분 불우한 일생을 보냈으며 임춘은 『서하집』을 통해 문신들의 수난을 표현하였다.

고려의 설화 문학
설화 문학의 효시는 고려 초 박인량의 『수이전』이지만 무신 정권기에 이르러 새로운 문학 장르로 등장했으며 이규보의 『백운소설』, 이제현의 『역옹패설』 등으로 발전하였다.

사료 임춘의 『국순전』

순(醇, 술)의 기국(器局)과 도량은 크고 깊었다. 출렁대고 넘실거림이 만경창파와 같아 맑게 해도 맑지 않고, 뒤흔들어도 흐리지 않으며, 자못 기운을 사람에게 더해 주었다. 일찍이 섭법사(설화에 나오는 인물)에게 나아가 온종일 담론할 때, 자리에 있는 모두가 놀랐다. 드디어 유명하게 되었으며, 호를 국처사라 하였다. 공경, 대부, 신선, 방사들로부터 머슴, 목동, 오랑캐, 외국 사람에 이르기까지 그 향기로운 이름을 맛보는 자는 모두가 그를 흠모하며, 성대한 모임이 있을 때마다 순이 오지 아니하면 모두 다 슬프게 여겨 말하기를, "국처사가 없으면 즐겁지가 않다." 하였다. 그가 당시 세상에 사랑받고 존중됨이 이와 같았다. 〈『동문선』〉

🌐 술을 의인화하여 무신 집권기 현실 풍자, 비판하였다.

③ 한시 : 이제현, 이곡(당시 사회의 부패상 표현), 정몽주 등 유학자를 중심으로 발달하였다.
④ 장가(長歌) : 서민들 사이에는 작자를 알 수 없는 장가(속요)로 불리는 새로운 민요풍의 가요가 풍미했는데, 감정을 자유롭게 표현하였으며, 특히 남녀의 사랑을 노래하는 내용이 많았다.「청산별곡」,「가시리」,「쌍화점」등이 대표작이다.

> **사료 고려 가요(장가)**
>
> 살으리 살으리랏다 청산에 살으리랏다 머루랑 다래랑 먹고 청산에 살으리랏다
> 울어라 울어라 새여 자고 일어나 울어라 새여 너보다 시름이 많은 나도 자고 일어나 울도다.
> 이럭저럭하여 낮은 지내왔지만 올 이도 갈 이도 없는 밤은 또 어찌할 것인가
> 어디에 던지던 돌인고 누구를 맞히려던 돌인고 미워할 사람도 사랑할 사람도 없이 맞아서 울고 있노라. 〈『악장가사』,「청산별곡」〉

2. 건축과 조각

(1) 고려 전기 : 궁궐과 사원 건축이 중심이었는데 남아 있는 것이 별로 없다.
① 궁궐 건축 : 개성 만월대 궁궐터가 대표적이다.
② 사원 건축 : 현화사, 흥왕사 터가 남아 있다.

(2) 고려 중기 : 건축 양식의 특성은 전기에 주심포 양식이 유행하다가, 후기에는 다포식 건물도 등장하여 조선 시대 건축에 큰 영향을 미쳤다.
① 주심포 양식 : 13세기 이후에 건립된 봉정사 극락전(현존 最古), 부석사 무량수전, 수덕사 대웅전, 강릉 객사문이 고려 건축의 특성을 잘 드러내고 있다.
② 다포 양식 : 황해도 성불사 응진전(사리원)이 유명하다.

▲ 개성 만월대 터

▲ 봉정사 극락전(안동)

▲ 부석사 무량수전(영주)

▲ 수덕사 대웅전(예산)

▲ 성불사 응진전(사리원)

▲ 강릉 객사문

자료 　부석사와 무량수전

부석사는 신라 화엄종의 종찰이며, 건축에 있어서도 빼어난 아름다움을 지닌 우리나라 사찰 건축의 백미이다. 봉황산 중턱에 위치한 이 사찰은 676년(문무왕 16) 의상대사가 왕명을 받들어 화엄의 가르침을 펴던 곳이라고 한다. 특히 아미타여래불이 모셔져 있는 본전은 고려 시대에 지어진 주심포식 팔작지붕의 건물이다. 배흘림기둥, 삼중으로 맵시 있게 겹쳐진 포작(包作), 이중 서까래로 인한 지붕의 가벼운 곡선 등이 이 건물의 특색이며, 전체적으로 장중한 모습을 갖추고 있다. 고려 중기인 13세기에 건립된 것으로 추정된다. 이 사찰에는 의상대사와 선묘낭자의 애틋한 전설이 남아 있다.

자료 　공포와 지붕으로 구분한 우리나라 건축

1. **공포에 의한 구분** : 지붕의 무게를 받치기 위해 짜 넣은 구성물을 '공포'라고 한다.

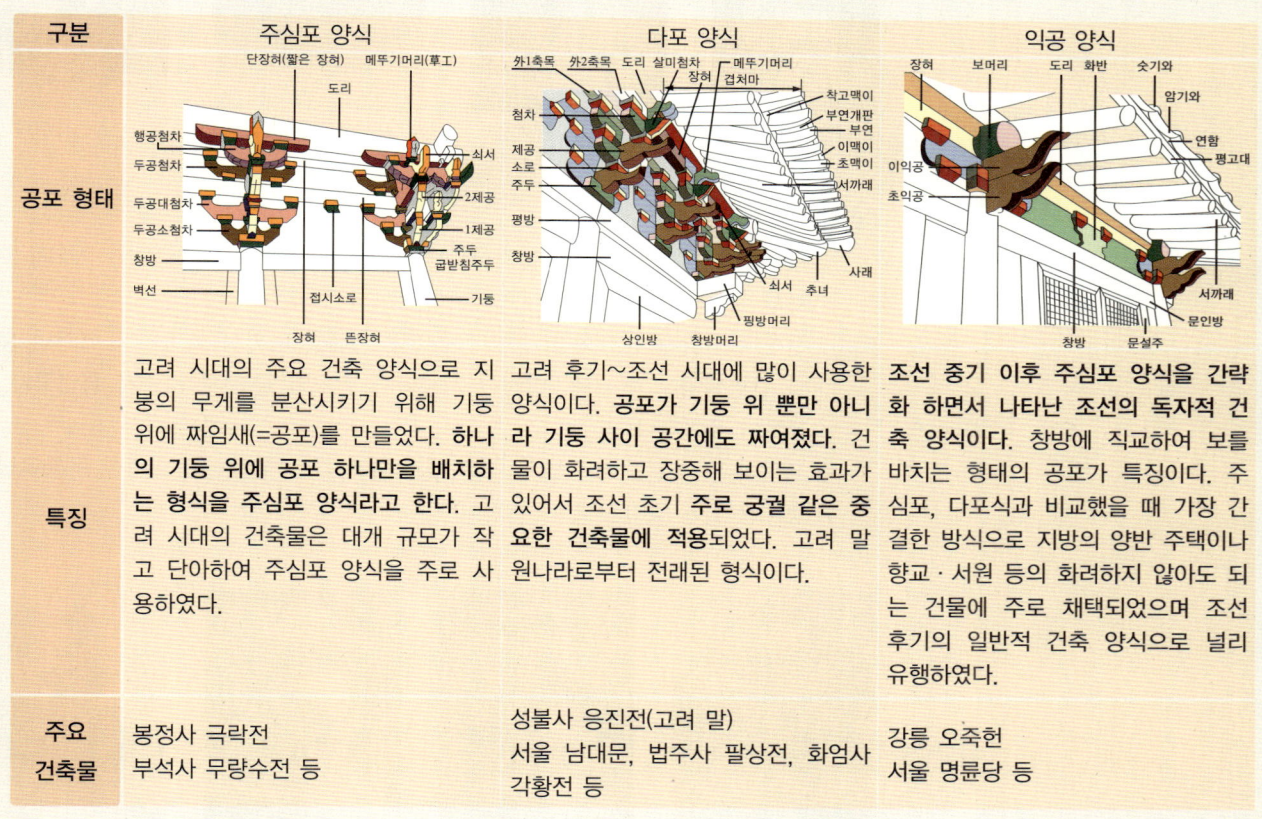

구분	주심포 양식	다포 양식	익공 양식
특징	고려 시대의 주요 건축 양식으로 지붕의 무게를 분산시키기 위해 기둥 위에 짜임새(=공포)를 만들었다. **하나의 기둥 위에 공포 하나만을 배치하는 형식을 주심포 양식이라고 한다.** 고려 시대의 건축물은 대개 규모가 작고 단아하여 주심포 양식을 주로 사용하였다.	고려 후기~조선 시대에 많이 사용한 양식이다. **공포가 기둥 위 뿐만 아니라 기둥 사이 공간에도 짜여졌다.** 건물이 화려하고 장중해 보이는 효과가 있어서 조선 초기 **주로 궁궐 같은 중요한 건축물에 적용**되었다. 고려 말 원나라로부터 전래된 형식이다.	조선 중기 이후 주심포 양식을 간략화 하면서 나타난 조선의 독자적 건축 양식이다. 창방에 직교하여 보를 바치는 형태의 공포가 특징이다. 주심포, 다포과 비교했을 때 가장 간결한 방식으로 지방의 양반 주택이나 향교·서원 등의 화려하지 않아도 되는 건물에 주로 채택되었으며 조선 후기의 일반적 건축 양식으로 널리 유행하였다.
주요 건축물	봉정사 극락전 부석사 무량수전 등	성불사 응진전(고려 말) 서울 남대문, 법주사 팔상전, 화엄사 각황전 등	강릉 오죽헌 서울 명륜당 등

2. **지붕 형식의 구분**

지붕	맞배 지붕	팔작 지붕	우진각 지붕
모양			
특징	건물의 앞뒤에서만 지붕면이 보이고 책을 엎어놓은 것과 같은 형태의 지붕. 주로 주심포 양식	지붕 위에 까치박공이 달린 삼각형의 벽이 있는 지붕. 궁궐의 법전, 절의 금당 등 웅장한 중심 건물에 주로 사용	네면 모두 지붕 사다리꼴과 삼각형으로 조합된 지붕
주요 건축물	수덕사 대웅전(고려) 무위사 극락전(조선 초)	부석사 무량수전(고려 중기) 경복궁 근정전(조선 후기)	창덕궁 돈화문 창경궁 홍화문

(3) 석탑의 특징 : 신라 양식을 일부 계승하면서도 독자적인 다각 다층탑이 유행하였는데, 안정감은 부족하나 자연스러운 모습을 띠었다.

① 전기 : 불일사 5층(개성)·현화사 7층(개성)·월정사 8각 9층 석탑(평창 오대산, 송의 영향)

② 후기 : 경천사 10층 석탑(원의 영향) → 조선의 원각사지 10층 석탑에 영향

▲ 불일사 5층(개성)   ▲ 현화사 7층(개성)   ▲ 월정사 8각 9층   ▲ 경천사 10층

③ 승탑

　㉠ 신라의 양식인 전형적인 팔각 원당형을 계승하는 것이 많았으며, 여주의 **고달사지 원종대사 혜진탑**이 대표적이다.

　㉡ 전형적인 팔각 원당형을 벗어나 특이한 형태를 띠면서 조형미가 뛰어난 승탑이 건립되기도 했는데, 법천사 **지광국사 현묘탑**(원주)과 정토사 홍법국사 실상탑이 유명하다.

　㉢ 고려의 팔각 원당형 승탑의 경우 신라 말과 다르게 탑신에 화려한 운룡무늬가 생동감 있게 조각된 것이 특징이다.

▲ 원주 흥법사 진공대사탑(고려 최고, 940)　▲ 여주 고달사지 승탑 (977 이전)　▲ 충주 정토사 홍법국사 실상탑(1017)　▲ 원주 법천사 지광국사 현묘탑(1085)

(4) 불상

① 특징 : 대체로 신라 양식을 계승했으나 **균형미나 조형미가 다소 부족하고 자유분방하고 향토적 특색**이 강조되었다.

② 초기 : 대형 **철불**(춘궁리 철불)과 지역 특색이 잘 드러나는 거대한 **불상**(관촉사 불상)이 제작되었다.

③ 후기 : 제작된 부석사 무량수전의 **소조아미타여래좌상**은 고려를 대표하는 불상으로 신라의 전통 양식을 계승하였다.

▲ 광주 춘궁리 철불 (고려 초, 10세기)   ▲ 관촉사 석조미륵보살입상(968)   ▲ 부석사 소조아미타여래좌상(고려 후기)

3. 청자와 공예

① 고려자기
  ㉠ 특징 : 신라와 발해의 전통과 기술을 토대로 송의 자기 기술을 받아들여 11세기에 독자적 경지를 개척하였다.
  ㉡ 시대별 청자의 변화

고려 청자 출현 시기
청자는 광종 치세인 10세기 후반(970년대)에 처음 제작되었다. 경기도 일원의 가마에서 최초로 만들어진 청자는 이후 강진, 부안 등지에서 본격적으로 생산되었다.

11C	12C	12C 중엽	13C 중엽	고려 말
신라·발해 전통+송 비색 청자		독창적 상감법 개발 강진, 부안에서 생산	원 간섭기 이후 퇴조 북방 가마 기술 도입(원) → 분청사기 등장	
순수 청자	음각·양각	상감 청자		분청사기

사료 12세기의 비색 청자

도기의 빛깔이 푸른 것을 고려인들은 비색(翡色)이라고 하는데, 근년에는 만드는 솜씨와 빛깔이 더욱 좋아졌다. 술그릇의 형상은 오이 같은데, 위에 작은 뚜껑이 있는 것이 연꽃에 엎드린 오리의 형태를 하고 있다. 또 주발, 접시, 술잔, 사발, 꽃병, 탕잔도 만들었으나, 모두 중국의 것을 모방한 것이기 때문에 생략하여 그리지 않고, 술 그릇만은 다른 그릇보다 다르기 때문에 특히 드러내었다. 사자 모양을 한 도제 향로 역시 비색이다. 여러 그릇들 가운데 이 물건이 가장 정밀하고 뛰어나다.   〈서긍, 『고려도경』〉

▲ 청자사자유개향로 (비색 청자)

③ 금속 공예 : 청동기 표면을 파내고 실처럼 만든 은을 채워넣어 무늬를 장식하는 은입사 기술이 발달하였다.
④ 나전칠기 : 옻칠한 바탕에 자개를 붙여 무늬를 나타내는 공예로 경함, 화장품갑, 문방구 등이 있으며, 조선 시대를 거쳐 현재까지 계승되고 있다.

> **자료** 상감 청자 · 은입사 · 나전칠기 기법의 공통점 – 상감법(象嵌法)
>
> 고려 시대에는 뛰어난 공예품이 많이 만들어졌다. 표면에 홈을 파고 특수한 물질이나 물감을 넣어 아름다운 무늬와 그림의 효과를 얻어 내는 상감 수법이 널리 활용되었다.

▲ 상감 청자

▲ 청동 은입사 포류수금무늬정병

▲ 나전칠기

4. 글씨 · 그림과 음악

(1) 서예의 발달

① 배경 : 국자감의 경사 6학에는 서학(書學) 과정이 있었으며 잡과에도 서업 시험이 있어 서예 발달에 기여하였다.

② 특징 : 전기에는 **구양순체**가 주류를 이루었는데 승려 **탄연**이 유명했다. 후기에는 **송설체(조맹부체)**가 유행했는데 이제현과 **이암**(1297~1364)이 뛰어났다. 송설체는 조선에도 그대로 계승되어 대표적 서체가 되었다.

(2) 그림

① 전기 : 도화원에 소속된 전문 화원의 그림이 중심이었는데, 예성강도를 그린 이령과 그의 아들 이광필이 유명하였다(전하지 않음).

② 후기 : 사군자 중심의 문인화가 유행했으나 전하지 않고, 원대 북화의 영향을 받은 공민왕의 〈천산대렵도〉의 일부가 전하고 있다.

③ 불화

㉠ 특징 : 현존하는 고려 불화는 대부분 14세기에 제작되었는데, 아미타 신앙(정토신앙)의 광범위한 확대와 관련있으며 〈아미타불(관경변상도)〉·〈지장보살〉·〈수월관음도〉 같은 그림이 널리 유행하였다.

㉡ 대표작 : **혜허가 그린 〈양류관음도〉**, 부석사 조사당 벽화의 사천왕상과 보살상이 대표적이다.

탄연의 글씨
탄연의 서체를 왕희지체를 기본으로 한 안진경체의 혼합으로 보는 견해도 있다.

이암의 글씨(문수사 장경비문)

혜허의 〈양류관음도〉
비단에 채색된 불화로 일본 천초사에 소장되어 있다. 화기에 '해동치납혜허필(海東癡衲慧虛筆)'이라는 기록이 있어 고려의 승려 혜허(慧虛)의 작품임을 알 수 있으나 혜허의 자세한 행적에 대해서는 알려진 것이 없다.

▲ 공민왕, 〈천산대렵도〉

▲ 혜허, 〈양류관음도〉

▲ 〈수월관음보살도〉

▲ 부석사 조사당 벽화

(3) 음악
① 당악 : 주로 궁중의 연회에서 연주되었다.
② 아악 : 송에서 수입된 **대성악(예종 때 전래)**으로 제례 때 연주되었다.
③ 향악(속악) : 우리의 고유 음악이 당악의 영향을 받아 발달했다. 당시 유행한 장가(속요)와 어울려 많은 곡을 낳았는데 「동동」·「한림별곡」·「대동강」 등의 곡이 유명하였다.
④ 악기 : 전래의 우리 악기에 송의 악기가 수입되어 40여 종이나 되었다고 한다.

5

근세 사회

01 근세의 정치
02 근세의 경제
03 근세의 사회
04 근세의 문화

01 근세의 정치

1 근세의 성립과 전개

1. 고려의 멸망과 조건의 건국

(1) **최영과 이성계의 대립** : 명이 옛 쌍성총관부 관할 지역에 **철령위** 설치를 통보하자 최영은 우왕과 함께 요동 정벌을 주장하였고, 이성계는 이에 반대하였다.

자료 철령위 문제 · 최영과 이성계

1. 철령위(1387) 문제

명에서 철령위를 설치하고자 하므로 우왕이 밀직제학 박의중을 보내 표를 올려 청원하여 말하기를, "철령에서 북으로 고주, 화주, 정주, 함주 등을 지나 공험진까지는 예로부터 우리나라의 땅입니다.……" 하였다. 〈『고려사』,「신우열전」〉

> 1387년(우왕 13) 12월 명나라는 우리나라 철령 이북의 땅이 원나라에 속해 있었으므로, 명나라에 귀속되어야 한다며 철령 이북에 철령위라는 직할 관청을 설치하여 요동도사의 관할 아래 둘 것을 결정했다. 고려는 박의중(朴宜中)을 파견하여 부당함을 호소했으나 명은 이를 무시하고 요동으로부터 철령에 이르기까지 70참(站)을 설치하려 했다. 최영은 이에 반발하여 요동 정벌을 준비했다.

2. 최영과 이성계

구분	최영(1316~1388)	이성계(1335~1408)
생애	• **공민왕 때 원에 출병**, 장사성의 반란을 진압(1354)하여 무공을 떨침 • 홍건적과 **왜구 격퇴**(홍산대첩, 1376), **우왕의 장인으로 권력 장악**	• 변방 함경도 영흥의 토호 출신 • 공민왕 때 아버지 이자춘의 **쌍성총관부 탈환**에 공훈을 세워 발탁. 홍건적과 왜구 격퇴(**황산대첩**, 1380)하며 급부상
협력	최영은 후배 무장인 이성계를 후원 → 상호 협력으로 **권신 이인임 일파 제거**(1388)	
대립 과정	권문세족 출신 보수 군벌의 대표	변방의 신흥 무인 출신으로 급진파 사대부와 결합
	철령위 문제를 기회 삼아 이성계의 세력 결집 견제 시도 → **이성계를 요동 정벌 사령관에 임명**	**요동 공격을 자신의 정치적 야망을** 좌절시키는 의도로 보고 **적극 반대**
결과	이성계의 위화도 회군 → 유배 후 살해됨	위화도 회군 → 조선 건국

(2) **위화도 회군**(1388) : 이성계는 조민수와 함께 군사를 돌려 최영과 우왕을 제거하고 군사적 실권을 장악하였다(우왕 → 창왕).

> **사료** **이성계의 4불가론과 위화도 회군**
>
> 1. 작은 나라가 큰 나라를 거스르는 일은 옳지 않고
> 2. 여름철에 군사를 동원하는 것은 부적당하고
> 3. 요동 공격을 틈타 남쪽에서 왜구가 침범할 염려가 있으며
> 4. 무덥고 비가 많이 와 활의 아교가 녹아 무기로 쓸 수 없고 병사들도 전염병에 걸릴 염려가 있다.
>
> 이성계는 요동 공격 추진이 자신에 대한 견제임을 알았으며 명과 적대하는 것이 국가 장래에 불리하다고 판단했다. 이에 4불가론을 왕에게 건의하였으나 최영에 의해 묵살되자 마지못해 출병하였다. 결국 압록강의 위화도에서 회군을 결정했다.

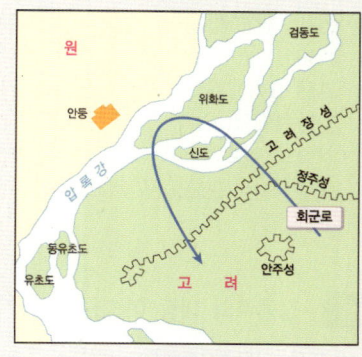

▲ 위화도 회군도

(3) **신진 사대부의 분화** : 신진 사대부들은 모두 고려 왕조의 개혁을 주장하였으나, 역성 혁명을 둘러싸고 왕조 교체를 주장하는 **급진파(혁명파)**와 고려 왕조의 틀 안에서 **개혁을 주장하는 온건파**로 분열되었다.

① **온건파** : 이색, 정몽주, 길재 등 신진 사대부의 대다수는 역성 혁명에 반대하였다.

② **혁명파** : 정도전, 조준, 권근은 역성 혁명에 의한 새 왕조의 개창을 주장하였다.

자료 **신진 사대부의 분화**

구분	급진 개혁파(혁명파)	온건 개혁파
중심 인물	정도전, 조준	정몽주, 이색, 길재
경제적 기반	중·소지주	상대적으로 대토지 소유
구성	수적 열세+이성계의 군사력	다수
개혁 방향	고려 왕조 부정(역성 혁명)	고려 왕조를 수호하고 점진적 개혁
토지 개혁	전면적 토지 개혁인 과전법 주도	토지 개혁은 찬성하나, 과전법은 반대
계승	훈구파(관학파)	사림파(사학파)

(4) **전제 개혁의 실시** : 급진파 사대부는 전제 개혁을 밀어붙여 과전법을 공포하여 신진 사대부의 경제적 기반을 마련하였다(공양왕, 1391).

(5) **결과** : 급진파 사대부와 신흥 무인은 정몽주 등 **온건파** 사대부를 제거하고 조선을 건국하였다(1392).

> **자료** 전제 개혁의 과정과 의미 분석

- 전제 개혁은 위화도 회군 직후인 우왕 14년(1388) 7월 대사헌 조준과 간관 이행, 전법판서 조인옥 등이 상소를 올리면서 시작되어 공양왕 2년(1390)에는 옛 토지대장을 모두 불태웠는데, 그 불길이 며칠간 계속되었다고 한다.
- 전제 개혁에 대한 반발이 거세지자 이성계는 공양왕 3년(1391) 1월에 삼군도총제부를 설치하고 군권을 장악하였다. 그해 5월에는 드디어 과전법이 공포됨으로써 전제 개혁이 일단락되었다.
- 개혁의 결과 전국의 토지가 재분배되어 신진 사대부를 중심으로 하는 관료들은 최고 150결에서 최하 10결의 토지를 수조지로 받게 되어 경제적 기반을 확보하였던 반면 과거의 대지주인 권문 세족은 경제적으로 몰락하였다.
- 전제 개혁은 우리나라 역사상 최초로 무상 몰수·무상 분배된 것으로, 새로운 지배 세력인 신진 사대부의 권력 장악과 일반 관료, 향리, 군인 등 공역을 지는 자에 대한 생계의 안정을 가져왔으며, 일반 농민들은 가혹한 신분적 강제에서 해방되어 법으로 정한 조세(1결당 30두)를 내는 것으로 부담이 줄어들었다. 따라서 전제 개혁은 국가 재정과 민생 안정에 절대적인 기여를 했으며 이성계 일파는 백성의 지지를 얻을 수 있었다.

> **사료** 정몽주와 태종 이방원

1. 포은 정몽주(1337~1392)

그는 1360년(공민왕 9)에 과거에서 제1인으로 뽑혔으며, 1367년에 예조 정랑으로 성균박사를 겸하였다. 이때 경서가 고려에 들어온 것이 『주자집주』뿐이었는데, 그가 강설함이 빠르고 사람들의 생각보다 뛰어나므로 듣는 자들이 자못 의심하였다. 그 후에 호병문의 『사서통』을 얻음에 미쳐 그의 말과 합치하지 않음이 없으므로 여러 선비들이 탄복하였다.   〈『고려사』「정몽주열전」〉

▲ 정몽주

> 조선 왕조의 개창에 반대했던 그는 역설적으로 조선조에 들어와 '동방이학(東方理學)의 시조'로 추앙되었다.

2. 이방원의 「하여가」와 정몽주의 「단심가」

此亦何如 彼亦何如	此身死了死了 一白番更死了
城隍堂後垣頹落 亦何如	白骨爲塵土 魂魄有也無
我輩若此爲 不死亦何如	向主一片丹心 寧有改理也歟
이런들 어떠하리 저런들 어떠하리	이 몸이 죽고 죽어 일백 번 고쳐 죽어
만수산 드렁칡이 얽어진들 어떠하리	백골이 진토 되어 넋이라도 있고 없고
우리도 이같이 얽혀서 백년까지 누리리라 〈이방원, 「하여가」〉	임 향한 일편단심이야 가실 줄이 있으랴 〈정몽주, 「단심가」〉

> 공양왕 4년(1392) 4월에 이성계가 사냥하다 낙마하여 부상하자 정몽주를 비롯한 인사들은 이성계 일파를 제거하고자 대반격을 가했다. 이때 이성계의 아들 이방원(조선 태종)이 신속히 사태를 수습하고 정몽주를 선죽교에서 격살하였는데, 이 시는 정몽주의 죽음 직전 서로의 만남에서 쓰여진 것이다. 이해 7월 17일 이성계는 50여 명의 신하들의 추대를 받아 왕위에 올랐으며 고려는 475년을 끝으로 막을 내렸다.

2. 근세 사회의 성격

구분	중세(고려)	근세(조선)
정치	문벌 귀족 중심, 중앙 집권의 미약	양반 관료 중심, 중앙 집권의 강화
경제	전시과 체제	과전법 체제, 경작권의 보장, 자영농 증가
사회	귀족 사회, 신분 중시	양반 관료 사회, 양인의 증가, 능력 중시
문화	귀족 중심의 문화	교육의 확대, 민족 문화의 발달

3. 국왕 중심의 통치 체제 정비

1대 「태조」 1392~1398

① 새로운 정치 질서의 확립
  ㉠ 개국 공신 정도전은 중국의 이상적인 정치 규범인 『주례』를 참고로 『조선경국전』(1394), 『경제문감』 등을 저술하여 민본주의적 통치 규범을 마련하였으며 『고려국사』를 편찬하여 조선 건국의 정당성을 밝혔다.
  ㉡ 조준 등에게 조선 최초의 통일 법전인 『경제육전』(1397)을 편찬케 하여 1388년 위화도 회군 이후의 법령을 정리하고, 고려 말의 신권 정치를 법제화하였다.
  ㉢ 숭유 정책과 농본주의를 표방하였고, 외교적으로는 사대 교린 정책을 추진하였다.

② 한양 천도와 행정의 정비
  ㉠ 정도전의 주도하에 한양으로 천도하고(1394), 경복궁을 건설하는 한편, 좌묘우사(左廟右社)의 원칙에 따라 종묘와 사직을 건설하였다(1395).
  ㉡ 향·소·부곡을 일반 군현으로 승격시켰으며 관찰사 제도를 부활하여 중앙 집권을 강화하였다.

③ 군사 행정 : 사병을 혁파하고, 의흥삼군부를 설치하여 도평의사사가 가지고 있던 병권을 장악하였다(1393).

④ 교육과 과거제 정비 : 한양에 성균관을 세우고(1398) 지방에 향교를 설치하였으며, 무과를 시행하여 문무양과제를 확립하였다.

⑤ 방원(태종)이 주도한 1차 왕자의 난으로 정도전, 남은, 방석, 방번이 죽자 방과(정종)에게 양위하였다(1398).

의흥삼군부
삼군부라고도 한다. 고려 말인 1391년에 종래의 오군(五軍)을 삼군(三軍)으로 개편해 삼군도총제부(三軍都摠制府)를 설치, 전제 개혁 추진의 무력기구 역할을 했는데, 조선 건국 후인 1393년 이를 의흥삼군부로 개칭했다. 이때 태조의 친위부대인 의흥친군위(義興親軍衛)의 군사력을 통합했다. 처음 의흥삼군부는 중·좌·우 3군의 절제사(節制使)가 통할하는 체제였으나 개국 공신 정도전이 판사(判事)에 임명되면서 광대한 권력을 갖는 군사 최고 기관이 되었다.

자료 왕조의 설계자 정도전(1342~1398)

임금의 자질에는 어리석은 자질도 있고 현명한 자질도 있으며, 강력한 자질도 있고 유약한 자질도 있어서 한결같지 않으니, 임금의 아름다운 점은 순종하고 나쁜 점은 바로 잡으며, 옳은 일은 받들고 옳지 않은 것은 막아서, 임금으로 하여금 가장 올바른 경지에 들게 해야 한다. 《『조선경국전』》

▲ 삼봉 정도전

① 『조선경국전』과 『경제문감』을 저술하여 민본주의적 통치 이념을 마련하였고, 국왕은 인사권만 행사하고 실질적인 정치의 실권은 재상에게 주어 위로는 임금을 받들어 올바르게 인도하고, 아래로는 백관을 통괄하고 인민을 다스리는 재상 중심의 정치를 주장하였다.
② 요동 정벌을 추진하였으나, 이방원에게 살해되면서 더 이상 추진되지 못하였다.
③ 조선 왕조 개창의 정당성을 설명한 역사서인 『고려국사』, 불교의 폐단과 교리 자체를 비판한 『불씨잡변』 등을 저술하여 성리학을 통치 이념으로 확립하는 데 기여하였다.

2대 「정종」 1398~1400
① 태조의 둘째 아들 방과. 개경으로 복귀하였다.
② 의정부를 설치하여 도평의사사가 갖고 있던 행정과 군사권을 의정부(행정)·삼군부(군사)로 분리하였으며 승정원을 독립시켰다.
③ 2차 왕자의 난으로 방간이 제거된 후 방원에게 양위하였다(1400).

3대 「태종」 1400~1418
① 왕권 강화 정책
  ㉠ 사병(私兵)을 철폐하여 병권을 장악하고, 개국 공신 세력을 견제·숙청하였다.
  ㉡ 사간원을 독립시켜 대신들을 견제하게 하고, 외척과 종친의 영향력을 약화시켰으며, 신문고(1401)를 설치하였다.
  ㉢ 6조 직계제 실시하고, 의정부는 유명무실하게 하였으며, 의금부를 설치(1414)하였다.
② 국가 재정 확보
  ㉠ 양전(20년마다 토지 조사)을 실시하고, 사원의 토지와 노비를 몰수하였으며, 불법적으로 노비가 된 자를 해방하여 국가의 경제적 기반을 안정시켰다.
  ㉡ 저화(1402)를 발행하고(사섬서), 호패법(1413)을 실시하여 역원(役原)을 확보하려 노력했다
  ㉢ 인보법(隣保法) 실시 : 향촌 통제와 호적 작성을 위해 실시한 편호 조직으로 오가작통법(성종)으로 계승되었다.
③ 기타 제도의 정비
  ㉠ 교육과 문화 : 한양에 5부 학당(세종 때 4부 학당)을 세우고, 주자소를 설치하여 계미자(1403)를 만들었다.
  ㉡ 한양으로 재천도(1405)를 하였으며, 서얼차대법과 삼가금지법 등의 악법도 실시하였다.

신문고 설치
원래 반역자 색출이 목적이었으나 후에 백성의 억울함을 풀어주는 기능으로 변화하였다. 의금부에서 관할하였고 연산군 때 폐지되었다가 영조 때 부활하였다. 절차가 복잡하여 형조와 사헌부의 확인이 있어야 신문고를 울릴 수 있었으며 하극상을 금하여 상관을 고발하면 도리어 처벌을 받았으므로 점차 유명무실해졌다.

6조 직계제
6조의 장관을 정3품에서 정2품 판서로 높였으며 좌·우정승이 장악했던 문무관의 인사권을 이조와 병조로 이관시킴으로써 재상에게 집중된 권력을 분산시켰다. 또 당시까지 존속하던 독립 기관 중에서 의정부, 사헌부, 사간원, 승정원, 한성부를 제외한 90여 개의 기관을 그 기능에 따라 6조에 분할, 지휘·감독케 함으로써 왕 → 의정부 → 6조의 국정 체제를 왕 → 6조 체제로 바꾸어 왕권과 중앙 집권을 강화시켰다.

사료 태종의 왕권 강화 정책

1. 6조 직계제
의정부의 서사를 나누어 6조에 귀속시켰다. 처음에 왕(태종)은 의정부의 권한이 막중함을 염려하여 이를 혁파할 생각이 있었는데, 이에 이르러 신중히 급작스럽지 않게 행하였다. 의정부가 관장한 것은 사대문서와 중죄수의 심의뿐이었다.
〈『태종실록』〉

2. 호패법
남자 장정으로서 16세 이상이면 호패를 착용한다. 동반, 서반 및 내관 2품 이상인 자는 상아로 된 것을 차고 3품 이하 및 삼의사로서 잡과에 합격한 자는 뿔로 된 것을 차게 하며 그 외 생원·진사·선비·서인·향리·천민은 신분에 따라 다르게 나무로 된 것을 찼다.
〈『경국대전』〉

> 호패는 남자 16세 이상이면 모두 채용해야 하며, 3년마다 재작성하고, 죽으면 국가에 반납하였다.

4대 「세종」 1418~1450

① 정치 : 모범적인 유교 정치의 구현을 위하여 민본 사상을 바탕으로 하는 왕도 정치를 표방하였다.
  ㉠ 6조 직계제를 폐지하고 의정부 서사제를 실시하여 왕권과 신권의 조화를 꾀하였다(1436).
  ㉡ 왕립 학술 연구 기관으로 집현전을 설치하여 경연, 서연, 국왕 자문 등을 맡게 하였다(1420).
  ㉢ 국가 의례는 유교식으로 거행하고, 주자가례를 권장하였으며, 청백리 재상을 등용하였다.
  ㉣ 금부삼복법(사형수 3심제)을 제정하고, 노비의 사형(私刑)을 금지시키고 고문도 금지하였다.
② 대외 정책 : 쓰시마섬을 정벌하고(이종무, 1419), 일본과 계해약조(1443)를 체결하였으며, 4군(최윤덕)과 6진(김종서)을 개척하여(1433) 압록강~두만강으로 하는 현재의 국경선이 확정되었다.
③ 경제 : 공법(貢法) 제도 실시(전세 개혁)
  ㉠ 전제상정소를 설치하여 토지를 비옥도에 따라 6등전으로 구분하는 전분 6등법을 시행하였다.
  ㉡ 공법상정소를 두어 그해의 풍흉에 따라 1결당 4~20두를 걷는 연분 9등법을 시행하였다(1436).
  ㉢ 동전인 조선통보를 발행하여 저화의 보조 화폐로 활용하였다.
④ 사회 : 고려에 이어 의창 제도를 실시하고, 양인을 늘려 국가 재정을 확보하였다.
⑤ 문화 : 부국강병과 민생 안정을 위한 과학 기술이 발달하고 민족 문화가 크게 융성하였다.
  ㉠ 훈민정음을 창제하고(1443), 경자자(1420)·갑인자(1434)·병진자(1436) 등의 금속 활자를 주조하여 『농사직설』, 『의방유취』, 『향약집성방』, 『용비어천가』, 『효행록』, 『삼강행실도』, 『총통등록』 등을 간행하였다.
  ㉡ 원의 수시력과 명의 대통력을 바탕으로 『칠정산내외편』(1442)을 만들어 한양을 기준으로 하는 정확하고 독자적인 역법을 시행하였다.
  ㉢ 측우기(1442)·앙부일구(해시계)·자격루(물시계), 간의·혼천의 등의 천문 관측 기구 등을 만들었다.
  ㉣ 박연이 아악을 정리하고, 소리의 장단과 높낮이를 표현할 수 있는 정간보를 창안하였다.
  ㉤ 36본산제를 실시하여 불교 종파를 교종과 선종으로 통합 정리하였으나, 궁중에 내불당을 짓기도 한 호불 군주로, 신권과 갈등을 빚기도 하였다.

의정부 서사제
6조에서 올라오는 모든 일을 영의정, 좌의정, 우의정이 중심이 되는 의정부에서 논의한 다음, 합의된 사항을 국왕에게 올려 결제를 받고 이를 6조에 회송하여 정무를 집행하는 제도이다.

공법제 실시와 세종의 여론 수렴
세종은 민생과 관련된 중요 정책을 결정할 때에는 백성들의 여론을 존중했다. 예컨대 공법(貢法)을 제정할 때에는 조정의 신하와 지방의 촌민에 이르기까지 18만 명의 찬반을 묻고, 그래도 부작용이 있을까 염려하여 10년간의 시험 기간을 거친 뒤에 전국적인 실시에 들어갔다.

사료 | 해동의 요순 세종의 치세

임금으로 즉위해서는 이른 새벽에 옷을 입고, 날이 밝으면 조회를 받고, 다음에 정사를 살피고, 그 다음에 윤대(輪對)하고 경연에 나아갔는데, 한 번도 게으른 적이 없었다. 신하를 부림에는 예의로써 하고 간언을 따라 어기지 않았으며, 정성으로 사대하고 신의로 이웃 나라와 사귀었으며, 인륜을 밝히고 모든 사물에 자상하니, 남북이 복종하고 사방 국경이 평안하여 백성들이 살아가기를 즐긴 지 무릇 삼십여 년이 되었다. 성스런 덕이 높고 높아 무어라 이를 수 없어, 이때에 '해동의 요순'이라 칭송하였다. 〈『세종실록』〉

5대 「문종」 1450~1452
① 고조선에서 고려 말까지의 전쟁사인 『동국병감(東國兵鑑)』을 간행하였다(1450).
② 김종서, 정인지 등이 기전체 『고려사』(1451), 편년체 『고려사절요』(1452) 등을 편찬하였다.
③ 3군에 속한 12사(司)를 5사로 줄이는 대신, 병력을 늘려 각 병종을 5사에 배분하였다(1451).

6대 「단종」 1452~1455
① 김종서, 황보인 등의 재상을 중심으로 국정이 운영되면서 왕권이 약화되었다.
② 계유정난(1453)으로 수양대군이 김종서, 안평대군 등을 제거하고 실권을 장악하였다.
③ 1455년 폐위되어 강원도 영월에 유배되었다가 강요에 의해 자살하였다(1457).

등준시(登俊試)
세조 12년(1466) 문·무관과 종친을 시험한 임시 과거로, 종친을 등용하는 것이 주된 목적이었다.

토관 제도
4군 6진 지역의 현지인을 그 지역의 관리로 임용하는 토착민 우대 정책이다.

7대 「세조」 1455~1468
① 왕권 강화
  ㉠ 6조 직계제를 실시하여 왕권을 강화하였다.
  ㉡ 집현전과 경연을 폐지하여 언관의 활동을 억제하고(1456), 종친을 등용하여 등준시 왕권을 보완하였다.
  ㉢ 『경국대전』 편찬에 착수하여 먼저 호전과 형전이 완성되었다(1466).
  ㉣ 이징옥의 난을 진압하고(1453), 이시애의 난을 진압(1467)한 후 유향소를 폐지하였다.
② 국방 강화 : 5위의 중앙군을 만들고, 진관 체제, 보법제를 실시하였으며 토관 제도를 확대하였다.
③ 토지 제도 정비 : 직전법을 실시하여 수신전·휼양전 등을 폐지하고 자신의 집권을 인정하는 현직 관리에게만 토지를 지급하여 토지 부족 현상을 해결하는 한편, 정치적인 목적도 달성하였다.
④ 간경도감을 만들어 불경을 간행하고(1461), 원각사를 중건하고 원각사 10층 석탑을 세웠다(1464). 토지 측량 기구인 인지의(규형)를 만들었다(1466).

> **사료** 의정부 서사제와 6조 직계제

- 6조 직계제를 시행한 이후 일의 크고 작음이나 가볍고 무거움이 없이 모두 6조에 붙여져 의정부의 관여 사항은 오직 사형수를 논결하는 일뿐이므로 옛날부터 재상을 임명한 뜻에 어긋난다. 6조는 각기 모든 직무를 먼저 의정부에 품의하고, 의정부는 가부를 헤아린 후에 왕에게 아뢰어 전지를 받아 6조에 내려 보내어 시행한다. 다만 이조·병조의 제수, 병조의 군사 업무, 형조의 사형수를 제외한 판결 등은 종래와 같이 각 조에서 직접 아뢰어 시행하고 곧바로 의정부에 보고한다. 만약 타당하지 않으면 의정부가 맡아 심의 논박하고 다시 아뢰어 시행토록 한다. 〈『세종실록』〉

- 상왕(단종)이 어려서 무릇 조치하는 바는 모두 대신에게 맡겨 논의 시행하였다. 지금 내가 명을 받아 왕통을 계승하여 군국 서무를 아울러 모두 처리하며 조종의 옛 제도를 모두 복구한다. 지금부터 형조의 사형수를 제외한 모든 서무는 6조가 각각 그 직무를 담당하여 직계한다. 〈『세조실록』〉

💡 세종이 실시한 의정부 서사제는 왕권과 신권의 조화, 세조가 실시한 6조 직계제는 왕권의 강화를 의미한다. 의정부 서사제는 중종 이후 제도화되었다.

8대 「예종」 1468~1469
① 과도적인 **원상제**가 유지되었다.
② 1468년, 유자광이 모함한 '남이(1441~1468)의 옥' 사건이 발생하여 남이, 강순 등을 처형하였다.

원상제(院相制)
1468년 세조가 왕권 안정을 위해 측근 원로대신들(한명회, 신숙주, 구치관)을 상시 출근시켜 왕세자와 함께 모든 국정을 상의·결정하도록 한 제도로, 예종은 실권이 없었다.

> **사료** 남이의 '북정가(北征歌)'
>
> 白頭山石磨刀盡 豆滿江水飮馬無 男兒二十未平國 後世誰稱大丈夫
>
> 백두산에 있는 돌을 칼을 갈아 없애고, 두만강의 물을 말을 먹여 없애네. 사나이 스무 살에 나라를 평정하지 못하면 후세에 누가 대장부라 할 것인가.

💡 17세에 무과에 장원급제하여 이시애의 난을 토벌하고 27세에 병조판서가 되었던 청년 장군 남이의 호기가 넘치는 7언 절구이다.

9대 「성종」 1469~1494
① 유교 정치 체제의 재정비
  ㉠ 원상제를 폐지하고 친정을 시작하였다.(1476)
  ㉡ 경연을 활성화시켜 언로를 넓히고, **독서당**과 홍문관(옥당)을 설치하여 자문을 맡게 하였다(1478).
  ㉢ 『경국대전』 완성(1485) : 조선의 통치 규범을 집대성하여 **통치 질서를 완성**하였다.
  ㉣ 사림파의 등용 : 훈구 세력을 견제하기 위하여 김종직, 김일손, 김굉필 등을 등용하였다.
② 유교적 사회 기풍 강화
  ㉠ 불교 억압 : **도첩제**를 폐지(1492)하여 승려의 출가를 금하고, 간경도감을 폐지하였다.
  ㉡ 사림의 영향력이 확대되면서 유향소가 부활(1488)되고, 과부의 재가가 금지되었다.

독서당
젊은 선비들의 경서 연구를 위해 궁중 내에 설치한 일종의 학술 진흥 기관으로 호당(湖堂)이라고도 부른다.

도첩제(度牒制)
승려가 출가할 때 '도첩'이라는 문서를 발급하여 신분을 공인해주던 제도로 태조 때 승려의 수를 줄이려는 억불책으로 실시되었다. 성종은 도첩제를 폐지하여 승려가 되는 것을 금지하였다. 이후 도첩제는 명종 때 다시 시행되었다 폐지되었으며 이후에도 승려의 호패 착용을 의무화한 '승인호패법'과 함께 시행과 폐지를 거듭하였다.

ⓒ 왕비 윤씨를 폐위하였는데, 훗날 연산군 때 갑자사화의 원인이 되었다(1479).
③ 국가적 편찬 사업의 완성 : 『동국여지승람』(노사신, 1481), 『동국통감』(서거정, 1485), 『동문선』(서거정, 1478), 『악학궤범』(1493), 『국조오례의』(신숙주, 1474), 『삼국사절요』(노사신·서거정, 1476) 등을 편찬하였다.
④ 기타 시책
  ㉠ 관수관급제(官收官給制) 실시 : 국가에서 직접 조를 거두어 관리에게 지급하여 관리들의 수조권 남용을 막았다(1470). 양반 관리들이 수조권을 바탕으로 농민을 지배하는 방식이 사라지게 되었다.
  ㉡ 오가작통법 실시 : 농민 통제와 농업 생산의 독려를 목적으로 했다.
  ㉢ 사창제 폐지 : 문종 때 실시된 사창제를 폐지하였다(1470).

자료 조선 시대 법전의 편찬

법전	편저자	시기
조선경국전	정도전	태조(1394)
경제육전	조준	태조(1397)
속육전	하륜	태종(1413)
신찬경제속육전	집현전·황희	세종(1433)
경국대전	최항, 노사신	성종(1485)
속대전	김재로	영조(1746)
대전통편	김치인	정조(1785)
대전회통	조두순	흥선대원군(1865)

2 통치 체제의 정비

1. 중앙 정치 조직

(1) **중앙 관리의 구분** : 문반(동반)과 무반(서반)의 양반으로 구분하였다.
① 18품 30계 : 품계는 9품을 정·종으로 구분하고, 6품 이상은 다시 상·하로 나누어, 1~6품까지는 24등급, 7~9품까지는 6등급, 총 30등급으로 구분하였다.
② 당상관과 참하관 : 정3품 이상(문반은 통정대부, 무반은 절충장군)은 **당상관**이라 하여 대청(堂)에 올라가 의자에 앉아 왕과 같은 자리에서 정치의 중대사를 논의할 수 있고, 당하관은 다시 6품 이상은 **참상관**, 7품 이하를 **참하관**으로 구분하였다. 참상관은 조회에 참여하고 지방 수령의 자리에 오를 수 있다.
③ 중앙 관직인 경관직과 지방 관직인 외관직으로 나누었다.
④ **행수제**와 **상피제**의 적용

행수제(行守制)
관계와 관직이 상응하지 않는 예외가 발생했을 때, 품계가 높은 사람이 낮은 관직을 받는 계고직비(階高職卑)의 경우는 관직 앞에 행(行)을, 반대의 경우인 계비직고(階卑職高)일 때에는 관직 앞에 수(守)자를 붙여 관직과 관계의 결합 원칙을 밝히는 제도이다.

상피제
직무상 관련 있는 부서에 친족과 같이 근무하는 것을 피하고, 지방관이 자신의 고향이나 농지가 있는 곳에 파견되지 못하게 하는 제도이다.

(2) 중앙 정치 제도 운영의 특징
① 중앙 통치 조직표

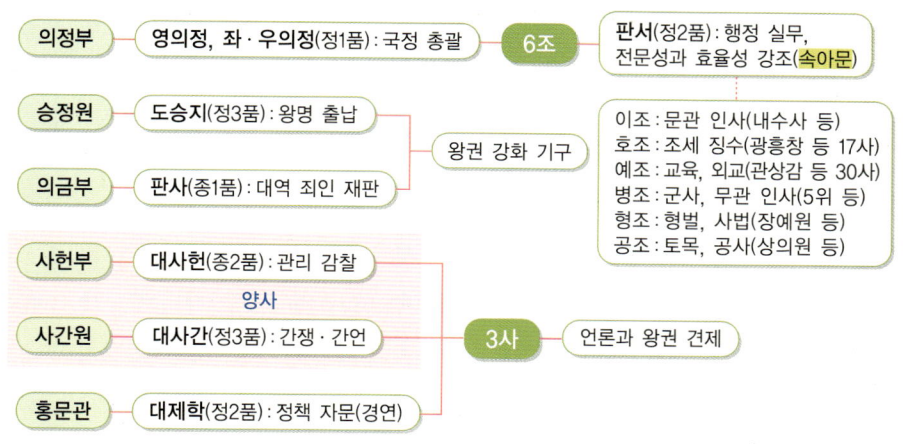

② 의정부와 6조 : 의정부는 국정을 총괄하였으며 6조의 아래에는 여러 관청(100여 개)이 소속되어 업무를 나누어 맡음으로써 행정의 전문성과 효율성을 높일 수 있었다.
③ 왕권 강화 기구
  ㉠ 의금부 : 국왕 직속의 상설 사법 기관, 모반·대역 등 정치적 중범죄를 담당하였다.
  ㉡ 승정원 : 왕명 출납의 비서 기구로 도승지 이하 6명의 승지가 6조를 분담하였다.
④ 언론·감찰 기관 : 3사(사헌부·사간원·홍문관)
  ㉠ 언론 중시 : 정사를 비판하고 관리들의 비리를 탄핵하는 기능으로 왕권의 전제화를 막고, 신권의 독점과 부정을 막기 위한 것으로 3사에서 담당한다. 조선의 정치 구조의 핵심이다.
  ㉡ 경연 : 왕과 대신이 참여하는 학술 세미나(홍문관 중심)로, 국왕의 고문에 정책 자문을 하고, 정책 협의를 통해 왕권을 견제하였다. 세자를 교육하는 서연도 있었다.
  ㉢ 서경 : 5품 이하 당하관을 임명할 때 동의권을 행사하는 것으로, 양사(사간원·사헌부)의 대간들이 담당하였다. 고려 시대에는 1~9품까지 대상이었으나, 조선은 5품 이하의 관리에게만 적용되었다.
⑤ 기타 기구
  ㉠ 4관 : 예조의 속아문으로 왕의 교서를 작성하는 예문관(정2품 대제학), 외교 문서를 작성하는 승문원, 서적을 간행하는 교서관, 국립 대학인 성균관이 있었다.
  ㉡ 실록을 편찬하는 춘추관이 있었으며, 수도 행정을 담당하는 한성부(정2품 판윤)는 중앙 관직에 속했다.

6조의 관할 아래에 있는 여러 관청(속아문)
공신들의 관청인 충훈부(忠勳府), 임금의 종친과 외척의 관청인 돈녕부(敦寧府), 임금의 부마관청인 의빈부(儀賓府), 노비를 관장하는 장예원(掌隸院), 옥새·부절(符節) 등을 관리하는 상서원(尙瑞院), 예의를 관장하는 통례원(通禮院), 제사를 관장하는 봉상시(奉常寺), 왕실 족보를 관리하는 종부시(宗簿寺), 출판을 담당하는 교서관(校書館), 음악을 담당하는 장악원(掌樂院), 천문 지리를 담당하는 관상감(觀象監), 궁중의 부식을 담당하는 사옹원(司饔院), 임금의 병을 치료하는 내의원(內醫院), 옷을 담당하는 상의원(尙衣院), 말을 담당하는 사복시(司僕寺), 무기를 관리하는 군기시(軍器寺), 궁중의 식량·옷감 등을 조달하는 내자시(內資寺), 잔치를 담당하는 예빈시(禮賓寺), 저화를 만들고 노비신공을 맡은 사섬시(司贍寺), 의약을 공급하는 혜민서(惠民署), 치료를 담당하는 활인서(活人署), 장례를 담당하는 귀후서(歸厚署), 도성 수리와 소방을 담당하는 수성금화사(修城禁火司), 장막을 담당하는 전설사(典設司), 배를 관리하는 전함사(典艦司), 청소를 담당하는 전연사(典涓司), 도량형을 관리하는 평시서(平市署), 정원을 관리하는 장원서(掌苑署), 내시들이 근무하는 내시부(內侍府) 등 100여 개에 달했다.

언론 기관 3사의 직제
- **사헌부** : 대사헌1(종2), 집의1(종3), 장령2(정4), 지평2(정5), 감찰13(정6)
- **사간원** : 대사간1(정3), 사간1(종3), 헌납1(정5), 정언2(정6)
- **홍문관** : 대제학1(정2), 제학1(종2), 부제학1(정3), 직제학1(정3), 전한1(종3), 응교1(정4), 부응교1(종4), 교리2(정5), 부교리2(종5), 수찬2(정6), 부수찬2(종6), 박사1(정7), 저작1(정8), 정자2(정9)

상소 구언 격쟁 제도
조선 시대는 정치 운영에서 의견 수렴에 힘썼는데 그 대표적인 것이 상소 제도이다. 일반 관원은 물론 백성들까지 억울한 일이나 정치에 대한 건의를 글로 써서 바칠 수 있었으며, 중앙의 관리와 지방의 수령은 이를 받아 상달하는 것이 제도화되었다. 특히 천재지변 시 왕은 구언(求言)을 요구하는 교지를 내렸는데, 전국적으로 이에 응한 상소를 응지 상소라 한다. 국초의 신문고, 임금의 행차 시 연도의 백성이 징을 치고 나서서 억울한 일을 호소하는 격쟁(擊錚)과 상언 같은 것도 백성의 의견 수렴 제도였다.

> **사료** 대간(臺諫)
>
> 대간은 마땅히 위엄과 명망이 우선되어야 하고 탄핵은 뒤에 해야 한다. 천하의 득실과 백성들을 이해하고 사직의 모든 일을 간섭하고 일정한 직책에 매이지 않는 것은 홀로 재상만이 행할 수 있으며 간관만이 말할 수 있을 뿐이니, 간관의 지위는 비록 낮지만 직무는 재상과 대등하다. 〈『삼봉집』〉
>
> 👉 대간은 사헌부의 대관(관리 감찰)과 사간원의 간관(간쟁 업무)을 합쳐 부르는 말이다. 이들과 홍문관을 합친 삼사의 관원은 벼슬도 높지 않고 실권도 별로 없었으나 학문이 뛰어나고 성품이 강직한 젊은 관원들을 채용하여, 이곳을 거쳐야만 판서나 정승의 반열에 오르는 것이 관례가 되었다. 따라서 과거 성적이 우수해야 진출할 수 있었는데, '맑고 중요한 자리'라 하여 이른바 '청요직(淸要職)'이라 불렀다.

> **자료** 고려·조선 대간 제도의 차이점
>
> 가장 큰 차이점은 인사권의 독립에 있다. 고려 대간들의 인사권은 중서문하성의 고관인 재신들이 가지고 있었다. 그 결과 대간들이 고위직의 눈치를 볼 수밖에 없는 구조였다. 반면 조선은 고려의 제도를 더욱 발전시켜 중서문하성의 낭사를 사간원으로 독립시켰고 사헌부를 강화했다. 이 과정에서 대간의 독립성을 강화했는데 대간의 추천권을 이조 전랑에게 준 것이 좋은 예이다. 전랑은 자신의 후임을 지명할 수 있는 자천권을 행사함으로써 인사적으로 고위직의 간섭으로부터 근본적으로 벗어날 수 있었으며 그 결과 판서 이상의 고위 관료와 전랑, 그리고 대간이라는 절묘한 삼각적 견제 관계를 형성할 수 있었다.

2. 지방 행정 조직

(1) 전국을 8도로 나누고 그 아래에 부·목·군·현을 두었으며, 군현 아래에 면·리·통을 두어 국가의 통치권이 향촌 말단까지 미칠 수 있었다.

① 8도 : 관찰사가 파견되어 수령을 감찰하며, 행정·사법·군사권을 행사하였다. 각 도의 감영(한성, 해주, 공주, 원주, 전주, 대구, 평양, 함흥)에서 근무하며, 병마·수사를 겸하였다.

② 부·목·군·현 : 인구와 토지를 기준으로 구분되며, 부(경주, 전주, 함흥, 평양, 의주)에는 **부윤**(종2품), 목에는 **목사**(정3품), 군에는 **군수**(종4품), 현에는 **현령**(종5품)·**현감**(종6품)이 파견되었다.

③ 상피제를 적용하여 관찰사나 수령은 자기 출신지에 파견하지 않았고, 관찰사는 1년·수령은 5년(후에 3년)의 임기제가 적용되었다.

(2) 특징 : 조선은 고려보다 중앙 집권을 크게 강화하였다.

① 모든 군현에 수령이 파견되어 행정·사법·군사권을 행사하였다. 속현은 모두 소멸되었다.

② 향·부곡·소를 군현으로 승격시켰다.

③ 수령의 권한을 강화하고, 향리의 권한은 크게 약화되었다.

④ 조운·역원(역참)·봉수 등 교통·통신 제도를 정비하였다.

고려와 조선의 향리 비교

구분	고려	조선
역할	속현, 향·소·부곡 지배	행정 실무
지위	왕권 대리인	수령의 행정 보조원
보수	외역전 세습	무보수
신분	신분 상승 가능	신분 상승 제한
과거	문과 응시 허용	문과 응시 사실상 불허

> **사료** 지방관의 임무 : 수령7사(守令七事)
>
> - 農桑盛(농상성) : 농사를 잘 돌봤는가?
> - 學校興(학교흥) : 학교를 일으켰는가?
> - 詞訟簡(사송간) : 송사를 줄였는가?
> - 奸猾息(간활식) : 간활한 풍속을 줄였는가?
> - 軍政修(군정수) : 군정을 잘 다스렸는가?
> - 戶口增(호구증) : 호구를 증가시켰는가?
> - 賦役均(부역균) : 부역을 공평히 부과하였는가?
>
> 부역균이란 수령칠사 가운데 긴요한 일이다. 수령7사란 누가 제정한 것인 알 수 없거니와, 농상성과 호구증에 관해서는 수령이 갑자기 힘을 써서 될 수 있는 일이 아니고, 학교흥과 군정수의 경우는 오히려 급한 일이 아니며, 사송간과 간활식의 경우는 파악하기 어렵다. 오직 부역균 이 한 가지 일은 날마다 내 손에 닿는 일이므로 마땅히 마음을 다해야 할 것이다. 부역은 가볍게 해주는 것이 좋으니, 공용의 허실을 잘 살펴보면 그 거두어들이는 것을 가볍게 할 수 있을 것이고, 부역은 공평하게 하는 것이 좋으니, 백성들이 호적에서 누락된 것을 조사해내면 거두어들이는 것이 이에 고르게 될 것이다."
>
> 〈정약용 『목민심서』〉
>
> 💡 수령7사는 지방관이 해당 임지에 부임하여 가장 역점을 두어야 할 정책이었다. 고려는 수령5사라 하여 학교흥과 군정수가 빠져 있고, 나머지는 조선과 똑같다.

(3) 특수 지방 제도

① **유향소** : 지방의 양반(유향품관)이 조직한 **향촌 자치적 기구**, 자체 법규인 **향규**가 있었으며, 수령 감시 및 보좌·향리 규찰 등의 기능을 수행하였다.

② **경재소** : 유향소와 중앙의 연락 기구, 해당 지방 출신의 고관을 책임자로 임명하여 유향소를 통제하고, 유향소 임원의 임면·부세 운영·향리 규찰 등을 맡아보았는데, 고려의 **사심관과 비슷한 기능**이었다. 경재소 관인층의 지방관에 대한 간섭 등의 폐해로 인해 선조 때 폐지되었다(1603).

> **사료** 유향소와 경재소
>
> - 고을에서 부모에게 불효하는 자, 형에게 불경하는 자, 친족 간에 불복하는 자, 인척 간에 불화하는 자, 남에게 신의가 없거나 남을 구휼해 주지 않는 자가 있으면, 유향소에서 그에 대한 징계를 의논할 수 있으며, 아전으로 백성의 재물을 침탈하는 자가 있으면 이곳에서 징계를 의논할 수 있다. ⇒ **유향소가 풍속 교정, 향리 규찰 등을 담당하고 있다.**
> 〈『경국대전』〉
> - 이 팔조 호구의 법식에 따라 2품 이상은 8향, 6품 이상은 처의 고향을 제외한 6향, 그 이하는 조부와 증조의 외향을 제외한 4향, 관직이 없는 의관족의 자제는 부모의 외향을 제외한 2향으로 하여 매 향마다 경재소에서 좌수 1명을, 참상은 별감 2명을 정하여 고을의 일을 맡기되, 수령의 정치에는 간여하지 못하게 하고 어긴 사람은 죄로 다스리게 하십시오. ⇒ **경재소 설치**
> 〈『세종실록』〉
>
> 💡 경재소와 유향소는 둘 다 고려 사심관에서 유래한 것으로, 경재소는 유향소 통제를 위해 태종 때 설치되었다가 선조 때 폐지되고, 유향소는 세조 때 폐지되었다가 성종(1488) 때 부활되어 경재소 폐지 이후에는 향청(鄕廳), 향소(鄕所)라고 불렀다. 임원은 둘 다 좌수·별감이다.

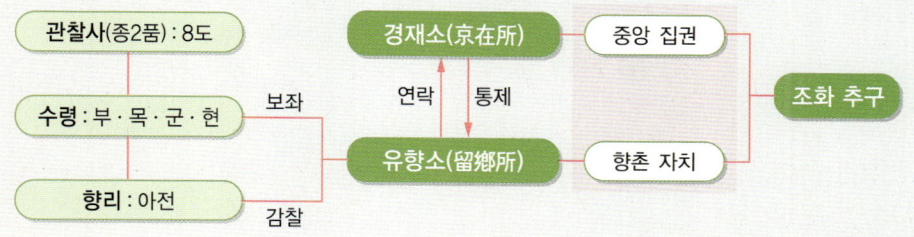

3. 군역 제도와 군사 조직

(1) 군역(軍役) 제도 : 양인 개병제와 농병 일치제

① 원칙 : 16~60세의 양인 장정 들은 현역병인 **정군**(정병)이 되거나 비용을 부담하는 보인(봉족)이 되었다. 정군에게는 **봉족**이 지급되며, 종친이나 외척, 공신, 고급 관리의 자제들도 **특수군으로 군역을 부담하였다.**

② 처우 : 정군은 1년 중 2~3개월을 복무하며 그 기간에는 요역이 면제되었으며 복무 기간에 따라 산계(散階)를 받았다.

③ 면제 : 현직 관료와 학생, 장인, 상인, 어민은 **군역이 면제**되었고, 노비는 의무 자체가 없었으나 필요에 따라 특수 군인 잡색군·속오군에 편제되기도 했다.

(2) 군사 조직

① 중앙군
  ㉠ 임무 : 중앙에는 5위 도총부의 도총관(문관)이 지휘하는 5위가 있었으며, 궁궐과 수도 경비를 담당했다.
  ㉡ 구성 : 군인은 일반 평민의 정군(번상병), 직업 군인인 **갑사**, 특수병(별시위·내금위) 등으로 구성되었으며, 갑사와 특수병은 녹봉과 품계를 받았다.

② 지방군
  ㉠ 육군 : **진관 체제**로 편성되어 각 도마다 1~2개의 **병영**을 두어 **병마절도사**(병사)가 지휘권을 장악하고, 병영 밑에는 거진을 두어 수령이 주변 군현의 군 지휘권을 장악했다.
  ㉡ 수군 : 육군과 같이 각 도에 수영을 두고 **수군절제사**(수사)가 관할 구역의 수군을 통솔했으며, 예하에 포진(浦鎭)과 포(浦)를 두고 첨절제사와 만호를 각각 파견하였다.
  ㉢ 방어 체계의 변화 : 15세기 세조 때 **진관 체제**를 실시하다가 16세기에는 대규모로 군대를 모아 전쟁을 수행하는 **제승 방략 체제**로 전환하였는데, 왜란 이후 17세기에 다시 진관을 복구하였다.

③ 잡색군(雜色軍) : 일종의 예비군으로, 서리, 잡학인, 신량역천인, 노비 등으로 편성하였다.

보인(봉족)
정군이 군역을 지는 동안 필요한 식량, 의복 등 경비를 부담하였는데, 매월(정군의 복무 기간) 무명 1필을 국가에 바치게 했다. 그러나 토지가 3~4결 이상 되는 중산층 정군에게는 보인을 주지 않았다.

갑사
간단한 시험을 거쳐 선발된 일종의 직업 군인으로, 정식 무반에 속해 품계와 녹봉을 받았다. 이들은 중앙에서는 왕궁과 서울의 수비를 맡고, 지방에서는 하급 지휘관이 되었다.

사료 보인(保人)

보인으로부터 잡물을 함부로 거두는 자(1인으로부터 매월 면포 1필을 초과하여 거두지 못한다.) 및 법을 어기면서 보인을 개인적으로 함부로 부리는 자는 가까운 이웃까지 함께 모두 군령으로 논하고 본인은 강등하여 보인으로 한다. 《『경국대전』》

2정(丁)을 1보로 하여 갑사는 2보, 기병과 수병은 1보 1정, 보병과 봉수군은 1보를 주었다.

4. 교통과 통신 체제

① 역(驛)·원(院) : 전국의 교통 요지(30리마다)에 역을 설치하고 문서 전달과 관물 운송을 하였으며, 각 역의 중간에 숙박 시설인 원을 설치하여 공무 수행의 관원이 이용하였다.
② 봉수제 : 변방의 군사적 위급 사태를 신속하게 알리기 위한 체계로 산꼭대기의 각 봉수대를 불과 연기 신호로 연결하여 서울까지 보고하였다.
③ 파발제 : 왜란으로 역·원제가 무너지자 **공문의 급송**을 위해 **선조 때 설치**되었다. 보발과 기발이 있었다.

5. 교육과 과거 제도

(1) **교육 제도의 특징** : 교육 제도와 시험 제도가 긴밀히 연관되어 운영되었다.

자료 교육 과정과 과거 제도의 연관

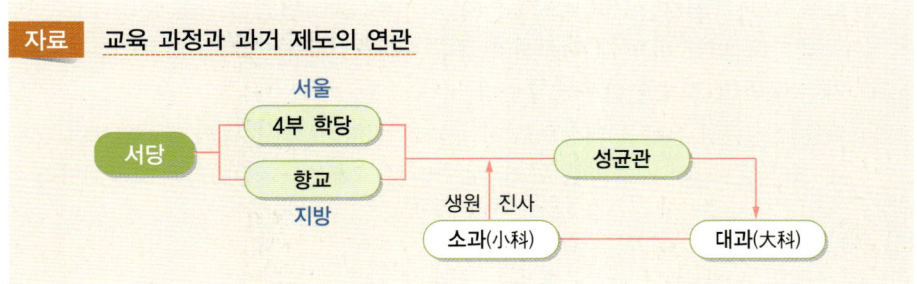

(2) 학문 교육 기관

① **초등 교육 기관** : 서당은 고려 시대부터 있었던 **사학(私學)**으로, 훈장과 접장(보조 교사), 학도로 구성된다. 7~8세에 입학하여 『천자문』, 『동몽선습』, 『소학』 등을 배웠다.

사료 서당

천수경은 원래 가난하여 늙은 어머니를 봉양할 수 없었다. 그래서 동네 아이들을 모아 가르쳤는데, 자신의 한 달 생활비를 학생들의 수로 나누어 받았다. 얼마 안 있어 학생들이 점점 불어났고, 월사금은 점점 많이 들어왔다. 그래서 한 달에 60전만 내게 하니, 사람들이 "하루에 글을 읽는 값이 어찌 동전 두 닢밖에 안 된단 말인가?"라고 하였다. 이 때문에 학생이 점점 불어나 많을 때는 300명이나 되었다. 〈『희조일사』〉

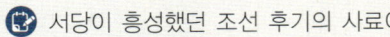 서당이 흥성했던 조선 후기의 사료이다.

② **중등 교육 기관** : 4부 학당(서울)·향교(지방)

교육 기관	4부 학당	향교
지역	• 서울의 동·서·남·중(中)부에 설치된 관학으로 **부학(部學)**이라고 함	• 각 지방의 군현에서 운영되었던 **관학(官學)**
정원과 입학 자격	• 각 학당의 정원은 100명, **8세 이상의 양인**이 입학	• 정원은 군현의 크기에 따라 다름 • **양인 이상**의 신분인 남자(8세 이상)가 입학

교육 과정	• 교수·훈도가 소학과 4서 5경을 중심으로 교육	• 중앙에서 파견된 **교수**(종6품)와 **훈도**(정9품)가 4서 5경을 중심으로 교육
특징	• 재(齋, 기숙사)는 있으나, 향교와 달리 **문묘**(文廟, 공자 사당)가 따로 없음	• 성균관과 마찬가지로 **대성전·문묘·명륜당**이 있으며, 동재에는 양반이 서재에는 평민이 기숙
상벌과 특전	• **승보시** 합격자에게는 성균관 입학 자격이 부여되었다.	• 매년 2회 시험을 보아 우수자는 생원·진사 시험의 **초시를 면제**해 주고 성적 미달자는 군역을 부여함

승보시
소과(小科)의 초시(初試)에 해당하는 것으로, 매달 15세 이상의 사학(四學) 유생들을 대상으로 시험을 실시하여 성적이 우수한 자는 성균관 기재생(成均館 寄齋生)으로 입학할 자격을 주었다. 성균관에 입학하면 하재생(下齋生)이라 하여 비록 정규 학생은 아니더라도 상재생(上齋生)과 함께 성균관 유생으로서의 모든 특권을 누릴 수 있었다. 사학 유생들이 대부분 서울의 명문 세도 집안의 자제들이었기 때문에 승보시는 명문가의 자제들에게 부여된 특권의 하나였다.

지방 향교의 정원
향교의 정원은 군현의 크기에 따라 달랐다. 대체로 부·대도호부·목 90명, 도호부 70명, 군 30명, 현 30명으로 규정되었다.

③ 성균관
  ㉠ 입학 자격 : 15세 이상의 소과(생원시·진사시) 합격자와 4부 학당의 승보시 합격자·음서 출신 등이 입학하였다.
  ㉡ 교육 과정 : 정원은 200명이었으며, 과거의 본 시험인 **대과를** 준비하였는데, 일정 수학 연한 이후 대과 응시 자격이 주어졌다(최소 300일 수학). 성적 우수자는 문과의 초시를 면제해 주었다.
  ㉢ 특전 : 성균관 유생을 대상으로 하는 과거인 **알성시**의 특혜가 주어졌으며 정치적 입장을 표명하는 **공관**(등교 거부), **권당**(단식 투쟁) 등의 활동이 보장되었다.

자료 성균관(成均館)의 구조

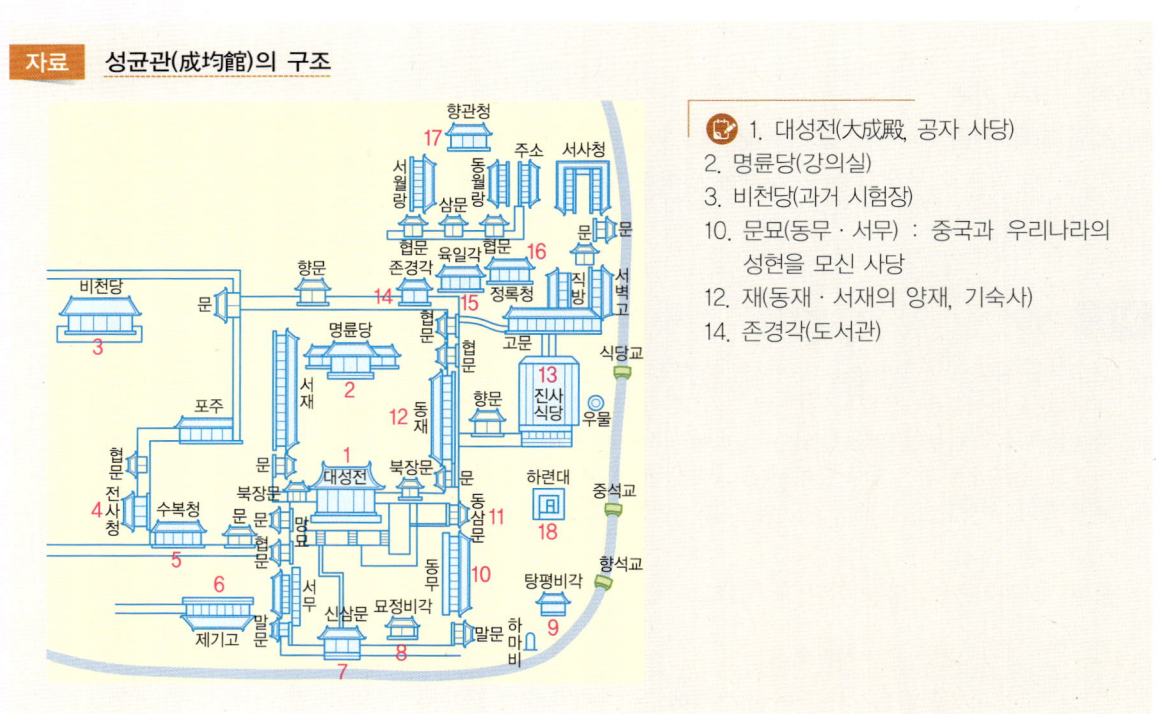

1. 대성전(大成殿, 공자 사당)
2. 명륜당(강의실)
3. 비천당(과거 시험장)
10. 문묘(동무·서무) : 중국과 우리나라의 성현을 모신 사당
12. 재(동재·서재의 양재, 기숙사)
14. 존경각(도서관)

(3) **기술 교육(잡학)** : 고려와 달리, 중앙은 해당 관청에서, 지방은 해당 관아에서 담당하였으며 일정 기준 통과 후에 잡과에 응시할 자격을 주었다.

(4) 과거 제도(문과·무과·잡과)

① **응시 자격** : 과거(科擧)는 양인 이상이면 누구나 응시 가능하였으나, 문과의 경우에는 수공업자·상인·무당·노비·탐관오리의 아들·재가한 여자의 아들과 손자·서얼 등은 응시할 수 없었다.

② **시험의 종류** : **식년시**(式年試)라 하여 자(子)·묘(卯)·오(午)·유(酉)가 드는 해마다 3년에 한 번씩 정기적으로 실시하였으며, 국가의 큰 경사가 있을 때 보는 **증광시**(增廣試), 국왕이 성균관 문묘에 제례 올릴 때 보는 **알성시**(謁聖試), 나라에 경사가 있을 때나 또는 당하관을 대상으로 한 승진 시험의 성격을 가진 **별시**(別試) 등 특별 시험이 많았다.

③ **문과**
  ㉠ 소과(생·진사과, 사마시) : 생원과(4서5경)와 진사과(시·부·책 등 문예)에서 각각 초시(700명)를 거쳐 복시에서 각각 100명을 선발하였는데(백패), 이들은 하급 관리에 임용되거나 성균관 입학 및 대과에 응시할 수 있었다.
  ㉡ 대과(문과) : 대과는 **초시-복시-전시**를 거치는데, 초시에서는 인구 비례에 따른 지역 할당제로 인원을 정하였으며 총 240명을 선발하였다. 복시를 거쳐 **33명**을 선발한 후 마지막으로 전시에서 왕이 직접 갑·을·병으로 순위를 결정하여 **합격자에게는 홍패**를 주었다. 1등인 장원은 참상관(종6품)에 제수되는 특전이 주어졌다.

④ **무과** : 문과와 같은 절차를 거쳐 치러지는데 **최종 선발 인원은 28명**이었다.

⑤ **잡과** : 역과·율과·의과·음양과의 잡과는 기술관 시험으로 **초시·복시만으로 합격자를 선발**하였다(백패). 해당 관청에서 초시를 치르고, 복시만 예조가 주관하였다.

⑥ **승과** : 국초와 **명종** 때 보우의 주도로 실시된 것 외에는 거의 실시되지 않았다.

⑦ **음서** : 고려가 5품 이상에게 폭넓게 적용한 데 비해 **2품 이상의 고관 자제**로 대폭 축소하였으며, 고려와 달리 고관으로 승진이 어려웠다.

⑧ **기타** : 취재(하급 실무직), **천거(추천제)** 등이 있었는데, 천거는 대개 3품 이상의 고관이 천거권을 행사했으며, 기존 관리를 대상으로 하였고 벼슬하지 않은 사람이 천거되는 경우는 드물었다(조선 초기).

조선 후기 과거장의 풍경

엄격했던 과거제의 기품은 후기로 갈수록 문란해져서 마치 시장판처럼 혼란스러웠다.

잡과

잡과는 3년마다 역과 19명, 의과 9명, 음양과(천문·지리·명경) 9명, 율과 9명으로 도합 46명을 선발하였다. 이 중 음양과의 천문학은 해당 관청에서 천문학을 전공하는 생도들만이 응시 할 수 있었으나, 다른 과는 향교생이나 부학생들도 응시할 수 있었다. 잡과 합격자는 최고 3품까지 승진할 수 있었으며, 국초에는 다시 문과에 합격하여 고급 관원이 된 예가 적지 않았으나, 성종 이후 점차 양반으로의 진출이 막히게 되었다.

자료 조선 시대의 과거 제도 정리

구분	문과	무과	잡과
정기 시험	식년시	식년시	식년시
시험 단계	초시·복시·전시	초시·복시·전시	초시·복시
부정기 시험	증광시·알성시	증광시·알성시	증광시
시험 과목	경전·문학·논술	강서·무예	전공·경국대전
선발 인원	33명(갑 3+을 7+병 23)	28명	46명
합격증	홍패	홍패	백패
관직	종6품~정9품	종6품~정9품	종7품~종9품

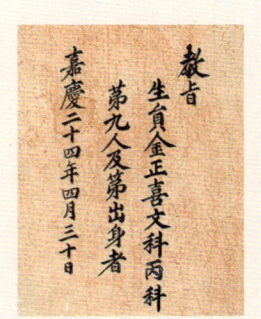

▲ 홍패 교지

> **한눈에 보기** 고려와 조선의 제도 비교

구분	고려	조선
중앙	도평의사사(문하시중) 6부 중추원 어사대 중서문하성(낭사) 대간(대성)	의정부(영의정) 6조 승정원 사헌부 사간원 대간
지방	5도·양계로 이원화(안찰사) 속현이 주현보다 많음 향리가 향·부곡·소 지배	8도로 일원화(관찰사) 모든 군현에 지방관 파견 향·부곡·소 폐지
교육	국자감에서 기술 교육	해당 관청에서 기술 교육
과거	문과·잡과·승과 음서(5품 이상), 음서 우대	문과·무과·잡과, 승과(거의 실시되지 않음) 음서(2품 이상), 과거 우대

① 조선 시대에는 무과가 실시되었다. 따라서 조선 시대는 고려 시대에 비해 문무 양반 제도가 보다 확립되었다.

② 조선은 음서의 특권이 축소되고, 상피제, 서경, 근무 성적 평가 등의 합리적 인사 행정이 마련되어 고려보다 관리의 능력을 강조하는 관료제 사회로 규정한다.

3 사림의 대두와 붕당 정치

1. 훈구와 사림

구분	훈구파	사림파
집권 시기	15세기 세조 집권 이후	16세기 말 선조 이후
기원	혁명파 사대부(정도전, 권근)	온건파 사대부(정몽주, 길재)
배경	공신(중앙), 대지주	영남·기호 지방, 중소 지주
학풍	관학파(성균관·집현전 출신)	사학파(서원 출신)
사상	**중앙 집권, 부국강병, 과학 기술 중시**, 불교, 도교, 풍수지리설 등 포용, 『주례』 중시	**향촌 자치, 왕도 정치, 과학 기술 경시**, 성리학 이외의 사상 배격, 성리학적 명분론 중시
학문 경향	사장(詞章) 중시	경학(經學) 중시
대표 인물	정인지, 신숙주, 서거정	김숙자, 김종직, 김굉필, 조광조
역할	15세기 문물 제도 정비	16세기 성리학 발전

> **자료** 세조의 집권과 훈구파의 형성
>
> 세조 치세 인사의 구성을 보면 의정부 대신·6조 판서 등 고위직 관리 120명 중에서 공신이 아닌 인사는 23명에 불과했으며, 의정부 3정승에는 공신이 아닌 사람은 단 한사람도 오르지 못했다. 이들 중 세조의 측근으로 자리잡은 한명회, 권람, 신숙주 등은 세조의 신임을 바탕으로 왕실은 물론 상호 간의 중복된 혼인 관계를 맺음으로써 더욱 굳건한 정치적 기반을 형성하였다. 그 결과 이들은 오랜 기간 고위 관료층을 독점하면서 세조 사후에도 권력의 핵심을 차지했는데 이들을 훈구파라고 한다.

2. 사림의 정치적 성장

(1) 사림의 중앙 진출

① 계기 : 성종이 비대해지는 훈구 세력(세조의 공신)을 견제하기 위해 적극적으로 기용하였으며, 훈구와 사림 세력이 균형을 이룰 수 있었다.

② 중심 세력 : 경상도 선산 출신의 선비 김종직과 그의 문인들을 중심으로 하여 전랑과 3사의 언관직에 진출하였으며, 훈구 세력의 부정부패와 대토지 소유에 대해 부정적 입장을 견지하였다.

③ 사림의 계보

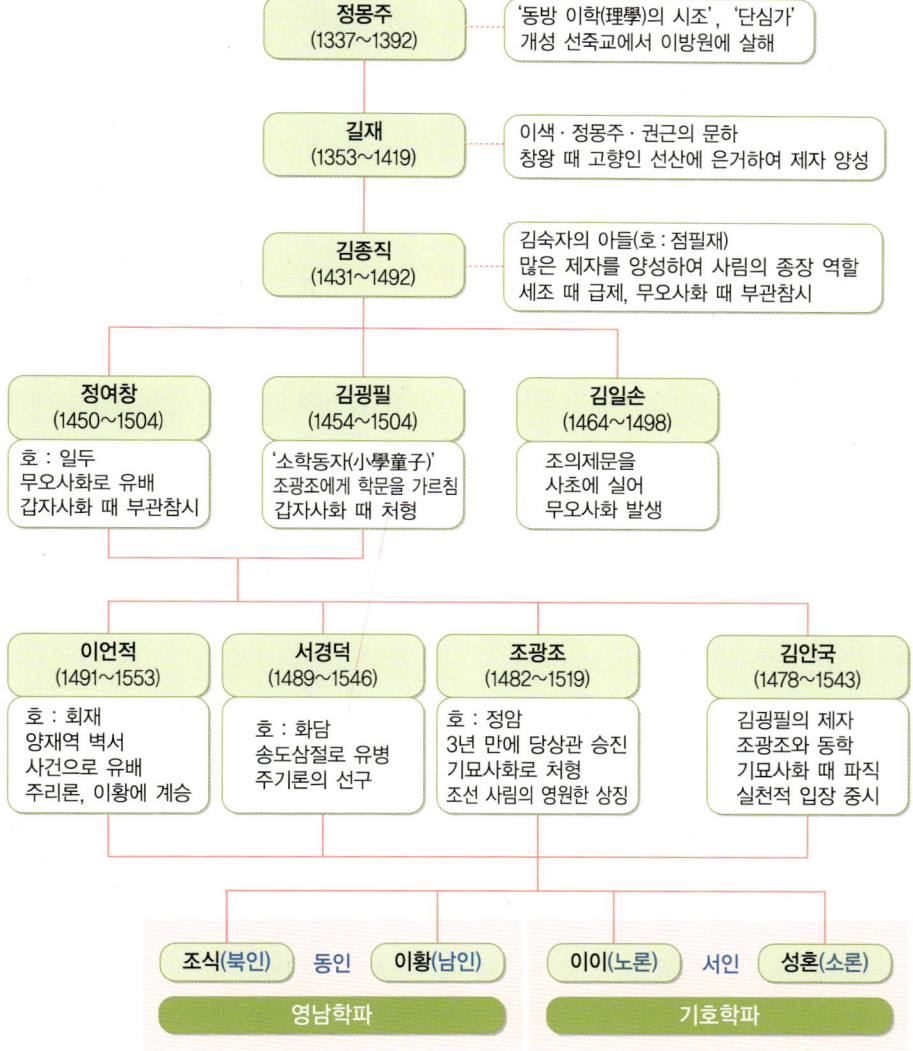

3. 사화(士禍)의 발생

(1) 무오·갑자사화 : 성종을 이어 즉위한 연산군은 훈구 대신과 사림을 모두 누르고 왕권을 강화하였다. 특히 사림 세력의 분방한 언론 활동을 억제하였는데, 이에 두 차례에 걸친 사화(무오·갑자)를 겪으면서 영남 사림의 대부분이 몰락하였다.

사료 무오사화의 발단이 된 조의제문(弔義帝文)

"어느 날 꿈에 신인(神人)이 말하기를 '나는 초나라 회왕(의제)의 손자인 심(心)이다. 서초(西楚)의 패왕(覇王 : 항우)에게 피살되어 침강에 빠져 있노라.' 하고는 갑자기 사라져 버렸다. 역사를 상고해 보면 회왕을 죽여 강물에 던졌다는 말이 없는데 이것은 필시 항우가 비밀리에 사람을 시켜 죽이고 그 시체를 물에 던졌는지도 알 수 없다고 생각하여 마침내 글을 지어 회왕을 조위하였다. 나는 동이 사람으로서 또 몇천 년 후이지만 삼가 초나라의 회왕이 비명에 죽은 것을 슬퍼하노라." ……(중략)…… 간사한 신하 김종직은 나쁜 마음을 품고 몰래 그 무리들을 모아 흉악한 계획을 시행하려고 한 지가 오래되었다. 그는 항우가 의제(義帝)를 죽인 일을 기록하여 세조를 나무라고 헐뜯었다. 이는 하늘에 닿을 만큼 악독한 죄이니 용서할 수 없는 것이다. 대역죄로 논단하여 관을 쪼개어 송장의 목을 베게 하노라. 그 무리 김일손, 권오복, 권경유는 간악한 덩어리로 뭉쳐서 서로 호응하고 도와 글을 칭찬하매 조의제문(弔義帝文)이 충정에서 나왔다고 사초(史草)에 기록하여 영원히 뒷세상에 전하고자 했으니 그 죄가 김종직과 같다. 아울러 능지처사하도록 한다. 〈『연산군일기』〉

👉 1457년(세조 3) 김종직이 단종을 항우에게 죽은 초나라 의제에 비유하여 세조의 찬탈을 비난한 글로, 제자인 김일손이 사관(史官)으로 있을 때 사초(史草)에 적어 넣었다. 훈구파 이극돈·유자광에 의해 무오사화(戊午史禍)가 발생하여 김종직은 부관참시, 김일손은 능지처참에 처해지고, 정여창·김굉필 등은 귀양을 보냈다. 사초(史草) 때문에 일어났다 하여 보통 사화(史禍)라 부른다.

조광조(1482~1519)

현량과
조광조가 주장하여 설치한 관리 등용 제도. 기존의 과거로는 지방의 신진 사류를 등용하기 어렵다는 취지하에 중앙(홍문관·대간)과 지방(관찰사·수령)의 관리들이 후보자를 추천하고, 이들을 모아 왕이 보는 가운데 시험을 보게 해서 선발하였다. 이때 선발된 사람은 장원 김식을 비롯한 28명이었는데, 거의 조광조 일파의 신진 사류였다. 기묘사화 후에 폐지되었고, 선조 때 다시 실시하기도 했으나, 16세기 말 이후 유명무 실해졌다.

『이륜행실도』
조광조의 친구이자 사림의 한 사람인 김안국이 중종 13년(1518)에 장유유서(長幼有序)와 붕우유신(朋友有信)의 이륜을 퍼뜨리기 위해 모범적인 인간상을 그림을 붙여 설명한 책이다.

(2) **조광조**의 등장
① 배경 : 연산군을 내쫓고(중종 반정, 1506) 왕위에 오른 중종은 공신 세력을 견제하기 위해 촉망받던 젊은 신진 조광조를 중심으로 하는 사림을 등용하였다.
② 개혁의 추진
  ㉠ 성리학적 도학 정치 강조 : 사림은 국왕의 경연을 강화하고 **현량과**를 실시하여 신진 사림을 등용하였으며, 소격서의 폐지를 주장하고, 향촌 사회의 자율과 안정을 위해 향약의 실시와 『삼강행실도』, 『**이륜행실도**』, 『소학』 등을 보급하는데 노력하였다.
  ㉡ 민생 안정책 : 내수사의 장리를 폐지하고, 토지 겸병의 반대와 균전제 실시, 방납의 시정 등을 촉구했다.

사료 현량과와 조광조에 대한 평가

• 지방에서는 감사와 수령, 서울에서는 홍문관과 육경(六卿), 대간(臺諫)에게 재주와 행실이 훌륭하여 관직에 등용할 만한 사람을 천거하게 합니다. 그러면 이들을 궁궐에 불러 직접 정책에 대한 평소 생각을 시험한다면 훌륭한 인물들을 많이 얻을 수 있을 것입니다. 이는 조종(祖宗)이 하지 않았던 일이요, 한(漢)나라의 현량방정과의 뜻을 이은 것입니다. 덕행은 여러 사람이 천거하는 바이므로 반드시 헛되거나 그릇되는 것이 없을 것이요, 또 정책에 대한 평가를 통해 그가 하려고 하는 방법을 알게 될 것이니, 두 가지가 모두 손실이 없을 것입니다. 〈『중종실록』〉
• 정암은 타고난 자질이 참으로 아름다웠으나 학문에 충실하지 못하여 시행한 것에 지나침이 있었기 때문에 결국 실패하고 말았다. …… 요순 시대의 임금과 백성같이 되게 하는 것이 아무리 군자의 뜻이라 하더라도 때와 역량을 헤아리지 못한다면 안 되는 것이다. 기묘(己卯)의 실패는 여기에 있었다. 『퇴계집』

👉 조광조에 대한 이황의 평가이다. 평소 조광조를 극진히 존경해 왔던 이황은 조광조의 실패를 아쉬워 하면서 깊지 못한 학문이 그의 실패 원인이라고 주장했다.

③ **기묘사화**(1519) : 사림의 급진적인 개혁은 공신의 반발을 초래했는데, 반정 공신들의 공훈을 깎는 이른바 위훈 삭제 문제로 정면 충돌했으며 결국 남곤, 심정 등이 조광조 일파를 제거하였다. 조광조는 사약을 받고 38세의 나이로 죽었다.

(3) **을사사화**(1545) : 명종 때 국왕의 척신들(대윤·소윤)의 권력 다툼 과정에서 사화가 발생하여 사림이 큰 피해를 입었다. 이 시기 사림은 서원과 향약을 통해 향촌 사회에서 세력을 확대하였다.

> **위훈 삭제(僞勳削除)**
> 표면적으로는 정국 공신(靖國功臣, 중종반정) 책정이 잘못되었다는 것을 말하고 있으나, 내용은 사림들이 남곤·심정·성희안·유자광 등 훈구파 대신에 대한 견제였다. 정국 공신 117명 중 4분의 3에 해당되는 76인의 훈작이 삭탈되었다.

사료 4대 사화

① 그는 항적(項籍)이 의제(義帝)를 시해한 일에 가탁하여, 문자에 나타내어 선왕(先王)을 헐뜯었으니, 그 하늘에 넘실대는 악은 불사(不赦)의 죄에 해당하므로 대역죄로 논단하여 부관참시를 하였노라.
〈『연산군일기』〉

② 이파의 자손은 폐하여 서인으로 하고, 한명회, 심회, 정창손, 정인지, 김승경 등은 만일 종묘에 배향된 자가 있으면 내치라. 또 이세좌의 아들, 사위, 아우로서 부처된 자는 폐하여 서인으로 하여 영구히 사판(仕版)에 오르지 못하게 하라.
〈『연산군일기』〉

③ 조광조, 김정, 김식, 김구, 윤자임, 기준, 박세희, 박훈 등이 자기에게 붙는 자는 천거하고 자기와 뜻이 다른 자는 배척하여, 성세로 서로 의지하고 권세 있고 중요한 자리를 차지하고서 후진을 이끌어 국론이 전도되고 조정을 그르치게 하였으니 그 죄가 크다.
〈『중종실록』〉

④ 윤임은 화심(禍心)을 품고 오래도록 흉계를 쌓아 왔다. 처음에는 동궁(東宮)이 외롭다는 말을 주창하여 사림들 사이에 의심을 일으켰고, 중간에는 정유삼흉(丁酉三兇 : 김안로, 허항, 채무택)의 무리와 결탁하여 국모를 해치려고 꾀하였고, 동궁에 불이 난 뒤에는 부도(不道)한 말을 많이 발설하여 사람들을 현란시켜 걱정과 의심을 만들었다.
〈『명종실록』〉

👉 ①은 무오사화, ②는 갑자사화, ③은 기묘사화, ④는 을사사화이다.

자료 4대 사화의 특징 정리

구분	왕	연대	원인
무오사화	연산군	1498	김종직의 '조의제문'
갑자사화	연산군	1504	폐비 윤씨 사건
기묘사화	중종	1519	조광조의 급진 개혁 : 천거제인 현량과(賢良科) 실시, 정국 공신(靖國功臣, 중종반정)에 대한 위훈 삭제(僞勳削除), 소격서(도교) 폐지, 소학·향약 보급, 방납 개혁, 내수사장리의 폐지
을사사화	명종	1545	외척 간 왕위 계승 쟁탈 : 대윤(윤임)은 인종, 소윤(윤원형)은 명종을 지지, 척신 정치가 시작되었다.

(4) 사화 시기의 왕대사

10대 「연산군」 1494~1506
무오사화(1498)·갑자사화(1504) 발생, 경연과 사간원을 모두 폐지하였다.

11대 「중종」 1506~1544
① 삼포왜란으로 비변사를 처음 설치하였다(1510).
② 기묘사화로 조광조가 실각하고 사사되었다(1519).
③ 『이륜행실도』(김안국·조신, 1518), 『신증동국여지승람』(1530) 등이 편찬되었다.

12대 「인종」 1544~1545
중종의 아들이며 동생이 명종이다.

13대 「명종」 1545~1567
① 중종의 둘째 아들. 12세로 즉위하여 문정왕후가 수렴청정을 하였다.
② 문정왕후의 동생인 윤원형이 을사사화를 일으켰다(1545).
③ 을묘왜변(1555)으로 비변사가 상설화되었다.
④ 이익이 『성호사설』에서 홍길동·장길산과 더불어 조선의 3대 도적으로 꼽은 임꺽정이 활약하였다(1559~1562).

[자료] 조선 시대 주요 공신(功臣) 목록

구분	연도	근거	공신 등급 및 인원 수			
			1등	2등	3등	4등
개국 공신	1392	조선 건국	정도전, 조준 등	17	13	22
정사 공신	1398	1차 왕자의 난	이방의, 이방간, 이방원, 조준, 김사형, 하륜 등	12	17	
좌명 공신	1400	2차 왕자의 난	하륜, 이숙번, 민무구, 민무질 등	9	3	1,222
정난 공신	1453	계유정난	수양대군, 정인지, 권람, 한명회 등	12	11(신숙주)	20(성삼문)
좌익 공신	1455	세조 즉위	신숙주, 한명회, 권람 등	7	12(정인지)	27(성삼문)
적개 공신	1467	이시애의 난	구성군, 남이 등	10	23	12
익대 공신	1468	남이의 역모	유자광, 신숙주, 한명회 등	5	10	24
좌리 공신	1471	성종 즉위	신숙주, 한명회 등 9명	12(정인지)	18(서거정)	36(이극돈)
정국 공신	1506	중종반정	박원종, 성희안, 유자광, 홍경주 등 8명	13	31	65
정난 공신	1507	이과의 역모	노영손 등	5	5	12
위사 공신	1545	을사사화	정순붕, 이기 등	4	7(윤원형)	16(이언적)
평난 공신	1589	정여립의 난	한응인, 박충간, 이축 등	3	12(이산해)	7(이항복)
광국 공신	1590	종계변무	윤근수, 황정욱, 유홍 등	3	7(윤두수)	9(정철)
호성 공신	1604	선조의 피난	이항복 등	2	31(유성룡)	52(허준)
선무 공신	1604	임진왜란	이순신, 권율, 원균	5(김시민)	10	
청난 공신	1604	이몽학의 난	홍가신	2	2	
정사 공신	1623	인조반정	이귀, 김자점, 최명길 등	10	15(이괄)	28
진무 공신	1624	이괄의 난	정충신 등	3	8	15
소무 공신	1627	이인거의 난	홍보	2	3	
영사 공신	1628	유효립의 역모	허적	5	5	

영국 공신	1644	심기원의 역모	김류 등		2	2	1
보사 공신	1680	허견의 역모 (경신환국)	김석주, 김만기 등		2	1	2
분무 공신	1728	이인좌의 난	오명항	7(박문수)	7		

① 세조 시기에 무려 4차례에 공신 책봉이 이루어졌으며 이들이 훈구파를 형성하였다.
② 종계변무(宗系辨誣) : 태조 이성계를 고려 말의 권신 이인임의 아들이라고 잘못 기록한 『대명회전(大明會典)』의 내용을 바로잡는 문제이다. 태조 때부터 줄기차게 명에 요구하였으나 거의 200년 뒤에야 비로소 해결되었다. 2등 공신에 기대승, 이산해, 유성룡 등이 들어 있다.

4. 붕당의 출현

① **성립** : 선조 이후 사림이 중앙 정계로 진출하여 정국을 주도하는 과정에서 척신 정치 잔재의 청산과 이조전랑직 문제로 동인과 서인으로 나뉘게 되었다.
② **내용** : <mark>전랑</mark> 문제로 대립한 김효원과 심의겸의 갈등(1575)에서 김효원을 지지한 동인은 척신 정치 청산에 적극적인 신진 사림이었고, 심의겸을 지지한 서인은 개혁에 소극적인 기성 사림이었다.
③ **성격** : 초기에는 사림의 공론 수렴과 상대 당에 대한 **견제적 기능**이 강했으나, 후기에는 상대를 인정하지 않게 되면서 **일당 전제화** 경향이 나타나게 되었다.
④ **한계** : 후기로 가면서 왕권이 약화되고 정치 기강이 문란해지면서 **대립과 분열**이 더욱 격화되었다.

전랑(銓郎)
전랑은 이조전랑이 문관, 병조전랑이 무관의 인사권을 담당한 청요직으로, 이조의 경우 정랑 3인(정5품)과 좌랑 3인(정6품)을 칭하는 말이다. 주요 권한은 3사의 관리 선발권인 통청권, 자신의 후임을 추천할 수 있는 자대권(자천권), 재야 사림을 추천할 수 있는 낭천권 등으로 막강하였다. 정승과 판서를 3사가 견제하고, 3사를 이조전랑이 견제하는 삼각 구도의 절묘한 견제 시스템이다.

사료 붕당 정치의 이해

1. 붕당 정치의 올바른 이해

① 유력한 권위 아래 모이고, 혹은 특수한 사회 결합에 의존하여 당파를 맺는 것은 조선의 두드러진 국민성으로서 정치, 사회의 대립에서부터 다 같이 두드러지게 나타나고 있다. 붕당의 다툼은 주자학의 원리, 특히 예론에 따른 일종의 의존적 대립인 까닭에 종합되어 앞으로 나아가는 때는 없고, 언제까지나 의미 없는 대립으로서 성과 없는 항쟁을 계속한다. 항쟁의 길이에 있어서는 세계적 기록이라고 하여도 과언이 아니다. 〈미지나, 『조선사 개설』〉

붕당의 부정적 측면을 강조하고 있다. ⇒ 식민 사관

② 붕당은 싸움에서 생기고 싸움은 이해 관계에서 생긴다. 이해 관계가 절실하면 붕당이 깊어지고, 이해 관계가 오래될수록 붕당이 견고해지는 것은 당연한 형세이다. 그렇게 되는 이유는 무엇인가? 지금 열 사람이 함께 굶주리고 있는데, 한 그릇의 밥을 같이 먹게 되면 그 밥을 다 먹기도 전에 싸움이 일어날 것이다. 조정의 붕당도 어찌 이와 다를 것이 있겠는가? 대개 과거 제도가 번잡하여 인재를 너무 많이 뽑으며 애증에 치우쳐서 진퇴가 일정하지 못하였기 때문이다. 이 밖에도 벼슬길이 분분하게 많으니, 이것이 이른바 관직은 적은데 과거에 응시한 사람은 많아서 모두 조처할 수 없다는 것이다. 〈이익, 『곽우록』〉

붕당의 배경을 관직 쟁탈전으로 파악하고 있다.

③ **붕당의 긍정적 측면과 부정적 측면 분석** : 붕당(朋黨)은 당파성이라는 측면 때문에 식민 사학자들에 의해 부정적으로 인식되어 왔으나, 초기에는 상호 비판과 견제가 가능하고, 상호 공존을 바탕으로 공론을 중시하며, 상대 당의 존재를 인정하고 있다는 면에서 오늘날의 여야 관계와 흡사한 긍정적인 면이 있었다. 또한 붕당의 활성화로 정치 참여층이 확대된 측면도 있다. 반면에 학연과 지연으로 연결되어 있고, 공익보다 자기 당파의 이익을 우선했으며, 지배층의 의견만 수렴하는 역할에 머물렀다는 점에서 한계도 분명하였다.

2. 이조전랑과 동인과 서인의 분열

① 김효원이 알성 과거에 장원으로 합격하여 (이조)전랑의 물망에 올랐으나, 그가 윤원형의 문객이었다 하여 심의겸이 반대하였다. 그 후에 (심의겸의 동생) 심충겸이 장원 급제하여 전랑으로 천거되었으나, 외척이라 하여 효원이 반대하였다. 이때, 양편 친지들이 각기 다른 주장을 내세우면서 서로 배척하여 동인, 서인의 말이 여기서 비롯하였다. 효원의 집이 동쪽 건천동에 있고 의겸의 집이 서쪽 정동에 있기 때문이었다. 동인의 생각은 결코 외척을 등용할 수 없다는 것이었고, 서인의 생각은 의겸이 공로가 많을뿐더러 선비인데 어찌 앞길을 막느냐는 것이었다. 〈연려실기술〉

② 무릇 내외의 관원을 선발하는 것은 3공에게 있지 않고 오로지 이조에 속하였다. 또 이조의 권한이 무거워질 것을 염려하여 3사 관원의 선발은 판서에게 돌리지 않고 낭관에게 오로지 맡겼다. 따라서 이조의 정랑과 좌랑이 또한 3사의 언론권을 주관하게 되었다. 3공(3정승, 3상, 정1품)과 6경(판서, 정2품)의 벼슬이 비록 높고 크나, 조금이라도 마음에 차지 않는 일이 있으면 전랑이 3사의 신하들로 하여금 논박하게 하였다. 이 때문에 전랑의 권한이 3공과 견줄만하였다. 이것이 바로 크고 작은 벼슬이 서로 얽히고 위와 아래가 서로 견제하여 300년 동안 큰 권세를 농간하는 신하가 없었고, 신하의 세력이 커져서 임금이 제어하기 어려웠던 근심이 없었던 까닭이다. 《택리지》

> 전제 왕권을 견제하려는 목적의 전랑권 독립 취지가 오히려 동·서 붕당의 원인이 되었다.

5. 붕당 정치의 전개

■ 붕당 정치의 흐름도

분당	시기	분당의 계기와 각 당의 주장		
동인-서인	선조	척신(외척) 정치의 청산 이조전랑을 둘러싼 갈등	동인	신진 사림(김효원), 척신 정치 청산
			서인	기성 사림(심의겸), 개혁에 소극적
남인-북인	선조	기축옥사(정여립 모반 사건)를 주도한 서인 정철에 대한 응징 태도의 차이		
			남인	온건파, 유성룡, 온건 처리, 이황학파
			북인	급진파, 이산해, 정철 처단, 조식학파(남명학파)
대북-소북	광해군	세자 책봉	대북	광해군 지지(정인홍)
			소북	영창대군 지지(유영경)
산당-한당	효종	대동법의 확대 실시	한당	확대 실시(김육)
			산당	실시 반대, 산림(송시열)
청남-탁남	현종	서인의 영수 송시열 처단과 북벌론		
			청남	강경파 : 허목, 윤휴(송시열 강력 처벌, 적극적 북벌 운동)
			탁남	온건파 : 허적, 온건 처리(소극적 북벌)
노론-소론	숙종	남인에 대한 철저한 탄압	노론	기성 세력(송시열), 남인에 대한 철저한 탄압
			소론	신진 세력(윤증), 일당전제화 비판, 남인에 대한 온건론
벽파-시파	영조	사도세자 처형	벽파	찬성, 노론 강경파(심환지)
			시파	반대, 남인·소론, 노론 온건파(홍봉한, 김조순)

사료 붕당의 대립

1. 기축옥사(己丑獄死, 1589, 정여립 모반 사건)
정여립(1546~1589)은 동인의 영수로 전주에서 대동계를 조직하고, '이씨는 망하고 정씨는 흥한다.'는 도참설을 퍼뜨리고, "천하는 공물인데 어찌 일정한 주인이 있으랴."라는 천하공물설(天下公物說)과 "충신이 두 임금을 섬기지 않는다고 한 것은 성현(聖賢)의 통론(通論)이 아니다."라는 하사비군론(何事非君論)을 주장하였다. 이 사건으로 동인 1,000여 명이 숙청되고, 호남 사림들의 등용이 제한되었다.

2. 정철의 건저의 사건(1591)
송강이 건저(建儲, 세자 책봉)의 의논을 할 때 조정에서는 모두 광해군에게 마음을 두고 있었으나, 이산해는 성상의 뜻이 후궁 인빈의 아들 신성군(1592년 왜란으로 피난 중에 병사)에게 있음을 간파하고 은밀히 참소와 이간질을 자행하였으며, 또 유언비어를 퍼뜨려 이르기를, "송강이 장차 먼저 건저를 청하려 하니, 인빈 모자에게 불리할 것이다."하였다. 그리하여 성상이 송강을 의심하여 은밀히 신성군의 장인인 신립으로 하여금 신성군의 집을 호위하게 하였는데, 송강이 이것을 알지 못하고 건저의 의논을 올리니, 성상이 매우 노여워하였다.
〈성혼, 『우계집』〉

> 건저의 사건이란 정철이 선조에게 둘째 아들 광해군을 세자로 책봉해 달라고 주청하여 선조의 노여움을 사서 유배형에 처해진 일을 말한다. 사료는 이산해가 정철을 축출하기 위해 곤경에 빠뜨리는 과정을 보여준다. 기축옥사는 서인 정철의 정권 장악 음모라고 비판하는 주장도 있으며, 이후 건저의 사건으로 정권을 다시 잡은 동인은 정철을 처형해야 한다는 강경파 이산해의 북인과, 유배형으로 마무리하자는 온건파 유성룡의 남인으로 분당하게 된다.

3. 예송 논쟁(禮訟論爭)
소현이 세상을 일찍 뜨고 효종이 인조의 제2 장자로서 종묘를 이었으니, 대왕대비께서 효종을 위하여 재최 3년을 입어야 할 것은 예로 보아 의심할 것이 없는데, 지금 강등을 하여 기년복제로 한 것입니다. 대체로 3년의 복은 아버지를 위하여 입는데 아버지는 지극히 높기 때문이고, 임금을 위하여 입는데 임금도 지극히 높기 때문이며, 장자를 위하여 입는데 그가 할아버지, 아버지의 정통을 이을 사람이고 또 앞으로 자기를 대신하여 종묘를 맡을 사람이므로, 그것을 중히 여겨 그런 것입니다. 지금 효종으로 말하면 대왕대비에게는 이미 적자이고 또 조계(祖階)를 밟아 왕위에 올라 존엄한 정체인데, 그의 복제에 있어서는 체이부정(體而不正)으로 3년을 입을 수 없는 자와 동등하게 되었으니, 어디에 근거를 둔 일인지 신으로서는 모를 일입니다.
《현종실록》

> 예송 논쟁 이후 남인은 서인에 대한 처단을 둘러싸고 청남(淸南, 허목 등 강경파)과 탁남(濁南, 허적 등 온건파)으로 분파된다.

자료 1. 예송 논쟁의 쟁점과 특징

구분	원인	서인 주장	남인 주장
기해예송 1659	효종 승하 후 어머니뻘인 자의 대비의 상복 착용 문제	기년복(朞年服, 1년)	3년복(참최)
갑인예송 1674	효종비(인선왕후) 승하 후 자의 대비의 상복 착용 문제	대공복(大功服, 9개월)	기년복(1년)
근거		『주자가례』 → 효종은 장자가 아님(體而不正)	『국조오례의』 → 국왕의 예법은 사대부와 다르다. "왕자예부동사서(王者禮不同士庶)"
주도 인물		송시열 · 송준길	윤휴 · 허목 · 윤선도
국왕에 대한 태도		사대부와 동일시	왕가의 특수성 인정
정치적 입장		신권 강화론	왕권 강화론
결과와 영향		1차 승리	2차 승리 서인에 대한 처단을 둘러싸고 청남(淸南, 허목 등 강경파)과 탁남(濁南, 허적 등 온건파)으로 분파

2. 예송 시기의 붕당 지도자 윤휴와 송시열

송시열(1607~1689)	윤휴(1617~1680)
1. 철저한 존화주의자 • 춘추대의에 의거, 중화를 명으로, 오랑캐를 청으로 구분 • 주자의 성리학 절대화 → 윤휴를 사문난적으로 공격 2. 명분론적 북벌론 : 북벌 준비에 적극적이지 않음(윤휴와 대립) 3. 예송 논쟁 주도 : 2차 논쟁 때 패배하여 낙향 4. 기사환국(숙종 15년, 1689) 당시 사망 : 장희빈의 아들 세자 책봉 반대로 사약을 받음	1. 적극적이고 실질적인 북벌론 주장 : 병자호란 후 청과의 군신 관계를 맺자 벼슬에 나가지 않겠다고 결심했으나 1674년(현종 15년) 7월에 중국 오삼계의 반청 반란 소식을 듣고 관직 복귀 → 북벌의 적기라고 판단 2. 북벌을 위한 개혁책 제시 : 지패법, 호포법 주장 → 제도화되지 못함 3. 새로운 입장의 주자 해석 : 유교 경전에 대한 주자 이외의 새로운 해석과 이해의 경지를 개척해야 한다고 주장하고 독자적 해석 시도 → 송시열에 의해 사문난적 규정 4. 경신환국(1680) 시기 서인에 의해 사사됨

▲ 조선 초기의 대외 관계

4 조선 초기의 대외 관계

1. 명과의 관계

(1) 사대 교린 정책

① 국초 : 명과는 국초에 정도전이 요동 정벌을 준비하여 긴장 관계였으나, 태종 이후 친선 관계가 지속되었다.

② 성격 : 표면적으로는 사대 관계였으나, 왕권 안정과 국제적 지위 확보를 위한 자주적 실리 외교이며, 선진 문물을 수용하기 위한 문화 외교이다. 조공 · 책봉 관계는 지배 예속 관계가 아니었다.

> **자료** 조선 개국 직후 태조의 요동 정벌 준비와 명나라와의 외교 갈등
>
> 태조 이성계의 위화도 회군은 요동의 포기를 의미한 것은 아니었으므로 이성계는 새 왕조 개창 직후 다시 요동 정벌을 추진했다. 즉 비밀리에 정도전, 남은 등이 주동이 되어 군량미를 비축하고 군사 훈련을 강화하였던 것이다. 그러나 이 계획은 곧 명나라에 감지되었으며 명은 태조의 즉위를 인정하는 인신(印信, 도장)을 끝까지 거부했다. 이성계는 공민왕 때에도 요동 출병을 한 일이 있었으므로 명은 처음부터 태조를 믿지 않았다. 또한 명은 이성계가 고려의 권신 이인임(李仁任)의 후손이라는 잘못된 사실을 『태조실록』, 『대명회전(大明會典)』에 기록함으로써 조선의 공분을 샀다(종계변무문제). 명은 요동 정벌 운동의 주모자인 정도전을 '조선의 화근'이라 하면서 명나라에 압송하라고까지 다그쳐서 이를 단호히 거부한 태조와 일촉즉발의 긴장 상태를 유지했다.

2. 여진과의 관계

① **기본 정책** : 영토의 확보와 국경 지방의 안정을 위해 적극적인 외교 정책을 추진하였으며 때에 따라서 회유책과 강경책을 적절히 병용하였다.

② **회유책** : 귀순을 장려하여 관직을 주거나 토지를 주기도 하였으며, 경성·경원에 무역소를 설치하여 국경 무역을 허용하였다.

③ **영토의 확장** : 국경에 진·보를 설치하여 방비를 강화하고, 세종 때 4군(최윤덕) 6진(김종서)을 개척하여 압록강~두만강에 이르는 국경선을 확보하였다.

④ 국토 균형 발전을 위하여 남부 주민들을 북방으로 이주시키는 사민 정책을 펴고, 토착민을 관리로 임명하는 **토관 제도**도 실시하였다.

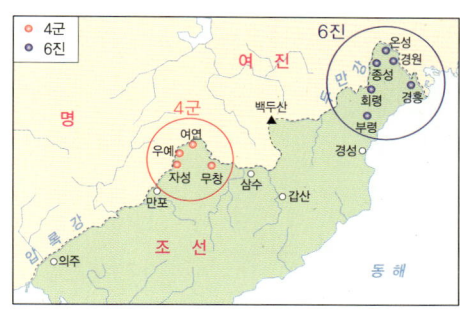

▲ 4군 6진의 개척

3. 일본과 동남아시아와의 관계

① **기본 정책** : 일본이나 동남아시아 여러 나라와의 교류에는 교린 정책을 원칙으로 하였다. 태종 때는 서울에 일본 사신을 접대하던 동평관이 설치되었다(1407).

② **강경책** : 고려 말 이래 왜구의 약탈이 계속되자 세종 때 이종무를 보내 **쓰시마섬을 토벌**하였다(1419).

③ **회유책** : 3포(부산포, 염포, 제포)를 개방하여 제한된 무역을 허가하는 **계해약조**(癸亥約條)를 체결하였다(1443).

④ 동남아시아의 류큐(오키나와), 시암, 자바 등과도 교류하였다.

명에 파견된 사신단

정기 사절		비정기 사절	
명칭	임무	명칭	임무
하정사	신년하례	주청사	긴급한 청원
성절사	황제 생일 축하	사은사	감사의 예 표명
천추사	황후·황태자 생일 축하	진하사	새 황제 등극, 황태자 책봉 축하
동지사	동지에 파견되는 사절	진위사	황제·황후의 사망 시 조문

토관 제도

토관 제도는 고려 말 원나라에서 수복된 지방을 통치하면서 시작되었다. 즉 유력한 지방민을 토관으로 임명해서 변경 지역을 통치하고 그 지방 민호를 군호로 편성해서 유사시에 활용하려고 했다. 조선에 들어와서도 토관 제도는 계속 시행되었다. 태종 때는 함경도 함흥에 토관이 설치되었으며 세종 때는 4군과 6진의 개척이 진행되면서 확대 시행되었다. 토관은 국가에 봉사한 대가로 지록이라는 토지를 지급받았다.

쓰시마섬 토벌(1419)

세종 때 이종무의 쓰시마섬 토벌은 '기해동정(己亥東征)'이라 하여 고려 창왕 때 박위(1389), 조선 태조 때 김사형(1396)에 이은 세 번째 토벌이다. 1419년(세종 1년) 이종무는, 병선 227척, 병사 1만 7,000명을 이끌고 쓰시마섬을 토벌하여 왜구의 근절을 약속받고 돌아왔다.

대일본 관계와 계해약조(癸亥約條)

대마도 도주와 체결한 조약으로, '약조'라 한다. 세사미두(歲賜米豆)를 규정하였는데, 매년 대마도주에게 내려주던 쌀과 콩을 말한다. 조선 정부가 일본에 대하여 제한된 무역을 허가하려는 정책이다. 계해약조 이후 왜구의 침략이 근절되었으며 조·일 관계가 평화적으로 정착되었다.

> **사료** 쓰시마섬(대마도) 정벌
>
> **1. 쓰시마섬 정벌 사료**
> 쓰시마라는 섬은 본래 우리나라 땅인데 다만 협소하고 누추한 곳이어서 왜구(倭寇)가 거처하는 것을 들어주었던 것뿐이다. 개처럼 도둑질하고 쥐와 같이 훔치는 흉계밖에 모르는 그들이 언제부터인가 감히 우리 백성을 살해하거나 포로로 삼고 집을 불태워 고아와 과부들을 울고 헤매게 하였다. 뜻있는 선비와 어진 사람들이 분통을 터뜨리고 놈들의 살을 씹어 먹고 놈들의 살가죽을 깔고 자려고 생각한 적이 몇 해가 되었다. …… 뜻밖에 이제 우리의 허실(虛實)을 엿보고 몰래 비인포(庇仁浦, 충남 서천)에 들어와 백성 3백여 명을 죽이고 노략질하며 병선을 불태웠다. …… 그래도 참고 이를 정벌하지 않는다면 나라에 사람이 있다고 하겠는가. 〈『동문선』 『정대마도교서』〉
>
> **2. 고려 말·조선 초의 쓰시마 정벌**

사건	시기	장군	내용
1차 대마도 정벌	1389 (고려 창왕)	박위	전함 1백여 척으로 쓰시마 섬을 쳐서 적선 3백여 척을 불태웠다.
2차 대마도 정벌	1396 (태조)	김사형	기록이 미비하여 자세한 내용 알 수 없다.
3차 대마도 정벌	1419 (세종)	이종무	이른바 기해동정(己亥東征)이라고도 한다. 병선 227척, 병사 1만 7,000을 동원하여 왜구 근거지를 토벌하고 왜구 근절 약속을 받고 귀환했다.

5 양난의 극복

1. 일본의 침략

(1) **일본과의 대립 격화** : 15세기 비교적 안정되었던 일본과의 관계는 16세기에 이르러 대립이 격화되었다.

사건	연도	내용
삼포 개항	1426(세종)	부산포(동래), 염포(울산), 제포(웅천)
계해약조	1443(세종)	세견선 50척, 세사미두 200석
삼포 왜란	1510(중종)	**비변사 임시 설치**
임신약조	1512(중종)	세견선 25척, 세사미두 100석, 제포만 개방
사량진 왜변	1544(중종)	단교 조치
정미약조	1547(명종)	세견선 25척(배의 규모 제한)
을묘왜변	1555(명종)	**비변사 상설화**
임진왜란	1592~1598(선조)	7년간의 전란 상태
기유약조	1609(광해군)	세견선 20척, 세사미두 100석, 부산포만 개방

사료 이순신의 빛나는 승리

병법에 이르기를 "꼭 죽으리라 결심하고 싸우면 살 것이요, 꼭 살리라 마음먹고 싸우면 죽을 것이다."라고 하였다. 또 이르기를 "한 사람이 길목을 지켜 내면 넉넉히 천 사람도 두렵게 할 수 있다."라고 하였다. 이것은 바로 오늘의 우리를 두고 이른 말이다. 너희들 모든 장병들은 조금이라도 영(令)을 어기는 일이 있으면 군법으로 다스려 작은 일일지라도 용서치 아니할 것이다.

〈『난중일기』, 명량 대첩, 1597〉

해전명	연도	내용
옥포 해전	1592	최초의 전투
사천포 해전	〃	거북선을 최초로 실전에 투입
당포 해전	〃	통영 앞바다
한산도 대첩	〃	임진왜란 3대첩(행주 대첩, 진주 대첩), 학익진
부산포 해전	〃	일본의 수륙 병진 작전 완전 좌절
칠천량 해전	1597	원균, 지휘부 전멸, 1만여 명 전사
명량 대첩	〃	정유재란 시 왜군의 재침
노량 대첩	1598	왜군의 철수를 저지, 이순신 전사(관음포) 전투

▲ 임진왜란 해전도

(2) 임진왜란의 발발(1592~1598)

① 발발 : 일본은 전국 시대의 혼란을 수습한 뒤 철저한 준비 끝에 20만 대군으로 조선을 침략해 왔다.

② 경과 : 전쟁에 대비하지 못한 조선은 전쟁 초기에 왜군의 진격을 막지 못하자, 선조는 의주로 피난하여 명에 원군을 요청했다.

③ 이순신의 활약과 수군의 승리
　㉠ 이순신이 이끄는 조선 수군은 **옥포 해전**, **한산도 대첩** 등 수많은 해전을 승리로 이끌면서 남해의 제해권을 장악하였다.
　㉡ 수군과 의병의 분전으로 일본의 수륙 병진 작전은 좌절되었다. 수군이 남해의 제해권을 장악하여 전라도 곡창 지대를 수호하고, 각지의 의병들과 관군이 합세하였다. 이후 명의 원군이 참전하고 조선군의 반격으로 전쟁은 소강상태로 지속되었다.

④ 의병의 항쟁
　㉠ 구성 : 의병장은 **양반 유생과 승려**, 의병 대다수는 농민이었다.
　㉡ 활동 : 전국 각지에서 일어난 의병은 향토 조건에 맞는 전술과 무기를 사용하여 왜군에게 큰 타격을 주었다. 의병장으로 경상도의 **곽재우**, 전라도의 고경명, 충청도의 조헌 등이 활약하였다.

(3) 전란의 종결 : 3년 여의 휴전 협정이 결렬되자 왜군의 재침이 있었으나(정유재란, 1597) 도요토미 히데요시의 죽음으로 전쟁은 종결되었다.

▲ 관군과 의병의 활동

(4) 전란의 영향

① 국내
- ㉠ 제도 변화 : 왜란의 영향으로 비변사가 강화되고, 훈련도감을 설치하였으며(1593), 속오법을 실시하였다.
- ㉡ 경제 : 국가 재정은 악화되고, 재정 충당을 위해 납속제가 시행되고, 공명첩이 발행되었다.
- ㉢ 사회·문화 : 이몽학의 난이 일어나고(1596), 신분제가 동요하였으며, 불국사, 경복궁, 사고(史庫) 등이 불에 타는 등 많은 문화재가 손실을 입었다.

② 국외
- ㉠ 중국 : 국제적으로는 명이 약화되고 여진족이 성장하여 후금을 건국하였다.
- ㉡ 일본 : 도요토미 정권이 무너지고 도쿠가와 막부로 정권이 교체되었으며, 조선의 도자기, 인쇄술, 이황의 성리학 등이 전해져 문화가 발전하였다.

③ 국교 재개 : 사명대사(유정)는 1604년 도쿠가와를 만나 임진왜란 때 잡혀간 3,500여 명의 동포를 데리고 귀국하였는데 그 후 국교가 재개되었다(1609). 이후 일본에는 통신사가 파견되었다.

> **일본에 잡혀간 도자기 기술자**
> 이삼평, 심수관을 비롯한 도자기 기술자들은 일본에 끌려가 일본 도자기 발달에 결정적으로 기여하였다. 이에 임진왜란을 도자기 전쟁이라고도 한다.

자료 북관대첩비(北關大捷碑)

임진왜란 의병장 정문부 장군이 왜군을 격퇴한 공을 기려 조선 숙종 때 함경북도 길주에 세운 기념 비석으로, 당시 의병들의 활동과 공로가 1,500 글자 정도로 기록되어 있다. 러·일 전쟁 중이던 1905년, 일본군이 약탈하여 야스쿠니 신사로 옮겼다. 2005년 10월 20일 우리나라에 반환되었다가 2006년 3월 1일 조선민주주의인민공화국으로 넘겨졌다.

▶ 북관대첩비

2. 광해군의 중립 외교

14대 「선조」 1567~1608
① 덕흥대원군의 아들, 임진왜란이 발발하였다(1592).
② 이몽학이 충청도 홍산에서 '왜적의 재침을 막고 나라를 바로잡겠다.'는 명분을 내걸고 봉기하였다(1596).
③ 훈련도감을 세우고(1593), 공명첩을 발행하였다.

> **15대 「광해군」 1608~1623의 전후 복구 정책**
> ① 정치 : 대북파의 지원으로 즉위하였다(북인 계열 중용). 영창대군을 살해하고(1614), 인목대비를 유폐하였다(1618). 경덕궁(경희궁)을 건설하고(1617), 교하(파주)로 수도를 옮기려는 계획을 세웠으나 실현되지 않았다.
> ② 경제 : 전후 복구를 위해 양전 사업과 호적 조사 사업을 실시하고, 경기도에서 대동법을 처음으로 실시하였으며(1608), 기유약조를 체결하여 일본과의 교류를 재개하였다(1609).

③ 문화 : 왜란 중 소실되고 남은 전주사고본을 토대로 실록을 간행하여 춘추관·태백산·오대산·묘향산·강화의 5대 사고를 갖추었다. 허균이 『홍길동전』을 썼다. 허준이 『동의보감』을 편찬하였다(1610). 류큐로부터 담배가 들어왔다(1616).

④ 후금과의 중립 외교
  ㉠ 후금이 강성해지자 명과 후금 사이에서 현실적인 중립 외교 정책을 실시하였다.
  ㉡ 명의 원병 요청에 따라 파견된 강홍립이 이끄는 1만 3,000명의 조선군은 광해군의 밀지에 따라 심하 전투(사르후 전투)에서 후금에 투항하였다(1619).
  ㉢ 중립 외교는 대의명분을 강조하는 서인의 불만을 초래했으며 인조반정의 원인이 되었다(1623).

> **3학사**
> 청에 맞서 끝까지 싸울 것을 주장한 척화파 관료인 윤집, 홍익한, 오달제를 말하며, 청에 압송되어 죽음을 당하였다.

사료 | 광해군의 중립 외교와 서인의 반발

- 경들은 이 오랑캐들을 어찌할 것인가? 우리나라 병력으로 막을 만한 형세가 된다고 생각하는가? 지난번 명에서 구원병을 두 번이나 요청해 왔을 때 응하지 않은 것도 이 때문이다. 경들은 어찌 내 뜻을 헤아리지 못하고 우리 군사가 투항한 사실을 명에 알리려고만 하는가. 내 말이 잘못되었다고 생각하는가? 내가 이를 절통해 하는도다. ⇒ 실리론
  〈『광해군일기』〉

- 우리나라가 중국을 섬긴 지 200여 년, 의리로는 곧 군신이요, 은혜로는 부자와 같다. 임진왜란 때 나라를 다시 세워 준 은혜는 만세토록 잊을 수 없다. 선조가 즉위하시어 40년 동안 지성으로 사대하여 평생 등을 서쪽으로 대고 앉으신 적이 없었다. 광해군은 배은망덕하여 천명의 두려움을 모르고 음흉하게 두 마음을 품어 오랑캐에게 정성을 바쳐 기미년 오랑캐를 칠 싸움(심하 전투(深河戰役) 또는 사르후 전투, 1619)에 이르러 장수에게 "정세를 보아 향배를 정하라."고 일렀다. 우리 삼한 예의의 나라로 하여금 오랑캐와 짐승의 지경으로 돌아가게 하였으니, 통탄해 본들 어찌 말을 다하겠는가? ⇒ 광해군의 중립 외교를 비판하는 명분론
  〈『광해군일기』〉

3. 호란의 극복과 북벌 운동

(1) 호란의 발발

① 배경 : 여진족이 후금을 건국(1616)한 후 명에 전쟁을 선포하고, 명은 조선에 원군을 요청함에 따라 조선의 외교 정책은 실리와 명분을 둘러싸고 갈등이 일어났다.

② 경과 : 북인의 실리적 중립 외교에 반발하여 인조반정을 일으킨 서인과 남인은 친명 배금을 내세우고, 이에 자극된 후금은 명나라 장군 모문룡이 압록강 가도에 주둔하고 이괄의 난(1624)이 일어나자 이를 계기로 침입하여 정묘호란이 발발하였다(1627). 이때 정봉수·이립 등이 의병으로 활동하였다.

③ 삼전도의 항복 : 후금은 국호를 청으로 고친 후 군신 관계를 요구하였고, 조선이 응하지 않자 다시 한 번 침입하여 병자호란이 일어났다(1636). 인조는 남한산성으로 피난하였으나, 삼전도에서 굴욕적인 강화를 체결하고, 소현과 봉림 두 왕자와 척화파 3학사가 인질로 잡혀갔다.

▲ 정묘호란과 병자호란

자료 고려·조선 시대 국왕의 몽진(피난)

시대	고려 시대			조선 시대			
사건	거란의 2차 침입(1010)	몽고의 침입(1232)	홍건적의 2차 침입(1361)	임진왜란(1592)	이괄의 난(1624)	정묘호란(1627)	병자호란(1636)
국왕	현종	고종·원종	공민왕	선조	인조	인조	인조
피난지	전남 나주	강화 천도	경북 안동	평북 의주	충남 공주	강화도	남한산성 → 청에 항복 (삼전도의 굴욕)

윤휴(1617~1680)의 북벌론

58세(숙종 1년)에 출사한 남인 윤휴는 실질적이고 적극적인 북벌론을 주장하며 명분적 북벌론으로 정권을 유지하던 서인과 대립했다. 북벌의 준비로써 신분적 차별을 기반으로 한 호패법을 폐지하고 반상의 차별을 완화한 지패(紙牌, 두꺼운 종이)법을 실시하였으며, 군포를 양반에게도 확대하는 호포법을 주장하여 군비 확장을 꾀하였다. 또한 병거(전차)의 제작과 중국 내 반청 세력과의 연대를 주장하는 등 내정 개혁과 북벌을 연계하려 노력했다. 이러한 정책에 반대한 서인은 경신환국(1680)으로 남인을 제거한 후 모든 계획을 중지하고 역모의 혐의로 윤휴를 처형하였다.

(2) 북벌 운동의 전개

① 배경 : 명에 대한 의리와 청에 대한 반감으로 오랑캐(청)를 정벌하자는 북벌론이 제기되었다.

② 추진 : 북벌 운동은 **효종** 때 가장 왕성하여 **어영청**을 중심 군영으로 삼고 준비하였는데, 송시열, 송준길 등의 서인뿐 아니라, 윤휴, 허적과 같은 남인들도 강력하게 주장하였다. 강력한 북벌론자인 윤휴는 명분적 북벌론을 취하던 서인을 비판하면서 적극적 북벌 정책을 제시하였다.

③ 변화 : 효종 사후 북벌 계획은 사실상 중지되었으며 북벌론은 오히려 **서인 정권 유지를 위한 수단**으로 이용되기도 하였다. 18세기에는 서인 계열의 일부 실학자들이 청의 우수한 문물을 적극 수용해야 한다는 **북학론**을 제기하였다.

(3) 나선 정벌 : 청의 요청으로 두 차례 러시아(나선) 정벌에 나섰다.

① 제1차(효종 5년, 1654) : 변급이 이끄는 150명의 조총군이 출병하여 쑹화강에서 청군과 함께 러시아군을 격퇴하였다.

② 제2차(효종 9년, 1658) : 신유가 이끄는 200여 명의 조총군이 출병하여 헤이룽 강 유역에서 청군과 함께 러시아군을 격퇴하였다.

③ 의미 : 당시의 북벌론이 현실에 기반하지 않고 **명분론적 성격이 강했음**을 보여주는 사건이다.

(4) 호란 시기 전후의 왕대사

16대 「인조」 1623~1649

① 선조의 손자, 인헌왕후의 아들로 이귀·김자점·이괄 등 서인의 반정으로 왕에 추대되었다.

② 논공행상에 불만을 품은 이괄의 난을 진압하였다(1624).

③ 주전청을 설치하고 동전을 주조하여 보급하려 하였으나(1625) 정묘호란으로 중단되었다. 이후 **상평청**을 설치하고 동전(조선통보)을 발행하였다 (1633).

④ 친명 배금 정책으로 정묘호란(1627)·병자호란(1636)을 겪었다.

⑤ 어영청(1623)·총융청(1624)·수어청(1626) 등 새로운 군영을 설치하고, **영정법**을 실시하였다(1635).

▲ 나선 정벌

17대 「효종」 1649~1659
① 형인 소현세자가 청에서 돌아온 뒤 갑자기 죽자, 인질에서 돌아와 즉위하였다.
② 송시열·송준길 등의 대청 강경파를 등용하여 북벌을 준비하였다.
③ 김육의 건의로 대동법을 충청도(1652)·전라도(1658)로 확대하였다.
④ 하멜이 표류해 왔고(1653), 시헌력을 사용하였으며(1653), 농업서인 『농가집성』을 간행하였다(1655).
⑤ 청의 요청에 따라 러시아에 대한 나선 정벌을 단행하였다(1654, 1658).

18대 「현종」 1659~1674
두 차례의 예송 논쟁이 발생하였다(1차 1659, 2차 1674).

사료 병자호란 시기의 주전론과 주화론

- 화의로 백성과 나라를 망치기가 오늘과 같이 심한 적이 없습니다. 명은 우리나라에 있어서 곧 부모요, 오랑캐는 우리나라에 있어서 곧 부모의 원수입니다. 신하된 자로서 부모의 원수와 형제가 되어서 부모를 저버리겠습니까. 하물며 임란의 일은 터럭만 한 것도 황제의 힘이어서 우리나라에 있어서는 먹고 숨쉬는 것조차 잊기 어렵습니다. 차라리 나라가 없어질지라도 의리는 저버릴 수 없습니다.
⇒ 명분론(주전론)　　　　　　　　　　　　　　　　　　　〈윤집, 『인조실록』〉

- 자기의 힘을 헤아리지 아니하고 경망하게 큰소리를 쳐서 오랑캐들의 노여움을 도발, 마침내는 백성이 도탄에 빠지고 종묘와 사직에 제사 지내지 못하게 된다면 그 허물이 이보다 클 수 있겠습니까. 정묘년(1627)의 맹약을 지켜서 몇 년이라도 화를 늦추시고, 그동안을 이용하여 인정을 베풀어서 민심을 수습하고 성을 쌓으며, 군량을 저축하여 방어를 더욱 튼튼하게 하되 군사를 집합시켜 일사분란하게 하여 적의 허점을 노리는 것이 최상의 계책일 것입니다. ⇒ 실리론(주화론)　〈최명길, 『지천집』〉

02 근세의 경제

1 경제 정책

1. 농본주의 경제 정책

① **방향** : 왕도 정치의 이상을 실현하기 위하여 **농업 중심의 자급자족적 경제 정책**을 표방하고, 농민 생활 안정과 이를 바탕으로 한 국가 재정 확보에 주력하였다.

② **내용** : 농민 안정을 위해 개간을 장려하고 20년마다 양전 사업을 실시하여 **양안**(量案)을 작성하였는데, 15세기 중엽에는 농경지가 160여 만 결로 증가하였다.

③ **결과** : 초기에는 검약한 생활을 강조하는 유교적인 경제관으로 자유로운 생산·유통 활동을 억제하여 **상공업이 부진**하였다. 16세기에는 국가의 상공업 통제력이 약화되면서 조선 후기 상공업의 발달로 이어졌다.

양안
20년마다 작성하는 토지 대장인 양안에는 토지의 위치, 등급, 용도, 결부 수(면적), 자호, 소유자 등을 기록하여 호조와 해당 도·군에 각각 보관하였다.

사료 | 성리학적 경제관

검소한 것은 덕(德)이 함께 하는 것이며, 사치는 악(惡)의 큰 것이니 사치스럽게 사는 것보다 차라리 검소해야 한다. 농사와 양잠은 의식(衣食)의 근본이니, 왕도 정치에서 우선이 되는 것이다. 우리나라에는 이전에 공상(工商)에 관한 제도가 없어, 백성들이 게으르고 놀기 좋아하는 자들이 수공업과 상업에 종사하였기 때문에 농사를 짓는 백성이 줄어들었으며, 말작(상업)이 발달하고 본실(농업)이 피폐하였다. 이 것을 염려하지 않을 수 없다. 〈『조선경국전』〉

💡 성리학적 경제관은 검약을 강조하는 유교적 경제관으로, 상공업은 '사치와 낭비를 조장하며 빈부 격차가 커진다.'고 생각하여 상공업을 규제하고 사농공상(士農工商)의 직업적 차별을 강조하였다.

---

2. 과전법의 시행과 변화

(1) 과전법(1391)

① **목적** : 고려 말 권문세족에 의한 농장 문제를 해결하여 **신진 사대부의 경제적 기반**을 확보하고 민심 획득을 위해 과전법을 실시하였다.

② **내용**
   ㉠ 과전은 **경기에 한하여** 지급하고 전·현직 모두에게 18관등에 따라 수조권을 지급하였으며 시지는 지급하지 않았다.
   ㉡ 원칙적으로 세습은 허용치 않았으나 **수신전·휼양전**의 명분으로 세습화 경향이 나타났다.
   ㉢ 관리가 수조권을 직접 행사하여 1/10의 전조를 받아 그 가운데 1/15의 지세를 국가에 납부하였다.

수신전·휼양전
수신전은 관리의 미망인에게 세습된 토지이며 자식이 없을 때는 1/2을 세습하고 재혼 시에는 몰수하였다. 휼양전은 관리의 유자녀에게 전습된 토지이다.

사료 과전법

경기는 사방의 근본이니 마땅히 과전을 설치하여 사대부를 우대한다. 경성에 거주하며 왕실을 시위하는 자는 전·현직 관리를 막론하고 과(科)에 따라 과전을 받는다. 과전을 받은 자가 죽은 후, 그의 아내가 자식이 있고 재가(再嫁)하지 않는 경우에는 남편의 과전 모두를 전수받고, 자식이 없는 채로 재가하지 않는 경우에는 반을 감하여 전해 받으며, 재가하는 경우에는 이에 해당하지 않는다. 부모가 모두 사망하고 자손이 유약한 자는 마땅히 휼양(恤養)하여야 하니 아버지의 과전 모두를 전해 받고, 20세가 되는 해에 본인의 등급에 따라 받는다. 〈『태조실록』〉

☞ 현직, 퇴직 관료에게 수조권을 지급하였고, 수신전·휼양전 등의 명목으로 세습이 허용되었다.

(2) 직전법(세조, 1466)

① 배경: 토지 분급지가 부족해지자 세조는 **현직 관리에게만 수조권을 지급**하는 직전법을 실시하였다(1466).
② 내용: 토지의 지급액을 감소시키고 수신전·휼양전과 군전·공해전도 폐지되었다.
③ 결과: 토지 부족 현상은 해결되었으나, 퇴직 후의 생활 보장이 불안해진 관리들이 소유권에 관심을 갖게 되어 **농장이 확대**되고, 농민에 대한 **수조권 남용**도 심화되었다.

사료 직전법

장차 직전(職田)을 두려고 한다는데, 조정의 신하는 직전을 받게 되지만, 벼슬에서 물러난 신하와 무릇 공경대부의 자손들은 장차 1결의 토지도 가질 수 없게 됩니다. 〈『세조실록』〉

☞ 세조의 집권을 인정하는 관리에게만 생활 기반을 확보해주겠다는 정치적 의도도 있었다.

(3) 관수관급제의 시행(성종, 1470)

관리의 수조권 남용을 방지하기 위하여 **국가가 직접 수조권을 행사**하는 관수관급제를 시행하였다. 국가에서 직접 조를 거두어 관리에게 지급하는 방식인데, 국가의 토지 지배권이 강화되었으나 실제로는 농장 확대와 **지주전호제**를 가속화시키는 결과를 가져왔다.

사료 관수관급제와 지주전호제의 확산

- 직전세를 관(官)에서 직접 거두어 전주(田主, 수조권자)에게 지급하도록 하였다. 관리들의 직전을 관수관급토록 하니 함부로 거두어들이는 일을 막을 수 있었다. 〈『성종실록』〉
- 백성으로 농지를 가진 자가 없고 농지를 가진 자는 오직 부유한 상인들과 사족(士族)들의 집뿐입니다. ⇒ 결국은 **지주전호제만 확산되는 결과를 가져왔다.** 〈『중종실록』〉

☞ 관수관급제의 실시와 직전법 폐지 결과 양반 관리들의 소유권 개념이 확대되어 지주전호제가 일반적인 현상이 되고, 이에 따른 병작반수제(1/2세)가 확산되는 결과를 가져왔다. 대다수의 농민이 소작농으로 전락하게 되었으며 결국 수조권은 관리에서 국가로, 소유권은 농민에서 양반으로 넘어간 셈이다.

(4) **직전법 폐지(명종, 1556)** : 직전법 자체를 폐지하여 관리들은 오직 녹봉만 받게 되었다. 수조권 지급 제도는 완전히 사라졌으며 이후 **지주전호제**가 더욱 확대되었다.

자료 전주전객제와 지주전호제

① 전주전객제 : 수조권 개념
  • 전주(田主, 수조권자) – 전객(佃客, 경작권자)
② 지주전호제 : 소유권 개념
  • 지주(地主, 소유권자) – 전호(佃戶, 소작 농민)

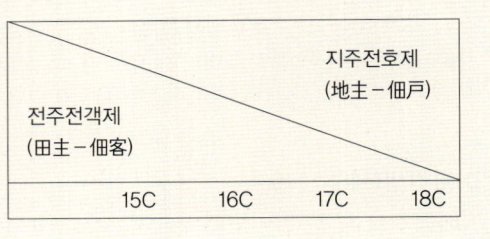

3. 수취 체제의 확립(15세기)과 변화(16세기)

(1) 전세(田稅, 토지세 또는 조세) 제도의 변천

과전법	수확량의 1/10을 납부하는데(30두), 1결의 최대 생산량을 300두로 정하고, 관리가 작황을 실지 조사하여 조세를 감해주는 **답험손실법(踏驗損實法**, 흉풍에 따라 10등급)이 적용되어 관리들이 농간을 부릴 여지가 많았다.
공법(貢法) 연분 9등법·전분 6등법	세종 때 공법상정소(1436)와 전제상정소(1443)를 두고 세제를 개혁하고 풍흉·비옥도에 따라 차등 과세하여 20~4두를 납부하도록 하였다(1444). 토지의 비옥도에 따라 6개의 길이가 다른 자를 사용하는 **수등이척법(隨等異尺法)**을 적용하였다.
영정법 (영정과율법)	17세기 인조 때 1결당 4두의 최저 세율로 징수하는 **정액제(定額制)** 방식이다. 토지를 측량하는 자(尺)를 통일하는 **양척동일법(量尺同一法)**을 적용하였다(1635).

사료 공법의 시행

무릇 토지는 매년 9월 보름 이전에 수령이 그해의 농사 형편을 살펴 등급을 매긴다. 관찰사가 이를 심의 보고하면 의정부와 6조가 함께 의논하여 임금에게 보고하고 조세를 거둔다. 소출이 10분의 10이면 상상년으로 정해 1결당 20말, 9분이면 상중년으로 18말, 8분이면 상하년으로 16말, 7분이면 중상년으로 14말, 6분이면 중중년으로 12말, 5분이면 중하년으로 10말, 4분이면 하상년으로 8말, 3분이면 하중년으로 6말, 2분이면 하하년으로 4말씩 거두며, 1분이면 면세한다.

〈『세종실록』〉

(2) 공납(貢納)
① 특징 : 호(戶)마다 토산물을 부과하던 것으로 중앙에서 필요한 액수를 군현에 할당하면 각 군현은 **토지 소유를 기준으로 5등분**하여 각 가호별로 부과하였다.
② 종류 : 매년 정기적으로 납부하는 **상공**과 **별공**(부정기), **진상**이 있었으며, 생산량 감소와 생산지의 변화로 다른 지역에서 구해서 납부해야 하는 경우가 많아 전세보다 부담이 훨씬 컸다.
③ 공납제의 폐단과 변화

방납(防納)	16세기부터 관리들이 대납하고 대가를 과다하게 징수하는 방납의 폐단이 컸다.

수미법 (대공수미법) 대두	"공납을 쌀로 걷자."는 주장으로, 조광조, 이이, 유성룡 등이 주장하였다.

대동법(大同法)	공납을 쌀, 돈, 베로 받는 제도로, 17세기 광해군 때부터 시험 실시되었다.

사료 방납과 폐단과 수미법 실시

① 지방에서 토산물을 공물로 바칠 때 (중앙 관청의 서리들이) 공납을 일체 막고 본래 값의 백 배가 되지 않으면 받지도 않습니다. 백성들이 견디지 못하여 세금을 못 내고 도망하는 자가 줄을 이었습니다. 〈『선조실록』〉

② 해주의 공물법을 보면, 토지 1결마다 쌀 한 말을 징수하고 관청은 스스로 물품을 마련하여 서울에 바치기 때문에 백성들은 쌀을 낼 줄만 알지 다른 폐단은 거의 듣지 못하게 되었다. 이것은 오늘날 백성을 구하는 참으로 좋은 법이 될 수 있다. 만약 이 법을 사방으로 넓혀 행한다면 방납의 폐단은 머지않아 저절로 개혁될 것이다. 〈『율곡전서』〉

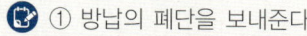
① 방납의 폐단을 보내준다.
② 황해도 관찰사 시절 율곡 이이가 실시한 수미법이다.

(3) 역 : 16세 이상의 정남에게 부과하는 역(役)은 군역과 요역이 있다.
① 요역 : 세종 때는 **계전법**을 기준을 했으나, 성종 때에는 경작하는 **토지 8결을 기준으로 1명을 동원**하고, 일수도 1년에 6일 이내로 제한했는데 잘 지켜지지 않아 농경에 지장을 초래하는 일이 많았다.
② 군역의 변화 : 농민들이 요역을 기피하면서 요역에 군인들을 동원하게 되자, 정군과 보인 체계의 군역을 기피하는 불법적인 현상들이 나타났다(군역의 요역화).

대립제(代立制)	15세기 말, 사람을 사서 군역을 대신하는 방식이 성행하였다.

방군수포(放軍收布)	16세기, 대립을 눈감아주고 아예 **군포를 받고 군역을 면제**해주었다.

계전법
세종 때 실시되었으며 각 가호의 토지를 조사하여 5등급으로 나누고 이를 기준으로 정남을 징발했다. 성종 때 8결 1출부제로 변화했다.

군적수포제 (軍籍收布制)	16세기, 정부가 방군수포를 합법화하여(1541) 군역을 군포 징수제로 바꾼 것으로, 이후 족징(친척에게 징수)·인징(이웃집에 징수)·황구첨정(젖먹이 아이에게 징수)·백골징포(죽은 사람에게 징수)·강년채(나이를 고의로 줄여 60세가 넘은 남자에게도 군포 징수)·마감채(일시불로 징수) 등의 폐단이 발생하였다.
양역변통론 (良役變通論)의 꾸준한 제기	양역, 즉 군역의 폐단을 시정하자는 주장이다.
균역법 (均役法, 1750)	18세기 영조 때 군역의 폐단을 시정한 개혁으로 군포 부담을 1년에 2필에서 1필로 경감하였다.
호포법 (戶布法, 1871)	19세기, 흥선대원군의 개혁으로 양반에게도 군역을 부가시켜 군포를 징수하였다.

양역변통론
양역의 폐단을 시정하자는 주장으로 다음과 같은 주장이 제기되었다.
① 호포론(戶布論) : 모든 호(戶)에 군포를 부과하자.
② 구전론(口錢論) : 일정 연령의 모든 남녀에게 포나 돈으로 징수하자.
③ 유포론(遊布論) : 양반 유생까지 징수하자.
④ 결포론(結布論) : 토지(결)를 단위로 부과하자.

(4) **기타** : 염전, 광산, 산림, 어장, 상인, 수공업자 등이 납부하는 세금이 있었다.

(5) **환곡제의 변화** : 환곡은 원래 춘대추납의 빈민 구제 제도이나, 1/10의 이자 자체가 국가의 수입으로 분류되었고, 지방 관청의 실질적인 운용 비용으로 전용되었다.

(6) **수취 제도 문란의 결과** : 16세기에는 수취 체제의 문란이 심하여 많은 **도적과 유민**이 발생하였는데, 이 시기에 일어난 **임꺽정의 난**(명종, 1559)은 이러한 상황을 잘 보여준다.

사료 16세기 지주전호제의 확산과 수취 제도의 문란

- 백성으로 농지를 가진 자가 없고 농지를 가진 자는 오직 부유한 상인들과 사족(士族)들의 집뿐입니다. ⇒ 지주전호제의 확산 〈『중종실록』〉
- 간활하고 엉큼한 아전들이 모든 것을 개인적으로 갖추고 관청을 우롱하며 백성을 가로막아, 백성은 비록 정밀하고 아름다운 물건을 가졌을지라도 끝끝내 통제하여 바로 납부하지 못하게 하고, 반드시 자기들이 개인적으로 준비한 물건을 미리 낸 다음, 그 백 배의 값을 백성에게 요구하여도 국법이 퇴폐하여 그것을 막을 수 없게 된 지 이미 오래되었다. ⇒ 방납의 폐단 〈『율곡집』〉
- 검토관 임열이 아뢰었다. "각 고을의 욕심 많은 수령들이 국가의 환곡을 거두어들일 때에 모곡(耗穀, 이자)이라는 이름으로 으레 1석에 2~3두씩 더 받아 별도로 쌓아놓고 사사로이 사용하고 있습니다. 이 때문에 어사가 말로 되어 보아도 그 실정을 모릅니다. ⇒ 환곡의 폐단 〈『중종실록』〉
- 임꺽정은 양주골 백정이다. 경기에서 황해에 이르는 사이의 아전과 백성들이 그들과 은밀히 결탁하여 관에서 잡으려 하면, 번번이 먼저 알려주었으므로 이 때문에 기탄 없이 횡행하여 관에서 막지 못하였다. ⇒ 임꺽정의 난 〈이긍익, 『연려실기술』〉

> 임꺽정(?~1562)은 실학자 이익이 『성호사설』에서 홍길동, 장길산과 함께 조선의 3대 도둑으로 꼽았는데, 벽초 홍명희가 1928년부터 10년간 조선일보에 연재한 소설 『임꺽정』에서 의적으로 부활되었다.

4. 조운(漕運)과 국가의 재정 운용

(1) 조운 제도
① 내용 : 현물로 거둔 조세를 수도인 중앙으로 운송하던 제도로, 지방의 조창(漕倉)에서 서울의 경창(京倉)으로 운송하는 제도이다.
② 운송 방법 : 전라·충청·황해도는 바닷길, 강원도는 육로와 한강, 경상도는 낙동강과 남한강을 이용하는데, 주로 서해와 한강을 이용하므로 조창이 서해 쪽에 집중되어 있다.
③ 잉류 지역 : 평안도와 함경도는 군사비, 외교비(사신 접대비)가 많이 들고, 제주도는 거리가 멀어 운송이 불가능하므로 조세를 서울로 올리지 않고 자체적으로 사용하였다.

(2) 재정
① 세입 : 전세·부역·공물과 기타 잡다한 세금의 내용을 기록한 공안(貢案)을 작성하여 재정 운영의 기초로 삼았다.
② 세출 : 공안을 기초로 식례횡간이라는 세출 계획표를 마련하여 집행하였다(세조, 1464).

▲ 조선 시대의 조운

2 양반과 평민의 경제 활동

1. 양반 지주와 농민의 생활

① 양반 : 국가로부터 과전과 녹봉을 받고, 자신의 소유지인 농장은 노비를 통해 경작하거나 병작반수(1/2)의 방식으로 농민에게 소작을 주었다. 노비는 양반의 주요 재산으로, 적게는 10여 명에서 많게는 300여 명이 넘는 노비를 소유하고 있었으며 일천즉천의 원칙에 따라 수를 늘려 나갔다. 외거 노비로부터는 신공(身貢)을 거두었다.
② 농민 : 지주제의 확대로 수확의 1/2을 납부하는 소작농이 증가하였고, 자연재해, 고리대, 과중한 세금 등으로 유민이 되는 경우가 많았다.

2. 전기의 농업 활동

(1) **농업 기술의 발달** : 밭농사에서 조·보리·콩을 돌려 짓는 2년 3작의 윤작법, 논농사에서는 남부 지방에 모내기(이앙법)가 보급되면서 벼·보리의 이모작이 가능하게 되었다. 밑거름·덧거름을 사용하는 시비법도 발달하여 휴경지가 감소하고 연작이 가능해졌다.
(2) **목화 재배 확대** : 쟁기, 호미 등 농기구가 개량되고, 목화가 전국적으로 재배되어 삼베나 모시 대신 무명옷도 입을 수 있게 되었다.
(3) **농민의 유망과 대책** : 농민들의 토지 이탈 현상이 심해지면서 정부는 잡곡, 도토리, 나무껍질의 가공법 등을 보급하고 호패법, 오가작통법 등을 강화하여 농촌 사회 안정 및 통제책을 마련하였다.

녹봉제의 변화 과정
고려는 관리들에게 1년에 2회의 녹봉을 지급했으나 조선은 1년에 계절별로 4번(1, 4, 7, 10월) 지급하였다(세종, 1439). 대략 정1품은 곡식 97석, 삼베 21필, 저화 10장을, 종9품은 곡식 12석, 삼베 2필, 저화 1장을 받았다. 후기의 숙종 대에는 매달 지급하는 월봉제로 바뀌었다(1701).

퇴계 이황의 노비 소유
조선의 대표적 선비인 이황도 367명의 노비를 소유하였으며, 예안·봉화·영천 등지에 설치 논은 1,166마지기, 밭은 1,787마지기라는 많은 전답을 보유하였다.

조선 전기 일반적인 양반의 토지 소유량
양반의 토지 소유 규모는 대략 200~300마지기 정도이나 2,000마지기 이상의 소유자도 있었다. 대체로 논 한 마지기의 넓이는 200평이다.

노비의 신공
신공은 보통 남자인 노(奴)는 면포 1필과 저화 20장을, 여자인 비(婢)는 면포 1필과 저화 10장을 바치도록 하였다.

3. 수공업 생산 활동

(1) 관영 수공업

① 내용 : 전문적인 기술자를 **경공장(서울)**과 **외공장(지방)**으로 분류하여 공장안에 등록하고 관청에서 필요한 물품을 제작·공급하도록 하였는데 공장들은 1년에 몇 달 동안 교대로 관청에 나가서 물품을 제조하고 **일정한 삭료**를 받았다.

② 사적 생산 가능 : 공장은 자신의 책임량을 초과하여 생산한 물품에 대해서는 세금(공장세)을 내고 판매가 가능하였고, 부역 기간 이외에는 사적으로 물건을 만들어 팔 수도 있었다. 성적이 좋고 근무 기간이 오랜 장인은 최고 종6품까지의 **유외잡직** 벼슬을 주고 **체아(遞兒)**라는 형식의 **녹봉**을 지급했다.

③ 변화 : 16세기 이후 부역제가 해이해지고 상업이 발달하면서 관영 수공업은 점차 쇠퇴하였다.

(2) 민영 수공업
농민을 상대로 농기구 등의 물품을 만들어 공급하고, 양반들의 사치품을 생산하였다.

(3) 가내 수공업
농가의 자급자족적 형태로 생활 필수품을 제작하였는데, 무명, 모시, 삼베 등 의류 생산이 주류를 이루었다.

> **조선 전기 공장의 수**
> 『경국대전』에 의하면 공장안에 등록된 경공장은 2,800여 명이고 외공장은 3,500여 명이었다.

> **유외잡직**
> 유외잡직은 공조, 교서관, 사섬시, 조지서, 사옹원, 군기시, 도화서 등 기술과 관련된 각 관청에 소속되어 물품 제조(책, 종이, 요리, 바느질), 무기 제조, 토목 기술, 악기 연주, 그림 그리기 등에 종사하였다. 종9품에서 정6품까지 승진할 수 있었으나 일반 관직(流品職)과는 구별되는 독자의 관직 체계를 이루고 있었다.

4. 상업 활동

(1) 특징
고려보다 통제가 심하였고, 종로에 상점가를 따로 조성하였다.

(2) 시전 상업

① 내용 : 시전(市廛)은 한양(종로)에 점포를 열고 활동하는 **관상**으로, 점포세와 상세를 납부하였다.

② 특징 : 시전 상인은 관청에 필요한 물건을 납품하는 대신 **금난전권**이라는 독점 판매권을 행사하였으며, 그 중 육의전은 명주, 삼베, 무명, 모시, 어물, 종이를 궁궐에 독점 납품하면서 번성하였다.

③ 경시서 : 시전의 불법적인 **상행위를 통제**하기 위해 설치한 관청으로 세조 때 평시서로 개칭되었다.

(3) 장시의 출현

① 발생 : 15세기 후반(성종) 농업 생산력이 풍부한 **전라도** 지방에서 처음 등장하였다.

② 발전 : 초기에 정부는 **장시를 억제**했으나 16세기 중엽에는 **전국적으로 확대**됐으며 18세기 중반에는 **전국에 1,000여 곳**으로 확대됐다. 점차 5일마다 여는 정기 시장으로 정착됐고, **보부상**들은 장시를 연결하여 상품 유통을 원활하게 하였다.

(4) 화폐
태종 때 **저화**(1401)라는 지폐와, 세종 때 **조선통보**(1423)라는 동전을 주조하였으나 유통은 부진하였다. 세조 때는 **팔방통보**(1464)의 발행을 시도하기도 했다. 농민들은 쌀과 무명을 화폐(포화)로 사용하였다.

> **저화(楮貨)와 조선통보**
> 저화는 고려 말 공양왕 때 처음 발행된 지폐(닥나무 껍질)로, 조선 태종 때 다시 발행이 시도되었고, 『경국대전』에는 조선의 법화로 규정되었으나 활발히 유통되지 못했다. 이에 정부는 저화의 보조 화폐로 조선통보를 발행하였으나 원활히 쓰이지 못했으며 도시를 제외한 시골에서는 무명을 화폐 대용으로 사용하였다.

> **팔방통보**
> 철로 만든 화살촉 모양의 화폐로 전폐(箭幣)라고도 불렸다. 경제적 유통과 유사시 화살촉으로의 이용을 고려한 조치였으나 실제 주조·유통되지는 못하였다

▲ 조선통보

(5) 무역

① 내용 : 조선은 주변 국가와의 무역을 엄격히 통제하였으나 명나라와는 사신의 왕래에 따른 **공무역**과 **사무역**을 허용하였다.

② 특징 : 여진에게는 경원·경성에 설치된 **무역소**를 통한 무역만 허락하였다. 일본과는 계해약조(1446) 이후 동래에 설치한 **왜관**을 중심으로 거래하였는데, 이들 국경 지역의 사무역은 엄격히 감시했다.

사료   시전의 설치와 장시의 출현

1. 시전과 금난전권(禁難廛權)

왕도의 제도에 따르면 궁궐 왼쪽에는 종묘, 오른쪽에는 사직을 둔다. 앞에는 조정, 뒤에는 시장을 둔다('좌묘우사', '전조후시'). 시전은 일반 백성이 물건을 사고파는 곳이고, 조정이나 왕실에서 필요한 물품을 조달하는 데 없어서는 안 되기 때문에 나라를 다스리는 자가 중히 여기는 것이다. 도성 안에 있는 시전은 앉아서 하는 장사를 위한 것이다. 큰 것이 여섯 개 있다. 선전(비단), 면포전(무명), 명주전(명주), 내외어물전(물고기), 지전(종이), 저포전(모시, 베), 포전(삼베)이다. 이것을 육의전이라고 한다. 〈『만기요람』〉

👉 시전의 금난전권은 난전의 활동을 억압하고 물가 상승을 유발하였다. 조선 후기 1791년 정조의 '신해통공(辛亥通共)'으로 육의전을 제외한 시전들의 금난전권은 금지된다.

2. 장시와 보부상

- 장사꾼이 의복 등속을 판매하며, 심지어는 신·갓끈·빗·바늘·분(粉) 같은 물품을 가지고, 백성에게 교묘하게 말하며 미리 그 값을 정하고 주었다가 가을이 되면 그 값을 독촉해서 받는다. 〈『세종실록』〉
- 경인년(성종 원년, 1470) 흉년 때 전라도 백성들이 서로 모여 들어 점포를 만들어 장문(시장)이라 칭하고, 사람들이 이에 의지하여 목숨을 유지하였다. 〈『성종실록』〉
- 임진왜란 이후 백성들은 정해진 곳 없이 교역으로 생활하는 것이 마침내 풍속이 되었다. 한 고을에 열리는 시장은 적어도 3~4곳이 되어 …… 한 달 30일 이내에 시장이 열리지 않는 날이 없다. 〈『선조실록』〉

👉 보부상은 시전과 더불어 조선의 대표적인 관상으로, 부보상(負褓商), 봇짐장수·등짐장수, 행상, 장돌뱅이라고도 부른다.

3. 풍속화에 나타난 보부상

▲ 김홍도, 〈장터길〉

▲ 권용정, 〈등짐장수〉

▲ 김홍도, 〈장시에 가는 사람들〉

03 근세의 사회

1 양반 관료 중심의 사회

1. 양천제와 반상제

① **내용** : 양천제(良賤制) 또는 양천 이원제는 15세기에 신분을 양인과 천민으로 구분한 제도로, 법제적인 용어일 뿐 실제로는 **반상제**로 운영되어 **양반, 중인, 상민, 천민의 4신분**으로 나뉘었다.

② **특징** : 신분 이동이 가능하여 양인이면 누구나 과거에 응시하여 관리가 될 수 있었고, 양반도 죄를 지으면 노비가 되거나 몰락하여 중인이나 상민으로 전락하는 경우도 있었다. 고려보다 개방적인 사회였으나, 신분 사회의 틀을 벗어난 것은 아니었다.

2. 양반

① **의미의 변화** : 양반은 원래 문반과 무반을 아울러 부르는 명칭이었으나 점차 그 가족이나 가문을 포함하여 양반이라 부르는 **신분적 개념으로 변화**하였다.

② **중인 · 서얼 배제** : 양반들은 자신들의 기득권 유지를 위해 **양반 증가를 억제**하여 문무 양반 이외의 관리는 중인으로 격하시키고 특히 첩의 소생들을 서얼이라 부르며 차별하였다.

③ **지위와 특권** : 경제적으로는 **지주층**이며 정치적으로는 **관료층**의 지위를 갖고 있었으며, 양민과 다르게 각종 **국역**을 면제받을 수 있었다.

사료 **양반 증가 억제책**

성종 13년 대사헌 채수가 아뢰었다. "어제 전지를 보니 통역관, 의관을 권장하고 장려하고자 능통하고 재주가 있는 자는 동서 양반에 발탁하여 쓰라고 특별히 명령하셨다니 듣고 놀랐습니다. 무릇 벼슬에는 높고 낮은 것이 있고 직책에는 가볍고 무거운 것이 있습니다. 무당, 의관, 약사, 통역관은 모두 사대부의 반열에 낄 수 없는 미천한 계급 출신으로서 사족이 아닙니다. 그런데 특별히 당상관에 임명되고 혹은 2품에 임명되기도 했습니다. 이제 또 옛 사례를 인용하여 높은 관직을 차지하려고 하는데, 전하께서 받아들이려 하시니 더욱 이해하지 못하겠습니다. 농부와 장인, 상인, 점술사, 의원은 모두 국가에 없어서는 안 될 존재입니다. 그 가운데 농업은 백성을 살리는 근본이며 예악은 나라를 다스리는 근본이니 의관이나 역관에 비한다면 만 배나 중요합니다. 이제 의술과 역술을 장려하기 위해 문무 관직에 등용하려고 하시니, 그렇다면 예악을 장려하기 위해 악공을 발탁하고, 농업을 권장하려고 농부를 발탁하시겠습니까." 〈『성종실록』〉

> 성종 이전 시기에는 기술관들이 양반으로 신분 이동이 가능하였으나 성종 이후 양반 증가를 억제하는 쪽으로 변화되면서 기술관의 신분 이동은 제한되었다.

> **자료** 양반의 하루 일과

하계(여름철)		동계(겨울철)	
새벽 2~4시	기상(여름철), 앎과 느낌을 계발하는 공부	4~6시	기상(겨울철), 새벽 문안, 뜻을 세우고 몸을 공경히 하는 공부
6~8시	자제들에게 글을 가르침, 독서와 사색	8~10시	식사, 사색과 성찰
10~12시	손님 접대, 독서	12시~오후 2시	일꾼 관리, 친지에게 편지, 경전과 역사서 공부
2~4시	독서와 사색, 여가를 즐기거나 실용 기술을 익힘	4~6시	식사, 여유가 있는 마음으로 독서, 성현의 기상을 본받는 묵상
6~8시	가족과 일꾼의 일을 점검함, 자제들 교육	8~10시	일기·장부 정리, 자제 교육, 우주와 인생, 자기 행동에 대한 묵상
10~12시	수면, 심신 안정과 원기 배양	자정~새벽 2시	숙면, 밤 기운으로 심신을 북돋움

① 19세기 후반 퇴계학파에 속하는 윤최식이라는 학자가 정리한 『일용지결』에 나오는 선비의 일상생활 기록이다.
② 양반들은 자제 교육과 일꾼 관리 등 집 안팎의 잡다한 일을 돌보고, 개인적으로는 인격 수양과 학문 정진에 힘쓰는 바쁜 일정을 보내고 있음을 알 수 있다.

3. 중인

① 의미 : 넓은 의미로는 양반과 상민의 중간 신분으로, 좁은 의미로는 기술관만을 가리킨다.
② 중인 : 중앙과 지방 관청의 직역을 세습하는 서리, 향리, 기술관 등이다. 관청과 가까운 곳에 거주하고 같은 신분과 통혼하였으며, 양반에게 멸시를 받았으나 **역관들은 사신을 수행하면서 무역에 관여하여 이득을 얻기도 하였고**, 향리들은 토착 세력으로 수령을 보좌하면서 위세를 부리기도 하였다.
③ 서얼 : 중인과 같은 신분적 처우를 받아 중서(中庶)라고도 불리었으며, 태종 때 서얼에 대한 차별이 논의되었으나 ==15세기 초에는 큰 제약을 받지 않다가== 『경국대전』에 법제화되면서 문과 응시가 금지되고, 무과에 급제해도 **한품서용(限品敍用)** 이라 하여 승진에 제한을 두었다.

15세기 서얼 등용
15세기에는 모계나 처계에 노비나 서얼의 혈통이 있었음에도 고관으로 출세한 이가 많았다. 태조 때 정도전, 조영규, 태종 때 하륜, 세종 때 황희, 성종 때 유자광이 대표적이다.

4. 상민

(1) 상민
① 구성 : 평민·양민으로 불리며 백성의 대부분을 차지하는 농민, 공장, 시전 상인, 보부상 등이 해당된다.
② 특징 : 과거 응시 자격은 있었으나 많은 시간과 비용이 들었으므로 사실상 어려웠으며, 비상시 전공을 세우는 경우가 아니면 상민의 신분 상승 기회는 그리 많지 않았다.
③ 신량역천(身良役賤) : 신분은 양인이나 천역을 담당한 계층으로, 조례(관청의 잡역), 나장(형사), 일수(지방 고을 잡역), 조졸(조운), 수군(水軍), 봉군(봉수), 역보(역졸) 등이 있었다.

5. 천민

① 내용 : 천민의 대다수인 노비는 매매, 상속, 증여가 가능하였다. 다만 **외거 노비**의 경우 주인에게 신공만 바치면 **독립된 생활**을 하면서 재산을 소유하고 노비도 소유할 수 있었다.

② 엄격한 통제 : 양천 교혼을 막기 위해 부모 중 한쪽이 노비인 경우 자녀도 노비가 되는 일천즉천, 노비 간의 소생은 어머니의 소유주에게 귀속되는 **천자수모법의 원칙**이 고려 시대부터 이어졌다.

③ 백정 : 고려 시대에는 농민을 지칭하였으나, 조선 시대에는 **도축업에 종사하는 계층**을 지칭하였으며 무당, 창기, 광대와 더불어 천민이었다.

2 사회 정책과 사회 시설

1. 사회 정책과 사회 제도

① 농민 안정책 : 농번기에 잡역 동원을 금지하고, 재해 시 조세를 감면해 주었으며, **혜민국·동서대비원·제생원**(지방민의 구호) 등의 의료 시설과 유랑자 수용을 위한 동서활인서를 운영하였다.

② 구휼 제도 : 의창·상평창을 설치하고 **환곡제**를 실시하여 빈민을 구제하였다. 사창은 양반 지주를 중심으로 향촌 자치적으로 운영되는 구휼 제도로, 세종 때 처음 실시되었으며 양반 중심의 향촌 질서 유지가 목적이었다.

> **사료** 정부의 빈민 구휼
>
> 굶주린 사람 중 나이가 많거나 병이 들어 관아에 나와 환곡을 직접 받아갈 수 없는 사람은 가져다 줄 것, 모자라는 구휼의 곡식을 보충하기 위해서 산나물 등을 많이 캐어 먹도록 할 것, 여러 날 굶주린 사람에게 간장 물을 마시게 하면 즉사하므로, 먼저 죽물을 식혀서 천천히 먹여 허기를 면하게 한 다음 밥을 줄 것, 깊은 산골과 외떨어진 곳의 굶주린 사람을 먼저 살필 것 〈『세종실록』〉

2. 법률 제도

(1) 특징 : 『**경국대전**』과 『**대명률**』로 대표되는 법전에 의해 형벌과 민사에 관한 사항을 규율하였는데, 형벌에 관한 사항은 대부분 『**대명률**』의 적용을 받았다.

(2) 내용 : 반역죄와 강상죄는 중죄로 처벌되고, **연좌제**가 적용되었다. 형벌은 태·장·도·유·사의 5종이 기본으로 시행되었다.

(3) 민사에 관한 사항

① 운영 : 재판권을 가지고 있는 관찰사와 수령 등 **지방관이 관습법**에 따라 처리하였다.

조선 초 의료 기관의 변화
태조 때 설치된 제생원(1397)은 1460년(세조 6년) 혜민국에 통합되었으며 혜민국도 혜민서로 개칭되었다(1466). 같은 해 동·서 대비원도 동·서 활인서로 이름이 바뀌었다.

조선의 3의사(醫司)
① 내의원 : 국왕과 왕족의 치료 및 약의 처방
② 전의감 : 의서 편찬, 의학 교육 및 의료 정책 입안까지 주관하던 국가 의료 중추 기관
③ 혜민국 : 수도권에 거주하는 양반, 평민 환자의 진료 및 의녀의 교육 담당

② 특징 : 초기에는 노비에 대한 소송이 많았으나 나중에는 남의 묘지에다 자기 조상의 묘를 쓰는 데에서 발생하는 산송이 주류를 이루었다.

(4) **사법 기관** : 행정 기관과 구분되지 않아 **사법과 행정이 일치한 형태**였고, 중앙에는 사헌부, 의금부, 형조, 한성부(치안), 장예원(노비 소송), 지방은 관찰사, 수령 등이 각각 사법권을 행사하였다.

(5) **구제 절차** : 재판에 불만이 있는 경우에 항소할 수 있는 **심급제**와 왕에게 직접 호소하는 **신문고 제도**가 있었다.

> **사료** 신문고(申聞鼓) 제도의 취지와 한계
>
> 의정부에서 상소하기를 "서울과 외방의 고할 데 없는 백성이 억울한 일을 관청에 고발하여도 이를 다스려 주지 않는 자는 나와서 등문고를 치도록 허락하소서. 그중에 사사롭고 남에게 원망을 품어서 감히 무고를 행하는 자는 반좌율(反坐律)을 적용하여 참소하고 간사하게 말하는 것을 막으소서." 하여 그대로 따르고, 등문고를 고쳐 신문고라 하였다. 〈『태종실록』〉
>
> 💡 태종, 영조 등 왕권이 강할 경우에만 어느 정도 목적을 달성할 수 있었고, 절차가 복잡한데다 성리학적 명분론이 강조되어 반역죄 외에는 상위 신분을 고소할 수 없었던 형식적 제도이다. 정조는 신문고 대신에 징을 쳐서 호소하는 격쟁의 방법을 즐겨 쓰기도 하였다.

3 향촌 사회의 조직과 운영

1. 향촌 사회의 모습

(1) **유향소와 경재소** : 고려의 사심관 제도가 분화·발전된 제도이다.
① **유향소** : 재지 사족들의 **향촌 자치 기구**이며 수령을 보좌하고, 향리를 규찰하며 향촌 사회의 풍속을 바로잡기 위한 기구였다. 17세기 이후 유향소는 **향소, 향청**으로 명칭이 변경되었다.
② **경재소** : 지방 출신 중앙 관리들로 구성되어 **유향소를 통제**하기 위해 중앙에 설치한 기구로 1603년에 혁파되었다.

(2) **양반의 지위 유지**
① **향안** : 향촌 사회의 지배층인 **지방 사족의 명단**으로, 임진왜란 전후 시기에 각 군현마다 보편적으로 작성되었다.
② **향회** : 향안에 이름이 오른 사족은 그들의 **총회**인 **향회**를 통하여 자신들의 결속을 다지고 **지방민을 통제**하였는데, 이들 향회의 운영 규칙이 **향규**였다.

2. 촌락의 구성과 풍습

① **촌락의 통제** : 촌락은 향촌을 구성하는 기본 단위로서 초기에는 **호패법**과 자연촌 단위의 이(里)를 묶은 **면리제**를 통해, 17세기 중엽 이후에는 **오가작통법**(책임자 통수)을 통해 촌락 주민을 통제하였다.

② **촌락 구성**: 촌락은 양반이 거주하는 반촌과 평민이 거주하는 민촌으로 구분되어 있었는데, 반촌은 18세기 이후 동성 촌락으로 발전하였다.
③ **촌락 공동체**: 농민 조직으로는 공동 노동의 작업 공동체인 두레와 신앙과 동계적 성격의 향도가 있었으며 주로 상을 당했을 때에나 어려운 일이 생겼을 때 돕는 역할을 하였다.
④ **동계와 동약**: 원래는 양반 사족의 조직이었으나 왜란 이후에는 상민을 함께 참여시키는 상하 합계의 형태로 전환되었다.

사료 조선 초기 농민에 대한 통제책

- 호구 대장을 작성한 후 멋대로 옮겨 다니는 자가 있으면 가장은 곤장 1백 대에 처하고, 이웃에 사는 것을 허락한 자도 벌을 받는다. 〈『태조실록』〉
- 왕의 명에 따라 5호(戶)를 1통(統)으로 하여, 그 통 내에 도적을 감추어 주는 것은 물론이고, 강도, 절도를 한 자가 있을 경우에는 통 내의 모든 가구를 변방으로 옮기게 하였다. 그런데 옮긴 뒤 각기 살고 있는 여러 고을에서 엄하게 감시하지 않아 자주 흩어져 달아나 버린다. 앞으로는 더욱 엄하게 감시하여야 한다. ⇒ 오가작통법의 시초 〈『세종실록』〉
- 남자 장정으로 16세 이상이면 호패를 가지고 다닌다. ⇒ 호패법 〈『경국대전』〉

▲ 호패

오가작통법은 성종 때인 1485년에 『경국대전』에 법제화되었다.

4 성리학적 사회 질서의 강화

1. 예학과 보학의 발달

(1) **예학(禮學)**: 종족 내부의 의례를 규정한 것으로, 삼강오륜을 기본 덕목으로 강조하여 가부장적 종법 질서를 실현하는 데 목적이 있다.
① 양반 신분의 우월성을 강조하고, 정쟁의 구실로 이용되기도 하였다.
② 사림들은 예학의 기본 서적인 『소학』을 보급하고, 가묘와 사당을 세웠다.

시대별 제사 봉사 기준

구분	고려말 (정몽주)	조선(경국대전)	갑오개혁 (1989) 이후	가정의례준칙 (1970년대)
3품 이상	3대 (증조)	4대 (고조)	모두 4대 봉사	모두 2대 봉사
4~6품	2대	3대		
7품 이하 선비	1대	2대		
평민		1대		

사료 가묘(사당)의 설치

가묘의 법은 엄하게 하지 않을 수 없습니다. 예전에 부모를 섬기는 자는 살아서는 효도를 다하고, 죽으면 살아서 봉양하던 것보다 후하게 하여 섬기기를 생존 때처럼 하되, 종신토록 게을리하지 않았으니, 이것은 그 부모를 죽은 것으로 여기지 않는 뜻입니다. …… 조정에 있든지 외방에 있든지 사당의 제사를 주장하는 자는 매일 새벽에 일어나서 분향 재배하고, 출입할 때에 반드시 고하며, 모든 제의를 한결같이 『문공가례(주자가례)』에 의하여 아랫사람에게 보이면, 자연히 교화가 백성에게 미칠 것입니다. 따르지 않는 자는 파직하소서. 〈『태종실록』〉

가묘(家廟)는 조상의 신주(神主)를 모신 사당(祠堂)으로, 고려 때부터 있었고 성리학을 국교로 삼은 조선 초부터 강조되었는데, 선조 이후 양반층과 서민들에게까지 일반화되었다.

③ 양난 이후 더욱 중시되어 **김장생**(『가례집람』, 서인), **정구**(『오선생예설분류』, 남인) 등이 학문으로 발전시켰다.

(2) **보학(譜學)** : 양반 신분의 우월성을 확보하기 위해 가문의 내력인 **족보**를 기록하고, 이를 암기하는 **보학(譜學)**이 발달하였다. 예학이 종족 내부의 의례를 규정한 것인 데 비해, 보학은 종족의 내력과 횡적인 종족 관계를 확립하여 **종족 내부의 결속**을 다지려는 것이다. 보학의 발달은 **양반 문벌 제도의 강화**에 기여하였다.

> **사료** 족보의 의미와 안동 권씨 『성화보』
>
> 옛날에는 종법이 있어 적자와 서자의 자손이 구별 지어져 영원히 알 수 있었다. 종법이 없어지고 족보가 생겨났는데 무릇 족보를 만듦에 있어 반드시 그 근본을 거슬러 어디서부터 나왔는가를 따지고 그 이유를 자세히 적어 그 계통을 밝히고 친함과 친하지 아니함을 구별하게 된다. 이로써 종족 간의 의리를 두터이 하고 윤리를 바르게 할 수 있다. 〈안동 권씨의 『성화보』〉
>
>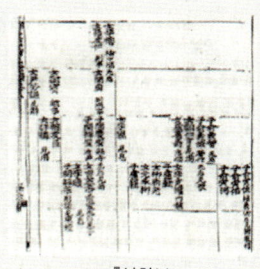
> ▲ 『성화보』
>
> 『성화보』는 조선 성종 7년(1476)에 편찬된 안동 권씨의 족보로 현존하는 가장 오랜 족보이다. 조선 전기의 족보에는 자녀의 출생 순으로 기록하였고, 딸과 사위의 이름을 기재하였다. 딸의 후손도 기록하여 만성보의 성격을 가졌고, 양자를 들인 사례는 거의 없는데 조선 전기까지도 고려 시대의 가족 제도가 유지되었음을 알 수 있다.

2. 향약(鄕約)

(1) **기원** : 향촌에 영향을 미치던 훈구파에 대항하여 중종 때 사림파 **조광조**에 의해 처음 시행된 이후 전국적으로 확산되었는데, **퇴계의 예안향약, 율곡의 해주향약**이 대표적이다.

(2) **목적** : 전통적인 공동 조직과 미풍양속을 계승하면서, 삼강오륜을 중심으로 한 유교 윤리를 가미한 규약으로써 백성을 조직하여 **향촌의 질서 유지와 자치적 기능**을 맡았다.

(3) **특징**

① **내용** : 4대 강목으로 덕업상권·과실상규·예속상교·환난상휼을 강조하였고, 양반, 농민, 노비, 여자들까지 강제적으로 편성하여 농민에 대한 유교적 통제를 강화하였다.

② **조직** : 향약의 간부인 **약정**(도약정, 부약정), **직월**(간사)은 주로 사족들이 맡았으며, 향약의 규율을 어긴 경우 마을에서 추방하는 권한도 있었다.

③ **영향** : 향약의 시행으로 **지방 사림의 지위**는 강화되었으나, 지방 유력자가 주민을 위협, 수탈하는 배경을 제공하는 등 부작용도 적지 않았다.

> **사료** 퇴계의 예안향약과 율곡의 해주향약

1. 예안향약 입약 조서

이제부터 우리 고을 선비들이 하늘이 부여한 본성을 근본으로 하고 국가의 법을 준수하며 집에서나 고을에서 각기 질서를 바로잡으면 나라에 좋은 선비가 될 것이요, 출세하든지 가난하게 살든지 서로 의지가 될 것이다. 굳이 약속을 만들어 서로 권할 필요도 없으며 벌을 줄 필요도 없을 것이다. 진실로 이를 알지 못하고 올바른 것을 어기고 예의를 해침으로써 우리 고을 풍속을 무너뜨리는 자는 바로 하늘의 뜻을 거역하는 백성이다. 벌을 주지 않으려 해도 주지 않을 수 있겠는가. 이것이 바로 오늘날 부득이 향약을 세우는 까닭이다.

〈『퇴계 선생 문집』〉

2. 해주향약 입약 범례문

무릇 뒤에 향약에 가입하기를 원하는 자에게는 반드시 먼저 규약문을 보여 몇 달 동안 실행할 수 있는가를 스스로 헤아려 본 뒤에 가입하기를 청하게 한다. 가입을 청하는 자는 반드시 단자에 참가하기를 원하는 뜻을 자세히 적어서 모임이 있을 때에 진술하고, 사람을 시켜 약정(향약의 간부)에게 바치면 약정은 여러 사람에게 물어서 좋다고 한 다음에야 글로 답하고 다음 모임에 참여하게 한다.

〈『율곡전서』〉

💡 퇴계 이황과 율곡 이이 등 사림파의 종장들이 적극적으로 향약을 보급하자 향약은 빠르게 전국적으로 확산되었다.

3. 서원(書院)

① **기능** : 성리학 연구와 선현에 대한 제사를 겸한 곳으로, 서재(서당)와 사당이 결합된 형태이다.

② **역할** : 최초의 서원은 주세붕이 세운 **백운동서원**(영주, 중종, 1543)인데, 이황의 건의로 **소수서원**(紹修書院)이라는 현판을 받아 **최초의 사액서원**이 되었다 (1550). 이후 각 지방에 생겨났으며 유교 윤리를 보급하고 향촌 사림을 결집, 강화시키는 역할을 수행하였다.

③ **특징** : 자연과의 조화를 강조하여 마을 한적한 곳에 세웠는데, 서원의 건축 구조는 불교 가람 양식과 주택 양식을 결합하여 건물을 배치하였다.

이언적을 배향하는 옥산서원 (경주)

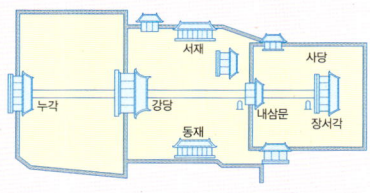

서원 건축의 일반적 양식

> **사료** 백운동서원에 대한 사액을 요청하는 이황

주세붕의 창건이 비록 진실로 위대하고, 안향이 이룩해 놓은 바가 완벽하고 빈틈이 없다 하더라도 이것은 다만 한 군수나 한 방백의 업적일 뿐이니 한 나라의 본받을 만한 제도로서 영구히 전하지 못하게 될까 두렵습니다. 진실로 선정(선대의 현인)의 자취가 남아 있는 곳, 예를 들어 최충, 우탁, 정몽주, 길재, 김종직, 김굉필과 같은 이가 살던 곳에 모두 서원을 건립하게 될 것이며, 혹은 조정의 명에 의하고 혹은 사사로이 건립하여 책을 읽고 학문을 닦는 곳으로 하여 조정의 학문을 존중하는 기풍과 태평한 세상의 즐거운 교육이 빛나고 드높일 것입니다. 〈이황, 『퇴계전서』〉

💡 백운동서원에 '소수'라는 이름이 최초로 사액된 아래 사액서원의 수가 급증하였다.

근세의 문화

04

1 민족 문화의 융성

1. 15세기 민족 문화의 발달 배경

15세기 조선 초기의 주도 세력인 관학파(훈구파)는 민생 안정과 부국강병을 위한 과학 기술과 실용적 학문을 중시하고, 성리학 이외의 학문과 사상도 포용하여 민족 문화가 크게 발전하였다.

2. 한글 창제(1446)

① 목적 : 피지배층을 도덕적으로 교화시켜 양반 중심 사회를 원활하게 유지하려는 의도에서 세종이 『훈민정음』을 창제하고 반포하였다.
② 보급 : 「용비어천가」, 「월인천강지곡」, 불경과 농서, 병서, 윤리서 등을 한글로 간행하였으며 서리 채용에 훈민정음을 시험보기도 하였다.
③ 의의 : 일반 백성들의 문자 생활이 가능해졌고 문화 민족의 긍지를 높였으며, 민족 문화의 기반을 마련하였다.

> **사료** 한글 창제 목적과 세종의 강한 의지 표명
>
> - 나랏말이 중국과 달라 한자(漢字)와 서로 통하지 아니하므로, 우매한 백성들이 말하고 싶은 것이 있어도 마침내 제 뜻을 잘 표현하지 못하는 사람이 많다. 내 이를 딱하게 여기어 새로 28자(字)를 만들었으니, 사람들로 하여금 쉬 익히어 날마다 쓰는 데 편하게 할 뿐이다. 〈『세종실록』〉
> - 너희가 훈민정음의 음을 사용하고 글자를 합하는 것이 모두 옛글에 반대된다고 한다. 설총의 이두도 음이 다르지 않았느냐. 이두도 만든 목적이 백성을 편하게 하려 한 것이 아니냐. 너희들이 운서를 아느냐? 정창손도 이렇게 말하였다. '삼강행실을 반포한 뒤에 충신·효자·열녀의 무리가 나옴을 볼 수 없습니다. 사람이 행하고 행하지 않는 것이 사람의 자질에 달려있기 때문입니다. 어찌 꼭 언문으로 번역해야 사람들이 본받을 것입니까.' 이따위 말이 어찌 선비로서 이치를 아는 말이겠느냐. 아무짝에도 쓸모 없는 선비이다. 〈『세종실록』〉
>
> 사료 자제에서 세종대왕의 한글 창제에 대한 강력한 의지와 애민정신을 엿볼 수 있다.

3. 역사서의 편찬

(1) 통치 기록

① 관청별 기록 : 각 관청의 업무 일지인 《등록》을 편찬하고, 춘추관은 이를 모아 《시정기》를 정기적으로 편찬했으며, 국왕의 비서 기구인 승정원은 왕과 신하 간에 오고간 문서와 국왕의 일과를 기록한 ==『승정원일기』==를 작성했다.
② 실록의 편찬
  ㉠ 왕위가 바뀌면 실록청을 설치하고 200명 전후의 편찬 위원을 임명하여 사초,

『승정원일기』
국초부터 편찬되었으나 왜란 이전 것은 모두 없어지고 인조 원년(1623)부터 1894년 갑오개혁까지의 270년의 기록이 남아 있는데 1894~1910의 기록은 「승선원일기」, 「궁내부일기」, 「규장각일기」 등 이름을 바꾸어 간행되었다. 분량이 실록보다 3배 이상 많다.

시정기, 승정원일기, 조보 등을 합하여 실록을 편찬했다.
ⓒ 실록은 4부를 만들어 춘추관과 성주, 충주, 전주에 사고를 설치하여 보관하였다.
ⓒ 태조~철종 때까지 빠짐없이 기록하였는데 왕위에서 쫓겨난 연산군과 광해군은 제목을 『연산군일기』와 『광해군일기』로 격하시켰다. 고종과 순종 실록은 일제 강점기에 편찬된 것이어서 실록의 범주에서 제외된다.

③ 의궤 : 국초부터 주요 사건(왕실 혼사, 장례, 궁중 잔치, 국왕 행차 등)이 있을 때에는 따로 의궤를 만들어 행사의 주요 장면을 그림으로 그려 넣고, 참가자, 비용 등을 상세히 기록하였다. 임진왜란 이후의 의궤만 남아 있지만 조선 특유의 귀중한 기록 유산이다.

> **자료** 『조선왕조실록』과 사고(史庫)
>
> 태조~철종까지 25대 472년간(1392~1863)을 편년체로 기록한 것으로, 춘추관 내의 실록청이 주관하였다. 사관이 작성한 사초(史草)를 기본으로 그때그때의 국가 정사(時政)에 대한 기록인 《시정기》, 《의정부등록》, 『비변사등록』, 『승정원일기』, 『일성록』(정조 이후의 왕의 일기) 등을 참조하였다.
>
> | 4대 사고 | 임진왜란 때 | 5대 사고 | 현재 |
> |---|---|---|---|
> | 춘추관 | 소실 | 춘추관 | 이괄의 난으로 소실 |
> | 충주 사고 | 소실 | 오대산 사고 | 일본으로 유출, 소실 |
> | 성주 사고 | 소실 | 태백산 사고 | 정부 기록 보관소 |
> | | | 마니산 사고 | 정족산 사고 → 서울대학교 규장각 |
> | 전주 사고 | 보존 | 묘향산 사고 | 적상산 사고 → 김일성종합대학 |
>
> 임진왜란 때 유생 손홍록과 안의의 노력으로 전주 사고 실록만 남고 나머지는 모두 소실되었다. 왜란 후 전주 실록은 강화도 정족산 사고로 이관하고, 이를 바탕으로 다시 4부를 만들어 춘추관과 오대산, 태백산, 적상산(무주)에 나누어 보관하였다. 『조선왕조실록』은 1997년 유네스코 세계기록유산으로 지정되었으며, 이후 『승정원일기』(2001)와 의궤(2007)도 기록유산으로 등재되었다.

④ 『국조보감』 : 후대 왕의 본보기를 삼기 위해 태조 이래 역대 국왕의 훌륭한 언행을 실록에서 뽑아 기록한 자료로, 1908년까지 편찬이 계속되어 완성하였다(1909).

(2) 역사 편찬

① 국초 : 정도전이 조선 건국의 정당성을 밝힌 편년체의 『고려국사』(1395)와 권근이 성리학적 명분론에 맞게 편찬한 편년체의 『동국사략』(1403)이 대표적이다.

② 『고려사』와 『고려사절요』
   ㉠ 『고려사』 : 정도전이 편찬한 『고려국사』가 국왕보다 재상의 역할을 강조한 것이 문제가 되어 수정 작업이 이루어졌으며, 그 결과 정인지가 기전체로 된 『고려사』(문종, 1451)를 완성하였다. 『고려국사』와는 달리 종(宗)·폐하·태후 등의 용어를 격하시키지 않고 그대로 기록하는 자주적 입장을 보였다.
   ㉡ 『고려사절요』 : 김종서 등이 정도전의 『고려국사』를 보완하여 편년체인 『고려사절요』(문종, 1452)를 편찬했다.

ⓒ 두 역사서의 비교 : 『고려사』와 『고려사절요』는 성리학적 역사관(유년칭원법 적용)에 입각하여 서술된 공통점이 있으나 전자는 국왕을, 후자는 재상을 중심에 두고 고려사를 정리했다는 점에서 차이가 있다. 또한 『고려사절요』에는 『고려사』에 없는 사실이 적지 않게 기록되어 있다.

> **유년칭원법(踰年稱元法)**
> 왕의 즉위한 다음 해를 원년으로 쓰는 방법으로, 즉위한 해가 즉위년, 이듬해가 원년(1년)이 된다. 예외적으로 세조·중종·인조 등은 전왕의 정통성을 부인하므로 즉위년을 원년으로 쓴다. 고려 시대까지는 '즉위년칭원(卽位年稱元)'을 사용하였으나, 전대(前代)의 왕과 신왕(新王)의 재위가 겹치는 것이 유교적으로 좋지 않은 것으로 보고, 조선 시대부터는 '유년칭원법'에 따랐다.

사료 『고려사』의 편찬

이 책을 편찬하면서 범례는 사마천의 사기에 따랐고, 기본 방향은 직접 왕에게 물어서 결정했습니다. '본기'라고 하지 않고 '세가'라고 한 것은 대의명분의 중요함을 보인 것입니다. 신우, 신창을 세가에 넣지 않고 열전으로 내려놓은 것은 왕위를 도적질한 사실을 엄히 밝히려 한 것입니다. 충신과 간신, 부정한 자와 공정한 자를 다 열전을 달리해 서술했습니다. 제도 문물은 종류에 따라 나눠 놓았습니다. 〈『고려사』〉

> 국왕을 본기(本紀)가 아닌 세가(世家)에 수록한 것이 특징이며, 신우(申禑) 부자(우왕과 창왕)를 열전으로 격하시켜 조선 건국의 정당성을 강조하였다. 정몽주를 충신으로 분류하여 비교적 객관성을 유지하려는 노력이 엿보이나, 원년을 즉위 다음 해로 규정한 것은 독자성을 포기하고 중국식에 따른 것이다.

③ 『삼국사절요』와 『동국통감』
  ㉠ 『삼국사절요』 : 성종 때 신숙주 등이 편찬했는데(1476), 『삼국사기』에서 빠진 고조선사가 보완되었다.
  ㉡ 『동국통감』 : 성종 때 서거정 등 훈신들이 『삼국사절요』와 『고려사절요』를 합하여 완성했으나 성종은 **사림 계열 관료를 참여시켜** 이를 다시 수정하여 편찬했는데, 이것이 『동국통감』(1485)이다.
  ㉢ 의미 : 국왕, 훈신, 사림이 서로 합의하여 통사 체계를 구성했다는 점에서 관찬사서의 완성을 의미한다.
④ 16세기 역사 서술 : 존화주의에 입각하여 단군이 부정되고 기자가 강조되었으며, 사림파 개인들에 의한 사찬 사서가 많이 간행되었는데, 박상의 『동국사략』(1522)과 이이의 『기자실기』(1580)가 대표적이다.

자료 단군과 기자에 대한 인식 변화

① 태조 원년 8월 : 조선의 단군(檀君)은 동방에서 처음으로 천명을 받은 임금이고, 기자(箕子)는 처음으로 교화를 일으킨 임금이니, 평양부에서 시제(時祭)를 드리게 할 것입니다.
② 태종 12년 6월 : 우리나라에 기자가 있는 것은 중국에 요 임금이 있는 것과 같으니, 원컨대 기자 사당은 (중국) 조정에서 요임금을 제사하는 예에 의거하여 기자의 묘에 제사 지내기 바랍니다.
③ 태종 13년 11월 : 단군과 기자에게는 '국왕'이라 일컫고, 고려 태조는 '조선 국왕'이라 일컫는 것은 합리적이지 않은 듯합니다. 단군과 기자에게도 '조선 국왕'이라고 일컫도록 허락하소서. ⇒ 15세기   〈조선왕조실록〉
④ 단군께서 제일 먼저 나시기는 하였으나, 문헌으로 상고할 수 없다. 삼가 생각하건대 기자께서 우리 조선에 들어오시어 그 백성을 후하게 양육하고 힘써 가르쳐 주시어 머리를 틀어 얹는 오랑캐의 풍속을 변화시켜 문화가 융성하였던 제나라와 노나라 같은 나라로 만들어 주셨다. 그리하여 백성들이 지금에 이르도록 그 은혜를 받아 예악의 습속이 왕성하게 계속되고 쇠퇴함이 없었으니, 우리 동방은 기자의 발자취에 대하여 집집마다 읽고 익히어야 할 것이다. ⇒ 16세기
〈이이, 『기자실기』〉

> 국초에는 단군과 기자를 동등하게 숭상하였으나 존화적 입장의 사림 세력이 정치의 중심이 되는 16세기에 이르러서는 단군보다 기자를 더욱 존중하였다.

4. 지리서의 편찬

(1) 목적 : 중앙 집권과 국방 강화를 위해 지도와 지리서가 편찬되었다.

① 지도 : 태종 때 세계 지도인 혼일강리도(혼일강리역대국도지도, 1402)가 제작되었으며, 세종 때 팔도도(전국 지도), 세조 때 양성지가 만든 최초의 실측 지도인 동국 지도(1463)가 있으며, 16세기에 제작된 조선방역지도는 만주와 대마도까지 표기하고 있다.

② 지리서 : 지리지 편찬은 세종 때부터 본격적으로 이루어져서 『신찬팔도지리지』(세종, 1432)가 편찬되었으며 『세종실록지리지』, 훈구 세력의 부국강병적 시각이 담긴 『동국여지승람』(성종, 1481)과 사림이 편찬한 『신증동국여지승람』(중종, 1530)이 있다.

> 『동국여지승람』과 『신증동국여지승람』의 사관(史觀)
> 훈구파가 편찬한 『동국여지승람』은 부국강병을 추구하고 우리나라를 '만리대국'으로 보는 시각이 담겨 있으나, 사림이 편찬한 『신증동국여지승람』은 부국강병을 거부하고 국토를 압록강 이남으로 한정하여 행정적 편의를 위해서 만들었다는 차이점이 있다.

자료 15세기·16세기 지도

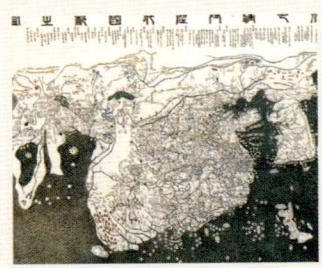
▲ 혼일강리도
(세계지도, 15세기)

▲ 조선방역지도
(16세기)

▲ 조선 중기 천하도
(세계지도, 16세기)

> 혼일강리도(混一疆理圖)는 우리나라 최초의 세계지도로, 태종 때 김사형·이무·이회 등이 제작하였으나, 원본은 현재 일본에 있다. 고려 공민왕 시기 나흥유가 만든 세계지도(전하지 않음)를 바탕으로 제작하였다. 중앙에 중국이 차지하고 있어 중화사상을 벗어나지 못하고 있으나, 한반도가 유난히 크게 그려져 있는 것은 중국에 못지않은 자주국이라는 조선 지배층의 자존심이 반영되어 있다.

5. 윤리, 의례서와 법전의 편찬

① 윤리서 : 유교 질서 확립을 위해 국초의 『삼강행실도』(세종, 1434), 국가 의례서인 『국조오례의』(성종, 1474)와 16세기의 『이륜행실도』, 주자가 지은 아동 교육서인 『동몽수지』가 간행되었다.

② 법전 : 유교적 통치 규범을 성문화한 『조선경국전』·『경제문감』(정도전), 『경제육전』(조준), 『속육전』(하륜), 『경국대전』(세조~성종) 등의 법전이 편찬되었다.

> 『국조오례의』
> 제사 의식인 길례(吉禮), 관례와 혼례 등의 가례(嘉禮), 사신 접대 의례인 빈례(賓禮), 군사 의식에 해당하는 군례(軍禮), 상례 의식인 흉례(凶禮)의 오례를 정리한 책이다.

사료 15세기·16세기의 윤리서

임금에게 충성하고 아버지에게 효도하고 남편에게 절개를 바치는 것은 하늘의 법칙에 근본을 둔 것입니다. 중국에서 우리나라에 이르기까지 동방 고금의 서적에 기록되어 있는 것을 모두 보았습니다. 그 가운데 효자, 충신, 열녀로 우뚝 높아서 기록으로 남길만한 사람을 각각 110명씩 찾아내었습니다. 앞에는 그림으로 뒤에는 사실을 기록하였으며 모두 시를 붙였습니다.
〈삼강행실도〉

> 『삼강행실도』의 그림은 조선 전기의 회화 연구에도 중요한 자료가 되고 있다.

▲ 『삼강행실도』, 「충신편」

▲ 『삼강행실도』, 「열녀편」

2 성리학의 발달

1. 성리학의 융성

(1) 성리학 연구의 심화
① 서경덕(1489~1546) : 기(氣)를 중심으로 세계를 이해하고, 불교와 노장 사상에도 개방적이었다.
② 조식(1501~1572) : 노장 사상을 포용하였으며, 학문의 실천성을 강조하고, 절의와 기개를 중요시하여 임진왜란 때 조식 학파에서는 정인홍, 곽재우 등 많은 의병장을 배출하였다.
③ 이언적(1491~1553) : 주리론의 선구자로, 기보다는 이(理) 중심의 이론을 전개하였다.

> **기(氣)와 이(理)**
> 기는 만물을 구성하는 요소이다. 기가 모이고 흩어짐에 따라 우주 만물이 만들어진다. 이는 기가 존재할 수 있는 근거이자 운동 법칙이다.

구분	주리론	주기론
경향	현실보다는 **도덕적 원리**에 대한 인식과 그 실천을 중요시한다.	경험적 세계를 중요시하여 **현실 개혁과 참여**를 강조하였다.
학자	이언적 → 이황, 영남학파	서경덕 → 이이, 기호학파
영향	위정척사 사상, 일본에 영향	중상적 실학사상, 개화사상에 영향

(2) 16세기 이황과 이이에 의해서 성리학은 조선 사회에 확고하게 뿌리를 내리게 되었다.

구분	이황(李滉, 1501~1570)	이이(李珥, 1536~1584)
계열	주리론(主理論)	주기론(主氣論)
사상사적 위치	주자의 **이기이원론** 계승, '동방의 주자'	**일원론적(氣) 이기이원론**, 이기론의 집대성
붕당 관계	제자들이 동인을 형성(영남학파)	제자들이 서인을 형성(기호학파)
학문적 특징	• 도덕적 행위의 근거로서 **인간의 심성 중시** • 근본적이며 이상주의적 성격 • 수양의 방법으로 경(敬)의 실천 중시	• **경장론(更張論)** : 현실주의 · 개혁주의, 다양한 개혁 방안 제시 → **10만 양병 · 수미법**
핵심 이론	이기호발(理氣互發)	기발리승(氣發理乘), 이통기국(理通氣局)
영향	성리학의 주류 → 한말 위정척사 사상, **일본 성리학에 영향**	실학사상 → 개화사상으로 연결
저서	『**주자서절요**』, 『성학십도』, 『전습록변』(양명학 비판)	『격몽요결』, 『동호문답』, 『성학집요』
인상적 활동	백운동서원을 소수서원(안향 배향)으로 사액, 안동 **도산서원에서 후진 양성**(남인 형성)	• '**구도장원공(九度壯元公)**' - 9회의 과거에서 모두 장원 • 개혁을 지향한 '경장론'은 후일 서인에게 큰 **영향을 줌**

자료 사단칠정(四端七情) 논쟁

- 논점 : 사단(仁義禮智)과 칠정(喜怒哀樂愛惡慾)은 이에 속하는가? 기에 속하는가? 이가 과연 발동할 수 있는가 없는가?
- ① 1차 논쟁(1559~1566) : 59살의 퇴계 이황과 33살의 고봉 기대승 간의 논쟁
  - ㉠ **이황** : 사단은 이발(理發), 칠정은 기발(氣發) → 이발기승, 이기호발
  - ㉡ **기대승** : 사단과 칠정은 모두 이기(理氣)의 결합이므로 분리할 수 없다. → 이기일원론
- ② 2차 논쟁(1572~1577) : 우계 성혼과 율곡 이이 간의 논쟁
  - ㉠ **성혼** : 이황의 학설 지지
  - ㉡ **이이** : 기발이승, 이통기국

> 사단칠정 논쟁은 조선 성리학이 주자학을 단순히 수용하는 단계를 넘어, 주체적이고 독자적인 목소리를 내는 단계로 성장했음을 보여주고 있으며 후대의 인심도심(人心道心) 논쟁, 인물성동이(人物性同異) 논쟁 같은 조선 후기 성리학의 핵심 논쟁의 시원이 되었다.

사료 퇴계의 이기호발과 율곡의 기발이승

- 일이 있기 전에 이(理)가 있었으며, 군신이 있기 전에 군신의 이가 있었으며, 부자가 있기 전에 부자의 이가 있었다. …… 사물이 존재하지 않을 때 이가 벌써 구비되어 있었다. ⇒ **주리론적 입장** 〈이황〉
- 우주 만물의 근원이 되는 이(理)는 절대적으로 선한 것이고, 만물을 구성하는 기(氣)는 선과 악이 함께 섞여 있는 것이다. 따라서 순선한 이는 존귀하고 선악이 함께 내재한 기는 비천한 것이다. 이가 작용하여 기가 이에 따르기도 하고, 기가 작용하여 이가 그 위에 타기도 한다. 이와 기가 모두 운동성을 갖는다. ⇒ **이기호발(理氣互發)** 〈이황〉
- 이(理) 아니면 기(氣)가 근거할 데가 없으며, 기가 아니면 이가 의거할 데가 없다. 이미 두 개의 물건이 아닌즉, 또한 하나의 물건도 아니다. 하나의 물건이 아니니 하나이면서 둘이고, 두 개의 물건이 아니니 둘이면서 하나이다. 하나의 물건이 아니라는 것은 무엇을 말하는가. 이기는 서로 떨어지지 않을 수 없으나 신묘하게 결합되어 있다. 이는 자기 스스로 이이며 기는 자기 스스로 기이나 분리되지 않으니 그 사이가 없다. ⇒ **기발이승(氣發理乘)** 〈이이〉
- 이는 형체도 없고, 기는 형체가 있는 까닭에 이는 두루 통하고 기는 한정되고 국한된다. ⇒ **이통기국(理通氣局)** 〈이이〉

자료 선조에게 바친 『성학십도』와 『성학집요』

구분	이황의 『성학십도』	이이의 『성학집요』
시기	선조(17살), 1568	선조(24살), 1575
특징	성리학의 기본 이념을 열 개의 그림(도표)으로 요약 정리	군주를 위해 대학(大學)을 해설한 책
핵심 내용	군주 스스로가 성학을 따라 성학 군주가 되어야 한다.	현명한 신하가 성학을 군주에게 가르쳐 그 기질을 변화시켜야 한다.

> 성리학을 집대성한 주자의 사상이 담긴 책이 『주자전서』이며 이황은 『주자전서』를 통독·주석한 최초의 조선 학자였다. 이를 바탕으로 스스로 주요 내용을 뽑아서 『주자서절요』를 편찬하고, 선조에게 『성학십도』를 헌상하였다. 이이는 이황의 사상을 더욱 발전시켜 성리학적 제왕학의 요체인 『성학집요』를 저술하였다.

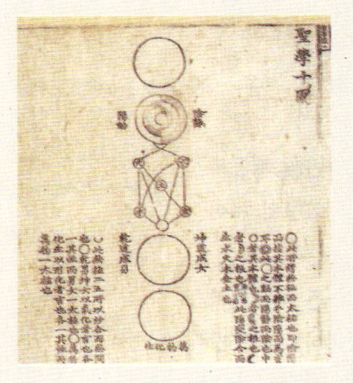

▲ 이황, 『성학십도』

2. 학파와 정파의 형성

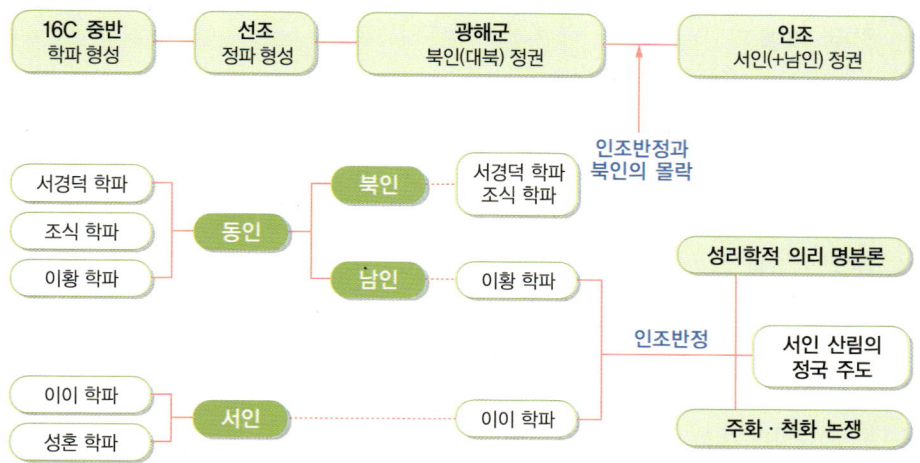

3 불교와 민간 신앙

1. 불교의 정비

① 억불책 : 태조 때 도첩제를 실시하여 승려의 출가를 제한하고, 태종은 사원의 토지와 노비를 몰수하여 국가 재정을 확보하고자 하였다. 세종은 교단을 정리하여 선·교 양종의 36사만 인정하였다. 성종은 도첩제마저 폐지하여 승려들의 출가 자체를 금지하였다. 불교는 산간 불교로 바뀌게 되었다.

② 왕실의 관심 : 한편 세종, 세조와 같은 호불 군주의 보호 덕에 명맥은 유지하였다. 특히 세조는 간경도감을 설치하여 불경을 간행하고 한글로 번역하여 보급하기도 하였다.

③ 일시적 융성 : 명종 때 문정왕후의 지원 아래 불교가 일시적으로 중흥하기도 하였다. 보우(1509~1565)를 등용하고 승과를 부활하기도 하였다. 16세기 후반 이후 서산대사(1520~1604)와 같은 고승이 배출되고 임진왜란 때 승병들이 크게 활약하기도 하였다.

2. 도교와 민간 신앙

① 도교 : 크게 위축되었으나, 제천 행사가 국가의 권위를 높이는 점이 인정되어 소격서를 설치하고, 마니산 참성단에서 일월 성신에 제사지내는 초제가 거행되어 민족 의식을 고양시키기도 하였다. 고려 시대 이후로 원구단에서 거행된 제천 행사는 세조 때까지 이어졌다.

② 풍수지리설 : 한양 천도에 영향을 주었고, 명당을 둘러싼 산송 문제가 발생하기도 하였다.

③ 민간 신앙 : 무격 신앙, 산신 신앙, 삼신 숭배, 촌락제 등은 백성들 사이에 깊이 자리 잡았다.

허응당 보우

문정왕후 사후에 유학자들의 배척을 받아 제주도에 유배된 후 사사되었다. 그가 실시한 승과를 통해 서산대사, 사명대사 같은 고승이 배출되어 꺼져가던 조선 불교의 명맥을 유지할 수 있었다. 고려 말의 고승인 태고국사 보우(1301~1382)와는 구별해야 한다.

마니산 참성단(강화도)

4 과학 기술의 발달

1. 천문 역법

① **발달 배경**: 부국강병과 민생 안정을 위한 과학 기술의 중요성을 인식하여 국가적 지원을 하였으며, 이 시기의 과학 기술은 우리나라 역사상 특기할 정도로 뛰어났다.

② **천문학**: 경복궁에 간의대라는 천문대를 설치하여 운영했으며(세종, 1434), 천체 관측 기구인 혼의, 혼천의, 간의가 제작되고 시간 측정을 위한 자격루(물시계, 1434), 앙부일구(해시계), 강우량 측정을 위한 측우기가 세계 최초로 제작되었다 (1441).

③ **각종 기구**: 강물의 높이를 재어 홍수에 대비하는 수표(水標), 바람의 세기와 방향을 측정하는 풍기대, 토지 측량을 위한 인지의·규형 등이 양전과 지도 제작에 쓰였다.

자격루
세종 20년(1438) 자격루의 일종인 옥루기륜을 제작하여 궁 안의 흠경각에 설치했는데, 그 기능이 매우 우수했다. 각종 기계 장치를 이용하여 매 시간마다 인형이 나타나 방울을 울리고 북과 징을 치면서 시간을 알려주고 매 시각을 상징하는 12신의 모형이 나타나게 만든 장치이다. 천민 출신 과학자 장영실이 감독·제작하였다.

▲ 앙부일구

▲ 자격루

▲ 측우기

▲ 혼천의

▲ 간의

▲ 수표

④ **천문도와 달력**: 태조 때에는 고구려 천문도를 바탕으로 하여 돌에 새겨 만든 천상열차분야지도를 만들고, 세종 때에는 한양을 기준으로 하는 역법서인 『칠정산내외편』(1442)을 만들었다.

천상열차분야지도
현재 만 원권 지폐 뒷면에 혼천의 뒤로 보이는 배경 그림이 천상열차분야지도며 고구려의 천문도를 바탕으로 제작되었다.

『칠정산』
해, 달, 화성, 수성, 목성, 금성, 토성의 7개의 운동하는 천체의 위치를 계산하는 방법을 서술한 역법서이다. 행성들이 운행하는 원리와 위치, 시각 등이 오늘날의 달력과 거의 비슷하게 설명되어 있고 서울 지방의 밤과 낮의 길이가 비교적 정확하게 기록되어 있다.

▲ 천상열차분야지도

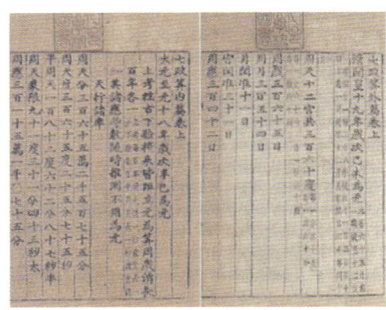
▲ 『칠정산내외편』

2. 의학

① 우리 풍토에 알맞은 약재와 치료 방법을 정리한 『향약집성방』과 의학 백과사전인 『의방유취』를 편찬하였다.
② 조선 전기의 의학 서적

구분	편찬 시기	편찬자	주요 내용
『향약제생집성방』	태조, 1398	김희선	권중화가 지은 『향약간이방』을 기초로 편찬했으나 전하지 않음
『한약채취월령』	세종, 1431	노중례	약재 이론서, 우리나라에서 나는 수백 종의 약재 소개
『향약집성방』	세종, 1433	노중례	**7백여 종의 국산 약재 소개**, 1천 종의 병증에 대한 **치료 예방법 소개**
『태산요록』	세종, 1434	노중례	임산부의 임신과 출산 전후에 관한 대응법
『신주무원록』	세종, 1440	최치운, 변효문	**법의학서**
『의방유취』	세종, 1445	전순의, 최윤	당시까지의 동양 의학에 관한 서적과 이론을 총 집대성한 **의학 백과사전**
『동의보감』	광해군, 1610	허준	**조선 의학의 집대성**, 동양 최고의 의서

사료 15세기 민족 의학의 발전 : 『향약집성방』

예전에 판문하 권중화가 여러 책을 뽑아서 『향약간이방』을 짓고, 그 후 평양백 조준 등과 함께 약국 관원에게 명하여 다시 여러 책을 상고하고 우리나라 사람들이 경험하였던 처방을 취하여 분류해서 편찬한 다음, 인쇄하여 발행하였다. 이로부터 약재를 구하기 쉽고 질병을 치료하기 쉽게 되어 사람들이 모두 편하게 여겼다. 그러나 방서(方書, 약방문을 적은 책)가 중국에서 나온 것이 아직 적고 약 이름이 중국과 다른 것이 많기 때문에 의술을 전공하는 자들이 미비하다는 탄식을 면치 못하였다. 이에 주상 전하(세종)께서 특별히 유의하시어 의관을 골라 매양 사신을 따라 북경에 가서 방서를 널리 구하게 하였다. 세종 13년 가을 집현전 직제학 유효통, 전의 노중례, 부정 박윤덕에게 명하여 다시 향약방에 대해 여러 책에서 빠짐없이 찾아낸 다음 분류하여 증보하게 해서 한해가 지나 완성되었다. 합하여 85권으로 바치니 이름을 『향약집성방』이라 하였다. 〈『동문선』〉

『한양집성방』의 편찬은 우리나라 한의학이 중국 한의학의 영향에서 벗어나 독자적·자주적 체계를 개척하기 시작했다는 의미를 지닌다.

3. 활자 인쇄술과 제지술

① 배경 : 15세기 각종 서적의 활발한 편찬 사업으로 활자 인쇄술도 발달하였다.
② 내용 : 주자소(鑄字所, 태종, 1403)를 설치하여 **계미자**(태종)·**경자자**(세종)·**갑인자**(세종) 등의 금속 활자를 주조하고 세종 때에는 밀랍 대신 **식자판을 조립**하는 방안을 창안하여 인쇄 능률을 올리기도 하였다.
③ 제지술의 발달 : 조지서를 설치하고 종이를 대량 생산하여 공급하였다.

4. 농업 기술의 발달

(1) 개관 : 전반적으로 고려 시대와 비슷하였다. 이앙법(모내기법)과 이모작이 일부 지방에 보급되고, 시비법으로 휴경지가 사라지고, 농경지의 상경화 현상이 확립되었다. 벼농사에는 가을갈이, 건사리(건경법), 물사리(수경법) 등이 농법을 사용하였고, 목화 재배가 전국으로 확대되어 무명을 화폐처럼 사용하였다. 양잠도 전국으로 확산되었다.

(2) 농서의 간행 : 15세기에는 우리 풍토에 맞는 농서 편찬에 힘썼다.

① 『**농사직설**農事直說』(세종, 1429) : 최초의 우리나라 농서(정초·변효문)로, 우리 풍토에 맞는 씨앗의 저장법, 토질의 개량법, 벼의 재배법, 경작 농구, 거름, 밭작물의 파종법, 모내기법 등 농민의 실제 경험을 종합하여 편찬한 농서이다.

② 『금양잡록』(1492) : 성종 때 강희맹이 금양(경기도 시흥)에서 직접 농사지은 경험을 토대로 하여 저술하였다.

② 『**사시찬요초**』 : 『농사직설』의 한계점을 보완하기 위해 중국의 농서인 『사시찬요』에서 발췌하여 편찬하였다.

> **『농사직설』과 『사시찬요초』**
> 『농사직설』의 한계성을 보완하기 위해 중국 당나라의 농서인 『사시찬요』에서 조선의 현실에 맞는 내용을 발췌해 엮은 조선 전기의 농서이다. 『농사직설』이 지주 중심의 농법 소개라면 『사시찬요초』는 소규모 농업 방식에 초점을 두고 편찬되었다.

사료 『농사직설』의 편찬

정초 등에게 명하여 『농사직설』을 찬술하게 하는데, 그 서문에, "농사는 천하의 대본이다. …… 이제 우리 주상 전하께서 명군(明君)을 계승하여 정사에 힘써 더욱 백성의 일에 마음을 두셨다. 오방(五方)의 풍토가 다르고 곡식을 심고 가꾸는 법이 각기 있어 고서(古書)의 내용과 맞지 않음을 아시고 각 도 감사에게 명하여 주와 현의 늙은 농부들이 경험한 바를 모두 들어 올리라 하였다. …… 중복됨이 없는 간결한 내용을 한 편의 책으로 엮었으니 이름 하여 『농사직설』이라. 농사 외에는 다른 설은 섞지 아니하고 간략하고 바른 것에 힘을 써서, 산야의 백성들에게도 환히 쉽사리 알도록 하였다.

〈『세종실록』, 농사직설 서문〉

『병장도설』

화차(火車)

비거도선(鼻居刀船)
왜구가 왕왕 도서 지방에 와서 숨어 있다가 틈을 보아서 약탈·도주하지만, 우리의 전함이 무겁고 커서 이를 추격하지 못한다."하여 만든 것으로 볼 때 왜구를 잡기 위한 소형 쾌속정이라 여겨진다. 세종 때 대일본 전문 외교관 이예의 건의로 제작되었다.

5. 병서의 편찬과 무기 제조 기술의 발달

① 배경 : 15세기에는 부국강병에 관심을 갖고 각종 병서가 편찬되고, 무기 제조 기술도 발달하였다.

② 병서 : 세종 때 화약 무기의 제조법과 사용법을 정리한 『총통등록』, 문종 때 고조선~고려 말까지의 전쟁사인 『동국병감』, 성종 때 진법에 관한 책으로 군사 훈련의 지침서로 사용된 『**병장도설**』(1492)이 편찬되었다.

③ 화약 무기 제조 : 최무선의 아들인 **최해산**의 활약으로 화약 무기가 제조되어 사정거리 1,000보의 화포를 만들었고, 바퀴가 달린 **화차**를 제작하였는데 신기전이라는 화살 100개를 발사할 수 있는 일종의 로켓이었다.

④ 군선 : 돌격용 배인 **거북선**(태종)을 제작하였으며, 규모가 큰 검선과 **비거도선**(세종)이라는 작고 날쌘 전투선이 건조되어 해전에서 위력을 보였다.

⑤ 변화 : 16세기에 이르러 과학 기술을 경시하는 경향이 커지면서 점차 침체되었다.

사료 『동국병감』의 편찬

문종 즉위년(1450) 3월에, 의정부에서 의견을 모아 계를 올려 "방금 중국에 급한 변이 있으니 변방 방어를 근심하지 않을 수 없다. 중국 역대의 일을 상고하는 데는 역사책으로 알 수 있는데, 우리나라 일을 가장 잘 알아야 할 것임에도 그렇지 못함은 심히 옳지 못하다. 바라건대 삼국 시대부터 고려에 이르기까지 적들이 내침한 일과 우리나라 방어책의 경위와 득실을 상세히 고증하고 가려서 뽑아내어 읽게 하자"고 하니, 임금이 "그 뜻이 매우 좋다. 속히 편찬하여 세상에 널리 펴서 알리도록 하라"하였으니 후에 편찬 간행하여 동국병감이라 이름하였다.

〈『문종실록』〉

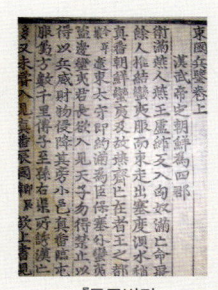
▲ 『동국병감』

5 문학과 예술

1. 문학의 발전

(1) 전기(15세기)

① 악장 : 왕조 창업을 찬미한 「용비어천가」, 세종이 석가모니의 공덕을 찬양한 「월인천강지곡」이 유명하다.

② 한문학 : 서거정의 『동문선』(성종, 1478)은 삼국 시대에서 조선 초에 이르는 시와 산문 중 빼어난 것을 골라 편찬했는데, 우리글에 대한 자주 의식을 표현하였다.

③ 설화 문학 : 서거정의 『필원잡기』, 성현의 『용재총화』, 남효온의 『추강냉화』, 강희맹의 『촌담해이』 등이 있다.

④ 한문 소설 : 설화 문학이 발달하면서 허구적 요소를 가미한 소설이 창작되었는데, 김시습의 『금오신화』가 대표적이다.

⑤ 시조 : 건국 초의 패기를 담은 김종서와 남이의 시가 유명하며, 유교적 충절을 노래한 길재, 원천석의 시조가 있었다.

사료 『동문선』 서문에 나타난 자주 의식

우리나라의 글은 송이나 원의 글이 아니요, 한이나 당의 글도 아니며 바로 우리나라의 글일 따름입니다. 삼국 시대부터 당대에 이르기까지 사·부·시·문 등 여러 가지 문체를 수집하여 130권을 편성하여 올린 바, 동문선이라고 이름을 내리셨습니다.

〈서거정, 『동문선』〉

자료 15세기의 시조

- 삭풍은 나무 끝에 불고 명월은 눈 속에 찬데
  만리변성에 일장검 짚고 서서
  긴 파람 큰 한소리에 거칠 것이 없어라.
  ⇒ 건국 초의 패기 넘치는 시조   〈김종서〉

- 오백 년 도읍지를 필마로 돌아드니
  산천은 의구한데 인걸은 간 데 없네
  어즈버 태평연월이 꿈이런가 하노라.
  ⇒ 유교적 충절   〈길재〉

- 흥망이 유수하니 만월대도 추초로다
  오백 년 왕업이 목적에 부쳐시니
  석양에 지나는 객이 눈물겨워 하노라.
  ⇒ 유교적 충절   〈원천석〉

(2) 중기(16세기) : 사림 문학이 주류를 이루어 표현 형식보다는 흥취와 정신을 중시하였다.
① 시조 : 황진이, 윤선도(오우가) 같이 순수한 인간 본연의 감정을 표현하는 시조가 등장하였다.
② 가사 : 우리말의 어휘를 풍부하게 구사한 **정철**(「관동별곡」,「사미인곡」,「속미인곡」)이 대표적이며 정철의 스승인 **송순**(「면앙정가」), 무인이었던 **박인로** 등이 유명하다.
③ 풍자 문학 : 사림 문학의 테두리를 벗어난 문인들도 등장하여 서얼 출신인 **어숙권**은 『패관잡기』에서 문벌 제도와 적서 차별을 비판하기도 하였으며, 임제는 『원생몽유록』을 통해 세조의 찬탈을 비난하고 사육신의 충절을 묘사하고 있다.
④ 여류 문인의 등장 : 신사임당, 허난설헌 등 여류 문인도 활동하였다.

2. 건축

(1) 전기(15세기)
① 특징 : 15세기에는 **궁궐, 관아, 성문, 학교** 등 공공 건물이 많이 만들어졌다. 왕의 권위를 높이고 신분 질서를 유지하기 위하여 신분에 따라 건물의 크기와 장식을 제한하였으나 잘 지켜지지 않았다.
② 공공 건축 : 경복궁, 창덕궁, 창경궁 등의 **궁궐과 종묘** 등이 세워지고 고려의 건축 양식을 계승한 개성 남대문·평양 보통문이 있는가 하면 고려 건축 기법과는 다른 독자적인 건축 방식으로 숭례문이 세워지기도 하였다.
③ 사원 건축 : 왕실의 비호를 받은 불교 건축물로 **무위사 극락전, 해인사 장경판전, 원각사지 10층 석탑** 등이 있다. 특히 종묘와 해인사 장경판전은 조선의 건축 기술을 집약한 건물들로, 유네스코 문화유산에 등재되었다.

(2) 중기(16세기) : 사림의 진출로 서원 건축이 활발하였다.

도산 서원(경북 안동)

▲ 종묘

▲ 숭례문

▲ 평양 보통문

▲ 개성 남대문

▲ 무위사 극락전(강진)

▲ 해인사 장경판전

▲ 원각사지 10층 석탑

3. 분청사기, 백자와 공예

① 조선 공예의 특징 : 화려하고 귀족적이었던 고려와 달리 유교적 검약과 실용을 강조하였고, 사치품보다는 생활 필수품이나 문방구 등에서 특색을 나타내었다.
② 분청사기 : 15세기에는 청자에 백토의 분을 칠한 분청사기가 만들어졌는데, 소박하고 천진스런 무늬가 어우러져 구김살 없는 우리의 멋을 잘 나타내었다.
③ 백자 : 17세기에는 선비들의 유교적 취향에 어울리는 순백의 백자가 유행하였다.
④ 기타 : 목공예(장롱, 문갑), 돗자리 공예, 쇠뿔을 쪼개서 무늬를 새긴 화각 공예, 자개 공예도 유명하였다.

화각 공예(화각함)

자료 15세기 분청사기와 17세기 백자

▲ 분청사기철화당초문장군　　▲ 분청사기철화어문병　　▲ 분청사기어문편병　　▲ 순백자병　　▲ 백자달항아리(18세기)

사옹원 소속의 분원 설립
세종 때 왕실에서 사용하는 고급 도자기를 제작하기 위해 경기도 광주에 관립 사기 공장인 분원을 설치하고 전국의 1,140여 명의 장인들을 교대로 일하게 하였다. 분원은 조선 왕조의 멸망 시까지 국가·왕실 수요의 자기를 생산하였다.

4. 그림과 글씨

(1) 전기(15세기)

① 특징 : 화원화·문인화로 나뉘는데, 이들은 중국의 역대 화풍을 선택적으로 수용하고 소화하여 독창적 화풍을 개발하였다. 조선의 이런 그림은 일본 무로마치 미술에 영향을 주었다.
② 화가
　㉠ 화원 출신인 안견(15세기)의 몽유도원도는 자연스런 현실 세계와 환상적인 이상 세계를 능숙하게 처리하고 대각선적인 운동감을 활용하여 구현한 걸작이다.
　㉡ 문인 화가인 강희안(1417~1464)은 고사관수도에서 무념무상에 빠진 선비의 내면 세계를 대담한 생략과 간결하고 과감한 필치로 그려내었다.

▲ 안견, 〈몽유도원도〉　　　　▲ 강희안, 〈고사관수도〉

(2) 중기(16~17세기)
① 특징 : 다양한 화풍이 발달하였고, 산수화나 사군자를 그리는 것이 유행하였다.
② 화가
  ㉠ 노비 출신의 화원인 이상좌(16세기)는 송하보월도에서 늙은 소나무를 통해 강인한 정신과 굳센 기개를 표현하였다.
  ㉡ 왕족 출신 문인 화가인 이정(1541~1622)은 대나무, 역시 문인 화가인 황집중(1533~?)은 포도, 어몽룡(1566~?)은 매화를 잘 그려 3절이라 불렸다.
  ㉢ 율곡 이이의 어머니인 신사임당(1504~1551)은 여성적 필치로 풀과 벌레를 섬세하게 표현하였다.
  ㉣ 17세기 김명국(1600~?)개성적인 화풍으로 통신사에 참여하여 일본에서도 실력을 인정받았다.

▲ 이상좌, 〈송하보월도〉

▲ 신사임당, 〈초충도〉

▲ 황집중, 〈목포도도〉

▲ 이정, 〈목죽도〉

▲ 어몽룡, 〈월매도〉

▲ 김명국, 〈달마도〉(17세기)

한호(한석봉)의 글씨
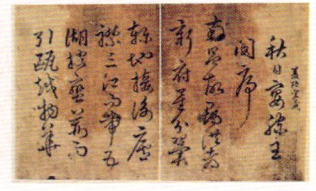

『정간보』
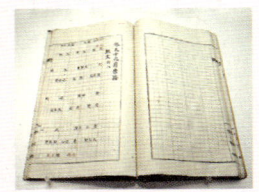

『악학궤범』
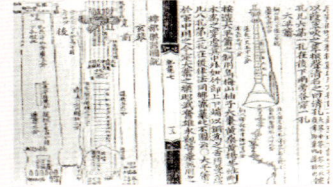

③ 글씨 : 안평대군(세종의 아들, 1418~1453)의 송설체, 양사언(1517~1584)의 초서, 한호(1543~1605)의 석봉체가 유명하였다.

5. 음악과 무용

(1) 15세기 음악의 특징 : 백성의 교화 수단으로 활용되고, 국가 의례와 밀접한 관련되었기에 중요시하였다.
① 세종 때 박연은 아악을 체계화하였고, 세종은 스스로 「여민락」을 작곡하고, 소리의 장단과 높낮이를 표현할 수 있는 새로운 악보인 『정간보』를 창안하였다.
② 성종 때 성현은 음악 이론서인 『악학궤범』(1493)을 편찬하였다.

(2) 16세기 : 민간에서도 당악과 향악을 속악으로 발전시켜 가사·시조·가곡 등 우리말로 된 노래를 연주하는 음악이나 민요에 활용하였다.

(3) 무용 : 처용무처럼 전통 춤을 우아하게 변용시킨 것도 있고(궁중), 민간에서는 농악무·무당춤·승무 등 전통 춤을 계승 발전시켰으며, 탈춤(산대놀이), 인형극(꼭두각시놀이)도 유행하였다.

> **사료** 조선 시대 음악의 기능
>
> 악(樂)은 하늘이 내서 사람에게 보낸 것이니 허(虛)에서 나와 자연히 이루어진 것이다. 이 때문에 사람 마음을 움직이고 맥박을 뛰게 하여 정신을 막힘없이 흐르게 한다. 다른 소리를 합하여 하나로 하는 것은 임금이 위에서 어떻게 이끄느냐에 달려 있다. 바르게 이끄는 것과 거짓되게 이끄는 것에 따라 커다란 차이가 나며, 풍속이 번영하고 쇠퇴하는 것도 모두 여기에 달려 있다. 따라서 악이야말로 백성을 다스리고 교화하는 큰 문이라고 할 수 있다
> 〈『악학궤범』〉
>
> 음악을 제왕들의 치세 수단이나 백성의 교화 수단으로 보는 유교적 음악관을 잘 보여주고 있다.

6

근대 태동기

01 근대 태동기의 정치 변동
02 근대 태동기의 경제 변화
03 근대 태동기의 사회 변동
04 근대 태동기의 문화

01 근대 태동기의 정치 변동

1 통치 체제의 변화

1. 정치 체제의 변화

(1) 비변사(備邊司)의 기능 강화
① 특징 : 정치·행정의 기능과 권력 기구라는 이중적 특성을 동시에 가지는 기구로 변화되었다.
② 결과 : 국가 중대사를 모두 처리함으로 인해 의정부와 6조는 유명무실해지고, 왕권 약화를 초래하였다.

(2) 3사의 언론 기능과 전랑권의 변화
① 언론 기능의 변화 : 공론을 반영하기보다는 상대 세력에 대한 비판을 통해 자기 세력 유지와 상대 세력 견제에 앞장서고 있었다.
② 전랑의 역할 변화 : 언론, 추천 기능의 자율성을 보장하기 위한 전랑의 자천권(후임자 지명)과 통청권(3사 요직 추천) 및 낭천권(재야 사림 추천)을 자기 세력 확대와 상대 세력 제거에 활용하면서 폐해가 나타나기 시작했다.
③ 전랑권의 혁파 : 당의 대립을 완화하기 위해 전랑의 자천권을 폐지하고(숙종, 1685), 영조 때에는 3사의 청요직(淸要職)을 선발할 수 있는 통청권과 한림의 회천권도 철폐하였으며(1741) 정조 때 낭천권마저 완전히 폐지되었다.

> **청요직**
> 시대에 따라 차이가 있으나 대체로 사헌부 장령(2명), 홍문관 당하관(12명), 이조전랑(6명), 예문관 한림(8명)의 4개 직책을 지칭한다. 때에 따라서는 사간원 헌납(1명)을 포함하기도 한다.

> **한림의 회천권**
> 예문관 소속 사관(史官) 8명을 한림이라 한다. 이들은 결원을 보충할 때 자신들만의 협의를 통해 만장일치로 후임을 천거하였는데 이를 회천(回薦)이라 하였다.

자료 비변사의 설치 과정과 특징

① 지변사재상(知邊司宰相) : 조선은 무관의 정사 참여를 금지했으므로 군사 업무도 의정부와 병조가 협의해서 처리했다. 그러나 야인과 왜구의 침범이 잦아지자 문관만으로는 이에 대처하기가 어려워 변방의 일을 잘 아는 병사(兵使)·수사(水使) 등을 지낸 종2품 이상의 무관도 문관과 함께 군사 업무를 협의하게 했는데 이를 지변사재상이라 한다. 그러나 지변사 회의는 적의 침입 이후에 소집되었으므로 상황에 즉각 대처하기 힘들었고, 이에 1517년 비변사를 설치해 국방 대책을 사전에 논의하게 되었다.

② 비변사의 변천
삼포왜란(중종, 1510) 이후 임시 기구로 설치(1517) → 을묘왜변(명종, 1555, 상설 기구화) → 임진왜란(선조, 1592, 최고 기구)

③ 비변사 참여 관원
㉠ 도제조(정1품) : 전·현직 3정승
㉡ 제조(정3품 이상) : 5조 판서(공조 제외)·훈련대장(훈련도감)·어영대장(어영청)·개성유수·강화유수·대제학(홍문관) 등 지변사재상, 후에 금위대장(금위영)·수어사(수어청)·총융사(총융청)·수원유수·광주유수까지 포함하는 문무 합좌 기구로 확대되었다.
㉢ 팔도 구관당상제(영조) : 3품 이상의 제조 8명이 분담하여 각 도의 대·소 사무를 전관토록 함으로써 비변사에 의한 지방 통제를 강화하는 제도적 장치였다.

④ 『비변사등록』 : 비변사 회의록으로, 조선왕조실록을 편찬할 때 『승정원일기』, 『일성록』(영조 이후 임금의 언동을 기록한 일종의 일기)과 함께 중요한 자료로 사용되었다.

⑤ 비변사의 폐지 : 1865년 흥선대원군이 3군부(三軍府)를 부활시켜 군무를 처리하게 하면서 폐지되었다

> **사료** 비변사의 기능 강화
>
> - 김익희가 상소하였다. "요즈음 비변사가 큰일이건 작은 일이건 모두 취급합니다. 의정부는 한낱 헛된 이름만 지니고 육조는 할 일을 모두 빼앗기고 말았습니다. 이름은 '변방 방비를 담당하는 것(備邊)'이라 하면서 과거에 대한 판정이나 비빈 간택까지도 모두 여기서 합니다." 〈『효종실록』〉
> - 비변사는 중외의 군국 기무를 모두 관장한다. …… 도제조는 현임과 전임 의정이 겸하고, 제조는 정수가 없으며 전임으로 뽑아 임명한다. 이·호·예·병·형조 판서, 양국 대장, 양도 유수, 대제학은 직위에 따라 당연히 겸직한다. 4명은 유사 당상이라 부르고 8명은 팔도 구관당상을 겸임한다. 〈『속대전』〉
>
> 👉 임진왜란 이후 비변사에서 국가 중대사를 모두 처리함으로써 왕권이 약화되었다.

> **자료** 전랑권의 변천
>
> | 시기 | 내용 | 시기 | 내용 |
> |---|---|---|---|
> | 중종 | 사림의 정계 진출로 3사 언관직의 중요성 부각 → 전랑의 당하관 통청권·자대권 확보 | 영조 | 완론 탕평책 추진 → 전랑의 당하관 통청권 및 한림회천권 혁파(1741) |
> | 선조 | 사림의 정계 장악 → 전랑의 낭천권 확보 | 정조 | 준론 탕평책 추진 → 전랑의 낭천권 혁파 |
> | 숙종 | 붕당의 폐해 심각 → 전랑의 자대권 혁파(1685) | | |

2. 군사 제도의 변화

(1) 중앙군의 변화(5군영)

① 배경 : 5위를 중심으로 한 중앙군은 16세기 이후 군역의 대립제가 일반화되면서 제 기능을 수행하지 못했으며, 임진왜란 초기의 패전으로 왜군을 물리치기 위한 효과적 편제와 군사 훈련 방식이 요구되었다.

② 훈련도감
  ㉠ 설치 : 임진왜란 중에 설치되어 포수(砲手)·사수(射手)·살수(殺手), 삼수병의 전문 군인을 양성하였다.
  ㉡ 성격 : 삼수병은 **급료**를 받는 직업적인 상비군으로, 이들의 급료 지급을 위해 삼수미세(결당 2.2두)를 징수하였다. 농병 일치에 기반을 둔 의무병제에서 **농병 분리의 용병제**가 처음 시작되었다.

③ 군영의 확대와 5군영의 완성

5군영	시기	병종	대장	방어 지역	방어 지역
훈련도감	선조(1593)	급료병(삼수미)	훈련대장(종2품)	수도	왜란 중 설치, 삼수병
어영청	인조(1623)	번상군(보인)	어영대장(종2품)	수도	북벌의 중심 군영
총융청	인조(1624)	속오군	총융사(종2품)	경기 및 북한산성	이괄의 난 계기
수어청	인조(1626)	속오군	수어사(정2품)	경기 및 남한산성	정묘호란 후 설치
금위영	숙종(1682)	번상군	금위대장(종2품)	왕실 수비	5군영 체제 완성

통청권 철폐
당하관 통청권은 정3품 통정대부 이하의 관리를 청요직에 의망하는 권한이기에 전랑의 권위를 재상에 버금가게 하였다. 이러한 권한은 경국대전에도 규정되지 않은 관료 사회의 관행으로서 사림 정치를 유지하는 골격이었지만 붕당 정치가 격화되면서부터 그 의미가 크게 변질되었고, 탕평 정치를 지향하던 영조에 의해 혁파되었다.

④ 5군영의 성격
  ㉠ 임기응변적 설치 : 농민이 번상하는 경우도 있었고, **급료병**으로 구성되는 경우도 있었다.
  ㉡ 서인의 군사적 기반 : 국방력 강화의 명분으로 설치하였으나, 실제로는 서인의 일당 전제화를 위해 군대를 정치적으로 이용한 측면이 강했으며, 서인 정권의 군사적 기반이 강화되어 왕권은 더욱 약화되었다.
  ㉢ 군제의 변화 : 농병 일치에 기반을 둔 의무병제에서 **농병 분리의 상비군(용병)** 제로의 변화를 의미하였다.

(2) 지방군의 개편
① 방어 체제의 변화 : 제승방략 체제에서 속오군 체제로 변화되었다.

진관 체제 (鎭管)	15C 세조	• 주진(主鎭, 병마절도사) – 거진(巨鎭, 절제사, 수령이 겸임) – 진 • **소규모 지역 단위 방어 체제**, 독자적인 작전권 행사 가능한 체제 • 전문직이 아닌 수령이 지휘관을 겸하는 문제점과 적의 규모가 클 때 어려움 초래 가능성
제승방략 체제 (制勝方略)	16C	• **진관을 모두 한 곳에 집결시켜** 중앙에서 파견된 장수가 지휘하는 방법으로, 대규모 적에 맞서기는 유리하나, 한 번 무너지면 후방의 방어 병력이 없어 속수무책으로 당하는 단점이 있었으며 임진왜란에 제대로 대처하지 못함 • 대규모 전국 단위 방어 체제
속오군 체제	17C	• 왜란 이후 진관 체제를 복구하고 중국식 속오법 편제에 따라 편성함

② 속오군(束伍軍)의 편성 : 속오법에 따라 양반에서부터 노비까지 편제하였으며, 평상시에는 생업에 종사하고 유사시에 동원되는 군대였다.

속오법(束伍法)과 속오군
1594년 마련된 다섯 사람을 하나의 부대로 편성하여 묶는 방식으로, 명나라 장수(明將) 척계광(戚繼光)의 『기효신서(紀效新書)』를 모델로 1영–5사–5초–3기–3대(각 대 12명, 총 2,475명)로 편성되었으며, 정유재란 때 복구된 진관 체제와 더불어 실전에 투입되기도 했다.

2 정쟁의 격화와 탕평 정치

1. 붕당 정치의 변질

(1) 환국(換局, '시국이 바뀐다'는 뜻으로 정권 교체를 의미) 정치의 시작
① 배경 : 경신환국(숙종, 1680)으로 일당 전제화가 나타나면서 붕당 정치는 변질되기 시작하였다. 서인들은 남인이 재기하지 못하도록 철저히 탄압하였고, 이때부터 정치적 보복의 악순환이 반복되었다.
② 서인의 분열 : 경신환국 이후 서인은 남인에 대한 강경론을 주장한 **노론**과 온건론을 견지한 **소론**으로 나뉘었으며 대립은 격화되었다. 노론과 소론의 분립에는 송시열과 그의 제자 윤증이 대립한 **회니시비(懷尼是非)**도 일조하였다.
③ 환국 정치의 결과 : 외척이나 종실 등 왕과 직결된 집단의 정치적 비중이 커졌으

회니시비
서인 송시열과 남인 윤휴가 대립하자, 윤휴와 친분이 있던 윤증의 아버지 윤선거가 이를 조정하려고 했는데, 이 때문에 송시열과 윤선거의 사이가 벌어지게 되었다. 윤선거 사후 송시열이 제자 윤증이 청한 부친(윤선거)의 묘지문을 감정적으로 기술함으로써 사제의 연이 끊어지고 노론이 분열하게 된 사건을 말한다.

며, 정치 권력은 점차 고위 관원에게 집중되었다. 이로 인해 **재야사족의 정치 참여**가 어려워짐에 따라 붕당 정치의 기반도 무너졌다.

(2) 붕당 정치 격화의 원인

① **경제적 상황의 변화** : 왜란 이후 신분제가 동요되고 사족의 향촌 지배력이 약화되는 상황에서 사족들은 **상품 화폐 경제의 발달로 인한 상업적 이익을 독점**하려 했으며 이로 인한 갈등이 심화되었다.

② **정치 쟁점의 변화** : 사상 논쟁(예송 논쟁)보다는 **군사력·경제력 확보를 위한 군영 장악, 왕실 혼사의 독점** 같은 문제가 더 중요한 쟁점으로 부각되었다.

사료 경신환국과 '삼복의 변(三福之變)'

임금이 궁중에서 쓰는 장막을 허적의 집에 보내서 잔치를 호화스럽게 하라고 하였다. 이 말에 좌우가 아뢰기를, "벌써 허적이 가져갔습니다."하고 아뢰니, 임금은 크게 노해서 "이런 짓은 한명회도 감히 하지 못했다." 하였다. …… 허적이 깜짝 놀라 수레를 타고 대궐로 달렸으나 들어가지 못했고, 대장들은 이미 벼슬이 바뀌어져 있었다. 이에 영상 허적을 파면시키고 김수항으로 이 자리를 대신하게 하였다. 또 유혁연의 병부를 빼앗아 김만기에게 주어서 남인들을 모두 쫓아내게 하고 서인을 불러들이니 이것이 경신환국이다. 〈이건창,『당의통략』〉

👉 서인이 군권을 장악하였다.

허견이 말하기를, '주상의 춘추가 젊으신데 몸이 자주 편찮으시고 또 세자가 없으니, 만약 불행한 일이 있으면 대감이 임금 자리를 면하려 해도 될 수가 없을 것입니다.' 고 하니,

복선군이 대답이 없었습니다. 허견이 말하기를, '이제 나라가 장차 망하려는데 반드시 잘 하여야 할 것이며, 당론을 마땅히 타파하여야 할 것입니다.' 라고 하였는데, 신이 듣고는 두려워 곧 와서 고하려고 하였으나, 주상께서 영상을 신임하고 존중하시므로 무고했다는 죄를 입을 것을 두려워하여, 이제까지 주저하다가 이제 감히 숨길 수 없어서 감히 이를 자세히 아룁니다. 그때 왕래한 서찰로 허견의 편지 두 통, 이태서의 편지 한 통, 복선군의 간갑(簡匣, 편지 상자) 하나를 아울러 봉하여 올립니다. 〈『숙종실록』〉

👉 경신환국에 이어 서인은 영의정 허적의 아들 허견이 숙종의 5촌인 복창군·복선군·복평군 3형제(삼복)와 역모하였다고 고하여, 허적, 허견과 삼복뿐 아니라 허적, 윤휴 등 남인계의 중진들이 대거 죽고 100여 명이 넘는 남인들이 처벌되었다. 경신대출척(庚申大黜陟)이라고도 한다.

---

2. 탕평론(蕩平論)의 대두

(1) 배경 : 붕당 정치의 변질로 집단 간의 세력 균형이 붕괴되자 왕권 자체도 불안해졌다.

(2) 탕평론의 본질 : '왕도탕탕 왕도평평(無偏無黨 王道蕩蕩 無黨無偏 王道平平)' 이라하여 서경(書經) 홍범조에 나오는 말로, **불편부당(不偏不黨)의 원칙**에 따라 인재를 고르게 등용하여 붕당 간의 정치적 균형 관계를 회복함으로써 왕권을 강화하려는 것이다.

(3) 숙종의 탕평론

① **명목상의 탕평론**에 불과하였고, 오히려 편당적 인사관리로 인해 **잦은 환국**이 발생하여 정치가 혼란하였다.

② 숙종 대의 환국

환국	시기	집권 당파	특징
경신환국	1680	서인	남인의 대거 축출, 윤휴와 허적이 **처형**되었다.
기사환국	1689	남인	장희빈의 아들을 **세자(경종)로 책봉**하는 것에 반대한 서인이 밀려나고, 민비(인현왕후)가 폐출되어 남인이 집권하였다. 이를 반대한 서인의 거두 **송시열이 처형**되었다.
갑술환국	1694	서인	서인의 폐비 민씨 복위 운동을 남인들이 탄압하다 오히려 숙종의 노여움을 사 밀려나고 서인이 재집권하였다. 남인은 더 이상 재기하지 못하고 서인은 노론과 소론으로 대립하였다.

(4) 환국기의 왕대사

19대 「숙종」 1674~1720

① 연이은 환국으로 윤휴, 허적, 송시열 등 붕당의 영수들이 모두 **사사(賜死)**되었다.
② 민비가 폐위되었다 다시 복위되고, 장희빈은 **사사(賜死)**되었다(무고의 옥, 1701).
③ 금위영을 설치하여 5군영 체제가 완성되었다(1682).
④ 대동법이 경상도(1677), 황해도(1708)로 확대되어 전국적으로 실시되었다. 상평통보를 발행(1678)하였는데 이후 조선의 법화로서 중앙과 지방의 관청에서 주조되어 널리 보급되었다.
⑤ 안용복이 두 차례에 걸쳐 일본에 건너가 울릉도와 독도가 우리 땅임을 확인하였다(1693, 1696).
⑥ 폐사군을 회복하자는 남구만의 건의를 수용하여 북방 개척을 시도하고, 백두산정계비를 세워 청과의 국경선을 확정지었다(1712).

20대 「경종」 1720~1724

소론의 주도로, 연잉군(영조)을 세제(世弟)로 책봉하고 대리청정을 주장한 **노론4대신** 김창집, 이이명, 이건명, 조태채를 사형시켰다. 신축(1721)·임인(1722)에 일어나서 신임사화라고 한다.

> **폐사군**
> 세종 시기 압록강 중류에 설치되었던 자성·우예·어연·무창의 4군을 말한다. 4군은 방어의 난점 등으로 점차 폐지되었으므로 당시에는 폐사군으로 불렸다.

자료 노론과 소론

구분	노론	소론
인적 구성	송시열 중심의 노장파	윤증, 박세채 중심의 소장파
학파	이이 학파	성혼 학파
주장	대의명분, 민생 안정	실리 중시, 적극적 북방 개척(남구만)
성향	보수적	진취적
학문적 경향	성리학 절대주의	성리학에 대한 탄력적 이해
정치적 입장	영조(연잉군) 지지	경종 지지

3. 22대 영조(1724~1776)의 탕평 정치

(1) **붕당의 폐단 제거와 완론(緩論) 탕평의 실시** : 당파의 시비를 가리지 아니하고 어느 당파든 온건하고 타협적인 인물(탕평파)을 등용하여 왕권에 순종시키려는 정책이었다.

① 기유처분(1729) : 집권 초 소론계의 이인좌의 난(1728)으로 어려움을 겪은 후 노론, 소론, 남인 붕당 모두에 충신과 역적이 다 있으므로 이제는 붕당을 타파하고 각 당파 안의 인재를 함께 쓰겠다고 한 선언으로 **탕평의 본격적 시작**이었다.

② **조제보합**, 쌍거호대(雙擧互對)의 방식에 따라 노론과 소론을 1 : 1로 등용하였다.

③ 붕당의 뿌리인 **산림**(山林)의 존재를 부정하고 서원을 대폭 정리하였다.

④ 붕당을 격화시켰던 이조전랑의 통청권을 폐지하여(1741) 편당적 인사를 막고, 성균관에 **탕평비**를 세웠다(1742).

⑤ 일반민의 여론을 정치에 반영하기 위해 신문고를 부활하였다(1771).

(2) **개혁 정책의 추진**

① 농민의 군포 부담을 반으로 줄이는 **균역법**을 실시하였다(1750).

② 당인들이 장악한 **병권**을 병조에 귀속시키고 탁지정제(정부 각 기구 재정 용도 규정)에 의해 국가 재정을 개혁했으며, 가혹한 형벌의 폐지와 사형수에 대한 **삼심제**를 엄격히 시행하였다.

③ 수도 방위를 강화하기 위해 부유한 백성(공인, 상인)을 주축으로 수도 방어 체제를 개편하고(**수성윤음**, 1751), 준천사(濬川司)를 설치하여 **청계천(淸溪川) 준설 사업**을 추진하였다(1760).

④ 제도와 권력 구조의 개편 내용을 정리하여 법전 체계를 정비한 『**속대전**』을 편찬하였다(1746).

⑤ 노비가 양인이 되는 길을 넓혀주고, 서얼들의 벼슬길을 열어주었다.

(3) **활발한 편찬 사업**

① 지리지와 지도의 편찬
  ㉠ 지리서 : 『동국여지승람』을 개편한 방대한 『여지도서』(1765)를 간행하고, 지리 전문가 신경준으로 하여금 『동국문헌비고』의 「여지고」를 편찬케 하였다.
  ㉡ 지도 : 정상기의 지도를 홍문관에 모사해 놓기도 하고 채색 지도집인 『해동지도』를 편찬하였다.

② 서적 편찬 : 실학자 유형원의 『반계수록』(1769), 『국조오례의』를 보완한 『속오례의』, 병서인 『속병장도설』, 우리나라의 제도·문물을 총망라한 한국학 백과사전인 『동국문헌비고』(1770)를 간행하였고, 법의학서인 『무원록』을 증보하였다.

(4) **기타**

① 장헌세자(사도세자)를 뒤주에 가두어 죽인 임오화변이 있었다(1762).

② 통신사로 일본에 다녀온 조엄이 고구마를 수입하였다(1763).

영조 어진

조제보합
율곡 이이가 주장한 붕당 타파책으로 당파 차원이 아닌 개인의 능력에 따른 등용책을 통해 붕당 대립을 조정하려했던 정책이다. 영조가 탕평책의 중요한 이론으로 적용하였다.

산림(山林) 또는 산림처사(山林處士)
16세기 말 사림 집권 이후 학문적 권위를 바탕으로 정치에 참여한 인물들로, 학연을 바탕으로 정쟁을 이끌었던 붕당과 정파의 정신적 리더였다. 후기로 갈수록 붕당의 위상에 기대어 과거를 거치지 않고 국왕의 요청으로 요직에 등용되었다. 광해군 때 대북파의 영수 정인홍이 최초의 산림으로 일컬어지며, 서인의 김장생·송시열·송준길, 남인의 허목, 윤휴 등이 유명하다. "열 정승이 한 왕비만 못하고 열 왕비가 한 산림만 못하다."는 말이 있을 정도였다.

탕평비의 내용
'원만하여 편벽되지 않음은 곧 군자의 공정한 마음이고, 편벽하여 원만하지 않음은 바로 소인의 사사로운 마음이다.'라고 적은 탕평비를 성균관에 세웠다.

성균관 탕평비

수성윤음
훈련도감·어영청·금위영 3군문이 백성들과 함께 도성을 나누어 수비하는 제도를 반포하였다.

| 자료 | 영조에 대한 소론의 반발 |

① **이인좌의 난**(1728) : '경종이 억울하게 죽었다. 영조가 숙종의 왕자가 아니므로 왕대비의 밀조를 받아 경종의 원수를 갚고 소현세자의 적파손(嫡派孫)인 밀풍군 이탄(李坦)을 왕으로 세워 왕통을 바르게 한다.' ⇒ 무신란(戊申亂)이라고도 한다. 영조가 경종을 독살했다고 주장하며 소론·남인들이 주도하였다. 〈이인좌의 격문〉
② **나주 괘서 사건**(1755) : 소론인 윤지가 영조를 비방하는 글을 나주 객사에 붙였다가 발각된 사건으로, 을해옥사라고 한다. 이 사건으로 다수의 소론 세력이 사사하고 정국은 노론 중심으로 흘러가게 되었다.

| 사료 |

1. 탕평책과 탕평채

근래에 와서 인재 임용이 당에 들어 있는 사람만으로 이루어지니 이러한 상태가 그치지 않는다면 조정에 벼슬할 사람이 몇 명이나 되겠는가. 조정의 대신들이 서로 공격하여 공론이 막히고 서로를 반역자라 지목하니 선악을 분별할 수 없게 되었다. 지금 새로 일으켜야 할 시기를 맞아 과거의 허물을 고치고 새로운 정치를 펴려하니 유배된 사람은 경중을 헤아려 다시 등용하되 탕평의 정신으로 하라. 이를 어기면 종신토록 가두어 국가의 정사에 함께할 뜻이 없는 것으로 알겠다. ⇒ 탕평교서

〈『영조실록』〉

> 탕평채(蕩平菜) : 청포묵에 야채와 고기, 미나리와 김을 골고루 섞어 무친 음식으로, 영조가 탕평책을 펴는 자리에서 베풀었다는 유래가 있다.

▶ 탕평채

2. 청계천 준천(濬川) 사업

영　조 : 나의 마음은 오로지 준천(濬川)에 있다.
홍봉한 : 하천 도랑의 준설이 매우 시급합니다. 만약 홍수를 만나면 천변(川邊) 인가는 필시 대부분 떠내려가는 화를 입을 것입니다.
홍계희 : 글로 써서 공사의 사실을 기록해야 하는데 제목 정하기가 어렵습니다.
영　조 : '준천사실'로 이름을 정하라. 금번 준천 후에 다시 막히는 일이 없겠는가?
홍봉한 : 갑을지론이 없는 것은 아니지만 백년 내에는 반드시 막히지 않을 것입니다.

〈『승정원일기』〉

▲ 청계천 준설 기념 행사(1760)

> 연 인원 20만 동원, 57일간의 대역사 비용으로 돈 3만 5천 냥이 동원된 인원의 임금으로 지급되었다.

4. 23대 정조(1776~1800)의 탕평 정치

(1) **배경** : 사도세자의 죽음을 둘러싸고 벌어진 시파·벽파의 갈등을 조정하고자 더욱 강력한 탕평책을 실시하였다.

(2) **준론(峻論) 탕평적 인사 정책** : 당파의 옳고 그름을 명백히 가리는 적극적인 탕평책을 실시하였다.

시파와 벽파
시파는 사도세자를 동정하는 입장을 보인 정치 세력으로 노론의 일부, 근기 남인, 소론 계통 등으로 다양한 구성을 보인다. 벽파는 사도세자의 건실하지 못한 행동을 비난하고 영조의 처분을 지지한 세력으로 노론 강경파가 주류였다.

① 영조 때 세력을 키워온 척신(벽파)과 환관 등을 제거하고 주로 시파를 고루 기용하였다.
② 초계문신제를 실시하여 신진 인물과 하급 관리를 재교육시켜 왕권을 강화하였다(1781).

(3) 왕권 강화 정책
① 철인군주상 제시 : 치통(治統)과 도통(道統)을 겸비한 군사(君師)의 입장(**군주도통론**)에서 스스로 만천명월주인옹(萬千明月主人翁)을 자처하면서 신하들을 양성하는 정책을 추진하였다.
② **규장각** 강화 : **창덕궁 주합루**에 설치한 국왕 직속 학술 기관으로 자신의 권력과 정책을 뒷받침할 수 있는 강력한 정치 기구로 육성하였다. 특히 실무를 맡는 검서관에 박제가·유득공·이덕무·서이수 등 능력 있는 서얼들을 등용하였다(1776).
③ 장용영 설치 : 국왕의 친위 부대로서 군사적 기반을 강화하려는 의도였으며, 내영은 한성, 외영은 화성에 두었다(1793).
④ 화성 건설 : 정조의 혁신 정치를 상징하는 시범적인 자급 도시였다.
　㉠ 배경 : 수원으로 사도세자의 묘를 옮기고 **현륭원**이라 하였으며, 이 과정에서 화성을 축조하여(1796) 이상을 실현하는 상징적 도시로 육성하고자 하였다.
　㉡ 정약용은 한강을 건너는 데 쓸 배다리를 설계하고, 화성 축조에 거중기를 이용하였다. 화성 행차 시 **격쟁**이나 **상언** 등을 통해 백성의 여론을 수렴하였다.
　㉢ 국영 농장인 **대유둔전**을 설치하고, 만석거 등 수리 시설을 개선하였으며, 상공인들을 유치하여 계획적 도시 기반을 마련하였다.
⑤ 수령권의 강화 : 재야 사림이 주관하던 **향약**을 수령이 장악함으로써 지방 사족의 향촌 지배력을 억제하였다.

> **군주도통론(君主道統論)**
> 군주도통론(君主道統論)을 주장하여 기존의 산림도통론을 부정하였다. 도학(성리학)의 정통이 사림(산림)이 아니라 군주에게 있다는 주장으로, 군주가 '사문(斯文, 유학)의 지도자이며 계승자'이자 '의리(義理)의 주인'이라고 하였다. 이에 따라 노론 벽파의 영수 김종수를 은퇴시키는 등 왕권 강화를 꾀하기도 하였으나 노론 벽파의 강력한 반발을 받았다.

> **규장각**
> 규장각은 본래 역대 왕의 글과 책을 수집·보관하기 위한 왕실 도서관의 기능을 가지는 기구로 설치되었다. 그러나 정조는 여기에 비서실의 기능과 문한 기능을 통합적으로 부여하고, 과거 시험의 주관과 문신교육의 임무까지 부여하였다.

▲ 창덕궁 주합루(규장각)

자료 | 정조의 화성 건설

① 1789년 정조는 아버지 사도세자의 묘소를 수원으로 옮겨 '현륭원'이라 하고, 그 북쪽의 팔달산 밑에 새로운 성곽도시로 화성을 건설하였다. 1804년 15세가 되는 아들 순조에게 왕위를 물려주고, 어머니 혜경궁을 모시고 화성으로 은퇴하여 자신의 정치적 이상을 실현하려 하였으나 갑작스런 타계로 꿈은 좌절되었다.

② 화성 건설에는 약 80만 냥의 경비와 2년 4개월의 공기가 소요되었다. 공사에 참여한 장인들에게는 일당의 품값이 지불되고, 완공 후에는 『화성성역의궤』를 편찬하여 공사에 관련된 모든 인력, 경비, 물자, 기계, 건축물 등을 상세히 기록하였다.

▲ 화성 전도

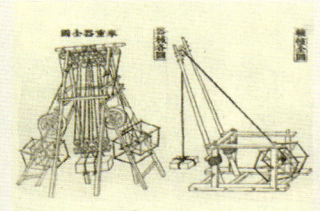
▲ 정약용이 설계한 거중기

▲ 화성 장안문

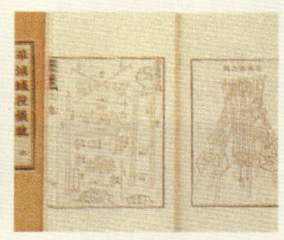
▲ 『화성성역의궤』

자료 원행을묘정리의궤(1795)

1795년 정조는 아버지 사도세자와 어머니인 혜경궁 홍씨의 회갑을 기념하기 위해 대대적인 기념행사를 준비하고 성대한 화성 행차를 했는데 이때의 모습을 의궤로 그리게 했다. 〈화성 행차 행렬도〉, 〈노량진 배다리〉는 8폭의 의궤 그림 중 하이라이트로 정조가 총애하던 당대 최고의 화원인 단원 김홍도(1745~1805)에게 그리게 했다. 조선 시대 기록화의 기념비적인 명작이다.

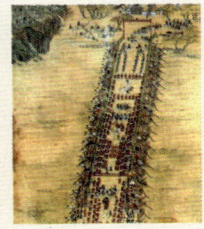

▲ 화성 행차 행렬도(부분)   ▲ 노량진 배다리(부분)

『무예도보통지』의 그림

일성록
현재 1760년부터 1910년까지의 기록이 남아 있는데, 특히 왕이 정치에 직접 관여한 일들(신하와 백성이 왕에게 올린 건의서, 왕의 명령과 동정, 경연 내용 등)이 상세히 기록되어 있다. 국보로 지정되었다.

정조의 죽음과 오회연교(1800)
"오월 회일(그믐날, 30일)에 내려진 교서"로, 노론을 배제한 정계 개편과 사도세자의 복권 등의 내용을 담고 있어, 노론 벽파에 의한 독살설(발표한 지 20일 후 서거)이 제기되기도 하였다. 최근 정조와 노론 벽파의 영수 심환지 간에 오간 다량의 서찰이 발견되어 기존의 독살설에 의문이 제기되고 있다.

(4) 문물 제도의 정비
① 제도의 정비
㉠ 신해통공(1791) : 육의전을 제외한 시전 상인의 **금난전권**을 **철폐**하여 사상들의 자유로운 활동을 허용하였다
㉡ 공장안 폐지 : 공장안을 폐지하는 대신 **장인들에게 장인세를 부과**하고 자유로운 생산을 보장하였다.
㉢ 궁방에서 사사로이 세금을 거두는 **궁차징세법을 금지**하고, 도망 노비를 잡는 **추쇄관을 금지**시켰다.
② 문화 정책
㉠ 서학에 대한 온건한 입장 : 윤지충이 신주를 불사른 **진산 사건**이 발생하자, 정조는 남인이 주로 연루된 이 사건을 관대하게 처리하여 천주교를 박해하는 방향으로 확대하지 않았다(1791).
㉡ 문체반정(文體反正) : 당시 유행하던 박지원의 『열하일기』의 신문체(新文體)를 배척하고 고문(古文)으로 환원시키려는 복고적인 정책을 폈다(1794).
㉢ 편찬 사업 : 청나라의 『고금도서집성』을 수입하고, 『동문휘고』(외교문서), 『대전통편』(법전, 1785), **『무예도보통지』**(1790) 등 대대적인 편찬 사업을 추진하였다. 특히 자신의 정치를 매일 반성하는 일기를 **『일성록』**으로 기록하여 후대 국왕들의 하나의 관행으로 정착시켰다.
(5) 정조 시대의 의미 : 숙종 시대부터 기반이 다져진 왕조 중흥의 꽃이 활짝 핀 전성기로서, 한국사가 근대로 접어드는 전환기였다.

사료 정조의 문체반정

요즘 선비들의 기상이 점점 나빠져서 문풍이 날로 고약해지고 있다. 과거 시험에 올라오는 문장들을 보더라도 모두 패관 소품 문체를 모방하니 경전에서 중요하게 여기는 뜻들도 전혀 소용이 없구나 …… 조급하고 경박한 것이 평화로운 세상의 문장 같지도 않다. 이는 세상의 도와 깊이 이어져 있으니 실로 걱정이 이만저만이 아니다.
〈『정조실록』〉

일부에서는 문체반정을 노론의 견제와 서학을 받아들인 남인을 보호하려는 정조의 통치술로 해석하기도 한다. 특히 정조가 패관 문제의 원흉으로 지목한 사람이 노론 벽파의 연암 박지원이라는 점은 흥미롭다. 정조는 성균관 유생 이옥이 과거에서 소품문체를 썼다는 이유로 합격을 취소하고 군대에 충군시키기도 했다.

자료 정조가 심환지에게 보낸 친필 어찰

최근 정조가 노론 벽파의 좌장 심환지에게 보낸 비밀 편지 299통이 공개되었다. 어찰은 정조가 어떤 방식으로 정보를 수집했으며, 어떻게 자기 의지를 관철시키려고 했는지를 잘 보여주는데 그 중 정조의 정적으로 인식되어온 심환지와의 관계가 흥미롭다. 『정조실록』에 의하면 1798년 우의정으로 임명된 심환지는 여러 차례 사직 상소를 올려 정조에 대한 불만을 표출하는 등 이른바 '정적'처럼 행동했으나 어찰에는 이러한 행동이 모두 정조가 연출한 '자작극'으로 나타난다. 정조는 심환지에게 사직 상소를 낼 날짜를 일일이 지정해 준 것은 물론, 아예 상소를 미리 받아 보고 그 문구까지 손질해 준 것으로 드러났다. 실록의 내용과는 정반대의 상황인 것이다. 어찰로 인해 실록이나 『승정원일기』조차 액면 그대로 받아들일 수 없다는 점이 분명해지면서 역사학자들을 당혹케 하고 있다.

▲ 심환지(1730~1802)

한눈에 보기 영조·정조의 왕대사 비교

구분	영조		정조	
탕평책의 특징	완론 탕평		준론 탕평	
당권	노론		시파	
왕권 강화	전랑의 통청권 폐지		군주도통론, 수령권의 강화	
대규모 사업	준천 사업		화성 축조, 규장각 설치	
군사	3군문의 도성 수비		장용영 설치	
사회 개혁	가혹한 형벌 폐지, 사형수 삼심 서얼 요직 등용		노비 차별 완화제, 서얼 등용	
경제 개혁	균역법(1750)		신해통공(1791)	
여론 수렴	신문고 제도 부활		격쟁, 상언 등의 여론 수렴	
법전	『속대전』		『대전통편』	
주요 편찬물	동국문헌비고 (1770)	제도, 문물의 총정리	대전통편 (1785)	정조까지의 법전 정리
			동문휘고 (1788)	조선 외교 문서집
	속오례의	국조오례의를 보완	무예도보통지 (1790)	전통 무예 정리서, 그림으로 설명
	속대전 (1746)	법전 재정리	규장전운 (1796)	실학자 이덕무가 편찬한 운서(한자의 음운 정리)
	속병장도설 (1749)	중앙군(中央軍)의 편성 및 진법, 조련, 군사 편성 및 기구 등을 수록한 병서 (兵書)	전운옥편	한자를 풀이한 옥편(규장전운의 부록으로 추정)
			추관지(1791)	형조의 소관 사무와 형사 처벌의 사례집
			문원보불 (1787)	홍문관, 예문관의 아름다운 문장들을 모은 책
			홍재전서	정조의 개인 문집
	무원록(1748)	세종 때의 『신주무원록』 보완, 법의학서	군서표기	규장각에 소장된 140여 종, 4,000여 권에 이르는 국내 문헌의 목록
			심리록	재판 사례의 판례집

3 정치 질서의 변화

1. 19세기 세도 정치의 전개

(1) 성격 : 정조의 급작스런 사후 순조가 11살의 나이로 즉위하면서 세도 정치가 시작되었다. 붕당은 물론 탕평파·반탕평파 같은 대립적 구도가 일체 사라지고, 특정 가문이 권력을 독점하는 정치 형태로서 붕당 정치의 완전한 파탄을 의미한다.

(2) 전개
① 정순왕후가 수렴 청정을 하면서 **벽파가 정국을 주도**하게 되었으며, 신유박해 (1801)를 일으켜 정약용 등 남인 시파를 숙청하고, 규장각 계열을 축출하였으며 장용영도 혁파하였다.
② 정순왕후가 죽고(1805), 김조순(시파)을 중심으로 하는 안동 김씨가 권력을 독점한 후, 헌종 때 풍양 조씨, 철종 때 다시 안동 김씨가 권력을 장악하였다.

(3) 권력 구조
① 고관 중심 : 정2품 이상의 고위직만이 정치적 기능을 발휘할 수 있었으며 하위 관리는 언론 활동 같은 정치적 기능을 거의 잃은 채 행정 실무만 맡게 되었다.
② 비변사로 권력 집중 : 순조 시기 이후 상피제가 약화되며 유력 가문이 비변사의 고위직을 장악하자 왕권 및 의정부와 6조 체제는 유명무실화되었다.

> **사료** 19세기 외척에 의한 세도 정치
>
> 대사헌 조득영이 상소하였다. "외척 박종경은 요행히 매우 가까운 친척에 의탁하여 많은 은택을 후하게 입고 있습니다. …… 그는 과연 어떤 사람이기에 관직과 벼슬을 거머쥐고 청요직만을 요구하고 있습니까? 내가 아니면 안 된다고 하여 일이 권력과 관련되면 자기의 물건으로 간주하고 사방에 뿌리를 박고 있으면서 자신이 모두 담당하고 있습니다." 〈『순조실록』〉

2. 세도 정치의 결과

(1) 세도 정치의 폐단
① 과거 제도가 문란해지고 매관매직이 성행하였으며 탐관오리들의 부당한 조세 수탈이 심각하였다.
② 자연재해가 잇따라 기근과 질병(콜레라)이 널리 퍼지고 인구가 급속히 감소하였으며 삼정(전정, 군정, 환곡)의 문란으로 전국에서 민란이 일어났다.

(2) 세도 정치의 한계
① 사회 변화를 인식하지 못해 **정치적 방향**을 상실하였으며, 새로운 세력의 정치 참여를 봉쇄하여 **사회 통합**에 실패하였다.
② 학문적으로도 고증학에 치우쳐 개혁 의지를 상실하였다.

> **사료** 세도 정치기의 민심
>
> 가을에 한 늙은 아전이 대궐에서 돌아와서 처와 자식에게 "요즘 이름있는 관리들이 모여서 하루 종일 이야기를 하여도 나랏일에 대한 계획이나 백성을 위한 걱정은 전혀 하지 않는다. 오로지 각 고을에서 보내오는 뇌물의 많고 적음과 좋고 나쁨만에 관심을 가지고, 어느 고을의 수령이 보낸 물건은 극히 정묘하고 또 어느 수령이 보낸 물건은 매우 넉넉하다고 말한다. 이름있는 관리들이 말하는 것이 이러하다면 지방에서 거둬들이는 것이 반드시 늘어날 것이다. 나라가 어찌 망하지 않겠는가."하고 한탄하면서 눈물을 흘려 마지않았다.
> 〈『목민심서』〉

3. 세도 정치 시기의 왕대사

23대 「순조」 1800~1834

① 신유박해 : 노론 벽파가 남인 시파를 탄압하려는 정치적 목적에서 대대적인 천주교 박해가 시작되었다(1801).
② 국왕의 정사(萬機)에 참고하도록 정부 재정과 군정의 내역을 모아 놓은 『만기요람』이 간행되었다(1808).
③ 서북 지방민 차별을 내걸고 평안도에서 홍경래의 난이 발생하였다(1811).

24대 「헌종」 1834~1849

기해박해가 일어나 프랑스 신부들이 학살되고(1839), 김대건 신부도 순교하였다(1846).

25대 「철종」 1849~1863

① 최제우에 의해 동학이 창도되었다(1860).
② 임술년 농민 봉기가 전국적으로 발발하자, 삼정이정청을 설치하여 삼정의 폐단을 개혁하려 하였다(1862).

4 대외 관계의 변화

1. 청과의 관계

(1) 북벌론과 북학론

① 북벌론 : 병자호란 이후에 제기되었으나 실현되지 못하고 서인의 정권 유지 수단으로 이용되었다.
② 북학론 : 18세기에는 청을 무조건 배척하지 말고 이로운 것은 배우자는 북학론이 북학파 실학자들에 의해 제기되었다.

(2) 간도

① 백두산정계비 : 숙종 때 청의 목극등과 조선 대표 박권이 청과 조선의 경계를 확정짓고 정계비(定界碑)를 세웠다(1712).
② 간도 귀속 문제 : 정계비의 동쪽 경계선이 애매하여 비문의 토문강에 대한 해석을 둘러싸고 조선과 청나라 사이에 분쟁이 발생하였다.

> 자료 **백두산 정계비와 간도 문제**
>
> ① **비문의 내용** : '西爲鴨綠, 東爲土門, 故於分水嶺, 勒石爲記' 서쪽은 압록강, 동쪽은 토문강을 경계로 한다.
> ② **분쟁의 발생** : 토문강에 대한 해석을 놓고 조선과 청 사이에 간도 귀속 문제가 발생하였다. 청은 두만강이라 보았고, 조선은 원래의 토문강을 주장했다. 1909년 일제가 청과 간도 협약을 체결하여 안봉선 철도 부설권을 얻는 대신 청의 간도 영유권을 인정하였으며, 비석은 만주사변 때 일제가 철거했다.

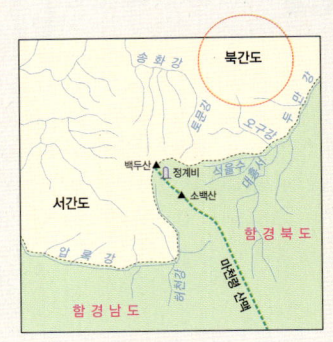

2. 일본과의 관계

(1) **국교 재개**(기유약조, 1609) : 왜란의 종결 직후 일본에 파견된 **사명대사가 조선인 포로를 송환**해오고(1605) 도쿠가와 막부가 쓰시마섬을 통해 국교 재개 요청을 해오자, 광해군은 부산에 왜관을 설치하고 제한된 교섭을 허용하였다.

> **유정(사명대사)의 일본 포로 송환**
>
> 승려로서보다는 임란 의병장, 외교가로 더 유명하다. 임진왜란 당시 적장 가토(加藤淸正)와 담판할 때 가토가 "귀국에 제일 값진 보물이 뭐요?"라고 묻자, "아주 가까이 그 보물이 있다."고 하니 "뭐냐."하고 물었다. "황금 천 근이 걸린 바로 당신의 머리요."라고 했다 한다.
> 1604년 도쿠가와 이에야스(德川家康)를 만나 임진왜란 때 잡혀간 3,500여 명의 동포를 데리고 귀국하였다.

(2) **조선통신사**의 파견
① **막부의 요청** : 선진 문물을 수용하고 막부의 권위를 인정받기 위한 목적이었다.
② **내용** : 12회(1607~1811)에 걸쳐 대규모의 사절단(300~500명)이 파견되었으며 일본은 국빈으로 예우하였다. 선진 문화를 일본에 전파하는 한편 담배, 고추, 고구마 등이 일본으로부터 들어오기도 하였다.

조선통신사 행렬도

조선통신사 행로

(3) **울릉도와 독도**
① **배경** : 숙종 때 동래의 수군 출신 어민 안용복이 울릉도에서 일본 어민을 축출하고 일본에 건너가 울릉도와 독도가 조선 영토임을 확약받았다(1696).
② **적극적 울릉도 경영** : 일본 어민의 침범이 계속되자 조선 조정은 주민의 울릉도 이주를 장려하고(1882), 군(郡)을 설치하고 관리를 파견하여 독도까지 관할하게 하였다(1900).

> 자료 **조선 시대 울릉도와 독도에 관한 기록**
>
> ① 『세종실록지리지』에는 울릉도와 독도에 관한 기록이 있다. 즉 "우산(울릉도), 무릉(독도) 두 섬은 강원도 울진현 바로 동쪽 바다 가운데 있다."라고 하고, 이어서 주석을 붙여 "두 섬의 거리가 멀지 않아 일기가 청명하면 서로 바라볼 수 있다."고 명기하였다.
> ② 『신증동국여지승람』에 수록된 「팔도총도」(중종, 1530)에는 지도에 울릉도와 독도를 별개의 섬으로 그리고 있다.

▲ 팔도총도에 그려진 독도(표시 부분)

근대 태동기의 경제 변화   02

1 수취 체제의 개편

1. 전세의 정액화(영정법)

(1) 배경 : 양난의 영향으로 농경지가 150만 결에서 30만 결로 크게 줄었다. 정부는 개간을 장려하고 양전을 실시하여 토지를 늘리고 국가 재정을 확보하려 하였다. 그러나 이런 정책으로는 농민의 삶을 향상시킬 수 없었다.

자료 양전의 실시와 토지 결 수 증감
① 원장부 결 수 - 수세 실제 결 수 = 면세지
② 조선 후기에는 면세지가 증가하여 국가 재정을 악화시키고 있다.
③ 양전 사업 : 토지 대장인 양안에 등록되지 않은 토지인 은결을 찾아 이를 토지 대장에 올리는 사업이다.

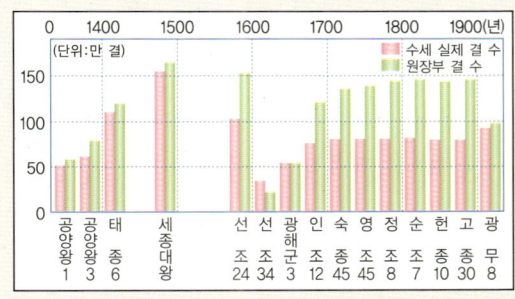

(2) 영정법의 실시(인조, 1635)
① 내용 : 전세율을 풍흉에 관계없이 토지의 등급에 따라 1결당 4두로 고정하여 농민의 부담을 덜어 주려 하였다.
② 한계 : 전세 비율은 낮아졌으나 여러 명목의 수수료·운송비 등을 부과하면서 농민의 부담은 오히려 증가하였다.

2. 공납의 전세화(대동법, 1608~1708)

(1) 배경 : 방납의 폐단을 시정하기 위하여 이원익·한백겸 등의 주장에 따라 대동법이 경기도에서 시험적으로 실시되었다(광해군, 1608).
(2) 개편 내용
① 납부 방식 : 가호마다 현물을 특산물로 걷는 방식에서 토지 결 수에 따라 쌀이나 베, 돈으로 납부하는 방식이 되었다.
② 징세율 : 처음에 선혜청에서 1결당 16두를 걷다가 17세기 중엽부터 1결마다 12두를 징수하였다.
(3) 결과와 영향
① 긍정적 측면 : 공납을 전세화함에 따라 토지 없는 농민의 부담을 크게 덜어주었으며, 국가의 전세 수입 부족을 보충하여 국가 재정이 크게 호전되었다.

② 공인의 성장 : 관청에 필요한 물품을 납품하는 **전문 상인**의 활동으로 전국적 상품 수요·공급이 증가하게 되면서 **상품 화폐 경제**가 발달하게 되었다.

③ 한계 : 대동법이 실시된 뒤에도 **별공**이나 **진상**은 여전히 존속하였다. 중앙 정부에 보내는 상납미는 점차 늘고 지방 관아의 유치미는 감소하게 되어 지방 재정이 악화되자 수령과 아전들의 수탈이 늘어나게 되었다.

사료 대동법의 실시 배경과 변화

- 지방에서 토산물을 공물로 바칠 때, (중앙 관청의 서리가) 공납을 일체 막고 본래 값의 백배가 되지 않으면 받지도 않습니다. 견디지 못하여 납부하지 못하고 도망하는 백성들이 줄을 이었습니다. ⇒ 방납의 폐단이 개혁의 배경이다. 〈『선조실록』〉

- 선혜청을 설치하였다. 처음에 영의정 이원익이 제의하기를, "각 고을에서 진상하는 공물이 각 급 관청의 방납인에 의해 중간에서 막혀 한 물건의 값이 3, 4배 혹은 수십, 수백 배까지 되어 그 폐해가 극심하고, 특히 경기 지방은 더욱 그러합니다. 지금 마땅히 별도로 1청을 설치하여 매년 봄, 가을로 백성에게서 쌀을 거두되, 토지 1결마다 두 번에 걸쳐 8두씩 거두어 본청에 수납하게 하고, 본청은 그때의 물가 시세를 보아 쌀로써 방납인에게 지급하여 수시로 무역해서 납부하게 하소서." 하니 임금이 이에 따랐다. ⇒ 처음에 1결당 16두를 거두었다. 〈『광해군일기』〉

- 선혜법이 경기에 시행된 지 지금 20년이 되는데, 백성들이 이를 매우 편하게 여기고 있습니다. 8도에 두루 행하여지면 곧 8도의 백성들이 가히 그 혜택을 입을 것입니다. 그런데 광해군 때 각 관청의 하급 관리들과 모리배 세력가들이 갖가지 훼방을 놓아서 그 편리함을 알고서도 시행치 못함이 오래 되었습니다. ⇒ 부담이 늘어난 지주들이 반대하고 있다. 〈『인조실록』〉

부담이 늘어난 양반 지주의 반발로 잉류 지역(평안, 함경, 제주)을 제외한 전국에 실시(1708)되기까지 100년이 걸렸다. 대동법 확대를 적극 주장한 김육 등의 한당(漢黨)과 대동법에 반대한 김집·송시열 등의 산당(山黨, 산림 세력)으로 갈라지기도 하였다.

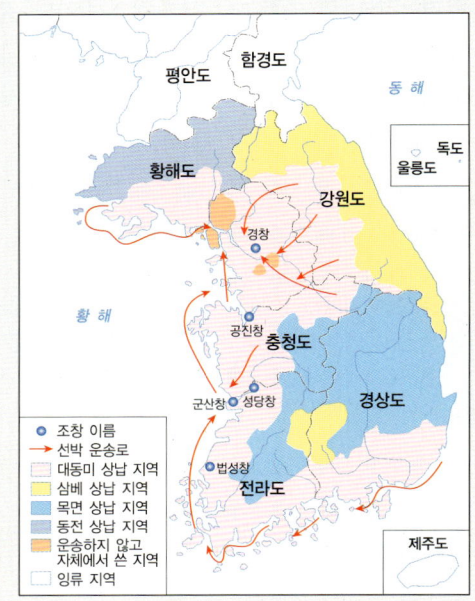

▲ 대동세의 징수와 운송

- 경창 주변의 붉은 지역의 대동미는 각 군영의 유지 비용으로 충당되었다.
- 잉류 지역 : 함경도와 평안도는 군사비와 사신 접대비의 지출이 많아 현지의 비용으로 충당하고 경창으로 운반하지 않았다.

자료 대동법의 전국적 확대

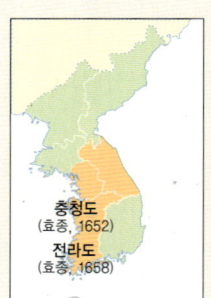
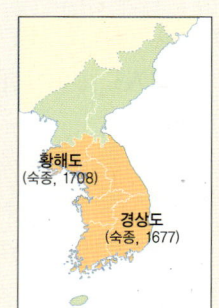

대동법은 부담이 증가한 지주들의 반발로 전국적인 시행에 무려 100여 년이나 소요되었다.

3. 군포 부담의 감소(균역법, 1750)

(1) **배경** : 군적의 부실과 <mark>납속·공명첩</mark> 등으로 인한 양반의 증가로 군역 재원이 축소되고, 각종 폐단까지 겹쳐 농민의 군역 부담이 증가되었다.

(2) **균역법의 실시**

① 내용 : 1년에 2필 내던 **군포를 1필**로 감면하였다.

② 재정 보완 : 부족해진 국가 재정은 지주가 1결당 2두씩 내는 **결작**, 관직 없는 상류층에게 선무군관이라는 직함을 주고 부과하는 <mark>선무군관포</mark> 1필, 각 아문이나 궁방에서 어민에게 부과하던 **어장세·염세·선세의 국고 전환** 등으로 해결하였다.

(3) **결과** : 농민의 군포 부담이 일시적으로 줄고, 군역이 일부 전세화되었으나, 지주들이 결작을 소작농에게 전가하면서 농민의 부담은 여전하였다.

납속
부족한 재정 보충 및 빈민 구제를 목적으로, 돈이나 곡물을 납부한 사람에게 특혜를 준 정책을 말한다. 면천, 면역은 물론 관직을 주는 경우도 있었다.

공명첩
임진왜란 이후 부족해진 재정을 보충하기 위하여 부유층으로부터 돈이나 곡식을 받고 팔았던 명예직 임명장으로 이름을 기재하는 부분이 공란으로 되어 있었다. 공명첩은 대한제국 시기까지 발행되었다.

선무군관포
조선 후기 양인의 자제로 부를 축적하고 호적상에서도 유학(幼學)이라 칭하며 양반을 사칭하는 부류가 있었는데 이들은 신분상 양반이 아니었다. 이에 정부는 이들에게 군관의 칭호와 직부전시 같은 과거 시험의 특전을 부여하는 대가로 군포 1필을 부과하였는데 이를 선무군관포라 한다.

사료 │ 군역의 폐단과 양역변통론(良役變通論)

- 나라의 100여 년에 걸친 고질 병폐로서 가장 심한 것은 양역(良役)이니, 호포, 구전, 유포, 결포의 말이 어지러이 번갈아 나왔으나 적절히 따를 바가 없습니다. 백성은 날로 곤란해지고 폐해는 갈수록 심해지니, 혹 한 집안의 부자, 조손(祖孫)이 군적에 한꺼번에 기록되어 있거나 혹은 3~4명의 형제가 한꺼번에 군포를 납부해야 합니다. 또한 이웃의 이웃이 견책을 당하고(인징), 친척의 친척이 징수를 당하며(족징), 황구(黃口)는 젖 밑에서 군정으로 편성되고(황구첨정), 백골(白骨)은 지하에서 징수를 당하며(백골징포), 한 사람이 도망하면 열 집이 보존되지 못하니, 비록 좋은 재상과 현명한 수령이라도 역시 어찌할 수 없습니다. 『영조실록』

- 양역을 절반으로 줄이라고 명하였다. "구전(구포)을 한 집에서 거두게 되면 주인과 노비의 명분이 문란해진다. 결포는 정해진 세율이 있어 더 부과하기 어렵다. 호포나 결포는 모두 문제가 있다. 이제 군포를 1필로 줄이도록 하고 감소된 액수를 채울 수 있는 대책을 강구하라." 『영조실록』

균역법 이전부터 제기된 양역변통론과 균역법의 관계

사건	양역변통론	균역법
호포(戶布)	모든 가호에 군포를 부과하자(호 단위, 양반호 포함).	변통론의 대안으로 감필론(減匹論, 2필→1필)을 채택하고 결포론의 일부가 수용(결작)되어 시행되었다.
구포(口布)	모든 인정(人丁)들에게도 군포를 받자(양반 포함).	
유포(遊布)	군역 기피자를 색출해 의무를 지우자.	
결포(結布)	토지 면적에 따라 군포를 부과하자.	

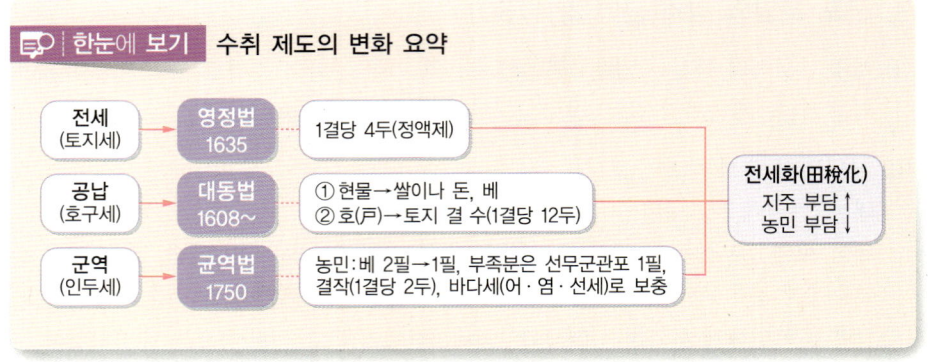

4. 18세기 이후의 수취 운영 방식 변화

(1) **배경** : 신분제의 변화와 농민층의 분화로 인해 세금 부담층이 감소하는 상황에서 정부는 조세 수취의 안정을 도모하려 했다.

(2) **변화의 내용**

① **총액제의 확대** : 전정·군정 등 조세의 수취가 군·현 단위의 일괄 부과 방식인 총액제로 변화되기 시작했다.

② **전세의 비총법 실시** : 토지 등급의 기준이 되는 한해의 흉풍 정도를 실제로 조사하지 않고 상황이 비슷한 과거의 예에 비추어 면세 기준을 적용한 후 일괄적으로 **지방별 전세 총액을 할당하는 방법**으로 영조(1760) 시기에 실시되었다.

③ **부세의 도결화** : 전세 이외의 균역법, 환곡 등 잡다한 각종 부세항목 전체를 토지에 부과함으로써 부세 징수의 일괄적 **결렴화(結斂化)**를 도모하는 방식으로 **19세기 중엽** 보편적으로 시행되었다. 한해의 결가를 정해 쌀, 무명, 화폐 등으로 일괄 징수하였다.

(3) **배경** : 비총법은 부과된 총액이 실제 수확량을 웃도는 경우가 많았으며, 도결제의 경우도 결가의 액수가 해마다 증가되었을 뿐만 아니라 지주가 세금의 부담을 소작농에게 전가함으로써 **농민의 어려움을 가중시켰다.**

사료 18세기 비총법과 도결제

- 이전에 조세를 거두어들이는 법은 주현에서 민전의 재해 입은 것과 그렇지 않은 것을 구별하여 감사에게 보고하면 감사는 그 총수를 호조에 보고하였다. …… 최근에는 조정에서 호조에 명하여 매년 가을에 미리 여러 도의 흉풍을 헤아려 풍년이 들면 이전에 풍년이 든 해의 총수와 비교하고, 흉년이 들면 또 이전에 흉년이 든 해의 총수와 비교하여 미리 여러 도에 (세금 기준을) 나누어 준다. 이를 비총이라 한다. …… 이에 재해를 입었거나 황폐화된 토지에 세를 강제로 거두어들이는 폐단이 있게 되었다. ⇒ **전세 비총제**

  『영조실록』

- 토지에서 납부하는 것에는 곡식으로 대동미, 전세미와 콩이 있고 결전이 있다. 근래에 각 읍에서 이를 모두 돈으로 가격을 환산하여 내는 것을 도결이라 부른다. …… 해마다 겨울에 그 고을의 양반과 상민이 함께 모여 잘 의논하되 시중의 가격을 참고하여 결마다 얼마씩 바칠 것인지를 결정한다. 그러나 액수가 높은 곳도 있어 읍마다 다르게 되는 폐단이 없지 않다. ⇒ **부세의 도결화**

  『승정원일기, 철종』

2 서민 경제의 발전

1. 양반 지주의 경영 변화

(1) 지주전호제의 확대 : 양난 이후 양반의 토지 집적과 개간이 증가하였으며, 18세기에는 토지를 소작시키는 지주제가 일반화되었다.

(2) 지주제의 변화

① 소작인의 저항 : 상품 화폐 경제가 발달하면서 소작쟁의 등 전호들의 **항조(抗租) 운동**이 활발해짐에 따라서 소작인의 소작권을 인정하고 소작료도 정액화되는 현상이 일어났다.

② 지대의 변화 : 생산량의 1/2을 걷는 타조법에서 일정액을 납부하는 도조법으로 바뀌면서 지주와 소작인의 관계도 신분적 예속 관계에서 경제적 관계로 변화하였다.

(3) 양반의 경제 활동

① 특징 : 일부 양반들은 소작료 징수와 미곡 판매를 통해 대지주(만석꾼)가 되고, 개간이나 토지 매입에 열을 올리는 토지 집적 현상이 두드러지게 나타났다.

② 양반층 분화 : 정치 권력에서 밀려나 경제적 기반을 상실한 몰락 양반(잔반)이 출현하였다.

> **항조 운동**
> 수확량의 50%를 토지 사용료인 지대로 납부해야 했던 소작 농민(전호)이 지주에 대해 소작료(지대) 인하 및 노역의 폐지 등을 요구하며 벌인 집단 운동이다.

자료 | 지대의 유형별 특징

1. 타조법과 도조법

구분	타조법(打租法)	도조법(賭租法)
소작료	1/2(병작 반수)	대략 1/3, 점차 금납화
방식	정률(定率) 지대(일정 비율 징수)	정액(定額) 지대(일정 액수 징수)
관계	예속 관계(신분적 관계)	계약 관계(경제적 관계)
특징	지주의 간섭과 착취가 심하다.	소작농의 자유 경영이 가능하고, 도지권 매매·양도가 가능하다.

2. 18세기 황씨 가문의 집적과 추수기(충남 부여)

위치	논/밭	원소유주	면적(두락)	면적(평)	수취 방식	계약량	수취량	작인
도장동	논	송득매	8	1,600	도지	4석	4석	주서방
도장동	논	자근노음	7	1,400	도지	4석	4석	검금
불근보	논	이풍덕	5	1,000	도지	2석 5두	1석 3두 5승	막산
소삼	논	이풍덕	12	2,400	도지	7석 10두	6석	동이
율포	논	송치선	7	1,400	도지	4석	1석 10두	주적
부야	논	홍서방	6	1,200	도지	3석 5두	2석 10두	주적
잠방평	논	쾌득	7	1,400	도지	4석	2석 1두	명이
석을고지	논	수양	10	2,000	도지	7석	4석 10두	수양
	합계		62	12,400		36석 5두	26석 4두 5승	

분석
① 한 작인이 두 곳의 땅을 경작하기도 하였다.
② 계약량대로 거두어들이지 못하였다.
③ 지대는 도조법으로 수취하였다.
④ 자기 소유의 땅을 경작하다가 그 땅의 작인이 된 경우도 있었다.

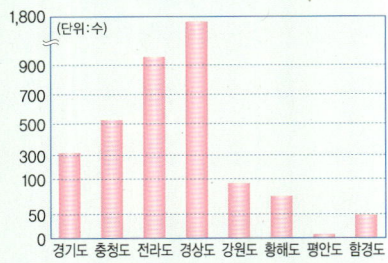

19세기 지역별 저수지 현황

모내기(이앙법)를 그린 풍속화

2. 농민 경제의 변화

① **조선 후기 농촌 경제의 특징** : 생산력의 증대 **이앙법**

② **농민층의 분화** : 이앙법으로 절감된 노동력과 시간으로 **광작이 가능**해지면서 지주는 소작지를 회수하거나 토지를 매입하여 노비·머슴을 고용하여 직영하기도 하고, 소작농 중에도 토지를 임대하여 광작을 통해 **경영형 부농**으로 성장하는 계층이 출현하여 농민층의 분화 현상이 발생하였다.

③ **지대 변화의 영향** : 도조법은 일정한 액수를 제외한 나머지 소출이 농민의 몫이었으므로, 소작하는 근면한 일부 농민의 **근로 의욕**을 증대시켰으며, 이들은 임대 경작지를 넓히고, 집약적 농법의 도입, 상품 작물의 재배, 임금 노동자의 투입 등 시장 경제를 잘 이용하는 방법을 통해 경영형 부농으로 성장했으며 일부는 **지주**가 되기도 하였다.

④ **농업의 상업화** : 장시가 증가하고, 도시가 발달하면서 담배·인삼·채소 등 환금성 상품 작물(商品作物)의 재배도 활발하였다. 특히 쌀의 **상품화** 현상으로 밭을 논으로 바꾸는 일이 많아졌다.

⑤ **농촌 변화의 결과** : 광작으로 토지를 구하기 어려운 농민들은 소작지마저 잃고 빈농이 되어 광산·포구의 **임노동자**(품팔이)로 생계를 유지하거나 **이농**하여 상공업에 종사하기도 하였는데, 농촌 경제의 변화가 **사회적 계층 분화**를 더욱 촉진하였다.

사료

1. 이앙법
- 이앙은 제초에 편하나 만일 큰 가뭄을 만나면 실수하니 농가에 위험한 일이다. 〈『농사직설』〉
- 이앙은 본래 그 금령이 지극히 엄한데, 근래 소민(小民)들이 농사를 게을리하고 이익을 탐하여 광작을 하며, 그 형세가 매해 늘어나 지금은 여러 도(道)에 두루 펴져 있으니 모두 금지하기 어렵다. ⇒ 이앙법의 확대 〈영조,『비변사등록』〉
- 이른바 이앙의 이로움이라는 것은 봄보리를 갈아 먹고 물을 몰아 모내기를 하여 벼를 수확하니 1년에 두 번 농사지음이 그것이다. ⇒ 이앙법의 2모작 〈『석천유집』〉
- 직파법은 양곡의 소출(생산량)이 적고 공력이 배가 드는데, 이앙법은 양곡의 소출이 배이며 공력(노동력)은 반뿐이다. 〈정조,『일성록』〉

💡 17세기 이후 정부에서도 이앙법을 확대하기 위해 제언사를 설치하고 제언절목을 반포하여 저수지·제언·보 등을 축조하였다.

2. 광작으로 인한 농촌의 계층 분화
- 직파법으로 불과 10두락 농사짓던 자가 이앙법으로 하면 적어도 20~40두락을 지을 수 있으니 광작하는 자가 이미 많다. 가난하고 힘없는 무리는 늘 토지를 얻기가 어려워 근심합니다. 〈『일성록』〉
- 부농층은 땅이 넓어서 빈민을 농업 노동에 고용함으로써 농사를 짓지 않고서도 향락을 누릴 수 있으며, 빈농층 가운데 어떤 농민은 지주의 농지를 차경(借耕)함으로써 살아갈 수 있으며, 그들 가운데 어떤 자는 농지를 얻을 수가 없으므로 임노동자가 되어 타인에게 고용됨으로써 생계를 유지한다. 그것도 할 수 없는 농민들은 농촌을 떠나 유리걸식하게 된다. 〈정상기,『농포문답』〉

3. 상품 작물의 재배
밭에 심는 것은 9곡(穀)뿐이 아니다. 모시, 오이, 배추, 도라지 등의 농사를 잘 지으면 조그만 밭이라도 얻는 이익이 헤아릴 수 없이 크다. 서울 내외의 읍과 도회지의 파밭, 마늘밭, 배추밭, 오이밭에서는 10무(畝)의 땅으로 수백 냥을 번다. 서쪽 지방의 담배밭, 북쪽 지방의 삼밭(麻田), 한산 지방의 모시밭, 전주의 생강밭, 강진의 고구마밭, 황주의 지황밭은 모두 다 논 상상등(上上等)보다 그 이익이 10배에 달한다. 〈정약용,『경세유표』〉

한눈에 보기

직파법 → (농민 스스로의 노력 / 정부는 금지(가뭄 우려)) → 이앙법(移秧法) → (노동력 1/2로 감소 / 수확량 2배 증대) → 지대의 변화 → 광작(廣作) → 농민층 분화 → (경영형 부농 / 임노동자)

- 이앙법: 보리, 쌀 2모작 가능 (보리는 수취 대상에서 제외)
- 지대의 변화: 타조법 → 도조법
- 광작: 지주 직영, 소작농의 경작지 임대

3. 민영 수공업의 발달

(1) 배경 : 도시 인구가 급증하고 대동법의 실시로 관수품에 대한 수요가 증가하면서 상품 화폐 경제가 발달하게 되었다.

(2) 민영 수공업의 대두

① 수공업의 변화 : 관영 수공업이 쇠퇴하고 18세기 말 정조 때에는 공장안마저 폐지되어, 품질과 가격 면에서 경쟁력을 확보한 민간 수공업자들은 장인세를 부담하고 자유롭게 생산 활동에 종사하는 <mark>납포장</mark>이 증가하였다.

② 점(店)의 확대 : 민간 수공업자의 작업장으로 철기 수공업체는 철점, 사기 수공업체는 사기점이라 하였다.

③ 선대제와 독립 수공업자 : 17세기에는 공인이나 상인 물주로부터 자금과 원료를 미리 받아 제품을 생산하는 방식의 선대제(先貸制) 수공업이 유행하였으나, 18세기 후반에는 수공업 자본을 축적하여 독자적으로 생산·판매하는 독립 수공업자가 출현하였다.

> **납포장(納布匠)**
> 장인세만 내면 자유롭게 생산할 수 있는 민간 수공업자이다.

자료 조선 후기 수공업의 분화 발전

① 3월에 삼씨 뿌려 7월에 삼을 쪄서 닷새 동안 실 잇고 이어 열흘 동안 씻고 씻어가는 손에 북을 들고 가는 베 짜냈더니 잠자리 날개 같아 한 줌 안에 담뿍 들듯 아깝게도 저 모시 남쪽 장사치에 다 주고 베값이라 미리 받은 돈은 관청 빚에 다 털렸는데 베 짜는 저 아가씬 언제 보나 석새삼베 그나마 너무 짧아 정강이도 채 못 가리누나. 〈홍양호, 『이계집』〉

② 방짜 유기 제조장의 노동자 구성표

주물 공정	곁대장(鑄物夫) 1명, 발풍구 1명
압연 공정	대장 1명, 앞망치(제1망치군) 1명, 겉망치(제2망치군) 1명, 제망치(제3망치군) 1명, 네핌가질(압연선반군) 1명, 네핌앞망치(연연망치군) 1명, 안풍구(숙련 풍구 책임자) 1명
선반 공정	가질(선반공) 2명

① 농촌에서도 선대제적 생산이 널리 이루어지고 있었다. ② 공장제 수공업 형태(분업에 의한 협업)로 서양의 자본주의적 생산 형태와 유사한 특징을 보인다.

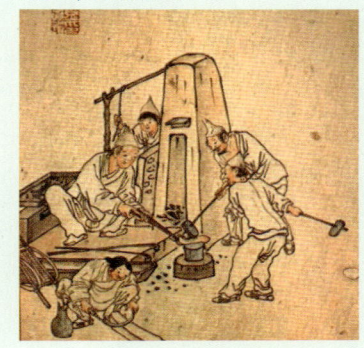

김홍도, 〈대장간도〉

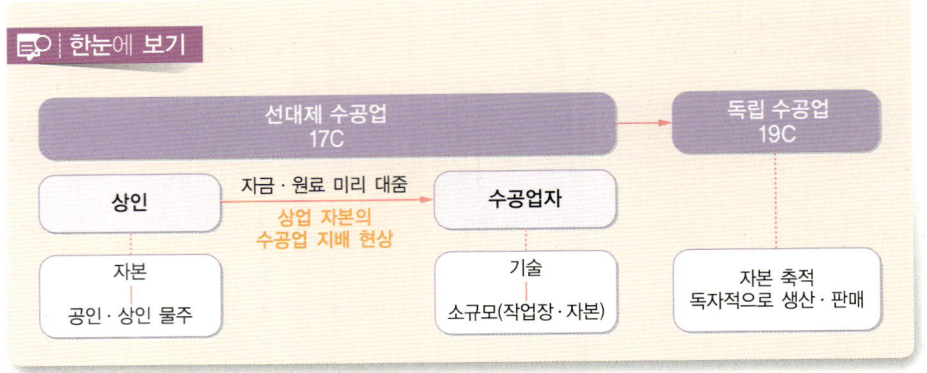

4. 민영 광산의 증가

(1) 광산 정책의 변화

① 조선 전기 정부가 사채(私債)를 금지하고 부역제를 통해 독점 채굴하던 방식이 변화하여 17세기부터 **사채를 허용**하고 세금을 거두는 **설점수세제**가 시행되었다(효종, 1651).

② 17세기에는 호조의 별장(別將)이 세금 징수를 관리하는 **별장수세제**가 실시되었다(1651).

③ 18세기에는 지방 수령이 세금 징수를 관리하는 **수령수세제**를 실시하였다(1775).

④ 18세기 후반에는 자유화·민영화되어 **잠채(불법 채굴)**가 성행하고, 상인 물주가 자본을 투자하여 채굴하는 **물주제**가 전국적으로 확대되었다.

(2) 채굴 내용

① 17세기 말까지는 청과의 무역에서 은의 수요가 증가하여 전국적으로 70개소의 은광이 개발되었다.

> **사료 조선 후기 광산 개발**
>
> - 조정에서 은이 나는 곳에 은점 설치를 허가만 내주면 돈 많은 장사꾼은 각자 재물을 내어 일꾼을 모집할 것입니다. 땅이 없어 농사짓지 못하는 백성들은 점민이 되기를 원하게 될 것입니다. 그곳에 모여 살며 은을 캐어 호조와 각 영, 고을에 세를 바치고, 남는 대로 물주에게 돌릴 것입니다. 땅 없는 백성들도 그것에 의지해서 살아나갈 수 있으니 공사 간에 유익한 일입니다. ⇒ 사채 허용 주장 〈우정규, 『경제야언』〉
> - 황해도 관찰사의 보고에 의하면, 수안에는 본래 금광이 다섯 곳이 있었다. 그런데 지난해 장마가 심해 작업이 중지되어 광군들 대부분이 흩어졌다. 금년(1799년, 정조 23) 여름 새로이 39개소의 금혈을 팠는데, 550여 명의 광군들이 모여들었다. 금점 앞에는 700여 채의 초막이 세워졌고 광군과 그 가족, 좌고, 행상, 객주 등 인구도 1,500명에 이른다. 갑자기 많은 사람들이 모여들어 생필품의 값이 폭등하는 사태가 종종 일어나고 있다고 한다. ⇒ 활발한 금광 개발 『비변사등록』
> - 호조판서 서영보가 아뢰길, "전국 각 도에 금을 몰래 채취하는 무리가 없는 곳이 없으니, 지금 비록 엄히 막고 있으나 영원히 막을 수는 없습니다. 여러 도의 금이 생산되는 곳에는 금점(金店) 설치를 허락하고 은점(銀店)의 예에 따라 호조에서 관리하여 세금을 거두면 편리할 것입니다."라고 하니, 왕이 대신의 의견을 들은 후 허락하였다. ⇒ 잠채의 성행 〈『순조실록』〉

② 18세기 말에는 상업 자본이 채굴과 제련이 쉬운 사금 채굴에 몰리면서 금광 개발이 활발하였다.
③ 18세기 말에는 금·은광만큼 활발하지는 않았으나 놋그릇과 무기, 동전 주조의 원료로 철광과 동광 개발도 촉진되었다.

(3) 광산 경영의 전문화
① 특징 : 후기에는 광산 경영 방식에도 변화가 나타나, 경영 전문가인 덕대가 상인 물주에게 자본을 조달받아 임노동자를 고용하여 채굴하는 형태로 발전하였다.
② 작업 과정 : 분업에 토대를 둔 협업으로 진행되었으며, 서양의 자본주의적 방식과 유사하였다.

동광의 개발
동전(상평통보)의 유통 증가와 전황으로 인한 사적 주조의 확대로 동의 수요가 증대하자 동광의 개발도 활발하였다. 1785년(정조 9)에는 함경도의 안변동광이 개발되었고, 1828년(순조 28)에 열린 갑산동광은 국내 제일의 동광으로 발전하였는데, 그 일대에는 "억조창생이 동서남북에서 벌 떼같이 모여들어 수천 가를 이루어 사니 조석으로 밥 짓는 연기가 하늘을 뒤덮는다."고 할 정도로 대규모 광산촌이 형성되었다.

덕대(德大)
광주(鑛主, 광산 주인)와 계약을 맺고 광물을 채굴하여 광산을 경영하는 전문 경영인으로, 광주에게 보증금 및 분철(광물의 배당)을 납부하고 계약 기간 중 덕대 자신의 채산으로 광업을 경영하였다.

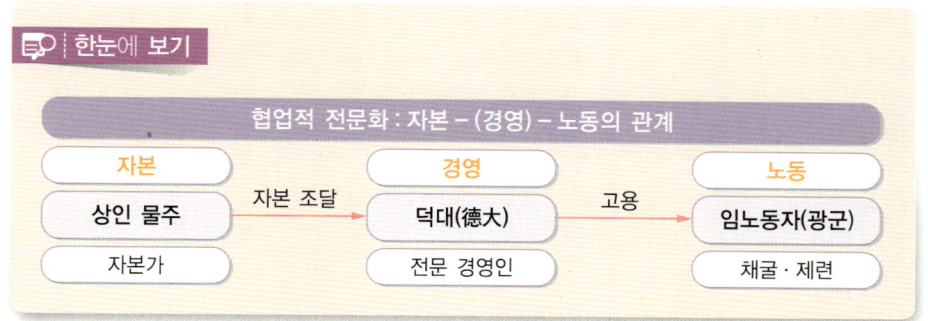

3 경제의 발전

1. 사상(私商)의 대두

(1) 사상의 발달 배경 : 농업 생산력 증대와 수공업 발달, 대동법 실시로 인한 활발한 상품 유통, 부세 및 소작료의 금납화(金納化) 등으로 상품 화폐 경제가 발달하였다. 농민의 계층 분화로 농촌에서 유리된 인구가 도시로 유입되면서 도시 인구가 증가한 것도 상업 발달의 큰 요인이 되었다.

(2) 공인(貢人) : 처음에는 대동법하의 어용 상인이었던 공인이 상업 활동을 주도하면서 공인 자본을 형성하였다.

(3) 금난전권(禁亂廛權)의 철폐
① 신해통공(1791, 정조) : 사상의 성장으로 시전 상인과의 마찰이 심해지자 육의전을 제외한 시전의 금난전권을 철폐하였다.
② 결과 : 사상의 자유로운 상업 활동이 보장되었고 이것은 조선 후기 상업 발전의 계기가 되었다.

(4) 사상의 발달
① 특징 : 사상(私商)들은 18세기 이후 상업 활동을 주도하여 이현(동대문)·칠패(남대문)·송파 등 서울 주변과 지방의 장시와 연결하면서 물화를 교역하였으며, 각지에 지점을 두어 전국적인 유통망을 형성하였다.
② 대표적인 사상
㉠ 개성의 송상 : 인삼을 재배·판매하고 대외 무역에도 깊이 관여하였다. 송방(松

공인(貢人)
공인은 대개 시전 상인이나 경주인(京主人) 혹은 장인 등 과거에 공납과 관련을 맺었던 부류에서 선발되었다. 정부에서 공가를 받아 한 가지 물품을 대량으로 구입하였기 때문에 큰 자본의 운용이 가능하였으며, 거래 규모만큼 이득도 커서 손쉽게 자본을 축적하였다. 국가에 공인세(貢人稅)를 납부했다.

금난전권(禁亂廛權)
시전(市廛)이 가진 본래의 특권은 아니었다. 조선 후기의 상업 발전에 따라 성장한 비시전계 사상인층(私商人層)이었던 난전과의 경쟁에서 유리한 위치를 확보하고자 시전 상인이 정부와 연합하여 확보한 독점 상업 특권이다.(신해통공(1791)으로 시전의 특권이 혁파되고 갑오개혁(1894)으로 육의전의 금난전권도 폐지되었다.)

房)이라는 전국 지점망을 설치하여 활동하였으며, 송도사개부기라는 독특한 장부를 사용하였다.
- ⓒ 경강 상인 : 한강을 무대로 미곡·소금·어물을 거래하는 **선상**(船商)으로, 포구를 무대로 활동하였고 **운송업, 선박 건조업**에도 **진출**하였다. 조선 후기에는 조운을 담당하고 이들의 선박이 배다리 설치에 동원되기도 하였다. 쌀의 매점매석으로 폭리를 취하고 그 결과 쌀 폭동을 야기하기도 하였다.
- ⓒ **만상**(의주)과 **내상**(동래)은 청과 일본과의 대외 무역에서 활동하였고, 평양의 유상도 있었다.

> **자료** 사상과 고려인삼(korea ginseng)
>
> ① 고구려, 백제가 자주 인삼을 조공하였다. 〈『양서(梁書)』〉
> ② 서긍은 '인삼은 익힌 것과 날것이 있다.' 하여 홍삼이 이미 있었음을 시사하고 있다. 〈『고려도경(高麗圖經)』, 서긍, 1123〉
> ③ 송상은 막강한 자본을 인삼 재배와 가공업에 투자하여 개성에는 인삼 밭이 급격히 늘어났고, 홍삼 제조업도 발달하였다.
> ④ 조선 후기 의주의 만상(灣商) 임상옥은 중국 상인들이 홍삼 불매 운동으로 가격을 떨어뜨리려 하자 가지고 간 홍삼 더미를 숙소 마당에 모두 쌓아 놓고 불에 태우기 시작하여 결국 북경 상인들에게 10배에 팔았다는 일화가 있다. 임상옥은 세도 정치기에 당시 이조판서 박종경으로부터 인삼 독점 무역권을 얻어내기도 하였다.
> ⑤ 1908년 일제에 의해 시작된 홍삼 전매제(인삼은 1920년)는 1996년 폐지되어 자유화되었다.

(5) 도고(都賈)의 형성 : 일부 공인과 사상은 대규모의 자본을 축적하여 독점적 도매 상인인 도고로 성장하였다.
① **긍정적 측면** : 유통 경제를 활성화시키고 **상업 자본의 축적**을 가져왔으며, 그 자본의 일부는 **정치 자금**(평민권의 신장)으로 이용되었다.
② **부정적 측면** : 매점매석의 형태로 인해 **영세 상인의 몰락**을 초래했으며, 물가가 **상승**하고 국가에 대한 탈세 행위(정치 자금)가 이루어지기도 했다. 이에 유수원을 비롯한 실학자들은 도고에 대해 비판적 입장을 취하였다.

> **사료** 조선 후기의 상업 발달과 독점의 폐해
>
> **1. 신해통공(辛亥通共, 정조, 1791)**
> 지금 서울 시내의 민폐를 말하자면 시전의 금난전 행위가 으뜸입니다. 우리나라의 금난전권은 국역(國役)을 지는 육의전으로 하여금 이익을 온전케 하기 위해 실시한 것이나 근래에는 무뢰배들이 삼삼오오 시전을 만들어 일상생활품을 독점하지 않는 것이 없습니다. 이들이 제각기 가게를 벌려 놓고 배나 되는 값을 받는데, 부득이 사지 않을 수 없는 경우에 처한 사람은 그 가게가 아니고서는 다른 곳에서 물건을 살 수가 없습니다. 이 때문에 그 값이 나날이 올라 물건값이 비싸기가 신이 어릴 때와 비교하면 3배 내지 5배로 올랐을 뿐 아니라, 심지어는 채소와 옹기까지도 금난전권을 가진 시전이 있어서 자유로이 매매할 수 없습니다. 육의전 이외의 시전에는 금난전권을 인정하지 말아야 합니다. 〈『정조실록』〉
>
> 💡 **통공** : 제한이나 규제를 해제한다는 뜻으로, 신해통공으로 금난전권을 철폐한 것이 대표적인 정책이다. 정미통공(1787), 갑인통공(육의전에서 어물전 제외, 시전의 세금경감, 1794)도 모두 같은 맥락에서 실시되었다.
>
> **2. 서울 빈민들의 쌀 폭동(순조, 1833)**
> 형조에서 아뢰기를 "이번에 난민의 무리가 불을 지르고 집을 들이부수며 파괴한 일은 진실로 하나의 변괴이니, 그날의 도당을 다 베어 죽인다 하여도 지나침은 없을 것입니다. (이번 민란의 근본 원인은) 대개 강상(江上)에 곡식을 모아 둔 것이 올해와 같이 많은 적이 없었던 까닭으로, 2월 10일부터 15일 사이에 쌀값이 조금 헐하여져서 백성이 이에 힘입어 편안하

게 살 수 있었습니다. 그런데 강가의 상인들은 쌓아둔 곡식값이 뛰어오르지 않는 것을 안타깝게 여겨 여각과 객주들을 지휘하여 곡식을 감추게 하고, 저잣거리의 백성들과 호응하여 값을 올리게 하였던 것입니다." 《순조실록》

  경강 상인·여각·객주들이 매점매석으로 폭리를 취하였다.

3. 도고(都賈)
- 허생은 안성의 한 주막에 자리 잡고서 밤, 대추, 감, 배, 귤 등의 과일을 모두 사들였다. 과일을 도거리로 사 두자, 온 나라가 잔치나 제사를 치르지 못할 지경에 이르렀다. 따라서 과일값은 크게 폭등하였다. 허생은 이에 10배의 값으로 과일을 되팔았다. 허생은 그 돈으로 곧 칼, 호미, 삼베, 명주 등을 사 가지고 제주도로 들어가서 말총을 모두 사들였다. 말총은 망건의 재료였다. 얼마 되지 않아 망건값이 10배나 올랐다. 이렇게 하여 허생은 50만 냥에 이르는 큰돈을 벌었다. 〈박지원, 『연암집』, 「허생전」〉
- 근래 소민이 견디기 힘든 폐단은 도고입니다. 도고라는 것은 물화를 모두 모아 그 이익을 독점하는 것으로 백 가지 물종이 다 한 곳으로 귀속되니 다른 사람은 손을 쓸 수가 없습니다. 『영조실록』

  도고는 상인의 계층 분화를 가져왔다. 광작(농업)·도고(상업)는 빈부 격차를 심화시켜 계층 분화를 유발한 것이 공통점이다.

2. 장시(場市)의 발달

(1) **장시의 증가** : 장시는 15세기 말 남부 지방에서 처음 개설되어 18세기 중엽에는 전국 1,000여 개소로 늘었다. 지방의 관아는 다양한 장세를 징수하여 지방 재정에 충원하였다.

(2) **특징** : 지방민의 교역 장소로, 대개 5일장인데 일부는 상설 시장으로 발전하였다. 18세기 말 송파장(광주), 강경장(은진), 원산장(덕원), 마산포장(창원) 등이 유명하였다.

(3) **보부상**
① 활동 : 농촌의 장시를 하나의 유통망으로 연결하고 생산자와 소비자를 이어주는 데 큰 역할을 한 행상으로 전국적인 장시를 무대로 활동했다.
② 특징 : 보부상단을 결성하여 이익을 도모하였으며, 국가로부터 상행위를 허가받은 대가로 세금과 역을 담당하였다.

김득신, 〈귀시도〉

김홍도, 〈장터길〉

권용정, 〈등짐장수〉

자료 장시와 보부상

1. 장시의 출현
경인년(성종 원년, 1470) 흉년이 들었을 때, 전라도의 백성이 스스로 서로 모여서 시포(市鋪)를 열고 장문(場門)이라 불렀는데, 사람들이 이것에 힘입어 살아남을 수 있었습니다. 그때가 바로 외방에 시포를 설치할 기회였으나, 호조에서 수령들에게 물으니 수령들이 이해를 살피지 않고 전에 없던 일이라며 다들 금지하기를 바랐으니, 이는 상습만을 좇는 소견이었습니다. …… 이제 외방의 큰 고을과 백성이 번성한 곳에 시포를 설치하도록 허가하되, 강제로 하지는 말고 민심이 원하는 대로 하면 실로 편리할 것입니다. 《성종실록》

2. 보부상단의 조직
일반적으로 몇 개의 군현을 관할 범위로 하고 그 지역 장시마다 임소(任所)를 설치하고 본방 1인을 선출하여 사무를 맡게 했으며 본방 중에서 접장을 선출하여 상단을 대표하게 했다. 보부상단은 대내적으로 질병·사망의 경우 상호부조하고, 상도의와 단원 간의 예의에 관한 엄격한 규율을 시행했다. 대외적으로는 관청의 공인을 얻어 부패 관리의 수탈과 토호, 객주의 횡포에 대응했다. 19세기 중엽 홍성·예산 지역의 보상단 조직 문서가 현존한다.

경강의 선상과 객주의 관계
서울의 한강 지역(경강)에서는 선상을 접대하고, 상품의 매매를 주선하는 대가로 구문을 받았던 객주들이 있었다. 이들은 선상에게 자금을 제공하고 물품 판매 위탁권을 획득하였다. 이 권리는 선상과 그 후손에게도 적용되었으며, 매매·상속·양도가 자유로운 재산권으로 법적으로도 보호받았다. 만약 선상이 해당 객주가 아닌 다른 사람에게 상품 판매를 위탁할 경우, 형조나 한성부에서 선상들을 처벌하였다.

객주와 여각의 구분
객주와 여각을 구분하는 뚜렷한 기준은 없다. 대개 모든 상품을 취급하는 것을 객주, 소금과 해산물을 취급하는 것을 여각으로 구분하거나, 비교적 많은 자본을 가진 것을 여각이라 했다.

3. 포구에서의 상업 활동

(1) **포구의 성장 배경** : 도로와 수레의 미비로 물화의 대부분이 해로로 운송되면서 포구가 장시보다 규모가 큰 새로운 상업 중심지로 성장하였다.

(2) **대표적 포구** : 18세기에 이르러 한강의 **마포**(서울), 낙동강 하구의 **칠성포**(김해), 금강 하구의 **강경포**(강경), **원산포**(덕원) 등이 상업의 중심지로 성장하였다.

(3) **활동 상인**
① 선상 : 선박을 이용하여 각 지방의 물품을 구입해 와 포구에서 처분하였는데, 운송업에 종사하다가 거상으로 성장한 서울의 **경강 상인**이 대표적이다.
② 객주·여각
  ㉠ 선상이 싣고 온 물화를 매매하거나 중개하였다.
  ㉡ 운송, 보관, 숙박, 금융(어음의 발행) 등의 분야로 영업을 확장하기도 했다.

사료 조선 후기 교역의 허브 : 포구의 발달

우리나라는 동·서·남의 3면이 모두 바다이므로 배가 통하지 않는 곳이 거의 없다. 배에 물건을 싣고 오가면서 장사하는 장사꾼은 반드시 강과 바다가 이어지는 곳에서 이득을 얻는다. 전라도 나주의 영산포, 영광의 법성포, 흥덕의 사진포, 전주의 사탄은 비록 작은 강이나 모두 바닷물이 통하므로 장삿배가 모인다. 충청도 은진의 강경포는 육지와 바다 사이에 위치하여 바닷가 사람들과 내륙 사람들이 모두 여기에서 서로의 물건을 교역한다. 큰 배와 작은 배가 밤낮으로 포구에 줄을 서고 있다.
〈이중환, 『택리지』〉

▲ 조선 후기의 상업 활동

4. 대외 무역의 발달

① **형태** : 무역에는 공무역인 개시와 사무역인 후시가 있었다.
② **청과의 무역** : 17세기 중엽부터 의주의 중강과 중국 봉황의 책문 등 국경을 중심으로 공무역과 사무역이 동시에 이루어졌다.
③ **일본과의 무역** : 17세기 이후 왜관 개시를 통해 활발한 무역을 전개하였으며(동래의 내상), 특히 수입한 은을 다시 청에 수출하여 중간 이득을 취하였다.
④ **활동 상인** : 의주의 만상은 대중국 무역을 주도하면서 많은 자본을 축적하였으며, 개성의 송상은 만상과 내상을 중계하며 큰 이득을 얻기도 했다.
⑤ 주요 대외 무역품

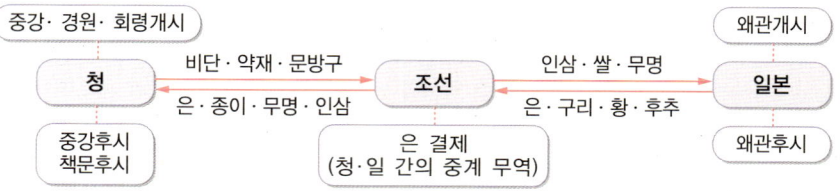

5. 화폐의 유통

(1) 배경 : 대동법 실시·상공업 발달로 인한 상품 유통 증대 등으로 금속 화폐 유통의 필요성이 증대되었다.

(2) 화폐 유통 노력

① **1차** : 인조(1633)때 상평청을 설치하고 동전(팔분서체 조선통보)을 주조하여 개성을 중심으로 유통시켰으나 널리 확대되지 못하였다.

② **2차** : 효종(1655)때 적극적 화폐 유통을 주장한 김육(1580~1658)의 주장으로 화폐 발행에 관한 법인 행전법이 제정되어 상평청을 중심으로 화폐 유통을 추진하였으나 널리 유통되지 못했다.

③ **3차** : 숙종(1678)때 허적(1610~1680)의 주장으로 주전도감을 설치하고 상평통보를 주조하여 유통시켰는데 이후 상평통보는 조선의 법화로서 전국적으로 사용되었다.

(3) 전황의 발생

① **배경** : 지주나 상인들이 화폐를 고리대나 재산 축적에 이용하여 교환 수단보다 저장 수단으로 활용되면서 유통 화폐의 부족 현상이 일어났다.

② **영향** : 화폐 가치가 올라가고 물가가 하락하는 디플레이션이 발생하여 농민의 부담이 가중되는 폐단이 발생하자 실학자 이익은 화폐의 역기능을 지적하고 폐전론을 주장하기도 했다.

③ **결과** : 대규모 동광의 개발, 각 기관의 동전 발행 권장, 사적 주조의 확대 등으로 동전의 공급이 증대하자 전황은 점차 해소되었다.

(4) 신용 화폐의 유통 : 18세기 이후 상품 화폐 경제가 발달하면서 상인들에 의해 어음(1,000냥 이하)·환(대규모 거래)이 널리 유통되었다.

경세가 김육의 활동

김육은 제도 개혁을 통한 체계적인 민생 안정을 도모한 경세가였다. 그는 화폐 유통에 혼신의 힘을 다했는데 1650년 사신으로 청나라에 다녀오면서 15만 문의 중국 화폐를 평안도 지역에 유통시키려 했으나 실패하였고 1651년엔 개성 지방에서 십전통보를 발행하기도 하였다. 그는 동전의 강도를 직접 실험하기도 하였고 행전법 조항을 제정하여 상평청에 새로운 관직을 만들어 적극적으로 화폐 유통을 추진했으나 성공하지 못하였다. 또한 죽을 때까지 대동법의 확대 시행에 전념하였으며, 청나라의 역법인 시헌력의 우수성을 간파하고 이를 도입하는 등 제도적 민생 개혁에 앞장선 실학의 선구자였다.

상평통보(1678)

조선 후기 화폐를 대표하는 상평통보는 발행 시기에 따라 이름과 크기가 조금씩 다르며 그 종류도 3,000여 종에 이른다. 상평통보는 역사상 최초로 전국적으로 유통된 화폐라는 데 큰 의의가 있으며 근대 화폐제도가 도입되기 전까지 200여 년간 널리 사용되었다.

사료   전황(錢荒)의 발생 및 폐단

- 종전에 허다하게 주조한 전화는 결코 그 해에 한꺼번에 쓸 리가 없으며, 경외 각 아문의 예비 재정도 어제 오늘 일이 아닌데 최근에 전황이 심합니다. 신의 생각에 이것은 부상대고(富商大賈)들이 때를 타서 화폐를 숨겨 이익을 노리고자 한 것으로 보입니다.   〈『비변사등록』〉

- 근래 각종의 물건들을 돈이 아니면 살 수가 없다. 비록 쌀과 베가 있어도 반드시 돈으로 바꾼 뒤에 교역을 한다. 근년에 이르러 동전이 매우 귀해지고 물건이 천해지니 농민과 상인이 함께 곤란해져 능히 견디지 못한다.   〈정상기, 『농포문답』〉

- 돈을 사용한 지 겨우 70년밖에 되지 않았으나, 폐단이 더욱 심하다. 돈은 탐관오리에게 편리하고, 사치하는 풍속에 편리하고, 도둑에 편리하나, 농민에게는 불편하다. 돈 꿰미를 차고 저자에 나아가 돈을 허비하는 자가 많으므로, 인심이 날로 각박해진다.   〈이익, 『성호사설』〉

03 근대 태동기의 사회 변동

1 사회 구조의 변동

1. 신분제의 동요

(1) **양반층의 분화** : 일당 전제화로 다수의 양반이 몰락하면서 양반은 권반, 향반, 잔반으로 분화되었다. 양반의 흔적만 남을 정도로 완전히 몰락한 잔반은 사회적 불평 세력이 되고, 사회 개혁이나 민란에 앞장서기도 하였다.

(2) **상민의 신분 상승**

① 배경 : 양난 이후 국가 재정 문제를 해결하는 과정에서 정부가 실시한 ==납속==이나 공명첩을 구입하여 합법적으로 양반이 되거나 족보 매입·위조 등의 ==불법적인 방법으로 신분을 상승==하였다.

② 결과 : 양반의 수가 증가하면서 신분제가 동요하였다. 부를 축적한 농민들은 역으로부터 벗어나기 위하여 신분 상승을 시도했고, 이에 갈수록 양반의 수는 늘고 상민과 노비의 수는 줄어들었다.

> **납속책(納粟策)**
> 곡식(粟)을 납부(納)하면 일정한 특권을 부여하는 제도. 노비의 신분에서 해방시켜주는 납속면천, 양인에게 군역의 의무를 면제시켜주는 납속면역, 양인을 대상으로 품계를 내리거나 양반의 경우 실제 관직까지 하사하는 납속수직 등이 있었다.

> **불법적인 신분 상승 노력**
> 족보로 조상의 신분을 위조하는 것을 환부역조(換父易祖)라 하고, 자신의 직업을 유학(학생)이라 속이는 사람을 일컬어 '모칭 유학'이라고 했다.

자료 | 납속·공명첩의 발행과 신분제의 동요

적의 목을 벤 자, 납속을 한 자, 작은 공이 있는 자에게 모두 관리 임명장을 주거나, 천인 신분 또는 국역을 면하는 증서를 주었다. 병사를 모집하고 납속을 모집하는 담당 관리가 이것을 가지고 지방에 내려갈 때, 이름 쓰는 곳만 비워 두었다가 응모자가 있으면 수시로 이름을 써서 주었다. 〈『선조실록』〉

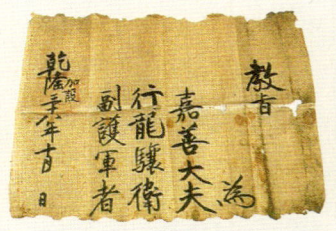
▲ 공명첩(조선 후기)

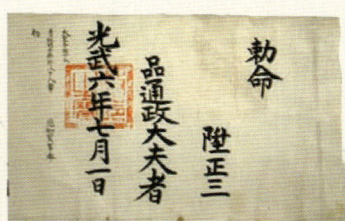
▲ 공명첩(대한제국)

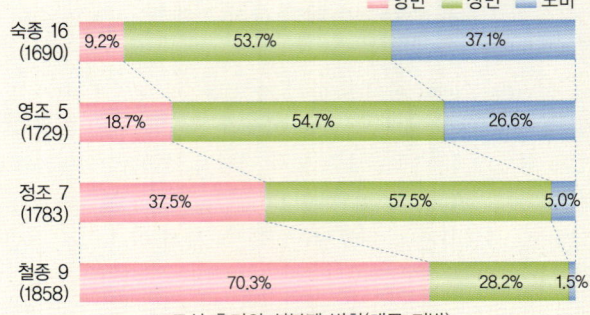
▲ 조선 후기의 신분제 변화(대구 지방)

	양반	상민	노비
숙종 16 (1690)	9.2%	53.7%	37.1%
영조 5 (1729)	18.7%	54.7%	26.6%
정조 7 (1783)	37.5%	57.5%	5.0%
철종 9 (1858)	70.3%	28.2%	1.5%

> **사료** 성리학적 신분관의 변화
>
> 양반들은 아무리 심한 곤란과 굶주림을 받더라도 팔짱끼고 편하게 앉아 농사를 짓지 않는다. 간혹 실업에 힘써서 몸소 천한 일을 달갑게 여기는 자가 있다면 모두들 나무라고 비웃기를 노비처럼 무시하니, 자연 노는 백성은 많아지고 생산하는 자는 줄어든다. 사농공상에 관계없이 놀고먹는 자에 대해서는 관에서 벌칙을 마련하여 세상에 용납할 수 없도록 하여야 한다. 재능과 학식이 있다면 비록 농부나 장사치의 자식이 낭묘(廊廟)에 들어가 앉더라도 부끄러울 것이 없고, 재능과 학식이 없다면 비록 공경의 자식이 여대(하인)로 돌아간다 할지라도 한탄할 것이 없다. 위와 아래가 함께 그 직분을 닦는 데 부지런하고 게으름을 상고하여 상벌을 베풀어야 한다.
>
> 〈박제가, 『북학의』〉

신분보다는 경제력이 영향력을 주는 사회가 되어가면서 양반들도 생업에 종사하는 모습을 볼 수 있었다.

2. 중인 계층의 신분 상승

(1) **서얼(庶孽)의 상소 운동** : 임진왜란 이전부터 **허통**(과거 응시권), **통청**(청요직 진출), **후사권**(後嗣權, 가족 내의 권리) 획득 등 3대 목적을 지향한 개인적·집단적 상소 운동을 끈질기게 펼쳤다.

① **16세기 후반** : 왜란 이후 차별이 완화되어 납속·공명첩을 통해 과거 응시권을 획득하고 관직에 진출하였다.

② **영·정조 시기** : 문반이나 3사의 청요직으로의 진출을 요구하는 **집단 상소 운동**을 벌이고, 정조 때 이덕무, 유득공, 박제가·서이수 등이 규장각 검서관에 진출하였다.

③ **결과** : 19세기 중엽에 이르면 서얼들은 법적으로 **허통·통청의 권리**를 얻는 데 성공하였다.

(2) **기술직 중인의 소청 운동** : 서얼의 신분 상승 운동은 중인에게도 자극을 주었다.

① **경과** : 축적한 재산과 탄탄한 실무 경력을 바탕으로 신분 상승을 추구하며 **철종**(1851) 때 역관 1,872명이 통문을 발하고 **허통**을 위한 대규모 소청 운동을 전개하였으나 **실패**하였다.

② **결과** : 역관은 서학·외래 문화 수용에 선구적 역할을 수행하며 성리학적 가치 체계에 도전하는 중심축으로 떠오르게 되었으며, 갑오개혁 이후 법적인 지위를 획득하였다.

> **사료** 서얼들의 허통 노력
>
> 영조 45년 이수득이 상소를 올려 서얼의 허통을 청하기를, "옛날에는 융숭한 예와 폐백으로 이웃 나라 선비를 대우하였습니다. 그러고도 그들이 오지 않을까 걱정하였습니다. 지금은 법으로 나라 안 인재를 묶었습니다. 그런데도 이들이 등용되면 어떻게 할까 염려합니다. …… 시골 천인의 자식은 때때로 훌륭한 벼슬을 하는데 세족, 명가의 아들은 자자손손 영원히 묶여 있습니다. 인재를 버리고 등용하는 것이 너무나 앞뒤가 맞지 않습니다."라고 하였다.
>
> 〈『규사』〉

> **자료** **서얼 허통의 법적 과정**
>
> ① 1583년(선조 16) : 납속 조건부로 문무과 응시 가능(허통)
> ② 1625년(인조 3) : 제한된 수의 서얼이 요직에 취임할 수 있게 됨
> ③ 1696년(숙종 22) : 허통의 요건이던 납속 조건 철폐(1745년 『속대전』에서 이를 법제화)
> ④ 1772년(영조 50) : 서얼의 후사권 인정
> ⑤ 1777년(정조 1) : '정유절목'을 발표하여 서얼의 한품서용(진급 제한) 완화
> ⑥ 1823년(순조 23) : '소통절목(계미절목)'을 발표하여 한품서용을 더욱 완화(문무관 2품 이상 자의 양첩 자손은 정3품 목사직에까지 임용될 수 있던 규정을 고쳐 종2품 한도로 좌·우윤과 호·형·공조의 참의직까지 가능하게 함)
> ⑦ 1851년(철종 2) : '신해소통'으로써 서얼의 승문원(문신) 진출 및 선전관(무신)으로의 분관 허용(통청)
> ⑧ 1882년(고종 19) : 서얼 차별 철폐를 재천명(사실상 관직 임명의 차별 완전 해소됨)
>
> 👉 1880년대 이후 다수의 서얼들이 고관으로 진출하였다. 김가진, 이윤용, 안경수, 윤웅렬 등이 대표적이며, 이들은 주로 개화파를 형성하였다.

3. 노비의 해방

(1) 노비의 감소

① 배경 : 군공, 납속, 도망 등으로 노비의 수는 계속 감소하였다.
② 경과 : 정부에서는 공노비 유지를 위한 비용 때문에 신공을 바치는 **납공 노비**로 전환시켰다. 조선 후기에 양천 교혼이 확산되면서 정부에서는 상민 수를 늘리고자 **노비종모법**(영조, 1731)을 실시하였고, 이에 따라 노비의 신분 상승은 더욱 촉진되었다.

(2) **노비 해방** : 순조 때 국가 재정 확보와 국방상의 목적으로 **6만여 명의 공노비**를 해방하였다(1801). 사노비 해방은 ==노비 세습제가 폐지==되고(1886) 갑오개혁 때 신분제가 폐지되면서 이루어졌다(1894).

4. 가족 제도의 변화와 혼인

(1) **가족 제도의 변화** : 조선 후기로 가면서 부계 위주의 가부장적 제도가 점차 확립되었다.
① 중기 : 아들과 딸의 균등 상속이 일반적이었다. 대를 잇는 자식은 1/5을 추가로 상속받았으며, 제사도 분담하였다.
② 17세기 이후 : 적장자 상속과 제사의 독점, 친영과 ==신행== 제도, 양자의 일반화, 부계 위주의 족보 편찬, 동성 마을의 형성 등 가부장적 가족 제도가 확립되었다.

(2) 혼인 형태
① 일부일처제가 원칙이었으나, 첩을 따로 두는 것을 금지하지는 않았다.
② 적서 차별이 엄격하였으며, 혼인은 가장이 결정하였다.
③ 법적 혼인 연령은 남 15세, 여 14세였다.

노비 세습제 폐지
1886년(고종 23) 3월 '사가노비절목'을 제정하여 공·사 노비 모두 세습제를 폐지하고, 노비 소생에 대한 매매와 자원자 외에 부채를 빌미로 양인을 노비로 만드는 것을 금지했다. 이 역시 노비제의 폐지는 아니지만, 19세기에 들어 조선 사회가 노비제를 더 이상 지탱할 수 없게 되었음을 보여주는 것이었다. 1894년 갑오개혁에서 비로소 노비제가 법적으로 완전히 철폐되었다.

김홍도, 〈신행〉

혼인 후 신부가 신랑과 함께 시댁으로 가는 모습

> **사료** 조선 시대 가족 제도의 변화
>
> - 우리 동방의 전장 문물(典章文物)은 모두 중국을 본받았으나, 오직 혼인의 예만은 오히려 옛날 풍속으로 돌아가 양으로 음을 좇아 남자가 여자의 집으로 들어가 자식을 낳아 손(孫)에 이르도록 외가에서 자라니 사람들이 본종(本宗)의 중함을 모르더라. ⇒ 처가살이 〈『태종실록』〉
> - 상정소에서 계문을 올려 아뢰기를, "외조부모와 처부모의 복이 모두 소공에 불과하여 편치 않으니 1개월의 복을 청합니다."라고 하였다. 이에 임금이 말하기를, "우리의 풍습이 중국과 달라 친영(親迎)의 예를 거행하지 않으니, 혹은 외가에서 길러지고 혹은 처부의 집에서 장성하여 은의가 매우 돈독하다."라고 하였다. ⇒ 친영 제도 미정착 〈『세종실록』〉
> - 우리나라의 풍속은 남자가 처가에서 자라나니 처부모를 볼 때 오히려 자기 부모처럼 하고 처의 부모도 그 사위를 자기 아들처럼 대한다. ⇒ 처가살이 일반화 〈『성종실록』〉
> - 우리나라에서는 비록 사대부가 후손이 없는 경우라도 또한 사당을 세우지 않고 딸로 하여금 제사를 주관하게 한다. ⇒ 조선 전기의 윤회 봉사 〈『중종실록』〉
> - 부모가 죽은 뒤에도 제사를 지내는 예가 없으니, 어찌 토지와 노비를 아들과 동등하게 나누어 주겠는가? ⇒ 조선 후기 차등 상속 〈『부안 김씨 우반고문서』〉
>
> 👉 중종 이전 조선 전기의 가족 제도 특징과 조선 후기의 특징이 분명하게 구별된다.

한눈에 보기 | 조선 전·후기의 가족 제도 비교

구분	조선 전기	조선 후기
상속	자녀 균분(적장자 1/5 추가)	적장자 단독
제사	윤회 봉사(교대로 모심, 윤행)	장자가 모심
족보	연령순 기재, 친손·외손 모두 수록	남, 여(사위) 순, 아들·손자만 기재
여성의 지위	평등, 수평적 가족 관계	남녀 차별, 수직적 가족 관계
혼인	처가살이(남귀여가, 서류부가, 부귀)	시집살이(친영, 신행)

5. 인구의 변동

(1) 호구 조사

① 목적 : 국가에서는 3년마다 호적 대장을 작성하여 각 군현의 인구 수에 따라 공물과 군역을 부과하였다.

② 기재 내용 : 주로 남성만 기록하여 실제 인구 수와 달랐다.

(2) 인구의 변동

① 분포 : 하삼도인 충청·전라·경상도 50%, 경기·강원도 20%, 황해·평안·함경도 30%가 거주하였다.

② 인구의 증감 : 건국 무렵의 550만~750만 명에서 16세기(중종 시기) 1,000만 명을 넘어섰다. 19세기 말엽에는 1,700만 명으로 추산된다.

③ 한성의 인구 : 세종 때 10만 명 이상이었으나 왜란과 호란으로 약간 감소하였다가 18세기에 들어서면서 20만 명을 돌파하였다.

호적의 내용

3년에 한 번씩 호적을 새로 만들어 호조, 한성부, 해당 도, 고을에 보관하였다. 원칙적으로 ① 주호(主戶-호의 대표자)의 직업, 성명, 나이, 출생 연도, 본관, 4조(四祖)의 직업 및 성명과 ② 아내의 성(姓)과 신분을 표시하는 호칭, 나이, 출생 연도, 4조의 직업과 성명을 기재하였다. 또한 ③ 동거하는 식구(어머니, 동생, 아들, 딸, 사위)의 성명, 직업, 나이, 출생 연도를 기재했는데 사위는 본관도 같이 기재했다. ④ 동거하는 노비의 이름, 나이, 출생 연도 등도 기재 항목이었다.

2 향촌 질서의 변화

1. 양반의 향촌 지배 약화

① 배경 : 농촌 사회의 분화와 신분제의 붕괴로 인하여 **양반 중심의 향촌 질서가 변화**하기 시작했다.
② 양반의 권위 약화 : 평민과 천민 중에 부농층으로 등장하는 사람도 있고, 양반 중에도 몰락하여 전호가 되거나 **임노동자로 전락**하는 경우도 있었다.
③ 양반의 기득권 유지 노력 : 촌락 단위의 동약을 실시하거나 **족적 결합을 강화**하여 자신들의 지위를 지키려 하였다. 이에 전국에 많은 **동족** 마을이 만들어지고, 문중을 중심으로 **서원·사우**가 많이 건립되었다.
④ 향회의 역할 변화 : 재지 사족(구향)의 이익을 대변하던 향회는 정조 이후 지방관(수령)의 세력이 강해지면서 향촌 장악력을 상실하고 점차 **세금 부과 자문 기구**로 전락해 갔다.

> **사료 양반의 권위 약화**
>
> • 옷차림은 신분의 귀천을 나타내는 것이다. 그런데 어찌된 까닭인지 근래 이것이 문란해져 상민과 천민이 갓을 쓰고 도포를 입는 것이 마치 조정의 관리나 선비 같이 한다. 진실로 한심스럽기 짝이 없다. 심지어 시전 상인이나 군역을 지는 상인까지도 서로 양반이라 부른다. 〈『일성록』〉
> • 근래 아전의 풍속이 나날이 변하여 하찮은 아전이 길에서 양반을 만나도 절을 하지 않으려 한다. 아전의 아들·손자로서 아전의 역을 맡지 않은 자가 고을 안의 양반을 대할 때 맞먹듯이 너 나 하며 자(字)를 부르고 예의를 차리지 않는다. 〈『목민심서』〉

2. 부농층의 도전

(1) **부농층의 성장** : 조선 후기에 등장한 부농을 요호 부민이라 하는데, 자기의 토지를 소유하고 지방에서 일정한 영향력을 행사하는 농민으로, 점차 재지 사족을 대신하여 새롭게 등장하였다.

(2) **부농층의 활동**
① **향임**직 진출 시도 : 재지 사족(구향)이 담당하던 **정부의 부세 운영에 적극 협력**하였으며, 구향(기존 양반)의 권위에 도전하였다.
② **매향**을 통한 세력 확대 : 경제력을 갖춘 부농층은 관권(지방관)과 결탁하여 향안에 이름을 올리거나, 향임직을 매입하였으며 점차 **향회 장악**을 시도하였다.
③ 향전의 발생 : 향촌의 지배권을 두고 **구향(기존 사족)과 신향(부농층, 향리)** 간의 다툼인 향전이 발생하였다.
④ 결과 : 새로이 등장한 신향 세력이 지방의 수령과 타협적인 관계를 유지하였다.

향임
향회, 향약 등 향촌 자치 기구의 중심 직책을 일컫는다. 주로 재지 사족들이 담당하였다.

매향
향임직을 돈을 주고 사고 파는 행위를 말한다.

사료 향전(鄕戰)의 전개

- 영덕의 고가 대족(故家大族)은 모두 남인이며 소위 신향(新鄕)은 모두 서리·품관(品官)의 아들이고 자칭 서인이라고 하는 자들입니다. 근래 서인이 향교를 주관하면서 구향(舊鄕)들과 서로 마찰을 일으켰습니다. 〈『승정원일기』〉
- 영남은 평소 사대부의 고장이라 일컬어져 서민들이 양반을 본받기 때문에 전에는 유현(儒賢)이 배출되고 풍속이 보고 느낄 만하였습니다. 지금은 인심이 점점 경박해져서 점차 옛날만 못하게 되고 토호들의 향전이 고질적인 폐단을 이루었으며 글을 읽는 사람이 없습니다. 〈『영조실록』〉
- 지방 고을의 향전은 마땅히 금지해야 할 것이다. 반드시 가볍고 무거움에 따라 양쪽의 주동자를 먼저 다스려 진정시키고 향전을 없애는 것을 위주로 하는 것이 좋다. 일부 아전들이 한쪽으로 쏠리는 일이 있으니 또한 반드시 아전의 우두머리에게 엄하게 타일러야 한다. 향임을 임명할 때 한쪽 사람을 치우치게 쓰지 않는 것이 좋다. 〈『거관대요』〉

> 『거관대요』: 조선 후기에 지방관이 군현(郡縣)을 다스리는 데 필요한 실무상의 지식 등을 구체적으로 기술한 지침서이다. 저자는 알 수 없으며 『대전통편』 간행 이후 순조 연간(1800~1834년 재위)에 만들어진 것으로 보인다.

3. 관권의 강화

① **정부의 부농층 지원**: 부농층의 성장은 국가의 재정 위기 타개에도 도움이 되므로 정부는 납속이나 매향을 통해 부농층 성장의 합법적인 길을 열어주었다.

② **수령권의 강화**: 종래의 재지 사족(구향)의 힘이 약화되고, 부농층(신향)을 중심으로 한 새로운 향촌 세력이 충분히 강해지지 못한 가운데 수령을 중심으로 하는 관권이 강화되었고 지방 행정을 실질적으로 장악하고 있던 향리의 역할이 커졌다.

③ **결과**: 재지 사족의 이익을 대변하던 향회는 수령의 자문 기구로 전락하고, 관권의 강화는 세도 정치기의 해이된 기강하에서 수령과 향리의 자의적 농민 수탈이 더욱 강화되는 결과를 가져왔다.

사료 관권의 강화와 매향(賣鄕)

- 암행어사 이곤수가 별단을 올렸다. "매향에는 여러 가지 많은 방법이 있습니다. 돈을 받고 향임에 임명하는가 하면, 사례비를 받고 향안이나 교안(향교의 교생 명부)에 올려줍니다. 여기에 응하는 자는 모두 양민입니다. 이때 한 사람이 내는 액수가 많게는 백여 냥을 넘고 적어도 수십 냥 아래로 내려가지 않습니다. 그런데도 대개 스스로 원해서 즐거이 하기 때문에 별로 원망이나 비방함이 없습니다. 한 번 향임을 지낸 자들이나 향안, 교안에 오른 자들은 대개 군역과 요역에서 벗어납니다." 〈『정조실록』〉
- 순조 28년 7월 25일, 장단 수령 이경순이 상놈으로 좌수(향약의 대표)를 삼았다. 온 고을에서 향약에 어긋난다고 연명으로 정소하였다. 이경순은 참가한 사람들을 곤장으로 치며 "관청의 분부가 율곡 향약만 못하단 말인가."라고 말하였다. 장날에 향약과 향안을 꺼내오라고 하여 한꺼번에 불태워 버렸다. 〈『대청시일록』〉
- 요사이 수령들은 한 고을을 제멋대로 다스려 다른 사람이 그 잘못을 고칠 수가 없습니다. 수령이 옳다고 하면 좌수 이하 모두 그렇다고 합니다. 〈영조, 『비변사등록』〉

> 조선 후기 정조의 수령권 강화 정책과 부농층의 신분 상승으로 향촌에서 전통 양반의 지위는 크게 흔들렸다. 조선 전기에 수령을 견제하던 향회와 향약을 후기에는 지방관이 주도하고 있다.

콜레라의 대유행
이 시기 콜레라로 인한 피해는 엄청난 것이었다. 1821년, 1822년 두 해에 콜레라로 사망한 사람이 수십만 명에 달했으며 1858년에도 무려 50여만 명이 죽었다. 당시 조선의 인구가 1,000만 내외였으니 그 피해는 심각한 것이었다.

선운사 도솔암 마애불(전북 고창)

19세기에 명치 부위에 있는 감실에 비결이 들어 있어서 그것이 나오는 날 한양이 망한다고 하였다.

3 사회 변혁의 움직임

1. 사회 불안의 심화

① 경과 : 신분제의 동요로 **지배층과 농민층의 갈등**은 깊어지고, **지배층의 수탈**이 심해지면서 농민 경제는 파탄에 빠졌다. 19세기에 들어와 1820년의 전국적인 수해와 이듬해 **콜레라의 만연**으로 많은 백성이 목숨을 잃는 비참한 사태가 발생하고, 굶주려 떠도는 백성이 거리를 메울 지경이었다.

② 결과 : 백성들 사이에서는 비기, 도참설이 널리 퍼지고, **이양선**까지 출몰하여 민심이 흉흉해지고, 화적과 수적들이 극성을 부렸다.

2. 예언 사상의 대두

① 배경 : 사회의 혼란으로 유교적 명분론이 설득력을 잃어가자 비기, 도참설 등을 이용한 예언 사상이 유행하였다.

② 예언 사상의 유행 : 말세의 도래, 왕조의 교체, 변란의 예고 등 근거 없는 낭설이 떠돌았는데 『정감록』은 이 시기 널리 유행한 비기였다.

③ **무격 신앙**이나 **미륵 신앙**도 점차 확장되었고, 현세에서 얻지 못하는 행복을 미륵 신앙에서 해결하려는 움직임도 있었다.

사료 『정감록(鄭鑑錄)』에 관한 최초의 기록

장래 임자년에 사변이 있어서 도적이 일어나며, 그 뒤에 마땅히 셋으로 갈라졌다가 다시 합쳐서 하나로 된다고 합니다. 셋으로 갈라진다는 성씨는 정가, 유가, 김가이지만, 필경에는 정가가 합하여 하나로 만든다고 합니다. 그는 남해의 섬 가운데 있으며, 유가는 통천에 있고, 김가는 영암에 있다고 합니다. 임자년에 정가가 먼저 해도에서 군사를 일으키면, 유가와 김가가 그 뒤를 이어 일어난다고 합니다. 〈『정조실록』〉

『정감록』
조선 중기 이후 민간에 유행한 예언서로, 이담(李湛)이라는 사람이 조선이 망한 후 이씨 대신 왕위에 오르게 될 정(鄭)씨의 조상인 정감(鄭鑑)이라는 사람으로부터 들은 이야기를 기록한 책이라고 하나 이본과 이설이 많아 확실한 것은 알 수 없다. 이 책이 사료에 처음으로 나타나는 것은 문인방 역모 사건(1783, 정조) 때이다.

---

3. 천주교의 전파

(1) 전래 과정

① 도입 : 천주교는 17세기에 우리나라 사신들에 의해 처음 학문(서학)으로 소개되었다(이수광, 『지봉유설』).

② 수용 : 18세기 후반 남인 실학자들에 의해 신앙으로 발전하였고, **이승훈**(정약용의 매형)이 최초로 영세(1784)를 받고 돌아오면서 더욱 확산되었다.

(2) 신앙 활동

① 초기 : 이벽, 권철신, 이승훈 등 남인 계열 실학자들에 의해 학문적 연구와 주체적·자발적 구도 활동을 통해 전개되었다.

② **확대** : 이승훈의 세례 이후 신자가 증가하면서 서울, 내포, 전주 등에서 신앙 조직이 만들어졌다.
③ **정부의 대응** : 초기에 정부는 천주교를 그냥 두면 사라질 것으로 보아 관망하였으나 유교의 제사 의식을 거부하자 **사교로 규정**하였다.

> **사료** 『천주실의』를 비판한 실학자 안정복(1712~1791)의 『천학고』
>
> 서양 책이 들어와 우리 학자들이 가까이하고 있으나, 여기서 얻을 것은 천문, 역상, 기하뿐이다. 사대부 이승훈이 북경에 가서 서양 책을 들여온 뒤 정조 7, 8년에 젊은 학자들이 천주학을 받들고 상제가 직접 내려 온 듯이 소란을 피운다. 평생 유학을 하던 자들이 하루 아침에 이교에 귀의하였음은 진실로 애석한 일이다. 이제 천학고를 지어 그것이 중국에서 들어온 지 오래 된 것임을 밝히고자 한다. 〈안정복, 『천학고』〉
>
> 『천주실의』(1603) : 예수회 신부 마테오리치의 천주교 교리서이다. 이수광의 『지봉유설』(1614)에 이미 소개되었고, 사신을 통해 입수되어 18세기 조선 천주교 성립에 영향을 주었다.

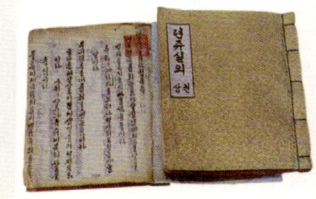

▲ 『천주실의』

(3) 천주교 탄압

① **배경** : 정부는 천주교의 **제사 의식 거부**를 신분 질서의 부정과 국왕의 권위에 대한 도전으로 받아들였다.
② **신해박해(1791)** : 정조 때에는 **진산 사건**(윤지충, 권상연 등이 신주를 불태운 사건)으로 윤지충 등이 사형당하였으나, 비교적 관대하게 처리하였다.
③ **신유박해(1801)** : 순조 즉위 후 정권을 잡은 **노론 벽파**가 남인 시파를 탄압하기 위해 천주교를 박해하였다. 이가환, 권철신, 정약종(정약용의 형), 이승훈, 중국인 신부 주문모가 사형당하고 **정약용, 정약전**이 유형에 처해졌다. 이때 프랑스 군대를 요청하여 박해를 피하려고 한 **황사영 백서 사건**(정약용의 조카사위, 1801)이 일어나면서 탄압의 강도가 더욱 강화되었다.
④ **기해박해(1839)** : 헌종 때 다시 **벽파가 집권**하면서 신자의 색출을 위해 오가작통법을 시행하고, 강력한 처벌을 내용으로 하는 '**척사윤음**'을 반포하는 등 천주교 박해가 극에 달했다. 이때 활발한 활동을 하던 정약종의 아들 **정하상도 처형**되었다.

> **사료** 정하상(1795~1839)의 천주교에 대한 변론
>
> 죽은 사람 앞에서 술과 음식을 차려 놓는 것은 천주교에서 금하는 바입니다. 살아 있는 동안에도 영혼은 술과 밥을 받아먹을 수 없거늘 하물며 죽은 뒤에 영혼이 어떻게 하겠습니까? 먹고 마시는 것은 육신의 입에 공급하는 것이요, 도리와 덕행은 영혼의 양식입니다. 비록 지극한 효자라 할지라도 맛좋은 것이라 하여 부모가 잠들어 있는 앞에 차려드릴 수 없는 것은 잠들었을 동안에는 먹고 마시는 때가 아닌 까닭입니다. 잠시 잠들어 있을 동안도 그러하거늘 하물며 영원히 잠들었을 때는 어떻겠습니까? 사람의 자식이 되어 어찌 허위와 가식의 예로써 이미 돌아간 부모를 섬기겠습니까? 〈정하상, 『상재상서』〉
>
> 다산의 형인 정약종(丁若鍾)의 아들이며 다산 정약용(丁若鏞)의 조카이다. 1801년 신유박해(辛酉迫害)로 아버지와 형이 처형되었고, 20세 때에 서울로 와서 박해로 흩어진 교인들을 다시 모아 교회의 재건을 위해 노력했다. 그의 노력으로 조선교구가 설치되고 주교가 파견되었으나 1839년 기해박해(己亥迫害)로 가족과 함께 처형되었다. 천주교를 옹호하기 위해 쓴 『상재상서(上宰相書)』에서 천주교가 유교와 근본적으로 다른 종교가 아니라는 호교론적 논지를 펼쳤다.

⑤ 이후 안동 김씨 집권기에는 탄압이 완화되면서 교세가 확대되었다.
(4) **천주교 확대의 의미** : 신 앞에 모든 인간은 평등하다는 논리, 내세 신앙 등의 교리가 백성에게 공감을 얻었기 때문이었다.

4. 동학(東學)의 발생

(1) **기원** : 1860년 최제우가 경주에서 창도하였다. 성리학과 불교를 부정하고 천주교, 즉 서학에 반대한다는 의미에서 동학이라 하였다.

(2) **성격과 사상**
① **특징** : 민족 신앙을 바탕으로 유·불·선 3교, 천주교 교리까지 수용한 종합적 성격을 지녔고, 샤머니즘의 부적과 주술을 채용하였다. 철학적인 바탕을 주기론에 두었는데 귀신을 기(氣)로 해석하여 귀신을 매개로 사람과 하늘이 하나가 될 수 있다고 보았다.
② **사상**
  ㉠ 시천주(侍天主, 하늘님을 모신다는 뜻)와 인내천(人乃天) 사상을 강조하였으며, 양반과 상민을 차별하지 않고, 노비 제도를 없애며, 여성과 어린이의 인격을 존중하는 사회를 추구하였다(事人如天, 사람 섬기기를 하늘처럼 한다).
  ㉡ 보국안민(輔國安民)과 광제창생(廣濟蒼生)을 내세워 사회 개혁과 외세 배척을 적극 주장하였다.

(3) **탄압과 교세 확장** : 정부는 **혹세무민**(惑世誣民)의 이유로 최제우를 처형하였다(1864). 2대 교주 최시형은 충청도 보은을 중심으로 교세를 확대하면서 교리서인 『동경대전』(한문), 『용담유사』(한글 가사체) 등을 편찬하고 교단 조직을 정비하였다.

혹세무민
세상을 속이고 백성들을 어리석게 만든다는 의미로 전통 시대 사고를 규정하는 기준이었다.

사료 동학의 중심 사상

• 사람이 곧 하늘이라. 그러므로 사람은 평등하며 차별이 없나니 사람이 마음대로 귀천을 나눔은 하늘을 거스르는 것이다. ⇒ 인내천   〈최시형〉
• 서양은 싸우면 이기고 치면 빼앗아 이루지 못하는 일이 없으니 천하가 멸망하면 또한 입술이 떨어지는 탄식이 없지 않을 것이니 보국안민의 계책이 장차 어디서 나올 것인가. ⇒ 보국안민   〈『동경대전』〉
• 때가 왔네 때가 왔네 다시 못 올 때가 왔네 뛰어난 장부에게 오랜만에 때가 왔네 용천검 드는 칼을 아니 쓰고 무엇하리 무수장삼 떨쳐입고 이 칼 저 칼 넌즛 들어 호호망망 넓은 천지 한 몸으로 비켜서서 칼 노래 한 곡조를 때여때여 불러내니 용천검 날랜 칼은 해와 달을 놀리고 게으른 무수장삼 우주에 덮여 있네
만고 명장 어디 있나 장부 앞에 장사 없네
좋을시고 좋을시고 이내 신명 좋을시고   〈『용담유사』, 「검결」〉

> 최제우가 지은 가사인 「검결」과 그 내용 중 '용천검 운운'의 구절은 최제우의 사형 판결의 근거가 되었다. 최제우를 문초하고 처형한 경상감사 서헌순은 "칼춤을 추며 흉한 노래를 불러 퍼뜨리고 태평스런 세상에 난리를 꾸미려 하고 은밀하게 당을 모은다."라고 판결하였다.

5. 농민의 항거

(1) 배경 : 19세기 세도 정치로 인해 삼정이 문란해졌다. 농민들의 의식이 성장하면서 소청, 벽서, 괘서와 같은 소극적 저항에서 점차 농민 봉기로 이어졌다.

벽서, 괘서
남을 비방하거나 민심을 선동하기 위해 여러 사람이 볼 수 있는 곳에 몰래 붙이는 게시물을 말한다.

(2) 홍경래의 난(순조, 1811)
① 봉기 : 몰락 양반인 홍경래의 지휘하에 영세 농민, 중소 상인, 광산 노동자 등이 합세하여 난을 일으켰다.
② 경과 : 정주, 박천, 가산 등 청천강 이북의 8개 군 지역을 거의 장악하였으나 5개월만에 관군에게 진압되었다.
③ 성격 : 농민 수탈과 서북인 차별에 대한 반발로 일어난 반봉건적 저항 운동으로 19세기 농민 항쟁의 선구적 역할을 하였다.

(3) 임술 농민 봉기(철종, 1862)
① 과정 : 탐관오리와 토호의 탐학에 저항하여 경상도 단성에서 시작된 농민 봉기는 진주 민란으로 확대되었으며, 이를 계기로 함흥과 제주에 이르기까지 전국에서 민중 봉기가 발생하였다.
② 정부의 대책 : 안핵사, 선무사를 파견하여 실정을 한 수령을 처벌하고 삼정이정청을 설치하여 농민 부담을 완화하는 조치를 취하였으나 근본적 해결과는 거리가 있었다.

▲ 19세기 농민의 봉기

사료 1. 홍경래의 난(1811)

평서대원수는 급히 격문을 띄우노니 관서의 부로와 자제와 공·사 천민들은 모두 이 격문을 들으라. 무릇 관서는 성인 기자의 옛 터요, 단군 시조의 옛 근거지로서 의관이 급제하고 문물이 아울러 발달한 곳이다. 그러나 조정에서는 관서를 버림이 분토와 다름없다. 심지어 권문의 노비들도 서토의 사람을 보면 반드시 평안도 놈이라 한다. 서토에 있는 자 어찌 억울하고 원통하지 않은 자 있겠는가. 지금 임금이 나이가 어려 권세 있는 간신배가 그 세를 날로 떨치고 김조순·박종경의 무리가 국가 권력을 오로지 갖고 노니 어진 하늘이 재앙을 내린다. …… 이제 격문을 띄워 먼저 여러 고을의 군후에게 알리노니, 절대로 동요하지 말고 성문을 활짝 열어 우리 군대를 맞으라. 만약 어리석게 항거하는 자가 있으면 철기 5,000으로 남김없이 밟아 무찌르리니, 마땅히 속히 명을 받들어 거행함이 가하리라.
〈『패림』〉

▲ 홍경래의 점령 지역

2. 진주 민란(철종, 1862)

진주민 수만 명이 머리에 흰 수건을 두르고, 손에는 나무 몽둥이를 들고, 무리를 지어 진주 읍내에 모여 서리들의 가옥 수십 호를 불사르고 부셔서, 그 움직임이 결코 가볍지 않았다. 병사(백낙신)가 해산시키고자 장시에 나가니, 흰 수건을 두른 백성들이 그를 빙 둘러싸고는 백성의 재물을 횡령한 조목, 아전들이 세금을 포탈하고 강제로 징수한 일들을 면전에서 여러 번 문책하는데, 그 능멸함과 핍박함이 조금도 거리낌이 없었다.
〈『임술록』〉

> 진주 병사 백낙신의 가렴주구에 못이긴 진주 민중은 향임 유계춘의 지도 아래 머리에 흰 두건을 쓰고 스스로 초군이라 부르면서 축창과 곤봉을 들고 일어나 관아를 부수고 아전을 살해하고 부민을 습격한 다음 해산하였다.

자료 삼정 문란의 여러 형태

전정의 문란	• 진결 : 황폐한 땅에 징세 • 은결 : 토지 대장에 기록되지 않은 땅에 징세 • 도결 : 정액 이상의 세를 거두는 것 • 백지 : 공지에 징세
군정의 문란	• 족징 : 도망자의 체납분을 친족에게 징수 • 인징 : 도망자의 체납분을 이웃에게 징수 • 황구첨정 : 16세 이하 어린이에게 징세 • 강년채 : 60세 이상의 면세자에게 나이를 줄여 징수 • 백골징포 : 죽은 자에게 군포 부과 • 마감채 : 일시불로 군포를 징수하여 면제하는 면역 군포
환곡의 문란	• 늑대 : 필요 이상의 미곡을 강제로 대여 • 반작 : 허위 장부를 만들어 대여량을 줄이고 회수량을 줄이는 것 • 가분 : 재고가 없는데 있는 것처럼 꾸미는 것 • 탄정 : 흉년에 강제로 징수하여 감한 부분을 사취 • 분석 : 미곡에 겨를 섞어 늘려서 대여 • 반백 : 쌀에다 톱밥이나 겨를 섞어 1가마를 2가마로 늘리는 것 • 증고 : 환곡을 농민에게 지정된 가격보다 비싸게 팔거나 징수하여 관청에는 지정된 가격으로 바치고 차액을 착복하는 것

근대 태동기의 문화

1 성리학의 변화

1. 성리학의 교조화 경향

(1) 성리학의 교조화 : 인조반정 이후 송시열을 중심으로 하는 서인은 의리 명분론을 강화하고 주자 중심의 성리학을 절대시하면서 사회 모순을 해결하려 하였다.

(2) 성리학에 대한 반성 대두

① 수기(修己, 자기 수양) 강조 : 17세기 후반 성리학을 상대화하고 6경(시·서·역·예기·춘추·주례)과 제자백가 등에서 모순 해결의 사상적 기반을 찾으려는 경향이 나타났다.

② 장유(1587~1638) : 주자학이 교조화되고 있는 풍토를 비판하고 다양한 학문 수용을 주장했다.

③ 윤휴(1617~1680) : 남인 계열로 6경 중심의 고학(古學)을 중시하고, 유교 경전에 대한 독자적 해석을 통해 주자의 학설에서 탈피하려고 하였다.

④ 박세당(1629~1703) : 소론 계열로 **양명학과 노장 사상**을 수용하여 주자의 학설을 비판하며 개방성과 포용성을 강조하였다. 이와 같이 소론은 **절충적 성격을 지닌 성혼의 사상**을 계승하여 성리학 이해에 탄력성을 보였다. 박세당의 성리학에 대한 비판은 서인들에 의해 **사문난적(유학의 반역자)**으로 규정되었다.

(3) 성리학의 이론 논쟁 심화

① 이기론(理氣論) : 16세기 후반에는 이이 학파의 기호 노론과 이황 학파의 영남 남인 사이에 이기론에 대한 논쟁이 일어났다.

② 호락 논쟁(湖洛論爭) : 18세기 이이 학파를 계승한 노론 송시열 문하의 학자들은 심성론을 둘러싸고 논쟁을 벌였다.

구분	호론(湖論)	낙론(洛論)
이론	인물성이론(人物性異論)	인물성동론(人物性同論)
본성	인간≠사물(사람과 사물은 본성이 다르다.)	인간=사물(사람과 사물은 본성이 같다.)
인물	**권상하**(송시열의 제자), **한원진**(권상하의 제자)	**이간**(권상하의 제자), 이재
지역	충청도, 호서(湖西) 지방	낙하(洛河, 지금의 서울), 경기 지방 (석실 서원)
계승	**위정척사 사상**(오랑캐는 사물이므로 인간과 본성이 다르며 함께 할 수 없다.)	**북학파 실학 사상**(청나라 오랑캐도 결국 본성은 인간이므로 교류하는 것이 당연하다.) → 애국 계몽 운동

사료 | 성리학의 교조화에 맞선 탈주자학적 움직임

- 천하의 많은 이치를 어찌하여 주자만 알고 나는 모른단 말인가. 주자는 다시 태어난다 해도 내 학설을 인정하지 않겠지만, 공자나 맹자가 다시 태어나면 내 학설이 승리하게 될 것이다. 〈윤휴〉

- 그러나 경(經)에 실린 말이 그 근본은 비록 하나이지마는 그 실마리는 천 갈래 만 갈래이니, 이것이 이른바 하나로 모이는데 생각은 백이나 되고, 같이 돌아가는데 길은 다르다는 것이다. 그러므로 비록 독창적인 지식과 깊은 조예가 있으면 오히려 그 귀추의 갈피를 다하여 미묘한 부분까지 놓침이 없을 수 없는 경우가 있다. 반드시 여러 장점을 널리 모으고 조그마한 선도 버리지 아니하여야만 대략적인 것도 유실되지 않고, 얕고 가까운 것도 누락되지 아니하여, 깊고 심원하고 정밀하고 구비한 체제가 비로소 완전하게 된다. …… 이는 선유(先儒)들이 세상을 깨우치고 백성을 도와주는 뜻에 티끌만한 도움이 없지 않기를 바란 것이니, 이론(異論)하기를 좋아하여 하나의 학설을 수립하려는 의도에서 나온 것은 아니다. 〈박세당, 『사변록』〉

① 송시열과 윤휴의 대립 : 효종 4년(1653) 서인 송시열은 남인 윤휴가 독자적으로 『중용』을 해석한 『중용신주』(현재 전하지 않음)를 보고 "이 책은 주자의 논의에 어긋나는 것으로서 후학을 그르치는 책인데 무엇 때문에 읽는가?"라고 비판하면서 이단(異端)이라고 배척하기 시작했다. 그럼에도 윤휴는 『중용장구보록서(中庸章句補錄序)』 등의 저술을 통해 자신의 독자적 해석을 계속했다. 주자를 교조적으로 받아들였던 송시열은 그런 윤휴를 사문난적으로 몰아갔고 적극적인 북벌론자인 윤휴와 정치적 입장까지 대립하자 경신환국(1680) 직후 그를 사사하였다.

② 소론 박세당은 1680년부터 『논어』를 비롯한 4서 3경에 대한 독자적 해석인 『사변록』을 저술하기 시작했다. 내용에는 주자의 해석을 비판하는 부분도 있었기 때문에 송시열 및 그 추종 세력들은 그를 극심히 배척하였다. 1702년 박세당이 이미 죽은 송시열을 비판하자 노론은 『사변록』을 사문난적으로 규정하고 그를 유배형에 처했으며 이 와중에 박세당은 사망했다.

③ 17세기 후반 조선 성리학의 교조화를 잘 보여주는 사례들이다. 윤휴·박세당이 시도한 탈주자학적 새로운 사상모색의 노력은 18세기의 조선 실학의 발전으로 이어진다.

자료 | 낙론 경화 사족의 학문적 근거지가 된 석실서원

그림은 정선이 한강 팔당 부근의 풍경을 그린 〈석실서원도〉이다. 이 서원은 17세기 중엽에 세워져 안동 김씨 가문의 김상헌, 김상용 형제가 배향되었다. 김상헌의 후손인 김원행은 낙론의 대표적 이론가로서 이 서원에서 후일 실학을 연구하는 홍대용 등 많은 제자들을 양성하였다. 홍대용, 박지원 등 석실서원과 관련된 인물들은 북학 사상의 발생에 기여하였다.

▲ 석실서원도

2. 양명학의 수용

(1) 양명학

① 특징 : 성리학에 비해 실천성이 중시되었으며 치양지설과 지행합일을 강조하였다.

② 수용 : 성리학의 교조화와 형식화를 비판하며 실천성을 강조한 양명학은 중종 때 조선에 전래되었다. 주로 서경덕 학파와 종친들 사이에서 보급되었는데, 이황이 『전습록논변』(1566)에서 사문난적으로 비판한 것을 계기로 이단으로 간주되었으나 왜란을 전후한 시기에 최명길, 이수광 등에 의해 다시금 주목을 받았다.

『전습록』
중국 명나라 시기 유학자 왕양명(1472~1528)의 저서로 치양지설, 지행합일에 관한 문답이 기술되어 있으며 양명학 연구의 중심 자료이다.

(2) 양명학의 발전

① **강화 학파**의 형성 : 18세기 초 강화도로 낙향한 소론 계열 학자 정제두(1649~1736)는 『존언』, 『만물일체설』 등을 저술하여 양명학의 이론 체계를 세웠으며 그의 문하에서 이광려·이광사(동국진체 서법의 완성자) 등이 배출되었다.

② 정제두의 사상 : 일반민을 도덕 실체의 주체로 인정하였으며, 양반 신분제를 폐지하자고 주장하기도 하였다. 그러나 제자들이 정권에서 소외된 소론이었기 때문에 그의 학문은 강화 거주 학자들의 **가학(家學)**의 형태로 계승되었다.

③ 영향 : 강화 학파는 여러 실학자들과도 영향을 주고받았으며, 한말의 이건창, 일제 강점기의 박은식, 정인보 등 국학자들이 양명학을 계승하였다.

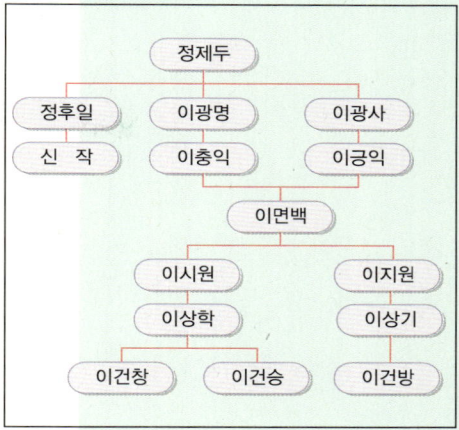

강화 학파의 계보

사료 양명학의 주요 이론과 이황의 양명학 비판

- 인간의 마음 밖에 따로 이치가 존재한다고 볼 수는 없다. 마음이 있으므로 이치가 있는 것이다. 효의 마음이 있기 때문에 효의 이(理)가 있는 것이지, 효의 이가 있기 때문에 효의 마음이 생겨나는 것은 결코 아니다. ⇒ **심즉리(心卽理)**
- 모든 인간은 양지(良知)라고 하는 선험적 지식을 가지고 태어난다. 인간은 상하 존비의 차별 없이 본래 타고난 천리로서의 양지를 실현하여 사물을 바로 잡을 수 있다. ⇒ **치양지(致良知)**
- 알았다고 해도 행하지 아니하였다면 그 앎은 진정한 앎이 아니다. 앎은 행함의 시작이요, 행함은 앎의 완성이다. ⇒ **지행합일(知行合一)** 〈왕양명, 『전습록』〉
- 이 학문은 인의를 해치고 천하를 어지럽히는 것이다. "천하의 이(理)는 내 마음속에 있지 밖의 사물에 있는 것이 아니니, 다만 마음을 보존하여 기르는 데 힘쓸 뿐 이를 구해서는 안 된다."라고 한다. 그렇다면 사물에 오륜과 같이 중요한 것이 있어도 되고 없어도 된다는 것인데, 불교와 무엇이 다른가? ⇒ **이황의 양명학 비판** 〈이황, 『퇴계집』〉

2 실학의 발달

1. 실학의 등장

(1) 개념 정의

① 초기 특징 : 17세기 초의 서울 지식인들은 6경을 중심으로 한 유학을 바탕으로 이단을 포용하면서 **수기치인(修己治人)**의 실천적 성리학을 세우고 이를 **실학(實學)**이라 불렀다.

② 특징의 변화 : 17, 18세기 사회·경제적 변동에 따른 사회 모순의 해결책을 구상하는 과정에서 **고증학과 서양 과학**의 영향으로 대두한 실사구시의 학풍과 현실 분석에 토대를 둔 **사회 개혁론**의 방향으로 전개되었다.

(2) 실학의 선구자

① 이수광(1563~1628) : 『지봉유설』을 저술하여 중국과 우리나라의 문화 전통을 폭넓게 정리함으로써 문화 인식의 폭을 확대하였고, 인조 초에는 12조의 상소를 올려 여러 가지 개혁 방안을 제시하였다.

② 한백겸(1552~1615) : 이수광과 친교가 두터웠으며 독자적으로 6경을 해석하였고, 『동국지리지』를 저술하여 역사 지리 연구의 단서를 열었다.
③ 실학의 발전 : 이후 실학은 농업 중심의 개혁론, 상공업 중심의 개혁론, 국학 연구 중심으로 확산되었다.

2. 농업 중심의 개혁론(경세치용 학파)

(1) 특징 : 토지 제도의 개혁을 중시
① 학문적 배경 : 서울 부근에서 생활하던 근기 남인들은 초기 실학자의 사상을 계승하여 6경 중심의 고학을 성립시키고, 중국과 우리나라의 상고 시기를 이상 사회로 파악하였다.
② 개혁의 방향 : 집권 서인들의 정책을 농촌 지식인의 시각에서 비판하고, 이상 사회의 실현이 토지 제도를 비롯한 각종 제도의 개혁을 통한 농민 생활의 안정에 있다고 보았다. 이들을 경세치용(經世致用) 학파라고도 한다.

(2) 대표적 학자
① 허목(1595~1682) : 『기언』을 저술하여 왕과 육조의 기능 강화, 중농 정책의 강화, 난전의 금지, 부세의 완화 등을 주장하였는데, 농촌의 자급자족 경제를 지향하는 것이었다.
② 유형원(1622~1673)
  ㉠ 『반계수록』(1670)을 저술하고, 균전론을 내세워 신분(사·농·공·상)에 따른 토지의 차등 지급을 통한 자영농 육성을 주장하였다.
  ㉡ 결부법(수확량 단위) 대신에 경무법(면적 단위)을 쓰고 역을 토지에 일괄 부과하여 민생 안정과 국가 재정을 확대시킬 것을 제안하고 병농 일치의 국방 체제 수립을 주장했다.
  ㉢ 양반 문벌 제도·과거 제도·노비 제도(단계적 폐지)의 모순을 비판하였으나 양반 제도를 부정하지는 않았다.
③ 이익(1681~1763)
  ㉠ 당쟁에 희생된 형(이잠) 때문에 벼슬을 단념하고 학문에 전념하여 안정복, 한치윤, 권철신 등의 많은 제자를 양성하였으며, 성호 학파를 형성하였다.
  ㉡ 백과사전식 저술인 『성호사설』과 개혁서인 『곽우록』을 저술하고, 영업전을 기반으로 한 한전론을 통한 점진적 토지 균등을 주장하였다.
  ㉢ 나라의 여섯 가지 좀(노비 제도·과거 제도·양반 문벌·사치와 미신·승려·게으름)을 지적하고 과거제 정비와 선비의 농업 종사를 제안하였으며, 화폐의 폐단을 지적하고(폐전론), 사창을 통해 고리대를 근절하고자 하였다.
③ 정약용(1762~1836)
  ㉠ 실학을 집대성 : 3부작인 1표 (『경세유표』)·2서 (『목민심서』, 『흠흠신서』)를 비롯하여 500여 권의 방대한 저서인 『여유당전서』를 남겼다.
  ㉡ 토지 개혁론 : 초기에는 농지의 공동 소유와 노동력에 따른 차등 분배를 주장한 여전론을 내세웠다가, 뒤에 토지 국유제를 바탕으로 한 정전제를 현실에 맞게 실시할 것을 주장하였다.

한전론
이익은 한 가정의 생활을 유지하는 데 필요한 규모의 토지를 영업전으로 정한 다음, 영업전은 법으로 매매를 금지하고, 나머지 토지만 매매를 허용하자고 주장하였다.

정약용의 3논설(『여유당전서』)
『여유당전서』에는 정약용의 대표적인 사회 개혁 3논설이 실려 있는데, 민본적 왕도 정치론을 편 탕론(蕩論), 이상적인 지방관상이 제시된 원목(原牧), 토지 제도 개혁론이 실린 전론(田論)이 그것이다.

ⓒ 과학 기술과 상공업에 대한 관심 : 과학 기술에도 관심을 보여 거중기(화성 축조)·주교(배다리) 등을 제작하였으며 기술의 발달이 인간 생활을 풍요롭게 한다고 확신하였다. 또한 상공업의 발달에도 많은 관심을 보였다.

(3) 중농 학파 정리

중농 학파	저서	토지 개혁	주장	역할
유형원	『반계수록』	균전론	농병 일치, 직업적 우열과 차별 인정	중농 실학의 선구
이익	『성호사설』	한전론	폐전론, 사창제, 여섯 가지 좀	학파 형성
정약용	『여유당전서』	여전론, 정전론	민본적 왕도 정치, 기예론	실학의 집대성
공통점	남인, 지주제 철폐로 경자유전(耕者有田) 실현, 농업 중심의 유교적 이상 국가 실현			

사료 1. 중농 학파의 토지 개혁론

- 농토 몇 부(負)를 한 집의 영업전으로 만들어주어 농토가 많은 사람도 빼앗지 않고, 모자라는 사람도 더 주지 아니하며, 돈이 있어 사려는 사람은 얼마든지 허락하고, 농토가 있어서 팔려고 하는 사람은 영업전 몇 부를 제외하고 역시 허락한다.
  ⇒ 한전론 〈『성호사설』〉

- 이제 농사짓는 사람은 토지를 갖고 농사짓지 않는 사람은 토지를 갖지 못하게 하려면 여전제를 실시하여야 한다. 산골짜기와 시냇물의 지세를 기준으로 구역을 획정하여 경계를 삼고, 그 경계선 안에 포괄되어 있는 지역을 1여(閭)로 한다. 1여마다 여장(閭長)을 두며 무릇 1여의 인민이 공동으로 경작하도록 한다. 여민들이 농경하는 경우 여장은 매일 개개인의 노동량을 장부에 기록하여 두었다가 가을이 되면 오곡의 수확물을 모두 여장의 집에 가져온 다음 분배한다. 이때 국가에 바치는 세와 여장의 봉급을 제하며, 그 나머지를 가지고 노동 일수에 따라 여민에게 분배한다. ⇒ 여전론 〈『여유당전서』〉

2. 유형원과 정약용의 정전제

옛날 정전법은 아주 이상적인 제도이다. 토지 경영이 바로 잡히면 모든 일이 제대로 될 것이다. 백성은 일정한 직업을 가지게 되고, 군사 행정에는 도피자를 찾는 폐단이 없어지며, 귀천 상하가 모두 자기 직책을 가지게 될 것이므로 민심이 안정되고 풍속이 도타워질 것이다. 〈유형원, 『반계수록』〉

정전제는 중국 주나라 때 실시되었다는 이상적인 토지 제도로, 토지 국유의 개념을 바탕으로 농민 8家에 균등 분배하고 나머지 1/9은 공동 경작하여 국가에 세금으로 납부하도록 하는 내용이었다. 중농 실학자들이 공통적으로 이상적인 토지 제도라고 보았다. 특히 정약용은 정전론 실시의 당위성과 방법에 큰 관심을 보였다.

3. 정약용의 기술론

온갖 장인의 기예가 정교하면 성곽과 배와 수레의 제도에 이르기까지 모두 튼튼하고 편리하게 될 것이니, 진실로 그 법(法, 즉 기술)을 다 알아서 힘써 실행한다면 나라가 부유하게 되고 병졸이 강하게 되고 백성이 유족하게 되어 오래 살 수 있을 것이다.
〈『여유당전서』〉

3. 상공업 중심의 개혁론(북학파, 이용후생 학파)

(1) 북학론의 특징 : 18세기에 들어서, 서울의 일부 노론들은 철학적으로 낙론을 기반으로 상공업 발전을 긍정적으로 받아들이고, 17세기 후반 근기 남인이 제기한 농촌 문제의 해결도 아울러 고려하면서, 청나라의 문물을 적극적으로 수용하여 부국강병과 이용후생(利用厚生)을 높이자는 북학론을 발전시켰다.

> **사료 18세기 북학론의 유행**
>
> 다섯 번이나 청나라에 다녀왔지만 나는 아직도 청을 잊지 못하고 있다. 사람들이 나를 비난하며 "무슨 도움이 되는 것이 있어 그렇게 청을 좋아하는가?"하고 물었다. 내가 선왕의 옛 법을 찾기 위해서라고 말하자, 지금의 청은 예전의 중국이 아닌데 어떻게 그것을 찾을 수 있느냐고 박장대소하였다. 중국에는 번성한 문물이 요순 임금 이후 계속 전해져 내려와 청나라에도 사농공상과 관련된 이용후생의 방법이 그대로 보존되어 있으니, 청나라가 아니고 어디에서 선왕의 유풍을 구하겠는가.
> 〈이희경, 『설수외사』〉
>
> 👉 서얼 출신의 실학자 이희경(李喜經, 1745~1805 이후)은 20여 년에 걸쳐 다섯 차례나 중국을 다녀온 북학파의 일원으로, 이용후생(利用厚生)을 추구한 실용주의자였다. 젊은 시절부터 연암 박지원을 스승으로 모셨으며 대표적인 북학파 지식인 박제가와는 절친한 친구 사이였다. 특히 박지원은 이희경을 단순히 제자가 아니라 학문적 동지로 인정했을 정도로 그를 높이 평가했다. 그의 저서 『설수외사』에는 청나라의 앞선 문물과 생활 양식을 본받자는 북학(北學) 사상과 당대 시대상이 고스란히 담겨 있다.

(2) 대표적 학자

① 유수원(1694~1755)
  ㉠ 소론 출신의 북학 사상의 선구자로, 『우서』(1737)를 저술하여 정치·경제·신분·사상 등 여러 부분에 걸친 개혁안을 내놓았다.
  ㉡ **상공업의 진흥** : 농업 중심의 경제 구조를 바꾸기 위해 **양반의 농·공·상으로 전업을 통한 직업적 평등과 전문화**를 주장하였다. 또한 상공업이 국부의 원천이라고 주장하면서, 상인 간의 합자를 통한 **경영 규모의 확대**와 상인이 생산자를 고용하여 생산과 판매를 주관할 것을 주장하였다.
  ㉢ **국가의 통제** : 물자의 낭비와 가격 조작을 방지하기 위해 **상업 활동을 국가가 통제**해야 한다고 보았다.

> **사료 유수원의 평등한 직업관**
>
> 상공업을 두고 천한 직업이라 하지만 본래 부정하거나 비루한 일은 아니다. 그들 스스로 재간 없고 덕망 없음을 아는 사람이 관직에 나아가지 않고 스스로의 노력으로 물품의 교역에 종사하며 남에게서 얻지 않고 자기 힘으로 먹고사는데 어찌 천하거나 더러운 일이겠는가.
> 〈『우서』〉

② 홍대용(1731~1783)
  ㉠ 저서 : 북학 사상의 태두로 『임하경륜』, 『의산문답』을 저술하였다.
  ㉡ 농업론 : 『임하경륜』에서 놀고먹는 선비들이 생산 활동에 종사할 것을 역설하고, 성인 남자에게 2결의 토지를 나누어줄 것과 병농 일치의 군대 조직을 제안하였다.
  ㉢ 과학론 : 『의산문답』에서는 지전설을 주장하고 나아가 우주 무한론을 피력하였으며, 중국이 세계의 중심이라는 세계관을 거부하였다.
  ㉣ 부국강병 요체 : 기술의 혁신과 문벌 제도의 철폐, 성리학의 극복이 중요함을 강조하였다.
③ 박지원(1737~1805)
  ㉠ 홍대용의 친구로 사상을 공유하였으나 개혁의 주체로서 선비의 자각을 강조하였다.
  ㉡ 양반의 허위 고발 : 스무 살 무렵 「양반전」 등 소설을 통해 사회의 부조리를 고발하였다.
  ㉢ 상공업론 : 청나라에 다녀와서(1780) 『열하일기』를 저술하여 청의 문물을 소개하고, 수레와 선박의 이용, 화폐 유통의 필요성을 역설하였다.
  ㉣ 농업론 : 정조에게 올린 〈『과농소초』, 「한민명전의」〉(1799)에서 한전론을 주장하면서 영농 방법의 혁신, 상업적 농업 장려, 수리 시설 확충을 통한 농업 생산력 증대에 관심을 가졌다. 그는 이익과 달리 토지 소유의 상한선을 정하고 그 이상의 토지 매점을 엄금하면 토지의 균등을 이루게 된다는 한전론을 주장하였다.
④ 박제가(1750~1805)
  ㉠ 상공업의 진흥 : 서얼 출신이자 박지원의 제자인 박제가는 1778년 청나라에 다녀온 후 『북학의』를 저술하여 청과의 통상 강화, 신분 차별 타파, 수레와 선박의 이용, 벽돌의 사용 등을 강조하였고, 생산과 소비의 관계를 '우물의 비유'를 들어 절약보다 소비를 권장해야 한다고 주장하였다.

사료 박지원의 한전론과 박제가의 상업관

- 그러므로 토지 소유를 제한(한전)한 뒤에야 겸병한 자가 없어지고, 겸병한 자가 없어진 뒤에야 산업이 고르게 될 것이고, 산업이 고르게 된 뒤에야 비로소 백성들이 안정될 것입니다. 그렇게 저마다 제 땅에서 농사를 짓게 되면, 부지런한 사람과 게으른 사람이 드러날 것이며, 그런 뒤에야 비로소 농사를 권면할 수가 있고 백성들을 가르칠 수 있을 것입니다. ⇒ **한전론** 〈박지원, 『과농소초』, 「한민명전의」〉

- 놀고먹는 자는 국가의 큰 좀입니다. 바라옵건대, 수륙 교통과 판매·무역하는 일을 모두 사족들에게 허락하고, 자금을 빌려주기도 하고, 가게를 설치하여 거처하게도 하며, 성과가 좋은 사람을 발탁하여 관직을 줌으로써 이를 권장해서 그들로 하여금 날마다 이익을 추구하게 하여, 놀고먹는 세력을 줄이고, 생업을 즐기는 마음을 열어 주어, 크고 강한 권세를 없게 하소서. ⇒ **양반의 생업 종사 주장** 〈박제가, 『북학의』〉

- 비유하건대 재물은 대체로 샘(우물)과 같은 것이다. 퍼내면 차고, 버려두면 말라 버린다. 비단옷을 입지 않아서 나라에 비단 짜는 사람이 없게 되면 여공이 쇠퇴하고, 쭈그러진 그릇을 싫어하지 않고 기교를 숭상하지 않아서 공장(수공업자)이 도야(기술을 익힘)하는 일이 없게 되면 기예가 망하게 되며, 농사가 황폐해져서 그 법을 잃게 되므로 사농 공상의 사민이 모두 곤궁하여 서로 구제할 수 없게 된다. ⇒ **소비증대를 통한 경제 활성화 주장** 〈박제가, 『북학의』〉

(3) **북학론의 영향** : 박지원, 박제가 등 북학파의 개혁 사상은 **정조의 정책에 반영되었다.**
(4) 중상 학파 정리

중상 학파	저서	주장
유수원	『우서』	사농공상의 직업적 평등화와 전문화
홍대용	『담헌서』	신분제 철폐, 성리학 극복, 기술 혁신이 부국강병의 3요소
박지원	『연암집』, 『열하일기』	수레와 선박의 이용, 화폐 유통, 농업 생산력 증대
박제가	『북학의』	수레와 선박의 이용, 신분 차별의 타파, 절약보다 소비 권장
공통점		노론 출신(유수원은 소론), 개화사상에 영향

한눈에 보기 중농 학파와 중상 학파의 특징 비교

구분	중농 학파(경세치용)	중상 학파(이용후생, 북학파)
대표 학자	허목, 유형원, 이익, 정약용	유수원, 홍대용, 박지원, 박제가
붕당 계통	남인(경기)	노론(서울)
개혁 사상	토지 개혁을 통한 자영농 육성	상공업 진흥과 기술 혁신
농업	토지 분배, 자영농 육성	기술 혁신과 생산력 증대
이상	농업에 치우친 유교적 이상 국가론	보다 적극적인 부국강병론
영향	애국 계몽 운동, 국학	개화사상

4. 국학 연구의 확대

(1) **배경** : 실학의 발달과 함께 민족의 전통과 현실에 대한 관심이 깊어지면서 우리의 역사, 지리, 국어 등을 연구하는 국학이 발달하였다.
(2) **국사 연구**
① **이익** : 실증적·비판적 역사 서술을 제시하고 중국 중심의 역사관에서 벗어나 우리 역사를 체계화할 것을 주장하여 민족에 대한 주체적 자각을 높이는 데 이바지하였다.
② **안정복(1712~1791)**
　㉠ 『**동사강목**』(1778) : 단군~고려까지의 편년체 통사를 저술하여 우리 역사의 **독자적 정통론**을 제시하고, 여러 기록을 비교 검토하여 옳고 그름을 따져 선별함으로써 **고증 사학**의 토대를 마련하였다.
　㉡ **삼한 정통론** : 성리학적 화이 사관에서는 단군 조선을 부정하고, 기자 조선을 우리 역사의 시작으로 보았으나 안정복은 『동사강목』에서 단군 조선 → 기자 조선 → 마한 → 통일 신라 → 고려 → 조선을 우리 역사의 정통으로 보고 있다(위만 조선 제외, 삼국 시대는 무통).
　㉢ 남인 계열로 양명학이나 천주교에 대해서는 부정적이었으며 **천주교를 비판하는 『천학고』를 저술**하기도 했다.

> **사료** 안정복의 삼한 정통론과 주체적 역사관
>
> - 삼국사에서 신라를 으뜸으로 한 것은 신라가 가장 먼저 건국되었고, 뒤에 고구려와 백제를 통합하였으며, 고려는 신라를 계승하였으므로 편찬한 것이 모두 신라의 남은 문적을 근거로 하였기 때문이다. 그러므로 편찬한 내용이 신라에 대하여는 약간 자세히 갖추어져 있고 백제에 대하여는 겨우 세대만을 기록했을 뿐 없는 것이 많다. 고구려의 강대하고 현저함은 백제에 비할 바가 아니며 신라가 자처한 땅의 일부는 남쪽에 불과할 뿐이다. 그러므로 김씨(김부식)는 신라사에 쓰여진 고구려 땅을 근거로 했을 뿐이다. …… 정통(正統)은 단군·기자·마한·신라 문무왕(9년 이후)·고려 태조(19년 이후)를 말한다. 무통(無統)은 삼국이 병립한 때를 말한다. …… 위만은 찬적(簒賊)인데, 통감에는 단군·기자와 함께 3조선이라 일컬어서 마치 덕도 같고 의리도 같은 것처럼 하였으나, 이제 깎아내려 참국(僭國, 정통에 어긋난 국가)한 예에 따랐다. 〈안정복, 『동사강목』〉
>
> 👉 왕위를 강탈했다 하여 위만을 찬적으로 본 것은 성리학적 정통론에서 완전히 자유롭지 못했음을 보여준다.
>
> - 예로부터 유학자들은 언제나 중화(中華)와 이적(夷狄)의 구분을 엄격히 하며, 중국 땅에서 태어나지 않으면 다 이(夷)라 하는데, 이것은 통할 수 없다. 하늘이 어찌 지역을 가지고 인간을 구별하겠는가? 〈『순암선생문집』〉
>
> 👉 비록 성리학적 정통론을 취했지만 안정복은 중국 중심의 세계관에서 벗어나 우리 역사의 독자성을 강조하였다.

③ 이긍익(1736~1806): 기사본말체로 쓴 『연려실기술』(1797)에서 400여 종의 야사를 참고하여 조선 왕조의 정치사를 객관적이고 실증적으로 서술하였다. 소론 계열이며, 양명학자이다.

> **사료** 이긍익의 객관적 서술
>
> 처음에 이 책을 만들 때에 가까운 친구들이, 남에게 보이지 말라고 권고하는 이가 혹 있었다. 나는 답하기를, 남이 이 책을 알지 못하기를 바란다면 만들지 않는 것이 옳고, 만들어 놓고서 남이 알까 두려워한다면 도(道)를 좋아하는 것이 아니다. …… 이 책은 남의 귀나 눈에 익은 이야기들을 모아 분류대로 편집한 것이요, 하나도 나의 사견(私見)으로 논평한 것이 없는데, 만일 숨기고 전하지 않는다면 남들이 눈으로는 보지 못하고 귀로만 이 책이 있다고 듣고서 도리어 새로운 말이나 있는가를 의심한다면, 오히려 위태롭고 두려운 일이 아니겠는가? 〈『연려실기술』, 「의례」〉
>
> 👉 이긍익은 술이부작(述而不作, 서술만 하고 창작은 하지 않는다)이라 하여, 역사 서술에서의 불편부당(不偏不黨, 객관적·실증적 서술)을 강조하고 있다.

④ 한치윤: 조카 한진서와 합작하여 540여 종의 중국 및 일본 자료를 참고하여 편찬한 『해동역사』(1814)는 단군~고려 시대까지 저술하여 민족사 인식의 폭을 확대하였는데 고증학의 영향을 받아서 저술된 최초의 역사서였다.

⑤ 이종휘: 『동사』에서 고구려 전통을 강조하면서 고대사 연구를 만주까지 확대하였다.

⑥ 유득공(1749~1807): 『발해고』(1784)에서 남북국 시대라는 용어를 처음으로 사용하였다. 이종휘와 유득공은 고대사 연구의 시야를 만주까지 확대하여 한반도 중심의 협소한 사관을 극복하였다.

⑦ 김정희: 『금석과안록』에서 북한산비와 황초령비를 판독·고증하였다.

> **자료** 18세기의 역사 서술

정파	학자	저서	서술 시대	특징
노론 계열	유계	『여사제강』(1667)	고려시대사	강목체 역사 서술의 효시 → 서인의 역사 인식을 대표
	유득공	『발해고』(1784)	발해	고대사 연구를 만주까지 확대, 한반도 중심의 협소한 사관 극복
	김정희	『금석과안록』(1832)	고대 비문	북한산비, 황초령비(진흥왕 순수비) 고증
소론 계열	홍만종	『동국역대총목』(1705)	단군~조선	단군 정통론 제기 → 이익, 안정복에게 계승
	임상덕	『동사회강』(1711)	고대~고려	유계의 『여사제강』 계승, 고대의 강역과 단군·기자에 대한 고증 첨가
	이긍익	『연려실기술』(1797)	조선	실증적 서술(조선 시대), 기사 본말체
	이종휘	『동사』(東史, 18세기 후반)	단군~고려	고구려 전통 강조, 만주 수복 희구 한반도 중심의 협소한 사관 극복, 기전체
남인 계열	허목	『동사』(東事, 1667)	단군~삼국	단군을 높이 평가하는 자주 의식 표출 기전체, 이익-정약용으로 계승
	홍여하	『동국통감제강』(1672)	단군~신라	단군 조선 대신 기자 조선을 정통으로 인정 최초로 정통론 도입 → 안정복 등 남인의 역사관으로 계승
	이익	『성호사설』	사론	실증적·비판적 역사 서술, 중화주의 비판 → 주체적 자각 강조
	안정복	『동사강목』(1778)	단군~고려	독자적 정통론 강조, 고증 사학의 토대 마련
	신경준	『강계고』(1756)	고대~조선 중기	중기 역사 지리지(한백겸의 『동국지리지』 계승)
	한치윤	『해동역사』(1814)	단군~고려	중국 및 일본 자료 참고 → 민족사 인식의 폭확대, 고증학의 영향으로 성리학적 사관을 벗어남, 기전체

> **사료** 발해사에 대한 유득공의 인식

부여씨(백제)가 망하고 고씨(고구려)가 망한 다음, 김씨(신라)가 남방을 차지하고 대씨(발해)가 북방을 차지하고는 발해라 하였으니, 이것을 남북국이라 한다. 남북국에는 남북국의 사서가 있었을텐데, 고려가 편찬하지 않은 것은 잘못이다. 저 대씨가 어떤 사람인가? 바로 고구려 사람이다. 그들이 차지하고 있던 땅은 어떤 땅인가? 바로 고구려 땅이다.

〈유득공, 『발해고』〉

> 유득공은 통일 신라와 발해를 남북국 시대라 명명하여 발해가 고구려를 계승한 나라임을 분명히 밝히고 있다.

실학적 역사 지리관의 확대

『강계고』, 『훈민정음운해』 등을 저술한 신경준(1712~1781)은 『동국문헌비고』의 「여지고」에서 '백제의 요서경략설'에 대해 긍정하는 견해를 처음으로 표명하였다. 반면 실학자 한진서(한치윤의 조카)는 이를 부정하는 입장을 나타내었는데 어느 경우든 실학자들의 지리관이 확대된 결과라고 볼 수 있다.

(3) 지리 연구

① 지리서 : 역사 지리서로는 한백겸의 『동국지리지』(1615), 신경준의 『여지고』, 정약용의 『아방강역고』(1811)가 있고, 30년간의 국토 답사에서 얻은 지식을 토대로 각 지역의 물산·풍속·인심 등을 기록한 인문 지리서인 이중환(1690~1752)의 『택리지』가 유명하다.

② 지도 : 영조 때 정상기의 『동국지도』는 최초로 100리 척(尺)을 사용하여 지도 제작의 과학화에 기여하였다.

③ 김정호 : 황해도의 평민 출신으로 실학자인 신헌·최한기의 도움으로 **지리학**을 집대성하였다.

　㉠ 지도 제작 : 『청구도』라는 지도책을 발간하고 이를 발전시켜 23폭으로 이루어진 전국 지도인 『동여도』(필사본 채색 지도)와 목판본 『대동여지도』(1861)

를 제작하여 널리 보급하였다. 『대동여지도』는 산맥, 하천, 포구, 도로망의 표시가 정밀하고, 거리를 알 수 있도록 10리마다 눈금을 표시하였다.
ⓒ 지리서 : 그는 『동여도지』·『여도비지』·『대동지지』 등 3대 지리서를 편찬하기도 했다.

자료 조선 후기 실학적 지도의 제작

▲ 정상기, 『동국지도』

▲ 김정호, 『대동여지도』

▲ 김정호, 『동여도』

> 『동국지도』는 최초의 100리척(도별 지도 약 1/42만 축적) 지도로 백두산을 기점으로 남쪽으로 뻗어 내린 백두대간(척추)을 크게 강조함으로써 국토를 인체로 인식하는 전통적 지리관이 잘 나타나 있다. 『대동여지도』는 10리척을 적용하였다.

(4) 국어 연구

① 훈민정음 연구 : 최석정의 『경세정운』(1678), 신경준의 『훈민정음운해』(1750), 유희의 『언문지』(1824) 등이 나와서 훈민정음의 기원, 글자 모습 및 음운에 관한 다양한 해석들이 내려졌다.
② 어휘집 : 어휘 백과사전인 권문해의 『대동운부군옥』(1589), 우리의 방언과 해외 언어를 정리한 이의봉의 『고금석림』(1789)이 있다.

사료 실학적 지리관의 확대

- 무릇 살 터를 잡는 데는 지리(地理)가 으뜸이고, 다음으로 생리(生利, 그 땅에서 생산되는 이익)가 좋아야 하며, 인심이 좋아야 하고, 아름다운 산과 물이 있어야 한다. 이 네 가지 가운데 한 가지라도 없으면 살기 좋은 땅이 아니다. 지리가 좋아도 생리가 모자라면 오래 살 수 없고, 생리가 좋아도 지리가 나쁘면 역시 오래 살 수 없다. 지리와 생리가 아울러 좋아도 인심이 나쁘면 반드시 후회할 일이 생긴다. 〈이중환, 「택리지」〉
- 지금껏 세상에 행하여 오는 우리나라 지도는 부지기수나 그것을 보면 모두 지면의 광협과 모양에 따라 제작한 까닭에 산천 도리가 모두 맞지 아니하여, 10여 리 되는 근거리가 수백 리의 원거리 밖에 놓여 있는가 하면…… 수백 리의 원거리에 있는 것이 10여 리의 근거리에 위치하면서 동서남북에 뻗쳐 있는데 혹은 그 위치를 바꾸어 놓기도 하였으니, 만일 이러한 지도에 의해 사방으로 돌아다닌다면 하나도 맞는 것이 없어서 마치 어둠속을 여행하는 것과 다름이 없을 것이다. 내가 이를 유감스럽게 여겨 이 지도를 만들었다. 〈정상기, 「동국지도」 서문〉

(5) 백과사전류의 저서(유서) 편찬

서명	저자	시기	내용
『지봉유설』	이수광	광해군, 1614	유서의 효시, 3,435개의 항목을 25부로 나누어 서술
『성호사설』	이익	영조	천지·만물·경사·인사·시문의 5개 부분으로 정리
『청장관전서』	이덕무	정조, 1795	이덕무의 시문 전집과 역사, 인물, 사상 등 소개
『임원경제지』	서유구	정조~순조	농촌 대백과사전, 800여 종의 문헌을 참고, 16개의 志로 구성됨
『오주연문장전산고』	이규경	헌종	우리나라와 외국의 고금 사물을 1,400여 항목으로 분류하고 정리
『동국문헌비고』	국가 편찬	1차 영조(1770) 2차 정조(1790) 3차 고종(1908)	250권의 방대한 분량으로 16분야로 나누어 우리나라 역대 문물 제도를 총정리한 관찬 한국학 백과사전

3 과학 기술의 발달

1. 서양 문물의 수용

(1) **수용** : 17세기경부터 사신들이나 서양 선교사들을 통해 들어왔다. 선조 때 이광정은 세계 지도를 전하고, 인조 때 **정두원**은 화포, 천리경, 자명종 등을 전하였다.

(2) 서양인의 표류

① **벨테브레(J. J. Weltevree)** : 인조 때 제주도에 표류해 온 네덜란드인 벨테브레는 조선에 귀화하여 훈련도감에 소속되어 **홍이포**라는 서양식 대포 제조법을 가르쳤고, 무과에 합격하여 장교로 활약하였다.

② **하멜(Hendrik Hamel)** : 효종 때 일행 30여 명과 제주에 표류하여 **15년의 억류 생활** 끝에 탈출하였으며 네덜란드로 돌아가 우리나라를 서양에 소개한 『**하멜표류기**』를 지었다.

(3) 19세기에 들어서면서 서양 문물의 수용은 더 이상 진전되지 못하고 정체되었다.

> **사료** 귀화인 벨테브레의 활약
>
> 박연(벨테브레)은 하란 타국 사람이다. …… 조정에서 훈련도감에 소속시켜 투항한 왜인과 표착한 한인의 대장으로 삼았다. 박연은 하란 타국 사람인데 훈련대장 구인후의 휘하에 있었고 그 자손들도 마침내 훈련도감의 군적에 편입되었다.
>
> 〈『석재고』 권9, 「해동외사」〉
>
> 조선 여성과 혼인하여 1남 1녀를 두었다고 하며, 박연이라는 이름을 사용하였다. 훈련도감 산하 외인 부대의 장교로 복무했으며 당상관(정3품)의 품계를 받은 것으로 보인다.

2. 천문학과 지도 제작 기술의 발달

(1) **배경** : 천문학은 서양 과학의 영향을 받아 발전하였다.
① 지전설
　㉠ 이익 : 서양 천문학에 관심을 가지고, '지구가 둥글다면 중국이 한가운데 있을 수는 없고 어느 나라든 세계의 중앙이 될 수 있다.' 고 하였다.
　㉡ 김석문(1658~1735) : 지전설을 처음으로 주장하였다.
　㉢ 홍대용 : 무한 우주론을 주장하여 중화사상에 입각한 성리학적 세계관을 비판하는 근거를 마련하였다.
　㉣ 최한기(1803~1877) : 실학사상과 개화사상의 중간 지점에 위치한다고 평가받는 인물로, 코페르니쿠스의 지구 자전과 공전설을 소개하고, 『명남루총서』에서 뉴턴의 만유인력을 소개하였다.
② 역법 : 김육이 청에서 아담 샬이 만든 역법인 『시헌력』을 도입하여 이를 시행하였으나(1653) 본격 수용에는 약 60년의 노력이 필요하였으며 정조 때 우리 사정에 맞는 『천세력』을 만들었다.
(2) **수학** : 유클리드의 기하학이 도입되고 (『기하원본』), 최석정은 『구수략』(1710)을 써서 대수·기하 및 삼각과 관련된 문제들을 풀어냈다. 홍대용은 『주해수용』을 저술하여 우리나라·중국·서양 수학의 연구 성과를 정리하였다.
(3) **서양 지도의 전래** : 세계 지도인 <mark>곤여만국전도</mark>가 전래되어 세계관 확대에 기여했다.

마테오리치, 「곤여만국전도」

한눈에 보기 | 각 시대별 역법과 천문학

시기	역법	천문학의 내용
삼국~통일 신라	통일기 당의 선명력 도입	• 고구려 : 별자리를 그린 천문도 제작 • 신라 : 천문대인 첨성대 건립(선덕여왕)
고려	후기 : 원의 수시력(원+이슬람 역법) 채택(충선왕)	• 사천대(서운관)설치 : 천문, 역법 담당 관청 • 개경에 첨성대 건립
조선 초기	독자적 역법 도입 : 한양을 기준으로 하는 『칠정산 내외편』 제작(세종, 1442)	• 천상열차분야지도 : 태조때 고구려 천문도를 바탕으로 제작한 천문도 • 간의대 건립 : 경복궁에 설치한 천문대(세종, 1434)
조선 후기	시헌력 : 선교사 이담샬이 만든 역법으로 김육이 청에서 도입(1653)	• 곤여만국전도 전래 : 마테오리치가 만든 근대적 세계지도 • 서양과학의 수용 → 지전설(김석문), 우주무한론(홍대용)

> **사료** 조선 후기의 우주관
>
> **1. 지전설(地轉說)**
> - 지금 이 땅에서 보면 모든 별은 왼쪽으로 움직이고 있는 듯이 보이지만, 그것은 별의 실제 운행이 아니다. 별에는 밤낮으로 하늘을 일주하는 운행이 없다. 지구와 대기의 불이 모여 하나의 구(球)를 이루고, 서쪽에서 동쪽으로 매일 한 바퀴를 도는 것일 뿐이다. 〈김석문, 『오위역지』〉
> - 천체가 운행하는 것이나 지구가 자전하는 것은 그 세(勢)가 동일하니 분리해서 설명할 필요가 없다. 다만 9만 리의 둘레를 한 바퀴 도는 데 이처럼 빠르며, 저 별들과 지구와의 거리는 겨우 반경밖에 되지 않는데도 몇천만 억의 별들이 있는지 알 수 없다. 하물며 천체가 서로 의존하고 상호 작용하면서 이루고 있는 우주 공간의 세계 밖에도 또 다른 별들이 있음에랴. 칠정(태양, 달, 화성, 수성, 목성, 금성, 토성)이 수레바퀴처럼 자전함과 동시에 맷돌을 돌리는 나귀처럼 둘러싸고 있다. 지구에서 가까이 보이는 것을 사람들은 해와 달이라 하고 지구에서 멀어 작게 보이는 것을 사람들은 오성(수성, 금성, 화성, 목성, 토성)이라 하지만, 사실은 모두가 동일한 것이다. 〈홍대용, 『담헌서』〉
>
>
> ▲ 홍대용이 만든 혼천의
>
> **2. 홍대용의 성리학적 세계관 비판**
> 중국은 서양과 180도 경도 차이가 있다. 중국인은 중국을 중심으로 삼고 서양을 변두리로 삼는다. 서양인은 서양을 중심으로 삼고 중국을 변두리로 삼는다. 그러나 실제에 있어서 하늘을 이고 땅을 밟는 사람은 땅에 따라서 모두 그러한 것이니 중심도 변두리도 없이 모두 중심인 것이다. 〈『담헌서』〉

3. 의학·농학의 발달과 기술 개발

(1) 의서

① **17세기** : 허준(1539~1615)은 『동의보감』(1613)을 저술하여 전통 한의학을 체계적으로 정리하고, 전염병 치료 전문서인 『신찬벽온방』(1613)을 편찬하였으며, 같은 시기 허임은 『침구경험방』에서 침구술을 집대성하였다.

② **18세기** : 정약용은 마진(홍역)을 연구하여 『마과회통』(1798)을 저술하고, 부록인 「신증종두기법(新證種痘奇法)」에서 우두법에 관한 처방을 소개하는 한편, 박제가와 함께 종두법을 연구·실험하기도 하였다.

③ **19세기** : 이제마(1837~1900)는 『동의수세보원』(1894)을 저술하여 사상 의학을 확립하였다.

(2) 농서

① **17세기** : 효종 때 신속(1600~1661)은 기존의 농서인 『농사직설』, 『금양잡록』, 『사시찬요』(중국 농서), 『구황촬요』 등을 묶은 종합 농서로 『농가집성』(1655)을 편찬하였는데, 벼농사와 이앙법 중심의 농서이다.

② 상업적 농업 발달과 다양한 작물 재배법의 필요성으로 채소, 과수, 원예, 양잠, 축산 등을 소개하는 농서가 등장하였다.

저서	저자	시기	내용
『색경』	박세당	숙종, 1676	양잠, 가축, 양봉, 월별 농사일 등 농가 상식 정리
『산림경제』	홍만선	숙종, 17세기 후반	고추 최초 언급, 과수·약초·축산 등 다양한 농법 소개
『해동농서』	서호수	영조, 17세기 후반	서유구의 아버지, 우리 토양에 맞는 농법 강조
『과농소초』	박지원	정조, 1798	한전론, 상업적 농업 장려, 농업 생산력 증대에 관심
『임원경제지』	서유구	순조, 1840년경	19세기 농촌 생활 백과사전

> **자료** 서유구(1764~1845)의 『임원경제지』
>
> 1806년 정계에서 실각한 서유구는 가문이 소장하던 방대한 장서와 가업으로 이어온 농서 연구를 기반으로 농촌학 백과사전인 『임원경제지』의 저술을 시작하였다. 그 후 거의 평생에 걸쳐 893종의 책을 인용하여 113권, 1만 4천 페이지에 달하는 방대한 저작을 완성하였다. 첫 항목인 본리지를 시작으로 모두 16항목의 지(志) 밑에 수천 가지 세부 사항을 기록하는 형식으로 편찬된 『임원경제지』는 농촌에서 이상적인 삶을 추구하는 사대부에게 농업과 관련된 풍요로운 물질적 기반을 위한 방법을 제시하는 농촌학 백과사전으로써 실학적 농업관을 집대성한 거작이었다.

(3) **농업 기술** : 논농사에서는 이앙법이 일반적으로 시행되고, 밭농사에서는 종래의 농종법과 달리 고랑에 심는 견종법이 보급되었다.

(4) **기술 개발**

① **정약용의 기예론** : 인간이 다른 동물보다 뛰어난 것은 기술 때문이라고 보고, 기술의 발달이 인간 생활을 풍요롭게 한다고 믿었다.

② **기술의 적용** : 정약용은 한강에 배다리를 설계하고, 수원 화성 축조 공사에 거중기를 제작·운용하여 시간과 비용을 절약하였다.

4 문화의 새 경향

1. 서민 문화의 발달

① **배경** : 상공업 발달과 농업 생산력 증대로 서당 교육이 보급되고, 서민의 경제적·신분적 지위가 향상됨에 따라 서민 문화가 대두하였다. 서민, 중인, 부농층의 문예 활동이 활발해지고, 상민이나 광대의 활동도 활기를 띠었다.

② **경향** : 서민 문화는 감정을 적나라하게 표현하여 양반의 위선을 비판하고 사회의 부정과 비리를 풍자·고발하였다. 특히 한글 소설은 누구나 쉽게 읽을 수 있어 그 영향력이 대단히 컸다.

2. 판소리와 탈놀이

(1) 판소리

① 특징 : 창과 사설, 추임새로 구성된 판소리는 넓은 계층으로부터 지지를 받는 대표적인 서민 문화였다.

② 판소리 정리 : 신재효는 판소리 12마당을 6마당으로 창작·정리하였는데, 현재 춘향가, 심청가, 흥보가, 적벽가, 수궁가 등 다섯 마당만 전한다(변강쇠가는 빠짐).

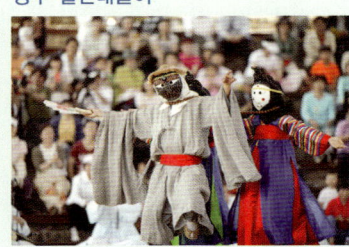

양주 별산대놀이

(2) 탈놀이와 산대놀이 : 가면극에서는 민중에 의지하여 살아가는 지배층·승려의 위선과 부패를 풍자하였으며, 하층민의 상징인 말뚝이과 취발이를 등장시켜 양반의 허구를 폭로하고 욕보이기까지 하였다.

(3) 판소리와 가면극의 역할 : 상품 유통 경제의 활성화와 함께 성장하여, 당시 사회적 모순을 예리하게 드러내면서 서민 자신들의 존재를 자각하는 데 기여하였다.

3. 한글 소설과 사설 시조

(1) 한글 소설 : 허균의 『홍길동전』은 서얼 차별 철폐, 탐관오리의 응징을 통한 이상 사회 건설을 묘사하였고, 『춘향전』은 신분 차별의 비합리성을 비판하였다. 『토끼전』, 『심청전』 등도 서민의 사회 의식을 성장시키는 데 기여하였다.

(2) 사설 시조(辭說時調) : 격식에 구애됨이 없이 서민의 감정을 구체적으로 표현하여 남녀 간의 사랑과 현실을 거리낌 없이 비판하였다.

(3) 한문학

① 특징 : 실학의 유행과 함께 사회의 부조리한 현실을 예리하게 비판하였다.

② 대표적 저자 : 정약용은 삼정의 문란을 폭로하는 한시를 남겼고, 박지원은 『열하일기』에 들어 있는 「허생전」, 「호질」, 「방경각외전」에 수록된 「양반전」, 「민옹전」 등의 한문 소설에서 양반 사회의 허구성을 지적하며 실용적 태도를 강조하였다. 또한 현실을 올바르게 표현할 수 있는 문체 혁신을 주장하기도 하였다.

(4) 중인층과 서민층의 시사 조직 : 문학 창작 활동이 활발해지면서 동호인들이 모여 시사(詩社)를 조직하였다. 영조 때 서리 출신 시인인 김천택, 김수장은 우리나라 역대 시조와 가사를 모아 『청구영언』(1728)과 『해동가요』(1763)를 각각 편찬하는 등 위항(여항)이라 불리는 중인들의 활동이 두드러지고, 『육가잡영』(1660), 『소대풍요』(1737), 『풍요속선』(1797) 등의 위항 시선집들도 간행되었다.

(5) 중서층의 역사와 전기

① 역사서 : 철종 때 편찬된 『규사』(1859)는 서얼의 역사이며, 헌종 때 이진흥이 편찬한 『연조귀감』(1846)은 향리의 역사를 서술했다.

② 전기 : 조희룡의 『호산외기』(1844), 유재건의 『이향견문록』(1862), 이경민의 『희조일사』(1866) 등은 기예나 공로가 뛰어나면서도 신분이 낮아 출세하지 못한 위항인들의 이야기를 모은 것이다.

송석원 시사(詩社)

서울의 경아전, 중인들이 중심이 되어 1786년에 결성된 여항 시사로 1830년대까지 지속되었다. 중인 천수경 등이 주도하였으며 인왕산의 옥계 계곡에 모여 시를 짓고 풍류를 즐겼는데, 많을 때는 수백 명이 참가하여 성황을 이루었다.

『육가잡영』과 위항 문학

16세기부터 노비 출신 시인 유희경, 백대붕 등을 중심으로 한 "풍월향도"가 조직된 이래 양반들의 전유물이던 한시의 작가층이 평민(위항인) 계급으로까지 넓어지기 시작했다. 그 결과 1660년에 최초의 평민 한시집인 『육가잡영』이 편찬되었다. 이러한 경향은 더욱 발전하여 『소대풍요』, 『풍요속선』 등의 간행으로 이어지고 송석원 시사 같은 대규모 시사 모임이 활발히 전개되는 등 위항 문학이라는 새로운 장르를 탄생시키기에 이른다.

> **사료** 다산 정약용의 한시 : 애절양(哀絕陽, 양경을 자른 것을 슬퍼하며)
>
> 노전 마을 젊은 아낙 그칠 줄 모르는 통곡 소리
> 현문을 향해 슬피 울며 하늘에 호소하네
> 쌈 터에 간 지아비가 못 돌아오는 수는 있어도
> 남자가 그걸 자른 건 들어본 일이 없다네
> 시아비 상복 막 벗고 아기는 탯물도 마르지 않았는데
> 삼대가 다 군보에 실리다니
> 가서 아무리 호소해도 문지기는 호랑이요
> 이정은 으르렁대며 마구간 소 몰아가고
> 조정에선 모두 태평의 즐거움을 하례하는데
> 누구를 보내 위태로운 말로 포의로 내쫓는가
> 칼을 갈아 방에 들자 자리에는 피가 가득
> 자식 낳아 군액 당한 것 한스러워 그랬다네
> 무슨 죄가 있어서 잠실음형 당했던가
> 민땅 자식들 거세한 것 그도 역시 슬픈 일인데
> 자식 낳고 사는 이치 하늘이 준 바이고
> 하늘 닮아 아들 되고 땅 닮아 딸이 되지
> 불깐 말 불깐 돼지 그도 서럽다 할 것인데
> 대 이어갈 생민들이야 말을 더해 뭣하리요
> 부호들은 일 년 내내 풍류나 즐기면서
> 낟알 한 톨 비단 한 치 바치는 일 없는데
> 똑같은 백성 두고 왜 그리도 차별일까
> 객창에서 거듭거듭 시구편을 외워보네
> 《『여유당전서』, 권12》
>
> 🔍 19C 초 삼정의 문란으로 인한 백성들의 고통스러운 삶을 가감 없이 제시하면서 당시의 시대상을 통렬히 비판하고 있다.

4. 진경산수화와 풍속화의 유행

(1) 진경산수화

① 배경 : 17세기부터 우리 문화에 대한 자부심이 높아지면서 우리의 고유 정서와 자연을 표현하려는 예술 운동이 나타났다.

② 특징 : 우리의 자연을 사실적으로 그린 **진경산수화**는 중국 남종과 북종 화법을 고루 수용하여 우리의 고유한 자연과 풍속에 맞춘 새로운 화법이다.

③ 작가 : 18세기에 활약한 **정선(1676~1759)**은 서울 근교와 강원도의 명승지를 두루 답사하여 사실적으로 그려냈다. 대표작인 〈인왕제색도〉와 〈금강전도〉에서 바위산은 선으로 묘사하고, 흙산은 묵으로 묘사하는 기법을 사용하여 산수화의 새로운 경지를 이룩하였다.

풍속화와 동국진체의 선구자 윤두서 (1668~1715)

조선 후기 최초의 풍속화는 문인 화가인 공재 윤두서에서 시작되었다. 고산 윤선도의 증손자인 공재의 풍속화 개척 시도는 단원 김홍도로 계승·발전되어 가장 조선적인 장르로 완성되었으며, 그가 시도한 동국진체의 서예는 윤순과 이광사에 의해 꽃을 피웠다. 또한 그가 도입한 문인화풍은 정선과 심사정으로 이어져 조선적으로 정착되었다. 그는 영·정조의 진경문화 부흥을 이끈 선구자였다.

▲ 정선, 〈인왕제색도〉

▲ 정선, 〈금강전도〉

윤두서 자화상

(2) 풍속화(18세기 후반에 유행)

① **김홍도(1745~1806)** : 천재적 재능으로 다양한 작품을 그렸고, 특히 풍속화의 새 경지를 열었으며 서민의 생활상을 소탈하고 익살스러운 필치로 묘사하였다.

② **신윤복(1758~?)** : 양반과 부녀자의 생활과 남녀의 애정을 감각적이고 해학적으로 묘사하였다.

③ 김득신(1754~1822) : 김홍도와 비슷한 화풍을 지녔으며, 정조의 궁정화가로 활약하였고 사대부들의 사랑을 받았다.

▲ 김홍도, 〈서당도〉

▲ 김홍도, 〈씨름도〉

▲ 신윤복, 〈단오풍정〉

▲ 신윤복, 〈뱃놀이〉

▲ 김득신, 〈야묘도추도〉

(3) 개성적 화풍(18세기)

① 심사정(1707~1769) : 정교하고 세련된 필치의 산수화를 잘 그려 정선의 그림과는 대조를 보였다.
② 강세황(1712~1791) : 김홍도의 스승이자 뛰어난 문인 화가로 유명하였다. 원근법·명암법 등의 서양화 기법을 동양화에 접목시켜 새로운 산수 화풍을 성립시켰다.
③ 조영석, 변상벽, 최북 등 개성 있는 화가들이 배출되어 18세기 화단을 장식하였다.

▲ 심사정, 〈설경산수도〉

▲ 강세황, 〈영통골 입구도〉

(4) 19세기의 화풍

① 오원 장승업(1843~1897) : 신필이라 불리며, 강렬한 필법과 채색법으로 뛰어난 기량을 발휘하였다.
② 문인화의 부활 : 진경산수화와 풍속화는 김정희 등의 문인화의 부활로 침체되었다가 한말에 새로운 모습으로 나타났다.
③ 김정희(1786~1856) : 일세를 풍미한 학자이자 예술가로 서권기(書卷氣)·문자향(文字香)의 특징을 강조하는 격조 높은 문인화 작품을 남겼다. 〈세한도〉는 우리나라 문인화의 최고 걸작 중의 하나이다.

김정희
충남 예산 출신으로 훈척 가문으로 이름이 높은 경주 김씨 병조판서 김노경의 아들로 태어났다. 출사하여 벼슬이 병조참판에 이르렀으나, 아버지의 실각 등과 관련하여 제주도에 유배되는 등 10여 년의 귀양살이의 고충을 겪었다. 유배에서 돌아온 후 과천에 은거하면서 일생을 마쳤다. 24세에 청에 가서 당대 최고의 고증학자 옹방강, 완원 등과 접촉하여 큰 자극을 받아 귀국한 후 금석학을 발전시켰으며 19세기 조선의 문화 수준을 고양시킨 거장이었다.

▲ 장승업, 〈군마도〉

▲ 김정희, 〈불이선란〉

자료 김정희의 〈세한도와 화제〉(국보 제180호)

▲ 김정희, 〈세한도와 화제〉

공자께서 말씀하시기를 "한겨울 추운 날씨가 된 다음에야 소나무, 잣나무가 시들지 않음을 알 수 있다."라고 하셨다. 소나무, 잣나무는 본래 사계절 내내 늘 잎이 지지 않는 것이다. 추운 계절이 오기 전에도 같은 소나무, 잣나무요, 추위가 닥친 후에도 여전히 같은 소나무, 잣나무다. 그런데도 성인(공자)께서는 특별히 추위가 닥친 이후에 그것을 칭찬하였다. 지금 그대가 나를 대하는 처신을 돌이켜보면, 그 전이라고 더 잘한 것도 없지만, 그 후라고 전만큼 못한 일도 없었다. 그러나 예전의 그대에 대해서는 따로 일컬을 것이 없지만, 그 후에 그대가 보여준 태도는 역시 성인에게서도 일컬음을 받을 만한 것이 아닌가? 성인이 특별히 칭한 것은 단지 추운 계절을 겪고도 다만 시들지 않는 나무의 굳센 절조(節操)만을 위한 것은 아니었다. 역시 추운 계절이라는 그 시절에 대하여 따로 마음에 느낀 점이 있었던 것이다.

〈김정희가 세한도에 붙여 쓴 화제의 내용, 그림의 글씨 부분〉

> 1844년 59세의 김정희가 유배지인 제주도에서 그린 그림이다. 추사의 제자 역관 이상적은 많은 제자가 김정희를 찾지 않는 상황에서도 스승이 귀양살이하는 동안에 정성을 다해 연경에서 구해온 책을 보내드렸다. 이에 감격한 추사가 그 고마움에 대한 마음의 표시로 이 그림을 보냈는데 이상적을 "추운 날씨(歲寒, 세한)"가 돼야 푸르름이 더욱 두드러지는 소나무와 잣나무에 비유하며 자신의 고마움을 표현했다. 감격한 이상적은 중국과 우리나라의 유명한 학자들에게 찬문을 받아 그림의 격조를 더욱 높였다. 추사의 생애 최고 명작으로 손꼽히는 작품이다.

(5) **민화의 유행** : 민중의 미적 감각을 잘 표현한 민화는 **생활 공간 장식용** 그림으로, 소박한 한국적 정서를 표현하였다.

▲ 〈작호도〉

▲ 〈운룡도〉

▲ 〈책가도〉

(6) 서예
① 이광사(1705~1777) : 왕희지체를 토대로 우리의 정서와 개성을 추구하는 단아한 글씨인 **동국진체**를 완성하여(일명 원교체) 일반 대중에게 큰 영향을 주었다.
② 김정희 : 우리 서예 발전의 성과를 바탕으로 고금의 필법을 연구하여 굳센 기운과 다양한 조형성을 가진 **추사체**를 창안하여 새로운 경지를 열었다.

이광사
양명학을 연구하던 소론계 강화학파 출신으로 『연려실기술』을 쓴 이긍익의 아버지다. 1755년 나주 괘서 사건으로 큰아버지 이진유(眞儒)가 처벌받을 때 연좌되어 부령으로 유배되었다. 그의 학문이 이름나 많은 사람이 모여들자 유배지를 완도군 신지도(新智島)로 옮겨 그곳에서 22년간의 유배 끝에 일생을 마쳤다. 정제두(鄭齊斗)에게 양명학을 배워 아들에게 전수했으며 윤순(尹淳)에게서 글씨를 배웠다. 진서·초서·전서·예서에 두루 뛰어났다.

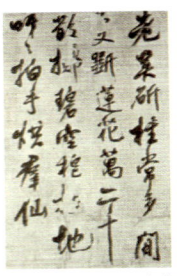
▲ 이광사, 〈동국진체〉

▲ 김정희, 〈죽로지실(예서체)〉

한눈에 보기 우리나라 서체의 시기별 특징

시기	명필과 서체	특징
신라 통일기 (8세기)	김생(711~791, 왕희지체)	질박하면서도 굳센 신라의 독자적인 서체를 성립 → 해동의 서성(書聖)
신라 하대 (9세기)	요극일(?, 구양순체)	당나라 구양순의 필체를 습득하여 글씨를 잘 썼는데, 비록 김생에 미치지는 못했으나 글씨에 기품이 있었다고 전함
고려 전기	탄연(1070~1159, 구양순체)	의종 시기 국사가 된 승려
고려 후기	이암·이제현 (1287~1367, 송설체)	송설체는 조맹부체라고도 하며 조선으로 계승
조선 전기	안평대군(1418~1453, 송설체) 한호(1543~1605, 석봉체)	한호는 한석봉으로 조선적인 서체를 정립
조선 후기	이광사(1705~1777, 동국진체) 김정희(1786~1856, 추사체)	• 이광사는 왕희지체를 토대로 우리의 정서와 개성을 추구하는 단아한 글씨인 동국진체를 완성(일명 원교체) • 김정희는 우리 서예의 성과를 바탕으로 중국의 필법을 연구하여 굳센 기운과 다양한 조영성을 가진 추사체를 창안

5. 건축의 변화

(1) 17세기의 건축

① 배경 : 불교의 사회적 지위 향상과 양반 지주층의 경제적 성장을 바탕으로 많은 사원이 세워졌다.

② 건축물 : 금산사 미륵전, 화엄사 각황전, 법주사 팔상전 등이 대표적인데, 모두 규모가 큰 다층 건물로 내부는 하나로 통하는 구조로 되어있다.

▲ 금산사 미륵전

▲ 화엄사 각황전

▲ 법주사 팔상전

(2) 18세기의 건축
① 특징 : 사회적으로 크게 부상한 부농과 상인의 지원을 받아 그들의 근거지에 장식성이 강한 사원이 많이 세워졌다.
② 건축물 : 논산 쌍계사, 부안 개암사, 안성 석남사 등이 대표적이다.
③ 수원 화성 : 정조 때의 문화적 역량을 집약시킨 건축물이며, 이전의 성곽과는 달리 방어와 공격을 겸한 성곽 시설로 평상시의 생활과 경제적 터전까지 조화시킨 종합적인 도시 계획 아래 건설되었다(세계 문화유산으로 지정됨).

▲ 쌍계사 대웅전(충남 논산)   ▲ 수원 화성

(3) 19세기의 건축 : 흥선 대원군이 국왕의 권위를 높이고자 **경복궁 근정전·경회루**를 중건하였다.

▲ 경복궁 근정전   ▲ 경복궁 경회루

6. 백자와 생활 공예, 음악

(1) 자기 공예
① 백자 : 조선 후기에는 산업 부흥에 따라 공예가 크게 발전하여 백자가 **민간에까지 널리 사용**되면서 본격적으로 발전하였다.
② 청화 백자 : 양반들이 애호하였으며 형태가 다양해지고, 안료도 **청화, 철화, 진사** 등으로 다채로웠는데, 형태와 문양이 어울려 독특하고 준수한 세련미를 풍겼다. 서민들은 옹기를 많이 사용하였다.

한눈에 보기 | 시대별 대표적인 도자기 양식 정리

신라 토기	순수 청자	음각·양각 청자	상감 청자	분청사기	순수 백자	청화 백자
9세기 이전	11세기	11~12세기	12중엽~3세기	15세기	17세기	17~18세기

가곡(歌曲)
관현악의 반주가 따르는 전통 성악곡이다. 선율로 연결되는 27곡의 노래 모음으로, 노래말을 짧은 시를 쓴다.

산조(散調)
느린 장단으로부터 빠른 장단으로 연주하는 기악 독주의 민속 음악으로, 장구 반주가 따르며, 무속 음악과 시나위에 기교가 확대되어 19세기경에 탄생하였다.

잡가(雜歌)
조선 후기에 평민이 지어 부르던 노래의 총칭이다.

(2) 생활 공예 : 나무의 재질을 살리면서 기능성을 강조했던 목공예와, 소의 뿔을 이용하여 나무에 붙인 화각 공예 등이 발달하였다.

(3) 음악
① 특징 : 향유층이 확대됨에 따라 다양한 음악이 나타났다. 양반은 종래의 가곡, 시조를 애창하였고, 서민은 민요를 즐겨 불렀다.
② 발전 : 상업의 성황으로 직업적인 광대나 기생이 판소리, 산조와 잡가 등을 창작하여 발전시켰다.

한눈에 보기 | 각 시대별 음악의 특징과 발달 모습

시기	특성	상류층 음악	민간 음악	내용
삼국 시대	종교 및 노동과 밀접한 관련	• 고구려 국상 왕산악의 거문고 발명 • 향가의 출현 : 신라 진평왕 때 승려인 융천사가 지었다는 〈혜성가〉	• 민중의 무속 신앙을 표현한 가야의 〈구지가(龜旨歌)〉 • 노동요적 성격의 신라 〈회소곡〉 • 백제인의 〈정읍사〉	• 신라 거문고의 명인 백결 선생은 방아타령 • 가야의 우륵은 가야금의 연주자로 유명
통일 신라	중국 음악의 수용	• 당악 수용 : 신라 하대에 당으로부터 전래되어 귀족 계층에게 정착 • 신라 고유의 향악 확립 : 고구려와 백제의 악기와 음악을 받아들이고 신라의 것을 융합 • 향가 형식의 발전		• 화랑에 대한 사모의 심정을 표현한 득오곡의 〈모죽지랑가〉(효소왕) • 경덕왕 때 월명사가 죽은 누이를 그리워하며 지은 〈제망매가〉, 나라의 근심을 없앤 내용의 〈도솔가〉 등 • 백성의 평안함을 기원하는 충담사의 〈안민가〉 (경덕왕)
고려	신라 음악인 향악 계승, 송에서 아악 전래	• 향악과 당악 : 궁중 연회에서 연주 • 아악(대성악) : 송나라에서 수입, 제례 때 연주 • 궁중 무용의 발달 : 나례(산대놀이), 〈처용무〉, 〈헌선도〉 등	• 향악의 발전 : 당시 유행하던 민중의 속요와 어울려 많은 곡이 창작됨 • 대표곡 : 〈동동〉, 〈한림별곡〉, 〈대동강〉, 〈오관산〉, 〈정과정〉 등	대규모 악단의 활동 : 12세기 초 108명의 악공으로 구성된 관현악단 조직됨
조선 전기	음악을 백성의 교화 수단으로 활용	• 국가적 지원 : 장악원 설치(음악 관장 기구)와 악곡의 연주 • 아악의 체계화(박연) • 「정간보」 창안(세종) : 소리의 장단과 높낮이를 표현할 수 있는 악보	• 민간 음악의 발전 : 당악과 향악을 속악으로 발전시켜 가사·시조·가곡 등 우리말로 된 노래를 연주하는 음악을 만들고 민요에 활용 • 민간 춤의 유행 : 농악무·무당춤·승무 등 전통 춤을 계승 발전시켰으며, 탈춤(산대놀이), 인형극(꼭두각시놀이)도 유행	『악학궤범』 편찬 : 성종(1493) 때 성현이 편찬한 음악 이론서로 음악의 원리와 역사, 악기 편성법, 춤의 진행 방법, 의상과 도구 등을 집대성 《악학궤범》에는 〈동동〉, 〈정과정〉, 〈처용가〉, 〈봉황음〉 등의 노래가 한글로 수록됨

7

근현대 사회

01 외세의 침략적 접근과 개항

02 개화 정책의 추진과 위정척사의 반발

03 개혁의 추진과 구국 민족 운동의 전개

04 개항 이후의 경제와 사회

05 근대 문물의 수용과 근대 문화의 형성

01 외세의 침략적 접근과 개항

1 흥선대원군의 정치

1. 19세기 후반의 국내외 정세

(1) **국내** : 세도 정치(1800~1863)로 인한 매관매직, 삼정 문란 등으로 전체적인 어려움에 직면했으며, 전국적인 농민 봉기가 발생하였다(임술 농민 봉기, 1862).

(2) **국외** : 이양선의 출몰과 제국주의 열강의 침략적 접근으로 위기의식이 고조되었다.

① 청·일의 문호 개방 : 청(난징 조약, 1842)과 일(미·일 화친 조약, 1854)의 개항과 러시아의 연해주 차지(1860) 등 서양 세력의 접근이 가속화되고 있었다.

② 위기의식의 고조 : 이양선 출몰, 천주교 확산, 서양 상품 유입 등으로 조선 정부의 불안감과 위기의식은 고조되었다.

③ 1800년대 국내외 주요 사건 정리

시기	사건
1816	**영국인 홀 선장** 조선의 서해안을 탐험하고 비인 현감 이승렬과 접촉
1832	영국의 로드 암허스트호가 조선에 나타나 통상 제의(**최초의 통상 제의**)
1842	**아편 전쟁**(1840~1842)과 난징 조약 체결로 청 개항
1854	미국 페리제독의 포함 외교로 미·일 화친 조약이 체결되어 **일본 문호 개방**
1862	삼남을 비롯한 전국적 농민 봉기(임술 농민 봉기)
1863	**흥선대원군 집권**(1863~1873)
1868	**일본 메이지 유신**으로 근대적 개혁 착수
1871	청·일 화친 조약(대등한 근대식 조약)

영국인 홀 선장(Basil Hall)의 조선 탐사(1816)

조선의 서해안을 탐사한 영국인 선장으로 항해기인 『조선 서해 탐사기』를 남겼다. 1816년 조선을 탐사 중이던 그는 충남 비인에 상륙 현감 이승렬과 선물을 교환하였다. 당시 조선은 이양선에 대해 편의는 제공하되 공식적인 교류는 금지한다는 원칙을 가지고 있었다. 홀은 귀국 도중 대서양의 세인트헬레나 섬에 기착하여 유배 중이던 나폴레옹 1세 황제를 알현하고 조선에 대해 자세히 설명했는데 그가 선물 받았던 갓과 장죽을 보여주자 나폴레옹은 조선에 대해 깊은 관심을 보였다고 한다.

흥선대원군의 인재 등용

대원군이 집권한 후, 어느 공회 석상에서 음성을 높여 여러 대신들을 향해 말하기를 "나는 천리를 끌어다 지척을 삼겠으며, 태산을 깎아내려 평지를 만들고, 또한 남대문을 3층으로 높이려 하는데 제공들은 어떠시오."라고 하였다. 대저 천리 지척이라는 말은 종친을 높인다는 뜻이요, 태산을 평지로 만들겠다는 말은 노론을 억압하겠다는 뜻이요, 남대문 3층이라는 말은 남인을 천거하겠다는 의사이다(『매천야록』).

자료 **이양선(異樣船)**

우리나라 배와 '모양이 다른 배'라는 뜻의 서양 선박으로 이단선(異團船), 황당선(荒唐船)이라고도 하며, 통상 요구를 위해 미국, 영국, 프랑스, 독일, 러시아 등 서양 열강에서 보냈다. 1832년 영국 상선 로드 암허스트호가 황해도 앞바다에 나타나 처음으로 통상을 요구하였다. 연해에 접근한 외국 선박과 조선 사이에 무력 충돌이 빚어지기도 했는데, 제너럴셔먼호 사건(1866), 병인양요(1866), 신미양요(1871) 등이 대표적이다.

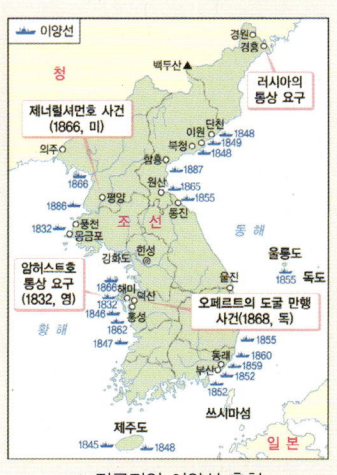

▲ 전국적인 이양선 출현

> **사료** 1860년대 조선의 불안감과 위기의식
>
> 베이징 함락 소식을 듣자 관료들은 무단히 직무를 이탈하고, 권세 있는 자와 부유층은 낙향하거나 산중으로 피난 가는 자도 있었다. 심지어 서민 가운데는 천주교도를 가장하여 서양 오랑캐들의 학살을 면하려고 광분하는 사람도 있었고, 천주교도들에게 환심을 사려고 아부하는 자도 있었다.
>
> 〈그리피스, 『은둔의 나라 한국(The Hermit Nation)』〉

2. 흥선대원군의 대내적 개혁 정치

(1) 왕권 강화 정책

① 안동 김씨 축출 : 능력에 따른 인재 등용을 추진하였다.
② 비변사 폐지 : 의정부와 삼군부를 부활(1865)시켜 정치와 군사 정책을 분리하였다.
③ 경복궁 중건(1865) : 왕실의 위엄을 높이려는 목적이었으나 재원을 마련하기 위해 결두전(토지에 부과), 4대문의 통행세, 원납전을 징수하고, 당백전을 발행(1866)하여 인플레이션을 초래했다.
④ 법전 정비 : 조선의 법전을 집대성한 『대전회통』(1865)과 『육전조례』・『오례편고』・『종부조례』 등을 편찬하였다.
⑤ 서원 철폐 : 서원의 사설과 남설을 금지하여, 1인(人) 1원(院)의 원칙으로 전국 600여 개 중 47개만 남기고 철폐했으며 면세 혜택도 폐지하였는데, 양반의 횡포를 억제하여 민심을 획득하고, 국가 재정을 확보하려는 의도였다.

▲ 흥선대원군 (1820~1898)

> **사료** 대원군의 서원 철폐
>
> 서원의 철폐령이 내려지자 각지의 유생들이 분개하여 맹렬히 반대 운동을 전개하자 대원군은 "진실로 백성에게 해가 되는 것이 있으면 비록 공자가 다시 살아난다 하더라도 나는 용서하지 않겠다. 하물며 서원은 우리나라 선유(先儒)를 제사하는 곳인데, 어찌 이런 곳이 도적이 숨는 곳이 되겠느냐?"라고 호통을 치며 군졸들로 하여금 유생들을 해산시키고 한강 너머로 축출하였다.
>
> 〈박제형, 『근세조선정감』〉

(2) 삼정의 문란을 해결하기 위한 개혁 정책

① 전정(田政) : 불법적인 토지 겸병을 금지하고 양전(量田) 사업을 통해 은결을 색출하여 재정을 증가시켰다.
② 군정(軍政) : 호포제(戶布制, 동포제)를 실시하여 양반에게도 군역을 부담시켰다.
③ 환곡(還穀) : 사창(社倉)제를 실시하여 환곡의 운영에 민간인을 참여시켜 부정 방지를 도모하였다.

(3) 흥선대원군의 개혁 정책의 한계

① 목적 : 왕권 강화를 통한 양반 중심의 봉건 체제 유지를 목표로 했다.
② 한계 : 민주 정치나 평등 사회를 지향한 근대적인 개혁은 아니다.

당백전(當百錢)

① 내용 : 1866년(고종 3)에 발행한 화폐로, 모양과 중량은 당시 통용되던 상평통보의 5, 6배에 지나지 않으면서도 명목 가치는 실질 가치의 약 20배에 달할 정도로 대표적인 악화(惡貨)였다. 실추된 왕실의 권위 회복과 서구 열강의 침략에 대비한 군비 확장을 위해 악화를 발행하여 명목 가치와 실질 가치의 차액을 남기려고 했던 것이다.
② 인플레이션 초래 : 7~8냥에 지나지 않았던 미곡 1섬의 가격이 1~2년 사이에 약 6배로 폭등하였다.
③ 결과 : 1868년 최익현의 상소로 통용이 금지될 때까지 재정난을 타개하지 못하고 물가 앙등과 체제 위기만 불렀다.

상평통보 당백전

서원 철폐의 대상이 된 만동묘(화양서원)

만동묘는 1704년(숙종 30) 우암 송시열의 유지에 의해 충북 화양동에 지은 사당으로, 소수서원(안향), 도동서원(김굉필), 옥산서원(이언적), 도산서원(이황) 등과 더불어 4대 서원으로 유명하다. 노론(老論)의 소굴이 되어 상소와 비판을 일삼았고, 비용을 염출하기 위해 양민을 토색하는 등 민폐가 심하였다. 1865년 만동묘와 화양서원에 철폐 명령이 내려졌고, 전국 650개 서원 중 소수서원・도산서원 등 사표가 될 만한 47개의 서원만 남겨지고 나머지는 모두 철폐되었다.

사창(社倉)

① 조선 시대 초기부터 각 지방의 사(社, 현재의 면)에 두었던 빈민 구제를 위한 곡물 대여 기관으로 고리대로부터 농민을 보호하기 위해서 설치되었으나, 토호들의 반발과 관리들의 농간으로 존폐를 거듭하였다.
② 의창이 국영(國營)인 반면 사창은 사영(私營)이다. 의창은 이자를 받지 않는 것이 원칙이므로 원곡(元穀)이 계속 줄어드는 문제점이 있어 이를 해결하고자 사창은 약간의 이자를 받는다. 1684년 숙종 때 이단하의 건의로 제정된 사창 절목에는 연(年) 2푼(分)의 이자를 받도록 규정하였다.
③ 향약과 사창이 결합된 계(사창계)의 형태로 조직되어 향촌 자치적으로 운영되는 것이 일반적인 형태이다.

| 자료 | 호포제 실시의 결과 |

▲ 호포제 실시 전(1792)

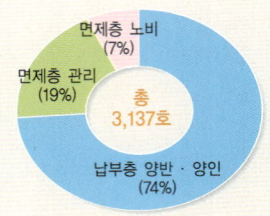
▲ 호포제 실시 후(1872)

💡 면제층 양반이 납부층 양반으로 전환되고 있다. 면제층 노비가 줄어든 것은 노비의 신분 상승 때문이다.

3. 흥선대원군의 통상 수교 거부 정책과 양요

(1) 병인양요의 전개

외규장각(外奎章閣)
① 1782년(정조 6) 강화도에 설치한 규장각의 부속 도서관
② 왕실이나 국가 주요 행사의 내용을 정리한 의궤(儀軌)를 비롯해 총 1,000여 권의 서적을 보관하였으나, 1866년 병인양요 때 프랑스군이 강화도를 습격하면서 일부 서적을 약탈하고, 나머지는 불에 타 없어졌다.

병인박해	1866. 1 ~ 1866. 3	대원군은 프랑스를 이용한 러시아 견제 실패 후 **천주교 탄압**
제너럴셔먼호 사건	1866. 7	① 대동강으로 들어온 미국 상선을 **박규수**와 평양 군민들이 불태움 ② 훗날 신미양요의 발발 요인이 됨
병인양요	1866. 9	① 프랑스 태평양 함대 로즈(Roze) 제독의 강화도 침공 점령 ② **외규장각** 문서 약탈 ③ **한성근**(문수산성), **양헌수**(정족산성)의 분전으로 프랑스군 철수

| 사료 | 외규장각 의궤 반환 |

2011년 3월 16일 오후 7시(한국 시각) 파리에서 외규장각 도서 소장 기관인 프랑스 국립도서관(BNF)과 외규장각 도서 환수를 위한 약정에 서명했다고 국립중앙박물관 측이 밝혔다. 이에 따라 이들 도서는 오는 28일부터 5월 31일 사이 네 차례 항공편을 통해 국내에 들어올 것으로 알려졌다. 앞서 이명박 대통령과 니콜라 사르코지 프랑스 대통령은 2010년 11월 주요 20개국(G20) 정상 회의에서 외규장각 도서 297권에 대해 '5년 단위의 갱신 가능한 대여' 형태로 반환에 합의한 바 있다.

▲ 강화도 외규장각 복원도

남연군 묘(충남 덕산)

남연군은 사도세자의 손자이자 흥선대원군의 아버지이며 국왕인 고종의 조부였다.

(2) 오페르트 도굴 사건(1868. 4)
① 내용 : 1868년 독일 상인 오페르트(E. Oppert)가 조선에 대한 통상 요구를 하다가 실패하자 충남 덕산에 있는 **남연군**의 무덤을 도굴하려다가 실패하였다.
② 영향 : 양이에 대한 적대감이 고조되고 천주교 탄압이 강화되었다.

(3) 신미양요(1871. 4)
① 발단 : 1866년 제너럴셔먼호 사건에 대한 문책과 통상 조약을 맺기 위해 미국이 사령관 로저스(J. Rodgers)의 지휘 아래 **기함인 콜로라도호**를 비롯한 5척의 군함과 1,230명의 병력으로 4월에 남양만에 도착, 조선 정부에 통상을 요구하였다.
② 경과 : 강화도의 조선군 포대를 포격한 미군은 광성진·초지진에 **상륙**하여 조선군과 격전을 벌였다.

③ 피해 : 조선은 어재연을 포함 전사 243명, 익사 100명, 포로 20명의 큰 피해를 입었으나, 미군은 맥키 중위 이하 전사 3명, 부상 10명의 비교적 적은 손실을 입었다. 미군은 그 이후 40여 일 만에 퇴각하였다.

④ 영향
  ㉠ 척화비의 건립 : 대원군은 자신감을 가지게 되었으며 전국에 척화비를 세우고 통상 수교 거부 의지를 분명히 하였다.
  ㉡ 강화도 수비 강화 : 강화도에 대규모 병력을 주둔하기 위해 특별세인 심도 포량미(1결당 1두)를 부과하였다.

(4) 수교 거부 정책의 한계 : 조선이 새로운 국제 관계의 흐름에 주도적으로 참여할 수 있는 기회를 상실하였다.

▲ 병인양요와 신미양요의 전개

미군 기함 콜로라도호

사료 | 외세와의 갈등

1. 오페르트 도굴 사건(1868)
"너희 나라와 우리나라 사이에는 원래 왕래도 없었고, 은혜를 입거나 원수를 진 일도 없다. 이번 덕산 묘지에서 저지른 사건은 사람으로서 차마 할 수 있는 일이겠는가? 또한 방비가 없는 것을 엿보아 몰래 들이닥쳐 소동을 일으키며, 무기를 빼앗고 백성들의 재물을 강탈하는 것도 사리로 볼 때, 어찌 할 수 있는 일이겠는가? 이런 사태에서 우리나라 신하와 백성들은 있는 힘을 다하여 한 마음으로 네놈들과 같은 하늘을 이고 살 수 없다는 것을 다짐할 뿐이다."
〈『고종실록』〉

오페르트의 통상 요구에 대한 영종첨사 신효철의 회신으로 오페르트에 대한 극단적 혐오감을 피력하고 있다.

2. 신미양요의 어재연 장군 수자기(帥字旗)
그토록 작은 공간에, 그리고 그토록 짧은 시간에, 그토록 많은 탄환과 포연이 집중되는 것은 남북 전쟁의 고참들도 일찍이 본 적이 없었다. …… 그들은 난간에 올라서서 용맹스럽게 싸웠다. 그들은 미군에게 돌멩이를 던졌다. 그들은 창과 칼로써 미군을 대적했다. 손에 무기가 없는 그들은 흙가루를 집어 침략자들에게 던져 앞을 보지 못하게 했다.
〈그리피스, 『은자의 나라 한국』(1882)〉

'어재연 장군기'는 장수 수(帥)자가 적혀 있는 깃발이다. 1871년 미국 로저스 제독이 콜로라도호를 이끌고 조선에 통상을 요구하면서 벌어진 신미양요(광성보 전투)에서 우리는 장군기(삼베로 만든 수자기)를 빼앗기고 어재연 장군도 전사하였다. 이때 미군이 가져가 해군사관학교에 보관하고 있던 어재연 장군기가 136년 만인 2007년 10월 장기 임대 형식(2년씩 최장 10년간 가능)으로 돌아왔다.

▲ 수자기

3. 대원군이 전국에 세운 척화비(1871)와 그 내용
洋夷侵犯 非戰則和 主和賣國 戒我萬年子孫 丙寅作 辛未立

"서양 오랑캐가 침범하는데 싸우지 않는 것은 곧 화의하는 것이요, 화의를 주장하는 것은 나라를 파는 것이다. 만대 자손에게 경계하노라. 병인년에 짓고 신미년에 세운다."

▲ 척화비

2 개항과 불평등 조약 체제

1. 개항의 배경

① 흥선대원군의 하야(1873. 11) : 최익현은 1868년(고종 5)에 대원군의 실정을 상소하였고, 1873년 호조참판으로 대원군을 탄핵하여 성년이 된 고종의 친정을 이끌어 내었다.
② 통상개화론의 대두 : 고종의 친정 이후 민씨 정권이 들어서게 되면서 박규수·오경석·유홍기 등을 중심으로 개화의 필요성이 제기되었다.
③ 일본의 개방 의도
　㉠ 정한론 : 조선이 일본의 국서 접수를 거부한 서계 사건으로 일본 내에서 정한론이 대두하였다.
　㉡ 운요호 사건(1875) : 일본은 조선의 문호를 개방하기 위한 구실로 운요호를 보내 불법적으로 영종도와 강화도를 포격하였다. 이를 빌미로 일본은 대규모의 군대 파견을 준비하면서 수교 회담을 요구하였다.

2. 강화도 조약(1876)과 부속 조약

(1) 강화도 조약 체결(조·일 수호 조규, 일명 병자 수호 조규, 조선 대표 신헌, 일본 대표 구로다 키요다카, 1876. 2)
① 성격
　㉠ 최초의 근대적 조약 : 조선이 외국과 맺은 최초의 근대적 조약이었으나 불평등 조약이었다.
　㉡ 조선의 필요에 의한 개항 : 급변하는 세계 정세에 따라 조선 내부에서도 개항론이 제기되었으며, 협상 과정에서 개국 연호를 사용하는 등(대조선국 개국 485년 병자 표기) 조선의 자주적 노력도 있었다.
② 조약의 주요 내용과 의미

조약의 주요 내용	의미
〈제1관〉 조선은 자주국이며, 일본과 평등한 권리를 갖는다.	일본의 청의 종주권 부인 의도
〈제5관〉 부산 외에 두 곳(원산, 인천)을 개항하고, 일본인이 왕래 통상함을 허가한다.	부산(1876, 경제적 거점), 인천(1883, 정치적 거점), 원산(1880, 군사적 거점) 등 침략 발판 마련
〈제7관〉 일본 항해자가 자유로이 해안을 측량하도록 허가한다.	해안 측량권, 불평등 조항
〈제9관〉 양국 인민은 각자 임의에 따라 무역을 하며, 양국의 관리는 조금도 이에 관여하거나 금지 또는 제한하지 못한다.	일본 상인의 자유로운 활동 보장
〈제10관〉 일본국 인민이 조선국 지정의 각 항구에 머무르는 동안에 죄를 범한 것이 조선 인민과의 교섭에서 일어난 것이면 모두 일본국 관원이 심판한다.	치외 법권(영사 재판권), 불평등 조항

정한론(征韓論)
서계 사건 이후 일본 내부에서는 메이지 유신의 주도자이자 강경론자인 사이고 다카모리가 조선 출병을 주장하였다. 신중론자인 오쿠보 도시미치는 정한론을 반대하고 운요호 사건을 일으켜 조선을 개항시키는 온건한 침략론을 외교 정책으로 정하였다.

서계(書契)
조선이 일본과 왕래 할 때 교환했던 공식 외교문서이다. 막부 쇼군에게는 조선 국왕의 명의로 국서가 작성되었고, 그 밖의 막부 관리에게는 예조 참판, 참의 등 상대방의 직위에 따라 그에 상응하는 직명으로 서계가 작성되었다. 서계의 격식은 엄격했는데 겉면 오른편에 봉서(奉書)라 쓰고 왼편에 '일본국대군전하'라고 기록했다.

서계 사건
1868년 6월 28일 일본에서 조선으로 왕정복고의 사실을 알리는 사절단을 구성하고, 1868년 12월 19일 조선 동래에 일본의 사절단이 도착하여 가지고 온 외교 문서의 등본을 조선 측에 전달하였다. 그러나 흥선대원군 집권하의 조선 측은 ① 사절 대표가 일방적으로 관직과 호칭을 바꾼 점, ② 조선이 준 도서(圖書)가 아닌 일본 정부가 새로 만든 도장(圖章)을 사용한 점, ③ '황제', '황조(皇祚)', '황상(皇上)' 같은 중국의 천자만이 쓸 수 있는 용어를 사용한 점 등을 문제 삼아 접수하지 않았다.

운요호 사건
1875년 8월 일본 군함 운요호가 강화 해협을 침범하자 조선군이 초지진에서 포격을 가하면서 전투가 발발했다. 일본은 조선의 선제 공격을 구실로 조선 정부를 위협하고 자신들의 의도대로 강화도 조약을 체결하게 되는데, 전형적인 제국주의적 포함 외교(砲艦外交, gunboat diplomacy)였다.

(2) 부속 조약 : 조·일 수호 조규 부록·조·일 통상 장정(경제적 침략 목적)

조·일 통상 장정	1876.7	• 일본 상품에 대한 무관세(無關稅), 양곡의 무제한 유출 허용
조·일 수호 조규 속약	1882	• 개항장 거류지 무역 범위를 사방 50리로 확대 실시 → 2년 후 100리로 확대 • 1년 후 서울 양화진 개시(開市) 약속
조·일 통상 장정 및 해관 세칙 개정	1883	• 양곡의 무제한 유출을 개정하여 **방곡령 규정 신설**(일본이 1개월 사전 예고제를 규정하여 실효를 거두기 어려움) • 무관세(수출입 화물의 관세 면제)를 **협정 관세로 개정** (수출 5%, 수입 8%) • **일본에 최혜국 조항 부여** • 경상, 전라, 강원, 함경 4도 어채권 허용, 아편 수입 금지 • 조선의 노력과 미국의 중재로 무관세 조항이 철폐되었으나 여전히 관세 자주권이 인정되지 않은 불평등 조약

국제 관례를 무시한 무관세 조항
일본 상품에 대한 무관세 협정으로 관세 특권이 상실되고, 국내 산업 보호와 국가 재정 확보에 치명적이었으며 일본 자본에 종속되는 결과를 초래하였다. 1883년 개정된 협정 관세도 역시 불평등 조약이었다.

(3) 결과
① 불평등 조약으로 인하여 이후 반제국주의·반봉건 과제가 제기되었다.
② 내부적 역량이 미비한 상태에서 **서구 자본주의 질서로의 강제적인 편입**이 되어 적절한 대처가 이루어지기 힘들었다.

> **사료** 개정된 조·일 통상 장정(1883)
>
> 제9관 무릇 입출항한 각 화물이 해관을 통과하면 마땅히 본 조약에 붙은 세칙에 따라 관세를 납부한다. ⇒ 협정 관세
> 제37관 조선국이 가뭄, 홍수, 전쟁 등의 일로 인해 국내에 식량이 결핍되는 것을 염려하여 잠시 미곡 수출을 금지하려면 반드시 먼저 1개월을 기약해 지방관이 일본 영사관에 알리고, 일본 영사관은 그 기간을 항구에 있는 일본 상민에게 알려 일률적으로 준수하는 데 편리하게 한다. ⇒ 방곡령
> 제42관 현재 혹은 장래에 조선 정부가 어떤 권리와 특전 및 혜택을 다른 나라 관민에게 베풀면 일본국 관민 또한 즉시 일체 균점한다. ⇒ 일본에 대한 최혜국 대우 규정

조선 정부는 1876년에 체결된 강화도 조약의 무관세 규정과 곡물의 무제한 유출 조항을 개정하기 위해 노력하였으나 일본의 강경한 반대로 무산되었다. 1882년 조·미 조약에서 협정 관세 조항이 규정되자 일본도 어쩔 수 없이 통상 장정의 개정에 동의했다. 그 결과 협정 관세, 방곡령 실시의 법적 근거가 마련되었으나 조선도 일본의 최혜국 대우 요구를 수용할 수밖에 없었다.

3. 조·미 수호 통상 조약(조선 대표 신헌, 미국 대표 슈펠트, 1882)

(1) 배경
① 연미론(聯美論) : 2차 수신사 김홍집이 들여온 황쭌셴의 『조선책략(朝鮮策略)』의 영향이 컸다.
② **청의 알선** : 청은 강화도 조약으로 조선에 일찍 진출한 **일본을 견제**하려고 했다.
③ 미국의 목적 : 우선적으로 난파한 포경 선원 보호가 목적이었으며 부차적으로 조선과의 통상을 원했다.

조·미 조약을 주도한 청나라
조약 과정에서 조선 정부의 조약안은 거의 고려되지 않았다. 미국 대표 슈펠트의 대화 상대는 청국의 이홍장이었다. 그래서 조선 측 전권대신 신헌이 실제로 한 일이라고는 미곡 수출 금지 조항을 부가한 것에 지나지 않았고, 조선은 청국 관리인 마건충의 입회 아래 조인식에 참가한 것이 전부였다. 청국이 조선을 배제한 것은 곧 조선의 외교권과 주권을 인정하지 않는다는 표시였다.

(2) 조약의 주요 내용과 의미

조약의 주요 내용	의미
〈제1관〉 만약 타방 체약국이 어떤 불공평하고 경시당하는 일이 있으면, 한 번 통지를 거쳐 반드시 서로 도와주며 중간에서 잘 조정해 두터운 우의와 관심을 보여준다.	• 거중 조정 조항 • 러시아와 일본을 견제하려는 청나라 이홍장의 의도 반영, 지켜지지 않았음
〈제4관〉 조선인이 미합중국 국민에게 범행을 하면 조선 당국이 처벌한다. 미합중국 국민이 조선 인민을 때리거나 재산을 훼손하면 미국 영사나 그 권한을 가진 관리만이 미국 법률에 따라 처벌한다. 만약 조선의 법률 체계가 개선되어 미국의 것과 서로 부합한다고 판단되면 미국은 재판권을 조선에 즉시 넘긴다.	• 치외 법권(영사 재판권), 불평등 조항 • '재판권을 넘긴다.'는 조항은 거중 조정 조항과 함께 조선인의 친미관에 영향을 미쳤으나 당시로서는 실현 불가능한 미사여구에 불과
〈제5관〉 무역을 목적으로 조선국에 오는 미국 상인 및 상선은 모든 수출입 상품에 대하여 관세를 지불해야 한다.	• 협정 관세 • 미국과의 조약에서 관세가 적용되면서 일본도 어쩔 수 없이 무관세 조항 수정(1883)
〈제14관〉 조선국이 어느 국가나 어느 나라 상인 또는 공민에게 항해, 정치 기타 어떤 통교에 의한 것임을 막론하고 본 조약에 의하여 부여되지 않은 어떤 권리 특권 또는 특혜를 허가할 때는 미합중국의 관민과 상인 및 공민에게도 무조건 부여된다.	• 최혜국 대우(最惠國待遇) • 이후 대부분 서구 열강에도 최혜국 대우가 적용 • 강화도 조약에는 최혜국 대우에 관한 조항은 없으나, 취지에 근거하여 일본에도 적용 • 후에 열강의 이권 침탈의 빌미

(3) **성격** : 서양과 맺은 최초의 조약이었으나 최혜국 조항이 들어간 **불평등 조약**이었으며, 청의 속방 조관 요구로 조선의 자주성이 심각히 침해되었다.

사료 조·미 조약과 청나라의 영향

1. 『조선책략』의 연미론
조선 땅덩어리는 실로 아시아의 요충(要衝)을 차지하고 있어, 반드시 다투게 마련이며, 조선이 위태로우면 중국과 일본의 형세도 날로 위급해질 것이며, 러시아가 영토를 공략하려 한다면 반드시 조선으로부터 시작할 것이다. …… 그러므로 조선의 오늘날 급무는 어떻게 할 것인가? 러시아를 막는 것보다 더 급한 것이 없을 것이다. 중국과 친하고, 일본과 맺고, 미국과 연대하여 자강을 도모할 뿐이다. 〈황쭌셴, 『조선책략』〉

2. 속방조회(屬邦照會)
미국 상민(商民)의 활동에 지장을 주지 않는 한, 조선과 중국 사이의 관계에 관여하지 않을 것이다. 미국은 귀 군주가 내치, 외교와 통상을 자주(自主)하고 있음을 잘 알고 있다. 국회는 조선과 수호하는 데 동의하였고, 본인도 이를 비준하였다. 조선이 자주국이 아니라면 미국은 조약을 체결하지 않았을 것이다. 〈미국 아서 대통령이 고종에게 보낸 회답 국서〉

> 청은 조약 체결 과정에서 '속방조관'(屬邦條款, 조선은 본래 청나라의 속국)을 명문화하여 종주국으로서의 위치를 보장받고자 했는데, 미국 대표 슈펠트가 거부하자 '속방조회', 즉 조선 국왕의 각국 국가 원수들과의 조회(照會)에 "조선은 본래 중국의 속방"이라는 말을 기입하는 것으로 대체하기로 하였다.

보빙사가 받아들인 신문물
보빙사의 귀국 후 신식 우편제도가 도입되고(1884) 육영공원 설치(1886), 경복궁의 전등 가설(1887)이 이루어졌다. 특히 미국 농무부로부터 농기구뿐만 아니라 농작물 종자 및 미국의 가축까지 도입하여 일종의 관립 농업 연구소인 농무목축시험장이 개설되기에 이른다.

(4) **보빙사** 파견(1883) : 서방에 파견된 최초의 사절단
① 배경 : 조·미 조약 이후 미국이 특명 전권 공사 푸트(L. Q. Foote)를 파견한 것에 대한 화답으로 정사(正使) 민영익, 부사(副使) 홍영식 등을 미국에 파견하였다.
② 내용 : 아서(C. A. Arthur) 미국 대통령을 만나고 40여 일 동안 미국에 머물면서 선진 문명을 시찰하였으며, 일행 가운데 유길준은 유학을 위해 미국에 남고, 민

영익, 서광범, 변수 등은 유럽에 들러 견문과 지식을 넓혔는데 조선인으로서는 최초의 세계 일주인 셈이었다.

▲ 보빙사 일행

▲ 아서 미국 대통령에게 절을 하는 보빙사

3. 각국과의 조약

① 러시아(1884) : 고종이 청을 견제하려는 목적으로 러시아에 접근하였으며, 청의 고문으로 온 묄렌도르프의 중재로 수교하였다.

② 프랑스(1886)
  ㉠ 수교 과정 : 천주교 포교와 관련된 기존의 갈등(병인박해, 병인양요)과 베트남 문제(청·프 전쟁, 1884~1885)를 둘러싸고 프랑스와의 관계가 좋지 않았던 청의 반대로 늦어졌다.
  ㉡ 천주교 포교의 자유 획득 : 최혜국 조항에 의해 다른 나라와 선교사들의 선교 활동이 가능해짐으로써 결과적으로 천주교는 허용되었다.

③ 각국과의 조약 체결

국가	연도	조선 대표	상대국 대표
일본	1876	신헌	黑田淸隆
미국	1882	신헌	R. W. Shufeldt
영국	1883	민영목	H. S. Parkes
독일	1883	민영목	E. Zappe
이탈리아	1884	김병시	F. de Luca
러시아	1884	김병시	K. I. Waeber
프랑스	1886	김만식	F. G. Cogordan
오스트리아	1892	권재형	R. D. Biegeleben
필리핀	1901	박제순	Lean Vincart
벨기에	1901	박제순	Ain Cart
덴마크	1902	유기환	A. Ravlow

※ 참고 : 이영철, 『한국사총론』

02 개화 정책의 추진과 위정척사의 반발

1 개화사상의 형성과 개화 세력의 대두

1. 개화사상의 형성

(1) 배경 : 18세기 북학론이 통상개화론으로 계승되었으며, 국외의 양무운동(청), 문명개화론(일)의 영향을 받았다.

(2) 개화사상의 선구자

① 최한기(1803~1877) : 우리나라 선현들의 기(氣) 철학을 계승하여 고도로 발전시킨 동시에 실학파 학자들이 도입해 놓은 서양의 과학 지식을 극대화시켰다. 그는 기를 기반으로 하는 대기운화(大氣運化)와 통민운화(統民運化)의 사상을 전개하면서 역사의 발전을 주장하고 서양 문물의 수용과 개국 통상의 필요성을 언급하였다. 실학에서 개화로 연결되는 다리를 놓은 사상가로 평가된다.

② 강위(1820~1884) : 추사 김정희의 제자로 강화도 조약에 참여했으며 여러 차례 해외 시찰을 통해 얻은 식견을 바탕으로 서양 기술의 습득과 부국강병 정책을 통해 서양에 대항할 것을 주장했다.

(3) 초기 개화파의 형성

① 박규수(1807~1876) : 실학자 박지원의 손자로, 1866년 평안도 관찰사로 있을 때 미국 무장 상선 제너럴셔먼호를 대동강에서 격퇴시켰다. 대원군에게 개국의 필요성을 여러 차례 건의했으나 실현되지 못하자 사직한 후 김윤식·김옥균·유길준·박영효 등 젊은 양반 자제들을 모아 개화사상 등을 강의하였다. 강화도 조약 체결에 적극 찬성하였다.

② 오경석(1831~1879) : 역관(譯官) 출신으로, 33인의 한 사람인 오세창의 아버지이다. 중국을 왕래하면서 『해국도지』·『영환지략』 등의 신서를 널리 소개하였다. 박규수와 더불어 절친한 친구였던 유홍기 등과 함께 김옥균 등 개화당을 지도하였다.

③ 유홍기(1831~?) : 의업(醫業)에 종사하였다. 호는 대치, 박규수 사후 오경석과 함께 개화파를 지도하다 오경석 사후 혼자 이들을 지도하였다. 세간에서는 그를 백의정승(白衣政丞)이라고 불렀다. 갑신정변의 막후에서 영향력을 행사하다가, 정변이 실패로 돌아가자 집을 나간 후 행방불명이 되었다. 1894년 박영효가 정권을 잡아 갑신정변의 지도자들이 모두 복권된 뒤에도 그의 행적이 전혀 세상에 알려지지 않은 것을 보면, 갑신정변이 실패한 직후 살해된 듯하다.

④ 이동인(?~1881) : 봉원사의 개화 승려로, 유홍기, 김옥균 등의 도움으로 도일하여 일본의 개화사상가 후쿠자와 유키치와 접촉하였다. 세계 정세에 밝아 고종을 알현하고 총애를 받았다. 정부의 개화 정책에 관여하던 중 실종되었다. 반대파에게 암살당한 것으로 판단된다.

개화(開化)의 어원

『주역』의 '開物成務 化民成俗'(사물의 이치를 밝혀 일을 성취하고, 인민을 교화하여 좋은 풍속을 이룬다.)에서 유래하였다. '새로운 것을 개발하고 백성을 교화'한다는 의미로 전화되었으며, 1870년대 일본의 '문명개화'라는 말이 개항 후 조선에 전래되어 널리 유행되었다.

『해국도지』의 소개

1844년 중국인 위원이 『해국도지』를 저술하자, 1845년 동지사 권대긍에 의해 국내로 반입되어 최한기 등의 집에 소장되었다. 역관 오경석, 박규수, 김영작(김홍집의 아버지), 신석우 등은 『해국도지』를 읽고, 비로소 서구 세계에 대해 어느 정도의 지식을 얻었던 것으로 보인다.

후쿠자와 유키치(1835~1901)

김옥균, 박영효, 유길준 등 급진 개화파의 정신적 스승으로 갑신정변을 배후에서 기획하고 정변 실패 후 김옥균의 탈출을 돕기도 하였다. 박영효는 1882년 수신사로 일본에 갔을 때 만나 1883년 〈한성순보〉 설립을 지원받기도 하였다. 이광수는 그를 가리켜 "하늘이 일본을 축복해 내린 위인"이라며 스스로 '한국의 후쿠자와'를 꿈꾸었다고 한다. 만 엔짜리 일본 지폐에도 등장할 정도로 일본에서는 영웅적인 인물이다.

> **자료** 개화사상에 영향을 미친 서적들

① 『해국도지(海國圖誌)』, (1844) : 청나라 위원(魏源)이 지은 세계 지리 책. 세계 각국의 지리·역사를 소개하고 양이(洋夷)를 막기 위해 서양 문명을 받아들여야 한다고 역설했다. 조선 후기에 전래되어 서양 지식의 보급에 기여하였다.

② 『영환지략(瀛環志略)』, (1850) : 청나라 서계여(徐繼畬)가 지도를 통해 세계 여러 나라를 소개한 세계 지리 책이다. 조선 후기에 역관 오경석이 청나라를 다녀오면서 구입하여 친구인 유대치(유홍기)에게 읽게 하여 개화사상의 전파에 중요한 지식을 제공하였다.

③ 『만국공법(萬國公法)』, (1864) : 청에 온 미국인 선교사 마틴(Martin)이 번역한 국제법에 관한 책이다.

④ 『이언(易言)』, (1880) : 청의 정관응이 지은 책으로, 서양의 정치·경제·제도·국방 등을 소개했으며 수신사 김홍집이 국내에 들여왔다. 개화파 지식인들에게 결정적인 영향을 준 서적이다.

2. 개화 운동의 두 흐름

구분	온건 개화파	급진 개화파
분화 시기	• 임오군란(1882) 전후	
중심 인물	• 김홍집, 김윤식, 어윤중	• 김옥균, 박영효, 홍영식, 서광범
정치적 성향	• 친청, 실질적으로 개화 정책을 주도한 민씨 세력과 연대 • 사대당(수구당)	• 친일, 청에 대한 사대 정책 비판 • 소장파 관료 • 개화당(독립당)
개화 방안	• 동도 서기에 바탕을 둔 점진적 개혁	• 정치·사회 제도까지 수용하는 문명개화론
정치 체제	• 전제 군주제	• 입헌 군주제
개화 모델	• 청의 양무운동	• 일본의 메이지 유신

동도 서기론
청의 중체서용(中體西用)·일본의 화혼양재(和魂洋才)와 같은 맥락으로 사상과 정신은 조선적 특징을 유지하면서 서양의 앞선 문물과 기술만을 수용하자는 입장이다.

> **자료** 개화의 흐름

1. 개화파의 형성과 분열

그 신사상은 내 일가 박규수 집 사랑방에서 나왔소. 김옥균, 홍영식, 서광범 그리고 나의 큰 형(박영교) 등이 재동 박규수 사랑방에 모였지요. …… 『연암집』의 귀족을 공격하는 글에서 평등사상을 얻었지요.

〈이광수, 박영효의 갑신정변 회고담, 『동광』, 1931〉

일찍이 개화의 필요성을 느끼고 그 수용을 주장한 사람들은 급진 개화파 계열이었으나, 정부 요직에 있으면서 실제로 개화 정책을 추진한 사람들은 온건 개화파였다.

2. 개화사상의 흐름

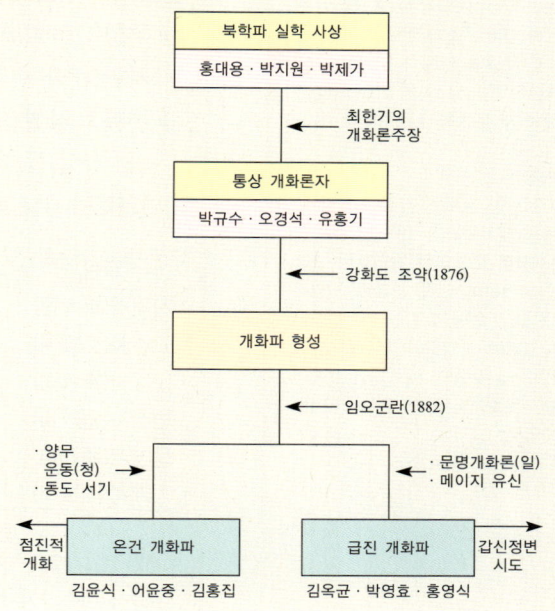

> **사료** 개화 방법에 대한 두 가지 입장

1. 동도 서기론(온건 개화)
- 수레·배·군사·농업·기계는 백성에게 편리하고 나라에 이로운 것으로 밖에 드러나 기(器)가 되니 제가 바꾸고자 하는 것은 기(器)이지, 도(道)가 아닙니다. 〈윤선학의 상소〉
- 서양과 수교를 하면 장차 사교(邪敎, 즉 기독교)에 전염된다고 말하니, 이것은 진실로 사문(斯文, 즉 유교 문화)을 위하고 세상의 교화를 위해 깊이 생각한 것이다. 그러나 수호는 수호대로 행하고 금교(禁敎)는 금교대로 할 수 있다.
〈김윤식〉
- 저들의 종교는 사악하다. 하지만, 저들의 기술은 이롭다. 잘 이용하여 백성들을 잘 살게 할 수 있다면 농업, 양잠, 의약, 병기, 배, 수레에 대한 기술을 꺼릴 이유가 없다. 저들의 기술을 본받지 않는다면 어떻게 저들에게 모욕을 받지 않고 저들이 엿보는 것을 막을 수 있겠는가.
〈고종의 개화교서, 『고종실록』, 1882. 8〉

2. 문명 개화론(급진 개화)
- 무릇 종교는 국민들이 자유롭게 믿게 하고 정부에서 간섭해서는 안 됩니다. …… 진실로 나라를 부강하게 하여 서양과 맞서려면 군권을 줄여 국민들에게 응분의 자유를 누리게 하고 보국의 책임을 다하게 해야 합니다. 〈박영효〉
- 문명에는 밖으로 드러나는 사물과 그 안에 담겨 있는 정신의 구별이 있는데, 밖으로 드러나는 문명은 취하기 쉽고, 그 안에 담겨 있는 문명은 찾아내기 어렵다. 나라의 문명화를 꾀함에 있어서는 어려운 쪽을 먼저하고 쉬운 쪽을 나중에 해야 한다.
〈후쿠자와 유키치, 문명개화론〉

> **『사의조선책략』(私擬朝鮮策略)**
> 일본 주재 청국 공사관 참찬관 황쭌셴이 수신사 김홍집의 요청으로 저술하였으며, 김홍집이 1880년에 고종에게 진상하였다. '사의'는 개인적인 견해라는 뜻이지만 실제로는 청의 정책을 대변하는 것이었다. 그는 이 소책자에서 러시아의 남진을 막기 위한 외교책으로 '친중국(親中國)·결일본(結日本)·연미방(聯美邦)'을 해야 한다고 주장하였다. 『조선책략』의 내용은 조·미 조약 체결에 결정적 영향을 주었으나, 유생들의 분노와 영남 만인소 같은 격렬한 위정척사 운동을 초래하였다.

> **태극기 사용**
> 국기 제정에 관한 논의는 강화도 조약 체결 당시 처음 제기되었다. 1882년 8월 임오군란 사죄사로 도일하던 박영효는 고종의 훈령에 의거하여 태극 사괘의 도안이 그려진 기(旗)를 만들었다. 이들 일행은 14일 일본 고베에 도착하여 숙소에 이 기를 게양하였는데, 이것이 태극기의 효시이다. 1883년 1월 27일 정식으로 국기로 채택·공포하였다.

3. 개항 후 추진된 정부의 개화 정책

(1) 수신사 파견(일본)

① 1차 수신사(1876) : 김기수가 파견되어 일본의 각종 제도와 문물을 시찰하고 그 내용을 담은 『일동기유』를 저술하였다.

② 2차 수신사(1880) : 김홍집이 『조선책략』을 들여와 개화 정책에 큰 영향을 미쳤고 유생들의 반발을 불러 일으켰다.

③ 3차 수신사(1882) : 박영효가 임오군란 수습 처리를 위해 일본에 파견되었으며 최초로 태극기를 게양하였다.

(2) 관제 개편

① 통리기무아문(統理機務衙門)의 설치

㉠ 특징 : 1880년(고종 17) 군국 기밀(軍國機密)과 일반 정치를 총괄하기 위해 설치한 개화 추진의 핵심 기구이다.

㉡ 편제 : 장관을 총리대신으로 하고 그 산하에 12사(司)를 두어 사무(외교, 군사, 산업)를 분담하였다. 1881년 12사가 7사로 개편되었으며, 임오군란으로 1882년 6월 폐지되고 그 기능을 삼군부(三軍府)에 이관하였다.

명칭	기능	명칭	기능
사대사(事大司)	대청 외교	선함사(船艦司)	전함 제조
교린사(交隣司)	대일 외교	군물사(軍物司)	병기 제조
군무사(軍務司)	군사	기연사(譏沿司)	선박 검색
변정사(邊政司)	주변국 동정	어학사(語學司)	외국어
통상사(通商司)	통상 사무	전선사(典選司)	관리 인선
기계사(機械司)	기계 제조	이용사(理用司)	경리 재용(財用)

㉢ 특징 : 12사 중에서 5개사가 군사와 관련된 일을 담당하였는데, 이는 당시 고종의 부국강병 의지의 표현이었다.

② 통리기무아문(統理機務衙門)의 변천
  ㉠ 임오군란으로 폐지 → 기무처 설치(1882. 7) ┬ 통리내무아문(1882. 11) → 통리
     군국사무아문 → 내무부(1885. 5)
     └ 통리아문(1882. 11) → 통리교섭통
       상사무아문 → 외무아문(1894)
  ㉡ 갑신정변 이후 통리군국사무아문은 의정부에 통합되어 내무부로 재창설되었
     으며, 통리교섭통상사무아문은 외교와 통상만 담당하다가 외무아문으로 개편
     되었다.
  ㉢ 이후 고종은 **내무부**를 중심으로 개화 정책을 추진해 나갔는데, 이 시기에 잦
     은 기구의 개편은 개화 정책 추진의 어려움을 잘 보여준다.

(3) 군제 개편
① 2영 설치 : 종래의 5군영을 무위영·장어영으로 개편하였다.
② 별기군 설치 : 무위영 소속하에 신식 군대를 창설하고 80여 명을 선발하여 일본
   공사관 소속의 공병 소위 호리모토를 초빙하여 신식 훈련을 시작하였다. 임오군
   란(1882)으로 5군영제가 부활되면서 폐지되었다.

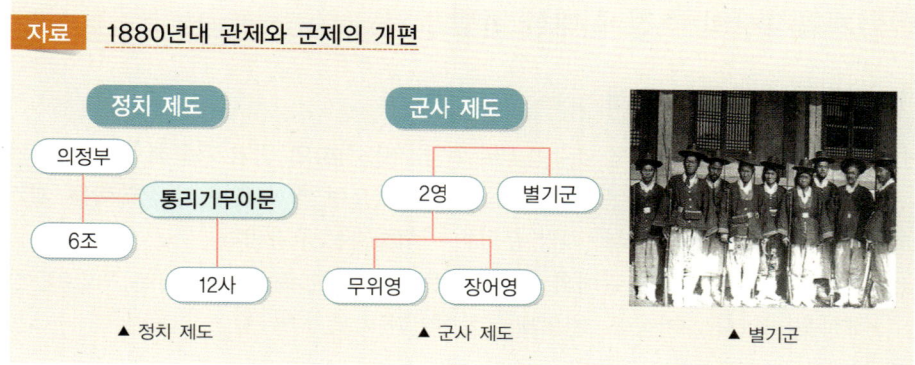

자료 1880년대 관제와 군제의 개편

▲ 정치 제도   ▲ 군사 제도   ▲ 별기군

③ 갑신정변 이후의 변화
  ㉠ 청의 영향하에 군제 개편 : 부활한 5군영을 폐지하고 중앙의 **친군 4영** 체제
     (좌·우영, 전·후영, 약 5,077명)로 개편하였다.
  ㉡ 각 지방에는 **친군별영**이 설치되었으며, 갑오개혁 이후 **진위대**로 개편되었다
     (1895).
  ㉢ 청의 영향으로 5군영보다 병력 수가 감소하였는데, 이후 고종은 **꾸준히 군비
     증강**에 노력하였다.

자료 친군 4영과 근대식 무기의 도입

청의 섭정 원세개는 군대를 훈련시키고 서양 무기도 대신 구입해 주었다. 이홍장에게 요청하여 천진 기기국으로부터 기관총 12문, 청동포 10문, 영국제 시조총 1,000정과 탄약 등을 공급받아 사용하였다. 국왕(고종)은 창덕궁 안의 춘당대에 자주 올라 군대 검열을 하였다. 씩씩하게 제식 훈련을 받는 친군 좌·우영을 바라보며 그 웅장함에 기뻐하였고, 아낌없이 칭찬하였다.

〈임명덕, 『원세개여조선』〉

조사시찰단의 유학생

수행원 유길준은 게이오 의숙에 입학하여 최초의 일본 유학생이 되었으며(후일 최초의 미국 유학생), 윤치호는 도진사(同人社)에서 공부하며 영어를 공부하였다. 그는 이듬해 조·미 조약 이후 조선 측의 통역관으로 활약하였다. 또한 김양한은 조선소에 입소하여 공부하였다. 그러므로 신사유람단은 일본 개화의 실상을 깨닫고 근대 지식을 배울 수 있는 기회였다.

(4) 시찰단 파견
① <mark>조사시찰단</mark>(1881, 신사유람단)
  ㉠ 내용 : 1881년 1월 박정양, 어윤중, 홍영식, 유길준, 서재필, 윤치호 등 60명으로 구성되어 일본에 파견한 개화 시찰단으로 국내의 개화 반대 여론 때문에 '신사유람단'이라는 명칭을 사용하였으나, 공식 명칭은 '조사시찰단'이다.
  ㉡ 활동 : 약 4개월간 일본의 각지를 시찰하고 귀국한 후 각종 견문서를 작성하여 개화 정책에 도움을 주었으며, 통리기무아문의 핵심적 역할을 담당하였다.
(5) 영선사(1881)
① 내용 : 김윤식을 책임자로 하여, 평민·중인 출신 지원자 38명을 선발하여 청의 각종 개화 시설(천진 기기국)에서 근대 무기 제조 기술과 군사 훈련법을 습득하였다.
② 결과 : 자금 부족으로 1년여 만에 귀국하였으나 이들을 중심으로 무기 제조창인 기기창을 설치하였다.
(6) 박문국 설치(1883) : 일본 유학생 유길준과 박영효의 노력으로 일본인 기술자를 초빙하여 설치한 인쇄소로 우리나라 최초의 근대적 신문인 〈한성순보〉를 발행하였다.

2 개화사상의 추진에 대한 반발

1. 위정척사 운동의 전개

(1) 개념 : 주리론(主理論)에 입각한 내수외양(內修外攘)의 위기 극복책으로, 19세기 중반 이후 구체적인 운동의 형태로 대두되었으며 정학(正學)인 성리학을 지키고, 사학(邪學)인 천주교와 서양 문화는 배척하자는 주장이다.
(2) 성격 : 서양과의 통상 관계의 불평등성을 지적하고, 서구 세력(일본 포함)의 침략성을 비판하는 반침략·반외세 운동이었다.
① 정치 : 조선 왕조의 전제주의적 정치 체제 유지
② 경제 : 지주 중심의 봉건적 경제 체제 유지
③ 사회 : 양반 중심의 차별적 사회 체제 유지
④ 사상 : 화이론에 바탕을 둔 성리학적 유일사상 체제 유지
(3) 위정척사 운동의 시대별 전개 과정
① 1860년대
  ㉠ 주도 인물 : 양평의 노론 낙론계 산림 이항로(1792~1868)·호남의 기정진(1798~1879)
  ㉡ 내용 : 척화 주전론·통상 반대를 주장하면서, 흥선대원군의 통상 수교 거부 정책을 지지하였다.

사료 1860년대의 통상 반대 운동 : 척화 주전론

서양 오랑캐의 화가 오늘날에 이르러서는 홍수나 맹수의 해보다 더 심합니다. 안으로 관리들로 하여금 사학(邪學)의 무리를 잡아 베게 하시고, 밖으로는 장병으로 하여금 바다 건너오는 적을 징벌케 하소서.   〈이항로〉

② 1870년대
  ㉠ 주도 인물 : 이항로의 제자인 **최익현(1833~1907)·유인석(1842~1915)**
  ㉡ 내용 : 일본의 개항 요구에 맞서 왜양 일체론을 내세워 개항 반대 운동을 전개하였다.

> **사료 1870년대의 개항 반대 운동 : 왜양 일체론(倭洋一體論)**
>
> 일단 강화를 맺고 나면, 저들의 욕심은 물화를 교역하는 데 있습니다. 저들의 물화는 대부분 수공 생산품이라 그 양이 무궁한 데 반하여, 우리의 물화는 대부분 백성들의 생명이 달린 것이고, 땅에서 나는 것으로 한이 있는 것입니다. 따라서 유한한 물화와 저 무한한 물화와 교역하면 우리 심성과 풍속이 패퇴할 뿐 아니라 그렇게 되면 불과 몇 년 안 가 우리 땅 수천 리가 다시 보존되지 못하게 될 것이고 나라도 망하고 말 것입니다. …… 저들이 비록 왜인이라고 하나 실은 양적(洋賊)입니다. 강화가 한 번 이루어지면 사학 서적과 천주의 초상화가 교역하는 속에 들어올 것입니다. 그렇게 되면 얼마 안가서 선교사와 신자의 전수를 거쳐 사학이 온 나라 안에 퍼지게 될 것입니다. 그래서 아들이 아비를 아비로 여기지 않고 신하가 임금을 임금으로 여기지 않게 되어 인간들은 변하여 금수가 될 것입니다. 〈최익현,『면암집』〉
>
> 🔍 최익현의 5불가소(일명 持斧伏闕疏, 지부복궐소 : 도끼를 들고 대궐 앞에서 올리는 상소)

③ 1880년대
  ㉠ 주도 인물 : 이만손, <mark>홍재학</mark> 등
  ㉡ 내용 : 1881년 경상도 유생 이만손의 **영남만인소**를 시발로 하여 **전국 유생들이 잇달아 상소**하여 『조선책략』의 내용을 비판하고 김홍집의 처벌을 요구하였다. 정부는 이만손을 유배 보내고 **홍재학을 능지처참**하여 척사 상소 운동을 단호하게 억압하였다.

> **사료 1880년대의 개화 반대 운동 : 영남만인소와 홍재학의 척사 상소**
>
> • 수신사 김홍집이 가져온 황준센의 『조선책략』이 유포되는 것을 보고 저절로 머리카락이 곤두서고 쓸개가 흔들리며 통곡하고 눈물을 흘리지 않을 수 없습니다. 청은 우리가 신하로서 섬기는 바이며 신의와 절도를 지키고 속방의 직분을 충실히 지킨 지 벌써 2백 년이나 되었습니다. 이제 무엇을 더 친할 것이 있겠습니까? …… 일본은 이미 우리의 수륙 요충 지대를 점거하고 있어 우리의 허술함을 알고 충돌을 자행할 경우 이를 제지할 길이 없다. 미국을 끌어들일 경우 만약 그들이 재물을 요구하고 우리의 약점을 알아차려 어려운 청을 하거나 과도한 경우를 떠맡긴다면 거기에 응하지 않을 도리가 없다. 러시아는 우리와 혐의가 없는 바, 이제 공연히 남의 말만 들어 틈이 생긴다면 우리의 위신이 손상될 뿐만 아니라 이를 구실로 침략해 온다면 구제할 길이 없다. 〈이만손, 영남만인소〉
>
> 🔍 『조선책략』의 친중·결일·연미의 주장을 비판하고 있다.
>
> • 국왕의 친정 이래로 왜양일체의 해를 모르고 일본과의 통상을 주장해 온 결과 …… 양물과 야소라는 사교의 위세로 공맹의 대도는 날로 사라지게 되어 윤리와 예의가 허물어져 …… 신설된 아문을 폐쇄하여 구제도를 복구하고 정학을 장려하여 사악함을 막아 기강과 민력을 떨친다면 동왜와 서양을 막을 수 있으며 러시아도 위압될 것이다. 〈홍재학, 만언척사소〉

강원도 유생 홍재학(1848~1881)의 상소

이항로의 제자 홍재학은 1881년 4월 60여 일간의 격렬한 투쟁에도 불구하고 상소가 받아들여지지 않자 당시의 실력자인 민태호에게 편지를 보내어 개항에 앞장선 노론 집권 세력과 이를 알고도 침묵을 지킨 그를 강력히 비판하였다. 그 내용에는 국왕에 대한 신랄한 비판도 있었는데, 이 때문에 홍재학은 연행되어 모진 국문을 당했으나 조금도 소신을 굽히지 않고 오히려 조정의 개화 정책을 통렬히 비난하며 결국 서소문에서 사형을 당하였다.

④ 1890년대
 ㉠ 주도 인물 : 유인석, 이소응
 ㉡ 내용 : 을미사변과 단발령으로 고양된 반일 감정을 배경으로 하여 개항 이후 처음으로 척사 운동이 항일 의병의 무장 봉기로 변화하였다.

> **사료** 1890년대 : 항일 의병 운동
>
> 원통함을 어찌하리. 국모의 원수를 생각하며 이를 갈았는데, 참혹함이 더욱 심해져 임금께서 또 머리를 깎으시는 지경에 이르렀다. 의관을 찢긴데다가 또 이런 망극한 화를 만났으니, 천지가 뒤집어져 우리 이성을 보전할 길이 없다. 우리 부모에게 받은 몸을 금수로 만드니 이 무슨 일이며, 우리 부모에게 받은 머리털을 풀 베듯이 베어버리니 이 무슨 변고란 말인가.
>
> 〈유인석〉
>
> '국모의 원수', '머리를 깍으시는' 등의 표현을 통해 을미사변과 단발령이 항일 의병의 도화선이 되었음을 알 수 있다.

⑤ 1900년대 : 항일 무장 투쟁이 본격화되고, 국제법적 외교 노력의 필요성을 인식하여 주한 외교 사절에게 의병을 합법적인 교전 단체로 인정해 줄 것을 요구하기도 하였다.

(4) 위정척사 운동의 의의와 한계
① 의의 : 서양과 일본의 침략성과 비도덕성을 정확하게 예견하였다는 점에서 높이 평가할 수 있다.
② 한계 : 시대의 과제를 해결할 수 있는 대안을 제시하지는 못하였다.

2. 임오군란(1882)

(1) 배경
① 개화와 척사의 대립 : **이재선 역모 사건**으로 민씨 정권과 대원군이 대립하고, 개화 정책에 대한 반발이 고조되었다.
② 구식 군대의 불만 : 별기군에 대한 후한 대우와 구식 군대의 급료 체불로 **신·구** 군대 간의 갈등이 심화되었다.
③ 민중의 반일 감정 : 개항 이후 쌀의 일본 유출로 쌀값이 폭등하자 일본 세력 침투에 대한 반일 감정이 고조되었다.

(2) 경과
① 구식 군인들의 불만 폭발 : 무위영 장병들이 대원군을 내세우고 선혜청 당상 민겸호의 집과 일본 공사관을 습격하였다.
② 흥선대원군의 재집권 : 명성황후는 충주로 피난하였다.
③ 청군의 개입 : 일본의 개입을 우려한 청은 군대를 보내 대원군을 청으로 압송했다.
④ 임오군란 사건 일지

6. 5	무위영 장병이 선혜청 관리를 구타한 죄로 투옥
6. 9	선혜청 당상 **민겸호의 집**과 **일본 공사관 습격**
6. 10	창덕궁 점령, 고종이 대원군에게 국정을 맡김
6. 27	청의 마젠창이 군함 3척으로 인천에 도착함
7. 13	청의 우창칭이 **대원군을 납치, 청으로 압송** → 4년간 천진 보정부에서 유폐 생활

이재선 역모 사건
고종 18년(1881) 8월에 안기영, 권정호 등이 대원군의 서자인 이재선(고종의 이복형)을 왕으로 추대하여 대원군을 권좌에 복귀시키려고 하다가 실패했다. 이에 민씨 정권은 반대파를 억압하였고 민비와 대원군의 대립은 더욱 격화되었다.

(3) 결과 : 조선의 자주적 개화 정책은 중단되었고, 청의 영향력이 확대되었다.
① 제물포 조약(한 · 일) : 일본에 대한 사과와 배상이 이루어지고, 일본군 주둔이 허용되어 청 · 일 양국 군대가 조선에 주둔하였다.
② 청의 영향력 강화
   ㉠ 내정 간섭 : 재정과 외교 고문(마젠창 · 묄렌도르프)을 파견하여 조선 내정에 직접적으로 간여하였다.
   ㉡ 군사권 장악 : 조선군을 친군영으로 개편하고 청나라식으로 훈련시켰다.
   ㉢ 경제적 압박 : 조 · 청 상민수륙무역장정을 체결(1882. 8)하고 청 상인의 조선 내 특권을 허용하였다.
   ㉣ 기구 개편 : 청의 요구로 통리교섭통상사무아문(외아문), 통리군국사무아문(내아문)을 설치하였다.

묄렌도르프
임오군란 후 청나라 이홍장의 추천으로 한국에 온 최초의 서양인 고문으로, 1884년 러시아 공사 베베르(Waeber)가 내한하자 적극 주선에 나서 조 · 러 수호 통상 조약이 체결되는 데 일조했다.

제물포 조약(1882)
① 일본 공사관 경비병(120명) 주둔 허용
② 피해 보상금 50만 원을 매년 10만 원씩 지불
③ 군란의 주모자 처벌
④ 사과를 위한 3차 수신사로 박영효 도일(1882. 8. 태극기 최초 게양, 서광범 수행)

사료 구식 군인들의 불만이 표출된 임오군란

- 1882년 6월 9일에 경영군(京營軍)에 큰 소란이 벌어졌다. 1874년 이래 대궐에서 쓰이는 비용은 끝이 없었다. 호조나 선혜청에 저축해 온 것은 모두 비어서 경관(京官)의 월급도 주지 못했으며, 5영 군사들도 왕왕 급식을 결하였다. 5영을 파하고 2영을 세우니 또한 노약자는 쫓겨나게 되어 갈 곳이 없었다. 그래서 완력으로 난을 일으킬 것을 생각하게 되었다. …… 〈『매천야록』〉

- 영의정 홍순목이 아뢰기를, "…… 일전에 훈련도감 출신 군졸들에게 늠료를 나누어 줄 때의 일을 가지고 말씀드리겠습니다. 훈련도감 출신 군졸들이 응당 받아야 할 곡식을 섬을 완전히 채우지 않았다고 하면서 양손으로 각각 1섬씩을 들고서 말하기를 '13개월 동안 주지 않은 늠료 중에서 이제 겨우 한 달치 나누어 주는 것이 이렇단 말인가?' 하고는 해당 고지기를 구타하여 현재 생사의 갈림길에 있습니다. 이어 또, 선혜청 위로 돌멩이를 마구 던져 해당 낭청이 피신하는 일까지 있게 하였으니, 이것이 어찌 작은 일입니까?"라고 하였다. 〈『승정원일기』, 고종 19년 6월 5일〉

▲ 일본 공사관을 습격하는 군중

자료 조 · 청 상민수륙무역장정

이 수륙무역장정은 중국이 속방을 우대하는 뜻에서 상정한 것이고, 각 대등 국가 간의 일체 균점하는 예와는 다르다.
제2조 조선 내에서의 청 상무 위원의 치외법권을 인정한다.
제4조 개항장이 아닌 서울 양화진(楊花津)에 청국인이 점포를 개설할 수 있는 권리와 도성에서의 상행위를 허용하고, 호조(護照, 일종의 여행 증명)를 가진 자에게는 개항장 밖의 내륙 통상권과 연안 무역권까지 인정한다.

> 조선을 청의 속방으로 규정하고, 청 상인의 서울 양화진 진출을 허용했다. 양화진은 한강 마포부근의 나루터로 조세를 운송 · 보관하던 광흥창이 가까운 내륙 수운 교통의 요지였다.

3 갑신정변

1. 배경

① 민씨 척족 세력의 과도한 친청 정책에 급진개화파가 반감을 가지고 있었다.
② 개화당의 개화 정책 추진과 재정적 어려움
　㉠ 김옥균의 차관 도입 시도 : 개화 정책 추진을 위한 재정 타개책으로 일본에서 차관(300만 원)을 도입하려 시도했으나 일본의 무관심으로 실패하고 민씨 세력의 지지를 받던 묄렌도르프와 대립하였다.
　㉡ 민씨 세력은 소장파인 변법 개화 세력을 요직으로부터 축출하려고 노력했다.
③ 대외 환경의 변화 : 청·프 전쟁(1884. 5)으로 청군의 일부가 철수하고, 일본 공사 다케조에가 지원을 약속하며 개화당을 부추겼다.

> **청·프 전쟁**
> 1884년 프랑스가 베트남에 대한 종주권을 얻으려고 청나라에 대하여 일으킨 전쟁으로 1885년 프랑스가 승리하여 인도차이나 반도를 식민지로 삼았다.

2. 갑신정변(1884. 10. 17)의 전개

(1) 경과 : 우정국 개국 축하연을 계기로 정변을 일으켜 권력을 장악하고 14개조 개혁정강을 발표하였다.
(2) '3일 천하' : 청의 개입과 일본의 배신으로 정변은 실패하고 주도 세력은 대부분 일본으로 망명하였으며, 끝까지 국왕을 호위하던 홍영식은 청군에게 살해됐다.
(3) 결과
① 한성 조약(1885. 1, 한·일) : 조선은 일본에 배상금 지불과 공사관 신축비를 부담하는 조약을 체결하였다.
② 톈진 조약(1885. 4, 청·일) : 청·일 양국군의 공동 철수와 군대 파병 시 서로 사전 통보를 약속하였다.
③ 청의 내정 간섭 강화 : 청의 섭정 위안스카이의 간섭 확대로 국왕의 권위가 손상될 지경에 이르렀다.
④ 개화 세력의 도태 : 홍영식, 박영교가 피살, 김옥균, 박영효, 서광범, 서재필 등이 일본으로 망명하면서 개화당이 몰락, 민씨 일파의 보수 세력이 장기 집권하게 됐다.
⑤ 고종의 진노 : 개화당의 군주권 제약 의도를 왕권에 대한 도전으로 간주, 대역죄로 다스렸으며 심순택과 김홍집을 영의정과 좌의정에 임명하여 각종 개혁 조치를 무효화하였다.
⑥ 열강의 각축 : 한반도에서 영향력을 확대하려는 청·일과 러시아·영국의 대립이 심화되었다.

자료 **톈진 조약(청의 이홍장과 일본의 이토 히로부미의 교섭과 체결)**

① 4개월 이내에 청은 조선에 주둔하고 있는 군대를 철수하고 일본국은 공사관을 호위하기 위하여 조선에 주둔하고 있는 군대를 철수한다.
② 청·일 양국은 조선에 군사 교관을 파견하지 않는다. 조선은 스스로 군사를 조련하여 치안을 담당하도록 한다.
③ 장래 조선국에 변란이나 중대 사건이 일어나 청·일 양국 혹은 1국이 파병을 요할 때에는 마땅히 우선 상대방 국가에게 문서로 알린 뒤 출동하고, 일이 진정되면 군대를 철수한다.

> 동학 농민 전쟁 때 톈진 조약에 의거 청·일 양국이 동시 출병하였으며 그 결과 청·일 전쟁이 발발하였다.

사료 갑신정변

1. 우정국에서의 거사

우리는 돈 없이는 아무것도 할 수 없다. 지금 빈손으로 돌아가면 집권 사대당이 나를 비판하며 궁지에 몰아넣을 것이다. 어쨌든 우리 당이 심한 타격을 받을 것이며, 우리 개혁안도 없어질 것이다. 조선은 청에 영구히 속국이 될 수밖에 없다. 우리 당과 사대당은 공존할 수 없기 때문에 최후의 선택을 할지도 모르겠다.

〈김옥균, 후쿠자와 유키치전〉

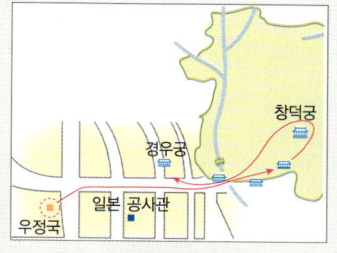

▲ 개화당의 이동로

2. 혁신 정강 14개조와 그 의미

1. 청에 잡혀간 흥선대원군을 속히 귀국시키고 청에 대한 사대는 폐지한다. ⇒ 청의 종주권 청산
2. 문벌을 폐지하여 인민 평등의 권리를 세운다. ⇒ 신분제 타파(평등 사회)
3. 지조법(地租法)을 개혁하고 국가 재정을 충실히 한다. ⇒ 토지 개혁이 아닌 세금 제도 개혁
4. 내시(환관)부를 폐지하고 그 중에 재능 있는 자만 등용한다.
5. 모든 탐관오리 중 가장 악질인 자를 엄벌한다.
6. 환상미(還上米, 정부에 상환해야 할 쌀)는 영구히 면제한다.
7. 규장각을 폐지한다.
8. 시급히 순사를 설치하고 경찰 제도를 정비한다.
9. 혜상공국(惠商公局, 보부상을 관할하는 관청)을 폐지한다. ⇒ 보부상의 전횡에 대한 백성의 불만 해소
10. 죄인을 다시 조사하여 죄 없는 자는 석방한다.
11. 4영을 합쳐서 하나로 만들고 장정을 뽑아 근위대를 설치한다.
12. 모든 국가 재정은 호조에서 관장한다. ⇒ 재정 일원화(호조)
13. 대신과 참찬은 의정부에 모여 의결한다. 의정부 외의 불필요한 기관은 없앤다.
14. 6조 외에 불필요한 관청과 관리는 폐지한다. ⇒ 13·14는 내각 중심 정치·입헌 군주제

① 지조법 : 생산량이 아닌 토지가에 따라 세금을 부과하는 방식
② 2, 4, 7, 8, 9, 12, 13, 14조는 갑오개혁에 반영되었다.

혜상공국과 보부상 관할 조직의 변천

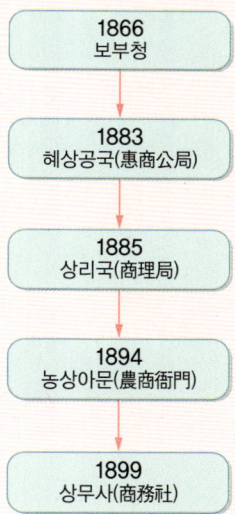

3. 갑신정변의 의의와 한계

(1) 의의

① 정치 : 최초의 정치 개혁 운동, 입헌 군주제를 지향한 최초의 근대 국가 수립 운동이었다.
② 경제 : 지조법 개혁, 재정 일원화의 국가 재정 안정책과 혜상공국 혁파를 통한 상업 발전을 도모하였다.
③ 사회 : 문벌 타파, 인민 평등권 확립, 봉건적 신분제 철폐 등 근대화 운동의 선구적 시도였다.

(2) 한계 : 지나치게 일본에 의존하였으며 소수 혁신층의 구태의연한 정변 방식과 군사·토지 개혁에 소홀한 측면은 민중의 지지를 받기 힘들었다.

사료 갑신정변에 대한 상반된 평가

- 개화당의 실패는 우리에게 무척 애석한 일이다. 내 친구 중에 이 사건을 잘 아는 이가 있는데, 그는 어쩌다 조선의 최고 수재들이 일본인에게 이용당해서 그처럼 큰 잘못을 저질렀는지 참으로 애석하다고 했다. 어찌 일본인이 조선의 운명과 그들의 성공을 위해 노력을 다했겠는가? 우리가 만약 국가 발전의 기미를 보였다면 일본인들은 백방으로 방해할 것이 자명한데 어찌 개화당을 원조했겠는가? 당시 일본은 청국의 위세를 꺾으려고 온갖 계략을 세우고 있었는데, 우리 청년 수재들은 일본의 신(新) 풍조에 현혹되어 일본인들의 힘을 빌려 청국으로부터 벗어나려고만 했으니…… 〈박은식, 『한국통사』〉
- 작년의 거사는 세상에서 혹은 너무 급격하다 논하는 자 있으나 폐하는 그윽히 성찰하소서. …… 폐하께서 긴밀히 신에게 말씀하시어 민씨 일족을 제거할 계획을 꾸미시고 신도 또한 감읍하여 상주한 바 있나이다. 신이 생각하건대, 지금 이와 같은 간류(奸類)를 제거하지 못할 때는 폐하로 하여금 망국의 군주라는 천추의 한을 면하기 어려우므로 곧 국가를 위하여 신명을 던져 작년의 거사를 일으켰거늘,

지금 도리어 신을 역적이라 함은 무슨 까닭이옵니까?
〈김옥균, 〈동경매일신문〉〉

▲ 갑신정변 전의 김옥균

▲ 갑신정변의 주역들
(순서대로) 박영효, 서광범, 서재필, 김옥균

▲ 우정국 건물

4. 갑신정변 이후 열강의 대립

(1) 방향 : 청·일 간의 침략적 대립에 러시아와 영국이 가담하였다.
① 청 : 내정 간섭과 경제적 침략이 본격화되었다.
② 일 : 청에게 정치적 주도권을 내준 일본은 경제적 진출에 주력하였다.
③ 러시아
  ㉠ 조·러 통상 조약(1884) 이후 적극적으로 조선에 진출하였으며, 조·러 육로 통상 장정(1888. 7) 이후 함경도 경흥이 개방되어 러시아인의 두만강 도강이 허용되고, 조선인의 노령 지역 활동이 보장되었다.
  ㉡ 조·러 밀약설의 전개

1차 (1884)	1884년 조·러 통상 조약의 체결로 러시아의 세력이 강화되면서 갑신정변으로 청·일 관계가 험악해지자 불안을 느낀 조선 조정은 외교 고문 묄렌도르프를 중간에 세워 러시아 정부에 보호를 요청하는 비밀 교섭을 시작했다. 조선이 영흥만을 러시아에 조차해주고 러시아는 군사 교관을 파견해 조선군을 육성한다는 협약이었다. 그러나 이 사실이 폭로됨으로써 국제적으로 큰 물의를 일으키자 청은 묄렌도르프를 면직시키고 대원군을 귀국시켜 민씨 정권에 맞서게 했다.

2차 (1886)	대원군의 귀환과 청의 간섭 강화에 당황한 민씨 세력은 주한 러시아 공사 베베르에게 보호를 요청하고 군함의 파견까지 간청했다. 더욱이 이러한 내용을 문서화하여 총리대신의 도장까지 찍어 발송함으로써 청의 반발을 초래했다. 청은 고종의 폐위까지 고려했으나 주동자 김가진, 조존두를 유배함으로써 사건은 마무리 되었다.

④ 영국과 거문도 사건(1885~1887)
  ㉠ 배경 : 제1차 조·러 밀약설로 러시아의 남하 정책을 의심하였다.
  ㉡ 경과 : 러시아의 진출에 대비해 거문도를 불법으로 점령하였다.
  ㉢ 철수 : 청의 이홍장의 주선으로 러시아가 한국 영토의 어느 지점도 점령치 않겠다는 확약을 받아내어 영국에 알림으로써 1887년 2월 영국 함대는 거문도에서 철수했다.

자료 거문도 사건의 증언

이 섬의 목장에서 목동 노릇을 했던 92세의 김윤삼 옹을 찾아뵌 것은 1960년의 일이다. 옹은 어린 목동 시절에 외웠던 영어 몇 마디를 잊지 않고 있었다. 또 구레나룻이 무성한 목장 담당 수병으로부터 '요오- 요오 요오이-'로 시작하는 소 모는 요들송도 배웠다면서 불러주기도 했다. 영국 군인들은 내외가 깍듯하여 섬 부녀자를 만나면 시야에서 사라질 때까지 외면하고 서 있었으며, 동네 샘에서 물 한 바가지 퍼 마시고는 마신 바가지 수만큼 동전을 놓고 갔다 한다.

(2) 한반도 중립화론 대두
① 부들러 : 열강의 각축이 치열해지자 독일 부영사 부들러는 **중국과 일본의 충돌을 대비하기 위한 한반도 영세 중립화안**을 제안하였으나 조선 정부는 이를 거절하였다.
② 유길준 : 러시아의 남하 정책을 저지하기 위해 **중국이 중심 역할을 하는 중립론**을 구상하였으나 그가 연금 상태에 놓임에 따라 **공표되지는 못했다.**

부들러와 유길준의 중립론 비교
부들러는 중립화 모델을 스위스로 보았던 반면, 유길준은 벨기에와 불가리아를 모델로 상정하였다.

사료 열강의 각축과 한반도 중립화론

• 조선이 영세 국외 중립을 선언함으로써 인접 대국 간의 갈등을 방지하고, 전쟁의 화를 면할 수 있기 때문에, 실로 얻는 바가 많을 것이다. …… 청국, 러시아, 일본이 상호 조약을 체결하여 조선을 영세 중립국으로 하여 영구히 보호하되, 후일 이들 제국들 사이에 전쟁이 일어나도 군대가 조선을 지나는 일이 없게 할 것이다. 〈부들러〉
• 우리나라가 아시아의 중립국이 되는 것은 러시아를 막는 중요한 계기가 될 것이며, 또 아시아의 대국들이 서로 균형을 이루는 정략도 될 것이다. …… 오직 중립 한 가지만이 진실로 우리나라를 지키는 방책이지만, 이를 우리가 먼저 제창할 수 없으니, 중국이 이를 맡아서 처리해 주도록 청하는 것이 좋을 듯하다. 〈유길준, 한반도 중립화론〉

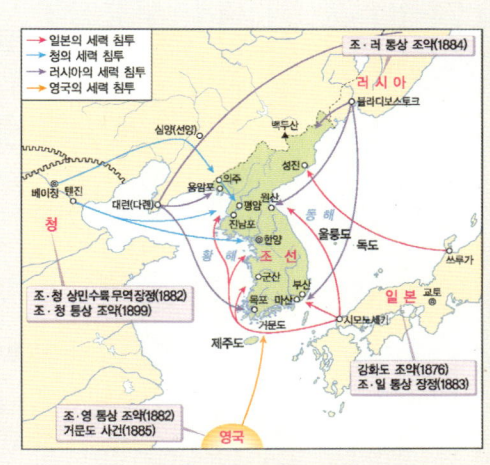

▲ 열강의 각축

03 개혁의 추진과 구국 민족 운동의 전개

1 동학 농민 운동(1894)

1. 농민의 동요

(1) 지배층의 착취와 농민의 어려움 가중
① 중앙 : 민씨 척족의 부정부패와 갑신정변의 배상금 지급 등으로 국가 재정이 악화되었다.
② 지방 : 정부의 재정 부담을 농민에게 전가하고, 관리의 횡령·수탈이 일상화되었다.

(2) 일본의 경제 침투 : 일본산 면직물의 수입으로 농촌 수공업이 고사되고 입도선매를 통한 미곡 수탈, 고리대 성행 등 농촌 사회의 분해가 촉진되었다.

(3) 농민층의 사회 변혁 요구 : 사회적 혼란 속에 농민의 의식은 성장하였고 반일 감정이 고조되었으며 농민 봉기가 자주 발생하였다.

> **농민 수탈**
> 중앙 정부와 수령의 수세(水稅)와 균전세(개간 토지에 부과하는 세금)의 징수, 전운의 폐단(세곡 운반에 부과되는 잡세) 등 억울한 세금이 마구 부과되어 농민의 유랑과 저항을 초래하였다.

2. 동학의 성장

(1) 창도 : 최제우가 경주에서 창시(1860)하였으나 혹세무민의 죄목으로 처형되었다(1864).
(2) 교세의 확대 : 2대 교주 최시형의 노력으로 삼남 지방으로 교세가 확산되었다.
(3) 교단 조직 체계의 확대 : 중앙 기관으로 법소(法所)를 설치하고 각 지방에 도소(都所), 그 아래 조직으로 포·접을 설치하여 접주로 하여금 통솔하게 하였다.
(4) 동학의 교리와 이념
① 인내천(人乃天) : 사람이 곧 하늘(평등사상)
② 후천개벽(後天開闢) : 후천(後天)적인 개벽(開闢)으로, 최제우가 동학을 창도하여 사회 변혁을 이룸을 말하며, 조선 왕조를 부정하는 측면이 있었다.
③ 보국안민(輔國安民) : 외세에 맞서 나랏일을 돕고(輔國), 백성을 편안(安民)하게 하자(반외세·반침략의 민족주의).
④ 제폭구민(除暴救民) : 폭정을 제거하고 도탄에 빠진 백성을 구제한다(반봉건).

> **혹세무민(惑世誣民)**
> 세상을 어지럽히고 백성을 속이는 것

> **사료 동학(東學)의 명칭**
> 나는 동국(東國)에서 났다. 동국에서 도(道)를 받았다. 도는 비록 천도(天道)이나 학(學)은 동학인 것이다. 더구나 땅이 동서로 갈렸는데, 동을 어찌 서(西)라고 하겠는가."
> 〈최제우, 『동경대전』〉

3. 교조 신원 운동

① 목적 : 교조 최제우의 억울함을 벗겨달라는 탄원(伸冤)이 시작이었으나 점차 포교의 자유 획득과 정부의 탄압 중지 요구로 확대되었다.

② 전개

구분	연대	장소	성격	주장
제1차	1892. 10	공주 집회 삼례 집회	종교 운동	서병학, 서장옥의 주도로 교조 신원과 동학 교도 탄압 중지를 청원하였으나 실패
제2차	1893. 2	한양 (복합 상소)		서울 광화문 앞에 모인 동학의 지도부가 엎드려 교조 신원을 상소하였으나 실패
제3차	1893. 3	보은 집회	정치 운동	탐관오리 숙청, 척왜양(倭洋)창의 주장
	1893. 3	금구 집회	남접 주도	보은 집회 기간 중 전봉준·서장옥 주도

복합 상소
합문(閤門) : 왕이 거처하는 편전의 앞문) 밖에 엎드려(伏) 올리는 상소. 일종의 연좌 시위

척왜양창의
'왜와 서양 세력(倭洋)을 배척(斥)하여 의병을 일으킨다(倡義).'는 뜻. 일본과 서양을 같은 침략 세력으로 보는 주장

4. 동학 농민 운동(1894)의 전개

(1) 고부 민란

① 배경 : 군수 조병갑이 백성을 동원하여 만석보를 수축하고, 농민의 참여로 만든 보에 대해 수세를 징수하는 등 학정을 일삼았다.

② 경과
  ㉠ 전봉준·김도삼·정익서 등의 주도로 고부 농민 봉기가 발생하였다.
  ㉡ 군수 조병갑을 몰아내고 만석보를 해체하였다.
  ㉢ 연속성·장기 지속성·조직성에서 다른 민란과 구별되었다.

③ 결과
  ㉠ 조정은 조병갑을 파면하고, 박원명으로 교체하였으나, 안핵사로 파견된 이용태의 탄압으로 전봉준 등 지도부가 해산되었다.
  ㉡ 동학 교도의 봉기 : 전봉준이 무장의 동학 대접주 손화중과 연합하여 기포함으로써 동학 농민 운동이 시작되었다.

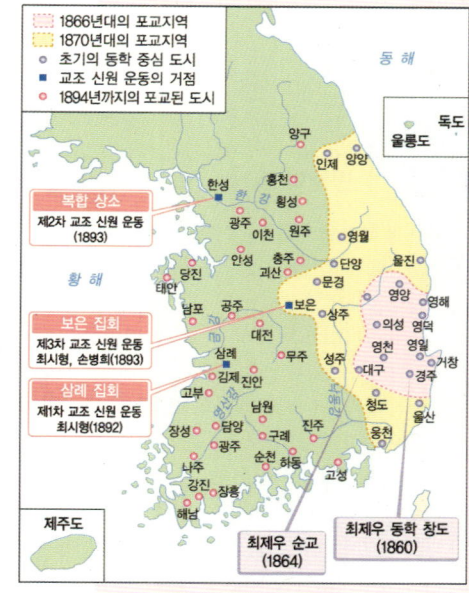

▲ 동학의 발생과 교세 확장

자료	**고부 민란 시의 사발통문**

1893년 11월 죽산리에서 고부 민란을 계획했다는 내용이 기재되고 4개의 행동 강령이 명시됨.
① 고부성을 함락하고 군수 조병갑을 효수할 것
② 군기창과 화약고를 점령할 것
③ 군수에게 아부하여 인민을 침해한 탐관오리를 징치할 것
④ 전주 감영을 함락하고 서울로 곧장 올라갈 것

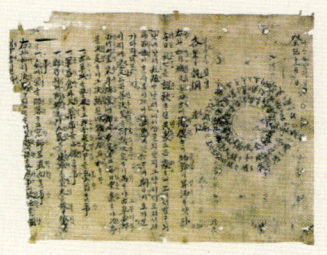

▲ 사발통문(1968년 발굴)

만석보

쌓였던 백성의 불만이 폭발하면서 만석보 문제는 고부 민란의 시발점이 되었다.

(2) 동학 농민 운동 1차 봉기(1894. 3)

봉기 (1894. 3~ 1894. 5)	• 전봉준의 남접이 주도 → 무장(**창의문**) → 백산에 지휘부 설치(**4대 강령**) → **황토현 전투**에서 전라 감영군 격파 → 장성 **황룡촌 전투**에서 홍계훈이 지휘하는 경군 격파(**장태 사용**) → **전주성 점령**
전주 화약 (1894. 5)	• 청(3천 명)·일군(7천 명) 출동 소식에 위기의식 고조 • 전라 감사 **김학진**(고종이 편의종사의 권한 부여)과 **전봉준의 담판** → 농민군 자진 해산 → **폐정 개혁안 제시**
집강소 활동 (1894. 5 ~1894. 10)	• **역사상 최초의 농민 자치 기구** • 운봉, 남원, 나주를 제외한 전라 53군과 충청도 일대에 설치 → 전주 대도소에서 총지휘 • 책임자인 **집강**과 그 휘하에 임원을 둠 • 지방관과 협력하여 **폐정 개혁안의 실시**와 치안 유지 담당 • 2차 봉기 실패 후 해체

장태

전봉준이 장성에서 벌어진 '황룡촌 전투'에서 경군(京軍)과 싸울 때 대나무를 닭장같이 원형으로 길게 만들고 그 속에 짚을 넣어 굴리면서 총알을 피했던 일종의 전투용 수레

사료 농민군의 주장

1. 동학군의 무장 창의문

인간에게 귀한 것은 인륜이다. 군(君)은 인(仁)하고 신(臣)은 직(直)해야 한다. …… 조신들은 보국은 외면하고 치부를 일삼아 안으로 보국의 재주가 없고 밖으로 학민(虐民) 관리만 있다. 민은 국가의 근본이다. 근본이 쇠삭(衰削)하면 국가는 잔약해진다. 보국안민의 방책을 생각하지 않고 밖으로 향제(鄕第)를 베풀어 오직 홀로 온전한 방책만 꾀하고 헛되이 국록을 없애는 것이 어찌 옳겠는가. 우리는 비록 재야의 유민이나 군토(君土)를 먹고 군의(軍衣)를 입고 있으니, 국가의 위망을 앉아서 볼 수는 없다. 8도가 동심하고 억조(億兆)가 순의(詢議)하여 이제 의기를 들어 보국안민으로써 사생의 맹서를 삼는다. 금일의 광경이 비록 놀라운 일에 속하나 결코 경동하지 말고 각자 그 업에 안착하여 다함께 태평세월을 빌고 함께 임금의 덕화를 입게 된다면 천만다행으로 생각하노라.

〈국사편찬위원회, 『동학난기록』〉

💡 임금에 대한 충성을 언급하고 있는 것은 동학군이 조선 왕조를 부정하는 것은 아니라는 점을 보여준다.

2. 백산 격문 및 4대 강령

우리가 의를 들어 여기에 이름은 그 본뜻이 결단코 다른 데에 있지 아니하고 창생을 도탄의 속에서 건지고 국가를 반석 위에 두자 함이라. 안으로는 탐학한 관리의 머리를 베고 밖으로는 횡포한 강적의 무리를 구축코자 함이라. 양반과 부호의 앞에 고통을 받는 민중들과, 방백과 수령의 밑에 굴욕을 받는 소리들은 우리와 같이 원한이 깊은 자라. 조금도 주저치 말고 이 시각으로 일어서라. 만일 기회를 잃으면 후회하여도 미치지 못하리라.

1. 사람을 죽이지 말고 재물을 손상치 말 것
2. 충효를 다하여 백성을 안정시킬 것
3. 왜병을 몰아내고 성도를 밝힐 것
4. 서울로 쳐들어가 권귀를 없애고 기강을 진작하여 명분을 바로 세움으로써 밝은 도리를 따르게 할 것

〈정교, 『대한계년사』〉

> **자료** 폐정 개혁 12개조
>
> 1. 동학 교도와 정부 사이에 묵은 감정을 씻어버리고 협력한다.
> 2. 탐관오리를 엄징한다.
> 3. 횡포한 부호들을 엄징한다.
> 4. 불량한 유림과 양반들을 징벌한다.
> 5. 노비 문서는 소각한다.
> 6. 칠반천인 차별을 개선하고, 백정이 쓰는 평량갓은 없앤다.
> 7. 청상과부의 개가를 허용한다.
> 8. 무명 잡세는 모두 폐지한다.
> 9. 관리 채용에는 지벌을 타파하고 인재를 등용 한다.
> 10. 왜와 통하는 자는 엄징한다. ⇒ 반제국, 반외세, 반침략주의
> 11. 공사채를 막론하고 지난 것은 모두 무효로 한다.
> 12. 토지는 평균하여 분작(分作)한다. ⇒ 농민 운동에만 나타나는 주장
>
> 🌏 갑오개혁에 반영된 동학 운동의 반봉건 주장 : 5, 6, 7, 9조

동학의 2차 봉기 당시의 주요 사건
- 교정청 설치(1894. 6. 11)
- 일본군의 경복궁 점령(1894. 6. 21)
- 청·일 전쟁의 발발(1894. 6. 23)
- 1차 갑오개혁 시작(1894. 6. 25)
- 2차 갑오개혁 시작(1894. 11. 21)
- 전봉준의 처형(1895. 3. 30)

(3) 동학 농민 운동 2차 봉기(1894. 9~1894. 11)

① 배경 : 일본군이 경복궁을 강점(1894. 6. 21)하자 감사 김학진의 협조를 얻어 재봉기(9. 12)함으로써 반외세 투쟁으로 성격이 변화하였다.

② 경과
- ㉠ 남북접의 연합 : 교주 최시형은 초기에 전봉준이 이끄는 남접 토벌을 계획하였으나, 일본의 경복궁 점령으로 남접(전봉준)과 북접(손병희)의 연합이 성립되었다.
- ㉡ 우금치 전투 : 충남 논산에 집결한 농민군은 서울로 진격하였으나 공주 우금치 전투에서 일본군과 관군의 연합군에게 큰 패배를 당했다(10. 23~11. 11).
- ㉢ 광주·장흥 전투(남접), 영동·보은 전투(북접) 등에서 연달아 패배하면서 동학의 기세가 기울었다.

③ 결과
- ㉠ 김개남은 청주 전투, 손화중은 나주 전투에서 패배하였다.
- ㉡ 지도부 체포 : 지도자 전봉준이 체포되고(1894. 12. 2), 김개남, 손화중, 김덕명, 최경선 등도 체포·처형되었다(전봉준의 처형, 1895. 3. 30).

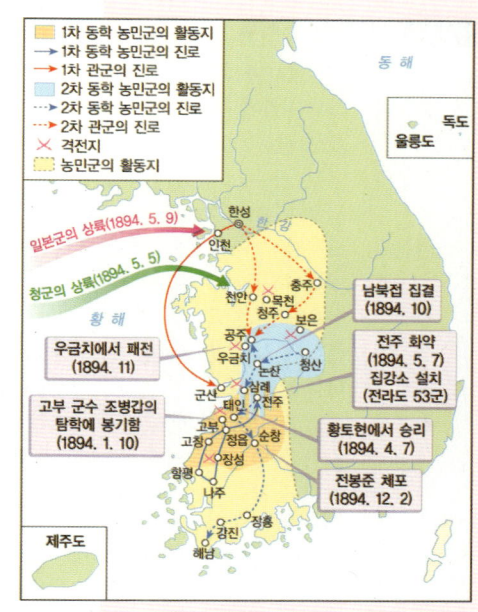

▲ 동학군의 봉기

우금치 전투 패배 후 서울로 압송되는 전봉준

5. 동학 농민 운동의 참여 계층

① 엽관파 : 몰락 양반층(서병학)이며, 지위 획득을 지향하는 체제 내적 반항에 머물렀다.

② 종교파 : 북접파(최시형, 손병희)이며, 동학의 공인이 주요 목표로 투쟁보다는 정부와의 타협적 해결 노력을 기울였다.

유생층의 반농민 전쟁
양반들은 집강소의 활동을 거부하고 민보군을 조직하여 농민군과 대립했다. 나주·운봉·남원에서는 집강소가 설치되지 못했으며 향리와 재지 유생들이 수성군을 조직하여 동학 농민군과 치열한 접전을 전개했다.

③ 개혁파 : 남접파로 전봉준, 김개남, 손화중, 서장옥, 최경선 등이 중심이었다. 반외세적 성향을 가지고 있었으며 반봉건 투쟁과 정치·사회적 개혁을 추구하였다.
④ 양반 유생층 : 집강소의 활동을 거부하고 농민군과 대립하였다.

6. 동학 농민 운동의 성격과 의의

(1) 1차 봉기 : 봉건적 정치 체제의 타파, 신분제 폐지, 지주 전호제 타파 등을 주장한 반봉건 투쟁
(2) 2차 봉기 : 일본 침략 세력을 몰아내려는 반외세 반제국주의 투쟁
(3) 한계 : 시대의 과제와 전략을 담은 근대화의 구체적 방안을 제시하지 못하였고, 농민층 이외의 지지 기반을 확보하지 못함
(4) 영향
① 동학 운동의 주장이 갑오개혁에 반영되어 전통 질서의 붕괴 촉진
② 잔여 세력이 영학당(1898), 활빈당 등으로 계승
③ 의병 운동에 가담하여 항일 무장 투쟁 활성화

사료 전봉준의 최후

1. 전봉준 공초(재판 기록문)
심문자 : 작년 3월에 무슨 사연으로 고부 등지에서 민중을 크게 모았는가?
전봉준 : 고부 군수 조병갑의 수탈이 심하여 의거하였다. ⇒ 고부 민란
심문자 : 고부에서 기포할 때 동학도가 많았느냐, 원민이 많았느냐?
전봉준 : 동학도는 적고 원민이 많았다. ⇒ 고부 민란의 성격
심문자 : 흩어져 돌아간 후에는 무슨 일로 군대를 봉기하였느냐?
전봉준 : 해결 책임자 이용태가 내려와 의거 책임자 대다수가 일반 농민이었음에도 불구하고 모두를 동학으로 통칭하고 체포하여 살육하였기에 군대를 봉기하였다. ⇒ 동학 1차 봉기(반봉건)
심문자 : 전주 화약 이후 다시 군대를 일으킨 이유가 무엇이냐?
전봉준 : 일본이 개화를 구실로 군대를 동원하여 왕궁을 공격하고 임금을 놀라게 하였으니, 충군애국의 마음으로 의병을 일으켜 일본과 싸워 그 책임을 묻고자 함이다. ⇒ 동학 2차 봉기(반침략) 〈규장각 문서〉

2. 전봉준의 절명시와 녹두 장군 전봉준에 대한 민요
• 때를 만나서는 천하도 내 뜻과 같더니
운 다하니 영웅도 스스로 어쩔 수 없구나
백성을 사랑하고 정의를 위한 길이 무슨 허물이랴.
나라 위한 일편단심 그 누가 알리. 〈나라 사랑, 15집〉
• 새야 새야 녹두새야 웃녘 새야 아랫녘 새야 전주고부 녹두새야 녹두밭에 앉지 마라
새야 새야 녹두새야 녹두꽃이 떨어지면 청포 장수 울고 간다. 〈오지영, 『동학사』〉

> 전봉준은 일본에 협력하면 부귀영화를 보장하겠다는 일본 공사의 회유를 일언지하에 거절하고 장렬한 최후를 맞이했다.

7. 동학을 계승한 농민 저항 운동

(1) 영학당(英學黨) 봉기
① 성격 : 1898년 최일서(崔一西, 정읍), 이화삼 등을 중심으로 일어난 동학 운동의 맥을 이은 농민 운동이다.
② 활동 : 전라도 고부·고창·장성·영광·무장·함평 등에서 활약했으며 보국안민, 척왜양창의를 기치로 하였을 뿐만 아니라 미곡 수출에 따른 물가 폭등과 빈민층의 몰락 문제 해결을 주장하였다.

③ 정부의 탄압을 피하기 위하여 **영국 종교(영학)**로 위장하여 '영학당'이라 불렸으며, 1899년 5월 31일 고창 관아 공격에서 관군에 의해 패퇴하였다.
④ 의의 : 일시적인 무력 투쟁에 머물렀으나, 동학 농민 운동의 이념을 계승한 반봉건·반침략 투쟁이었다.

(2) 활빈당(1899~1906)

① 성립 : 출발은 화적 집단에서 시작하였으나, 동학 세력의 합류로 반봉건·반외세 의식이 고양되었다.
② 활동
　㉠ 초기에는(1899) 충청도 내포 지역(예산, 홍성, 보령 등)에서 활동하였다.
　㉡ 1900~1905년경 백두대간을 중심으로 충청·전라·경상 지역으로 활동 지역이 확대되었다.
　㉢ 탐관오리, 부정한 부호, 대상인, 외국인 등을 공격하였으며, 탈취한 돈과 곡식을 농민에게 분배하기도 했다.
　㉣ 활빈당 선언서와 13개조의 행동 강령을 내걸었다.
③ 의의
　㉠ 러·일 전쟁 이후 일본의 적극적 탄압으로 1906년 지도부가 체포되면서 와해되었다.
　㉡ 조직 와해 후 일부 세력은 의병 전쟁에 가담하였다.
　㉢ 평등 사회를 지향한 반봉건·반외세 투쟁의 성격을 띠었다.

사료 활빈당의 활동

1. 활빈당 선언서
저 간악한 왜놈이 와서 개화를 빙자하여 우리 조정의 간사한 무리들과 함께 어울려서 궁궐을 침범하고 난을 일으켜도 사직을 보필하려는 사람이 없으니, 통탄할 노릇이 어찌 이보다 더 하리요! 무릇 세계 각국 오랑캐와 수교한 이래로 전국 각지의 중요한 이익은 모두 저들에게 약탈당하고, 게다가 온갖 폐단이 일어나 삼천리 금수강산 수많은 인민이 흩어지고 원성이 계속 이어지니, 억울하고 원망스러움이 이보다 더 클 수 있겠는가! ……
〈『한국근대사강의』〉

2. 활빈당 13개조 행동 강령
1. 요순 공맹의 효제안민(孝悌安民)의 대법을 행할 것을 간언할 것
4. 백성이 바라는 문권(文券)을 폐하게 받들어 올려 일국의 흥인(興人)을 꾀할 것
5. 시급히 방곡령을 실시하고 구민법을 채용할 것
6. 시장에 외국상인의 출입을 엄금할 것
7. 행상인에게 징세하는 폐단을 금할 것
8. 금광의 채굴을 금지하고 인민의 방책을 꾀할 것
9. 사전(私田)을 혁파하고 균전(均田)으로 하는 구민법을 채택할 것
10. 곡가의 앙등을 막기 위해 곡가를 저렴하게 안정시킬 법을 세워 구민법을 꾀할 것
11. 만인의 바람을 받아들여 악형의 여러 법을 혁파할 것
12. 도우(屠牛)를 엄금하여 농사를 못 짓게 하는 폐해를 제거할 것
13. 다른 나라에 철도 부설권을 허용하지 말 것
〈이영철, 『한국사총론』〉

군국기무처의 회의

2 갑오·을미개혁(1894~1895)

1. 조선 정부의 자주적 개혁 추진 의지

① 자주적 개혁 추진 : 갑신정변과 동학 농민 운동을 통한 근대화 요구를 해결하기 위해 김홍집 등의 온건 개화파들은 교정청을 설치하고, 자주적 개혁을 추진하였으나 일본군의 경복궁 점령(1894. 6)으로 무산되었다.

② 일본의 개혁 강요 : 경복궁을 점령한 후 고종을 포로 만든 상황에서 군국기무처를 설치하고 개혁을 추진하였다.

> **사료** 교정청과 군국기무처
>
> - 우리 정부는 왕명을 받들어 교정청을 설치하였고, 당상관 15명을 두고 먼저 폐정 몇 가지를 개혁하니 모두 동학당이 주장해 온 바의 일이다. …… 자주 개혁을 점차 추진하여 일본인들이 끼어듦을 막고자 하였다. 6월 16일 혁폐 조건을 의정(議定)하여 방방곡곡에 부쳐 각 도에 시행하도록 하였다. ⇒ 교정청의 설치 『속음청사』 권7
> - 전교하기를, "군국기무처의 처소(處所)를 차비문(差備門, 편전의 정문) 근처에 정하라."라고 하였다. 이 기구는 국내의 크고 작은 일을 전적으로 의논한다. 총재 1인은 총리대신이 겸임하고, 부총재 1인은 의원 중에서 품계가 높은 사람이 겸임하며, 회의원은 10인 이상 20인 이하이고, 서기관은 3인인데 1인은 총리대신의 비서관을 겸임한다. ⇒ 군국기무처는 입법권을 가진 초정부적 회의 기관이었다. 『고종실록』

2. 개혁의 전개

(1) 제1차 갑오개혁(제1차 김홍집 내각, 1894. 7~1894. 12)

① 진행 : 대원군을 섭정에 앉혀 반일적 민씨 세력을 축출하고, 영의정 김홍집을 군국기무처 총재관으로 하여 박정양, 김윤식, 김가진, 유길준 등 17명이 위원으로 참여하여 약 210건의 개혁안을 제정·실시하였다.

② 성격 : 군국기무처를 중심으로 비교적 자주적으로 개혁이 추진되었으며 갑신정변과 동학 농민 운동의 요구가 대폭 반영되었다.

③ 개혁의 내용

분야	개혁 내용
정치	㉠ 중국식 연호 폐지 : **독자적 연호 사용**('개국' 503년 연호 사용, 주상 전하를 '대군주 폐하'로 개칭) ㉡ 의정부 6조 → **의정부(총리대신), 8아문 체제**, 내무아문 산하에 경무청(경찰) 설치, 3사 등 언론기구 폐지 ㉢ **과거 제도 폐지** → 근대적 시험(국문·한문·산술·내국 정략·외국 사정 등)과 추천제 도입 ㉣ 일본식 관료 제도 도입 : 칙임관(1, 2품, 국왕이 임명), 주임관(3~6품, 대신 추천), 판임관(7~9품, 기관장이 임명) 제도 ㉤ 정부(의정부)와 왕실(궁내부) 사무 분리 → 전제 군주제를 입헌 군주제로 전환 시도 ㉥ 근대식 경찰 제도 시행 : 좌·우 포도청을 통합하여 **경무청 설치** ㉦ 지방 행정 조직의 변화 : **8도를 13도로 개편**

분야	
경제	㉠ **재정 일원화**(탁지아문 관할) → 왕실 재정 기구인 **내장원**의 설치로 반쪽 개혁에 그침 ㉡ 조세 금납제(金納制) 실시 ㉢ **은본위제**(신식 화폐 발행 장정) 실시 → 결과적으로 일본 화폐의 유통 합법화
사회	㉠ **신분제 철폐(노비제 폐지)** ㉡ 봉건 폐습(조혼·연좌제·재가 금지) 폐지, 양자 제도 개선 ㉢ 의제의 간소화
군사	• 5군영(친군 4영) 해체 : 일본의 주도로 훈련대 설치

은본위제 실시
① 일본의 화폐 제도를 본떠 '신식 화폐 발행 장정'을 공포(1894)하여 역사상 최초로 근대적 은본위 제도 실시
② 목적 : 일본의 청·일 전쟁을 위한 군사비 충당과 일본 화폐 유통 의도 반영 → 제7조에 신식 화폐가 다량 주조되기까지는 국내 화폐와 동질(同質)·동량(同量)·동가(同價)의 외국 화폐의 병용을 허가한다고 규정하여 일본 화폐의 국내 유통 합법화
③ 5냥 은화를 본위 화폐로, 나머지 1냥 은화·백동화·청동화·황동화 등을 보조 화폐로 주조 유통 → 5냥 은화는 소량만 주조, 보조 화폐인 백동화를 대량 발행
④ 결과 : 화폐 제도의 근대화는 이루어졌지만 화폐권의 자주 독립성이 침해되고, 보조 화폐인 백동화만이 남발되어 화폐 가치가 폭락하는 반면 물가가 폭등하는 '백동화 인플레이션' 발생
⑤ 1901년 금본위 제도를 채택한 광무 정권에 의해 폐지

(2) 제2차 갑오개혁(1894. 12~1895. 7)
① 배경 : 일본은 청·일 전쟁에서 우위를 점하면서 반일적인 **대원군을 축출**하고 적극적으로 내정 간섭을 하였는데, **군국기무처를 폐지**하고 일본에서 돌아온 **박영효, 서광범** 등을 대신으로 입각시켜 친일적 개혁을 추진하였다.
② 성격
  ㉠ 제2차 김홍집·박영효 친일 연립 내각으로 내무대신 박영효가 주도하였다.
  ㉡ 개혁의 방향을 밝힌 홍범 14조가 발표되고 약 213건의 개혁안이 제정·실시되었다.
③ 개혁의 내용

분야	개혁 내용

정치	㉠ 의정부 관제 폐지 → **일본식 내각제 도입**(내각 7부)
	㉡ 청국과의 전통적인 사대 관계 단절
	㉢ 종친의 정치 관여 금지
	㉣ 지방 행정 개편
	  • 13도 → 23부 337군
	  • 지방관의 권한 약화 : 사법·군사권 박탈
	㉤ 대간·상소 제도 폐지 → 언로의 소통 약화

사법	㉠ **사법권의 독립**(법무대신 서광범이 주도) : 재판소 구성법(1895. 3. 25) ㉡ 2심제 → 1심 : 지방 재판소, 2심 : 고등 재판소, 특별 법원 : 왕족 범죄 재판 ㉢ 법관 양성소 규정 공포 ㉣ 의금부를 의금사(義禁司)로 개칭, 법무아문에 소속시켜 각 재판소의 상소를 취급 ㉤ 사형 제도 개선 : **참수형을 폐지**하고 교수형을 규정
교육	㉠ **교육입국조서 반포**(체계적인 근대적 교육 실시를 천명) ㉡ **한성사범학교 관제**, 외국어학교 관제, 소학교령 공포 ㉢ 관비 유학생 파견(일본) → 200여 명의 학생을 선발하여 일본 게이오 의숙 파견(유학생 친목회 회보 발간) ㉣ 한글을 국가의 공식 문자로 채택
경제	㉠ 징세 업무 강화 : 탁지부 산하에 관세사(9개소), 지방에 징세서(220개소)를 설치하여 조세 징수의 효율성 도모
군사	㉠ 군무아문 체제로 개편 : 친군영제 폐지 → **훈련대와 시위대 신설**, 다수의 군인 해산 ㉡ 지방군 : 3도 통제군 → 병영, 수영 폐지(소속 군인 해산) ㉢ **일본의 영향력 아래 축소 → 일본의 침략 의도가 드러나는 분야**

> **사료** 홍범 14조(1894)
>
> 1. 청에 의존하는 생각을 버리고 자주 독립의 기초를 세운다. ⇒ 갑신정변과 갑오개혁의 공통점
> 2. 왕위 계승과 종척의 구별을 명확히 한다.
> 3. 후빈과 종척의 정치 간섭을 불용한다.
> 4. 왕실 사무와 국정 사무를 나누어 서로 혼동하지 않는다. ⇒ 왕권의 제한
> 5. 의정부와 각 아문의 직무 권한을 명확히 제정한다.
> 6. 인민이 세를 바치는 데서는 법령에 따라 율을 정하되 함부로 징수해서는 안 된다.
> 7. 조세 징수와 경비 지출은 모두 탁지아문의 관할에 속한다.
>   ⇒ 재정 일원화
> 8. 왕실 비용은 솔선 절감하여 모범이 되도록 한다.
> 9. 왕실비와 각 관부의 비용은 1년 예산을 정하여 재정의 기초를 확립한다.
> 10. 지방 관제를 속히 개정하여 지방 관리의 직권을 제한 조절한다.
> 11. 국중의 총명한 자제를 널리 파견하여 외국의 학술과 기예를 전습한다.
> 12. 장교를 교육하고 징병법을 정하여 군제의 기초를 확정한다.
> 13. 민법과 형법을 엄명하게 제정하여 인민의 생명과 재산을 보전한다.
> 14. 사람을 쓰되 문벌에 구애받지 말고, 인재 등용의 길을 넓힌다. ⇒ 문벌 타파
>
> 🌐 갑오개혁의 정신을 반영한 일종의 헌법 : 박영효가 작성하고 국왕이 종묘에서 독립 서고식 거행했다(1894. 12. 12).

④ 제3차 김홍집 친러 연립 내각 성립
  ㉠ 삼국 간섭(1895. 4) 이후 일본의 세력이 약화되었다.
  ㉡ 명성황후 일파의 반발로 반역 사건에 연루된 **박영효가 일본으로 망명**하여 친일내각은 붕괴되었다.
  ㉢ 고종과 명성황후는 8월 김홍집, 이범진, 박정양, 이완용 등 미국 및 러시아와 가까운 **인물(정동파)을 등용**하여 새로운 내각을 구성하고 반일 정책을 추진하였다.

3. 삼국 간섭(1895)

① 배경 : 일본이 청·일 전쟁(1894. 6~1895. 4)을 승리하고 청으로부터 요동 반도를 할양받았다(시모노세키 조약, 1895. 4).
② 경과 : 러시아·프랑스·독일이 일본을 압박하여 **요동 반도를 청에 반환**하게 했다.
③ 결과 : 러시아의 영향력이 강화되고 제3차 김홍집·박정양의 친러 내각이 수립됐다.

> **자료** 청·일 전쟁과 시모노세키 조약(1895. 4. 17)

마관 조약(馬關條約)이라고도 하며, 미국의 중재로 청과 일본이 휴전하여 청의 이홍장과 일본의 이토 히로부미 사이에 체결된 조약으로, 청국은 조선국이 완전한 자주독립국임을 인정하고, 랴오둥 반도(요동반도)와 타이완 등을 일본에 할양하는 내용을 담고 있다. 이 조약으로 일본은 청나라의 조선 간섭을 물리치고 조선과 만주, 요동까지 지배력을 뻗칠 수 있게 되었다.

▲ 청·일 전쟁

4. 을미사변(1895)과 을미개혁

(1) 배경 : 국제적으로 고립된 일본은 반일적 성향의 명성황후를 제거하려 하였다.
(2) 경과 : 일본 공사 미우라(실제로는 일본의 최고 원로대신 중의 하나인 이노우에 가오루가 주도)가 일본군, 극우 낭인, 조선 훈련대 2대대(우범선)를 동원하여 경복궁에 난입한 후 <mark>건청궁(乾淸宮) 옥호루(玉壺樓)에서 명성황후를 시해</mark>하고 사체를 훼손하였다(1895. 8. 20).
(3) 결과
① 을미개혁 추진(1895. 8~1896. 2) : 일본의 위협하에 친일적 제4차 김홍집 내각(유길준이 주도)이 수립되어 140여 건의 법령을 제정, 공포하였다.
② 을미의병 : <mark>일본의 만행에 저항</mark>하는 전국적인 의병의 봉기가 시작되었다.
③ 개혁의 내용

분야	개혁 내용
정치	연호의 사용(1896) : 건양
사회	㉠ **태양력 사용** ㉡ **종두법 실시** ㉢ **우편 사무 개시**(우체사, 郵遞司) ㉣ **단발령**(을미사변 이후) → 전 국민적 저항, 을미의병
교육	㉠ 서울에 소학교 설치 ㉡ 중학교, 의학교, 상공학교 등의 근대식 학교 설치 시도 → 대한제국 시기에 설치됨
군사	㉠ 군제 개편 → 훈련대와 시위대 통합 ㉡ 서울 : **친위대**(2개 대대), 지방(평양·전주 등) : **진위대**

명성황후가 살해된 경복궁 내 건청궁 옥호루

을미사변에 대한 민중의 저항

안악 치하포 사건 : 을미사변 이후인 1896년 3월 9일 황해도인 김창수(백범 김구)가 안악 치하포에서 일본군 육군 중위 쓰치다를 명성황후 시해 사건의 주범으로 오인 타살하였다.

학부의 교과서 편찬 (1895~1909)

근대식 교육의 시작으로 각종 교과서가 편찬되었다. 당시에 편찬된 역사 교과서에는 『대동역사』(정교), 『만국역사』·『보통교과 동국역사』(현채), 『대동역사략』(유성준) 등이 있다.

사료 을미사변과 을미개혁

1. 새롭게 발견된 〈명성황후 시해 보고서〉

"오전 5시경 궁궐에서 총소리가 들려 급히 나가보니 일본 낭인들이 누군가를 찾고 있었다. 그중 절반 가량이 왕비의 방으로 들어갔다. 이를 궁내 신하들이 막아서자 칼로 베어버렸다. 왕비가 복도를 따라 도망가자 일본 낭인들이 쫓아가 발을 걸어 넘어뜨린 뒤 가슴을 세 번 짓밟고 칼로 난자했다. 몇 분후 시신을 소나무 숲으로 끌고 갔으며 그곳에서 연기가 피어오르는 것을 보았다."
〈사바틴의 증언, 〈명성황후 시해 보고서〉〉

> 2001년 러시아 외무성 문서 보관소에서 주한 러시아 공사 베베르(Karl Ivanovich Weber)가 작성한 〈명성황후 시해 보고서〉가 발견되었다. 여기에는 사건 직후 고종이 발표한 성명서, 현장을 목격한 러시아 건축기사 사바틴(Sabatin)의 생생한 증언 및 일본인의 침투 경로를 그린 지도 등이 첨부되어 있었다.

2. 단발령에 대한 저항

- 상투가 있고 없음에 따라 중화와 오랑캐, 인간과 짐승이 구분되고, 사람이 지켜야 할 도리를 지킬 수 있느냐 없느냐가 달려 있으니, 머리가 만 번 갈라질지언정 상투는 한 번도 잘릴 수 없다. 〈유인석〉

- 내 목은 자를지언정 내 머리카락은 자를 수 없다. 〈최익현〉

> 을미사변과 단발령은 백성들의 반일감정을 고조시켰으며 결국 양반 유생의 대대적 항일의병 봉기(을미의병)로 이어졌다.

3. 태양력 사용

책력을 개정하야 태양력을 사용하되, 개국 504년 11월 7일(음력)로써 505년 1월 1일(1896. 1. 1)을 삼으라.
『승정원일기』,「고종 32년」

▲ 단발령으로 강제로 머리를 깎는 모습

5. 갑오·을미개혁에 대한 평가

① 긍정적 측면 : 조선 내부의 근대화 의지를 반영하여 조선의 개화파 관료들에 의해 자주적으로 추진된 최초의 근대식 개혁이라는 측면이 있다.
② 부정적 측면 : 국가와 국민의 주체성을 강화할 수 있는 군사·토지·조세 개혁이 소홀하였고, 일본의 간섭을 배제하지 못하였다. 결과적으로 국왕과 국민들로부터 환영받지 못한 개혁이 되고 말았다.

자료 김홍집 내각의 변천과 붕괴

구분	시기	성격	참여 인물	개혁	사건
1차	1894. 7 ~ 1894. 12	친일(온건)	대원군 섭정	1차 갑오개혁	동학 농민 운동
2차	1894. 12 ~ 1895. 7	친일(급진)	박영효	2차 갑오개혁(홍범 14조)	청·일 전쟁
3차	1895. 7 ~ 1895. 10	친러(친미)	이완용·이범진		삼국 간섭
4차	1895. 10 ~ 1896. 2	친일(급진)	유길준·서광범	3차 갑오개혁(을미개혁)	을미사변

> 아관파천(1896. 2)으로 4차 김홍집 내각은 붕괴하고 총리 대신 김홍집은 군중에게 타살되었다.

3 아관 파천과 독립 협회의 활동(1896~1898)

1. 춘생문 사건과 아관 파천의 발생

(1) 춘생문 사건(1895. 10)
① 성격 : 이범진, 이재순 등 정동파 친미 관료들이 미국 공사관의 협조를 얻어 국왕을 미국 공사관으로 옮기려고 시도한 일종의 친위 쿠테타였다.
② 경과 : 정동파가 동원한 동별영군(1대대)과 궁궐 수비군이 경복궁 동쪽 협문 춘생문에서 격전을 벌였으나 궁궐 진입에 실패하였다.
③ 영향 : 고종의 입지가 더욱 좁아지고 일본은 이 사건이 을미사변과 본질적으로 같은 사건(조선인들 간의 당파 싸움)이라고 대대적으로 선전하였다.

(2) 아관 파천(1896. 2. 11)
① 배경 : 춘생문 사건으로 고종에 대한 일본의 압력이 고조되자, 일본의 연금 상태에서 벗어날 기회를 엿보던 고종이 러시아 공사관(아관)으로 피신하였다.
② 결과
　㉠ 친일 내각의 붕괴 : 김홍집, 정병하는 성난 군중에게 피살되었으며, 어윤중은 피난 도중 지방민에게 맞아 죽었다. 유길준은 일본으로 망명하였으며, 김윤식은 제주도로 유배되었다.
　㉡ 친러파 내각 구성 : 이범진, 이완용 등을 중심으로 새 내각이 구성되었다.
　㉢ 옛 제도로 복귀 : 단발령과 내각제를 폐지하고, 23부를 13도로 환원하였다.
　㉣ 러시아의 세력이 강화되었으며 열강의 이권 침탈이 심화되었다.
　㉤ 러·일의 세력 균형 : 1904년 러·일 전쟁의 발발까지 상대적으로 자주성을 높일 수 있는 시기였으며 이러한 분위기 속에서 대한제국이 탄생할 수 있었다.

2. 독립 협회(1896~1898)

(1) 〈독립신문〉의 간행
① 배경 : 일본의 민간지 〈한성신보〉가 계속 아관 파천을 비난하는 기사를 내보내자 신문의 필요성을 절감하던 고종과 정동파 내각이 미국 시민권자 서재필에게 신문 발행을 맡기고 정부가 재정을 지원하여 1896년 4월 7일 창간하였다.
② 독립 협회의 창립 배경 : 수구파의 개혁 후퇴 요구에 대해 불안해하던 정동파 내각은 수구파의 정치적 영향력을 견제하고 개화파 정권을 유지하기 위하여 국민적 공감대를 불러 일으킬 수 있는 '독립문 건설 사업'을 추진한다는 명분을 세워 독립 협회를 결성함으로써 지속적인 개화 정책 추진의 기반을 마련하고자 했다.

(2) 독립 협회의 성립(1896. 7. 2)
① 창립 목적 : 친미, 친러의 고급 관료를 중심으로 청으로부터의 독립을 강조하며 독립문, 독립관을 건립하여 자주 독립의 의지를 높이자는 취지로 서재필을 고문으로 추대하여 출발하였다(1896. 7. 2).
② 성격의 변화
　㉠ 참여 계층의 확대 : 진보적 개화 지식인층(정동구락부 모임)이 지도부를 형성

서재필

독립 협회 참여 지식인 계층
서재필, 이상재, 윤치호, 이승만 등 서구 시민 사상에 영향을 받은 변법파와 유교 문화를 긍정하는 남궁억, 정교, 장지연 등 〈황성신문〉계열의 동도 개화파로 나눌 수 있다.

하고, 도시 시민층 등 광범위한 계층(학생, 여성, 백정, 노동자)이 참여한 민중에 기반을 둔 사회 단체로 발전하였다.

ⓒ 특징 : 위(지도부)+아래(대중)를 결합한 운동 역량을 바탕으로, 〈독립신문〉 (1896. 4. 7)과 연계하여 사회적 운동을 추진하였다.

(3) 활동 방향

① 자주 국권 : 외세의 내정 간섭과 이권 요구에 맞서 전개되었다.

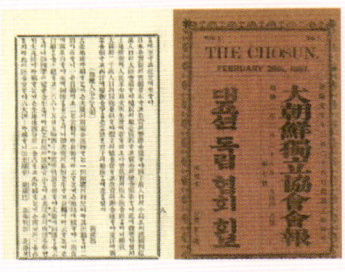

「대조선 독립협회 회보」

ⓐ 민중 계몽과 민족의식 고취 : 기관지인 「대조선 독립협회 회보」(1896. 11)를 발간하고 자주 의식을 나타내기 위해 독립문을 세웠으며 독립관을 건립하여 토론회를 개최하는 등 민중 계몽에 힘썼다(1897).

ⓑ 이권 침탈 저지 : 민중의 반러 여론을 일으켜 러시아의 절영도 조차 요구, 한·러 은행의 설치 및 은행권 발행 시도를 저지(1898. 3)시켰으며, 프랑스·독일의 광산 채굴권 요구를 저지시키고(1898. 5) 이권 양도에 참여한 이완용을 협회에서 제명하였다(1898. 9).

ⓒ 아관 파천으로 러시아 공사관에 있던 고종의 환궁을 요구하였다.

고종이 발표한 조칙 5조(1898. 11)
① 독립 협회의 주장을 수용한 중추원 장정 개정
② 각 협회와 신문 규정 제정
③ 공직자의 민간 재산 탈취 금지 및 처벌
④ 어사의 폐단 금지
⑤ 상공학교 설립

② 자유 민권과 자강 개혁

ⓐ 독립 협회의 영향으로 배재학당의 학생 단체인 협성회 조직되어 민권 의식을 전파하였다(1896).

ⓑ 국민 여론의 전달 : 진보적 여론을 조성해 박정양 내각 수립을 이끌어냈다 (1898. 10).

ⓒ 헌의 6조 : 〈독립신문〉과 연대하여 정기적인 토론회 실시와 만민 공동회를 개최(1898. 3)하였으며, 정부 대신들이 참여하는 관민 공동회로 발전(1898. 10. 28~11. 2)하여 헌의 6조가 결의되고 고종의 재가를 얻어 조칙 5조가 반포됐다.

의회식 중추원 관제
중추원은 원래 국왕의 자문 기구였는데 독립협회의 요구로 의회식 요소를 가미한 제도로 바꾸었다. 구성원인 의관은 관선(국왕이 임명)·민선 각각 25인으로 하였으며 민선 의관은 처음에는 독립 협회에서 선출하도록 하였다. 이것은 제한된 의미에서나마 국민참정권적 요소를 허용했다는 점에서 역사적 의미가 크다.

ⓓ 국민 참정권 운동을 추진하여 의회식 중추원 관제(관선 의원+민선 의원)의 반포를 이끌어냈다(1898. 11).

사료 독립 협회의 활동

1. 독립 협회 토론회가 열렸던 독립관과 토론 주제

1897. 8. 29	조선의 급선무는 인민의 교육
1897. 10. 17	국문을 쓰는 것이 인민 교육을 성하게 하는 것임
1897. 12. 19	인민의 견문을 넓히려면 국내의 신문 반포를 제일로 해야 함
1898. 1. 23	국가를 부유케 하려면 금, 은, 동, 철, 석탄 등 광산을 확장하는 것이 긴요함
1898. 5. 8	백성의 권리가 튼튼할수록 임금의 지위가 더욱 높아지고 나라가 떨침

▲ 독립문과 독립관

2. 백정 박성춘의 만민 공동회 연설(1898)

나는 대한의 가장 천한 사람이고 무지 몰각합니다. 그러나 충군 애국의 뜻은 대강 알고 있습니다. 이에, 이국편민(利國便民)의 길인즉, 관민이 합심한 연후에야 가하다고 생각합니다. 저 차일에 비유하건대, 한 개의 장대로 받친즉 역부족이나, 많은 장대를 합한즉 그 힘이 공고합니다. 원컨대 관민이 합심하여 우리 황제의 성덕에 보답하고, 국운(國運)이 만만세 이어지게 합시다.

▲ 백정 박성춘의 만민 공동회 연설

3. 관민 공동회에서 고종에게 상주한 헌의 6조(1898. 10)

1. 외국인에게 아부하지 말 것
2. 외국과의 이권 계약과 조약은 각 대신과 중추원 의장이 합동 날인하여 시행할 것
3. 국가 재정은 탁지부에서 전관하고, 예산과 결산을 국민에게 공포할 것 ⇒ 재정 일원화
4. 중대 범죄를 공판하되, 피고의 인권을 존중할 것
5. 칙임관을 임명할 때에는 정부에 그 뜻을 물어서 중의(衆意)에 따를 것 ⇒ 입헌 군주제
6. 정해진 규정을 실천할 것(의회 설립 규정 등) ⇒ 고종은 조칙 5조로 화답

4. 만민공동회의 시기별 활동

구분	시기	특징	활동 내용
제1차 만민 공동회	1898. 3. 10 ~ 3. 12	국권 운동 전개	• 러시아 절영도 조차 요구 반대 • 러시아 군사교관 및 재정고문 철수 요구 • 한·러 은행 폐쇄요구 → 정부의 수용
제2차 만민 공동회	1898. 4. 25 ~ 10. 12	국정 개혁 요구	• 독립 협회 회장 윤치호 의회식 중추원 관제 실시 상소 제출 • 10월부터 근대적 법제도 실시 및 간신배 축출 요구 → 고종의 수락(신기선 등 수구파 7대신의 해임과 박정양 내각 수립)
관민 공동회	1898. 10. 28 ~ 11. 2	민권 운동 전개	• 관민 공동회에서 백정 출신 박성춘 연설 • 독립 협회의 의회식 중추원 관제 반포 • 헌의 6조 제출 → 고종의 조칙5조
제3차 만민 공동회	1898. 11. 5 ~ 12. 25	해산 명령에 저항	• 보수 세력의 모함으로 고종이 독립 협회 해산령을 내리고 간부들을 체포 • 항의하는 만민 공동회를 보부상과 황국 협회가 습격 → 고종의 군대 동원과 협회의 해산

(4) 독립 협회의 의의와 한계

① 해산 과정

㉠ 보수 세력의 반발 : 조병식 등이 독립 협회가 왕정을 폐지하고 박정양을 대통령으로 옹립하려 한다고 음해하였다.

㉡ 박정양 내각이 와해되고 **독립 협회 해산령(1898. 12)**이 내려졌으나 서울의 대중들은 이에 반발하여 대규모 민중 시위를 일으켰다. 정부는 군대와 **황국 협회**를 동원하여 이상재·이승만 등 주동자를 투옥하고, 만민 공동회(민중 시위)를 해산하였다.

② 의의 : 민중이 참여한 최초의 자주적 근대화 운동, 국권 수호와 민권 신장을 추구했다.

보부상 조직의 변천과 황국 협회

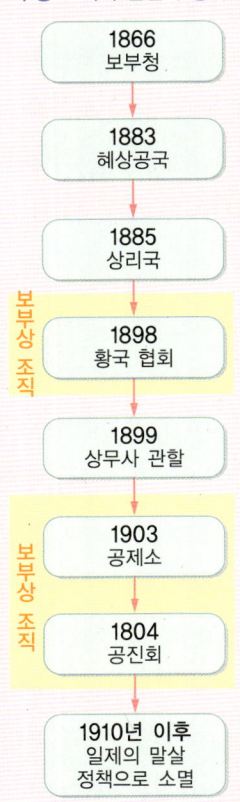

독립 협회와 일본의 관계
대한제국의 성장을 두려워 한 일본이 독립 협회 지도부의 일부 친일 인사(안경수)를 사주하여 정부와 갈등을 유도하였으며, 회장이던 윤치호는 이토 히로부미가 방한했을 당시(1898. 8) 독립문을 그린 은다경을 선물하면서 환대했는데, 이러한 행동은 협회 내에서도 비판의 대상이 되었다.

③ 한계
  ㉠ 러시아, 프랑스 등의 이권 개입에는 반대하였으나 미국, 영국, 일본 등의 이권 개입에 대해서는 관대한 입장을 보였다.
  ㉡ 의병을 '폭도'라 지칭하는 등 자주적 국권 운동의 관점에 한계를 드러내었다.

> **자료 독립 협회의 세계 인식과 한계**
>
> 조선에서는 해·육군을 많이 길러 외국이 침범하는 것을 막을 까닭도 없고, 다만 나라 안에 해·육군이 조금 있어 동학이나 의병 같은 지방의 도둑 떼나 평정시킬 만하면 넉넉하다. 만일 어떤 나라가 조선을 침범하고자 하여도 조선 정부가 세상에 행세만 잘했을 것 같으면 조선을 다시 남의 나라 속국이 되게 가만둘 리가 없다. 그러므로 조선에서 외국과 싸움할 염려가 없는데, 만일 조선이 싸움이 되도록 일을 할 것 같으면 그때는 화를 면하지 못할 것이다. 《독립신문》, 1897. 5. 25)
>
> 독립 협회 지도부의 안일한 정세인식과 세계관을 엿볼 수 있다.

한눈에 보기 독립협회의 시기별 활동

구분	주도 세력	특징	활동내용
제1기 (1896. 7~1897. 8)	개명 관료 주도	민중 참여 시작	• 독립문, 독립관 건립 • 「독립협회월보」 발행
제2기 (1897. 8~1898. 2)	민중 진출 시기	민중 계몽 활동	• 강연회, 토론회 개최 • 신문, 잡지를 통한 계몽 운동
제3기 (1898. 2~1898. 9)	민중 주도기	민의 반영 활동	• 최초의 만민 공동회 개최 • 국권, 민권(참정권) 운동
제4기 (1898. 9~1898. 12)	민중 투쟁기	민의 투쟁 활동	• 박정양 내각 수립 • 관민 공동회 개최 → 헌의 6조 결의 • 의회식 중추원관제 반포 • 공화제 지향을 의심한 고종의 해산령 반포 • 민중의 저항 → 군대, 황국 협회의 탄압으로 해산

4 대한제국과 광무개혁(1897~1910)

1. 대한제국의 성립

(1) 배경
① 고종이 독립 협회의 환궁 운동 등을 받아들여 **경운궁**(덕수궁)으로 환궁하였다 (1897. 2).
② 고종의 자주적 근대화 노력 : 환궁 이후 동도개화파를 등용하고 국가의 자주독립을 확고히 하려는 목적으로 <mark>교전소</mark>(1897. 3)와 <mark>사례소</mark>(1897. 6)라는 개혁 기구를 설치하여 **구본신참(舊本新參)**과 민국 건설이라는 통치 이념을 마련하였다.

(2) 성립
① 대한제국 선포(1897. 10) : 연호를 광무(光武)라 고쳐 부국강병의 기치를 내세우고(1897. 8), 이후 원구단에 나가 황제 즉위식을 거행하였다.
② 대한국 국제 선포(1899. 8) : 교전소라는 특별 입법 기구를 통해 '국제'를 발표하여 만국 공법상 근대 국가의 모습을 확실하게 갖추었다.

(3) 성격 : 구본신참을 표방한 전제 군주제를 중심으로 동도 서기의 온건 개화 정책에 입각하여 광무개혁을 추진하는 등 민국적 근대 국가를 지향하였다.

> **교전소**
> 법률 개혁 기구. 갑오개혁 이후 신식 법제와 구법제가 혼란을 야기하자 이를 개선하기 위해 설치하였다. 대한제국 성립 이후 법규 교정소로 개칭되었다.
>
> **사례소**
> 국가의 전례(典禮)를 관장하던 기구. 대한제국 황실의 국가 의례를 정한 『대한예전』(1897. 10)을 편찬하였다.

자료 연호의 변천과 원구단

1. 연호의 변천

시기	명칭		국왕
갑오개혁	개국(503년)	1894	고종
을미개혁	건양	1896	고종
대한제국	광무	1897	고종
	융희	1907	순종

2. 환구단(원구단)의 약사
① 천자가 하늘에 제사지내는 제단이다. 우리나라는 삼국시대에 시작되었다.
② 고려 성종 때부터 제도화되었다.
③ 조선 세조 때 폐지되었다.
④ 대한제국 때 부활되었다.
⑤ 일제 때 철거되고 황궁우만 조선 호텔 자리에 남아 있다.

3. 사료 : 조선 초 환구단 설치
태조 6년(1394) 예조에서 아뢰기를 '우리나라는 삼국 시대 이래로 환구단에서 하늘에 제사하여 비가 내리게 하고 곡식이 잘 여물도록 한 지 이미 오래되었으니 경솔하게 폐할 수 없습니다. 옛날 제도를 회복하되 이름을 환단이라 고쳐 불렀으면 합니다.' 하니 왕이 이를 허락했다. 〈『조선왕조실록』〉

▲ 원구단
원 안의 건물은 지금 남아 있는 황궁우이다.

▲ 황궁우(부속 건물)

> **사료** 대한국 국제 9조(1899)
>
> 1. 대한국은 세계 만국에 공인된 자주 독립 제국이다.
> 2. 대한국은 만세 불변의 전제 정치이다.
> 3. 대한국 대황제는 무한한 군권을 누린다.
> 4. 대한국 신민이 대황제의 군권을 침해할 행위가 있으면 그 행위의 사전과 사후를 막론하고 신민의 도리를 잃어버린 자로 인정한다.
> 5. 대한국 대황제는 육해군을 통솔한다.
> 6. 대한국 대황제는 법률을 제정하여 그 반포와 집행을 명하고, 대사·특사·감형·복권을 명한다.
> 7. 대한국 대황제는 행정 각부의 관제를 정하고, 행정상 필요한 칙령을 발한다.
> 8. 대한국 대황제는 문무관의 출척·임면을 행하고, 작위·훈장 및 기타 영전을 수여 혹은 체탈한다.
> 9. 대한국 대황제는 각 조약 체결 국가에 사신을 파견하고, 선전·강화 및 제반 조약을 체결한다.

2. 광무개혁의 추진

(1) 개혁의 내용

경제 (내장원 중심)	① 양전 사업 → 양지아문, 지계아문 설립 → **지계(근대적 토지 문서) 발급**, 근대적 토지 소유권제 지향 ② 식산흥업(殖産興業) 　㉠ 상공업 진흥, 각종 공장(민간의 직조 공장)·회사 설립(역사상 최초의 근대식 공장 출현) 　㉡ 용산 일대에 **전환국**(1898), 인쇄국(1900), 평식원 도량형 제작소(1902), 한성 전기 회사 발전소(1903), 궁내부 소속 정미소(1903), 군부 총기 제작소(1903), 국립 연와 제조소(건축용 벽돌 산) 등을 건립 　㉢ **서북 철도국 설치** : 경의선 부설 시도 ③ **도량형 통일**(1902) : 평식원이라는 주무 관청을 세우고 미터법을 도입하여 도량형의 근대화 추진
교육	① 신교육령 반포, 유학생 파견 ② 학교의 설립 : 기예학교(1896), 경성의학교(1899), 상공학교(1899), 광무학교(1900), 잠업 시험장과 공업 전습소(1902), 모범 양잠소(1902)
행정	① **지방 제도 23부 → 13도로 환원** ② 양경(兩京) 체제 확립 : 평양을 서경으로 높이고 풍경궁이라는 행궁 설치
외교	① 한·청 통상 조약(최초의 대등한 조약, 1899) ② 간도 편입 노력 → **북간도에 간도 시찰사(이범윤) 파견**(1902) → 간도 관리사로 승격(1903) ③ 만국 우편연합 가입(1900), 파리 만국 박람회 참여(1900)
국방	① 서울 : **시위대 신설**(2개 연대), **친위대 증설**(3개 대대 → 2개 연대), **지방에 진위대 설치** ② **원수부 창설**(황제의 군 통수권, 1899. 6. 2) ③ 해군 건설 계획 → 일본에서 양무호(1903), 광제호(1904) 구입 ④ **무관학교 설치**(1898) → 많은 인재를 배출함. ⑤ 황제 직속의 국가 정보 기관으로 **제국익문사를 설치**(1902) ⑥ 의무적 **징병제는 실시 못함**(고종의 반대)
사회	**단발령 폐지**, 음력 부활, 새로운 호적제(신분 대신 직업 기재)

내장원을 총괄한 대한제국 황실의 돈주머니 이용익(1854~1907)
이용익은 함경도 북청 출신으로 한때 보부상을 하여 모은 돈을 금광에 투자해 거부가 되었다. 임오군란으로 왕비 민씨가 충주로 피신했을 때 왕비와 왕의 비밀 연락을 담당하였고, 궁색한 황실 재정을 도와 신임을 얻었다. 그 뒤 탁지부 대신, 중앙은행 총재 등 요직을 거치면서 대한제국의 식산 흥업 정책 추진의 핵심적인 역할을 하였다. 친러적 경향을 띠어 용암포 조차권을 러시아에 넘겨주기도 하였다. 1904년 한·일 의정서 조인을 반대하다가 일본으로 압송되었다. 1905년 귀국 후 보성소학교, 보성중학교, 보성전문학교를 세웠다. 1905년 을사조약이 체결되자 고종의 밀서를 가지고 프랑스로 가던 중 산동 반도에서 일본 관헌에게 발각되었다. 그 뒤 해외에서 독립운동을 전개하다가 블라디보스토크에서 죽었다.
《한국근현대사』, 금성출판사》

(2) 대한제국 광무 양전 사업

① **배경** : 숙종 때 마지막 양전 사업 이후 세금 부과 방식이 **총액제**로 변화하면서 양전 사업의 시급성을 느끼지 못하였으나 개항 이후 근대적 경제 활성화를 위한 **재산권 보장 및 세원 확보**를 위해 양전의 필요성이 제기되었다.

② **1단계 광무 양전 사업(1898~1901)** : 전국 124군의 양안을 정비하였으며, 결부제(두락 단위도 병기)와 전분 6등급제를 유지하였으나 1901년 대흉년으로 사업을 일시 중지하였다.

③ **2단계(1901~1904)** : 지계아문을 설치하고 토지 소유 문서인 **지계**를 발급하였으며(1902), 양전 규칙에 의해 외국인의 **토지 소유는 원칙적으로 금지**되었다(사업의 중요한 목적). 전국 218개군의 조사를 완료하였는데 러·일 전쟁 이후 **제1차 한일 협약**으로 일본인 재정 고문 메카타가 파견되어 중지되었다.

④ **일제의 무력화 시도** : 일본은 대한제국의 신속한 근대화 노력에 초조감을 나타내고 을사조약 이후 이를 무력화 시키려고 노력했다.
　㉠ 토지 가옥 증명 규칙(1906) : 외국인(일본인)의 토지 소유를 합법화하였다.
　㉡ 토지 가옥 소유권 증명 규칙(1908) : 토지 가옥 증명 규칙 이전에 불법적으로 토지를 소유했던 일본인의 부동산과 가옥에 대한 법적 권리를 승인하였다.

⑤ **한계** : 토지 소유자를 한시적 주인이란 뜻의 시주(時主)로 규정함으로써 **절대적 소유권을 인정하지 않았다**.

⑥ **평가** : 몇 가지 한계에도 불구하고 근대 국가를 지향하는 **반외세적이고 자주적인 토지 조사 사업**이었다.

(3) 원수부 설치와 군사력 강화

① **배경** : 갑오개혁으로 축소된 **황제의 군통 수권**을 확대하기 위해 원수부를 설치(군정권과 군령권 장악)하고, 군부대신의 권한을 축소하였다.

② **원수부 구성**
　㉠ 원수부 휘하 4개의 국(군무국, 검사국, 기록국, 회계국)이 군령을 총괄하였으며 군부아문의 역할이 대폭 축소되었다.
　㉡ 각 국의 국장의 칭호가 총장으로 격상되었으며, 원수부의 총장들이 의안을 의정부에 직접 제출하는 권리가 부여되는 등 **최고 권력 기구**로 부상하였다.

③ **군제 개편**
　㉠ **중앙군** : 친위대(2개 연대)와 시위대(궁궐 수비 부대로 2개 연대+포병 1개 대대+**군악대** 1개 소대 포함)로 정비되었다.
　㉡ **지방군** : 의병에 대처하기 위해 각 지방에 14개 대대의 진위대가 배치되었다.

④ **군대 육성 노력** : 고종은 사관 양성을 위한 **무관학교(1898)**를 설치하는 등 꾸준히 군사력 증대를 도모하였다.
　㉠ 군사 예산의 증가 : 국가 예산의 45%가 국방비로 충당되어 국가 재정의 적자 요인이 되었다.
　㉡ 해군 건설 계획 추진 : 막대한 비용을 들여 일본에서 양무호(1903), **광제호**(1904)를 구입하였으나 소기의 목적을 달성할 수 없었다(러·일 전쟁 때 일본에게 징발 당함).

시위대 군악대와 대한제국 애국가
1901년 대한제국 정부는 독일인 음악가 에케르트(F. v. Eckert)를 초청하여 양악대를 교육시키고 애국가를 작곡하게 하였다. 그해 말 군악대(양악대)는 〈대한제국 애국가〉를 연주하여 많은 이에게 깊은 인상을 주었다.

대한제국의 해군 건설 계획의 일환으로 일본에서 도입한 광제호(1904)

ⓒ 고종은 재정적 어려움에도 군인들의 월급을 인상하고, 병력을 증강하기 위해 노력하였다.
　⑤ 문제점
　　　㉠ 일본의 100만 군대에 비해서는 수적, 질적으로 매우 열세하여 비교가 되지 못했다.
　　　㉡ 국방의 역할보다는 정권 유지를 위한 전투 경찰의 역할(독립 협회 해산 시 군대를 동원한 위협으로 백성들이 총검에 부상을 입기도 함)이 중시되었으며, 군대의 기강 해이도 큰 사회 문제가 되었다.
　　　㉢ 징병제 미실시 : 고종이 징병제 명령을 내리고 원수부에서 '징병 조례'(1903)를 발표하였으나 시행되지 못하였다.
(4) 광무 정부의 황성 만들기 사업(1896~1904) : 고종의 명을 받아 한성판윤 이채연이 주도하여 미국의 워싱턴을 모델로 한 도시 개조 사업을 추진하였다.
　① 도로 및 하천 정비 : 기존 도로 확장(광화문~남대문로), 개천·우물 정비, 도로 신설(경운궁 앞 방사상 도로, 지금의 시청 앞 광장)
　② 중심 건축물 축조 : 경운궁 정비, 독립문 건립, 원구단 설립, 황제 즉위 40주년 기념비전 건립
　③ 근대식 도시 공원 조성 : 독립 공원(독립문 근처), 경운궁 공원, 탑골 공원을 완공
　④ 문명 시설 도입 : 전기·수도 가설, 전차·철도 개통
　⑤ 산업 시설 지역 설정 및 근대적 공장 건립 : 용산 일대에 관영 공장 지대 조성
(5) 광무개혁의 의의와 한계
　① 의의 : 자주적 근대화 노력으로 경제·교육·시설면에서 상당한 효과를 거두었다.
　② 한계 : 진보적인 정치 운동을 탄압하고 열강의 간섭을 배제하지 못하였다.

자료 　대한제국의 서울 개조 사업과 외국인이 본 달라진 서울

"한국의 발전은 단지 넓은 도로를 만드는 것에 있었던 것은 아니다. 수없이 많은 좁은 길들이 넓혀지고, 도로는 포장되어 자갈이 깔리고 있다. …… 이러한 많은 작업과 함께 자극적이고 혐오스런 서울의 악취는 사라졌다. 위생에 관한 법령이 시행되었고, 집 앞에 쌓인 눈을 그 집 식구들이 치우는 것이 의무일 정도로 한국의 문화 수준은 높아졌다. 그 변화는 너무나 커서, 나는 1894년이었다면 서울의 특징을 나타내는 한 장면이라고 해서 사진을 찍었을지도 모를, 그 특징적인 빈민촌을 발견할 수 없었다." 〈이사베라 버드 비숍, 『한국과 그 이웃 나라들』〉

▲ 도시 개조 사업으로 달라진 남대문 방향(C. 로제티, 1904)

▲ 공원 건립 전 집들로 둘러싸인 원각사 10층 석탑

▲ 공사 중인 탑골 공원 (C. 로제티, 1904)

3. 간도와 독도

(1) 간도
① 배경 : 19세기 후반부터 조선과 청이 간도 개척에 나서면서 **영토 분쟁**이 발생하였다.
② 대한제국 정부의 대응책
   ㉠ 1883년 어윤중을 보내어 백두산 정계비를 조사하였다.
   ㉡ 1885년의 감계 회담에서 강계부사 **이중하**는 목숨을 걸고 청과 담판하여 간도가 우리 영토임을 주장하였다.
   ㉢ 1902년 간도를 함경도로 편입하는 행정 조치가 이루어졌다. 이범윤을 북변 간도 시찰사로 임명하여 파견하였다.
   ㉣ 1903년 **이범윤**을 간도 관리사로 승격시키고 세금을 징수하며 민군을 조직하였다.
   ㉤ 1907년 일제 통감부는 간도에 **통감부 파출소**를 두어 간도가 한국의 영토임을 간접적으로 인정하였다.
③ 간도 협약(1909) : 을사조약으로 대한제국의 외교권을 강탈한 일본은 **청에 간도를 넘겨주고 안봉선 철도 부설권**을 획득하였으며 정계비는 만주 사변 때 일제에 의해 철거되었다.

사료   대한제국의 간도 실질적 지배에 대한 청나라의 반발

1. 청의 간도 개척
간도 관리 이범윤이 내부에 보고하되, 청군 4~5백 명이 우리 조선인 30명을 묶어서 몽둥이로 두들겨 패고, 재산을 빼앗으며 하는 말이 '조선 사람일망정 청나라 땅에서 갈고 먹으면서 어찌 한복을 입을 수 있냐?' 하면서 흰 초립을 쓴 자는 빼앗아 찢어 없애고 12명을 붙잡아 가서 머리를 깎고 매사에 협박과 공갈을 하니, 간도의 조선인 민심이 떠들썩합니다.
                        《황성신문》

2. 간도 협약(1909)
제1조 일·청 두 나라 정부는 토문강을 청국과 조선의 국경으로 하고 강 원천지에 있는 정계비를 기점으로 하여 석을수(石乙水)를 두 나라의 경계로 한다.
제3조 청 정부는 이전과 같이 토문강 이북의 개간지에 조선인이 거주하는 것을 승인한다. 그 지역의 경계는 별도로 표시한다.
제5조 토문강 이북의 조선인과 청나라 사람들이 함께 살고 있는 구역 안에 있는 조선인 소유의 토지와 가옥은 청 정부가 청 국민들의 재산과 똑같이 보호해야 한다.
제6조 청 정부는 앞으로 길장 철도를 연길 이남으로 연장하여 조선의 회령에서 조선의 철도와 연결할 수 있다.
                        〈간도 협약〉

일제와 청나라 간의 간도 협약으로 간도를 실질적으로 영유하던 대한제국은 권리를 상실하였다.

---

(2) 독도
① 대한제국의 독도 정책
   ㉠ 대한제국 정부는 1900년 10월에 울릉도를 울도로 개칭하고 그 행정 구역 안에 독도를 포함하였다.
   ㉡ 일본이 독도를 편입할 시기에 의정부 참정대신 박제순은 독도가 대한제국의 영토임을 지령 제3호(1906. 5. 20일자)로 분명히 밝혀 놓았다.

② 일본의 독도 강탈
　㉠ 1904년 11월에 일본 해군이 독도에 상륙하여 탐사하였다. 러·일 전쟁이 진행되던 1905년 1월 28일에 일본 정부는 독도가 무주지라며 다케시마라는 이름으로 자국령에 편입시켰다.
　㉡ 1905년 2월 22일에는 시마네현이 독도의 일본 영토 편입을 고시하였으며 8월에는 일본 해군이 독도에 망루를 설치하였다.

> **자료** 대한제국의 독도 실질적 지배와 일본의 독도 강탈
>
> **1. 대한제국의 독도 관할 칙령(1900)**
> 대한제국 정부는 1900년 10월 25일 칙령 제41호를 발표하여 울릉도를 다스리는 행정관을 도감에서 군수로 바꾸고, 울도(울릉도) 군수의 관할 범위를 '울릉 전도와 죽도(울릉도 바로 옆의 바위섬), 석도(독도)를 관할할 사'로 규정하였다.
>
> **2. 대한제국의 독도 지배 증거 : '울도군 절목(1902)'의 발견**
> 최근 1902년 대한제국이 초대 울도(울릉도) 군수 배계주에게 내린 '울도군절목'이 발견되었다. 이 사료에는 울릉도와 독도에서 이루어진 경제 활동에 대해 세금을 부과하는 내용이 있는데, 특히 울도 군수가 일본인이 독도에서 포획한 강치(물범류)의 일본 수출에 세금을 부과했다는 구절이 있어 대한제국이 독도를 실효적으로 지배했음을 입증하고 있다. 즉 일본인에 대한 세금의 부과는 독도가 대한제국 영토임을 당시의 일본인 스스로가 인정했다는 점을 분명히 보여준다.
>
> **3. 일본의 독도 점유권 주장(1905)**
> 다른 나라가 이 무인도를 점유했다고 인정할만한 증거가 없다. 기록에 따르면 1903년 이래 나카이란 자가 이 섬에 이주하여 어업에 종사한 바, 국제법상 점령한 사실이 있는 것으로 인정되므로 이 섬을 본국 소속으로 하고 시마네현에서 관할하도록 한다.
> 〈일본내각회의, 1905〉
>
> 👉 일본의 독도 영유권 주장의 근거는 시마네 현 고시(告示)이다.(1905. 2) 사료는 일본정부가 이 고시를 합법화시킨 내용이다. 그러나 대한제국은 이보다 5년이나 앞서 관할권에 관한 칙령을 발표하였으므로 명백한 강탈 행위라고 볼 수 있다.
>
> **4. 일본의 독도 강탈에 대한 대한제국의 대응**
> ① 본 군 소속 독도는 백여 리 떨어진 먼 바다에 있는데, 일본 관원 일행이 울릉도 관아를 방문하여 독도가 일본 영토로 되었기 때문에 살펴보러 왔다고 하므로 이에 보고합니다. 〈울릉도 군수의 보고서, 1906. 3. 29〉
> ② 보고서는 잘 보았다. 독도가 일본 영토라는 말은 사실 무근한 일이다. (사태가 심상치 않으니) 그 섬의 형편과 일본인의 행동 여하를 다시 조사하여 보고하라.
> 〈의정부의 지령, 1906. 5. 20〉
>
> 👉 울릉 군수 심흥택의 보고로 그 사실을 알게 된 조선 정부는 일본의 독도 편입 사실이 근거가 없다며 부인하고 있다.

5 을사조약에 대한 민족의 저항

1. 한반도를 둘러싼 러·일의 대립과 러·일 전쟁

(1) 제1차 러·일 협상(베베르·고무라 각서, 1896. 경성 의정서)
① 러시아는 조선에서 일본과 같은 수의 군대를 주둔할 권리를 얻었다.
② 일본은 서울·부산 전신선 가설과 거류민 보호 명분으로 계속적 군대 주둔 권리를 인정받았다.

(2) 제2차 러·일 협상(로마노프·야마가타 의정서, 1896. 모스크바 의정서)
① 러시아는 니콜라이 2세의 대관식에 참석한 조선(대표 민영환)·일·청의 사절과 각각 비밀 협정을 체결하였다.
② 러·일은 두 나라 군대의 완충 지대를 확정할 것을 밀약하여 조선이 사실상 러·일 양국의 공동 보호령이 되었으며 일본은 조선을 39도선으로 분할할 것을 제의했으나 러시아가 거부하였다.

(3) 제3차 러·일 협상(로젠·니시 협정, 1898. 동경 의정서)
① 조선·일본 간의 상업·공업 관계의 발달을 러시아가 방해하지 않는다는 조항으로 일본의 경제적 권리를 인정하였다.
② 만·한 교환론(1898) : 일본이 러시아에게 조선과 만주를 각자의 세력권으로 하자고 제안했으나, 러시아가 거부하였다.

(4) 제1차 영·일 동맹(1902) 이후 일본의 공세 강화
① 용암포 사건(1903) 등 러·일 간의 긴장이 고조되었다.
② 일본은 조선에 대한 내정 간섭을 인정할 것과 만주에 대한 경제 침투를 허용할 것을 요구하였으나 러시아가 거절하였다.
③ 러시아는 북위 39도 이북의 땅을 중립 지대로 만들 것을 제안하였으나 일본이 거절하였다.

(5) 러·일 전쟁의 발발(1904. 2) : 협상이 결렬되자 일본 함대가 인천에 정박 중이던 러시아 전함 3척을 격침시키면서 전쟁이 시작되었다.

2. 을사조약(제2차 한·일 협약)의 체결(1905. 11)

① 내용 : 러·일 전쟁에서 승리한 일본이 대한제국의 외교권을 박탈하고 통감부를 설치하였다(초대 통감 이토 히로부미).
② 을사 5적(乙巳五賊) : 박제순(외부대신), 이지용(내부), 이근택(군부), 이완용(학부), 권중현(농상부)을 일컫는다. 총 9명의 대신 중 참정대신(수상) 한규설, 이하영(법부), 민영기(탁지부), 이재극(궁부) 4명은 반대하였다.

용암포 사건(1903. 4~1903. 8)
1903년 4월 러시아가 군대를 동원하여 압록강 하구 용암포를 점령한 사건이다. 내장원경 이용익의 조차 약속이 발단이나, 러시아는 삼림 벌채권과 러시아인의 보호를 구실로 용암포를 점령한 후 조선 정부에 압력을 가해 러시아 회사에게 용암포를 조차해 주도록 요구하였다. 조선은 이를 허락했으나 일본과 열강(미·영)이 강력히 반발하자 용암포를 조차지에서 개항지로 전환하였다. 이 사건으로 러·일 간의 긴장은 최고조에 이르렀으며, 결국 이듬해 러·일 전쟁의 발발로 이어졌다.

조선에 파견된 통감
① 1대 이토 히로부미 (1905. 3~)
② 2대 소네 아라스케 (1909. 6~)
③ 3대 데라우치 마사다케 (1910. 5~조선 총독으로 부임)

을사 5적의 오명을 피한 친일파 이하영
법무대신 이하영은 처음에는 반대했으나 곧 찬성으로 돌아섰으며, 후일 일제로부터 작위를 받았다.

> **사료** 을사조약 전문
>
> 제1조 일본 정부는 동경에 있는 외무성을 경유하여 지금부터 한국이 외국에 대하는 관계 및 사무를 감독 지휘할 수 있고, 일본의 외교 대표 및 영사는 외국에 거주하는 한국의 신민 및 이익을 보호할 수 있다.
> 제2조 일본 정부는 한국과 타국 간에 맺어진 조약의 실행을 완수할 것이며, 한국 정부는 앞으로 일본 정부의 중개 없이 어떤 조약이나 약속도 체결할 수 없다.
> 제3조 일본 정부는 한국 황제 폐하 밑에 한 명의 통감을 두되, 통감은 외교에 관한 사항을 관리하기 위해 경성에 주재하고, 친히 한국 황제 폐하를 찾아뵙는 권리를 가진다.
> 제4조 한국·일본과의 사이에 현존하는 조약과 약속은 본 협약에 저촉되지 않는 한 그 효력을 계속한다.
> 제5조 일본 정부는 조선 황실의 안녕·존엄을 유지할 것을 보증한다.
>
> 👉 2조에 의하면 한국은 그 어느 나라와도 일본의 중개 없이는 조약을 체결할 수 없는데 이는 주원 국가의 중요한 권리인 외교권이 박탈되었음을 의미한다.

3. 을사조약에 대한 민족의 저항

(1) **항일 언론 활동** : 장지연은 논설 '시일야방성대곡'(是日也放聲大哭, 이날에 목 놓아 크게 운다)을 〈황성신문〉에 게재하였고, 고종은 '을사조약 부인 친서'를 〈대한매일신보〉에 발표하였다.

> **사료** 장지연의 시일야방성대곡
>
> 천만 뜻밖에도 5조약은 어디에서부터 나왔는가? …… 우리 대황제 폐하는 강경하신 뜻으로 이를 거절하였으니, 이 조약이 성립되지 못한다는 것은 상상컨대 이토 후작이 스스로 알고 간파하였을 것이어늘, 아 슬프다. 저 개돼지만도 못한 우리 정부 대신이란 자들이 영달과 이득을 바라고 거짓 위협에 눌려 머뭇거리고 벌벌 떨면서 달갑게 나라를 파는 도적이 되어 4천 년 강토와 500년 종사를 남에게 바치고, 2천만 국민을 다른 사람의 노예로 만들었으니 …… 아, 원통하고 분하도다.
> 남의 노예가 된 우리 동포여! 살았는가, 죽었는가? 단군 기자 이래 4천년 국민 정신이 하룻밤 사이에 졸연히 망하고 만단 말인가. 아, 원통하고 분하도다, 동포여! 동포여!
> 〈황성신문〉, 1905. 11. 20〉
>
> 👉 이 논설로 「황성신문」은 일제에 의해 무기한 정간이라는 탄압을 받았다.

(2) **을사조약의 부당성을 알리려는 고종의 외교 노력**
① 미국에 특사 파견 : 미국인 특사 헐버트와 이승만(을사조약 직전)을 루스벨트 대통령에게 보내 외교적 지원을 호소하였다. 헐버트는 헤이그 특사와 합류하였다.

> **사료** 고종의 친서
>
> 1882년 이후 대한제국과 아메리카 합중국은 통상 관계를 유지해 오고 있습니다. …… 이제 일본은 1904년에 체결한 협정에서 약속한 것을 어기고 우리나라에 대한 보호 정치를 강행하니 본래의 조약에서 약속한 책무를 저버리려는 태도가 분명합니다. 또한 지난 2년간 일본의 행태를 보더라도 앞으로 대한제국을 문명적으로 대우할 리가 없다고 봅니다. 이제 우리나라의 멸망이 눈앞에 다가온 정세를 충분히 살펴 진정 우리를 도울 수 있는 방법이 무엇인지 깊이 생각해 주기 바랍니다. 〈루스벨트 대통령에게 보낸 고종 황제의 친서, 1905. 12〉
>
> 👉 고종은 조이미 조약의 제1관 '거중조정' 조항을 근거로 하여 미국의 지원을 호소하였다.

> **자료** 헐버트(Hulbert, 1863~1949)

한국인들은 타락되고 경멸을 받을 민족이며 훌륭한 일을 할 수 있는 능력이 없을 뿐 아니라, 지식 수준이 낮기 때문에 독립 국가로 존속하는 것보다 일본의 통치를 받는 편이 좋다고 말하는 것을 미국인들은 여러 번 들었다. 특별한 목적을 위하여 꾸며진 이와 같은 비난에 대해 필자는 다음 페이지에서 여러 가지 방법으로 답변할 수 있을 것이다. …… 독자들은 이 책을 읽는 동안 한국이 이토록 위기에 빠지게 된 사건의 추이는 어떠하였으며, 미국을 포함한 여러 열강들이 그 비극을 연출하는 데 어떠한 역할을 하였는가를 알게 될 것이다.

〈헐버트, 『대한제국 멸망사(The Passing of Korea)』〉

▲ 헐버트

약력 : 한국명 할보(訖甫)
- 1886 육영공원 교사로 입국하여 배재학당 등에서 가르쳤다.
- 1891 세계의 지리와 문화를 소개하는 인문 지리서인 『사민필지』 집필
- 1901 영문 월간지 〈Korea Review〉 발행
- 1905 을사조약 후 고종의 특사로 미국에 파견
- 1906 조선의 실상을 미국과 세계에 알리기 위한 의도로 『대한제국 멸망사』 집필
- 1907 헤이그로 이동, 이준·이상설·이위종과 함께 활동 ('제4의 특사')
- 1949 국빈으로 내한하였다가 서울에서 사망. 서울 양화진의 외국인 묘원에 묻힌 그의 묘비에는 "나는 웨스트민스터 사원보다 한국 땅에 묻히기를 소원한다."라는 글귀가 새겨져 있다.

② 헤이그 특사의 파견
  ㉠ 특사 이준, 이위종, 이상설을 만국 평화 회의가 열리던 네덜란드 헤이그에 파견하여 을사조약의 부당성을 전 세계에 호소하였다.
  ㉡ 결과 : 일본은 이 사건을 빌미로 고종을 퇴위시키고(1907. 7), 한·일 신협약(정미 7조약, 1907. 7)을 체결하였으며 대한제국의 군대를 해산하였다(1907. 8).

▲ 헤이그 특사의 이동로

> **사료** '한국을 위하여 호소한다'
>
> 일본인들은 항상 평화를 말하지만 어찌 사람이 기관총구 앞에서 평화롭게 살 수 있겠는가. 한국민이 모두 죽어 없어지면 모르겠지만, 한국의 독립과 한국민의 자유가 이루어지지 못하는 한, 극동의 평화는 있을 수 없다. 한국 국민들은 독립과 자유라는 공동 목표에 대하여 정신적으로 결합되어 있으며, 이 목적을 위하여 한국 국민들은 죽음을 무릅쓰고 일본인의 잔인하고 비인도적이며 이기적인 침략에 대항하고 있다. 〈헤이그에서 외신 기자들에게 행한 이위종의 연설〉

▲ 헤이그 특사 보도(프랑스, 회의시보)

나철(1863~1916)

(3) 을사조약 이후 애국지사들의 항일 의거

의사(義士)	의거 대상	장소 및 시기
나철·오기호	을사 5적 암살단	서울, 1907
전명운·장인환	일제의 미국인 앞잡이 외교 고문 스티븐스 사살	샌프란시스코, 1908
안중근	이토 히로부미 사살	만주 하얼빈, 1909
이재명	이완용 암살 시도	명동성당, 1909

> **사료** 안중근의 『동양평화론』
>
> 오늘날, 서양 세력이 동양으로 점차 밀려오는 환난을 동양 인종이 일치단결해서 온 힘을 다하여 방어해야 하는 것이 제일 상책임은 어린아이일지라도 익히 아는 바이다. 그런데 무슨 까닭으로 일본은 이러한 순리의 형세를 돌아보지 않고 같은 인종인 이웃나라를 약탈하고 우의를 끊어, 스스로 도요새가 조개를 쪼려다 부리를 물리는 형세를 만들어 어부에게 둘 다 잡히기를 기다리는 듯하는가? 만약 일본이 한국에 대한 정책을 바꾸지 않는다면 한국인·청국인들은 일본에게 치욕을 당하지 않기 위해 스스로 백인의 앞잡이가 될 것이 틀림없다. 그렇기 때문에 동양 평화를 위한 일본과의 의로운 싸움을 하얼빈에서 개시하고, 뤼순 항구를 담판하는 자리로 정하였다." 〈안중근〉

안중근은 일찍부터 근대적 지식을 배우고 애국 계몽 운동에 투신하여 삼흥학교(1906)를 설립하고 남포의 돈의학교를 인수하는 등 교육 사업을 추진했으며, 1907년에는 전국적으로 전개되던 국채 보상 운동에 적극 호응하여 국채보상기성회 관서 지부장으로 활동했다. 1907년 고종의 강제 퇴위 이후에는 연해주에서 이범윤, 최재형과 함께 의병을 조직하고 국내로 진격하여 함경도의 일본군 수비대를 격파하였다. 이후 한·중·일 삼국의 협력과 평화를 구상한 〈동양평화론〉의 주창자로서 한국을 침략하여 동양 평화를 깨는 상징적 인물 이토 히로부미를 처단(1909)하고 여순 감옥에서 순국하였다.

▲ 안중근(1879~1910)

▲ 여순 감옥에서의 안중근

(4) 애국 지사들의 자결과 순국

① 이한응(1905. 5. 12) : 을사조약이 체결되기 전, 주영 대리 공사로써 제1차 한·일 협약과 제2차 영·일 동맹으로 정상적인 국권 수호 외교 활동이 불가능해지자 이에 항의하며 **영국에서 자결**, 순국하였다.

② 민영환(1905. 11. 30) : 시종 무관장으로서 의무를 다하지 못한 유서를 남기고 자결, 순국하여 후일 대중들에게 큰 영향을 주었다.
③ 조병세(1905. 12. 1) : 전직 대신으로서 조약의 부당성을 호소하였으며, 일본군에 의해 서울 밖으로 강제 추방되던 도중 가마 안에서 자결, 순국하였다.
④ 송병선(1905. 12. 30) : 조선 유학의 큰 맥인 우암 송시열의 9대손으로, 유림의 기개를 과시한 순국이었다.

사료 | 자결 순국 열사들의 유서

- 오호라! 나라의 주권이 없어졌으니, 사람의 평등이 없어졌으니, 무릇 모든 교섭에 치욕이 망극할 따름이라. 진실로 핏기를 가진 사람이라면, 어찌 견디어 참으리오? 슬프다! 종사가 장차 무너질 것이요, 온 겨레가 모두 남의 종이 되리로다. 구차히 산다 한들 욕됨만이 더할 따름이라. 이 어찌 죽음보다 나으리오. 뜻을 매듭지은 이 자리에 다시 이를 말 없노라. ⇒ 을사조약 직전, 영국에서 순국 〈이한응〉
- 오호라! 국치민욕(國恥民辱)이 이에 이르니 우리 인민은 장차 경쟁에서 진멸될 것이로다. 무릇 살려고 하는 자는 반드시 죽고 죽음을 기약하는 자는 삶을 얻으리니 여러분 이를 양해하라. 영환은 한번 죽음으로써 황제의 은혜에 보답하고 2,000만 동포에게 사죄하노니 영환은 죽어도 죽지 않음이라. 〈민영환〉

> 자결 시 민영환이 흘린 핏자국에서 대나무가 솟아나서 사람들이 '민충정공의 한이 남긴 혈죽'이라고 불렀다고 한다.

6 항일 의병 전쟁의 전개

1. 을미의병(1895)

전기 의병 투쟁 : 을미의병(1895~)	
발단	명성황후 시해 사건인 **을미사변**과 **단발령**을 계기로 봉기
특징	한말 의병의 시작 : **존화양이론 기반**, 근왕적 성격, 반개화·반침략 투쟁
의병장	① 최초의 의병 : 을미사변 직후인 1895년 9월 18일 **무과 출신 문석봉**이 충청도 유성에서 거병 ② 단발령(1895. 11. 15) 공포 후 전국적 봉기 : 김하락(이천), 이소응(춘천), 민용호(관동의병), **유인석·김백선**(제천), **이강년**(문경), 기우만·기삼연·고광순(호남) ③ 지휘부는 **위정척사적 유생 중심**(선대 조상 중에 현직자가 거의 없는 몰락 양반층이라는 특징)

사료 | 을미의병

- 국모가 섬 오랑캐의 해를 입었으니 하늘과 땅이 바뀌었고, 성상(聖上)이 단발의 욕을 받았으니 해와 달이 빛을 잃었도다. 〈민용호, 『관동창의록』〉
- 전술을 알지도 못하는 유생이나 무기도 없는 농민이 순국을 각오하고 맨손과 맨주먹으로 적과 싸워 뼈를 들판에 파묻을지언정 조금도 후회하지 않았으니, 이것이야말로 오랜 역사적 전통 가운데 배양된 민족정신의 발로였다. 〈박은식, 『한국독립운동지혈사』〉

2. 을사의병(1905)

중기 의병 투쟁 : 을사의병(1905~)	
발단	러·일 전쟁, 제1차 한·일 협약, **을사조약** 등 일제의 침략
특징	① 대규모 의진의 경우 **전직 관료들의 의병 참여**가 두드러짐 ② 다수의 평민 출신 의병 참여(상당수의 포수와 **활빈당의 잔여 세력**이 가세) ③ 양반 유생 의병장이라 하더라도 위정척사적인 명분론보다는 국권 회복 의지가 강함
의병장	① 원용팔(원주) : 150여 명의 포수들을 근간으로 대규모 의병으로 확대, 1905년 10월 피체 후 옥중 단식 순국 ② 민종식 : 전직 이조참판, **충남 홍주성 점령**, 대규모 의진을 구성하여 의병의 규모가 1,100여 명 ③ 최익현·임병찬 : 전북 태인에서 봉기, 진위대와의 교전을 거부, 일제에 피체되어 대마도에서 순국 ④ 평민 **의병대장 신돌석**(1878~1908) : 태백산맥 일대를 근거지로 활약, 일제에게 실질적인 위협을 주었으며 '**태백산 호랑이**'란 칭호

사료 을사의병(1905~)

오호라. 작년 10월에 저들이 한 행위는 만고에 일찍이 없던 일로서, 억압으로 한 조각의 종이에 조인하여 5백 년 전해 오던 종묘사직이 하룻밤 사이에 망하였으니, 천지신명도 놀라고 조종의 영혼도 슬퍼하였다. 나라를 들어 적국에 넘겨 준 이지용 등은 실로 우리나라 만대의 변할 수 없는 원수요, 자기 나라 임금을 죽이고 다른 나라 임금까지 침범한 이토 히로부미는 마땅히 세계 열방이 함께 토벌해야 할 역적이다. 우리에게 이웃 나라가 있어도 스스로 결교(結交)하지 못하고 타인을 시켜 결교하니 이것은 나라가 없는 것이요, 임금이 없는 것이다. 나라가 없고 임금이 없으니 우리 삼천만 인민은 모두 노예이며 신첩일 뿐이다.

〈최익현〉

전라도 태인에서 의병을 일으킨 최익현은 순창에 입성하였으나 전주·남원 진위대와 대치하게 되자 '너희가 왜적이라면 즉각 결전하겠으나 동족끼리 죽이는 일은 차마 할 수 없다.'하며 항전을 중단하였다. 이후 일본군에 의해 쓰시마섬으로 압송되어 순절하였다.

▲ 최익현(1833~1906)

3. 정미의병(1907)의 전국 확대

박승환 참령(1869~1907)

후기 의병 투쟁 : 정미의병(의병 전쟁, 1907~)	
발단	고종 퇴위(1907. 7. 19), 군대 해산(1907. 8. 1), 총포 및 화약류 단속법(1907. 9, 포수들의 집단 반발)
	① 해산 군인들의 가담 ㉠ 시위 1연대 1대대장 **박승환 참령의 자결·순국** : '군인으로서 나라를 지키지 못하였으니 만 번을 죽어도 좋다.' → 해산 군인 1,000여 명이 치열한 시가전 전개(일본군 40여 명 사살) ㉡ 지방 진위대의 의병 전환 → 원주, 진주, 강화, 춘천, 홍주 진위대 의병 합류로 무장 역량 강화

구분	내용
특징	② 통합된 의병 조직 **전국 연합 의병(13도 창의대진소) 결성** 　㉠ **총대장 이인영, 군사장 허위**, 민긍호(관동), 이강년(호서), 권중희가 참여 　㉡ 서울 진공 작전(1907. 12) : 1908년 1월 허위의 선봉대가 동대문 밖 30리 지점까지 진격 → 일본군에게 저지됨 　㉢ 서울 주재 외국 공관에 서한을 보내 **국제법상의 교전 단체로 인정**해줄 것을 요구함 ③ 호남 의병의 격렬한 저항 → 일제의 '**남한 폭도 대토벌 작전**'(1909)으로 가혹한 탄압 ④ 포수들의 대거 의병 가담 : 일제가 총포 단속법으로 총기를 회수하자 이에 반발 → **홍범도** · 차도선 봉기
의병장	① 중부 지역 : 김수민, 이강년, 허위, 민긍호(원주 진위대 출신 해산 군인) ② 영남 지역 : 신돌석, 정용기 · 정환직(부자가 뒤를 이어 의병장에 오름), 서병희 ③ 호남 지역 : 후기 의병 주도(1908~1909), **고광순, 기삼연, 전해산, 안규홍** 등 다수 ④ 함경 지역 : 포수와 해산 군인이 주축, 홍범도, 차도선, 태양욱 등
일제의 탄압과 독립군으로의 전환	① **일제의 회유책** : 함경도 의병장 태양욱은 일제의 사면 약속을 믿고 귀순 → 처형됨 ② **일제의 군사력 증대** : 조선 주차군 2개 사단 외에 병력 증파 　㉠ 1908년 5월 2개 연대 1,600명 증파 　㉡ 1909년 6월 1개 여단 병력(1만여 명) 증파 　㉢ 헌병대 증강 : 1907년 10월 200명 규모 → 9월 **6,500명**으로 증가 　㉣ 전국적으로 800여 명의 정탐원 파견(1908), 의병 진압 목적의 특별 순사대 편성 　㉤ **무자비한 탄압** : 수많은 의병의 학살, 방화, 약탈, 민간인 학살 자행 → **전사 의병 최소 3만 이상 추정** ③ 1909~1915년까지 국내 의병은 지속됨 : **채응언(국내 최후의 의병장** 1915년 피체 순국), 홍범도, 임병찬, 강기동, 유인석 등 → 방향 전환 모색(국외 망명 및 국내 비밀 결사 운동)

일제의 남한 대토벌 작전(1909. 11)

일본군의 잔악한 호남 의병 초토화 작전으로 의병 운동은 큰 타격을 받았다. 의병과 일본군의 전투 회수는 2,700여 회에 달했으며 다수의 의병장을 비롯하여 1만 7,000여 명의 의병이 전사하고 약 2,000여 명이 체포되었다. 이후 국내의 의병 활동은 유격 전술로 전환되고, 일부는 간도 · 연해주 지역으로 이동하게 된다.

의병장 홍범도(1868~1943)의 활약

1868년 평양에서 평민의 아들로 태어난 홍범도는 1883년 평양의 친군 서영에 입대하여 군인이 되었고 학대에 못이겨 군대를 나와서는 여러 직업을 전전하였다. 함경도에 정착하여 타고난 사격술로 포수와 농사로 살던 중에 일제가 '총포 및 화약류 단속법'으로 무기를 빼앗으려 하자 차도선과 함께 갑산 지역에서 봉기하였다. 1907년 11월 후치령 전투의 대승을 시발로 하여 삼수성을 점령하는 등 일제에 대한 실질적이고 직접적인 타격을 가했다. 일본군은 그를 '날으는 장군 飛將軍'이라 부르며 두려워하였다. 일제의 고문으로 아내가 살해되고 아들은 16세의 나이로 의병 중대장이 되어 일군과 싸우다 전사하였다. 일제의 탄압으로 연해주로 망명하여 이범윤, 안중근, 유인석, 이동휘 등과 연합하였으며 1910년 6월에 결성된 연해주 '13도 의군'에 참여하였고, 1914년 '대한 광복군 정부'를 세운 권업회에서 활동하였는데 그의 이러한 불굴의 노력이 1920년 '봉오동 · 청산리' 전투로 이어질 수 있었던 것이다.

사료 정미의병(1907~) 13도 창의 대진소의 서울 진공 작전

군사장 허위는 미리 군비를 신속히 정돈하여 철통과 같이 함에 한 방울의 물도 샐 틈이 없는지라. 이에 전군에 명령을 전하여 일제히 진군을 재촉하여 동대문 밖으로 진격할 때, 대군은 긴 뱀의 형세로 천천히 전진하게 하고, …… 3백 명을 인솔하고 선두에 서서 동대문 밖 삼십 리 되는 곳에 나아가 전군이 모이기를 기다려 일거에 서울로 공격하여 들어가기로 계획하더니, 전군이 모이는 시기가 어긋나고 일본군이 갑자기 진격해 오는지라. 여러 시간을 격렬히 사격하다가 후원군이 이르지 않아 할 수 없이 퇴진하였다.　〈대한매일신보〉, 1909〉

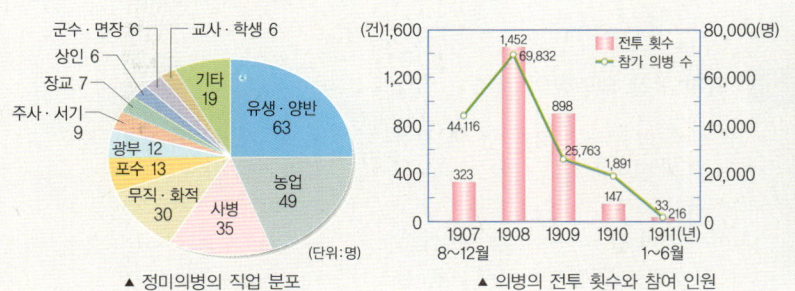

▲ 정미의병의 직업 분포　▲ 의병의 전투 횟수와 참여 인원

▲ 해산 군인이 참여한 정미의병

자료 의병 전쟁과 일제의 폭압적 탄압

▲ 일제의 남한 대토벌 작전도

▲ 체포된 의병장들

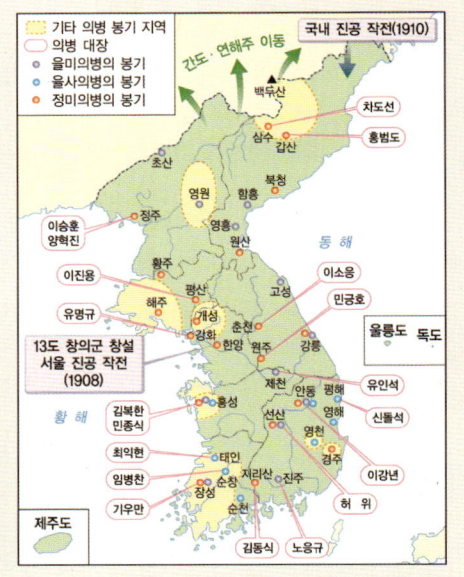
▲ 전국적인 의병 봉기

5. 의병 전쟁의 의의와 한계

(1) 의의 : 20여 년간(1895~1915) 지속된 전 민족적인 반제국주의 항일 무력 투쟁으로, 일제의 조선 병합을 지연시킬 수 있었으며 후일 항일 무장 독립운동으로 계승되었다.

(2) 한계 : 위정척사 사상을 계승하여 **양반 의병장들의 지도 노선을 둘러싼 갈등**이 야기되었다.

① 을미의병 : 양반에게 항의했다는 명목으로 평민 **의병장 김백선을 처형**(제천)하여 투쟁 역량이 급속히 약화되었으며, 고종의 해산 권고 조칙에 따라 스스로 해산하였다.

② 을사의병 : 최익현이 관군과의 싸움을 포기하고 <u>스스로 해산</u>하였다.

③ 정미의병 : 13도 창의 대진소 총대장 이인영이 부친상을 당하자 '불효는 불충'이라 하여 <u>서울 진공 작전을 포기</u>하였다.

사료 양반 유생 의병장의 한계

- 그들이 왜(倭)라면 마땅히 한 번 결전을 벌여 보겠지만 왜가 아니고 관군이라면 이것은 우리가 우리를 치는 것이니 어찌 차마 할 수 있겠는가? 〈최익현〉
- 나라에 대한 불충은 어버이에 대한 불효, 어버이에 대한 불효는 나라에 대한 불충이다. 그러므로 나는 3년상을 치른 뒤 다시 의병을 일으켜 일본을 소탕하고 대한(大韓)을 회복하겠다. 〈이인영〉

7 애국 계몽 운동의 전개

1. 애국 계몽 운동의 성격

(1) **사회 진화론의 영향** : 교육과 산업 진흥을 통한 **자강 운동**(실력 양성 운동)을 중심으로 국권 회복 운동을 전개하였다.
(2) **주도 세력 분포** : 갑오개혁, 독립 협회의 활동가를 중심으로 신학문을 수용하던 학생, 민중층이 가세하였다.

애국 계몽 운동 명칭 유래
'애국 계몽 운동'이라는 용어는 해방 이후 사학자 손진태에 의해 처음으로 사용되었다. 1980년대 이후로 학계는 1904~1910년 간의 자강 운동을 애국 계몽 운동이라고 명명하였다.

주도 세력	헌정연구회(1905. 5) 대한자강회(1906. 4) 서북학회(1908) 계열	「황성신문」 계열	신민회 온건파 계열	신민회 급진파와 국학자 대종교 계열
특징	정치적 참여에 높은 관심 표명	유학에서 개화로 전환한 개신 유학자 중심	지식인과 신흥 상공인 계열 중심	대한매일신보(양기탁, 신채호), 상동학원(전덕기, 이회영, 이준, 이동녕), 무관 출신(이동휘, 이갑, 유동렬), 국학자(주시경) 등
중심 인물	윤효정, 권동진(천도교), 윤치호(기독교) 등	장지연, 박은식 등	안창호, 최남선(청년학우회), 이승훈(신흥 상공인)	
활동 노선	• 일본의 반러시아적 **아시아연대론**을 찬성 • 을사조약을 인정하여 선 실력양성 후 독립 노선을 주장	• 일본의 아시아연대론과 일·한동맹론의 필요성 인정 • 을사조약을 인정하지 않으며 비타협적 자강 운동을 지향	• 일한동맹론에 비판적 • 실력 양성의 중요성을 주장하여 **선 실력 양성, 후 독립론** 주장 • 해외 독립운동 기지 건설에 참여하지 않음	• 일한동맹론과 을사조약에 대해 철저히 비판적 입장 • 선 실력 양성 노선을 버리고 선 독립론을 지향(1909) → **군사적 실력 양성 운동**으로 발전 • 만주에 독립운동 기지를 건설하고 **신흥무관학교**를 설립
향후 활동	점차 친일화	• 일부 친일화 • 다수 독립운동 참여	• 임시정부 수립 활동에 참여 • **국내 민족 운동의 중심 세력** 형성	• 임시정부에 적극 참여 • 철저하고 지속적인 항일 운동 추진

(3) **40여 개의 단체 결성** : 각 계열별로 여러 운동 단체가 설립되고 각 분야에서 개화와 자강 운동을 전개하였다.
(4) **의의**
① **긍정적 측면** : 국권을 수호하고 자주 독립을 위한 문화적·점진적 운동이었다.
② **한계** : '사회 진화론'에 입각하여 **강자**(제국주의)의 **약자**(식민지) 지배를 인정하였으며 대체로 **의병 전쟁에 대해 부정적 태도**를 취하였다.

아시아연대론과 일·한 동맹론
일본이 내세운 동아시아 전략이다. 일본을 중심으로 중국, 조선 등이 연합하여 러시아 및 서구 세력과 맞서야 한다는 주장으로 일본의 조선 병합 야욕을 숨기고 조선인들의 협력을 이끌어내려는 기만적 구호였다.

> **사료** 애국 계몽 운동의 지향 목표

- 지금 나라가 기울어져 가는데 우리가 그저 앉아 있을 수 없다. 이 아름다운 강산, 선인들이 지켜온 강토를 원수인 일인(日人)들에게 내어 맡긴다는 것이 차마 있어서는 안 된다. 총을 드는 사람, 칼을 드는 사람도 있어야 할 것이다. 그러나 그보다도 더 중요한 일은 백성들이 깨어나는 일이다. 세상이 어떻게 돌아가는지를 모르고 있으니 그들을 깨우치는 것이 제일 급선무다. 〈이승훈, 오산학교 개교식〉
- 개인으로서 부모의 원수를 갚는다는 것은 다만 한 자루의 칼로써 일을 해낼 수 있으나 국가의 원수를 갚는 데 있어서는 '때'와 '힘'을 헤아려 보지 않을 수 없는 것이다. '때'와 '힘'을 헤아리지 않고 다만 한때의 피나는 분통에 격하여 오합지중을 모아 소란스럽게 망령된 행동을 한다면 혼란을 더하고 백성들의 괴로움을 더하게 할 뿐이다.

《대한매일신보》

👉 실력 양성을 위해서는 교육과 산업이 급선무라는 견해와 의병의 무장 투쟁에 대해 부정적인 시각을 보이고 있다.

2. 애국 계몽 단체의 활동

(1) 보안회(1904)의 황무지 개척권 반대 투쟁
① 배경 : 일제가 우리나라 국토의 1/3에 해당하는 황무지 개척권을 요구하자 (1904. 7) 유생·전직 관리·기독교도 등이 주도하여 민간 단체인 **보안회**를 설립하였다.
② 주도 인물 : 원세성, 송수만, 이기 등이 황무지 개간 반대 운동을 전개하여 일제가 이를 철회하였으며 이준, 이상설의 참여로 협동회로 발전하였다.
③ 활동 : 우리힘으로 황무지를 개발하기 위해 ==농광 회사 설립을 시도==했으나 일제의 탄압으로 해산되었으며 일제도 보안회에 자극을 받아 친일 단체인 ==일진회==를 조직하였다.

(2) 헌정연구회(1905)
① 조직 : 이준, 윤효정 등이 민중의 정치 의식 고취와 입헌 의회 제도의 수립을 목적으로 조직하였다.
② 활동 : 일진회의 반민족적 행위를 규탄하다가 일제에 의해 해산되었으며 대한자강회로 계승되었다.

(3) 대한자강회(1906)
① 배경 : 기독교 청년회, 〈황성신문〉을 기반으로 헌정연구회를 계승하였다.
② 활동 목표 : 교육과 산업의 증진·정신 자강론 등 점진적 자강 운동을 지향하였다.
③ 조직 : 회장(윤치호), 부회장(윤효정), 일본인 고문이 참여했으며, 지방에 33개 지회와 회원 2,000여 명을 확보하였다.
④ 활동
  ㉠ 〈대한자강회 월보〉를 간행하고, 고종 퇴위 반대 집회를 주도하였다.
  ㉡ 이완용의 집을 불사르고 일진회 기관지를 공격하였으며 일제에 의해 강제 해산되었다(1906).
  ㉢ 정책 제시 : 의무 교육 실시를 주장하고 일문 교과서 편집 기도를 저지하였으며, 국채 보상 운동을 지원하였다.

(4) 대한 협회(1907) : 교육과 산업 발달을 통한 실력 양성 운동을 하였으며 기관지로 〈대한협회보〉를 발행하였다(1908).

농광회사 설립 시도
황무지 개척안으로 대표되는 일제의 토지 침탈에 맞서기 위해 정부 고위 관리 출신이던 이도재 등이 개간 사업을 목적으로 근대적 농업 회사를 설립하려 하였다. 그러나 일제의 방해로 실제 업무를 수행하지 못한 상태에서 해체되고 말았다.

일진회(一進會, 1904. 8)
① 송병준이 동학 간부인 이용구와 손잡고 동학과 통합하여 설립한 친일 단체이다.
② 을사조약 체결 이후 기관지 〈국민신보(國民新報)〉를 통한 친일 여론 조성, 1905년 일본에 외교권을 위임하자는 〈일진회 선언문〉 발표, 고종의 양위 주장, 1909년 '일진회 합방 성명서' 발표 등 각종 매국 행각에 앞장섰다. 1910년 해체되었다.
③ 일제는 합병 이후 즉시 일진회를 강제 해산하였는데 이 과정에서 우두머리인 이용구는 일제로부터 10만 엔의 하사금을 받았으며, 일진회원들은 각자 500엔에서 10엔 정도의 나라를 판 수고비를 지급받았다.

공진회(共進會, 1904. 12)
일진회에 대항하는 반일 단체로 보부상들과 일진회에 참여하지 않은 독립 협회 출신들이 제휴하여 결성하였다. 일진회의 해산을 도모하며 맞서다가 일본군의 개입으로 1905년 1월에 해산되었다.

① 활동 : 전국 60여 개의 지회에 수만 명의 회원이 참여하였다.
② 변화 : 지도부가 일진회와의 연합을 획책하는 등 점차 친일적 색채로 변해갔다.

(5) 각 지역별 학회(學會)의 조직
① 성격 : 명목상 교육 단체이나, 실제로는 구국 운동 단체로 정치와 교육을 결합하였다. 대한자강회 해산 이후 본격적으로 조직되었다.
② 서북학회(1908) : 평안도 출신의 서우학회(1906)와 함경도 출신의 한북흥학회(1906)의 통합 단체로 이동휘, 안창호, 박은식 등이 참여하였으며 서북협성학교, 평양대성학교를 설립하였다.
③ 호남학회·호서학회(1907), 기호흥학회·관동학회(1908) 등이 활동하였다.
④ 일제는 '학회령'(1908)을 공포하여 학회의 정치 참여를 금지시켰다.

> **사료** 대한자강회 설립 취지문
>
> 무릇 우리나라의 독립은 오직 자강 여하에 달려 있다. 자강의 방도를 강구하려 할 것 같으면 다른 곳에 있지 않고, 교육을 진작함과 식산 흥업에 있다. 무릇 교육이 일어나지 않으면 인민의 지식이 열리지 않고, 산업이 일어나지 않으면 나라의 부가 강해지지 못하는 것이다. 그러한즉슨 인민의 지식을 열고 국력을 기르는 길은 교육과 산업의 발달에 달려 있다고 아니할 수 있겠는가! 이는 교육과 산업의 발달이 하나뿐인 자강의 방법임을 알려주는 것이다.

▲ 대한자강회 월보

(6) 신민회(1907)
① 배경 : 재미 애국 지사들이 주도(1906년 초 캘리포니아 회합)하였으며, 대표 **안창호**가 "대한신민회 취지서"를 가지고 귀국하면서 국내에 조직되었다.
② 결성(1907. 4) : 안창호, 양기탁, 신채호, 이동휘, 이동녕 등이 주도하였으며 언론계(대한매일), 기독교 청년회계(상동학원), 교육계 인사, 무관 출신 등이 참여하였다.
③ 조직 : 비밀 결사적 형태를 유지하였으며, 중앙·지방의 조직이 구성되어 대략 800여 명의 회원이 참여하였다.
④ 활동 목표 : 공화 정체의 국민 국가 건설(최초의 공화정 주장)을 목표로 하였다 (비밀 결사적 조직 형태를 취한 이유).
⑤ 활동
  ㉠ 학교의 설립 : 평양의 대성학교(안창호)와 정주의 오산학교(이승훈)를 설립하였다.
  ㉡ 회사의 설립
    • 평양의 도자기 회사(1908, 이승훈)를 세웠으며 생산 공정에 기계 동력을 도입하였다.

도산 안창호(1878~1938)

평양 출신으로 언더우드의 구세학당에서 수학했으며 독립 협회 관서 지부에서 활동하였다. 당시 명연설가로 이름을 떨쳤다. 1902년 도미하였다가 을사조약 후 구국 운동을 위해 귀국(1907)하여 신민회에 참여하였다. 1910년 미국으로 망명하여 흥사단을 조직했으며(1913) 임시정부 내무총장을 역임했다. 이후 이동녕·김구와 한국독립당을 결성(1928)했으며 윤봉길 사건으로 일본에 피체되어 국내에서 옥고를 치렀다. 1937년 수양동우회 사건으로 투옥되어 그 후유증으로 이듬해 사망했다. 실력 양성론에 입각한 독립 활동을 중시하였다.

신민회 외곽 단체 청년학우회

신민회(新民會)는 청년 운동을 담당할 합법적인 단체의 창립을 추진했다. 이에 1909년 8월 윤치호(尹致昊)·최남선(崔南善)·차리석(車利錫)·이승훈(李昇薰) 등 신민회 간부 12명의 발의로 신민회의 외곽 단체로서 청년학우회가 조직되었다. 청년학우회는 비정치적인 인격 수양을 표방했으나 실제로는 국권 회복을 위한 구국 청년 단체였다. 1913년 흥사단으로 발전하였다.

- 서울, 평양, 대구에 태극 서관을 개설(이승훈, 안태국)하여 서적을 출판, 보급하였다.
- 협동동사, 상무동사(평북 용천) 같은 상회사를 설립하였다.

ⓒ **해외 독립운동 기지** 건설과 군사적 실력 양성 운동
- 만주(간도)와 연해주에 독립운동 기지를 건설하였다.
- **신흥무관학교 설립(1911)** : 서간도 삼원보에 집단 이주한 **이회영** 일가가 국내의 모든 재산을 처분하여 당시 50만 원(현재 600억 이상)의 돈으로 설립한 독립운동가 양성 학교로 후일 **독립운동 지도자의 산실**이 되었다.

② **기관지** : 〈대한매일신보〉(양기탁)가 기관지의 역할을 하였으며, 잡지 「**소년**」(최남선)도 발행하였다.

(7) **국내 조직의 와해** : 일제가 일으킨 105인 사건(1911, 안명근 사건이 발단)으로 해체되었다(1911).

(8) **영향** : 한말 계몽 운동 계열의 중심 세력을 형성하여 이후 임시정부 수립과 만주 무장 투쟁에 밑거름이 되었다.

신민회의 해외 독립운동 기지
① 서간도 삼원보(경학사)에 설립한 신흥무관학교(1911)
② 밀산부 한흥동에 설립한 밀산무관학교(1913. 이갑, 이동휘)
③ 블라디보스토크에 건설된 신한촌
④ 북간도 왕청현에 설립한 동림무관학교(1913. 이종호, 이동휘)

사료 신민회의 활동 목표

- 신민회는 무엇을 위하여 일어남이뇨? 민습의 완고 부패에 신사상이 시급하며, 민습의 우미에 신교육이 시급하며, 열심의 냉각에 신제창이 시급하며, 원기의 쇠퇴에 신수양이 시급하며, 실업의 초췌에 신모범이 시급하며, 정치의 부패에 신개혁이 시급이라, 천만 가지 일에 신(新)을 기다리지 않는 바 없도다. 무릇 우리 대한인은 내외를 막론하고 통일 연합으로써 그 진로를 정하고 독립 자유로써 그 목적을 세움이니, 이것이 신민회가 원하는 바이며, 신민회가 품어 생각하는 소이이니, 간단히 말하면 오직 신정신을 불러 깨우쳐서 신단체를 조직한 후에 신국을 건설할 뿐이다.
〈주한 일본 공사관 기록〉

1. 독립군 기지는 일제의 통치력이 미치지 않는 만주 일대에 설치하되, 후일 독립군의 국내 진입에 가장 편리한 지대를 최적지로 한다.
2. 최적지가 선정되면 국내의 신민회 조직을 통해 비밀리에 자금을 모아 토지를 구입한다.
3. 토지가 매입되면 국내에서 애국적 인사들을 단체 이주시켜 신 한민촌을 건설하도록 한다.
4. 새로이 건설된 신 한민촌에서는 학교와 교회, 기타 교육 문화 시설을 만드는 한편, 무관학교를 설립하여 문무쌍전(文武雙全)의 교육을 실시하고 무관을 양성한다.
5. 독립군이 강력하게 양성되면 최적의 기회를 포착하여 독립 전쟁을 일으켜서 국내로 진입한다.
〈안도산 전서〉

개항 이후의 경제와 사회   04

1 열강의 경제 침탈

1. 일본 상인의 무역 독점

(1) **약탈 무역** : 치외 법권(강화도 조약), 일본 화폐 사용권(조·일 수호 조규 부록), 무관세·양곡의 무제한 유출(통상 장정) 등의 특권을 등에 업고 약탈적인 무역 활동을 전개하였다.

(2) **거류지 무역** : 개항장 10리 이내에서 활동하였으며, 조선 상인들을 매개로 무역을 하였는데, 객주·여각·보부상들이 중간 상인으로 국내 소비지를 연결하여 많은 이득을 얻기도 했다.

(3) **중계 무역**
① 수입 : 영국산 면직물을 매입하여 조선에 비싼 값으로 판매하였다.
② 수출 : 조선의 곡물, 귀금속(금) 등을 싼값에 반출하였다.

(4) **내륙 진출** : 조·일 통상 장정의 개정(1883)으로 내륙으로 진출하면서 약탈 무역을 확대하자 많은 조선 상인이 몰락하였다.

한눈에 보기 중계 무역

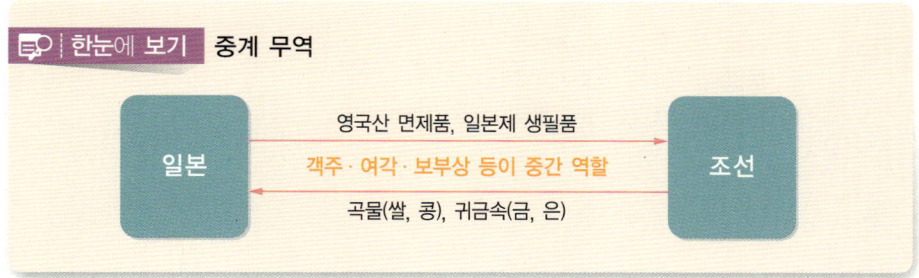

2. 청과 일본의 상권 침탈 경쟁

① **조·청 상민수륙무역장정(1882)** : 청나라 상인의 내륙 진출이 허용되자 일본의 무역 독점에 도전하면서 각축을 벌였다.

② **일본의 대응** : 청·일 전쟁(1894~1895)을 통하여 청의 추격을 뿌리치고 조선 시장을 독점하였다.

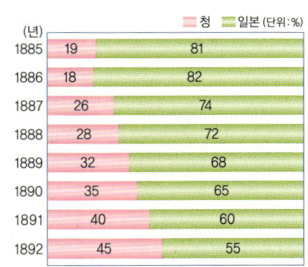

▲ 조선 시장에서의 청·일의 경쟁

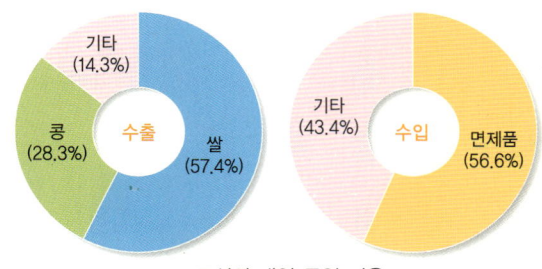

▲ 조선의 대일 무역 비율

3. 조선의 금 유출

① **금의 유출** : 악화된 대일 무역 수지 적자는 금으로 충당되었기 때문에 다량의 금이 일본으로 유출되었으며 조선 정부는 적극적으로 **금광 개발**을 추진하였다.

② **금의 밀무역** : 금은 관세 부과 대상이 아니었기 때문에 엄청난 금이 일본으로 흘러들어 갔는데 한 해 300만 달러가 넘기도 하였다.

③ **일본의 금본위제 토대** : 1880~1890년대 전반 조선에서 수입해 간 금은 일본 금 수입액의 거의 100%에 달하여 사실상 금본위제의 기반이 되었다.

4. 제국주의 열강의 경제 침탈

(1) **열강에 의한 이권 침탈** : 아관 파천(1896) 이후 본격화되었다.

① 러시아가 이권을 차지하면서 '최혜국 대우' 조항에 따라 미국·영국·독일·일본 등도 이권을 요구하였다.

② **열강의 관심 분야** : 주로 금광, 삼림, 철도(일본) 등이었다.

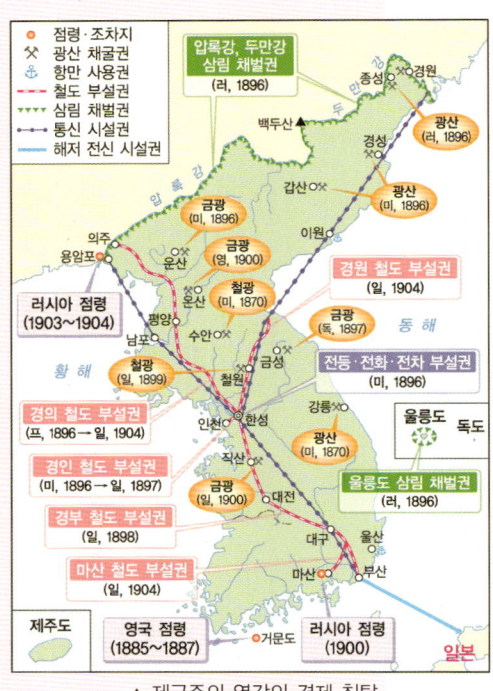

▲ 제국주의 열강의 경제 침탈

러시아	경성·종성 광산 채굴권, 두만강·압록강·울릉도 삼림 채벌권
미국	경인선 부설권, 운산 금광 채굴권, 전등·전화·전차 부설권
일본	경부선·경원선 부설권, 경인선(미)·경의선(프) 부설권 인수, 직산 금광 채굴권
영국	은산 금광 채굴권
독일	당현 금광 채굴권
프랑스	경의선 부설권(1896) → 일(1904)

> **사료** 미국의 운산 금광 개발과 노다지의 어원(語源)
>
> 너무도 금이 쏟아져 운산 주민들이 미국 회사의 철조망으로 모여들자, 미국인들이 "노타치(No touch) 노타치" 외쳐댔다 해서 '노다지 금광'이 되어버린 그 금광이 선교사 알렌의 술책으로 미국에 넘어간 것이다. 왕실 사례비조로 계약 당시에 일시금 20만 원을 받았고, 광구 사용료, 요샛말로 로열티를 매월 600원씩, 그리고 광산에 가설된 전신료를 매월 3,500원씩 회사는 왕실에 상납했다. 이 광산에서 1902년 한 해 동안 일본으로 수출한 것이 금광석만도 125만 5천 7백여 원이었다는데, 그 해 미국 회사의 총 경비는 60만 원이었다고 한다. 〈김정기, 『역사비평』〉

2 일본의 제국주의적 경제 침탈

1. 일본의 금융 지배

(1) 일본 제일은행의 영향력 확대
① 일본 제일은행 부산 지점(1878)의 확장 : 원산과 인천(1882)에 지점을 설치하고 서울(1888)에 출장소를 두었다.
② 활동 : 통상의 은행 업무 영역을 넘어서서 관세 업무, 국고 업무, 지금(地金) 은(銀) 매입, 은행권 발행 등의 업무를 수행했다.
③ 특징 : 1902년에는 은행권을 발행할 수 있는 특권을 취득했으며, 을사조약 이후 대한제국의 국고를 취급하고 화폐 정리 사업을 맡음으로써 사실상 중앙은행으로서의 기능을 했다.

(2) 화폐 정리 사업(1905. 1)과 금융 지배 확대
① 화폐 정리 사업
　㉠ 목적 : 일본인 재정고문 메가타가 주도하였으며, 일본 화폐의 유통과 일본 자본을 진출시키고 조선의 경제를 일본에 예속화하려고 했다.
　㉡ 내용 : 일본 제일은행권을 본위 화폐로 정하여 대한제국의 화폐 발행권을 박탈하였는데 식민 지배 자금을 조선 내에서 조달하기 위한 사전 포석이었다.

사료　화폐 정리 사업

- 구 백동화의 상태가 매우 양호한 갑종 백동화는 개당 2전 5리의 가격으로 새 돈과 교환하여 주고, 상태가 좋지 않은 을종 백동화는 개당 1전의 가격으로 정부에서 매수하며, 매수를 원치 않는 자에 대해서는 정부가 절단하여 돌려준다. 단, 형질이 조악하여 화폐로 인정하기 어려운 병종 백동화는 매수하지 않는다. 〈탁지령 제1호, 1905. 6〉

- 새 화폐는 모두 외국 상인의 수중에 들어가고 금융이 불통하여 아무리 부상대고라 해도 물건은 있지만 매매가 절무하고, 금동(金銅) 간의 순환이 없으므로 상업을 철폐하고 도주하는 자가 분분하니, 오호라 근일 전황의 소치로 일반 영업인들이 살 수 없다는 정경은 재차 보도 하였거니와 연일 소문이 하도 비참하여 차마 지필로 쓸 수 없다. 《황성신문》, 1905. 11. 16〉

① 사업 전 화폐 총 유통액의 50%을 차지하던 백동화의 비율이 교환이 끝나가던 1909년 말에는 10%대로 떨어지고 일본의 제일은행권이 총 유통액의 50% 이상을 차지하면서 국내 화폐 유통 체계는 사실상 붕괴되었다.
② 일제는 국내의 소상인들은 백동화의 교환 거부로 큰 손실을 입었다.
③ 주요 지역에 지방 금융 조합을 설치하여 고리대에 의한 수탈을 강화하였다.

 →

▲ 갑오개혁부터 사용한 백동화　　▲ 일본의 제일은행이 발행한 화폐

---

② 조선 재정에 대한 수탈
　㉠ 징세 기구 개편 : 수령과 향리의 징세권을 배제하기 위하여 관세관관제(1906. 9)를 정하고 세무관-세무주사로 이어지는 징세 기구를 설치하였다.
　㉡ 황실 재정 해체 : 임시 제실 유급국유재산조사국을 설치(1907. 7)하여 황실 재산을 정리하고 국고로 이관하였다.
　㉢ **조세 징수 확대** : 세금이 관료의 부정축재원이나 황실 재정으로 귀속되는 것을 막고 국고로 흡수하여 식민 지배에 필요한 자금을 현지에서 조달하려 하였다.

메가타가 증대시킨 조세 수입
1905년 216만 원에 불과하던 조선의 지세수입이 1910년에는 600만 원으로 늘어났으며, 징세 기구 개편 결과 1909년 조세액도 1,046만 원으로 갑오개혁 시기에 비해 다섯 배나 증가하였다. 이는 식민 통치에 필요한 재원을 식민지 조선에서 확보하려는 일제 수탈책의 일환이었다.

조선식산은행의 설립(1918)
조선식산은행은 조선 총독부의 식민정책을 금융면에서 뒷받침했던 핵심 기관으로, 동양척식회사와 더불어 식민지 지배의 중요한 축이었다. 지금 한국산업은행의 전신이다.

청·일 전쟁 전 청나라의 차관 제공
청은 1882~1894년까지 154만 9,000원의 차관을 제공했다. 이는 같은 시기 조선이 일본에서 도입한 차관보다 2.2배나 많은 것이었다(청의 종주권 확보와 경제 예속 목적). 고종은 청의 세력을 불식시키기 위해 내무부를 중심으로 개화 정책을 추진했는데, 아이러니하게도 내무부의 정책이 청의 차관에 의존하고 있었으므로 고종의 반청 정책은 한계를 가질 수밖에 없었다.

시설 개선 명목
일본인을 위한 사업 투자금을 일본으로부터 빌려 쓰도록 강요(예: 1905년 인천 개항지에 수돗물을 공급하기 위한 수도국 사업의 필요 경비도 차관으로 조달됨. 실제 혜택은 일본인에게 돌아감)

③ 은행을 통한 금융 지배 구조 확립
  ㉠ 1909년 중앙은행인 한국은행을 설립하였다(1911년 조선은행으로 개칭).
  ㉡ 농공은행(1906) : '농공업의 개량 발달'을 표방하며 **지방의 주요 도시에 설립**하였으며 1918년 6개의 농공은행을 합병하여 ==조선식산은행을 설립==하여 금융 지배의 계통화를 이루고 일본 자본의 조선 금융 지배 구조를 완성하였다.
  ㉢ 지방 금융 조합 설립(1907) : 농공은행이 포괄할 수 없는 농촌 주민을 대상으로 조직한 일종의 은행으로 금융 지배 구조를 농촌 말단 지역까지 확대하려는 의도였다.
(3) 경제적 예속의 가속화 : ==차관== 제공 정책
① 목적 : 화폐 정리 기금이나 ==시설 개선 명목==으로 차관을 강요하여 재정적으로 예속시키려고 하였다.
② 내용 : 1905년 처음 300만 엔을 도입한 이후, 1910년 4,500만 엔을 넘어섰으며, 국가의 재정이 거의 파산 상태에 이르게 되었다.
(4) 일본의 토지 약탈
① 개항 직후 : 주로 고리대를 통해 불법적으로 토지 소유를 확대하였다.
② 청·일 전쟁 이후 : 전라도(전주·군산·나주)에 대규모 농장을 경영하였다.
③ 러·일 전쟁 이후 : 군용지, 철도 부지 명목으로 서울역과 용산 일대의 토지를 헐값에 수용하고 국유지인 전국의 역둔토를 약탈하였다.
④ 동양척식주식회사 설립(1908) : 조선의 토지를 강탈하기 위한 기관으로 본점이 서울에 있었다. 1910년 전국적으로 3만 정보의 토지를 소유하고 일제 토지 약탈의 첨병 역할을 하였다.
⑤ 일본인의 조선 이주 : 1910년 한국 진출 일본인 지주가 2,200여 명이며 약 7만 정보의 토지를 소유하였다.

> **자료 철도 부설을 위한 토지 약탈과 노동력 수탈**
> - 일제는 2천만 평을 넘는 철도 부지를 거저 빼앗고(시가의 1/20에 불과) 연인원 1억 명이 넘는 것으로 추산되는 조선인들을 동원하여 하루 12시간 이상 마구 부렸다. 이 때문에 경부선의 경우 1마일당 철도 건설비가 10만 6,000원으로 세계 철도 평균치 16만 원의 70%에도 미치지 못하였다. 철도는 한국인의 생명과 재산을 빼앗고 고통과 원성을 불러일으킨 폭력 그 자체였다. 〈정재정, 『일제 침략과 한국 철도』〉
> - 종점이 되는 곳이면 몰라도 중간 장시나 지방의 역에는 화물이 풍부하지 않고 탑승객이 많지 않은데, 어찌 20만 평을 쓰는가? 이는 일본인의 식민 계략이니, 가령 정거장 40여 곳을 나열하여 영호남 천리의 한복판을 관통하게 된다면 우리는 미국의 인디언과 같은 꼴이 될 것이다. 《황성신문》
> - 철도가 지나는 지역에는 온전한 땅이 없고 기력이 남아 있는 사람이 없으며 열 집에 아홉 집은 텅 비고, 천리 길에 닭과 돼지가 멸종하였다. 원망스러운 시국이라 군용 철도 부설하니 땅 바치고 종노릇이라 1년 농사 망치니 유리걸식 눈물일세. 《《대한매일신보》》

3 경제적 구국 운동

1. 경제적 구국 운동의 전개

(1) 방곡령(1889~1910)
① 배경 : 곡물 유출로 인한 가격 폭등
② 내용 : 황해도(1889)에서 처음 실시된 이후 각지에서 방곡령이 내려졌으나 조·일 통상 장정의 1개월 사전 예고 규정으로 별 효과를 거두지 못했다.

(2) 독립 협회(1896~1898) : 이권 수호 운동을 벌여 러시아의 절영도 조차 철회, 한·러 은행 폐쇄를 이끌었다.

(3) 보안회(1904) : 일제의 황무지 개간 요구 반대 운동을 전개하였다.

(4) 시전 상인 : 상권 수호 운동, 철시(撤市) 운동을 전개하였으며 일본 상인에게 맞서기 위해 황국중앙총상회를 조직하였다(1898).

(5) 국채 보상 운동(1907)
① 시작 : 국채보상기성회 서상돈, 김광제 등이 주도하여 대구에서 시작되었다.
② 경과 : 여러 언론사(양기탁, 〈대한매일신보〉 중심)와 더불어 전국적 모금 운동이 전개되어 3개월 만에 20만 여 원을 모금하였다.
③ 결과 : 통감부가 양기탁을 횡령 혐의로 구속하자 운동 열기가 감소되었으며, 모금액은 병합 이후 일본 국고로 귀속되었다.

최초로 시행된 황해도 방곡령
1889년 황해도 관찰사 조병철은 일본인이 2천여 석의 콩을 반출하지 못하도록 금지시켰고, 새로 부임한 관찰사 오준영도 이듬해 쌀과 콩 등 6만 4천여 석을 압류하였다. 1889년 9월 함경도 관찰사 조병식도 방곡령을 발포하여 일본인의 콩 유출을 금지하였다.

시전 상인의 철시 운동
1882년 조·청 상민수륙무역장정 이후 진출한 외국 상인에게 타격받은 시전 상인들은 1887, 1890, 1898년 세 차례의 철시 투쟁을 벌였다.

국채 보상 운동 성금의 일본 국고 귀속
통감부는 운동의 실질적 중심 기관이자 '국채보상지원금총합소'가 되었던 〈대한매일신보〉를 탄압하고 신문 제작 책임자 양기탁을 횡령 혐의로 재판에 회부했다. 비록 무형의 처분을 받게 되지만 그 과정에서 운동은 치명적 타격을 입었다. 한일 병합이 이루어진 1910년 12월 12일 조선 총독부는 '국채보상금처리회'가 관리 중이던 9만여 원과 '국채보상지원금총합소'의 4만 2천 원을 모두 압수함으로써 온 민족의 고혈이었던 성금은 일제의 손에 넘어가고 말았다.

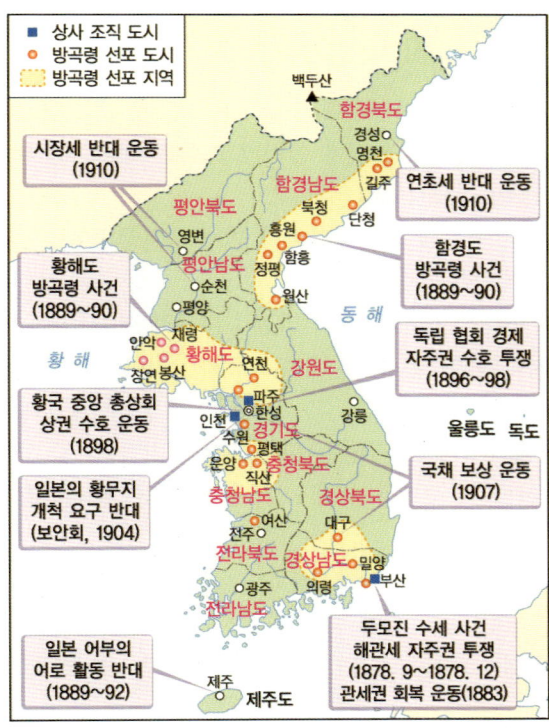

▲ 전국적인 경제적 구국 운동의 전개

사료 경제적 구국 운동

① 현재 러시아가 우리 대한을 향하여 절영도를 요구하고 있습니다. …… 그 신하된 자가 만약 조그마한 땅이라도 타국인에게 주면 이는 황제 폐하의 역신이며 역대 임금의 죄인이며 우리 대한 2천만 동포 형제의 원수입니다.
〈정교, 「대한계년사」, 1898〉

② 첫째, 외국 상인의 상행위를 일정 지역 내에 제한하고 일본 상인, 청 상인 등 외국 상인들로부터 보호되는 조선 시전 상인들의 국내 시장 영역을 설정하는 것
둘째, 농상공부의 허가인지(許可印紙)를 위탁 관리하여 무명잡세를 일체 혁파하는 것
넷째, 대소 상인을 자본금에 따라 모두 의무적으로 입회하게 해 전국 상업을 통괄하는 일종의 상인 협회 또는 상인 조합을 설립하는 것
〈황국중앙총상회 설립 목표, 1898〉

③ 금일 이래 우리의 토지와 야산이 날로 전답이 되어 세금이 증대됨은 족히 기쁠 것이나 오래지 않아 장차 산림과 토지가 외국인의 농토가 되니 일체를 외국인에게 양여하면 우리 한국에 남아 존재하는 사람들은 다만 빈껍데기가 될 따름이니……
〈〈황성신문〉, 1904〉

④ 국채 1,300만 원은 바로 우리 대한제국의 존망과 직결되는 것이다. 이것을 갚으면 나라가 존재하고, 갚지 못하면 나라가 망할 것은 필연적 사실이나, 지금 국고는 도저히 상환할 능력이 없으며, 3천 리 강토는 내 나라, 내 민족의 소유가 못될 것이다. 그러므로 이 국채를 갚는 방법으로 2천만 인민들이 3개월 동안 흡연을 금하고, 그 다음으로는 한 사람이 매달 20전씩 거둔다면 1,300만 원을 모을 수 있을 것이다.
〈〈대한매일신보〉, 1907〉

> ① 러시아의 절영도조차를 반대하는 독립 협회의 활동
> ② 외국 상인의 침투에 저항하여 민족적 권익을 수호하면서 시전 상인의 독점적 이익을 수호하려는 활동
> ③ 일제의 황무지 개간권 요구에 대한 반대
> ④ 전 국민적 참여를 이끈 국채 보상 운동

상회사(商會社)
1884년 4월 19일자 〈한성순보〉에는 당시 국내에 설립되고 있는 회사로서 서울에 장통회사(長通會社) 등 16개사, 인천에 공흥회사(共興會社) 등 6개사, 부산에 해산회사(海産會社) 등 6개사 등 모두 28개사를 소개하고 있다.

전운국과 이운사
조선 정부가 조세와 관용 물자를 운송하려고 설치한 관영 운송 회사이다. 점차 상인의 화물과 여객의 운송까지 영역이 확대되었는데, 기선을 도입하여 부강을 도모하려는 고종과 개화 관료의 의지가 표출된 결과였다. 기선은 5척까지 늘어났으나 청·일 전쟁 당시 일본에게 기선을 징발당해 업무가 중단되었고, 일본 회사와의 경쟁에 밀려 해체되고 말았다.

용산의 관영 공장 지대
대한제국은 식산 흥업 정책의 일환으로 용산 일대를 공장 지대로 개발하였다. 1898년에서 1903년 사이에 용산 일대에 전환국(1898), 인쇄국(1900), 평식원 도량형 제작소(1902), 양잠소(1902), 한성전기회사 발전소(1903), 궁내부 소속 정미소(1903), 군부총기 제작소(1903), 국립 연와 제조소(건축용 벽돌), 초자제조소(유리 제품) 등 주로 관영 공장들이 들어섰는데, 대한제국의 식산 흥업 정책의 중심부를 형성하였다. 특히 〈조선신보〉 1908년 1월 1일자에는 용산 연와제조소의 광고가 실렸는데 직공이 무려 2천여 명이라고 소개하고 있다.

2. 민족 자본의 성장 노력과 좌절

(1) 토착 상업 자본

① 상회사(상회의소)의 설립
  ㉠ 배경 : 전통적인 경강 상인, 객주들이 개항 이후 일본 상인과 경쟁하기 위해 설립한 동업 조합으로 개항장을 중심으로 전국에 수십 개가 설립되었다.
  ㉡ 활동 : 평양 상인들이 인천항에 설립한 조직인 대동상회(1883), 서울의 장통회사(1883) 등이 대표적이다.
  ㉢ 관영 운송 회사 : 운송을 근대화하기 위해 전운국(1885)·이운사(1893) 등을 설립하여 세곡 운반을 전담시켰다.

② 갑오개혁 이후 근대적 회사 형태로 발전 : 대표적 객주 회사인 인천의 신상회사는 자본을 합자하여 인천-한성 간의 유통과 인천항의 수출입 무역 등을 통해 영업망을 확대해 나갔다.

③ 대한제국기 황실의 비호로 자본 규모가 확대 : 이들 상업 자본은 유통 이윤 확보에 주력하거나 지대 수입을 찾아 토지에 투자되어 생산 자본으로 전환되지는 못하였다.

(2) 근대 기업의 설립
대한철도회사(1899), 해운회사(대한협동우선회사, 1900), 해서철광회사(1900) 등이 설립되었다.

(3) 산업 자본의 형성
대한직조공장(1897), 담배공장, 사기공장 등 대규모 공장이 설립되었다.

(4) 금융 자본의 형성

① 은행의 설립 : 조선은행(최초, 1896), 한성은행(1897), 대한천일은행(이용익 주도, 오늘날의 우리은행, 1899) 등이 설립되었다.

② 특징
  ㉠ 전·현직 관료들이 은행 설립을 주도하였는데 조세의 금납화로 인한 세금 수송의 특혜(외획제)와 백동화와 일본 은화의 환차익의 이익을 얻기 위함이었다.
  ㉡ 관료들의 제조업 분야 진출이 부진했던 광무개혁의 한계를 잘 보여준다.
  ㉢ 경과 : 일본의 방해와 전문적인 지식의 부족 및 일본 상인들의 상권 잠식으로 점차 몰락해갔다.

4 사회 구조와 의식의 변화

1. 평등 사회로의 이행

① 조선 후기 신분제 동요 : 상품 경제의 발달과 함께 민중 의식이 성장하였다.
② 평등 의식의 확산 : 개화사상(양반 제도 폐지 주장), 평등사상(동학·천주교)
③ 갑신정변, 동학 농민 운동, 갑오개혁 : 내부적으로 점차 제도적 평등 사회로 발전하고 있었다.

2. 근대적 의식의 성장

① 입헌 군주제 주장 : 독립 협회, 헌정연구회, 대한자강회가 대표적이다.
② 공화제 주장 : 신민회는 최초로 공화제를 지향하는 단체였다.
③ 남녀 평등 주장
  ㉠ 여권 통문 발표(1898) : 서울 북촌의 양반 부인들을 중심으로 여성의 동등한 교육 및 직업의 권리를 주장하였다.
  ㉡ 찬양회 조직(1898) : 여권 통문 운동을 계승한 최초의 여성 단체로 관립 여학교 설립을 추진하고 독립 협회 활동에 참여했으며 사립인 순성여학교를 설립하였다.

조선 최초의 은행, 조선은행(1896)
독립 협회를 주도한 고위 관리와 그들과 협력 관계에 있던 서울의 상인들에 의해 설립되었다. 정부 재정 기관으로서 전국 조세금의 취급권을 갖고자 했고, 탁지부의 국고금을 예치하기도 했으나 1899년 한흥은행으로 개칭돼 유지하다가 1901년 폐점했다. 일제가 1911년에 설립한 중앙은행인 조선은행과 혼동하지 말아야 한다.

외획제
정부로부터 금납된 조세의 수송권을 획득하는 방식으로 당시 〈황성신문〉에는 조세 금납화 이후 한성의 세도 있는 재상들이 외획을 이용해 조세금을 이리저리 굴리다가 혹 떼이기도 하여 정부 재정이 궁핍해진다고 비난하는 기사가 실리기도 했다.

박서양(1886~1940)

자료 평등 사회로의 이행

1. 평등 의식의 성장
하나님이 세계 인생을 낳으실 때에 사나이나 여편네나 사람은 다 한 가지라. 여자도 남자의 학문을 교육받고 여자도 남자와 동등권을 가져 인생에 당한 사업을 다 각기 하는 것이 당연한 도리거늘, …… 총명이 한갓 남자에게만 있는 것이 아니라 여자도 또한 총명한 재질인즉, 여자도 학문과 동등권을 가져 남자를 더욱 이롭게 도울지라. 그리 한다면 남녀 간에 고락을 한 가지로 하고 사업을 같이 하며 생애를 고르게 하여 나라가 더 부강하고 집안이 태평할 터이니, 그럴 지경이면 어찌 아름답지 아니하리오. ⇒ 남녀 평등사상
《독립신문》, 1898년 1월 4일자 논설

2. 교회 장로가 된 백정 박성춘과 의사가 된 아들 박서양
① 백정 출신 박성춘은 1894년 콜레라에 걸려 제중원에서 에비슨(Avism)의 치료를 받고 완치된 후 기독교(장로회) 신자가 됨
② 아들 박서양을 에비슨(Avison)이 설립한 세브란스의학교에 입학시킴(1900) → 박서양은 조선 최초의 양의사 면허를 취득(1908. 6. 박서양 외 7명)
③ 1911년 박성춘은 승동교회 장로로 선출되었는데 양반 신도들의 반발이 격렬하였다. 그 후 1914년 황손 이재형(대원군의 인척)이 승동교회의 장로가 되자 황손과 백정이 나란히 당회를 주관하는 당시로서는 파격적인 일이 발생하여 장안의 화제가 되었다.
④ 박서양(1885~1940)은 간도의 연길로 가서 병원과 교회를 설립하여 동포의 치료와 독립운동에 투신하였다. 1940년 국내로 귀국한 이후 사망(2008년 독립 유공자로 인정되어 건국 포장이 수여됨)

최초의 양복 착용자 서광범

1882년 9월 수신사 박영효의 수행원으로 도일했을 당시 최초로 착용했다고 전한다.

최초의 연해주(러시아) 이민(1863)

기근에 시달리던 조선인 13가구가 두만강을 건너 러시아 우수리 지역으로 이주해 간 것이 최초의 기록이다. 러시아는 인력 부족을 해결하기 위해 조선인의 월경을 적극 환영하였다. 연해주 지역이 일찍부터 독립운동의 중심지가 될 수 있었던 이유는 조선인 이민의 증가에 있었다.

3. 의식주의 변화

(1) 의(衣)생활

① 문관 복장 규칙(1900) : 관복과 군복을 양복으로 전환하였다. 개화파 인사들이 <mark>양복을 착용</mark>하기 시작했다.

② 을미개혁 : 신분 구별 없는 두루마기 착용이 허용되었다.

③ 단발령의 영향 : 상투와 망건이 사라지고 1900년대 이후 양복이 확산되었다.

④ 여성 의복의 변화 : 여성들의 사회 진출이 시작되면서 장옷·쓰개치마 등이 사라졌다.

(2) 식(食)생활

① 외교관이나 선교사를 통해 중국(만두, 찐빵)·일본(초밥, 우동, 어묵)·서양 음식(양식, 커피)이 소개되었다.

② 양식의 영향 : 독상에서 여럿이 함께 하는 두레상으로 바뀌어갔다.

(3) 주(住)생활 : 양옥과 일본식 주택이 보급되었다.

4. 국외 이주 동포의 증가

① 일본 : 19세기 말에는 대부분 유학생들이었다.

② 만주 : 19세기 후반 이주가 시작된 이래 1900년대에는 청이 한인 거주를 인정함에 따라 이주가 증가하였다.

③ <mark>연해주</mark> : 1860년 이후 러시아의 적극적 이민 장려책으로 대규모의 이주가 있었으며, 독립운동을 위한 애국 지사들의 이주도 증가하였다.

④ 미주 : 1902년 하와이 사탕수수 농장 노동자로 이민이 처음 시작된 이래 1905년까지 7,000여 명이 하와이로 떠났으며, 멕시코 지역으로도 이주하였다.

근대 문물의 수용과 근대 문화의 형성 05

1 근대 문물의 수용

1. 서양 과학 기술의 수용 과정

서양의 과학 기술에 대하여 **북학파** 실학자들의 관심이 높았고 개항 전후 **동도 서기론**이 대두되었다.

> **사료** 개항 이후 제기된 동도 서기(東道西器)적 개화론
>
> - 외국의 종교는 사(邪)로서 마땅히 멀리 해야 하지만 그 기(器)는 즉, 이(利)로서 가히 이용후생에 바탕이 될 것인 즉, 농·공·상·의약·배·마차 등의 종류는 어찌 이를 꺼려서 멀리 하리요. 〈곽기락〉
> - 군신, 부자, 부부, 붕우, 장유의 윤리는 인간의 본성에 해당하는 것으로서 천지를 통하는 만고불변의 이치이고, 위에 존재하는 것으로서 도(道)가 됩니다. 이에 대해 배, 수레, 군사, 농사, 기계의 편민이국(便民利國)하는 것은 외형적인 것으로서 기(器)가 됩니다. 신이 변혁을 꾀하고자 하는 것은 기이지 도가 아닙니다. 〈윤선학〉
> - 사람들은 동양 사람이 서학(西學)을 배우는 것은 오랑캐로서 중국을 바꾸는 일이라 하며 못 마땅히 여기고 있다. 이것은 지금 유용한 학문이지 절대로 도를 해치는 이단이 아니다. 〈〈한성순보〉〉

2. 근대 시설의 수용

분야	근대 시설	설치 시기	특징
시설	기기창	1883	무기 제조, 영선사가 청에서 돌아와 설치
	전환국	1883	화폐 주조
	박문국	1883	인쇄, 〈한성순보〉 발간
	상수도	1908	대한수도회사(1905)가 뚝섬 정수장을 완공, 서울에 물 공급
통신	전신	1885	• 최초로 서울~인천 간 청나라가 부설 • 한성전보총국 설치 : 우리 손으로 전선을 가설
	전화	1898	경운궁(덕수궁)에 최초 가설
	우편	1895	갑신정변으로 중단, 을미개혁으로 재개 → 만국 우편연합 가입(1900)
의료	광혜원 → 제중원	1885	최초의 서양식 병원, 알렌이 운영
	광제원	1899	관립 의료 기관 → 대한의원(1907)으로 개편됨
	세브란스병원	1904	선교사 에비슨이 운영(광혜원 → 제중원 → 세브란스병원)
	자혜의원	1909	관립 지방 병원(전주·청주·함흥) → 합병 후 13도마다 1곳씩 설치
전차	한성전기회사	1898	미국인 콜브란과 황실의 합작, 서대문~청량리 최초의 전차 가설(1899)
	경인선	1899	최초의 철도 부설(일본)

전차 운행과 교통사고의 발생

'전차가 운행되면서 다치고 죽는 백성이 많다고 들었다. 매우 놀랍고 참혹한 일이다. 의정부는 한성부에 특별히 당부하여 방법을 강구하게 하라.' 〈『고종 실록』〉

러시아 건축가 사바틴
(Sabatin, 1860~1921)

독립문, 러시아 공사관, 덕수궁 중명전(을사조약이 체결된 현장), 손탁호텔(독일 여성 손탁이 세운 최초의 서양식 호텔) 등을 설계한 건축가로 고종의 총애를 받았다. 을미사변 당시 미국인 군사고문 다이(Dye) 장군과 함께 명성황후의 시해 현장을 목격하고 그 실상을 증언하였다.

철도	경부선	1905	러·일 전쟁을 위해 일본이 부설
	경의선	1906	프랑스의 부설권 회수 → 서북철도국, 대한철도회사의 부설 노력 실패 → 일본이 부설
	경원선	1914	일본이 부설
전등	한성전기회사	1900	1887년 경복궁에 최초로 전등이 가설된 이후 서울에 최초로 가로등이 설치
건축	독립문	1896	프랑스의 '개선문' 모방, 러시아 건축가 사바틴이 설계
	명동성당	1898	우리나라 최초의 고딕 양식
	덕수궁 석조전	1910	영국인 하딩(J. R. Harding)이 설계한 르네상스식 건물

▲ 명동성당(1898)

▲ 덕수궁 석조전(1910)

▲ 전차(1899)

▲ 경인선(1899)

▲ 덕수궁 중명전(1897)
을사조약이 체결된 곳

▲ 손탁호텔(1902)

> **자료** 박기종(1839~1907)과 대한제국이 노력했던 경의선 부설 시도와 실패
>
> ① 1896년 프랑스가 경의선 부설권을 획득(삼국 간섭에 참여한 댓가로 러시아가 지원)했으나 재정적 어려움으로 정해진 기간(3년) 안에 사업을 착공하지 못하자 대한제국 정부는 사업권을 회수하였다.
> ② 제1차 수신사의 일원이었던 박기종은 대한철도회사를 설립하고 열강에게 부설권을 이양하지 않는다는 조건으로 경의·경원(후에 일본에 양도) 철도 부설권을 획득했으나 끈질긴 노력에도 불구하고 자금 부족으로 착공하지 못하였다.
> ③ 대한제국은 경의선을 부설하기 위해 궁내부 철도국 산하에 서북철도회사(이용익, 1900)를 설립, 서울–개성 간의 공사를 착공하였다 이에 당황한 일본은 점차로 친일적 성향을 보이던 대한철도회사의 박기종을 회유하여 경의선 부설권을 강탈하였다. 당시 일본 군부는 '군함을 늘리고 사람을 증설하는 것보다 경의선 한 구간이 더 중요하다.'며 경의선에 대한 침략적 시각을 드러내고 있었다.

▲ 일본의 철도 부설 과정

> **사료** 침략 의도가 담긴 근대 시설에 대한 민중의 저항

- 고종 31년(1894) 황해 감사 정현석이 봉산 동선령의 전화선을 끊은 장원석을 효수하여 많은 사람들을 경계할 것을 보고하였다. 『고종실록』
- 오늘(1904. 9. 21) 상호 10시경에 일본 헌병 1명이 와서 이렇게 말했습니다. "오늘 상호 10시에 용산 부근에서 일본군용 철도에 방해를 가한 한국인 김성삼, 이춘근, 안순서 등 3명을 총살합니다." 이 말을 듣고 매우 놀라 그 사실 여부를 탐문하고자 본부 소윤을 급파하여 앞서 가서 알아보게 하였던 바, 해당 범인 김성삼 등 세 사람은 이미 사형이 집행되어 어쩔 수가 없었습니다. 후일의 폐단을 생각해서 병참사령관에게 반복해서 따진 결과, 동일 오후 4시경에 이르러서야 그들 군법 이사의 통첩이 별지와 같이 도착하였습니다. 그러나 이를 살펴보니 사건이 군사상 중요하다 하여 이처럼 막중한 형안을 당초부터 조회하여 밝히지도 않고, 또 입회자도 없이 서둘러 사형을 집행하였던 것입니다. 그런즉 이런 일이 빈번히 발생하여 우리 백성들이 원통함을 당할까 몹시 염려됩니다. 〈한성부래거문〉

> 근대적 교통과 통신 시설은 외세의 침략과 밀접히 관련되어 있었으며 민중들은 이러한 시설에 대해 노골적인 적의를 보였는데, 철도 파괴가 대표적이었다. 일제는 파괴 행위의 주동자들을 무자비하게 살상하였다.

▲ 철도를 파괴한 조선인을 즉결 처형하는 일본 헌병

2 언론 기관의 발달

1. 개화기의 언론

신문명	발행 시기	특징	발행인
한성순보	1883~1884	① 박문국에서 발행한 **최초의 신문, 순한문체** ② 열흘에 한 번씩 발행 ③ 갑신정변 때 시설 파괴로 폐간	유길준, 박영효
한성주보	1886~1888	① **최초로 국한문 혼용체 사용** ② **최초의 사설·광고 게재**(제4호에 실린 독일 무역 상사 "세창양행"의 광고) ③ 개화파 오경석의 아들이자 3·1 운동 33인 중의 하나인 오세창은 〈한성주보〉의 기자로 참여	김윤식, 오세창
독립신문	1896~1899	① **최초의 한글·영어 신문**(헐버트가 영문기사 담당), 초기 격일 발행 → 일간 발행(1898. 7) ② 일본인이 발행하던 〈한성신보〉에 대응 의도	서재필, 주시경

신문	연도	내용	인물
매일신문	1898~1899	① 순 한국인이 발행한 최초의 일간 신문(〈배재학당 협성회보〉계승), **순 한글** ② 판매가는 한 달에 엽 7돈, 월 1,000부 발행	이승만, 유영석
제국신문	1898~1910	① **부녀자 및 대중들에게 인기가 많았던 한글 신문** ② 1904년 10월 일제에 의해 조선 신문사상 최초의 정간 처분 ③ 국한문 혼용의 〈황성신문〉과 쌍벽을 이룬 신문으로 민중 계몽 선도	이종일, 이승만
황성신문	1898~1910	① **장지연의 명논설 '시일야방성대곡' → 상당 기간 정간** ② 개신 유학자 계열의 항일 민족주의적 논조(지식인 대상, 국한문 혼용) ③ 1900년 8월 8일 러·일의 조선 분할론 비판 사설을 쓴 남궁억 구속. 이는 정치 문제로 법적 판결을 받은 최초의 필화 사건 ④ 관동학회의 기관지 역할	남궁억, 장지연, 박은식
대한매일신보	1904. 7~1910	① **한글판, 영문판(The Korea Daily News) → 후에 국한문판 3종 발행** ② **적극적 항일 논조 전개** : 을사조약의 불법성을 폭로하는 고종의 친서 게재 ③ **의병 운동 적극 보도**(안중근의 재판 과정 상세 보도), 국채 보상 운동 본부 ④ **신민회의 사실상 기관지 역할**, 격렬한 항일 논설(신채호, 박은식) ⑤ 전사한 의병들이 가슴에 〈대한매일신보〉 1부씩을 품고 있었다는 일화 ⑥ 한일 병합 이후 조선 총독부는 신문사를 인수한 후 제호를 〈매일신보〉로 바꾸고 총독부의 한글 기관지로 만들었다.	==베델==(영), 양기탁, 신채호
만세보	1906	① **천도교 발행 일간지**(국한문 혼용) → **일진회를 공격** ② 최초의 신소설 이인직의 「혈의 누」 연재 → 이인직은 〈만세보〉를 인수 후 친일적 〈대한신문〉 창간 ③ 〈대한신문〉: 이완용 내각의 기관지 역할(친일적 논조)	천도교, 손병희
경향신문	1906~1910	① **천주교가 발행**, 교회 관련 기사, 순 한글체 ② 외국인 발행인의 치외법권적 지위를 이용한 민족 자주를 내세우는 논조로 독자들에게 인기	천주교
대한민보	1909~1910	대한 협회가 발행한 항일지, 일진회의 〈국민신보〉에 대항	

386 제7장 | 근현대 사회

경남일보	1909~1914	**최초의 지방지**, 주필 장지연이 매천 황현의 절명시를 게재하여 10일간 정간 됨(1910. 10)	영남 유림 주도
국민신보	1906	일진회가 발행한 친일지	이용구
경성일보	1906~1945. 10	① 이토 히로부미가 〈한성신보〉와 〈대동신보〉를 합병하여 통감부의 기관지로 창간, 국한문판과 일어판 발행 → 1907년 국한문판 폐지(일어 신문으로 전환) ② 일제 강점기, 일본인과 친일파들은 주로 〈경성일보〉를 구독	조선총독부

사료 독립신문의 창간

우리가 독립신문을 오늘 처음으로 출판하는데 …… 우리는 첫째 편벽되지 않은 고로 무슨 당과도 상관이 없고 …… 정부에서 하시는 일을 백성에게 전할 터이오, 백성의 정세를 정부에 전할 터이니 …… 우리가 이 신문을 출판하기는 취리(取利)하려는 것이 아닌고로 값을 헐하도록 하였고, 모두 언문으로 쓰기는 남녀 상하 귀천이 모두 보게 함이오 …… 우리는 바른대로만 신문을 할 터인 고로 정부 관원이라도 잘못하는 이가 있으면 우리가 말할 터이요 사사로운 백성이라도 무법한 일 하는 사람은 우리가 찾아 신문에 설명할 터임. ……

〈〈독립신문〉, 창간호 논설, 1896. 4. 7〉

〈독립신문〉은 우리나라 최초의 민간 신문이자 순 한글 신문이며 영문 신문이기도 하다. 1896년 4월 7일 미국에서 귀국한 서재필이 고종의 자금 지원을 받아 창간하였다. 이 신문은 자유·민권의 확립과 민중 계몽에 앞장서 일반 대중에게 큰 환영을 받은 반면, 정부에 대한 가차 없는 비판으로 탄압을 받기도 했다. 독립협회 운동이 좌절된 1898년 말 서재필은 미국으로 돌아갔고 윤치호가 운영을 맡았다가 1899년 1월부터는 아펜젤러가 영문판만 발행하였다. 그 후 정부가 이 신문을 사들여 운영하다가 1899년 12월 4일자로 폐간시켰다.

자료 개화기의 신문 발행 부수

자료가 정확치 않아 자세히는 알 수 없지만 〈황성신문〉과 〈제국신문〉은 각 3,000여 부를 상회하였다. 한글판과 영문판 그리고 국한문의 3종을 발행하던 〈대한매일신보〉는 1908년 당시 13,400부로 최대의 판매 부수를 자랑하였다.

베델(Ernest T. Bethell, 1872~1909)
영국에서 태어나 15세에 일본에 와 1904년까지 16년 동안 고베에서 무역업에 종사했다. 한때 돈을 많이 벌어 러그(rug, 깔개) 공장을 차리기도 했으나 일본인의 방해로 실패하였다. 그 후 영국의 〈데일리 크로니클지(Daily Chronicle)〉의 특별 통신원으로 러·일 전쟁을 취재하기 위해 한국에 왔으나(1904. 3. 10), 곧 양기탁 등 민족 진영 인사들과의 접촉을 통해 〈대한매일신문〉 발간에 참여하게 되었다. 일본의 집요한 방해와 위협에도 불구하고 베델은 항일 논조를 꺾지 않았고 그 결과 2차례나 재판에 회부되었고 그 과정에서 병을 얻어 1909년 5월 1일 37세의 젊은 나이로 사망했다.

2. 일제 통감부의 언론 탄압

(1) 광무 신문지법(1907)

① 특징 : 광무 11년 일제의 압력에 의해 **이완용(李完用)** 내각이 공포한 언론 관계 법률로 모두 36조항으로 구성되었다.

② 내용
  ㉠ 최초의 언론 관계 법률이었으나, 언론 탄압을 위해 제정하였다.
  ㉡ 정기 간행물 발행의 허가제 및 허가받은 정기 간행물도 발매·반포 금지, 정간(발행 정지), 폐간(발행 금지) 등의 규제를 가할 수 있도록 되어 있다.

③ 영향 : 국권 피탈 이후에도 민족 언론을 탄압하는 도구로 사용되었다.

> **사료** 신문지법(1907)의 시행과 개정(1908)
>
> 제1조 신문지를 발행하려는 자는 내부대신의 허가를 받아야 한다.
> 제21조 내부대신은 신문지로서 질서를 방해하거나 풍속을 어지럽힌다고 인정하는 때는 그 발매·반포를 금지하고 이를 압수하며 그 발행을 정지 혹은 금지할 수 있다 〈1907〉.
> 제34조 외국인이 국내에서 발행하는 신문지로서 치안을 방해하거나 풍속을 괴란시킨다고 인정될 때는 내부대신은 반포하는 것을 금지하고 압수할 수 있다〈개정, 1908〉.
>
> 이완용 내각은 신문지법을 개정하여(1908. 4. 29) 한국에서 발행되는 외국인의 신문까지도 발매·반포 금지 또는 압수할 수 있도록 하였다. 초기 법에서는 한국 내 외국인이 발행하는 신문과 해외 교포 신문에 대한 규제 조항이 없어 이를 보완한 것이다. 신문지법을 개정한 근본 목적은 영국인 베델이 발행하던 〈대한매일신보〉의 탄압이었다. 또한 반일 논조의 해외 교포 신문들이 국내로 유입되는 것을 차단하고자 하는 의도도 있었다.

(2) 보안법(1907)

① 특징 : 전문 10조의 내용 중에서 **결사(1조)와 집회 금지(2조)**를 규정하고 내무대신이 이를 통제할 수 있다고 규정하였다.

② 내용 : 공개 장소에서 **문서 게시, 낭독 금지(4조)** 및 불온한 언동 금지(7조) 등 포괄적으로 **언론·집회 및 결사를 억압**하고 있다. 위반시 태형과 징역형을 부과하였다.

③ 영향 : 의병 운동, 애국 계몽 운동을 탄압한 악법이며 일제 강점기까지 유지되었다.

(3) 출판법(1909)

① 특징 : 일제가 **출판물을 통제**하기 위해 제정한 법으로 전문 16조로 구성되었다.

② 내용 : 제2·3·4조에서는 **지방장관이나 내무대신의 허가를 받아야 한다**는 내용의 원고 검열 및 허가제를 규정했고, 제5·6조에서는 출판 즉시 책 2부를 납본할 것을 규정하고 있다. 결국 원고와 납본의 이중 검열로 출판물 간행을 통제했다.

③ 영향 : 1919년 3·1 운동까지 한국인의 출판은 극도로 위축되었다.

3 근대 교육과 국학 연구

1. 근대 교육

(1) 근대 학교의 시작

① 원산학사(1883) : 최초의 근대식 사립학교
  ㉠ 설립 : 덕원 읍민들의 자발적 기금 모금과 개화파 인물이었던 덕원부사 정현석의 도움으로 설립되었다.
  ㉡ 교육 내용 : 필수 과목으로 산수·과학·기계·농잠·세계 역사를 가르치고 전공 과목으로 문예반은 한문, 무예반은 병서와 무예를 교육하였다. 갑오개혁 때 원산 소학교가 되어 공립학교로 발전하였다.

(2) 정부가 설립한 학교

① 동문학(1883) : 관립 영어학교로 중국인 오중현, 당소위가 교수로 초빙되었다. 학생은 40여 명이었는데 후일 〈황성신문〉 사장이 된 남궁억이 수석 졸업하였으며, 육영공원 설립 후 폐교되었다.

② 육영공원(1886) : 최초의 관립 근대식 학교
  ㉠ 교육 내용 : 좌·우원 2개반을 설치하고 미국인 교사(헐버트 등)를 초빙해 영어로 수업을 진행했다.
  ㉡ 입학 자격 : 좌원은 젊은 관리를, 우원은 15~20세의 양반 자제를 기숙케 하면서 교육하였다.
  ㉢ 영향 : 이완용과 주영공사 이한응은 이 학교 출신이며, 재정 부족으로 1894년 폐교되었다. 이후 관립 영어학교를 거쳐 한성외국어학교로 통합되었다.

(3) 교육입국 조서 발표 : 갑오개혁(2차, 1895. 2. 2) 때 근대식 교육의 중요성과 실시를 강조하기 위해 고종이 발표하였다.

> **사료 교육입국 조서**
>
> 내가 정부에 명하여 널리 학교를 세우고 인재를 양성하며 그대들 신민의 학식으로써 국가 중흥의 대공을 찬성케 하련다.…… 왕실의 안전은 그대들 신민들의 교육에 있고 국가의 부강도 그대들 신민의 교육에 있다. 〈교육입국조서, 1895〉
>
> 👉 갑오개혁 시기 정부는 근대적 교육 행정 기구인 학부아문을 설치하고 고종의 명으로 교육입국조서를 발표하였다. 이에 따라 한성사범학교(1895)와 소학교가 설립되는 등 근대적 교육 기관의 설립을 적극 추진하였다

(4) 대한제국 이후 정부의 학교 설립 : 소학교(지방), 최초의 중등 교육 기관인 한성중학교(1900), 각종 외국어학교, 상공학교, 한성법학교 등이 설립되었다.

배재학당

초기 이화학당의 수업 모습

(5) 사립학교의 설립

학교	개교	설립 주체	특징 및 졸업생
배재학당	1885	아펜젤러	선교사가 세운 최초의 학교, **이승만**, **주시경**
경신(구제학당)	1885	언더우드	**김규식·안창호**
이화학당	1886	스크랜튼	**유관순**
정신학교	1887	엘레스	'정동여학당', **김마리아**(대한민국애국부인회)
숭실학교	1897	베어드	평양, **안익태**
흥화학교	1898	민영환	한국인이 설립한 대표적인 사립학교 → 이후 급속히 증가, **여운형**
숙명여학교	1906	이정숙, 엄귀비(고종비)	명신여학교 → 숙명(1910), **최승희**(무용)
오산학교	1907	이승훈	정주, **김소월**
대성학교	1908	신민회(안창호)	평양에 설립

(6) **사립학교령(1908. 8)** : 통감부가 사립학교의 규제를 목적으로 제정한 법령으로 전국의 5,000여 개의 사립학교가 2년 후(1910) 절반 이상 감소하였다.

> **사료** 사립학교령(1908)
> 제2조 사립학교를 설립할 때에는 학부대신의 인가를 받아야 한다.
> 제6조 통감부 시책에 맞지 않는 교과서는 사용하지 못한다.
> 제10조 학부대신이 사립학교의 폐쇄를 명할 수 있다.
>
> ☞ 민족 교육을 억압하려는 일제의 간교한 술책이었다.

단재 신채호

단재 신채호 (1880~1936)의 활동
- 1880 : 충청도 청주에서 가난한 유생의 아들로 출생
- 1905 : 성균관 박사, 을사조약 이후 〈황성신문〉, 〈대한매일신보〉의 논설 집필
- 1907 : 신민회 가입, 항일 언론 활동, 국채 보상 운동 참가
- 1908 : 〈대한매일신보〉에 근대적 역사론인 「독사신론」 연재
- 1910 : 연해주의 「권업신문」 주필로 항일 언론 활동
- 1919~1921 : 임시정부에 참여, 이승만 배척 운동 주도, 순한문 잡지 「천고」 발간
- 1923 : 의열단 선언문 「조선혁명선언」 발표, 국민대표회의 참가(창조파의 중심으로 활동)
- 1925~1931 : 〈동아일보〉에 「조선사연구초」, 〈조선일보〉에 「조선상고사」·「조선상고문화사」 연재
- 1927~1936 : '동방 무정부주의자 연맹'에 가입 활동 → 1929년 체포되어 복역 중 뤼순 감옥에서 순국

2. 국학 연구

① 목적 : 국어와 국사를 통해 민족의식을 고취하려는 운동으로 애국 계몽 운동 시기에 활발히 전개되었다.

② 국사 연구 : 국권을 회복하려는 근대 계몽 사학의 특징을 보였다.

목표	위인전(영웅전), 외국 흥망사 편찬 → 애국심과 독립 의식 고취
계승	일제 시대 민족주의 사학으로 발전
신채호	① 『**독사신론**』(1908) : 민족주의 사관에 입각한 역사론(〈대한매일신보〉에 50회 연재) ② 위인전 : 『강감찬전』, 『을지문덕전』, 『이순신전』, 『동국거걸최도통전』 ③ 시평 : 천희당 시화(개화기의 시문 비평, 〈대한매일신보〉에 연재, 1909)
박은식	① 〈황성신문〉, 〈대한매일신보〉 등에 항일 논설과 역사물 연재 ② 『**천개소문전**』, 『안의사중근전』, 『이준전』, 『몽배금태조』, 『동명왕실기』, 『왕양명실기』, 『명림답부전』, 『발해태조건국지』, 『대동고대사론』(1911)

정교	『대한계년사』(독립 협회에 대한 자신의 경험을 중심으로 한말의 역사 서술), 『대동역사』
현채	『동국사략』, 『유년필독』(1907. 5), 『만국역사』(교과서), 『보통 교과 동국역사』(교과서)
장지연	① 『대한강역고』(1903) : 다산 정약용의 『아방강역고』를 증보, 보완 ② 『애국부인전』(1907) : 신소설, 잔다르크의 애국 활동을 소개 → 국권 회복 의지 고취
외국 위인 흥망사 번역	① 『미국 독립사』(현은) ② 『월남 망국사』(현채) ③ 『이태리 건국삼걸전』(신채호) ④ 『서사건국전』(박은식, 스위스 독립사 : 윌리엄 텔 이야기) ⑤ 『비사맥전』·『피득대제』(비스마르크와 피터 대제, 〈대한매일신보〉, 1908)

일제가 두려워한 『유년필독』
일제는 1909년 2월 출판법을 반포하여 교과서나 일반 서적들의 발행과 내용을 일일이 검열하였다. 당시 압수된 책 중 가장 많은 부수를 차지한 것이 『유년필독』이었다. 1907년 5월 현채가 지은 『유년필독』은 국가·역사·지리·인물·풍속·종교·애국·학문·인류 등의 내용을 망라한 아동용 교과서이다. 그러나 청년층이나 어른들에게도 널리 읽혀 많은 영향을 주었다.

국사 교과서의 편찬과 문제점
갑오개혁 이후 근대 학교가 설립되면서 장지연, 현채 등이 참여한 국사 교과서가 편찬되었다. 대체로 안정복의 『동사강목』을 역사 서술 체계에 맞추어 축약한 '신사체'의 형식이었는데, 이때부터 일본인이 왜곡한 '임나일본부설' 등을 그대로 인정하는 문제점도 나타났다. 신채호는 국사 교과서의 친일 경향을 맹렬히 비난하고 민족주의에 바탕을 둔 새로운 근대 사학을 지향하여 『독사신론』을 저술하였다.

일제의 역사 교과서 탄압
민족적 각성을 촉구하는 역사서는 각 학교에서 교과서로 채택되어 널리 읽혔는데, 일제는 「교과용 도서 검정 규칙」(1908. 8)을 공포하여 탄압하였다. 결국 1909년 일제는 대한제국의 교과서를 사용 금지시켰다.

(3) 국어 연구
① 주시경 : 한글 맞춤법 통일을 위한 『국어문법』(1909), 『말의 소리』(1914) 등을 저술하였다.
② 유길준 : 최초 국한문 혼용체 저서인 『서유견문』(1889)과 국문 표기 방법의 통일을 모색한 최초의 문법서인 『조선문전』(1895)을 저술하였다.
③ 지석영 : 최초로 종두법을 실시한 의학자였지만 한글 연구에도 관심을 보여 문법서인 『신정국문』(1905)을 저술하였다.
④ 국문 연구소(1907)
　㉠ 성격 : 대한제국 정부가 학부 산하에 설립한 한글 연구 기관으로 여러 학자들이 모여 한글 문자 체계를 정리하였다.
　㉡ 활동 : 지석영의 주도하에 주시경이 참여하였으며, 뒷날 '조선어학회'의 모체가 되었다.

사료 애국 계몽 운동기의 국학 운동 확대

- 오호라, 어떻게 하면 내가 2천만 동포의 피와 눈물이 항상 뜨겁게 방울 맺히게 할 수 있을까? 오직 역사로서 할 수 있을 것이다. 가로되 역사라는 것은 그 나라 국민의 실적이니, 역사가 있으면 그 나라가 반드시 흥하게 되는 것이라. 그러니 애국심이 없는 사람은 역사를 반드시 읽어야 하며, 애국심이 있는 사람도 반드시 역사를 읽어야 한다. ⇒ 역사를 통해 애국심을 고취시키는 계몽 사학 〈신채호, 『독사신론』〉
- 무릇 역사는 국가의 정신이요, 영웅은 국가의 원기(元氣)라. 그 국민의 문명 수준이 높을수록 역사를 더욱 존중하고 영웅을 숭배하나니, 그 역사를 존중함과 영웅을 숭배함이 곧 그 국가를 사랑하는 사상이라. ⇒ 영웅전을 통해 애국심을 고취 〈박은식〉
- 우리가 이 나라에 났으니 이 나라는 자기 나라요, 우리가 이 몸이 있으니 이 몸은 곧 자기 몸이라. 그러한 즉 자기 나라라 함은 타국이 있기 때문이요, 자기 몸이라 함은 타인이 있기 때문이며, 자기의 자유로운 권리는 사람마다 응당하게 가진 바이고, 타인이 감히 빼앗지 못할 바이다. 우리나라도 또한 그러한지라 타국의 간섭을 물리쳐 독립을 지킨 후에야 자기 나라라고 할 수 있다. 〈현채〉
- 나라를 빼앗고자 하는 자는 그 나라의 글과 말을 먼저 없애고 자기 나라의 말과 글을 전파하며, 자기 나라를 흥성케 하고자 하거나 나라를 보전하고자 하는 자는 자국의 글과 말을 먼저 닦는다. 지금 이후로는 우리 국어와 국문을 업수이 여기지 말고, 우리 온 나라 사람이 다 국어와 국문을 우리나라 근본의 주장 글로 숭상하고 사랑하여 쓰기를 바라노라. ⇒ 우리말, 글의 중요성을 강조 〈주시경〉

『혈의 누』

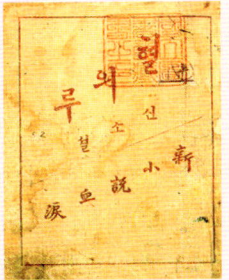

『금수회의록』

4 문예와 종교의 새 경향

1. 문학과 예술의 새 경향

문예	신소설	• 계몽 문학의 성격 : **언문일치의 문장과 권선징악**을 주제로 미신 타파, 남녀평등, 독립 의식 고취 • 최초의 작품인 『**혈의 누**』(이인직), 『자유종』(이해조), 『**금수회의록**』(안국선), 『추월색』(최찬식) 등이 대표적 • 부작용 : 서양 문화의 무분별한 수입과 소개 → 식민지 문화의 터전 마련
	신체시	근대시로 넘어가는 과도기, '**해에게서 소년에게**'(최남선, 「소년」, 1908)
	외국 문학 소개	『성경』, 『천로역정』, 『이솝이야기』 번역 → 신문학 발달과 근대 의식의 보급에 기여
예술	원각사 (신극)	이인직이 세운 **최초의 서양식 극장이자 극단**(1908). 이인직의 신소설을 신극으로 만든 〈은세계〉 공연(1908. 11)
	미술	• 안중식 : 장승업의 제자로 서양 화풍을 도입하여 전통적 한국화 발전을 시도 • 서양식 화풍 유행
	음악	가사 문학의 전통을 계승하여, 여기에 애국심과 근대 정신을 담으려는 '**창가**'라는 노래가 유행. 〈독립가〉, 〈권학가〉, 〈경부철도가〉(최남선, 1908) 등이 애창됨
조선광문회(1910)		**최남선, 박은식이 세운 고전 간행 출판사**. 『열하일기』·『동국통감』 등 많은 고전을 간행

> **사료** 신소설과 창가
>
> • 제가 외국 사람인 체하여 제 나라 동포를 압제하며, 외국 사람 상종함을 영광으로 알고 아첨하며 …… 벼슬낱이나 얻어 하느라고 남의 나라 정탐꾼이 되어 애매한 사람 모함하기, 어리석은 사람 위협하기로 능사를 삼으니, 이런 사람들은 안다 하는 것이 도리어 큰 병통이 아니오? 〈안국선, 『금수회의록』〉
>
> 동물들의 입을 빌려 개화기 당대의 인간 사회를 비판하고 인간의 행위에 신랄한 규탄을 가하는 내용이다. 금서 목록에 올랐다.
>
> • 학도야 학도야 청년 학도야 벽상의 괘종을 들어보시오.
> 한 소래 두 소래 가고 못오니 인생 백년 가기 주마 같도다.
> 학도야 학도야 생각하여라 우리의 할 일이 그 무엇인가
> 자나 깨나 쉬지 말고 학문 넓혀서
> 좋은 사람 되는 것이 이것 아닌가 〈권학가〉

3. 종교의 새 경향

종교	주요 활동
개신교와 천주교	의료·교육 활동을 중심으로 서양 의술 보급과 근대 교육 발전에 기여
한용운의 불교 유신론(1910)	**조선 불교의 자주성 회복**, 미신적 요소 철폐, 현대성 접목 주장
박은식의 유교 구신론(1909)	• 공자의 대동주의(大同主義)와 맹자의 민위중설(民爲重說)을 발전시켜 민주적·평등적 종교로 발전시키고자 하는 내용. **양명학을 구신의 기반으로 봄** • 박은식은 친일 유림 단체인 「대동학회」에 맞서 '**대동교(大同敎)**'를 창도함
동학(천도교)	이용구의 일진회에 맞서 **3대 교주 손병희가 천도교로 개칭**(1905), 〈만세보〉 발간
대종교(1909)	• **나철, 오기호, 이기**(『호남학보』발행) 등 호남 출신 지식인을 주축으로 하며 민족 종교로 창시 → 종교적 성격보다는 항일 운동의 정신적 지주 역할 • **단군 숭배 사상의 확대** → 1910년대 그 신도 수가 20만을 헤아림 • 만주와 연해주에서 항일 무장 투쟁 주도(청산리 대첩)
종교 운동에 대한 일제의 대응	• 유학의 친일화를 위해 대동학회(1907)라는 친일적 유림 학회 조직(이토 히로부미의 지원) • 기독교의 친일화를 유도하기 위해 동양전도관(東洋傳道館)이라는 기독교 단체 조직 • 불교의 친일화를 유도하기 위해 본원사(本願寺)라는 불교 단체 조직

> **사료** 박은식의 유교 구신론(儒敎求新論)
>
> 개량 구신의 3대 문제는 무엇인고. 첫째, 유교 정신이 전적으로 임금에게 존재하고 인민 사회에 보급하는 정신이 부족함이요, 둘째, 세계주의적 생각으로 깨우침을 찾으려 아니함이요, 셋째, 간결하고 실천적인 유교 정신을 구하지 않고, 질질 끌고 되어 가는 대로 내버려두는 공부만 전적으로 숭상함이라. 〈박은식, 〈서북학회 월보〉〉
>
> 양명학을 통한 실천적인 유교 정신의 회복을 강조

8

독립운동기

- **01** 일제의 침략과 민족의 수난
- **02** 3·1 운동과 대한민국 임시 정부
- **03** 무장 독립 전쟁의 전개
- **04** 국내의 사회·경제적 민족 운동과 실력 양성 운동
- **05** 민족 문화 수호 운동

01 일제의 침략과 민족의 수난

1 국권의 피탈 과정

1. 일본의 조선 침략에 대한 제국주의 열강의 승인

① 가쓰라·태프트 밀약(1905. 7. 29) : 미국은 필리핀에 대한 지배권을, 일본은 조선에 대한 지배권을 상호 인정하였다.
② 제2차 영·일 동맹(1905. 8. 12) : 영국이 일본의 조선 지배를 사실상 승인하였다.
③ 포츠머스 조약(1905. 9. 5) : 러·일 전쟁에서 승리한 일본이 러시아로부터 조선에 대한 지배권을 인정받았다.

가쓰라·태프트 밀약의 폭로(1924)
일본 총리 가쓰라 다로는 조선 병합을 위한 사전 조치로 미국 대통령 시어도어 루즈벨트의 특사로 도쿄에 왔던 육군 장관 태프트와 밀약을 맺는다. 조약은 일체 비밀로 붙여졌으나 1924년 미국 존스 홉킨스 대학의 데넷 교수가 루즈벨트 대통령의 서한집에서 발견하여 세상에 폭로되었다.

자료 : 국제적으로 일본의 한국 지배를 묵인한 조약

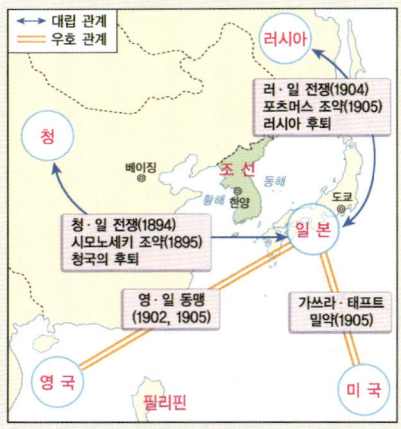

▲ 19세기 말~20세기 초의 정세

1. 가쓰라·태프트 밀약(1905. 7. 29)
① 일본은 필리핀에 대한 미국의 지배권을 확인한다.
② 러·일 전쟁의 원인이 된 한국은 일본이 지배할 것을 승인한다.

2. 제2차 영·일 동맹(1905. 8. 12)
영국은 일본이 한국에서 가지고 있는 이익을 옹호, 증진하기 위해 필요하다고 인정하는 지도, 통제 및 보호의 조치를 한국에서 행하는 권리를 승인한다.

3. 포츠머스 조약(1905. 9. 5)
러시아 제국 정부는 일본 제국이 한국에서 정치상·군사상 및 경제상의 탁월한 이익을 갖는다는 것을 인정하고 일본 제국 정부가 한국에서 필요하다고 인정하는 지도, 보호 및 감독의 조치를 취하는데 이를 저지하거나 간섭하지 않을 것을 약속한다.

💡 미국, 영국, 러시아가 모두 일본의 한국 지배를 인정하고 있다.

2. 국권의 피탈 과정

한눈에 보기

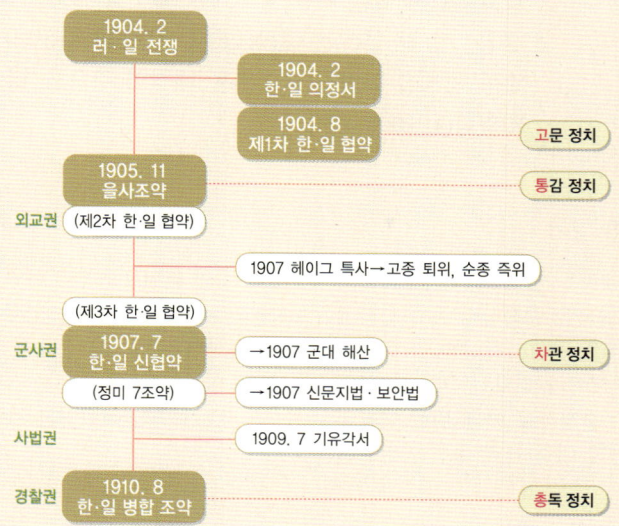

한·일 의정서	1904. 2. 23		• 전략상 필요한 군사 기지 사용 • '일본의 동의 없이 제3국과 조약을 체결할 수 없다.' ⇒ 경부·경의선 착공, 독도를 강제로 시네마현에 귀속(1905)
제1차 한·일 협약	1904. 8. 22	고문 정치	• '일본인 1명을 재정고문에 초빙한다.' → 메가타 • '외국인 1명을 외교고문에 초빙한다.' → 스티븐스(미)
제2차 한·일 협약 (을사조약)	1905. 11. 17	통감 정치	• 외교권의 완전 박탈, 통감 정치 실시(이토 히로부미) ⇒ 사실상 주권의 상실
정미 7조약 (제3차 한·일 협약, 한·일 신협약)	1907. 7. 24	차관 정치	• '통감이 추천하는 일본인을 한국 관리에 임명할 것' ⇒ 신문지법, 보안법 제정
기유각서	1909. 7. 12		사법권 박탈, 감옥 사무 이관
경찰권 박탈	1910. 6. 30		경시청 폐지, 경무통감부 설치

사료 정미 7조약

제1조 한국 정부는 시정 개선에 관하여 통감의 지도를 받을 것
제2조 한국 정부의 법령 제정 및 중요한 행정상의 처분은 미리 통감의 승인을 거칠 것
제3조 한국의 사법 사무는 보통 행정 사무와 이를 구분할 것
제4조 한국 고등 관리의 임명은 통감의 동의로써 이를 행할 것
제5조 한국 정부는 통감이 추천하는 일본인을 한국 관리에 용빙할 것
제6조 한국 정부는 통감의 동의 없이 외국인을 한국 관리에 임명하지 말 것
제7조 1904년에 조인한 외국인 고문 용빙에 관한 협정서 제1항을 폐지할 것

근정전에 걸린 일장기(1910. 8)

3. 국권의 피탈

(1) 한·일 병합 조약(1910. 8. 22)
① 배경 : 육군대신 데라우치가 통감으로 부임한 후(1910. 5) 일제는 경찰권을 박탈하고 2천여 명의 일본 헌병에게 업무를 담당케 하였다(1910. 6).
② 경과 : 항일 언론인 〈황성신문〉·〈대한매일신보〉 등을 강제 폐간하고, 창덕궁의 순종 황제를 압박하여 이완용 내각의 주도로 합병 조약을 체결하고 국권을 강탈하였다(1910. 8. 22).

사료 한·일 병합 조약(1910. 8. 22)

일본국 황제 폐하 및 한국 황제 폐하는 양국 간에 특수하고도 친밀한 관계를 고려하여 상호의 행복을 증진하며 동양 평화를 영구히 확보하고자 하며, 이 목적을 달성하기 위하여 한국을 일본 제국에 병합하는 것이 최선책이라고 확신한다. 이에 양국 간에 병합 조약을 체결하기로 결정하고 이를 위해 일본국 통감 데라우치 마사타케 자작, 한국 내각 총리 대신 이완용을 각각 전권 위원으로 임명하였다.
제1조 한국 황제 폐하는 한국 전부에 관한 모든 통치권을 완전히 그리고 영구히 일본 황제 폐하에게 양여한다.
제2조 일본국 황제 폐하는 전조에 게재한 양여를 수락하고 또 완전히 한국을 일본 제국에 병합함을 승낙한다.

『매천야록(梅泉野錄)』
한말의 시인이자 학자였던 매천 황현이 기술한 한말 비사이다. 1864년(고종 1) 대원군의 집정으로부터 1910년 한·일 병합에 이르기까지 47년간의 우리나라 최근세사를 편년체로 기술한 역사책이다. 황현 자신의 견문을 기록한 것으로 당시의 상황을 비교적 정확히 옮기고 있어 사료적 가치가 크다.

(2) 애국지사들의 순국
① 『매천야록』을 저술한 구례 유생 황현(1855~1910)이 절명시를 남기고 음독, 순국하였으며 안동의 전 승지 이만도(1842~1910) 역시 24일의 단식 끝에 순국하였다.
② 금산군수 홍범식(『임꺽정』의 저자 벽초 홍명희의 부친, 1871~1910)은 관아에서 목을 매어 순국하였다.
③ 안숙, 이재윤, 안종규 등 유림 계통의 수많은 애국지사들뿐만 아니라 러시아에서 독립운동에 매진하던 전 공사 이범진과 일본에서 유학 중이던 학생들도 자결하여 일제에 항거하였다.

2 1910년대 일제의 식민 통치

한눈에 보기 식민 통치의 변화

```
                              1919 3·1 운동      식민 통치        경제 공황
                                                변화의 배경
                1910년대        1920년대          1930년대
   1910                                   1931 만주 사변, 1937 중·일 전쟁    1945

              무단 통치          문화 통치          민족 말살 통치
           식민 지배 기반 조성    민족 분열 통치      대륙 침략 기반 조성

               토지              식량                전쟁
           (토지 조사 사업)    (산미 증식 계획)      (병참 기지화)
```

398 제8장 | 독립운동기

1. 무단 통치

(1) 조선총독부의 설치

① 총독의 권한 : 총독은 행정·입법·사법·군 통수권을 장악하고 절대적인 권력을 행사하였다.
② 자격 기준 : 문관이 임명되던 타이완(대만)과 다르게 무관 총독을 규정하여 현역 대장 중에서 임명하였다.

▲ 조선총독부 청사(1926년 완공)

조선총독부 편제

```
              ┌─ 총독 관방
      정무총감 ─┼─ 총무부
              ├─ 내무부
  조선         ├─ 탁지부
  총독         ├─ 농상공부
              └─ 사법부
      경무총감 ── 경무총감부
```

> **자료 역대 조선 총독**
>
> 제1조 조선총독부에 조선 총독을 두고, 총독은 조선을 관할한다.
> 제2조 총독은 육해군 대장으로 충당한다.
>
> 〈한국에 대한 시정 결정건, 1910. 6〉

대	총독	취임 시기	대	총독	취임 시기
1대	데라우치 마사다케	1910. 10	2대	하세가와 요시미치	1916. 10
3대	사이토 마코토	1919. 9	4대	우가키 가즈시케	1927. 4
5대	야마나시 한조	1927. 12	6대	사이토 마코토	1929. 8
7대	우가키 가즈시게	1931. 6	8대	미나미 지로	1936. 8
9대	고이소 구니아키	1942. 5	10대	아베 노부유키	1944. 7

(2) 헌병 경찰 통치

① 헌병 경찰의 권한 : 헌병이 경찰을 지휘하여 민사 쟁송 조정, 농사 개량, 납세, 산림·위생, 첩보 수집, 범죄 즉결 처리(즉결 처분권), 검사 사무의 대리, 국경 세관, 호적 사무, 언론 지도, 강우량 측정 등 거의 모든 행정 분야에서 막강한 권한을 행사하였다.
② 기본권 박탈 : 언론·출판·집회·결사의 자유가 박탈되었으며 관리와 교사들까지도 칼을 차고 제복을 착용하였다.
③ 독립운동 말살 : 실체 없는 '데라우치 총독 암살 사건'을 조작, 105인 사건을 일으켜(1911), 900여 명을 구속하고 그 중 105인을 기소하였는데 사건화 과정에서 탈법, 폭압적 고문, 인권 유린으로 다수가 사망하였다.
④ 각종 식민지 악법의 제정 : 집회 단속법, 조선 형사령, 조선 태형령(1912) 등을 제정하여 조선인을 억압하였다.
⑤ 행정 통제의 강화 : 지방관 관제령(1910. 9)을 발표하여 전국의 지방 행정을 13도 12부 218군 2,517면으로 정비하고 행정을 군에서 면(面) 중심으로 개편하였다(한국인 면장 임명).

> **즉결 처분권**
>
> 경찰서장 또는 이와 동일한 직무를 수행하는 헌병 분대장에게 부여한 권한이다. 정식 법 절차나 재판 없이 재량으로 벌금, 구류, 태형, 3개월 이하의 징역 등의 처분을 내릴 수 있었다.

헌병의 증가

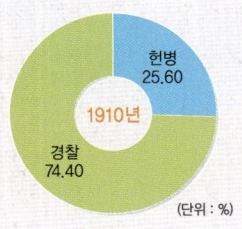

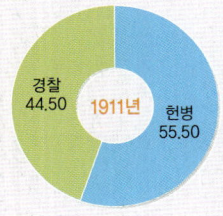

(단위 : %)

> **자료** 개화기~일제 시대의 지방 관제의 변천

시기	제1차 갑오개혁 (1894. 7~1894. 12)	제2차 갑오개혁 (1894. 12~1895. 7)	광무개혁 (1897~1905)	일제의 지방제 개편 (1914)
특징	8도 → 13도로 개편	13도 → 23부 337군	23부 → 13도 317군	13도, 317군, 4351면 → 13도, 12부, 218군, 2517면으로 축소 통합

> **자료** 무단 통치 시기 식민지 악법

① 집회 단속법(1910) : 모든 정치 집회를 금지하고 제반 단체들을 강제 해산
② 조선 형사령(1912) : 일본 황족에 대한 불경(不敬)을 범죄로 규정, 현행범이 아닌 사건이라도 검사에게 피의자를 구속할 수 있는 권한
③ 조선 태형령(1912)
제1조 3월 이하의 징역 또는 구류에 처하여야 할 자는 그 정 상에 따라 태형에 처할 수 있다.
제11조 태형은 감옥 또는 즉결 관서에서 비밀히 집행한다.
제13조 본령은 조선인에 한하여 적용한다.

〈「조선총독부 관보」, 1912. 3. 18〉

④ 경찰범 처벌 규칙
제1조 다음의 각 호에 해당하는 자는 구류 또는 과료(벌금)에 처한다.
　　19. 함부로 대중을 모아 관공서에 청원 또는 진정을 남용하는 자
　　21. 남을 유혹하는 유언비어 또는 허위 보도를 하는 자
　　50. 돌 던지기 같은 위험한 놀이를 하거나 시키는 자, 또는 길거리에서 공기총류나 활을 갖고 놀거나 놀게 시키는 자

〈「조선총독부 관보」, 1912. 3. 25〉

초대 조선 총독 데라우치 마사타케는 "조선인은 일본 법규에 복종하든지 죽든지, 그 중에서 택일해야 한다."는 말로 무단 통치의 실상을 표현했다.

조선 귀족령(1910)과 은사금 지급

① 병합 당시 정1품, 종1품의 경우는 후작과 백작, 그 이하는 자작·남작을 수여하였다.
② 박영효는 후작, 이완용·이지용은 백작이 되었으며, 남작이 수여된 한규설 등은 작위를 거부하였다(거부자 5명, 수여자 71명).
③ 일제는 작위 수여자를 포함한 유력자 7만여 명에게 3천만 엔(오늘날 3조 원 이상)의 "은사금"을 지급하였다(실제로는 채권 형식으로 지급했으며, 현금은 채권액에 상응하는 이자만 지급했다.).

(3) 조선인에 대한 회유책
① 중추원의 설치(1910)
　㉠ 목적 : 총독부의 자문 기구로서 명목상 한국인의 정치 참여를 선전하고 친일파를 회유하기 위해 설치하였다.
　㉡ 구성 : 의장-부의장-고문-참의로 이어지는 직제를 두고, 일제에 작위를 받은 친일배로 구성(참의·고문 등 71명)되었으며, 초대 의장은 이완용이었다.
　㉢ 활동 : 한국인에 대한 선전이 목적이었으므로 3·1 운동 전에는 공식적인 회합이 전무하였다.
② 조선 귀족령(1910) 제정 : 한·일 병합에 공을 세운 구한국 관리 76명에 대한 논공행상을 실시하였다.

> **자료** 식민 통치 선전을 위한 '시정, 5년 기념 조선물산공진회'의 개최(1915)
>
> 한·일 병합 5년을 기념하여 무단 통치의 실상을 감추고 식민 통치의 위업을 대내외적으로 과시하기 위해 개최했던 대대적인 박람회이다. 공진회장으로 사용된 경복궁은 중심 건물을 제외한 대부분이 훼손되었다. 총독 정치 5년을 자축하기 위해 기획한 '이벤트'로, 문화 파괴와 식민 통치의 선전장이었다.
>
> 🔍 통감부 시기를 포함할 경우 일제는 조선에서 세 번의 박람회를 개최했다. 최초의 박람회는 1907년에 열린 '경성박람회'이며 1929년에는 '조선박람회'라는 명칭으로 개최되었다. 모두 일제가 조선 통치의 치적과 업적을 과시하려는 목적에서 개최하였다.

▲ 경복궁을 헐고 지은 조선물산공진회의 건물

2. 1910년대 경제 침탈

(1) 산업과 자원의 침탈

① <mark>회사령</mark>(1910. 12) : 회사 설립 시 총독부의 허가를 받도록 하여 조선인 기업을 규제하였다.

　㉠ 산업의 독점 : 철도·통신·항공·금융 등의 기업은 일본의 미쓰이(三井)·미쓰비시(三菱) 등 대기업들에게 넘어갔다.

　㉡ 인삼(1920)·소금·담배(1921) 등은 총독부에서 전매하고, 기업가는 주로 정미업·피혁업·요업 등 경공업에 한해 명맥을 유지할 수 있었다.

회사령의 시행
1년 기준으로 볼 때 일본인 회사와 한국인 회사의 허가 비율이 25 : 1에 불과했으며 상당수 기존 회사들은 불허·해산되었는데, 전통적인 조선 상인들의 상행위상 특권을 부정하고 조선인 자본의 결집을 억제하기 위한 목적이었다.

> **사료** 회사령(會社令)
>
> 제1조 회사의 설립은 조선 총독의 허가를 받아야 한다.
> 제2조 조선 외에 있어서 설립한 회사가 조선에 본점 또는 지점을 설치하고자 할 때에도 총독의 허가를 받아야한다.
> 제5조 회사가 본령 혹은 본령에 의거하여 발표되는 명령이나 허가의 조건에 위반하거나 또는 공공의 질서, 선량한 풍속에 반하는 행위를 하였을 때에는 조선 총독은 사업의 정지·금지, 지점의 폐쇄 또는 회사의 해산을 명할 수 있다.
>
> 〈조선총독부, 「조선법령집람」,〈제17집〉〉

② 삼림령(1911)과 임야 조사 사업(1918) : 전국의 임야를 강탈하여 일본인에게 불하하였는데 전체 삼림의 50% 이상이 총독부와 일본인에게 점탈되었다.

③ 어업령(1911) : 황실 및 개인 소유 어장이 일본인 소유로 재편성되었다.

④ 광업령(1915) : 한국인의 광산 경영을 억제하고, 일본 재벌에 불하하여 일본인 소유 광산이 전체 광산의 80%를 차지하였다(1920).

⑤ 수탈을 위한 사회 간접 시설 건설

　㉠ 목적 : 한국을 일본과 동일한 상품 판매 시장으로 재편하려는 식민 통치의 수단이었다.

　㉡ 철도 : 호남선(1914)·경원선(1914)·함경선(1914~1928) 등이 신설되었다.

　㉢ 도로 건설 : 도로 규칙(1911), 도로 수축 7개년 사업(1911) 등을 통해 1917년까지 2,700km의 도로망을 건설하였다.

(2) 수탈적 조세 제도

① 목적 : 일제는 "식민지 경영을 위한 경비는 식민지에서 마련한다."는 원칙하에 조세를 인상하여 수탈을 강화하였다.

② 내용 : 총독부가 직접 거두는 국세는 직접세(소득·수익세)와 간접세(소비세·교통세)로, 도·부·면에서 거두는 **지방세**는 국세의 부가세와 특별세로 운영하였다.

(3) 토지 조사 사업(1912~1918)

① 목적 : 근대적 토지 소유제 확립을 명분으로 토지의 약탈과 토지세를 확보하여 식민 통치의 비용을 충당하려고 했다.

② 내용과 특징

　㉠ 기한부 신고제 적용 : 까다로운 신고 절차를 내세워 전 국토의 40%를 약탈하였다(황실 소유지 12만 정보, 임야의 60%인 국유림 포함).

　㉡ 지주 권리의 강화
　　• 지주 대표를 **지주 총대**라는 직책으로 민간 담당자로서 참여시켜 지주의 신고로 소유주를 인정하였다.
　　• 일본보다 낮은 **지세율**을 적용하고, 지세에 대한 단순 비례세(영세 지주와 대지주의 과세율이 동일)를 도입하여 지주층을 회유하였다.

　㉢ 관습상 소작농의 권리로 인정되던 경작권(소작권)·개간권·**도지권**(소작 권리를 매매하는 것)·**입회권**을 부정하였다.

> **도지권**
> 경작자가 토지에 대해 갖는 일종의 영구적 소작권으로 소작인이 주인 소유의 황무지를 개간하거나, 자신의 소유지를 가지고 지주에게 투탁하거나 해서 발생한 권한으로 매매·양도될 수 있는 소유권의 일부였다.
>
> **입회권**
> 공유지에 대해 공유자들이 땔감이나 풀을 채취하고 가축은 방목할 수 있는 권리를 말한다.

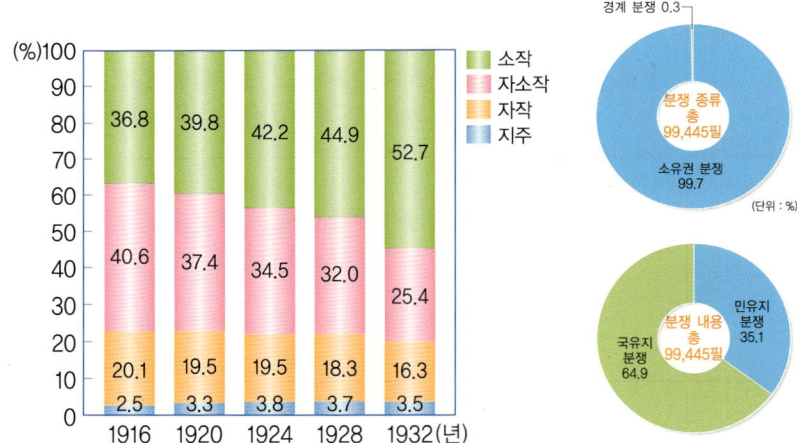

▲ 소작농과 자작농의 몰락

사업 과정에서 약 10만 건의 토지 분쟁이 발생하였으나 총독부는 이를 탄압으로 묵살하였다.

③ 결과

　㉠ 대다수의 농민들이 기한부 계약에 의한 소작농으로 전락 : 1930년대까지 인구의 10%인 약 200만 명의 농민이 해외로 유망하였다.

　㉡ 지세 수입 증가 : 대한 제국 시기에 비해 세금 부과 대상 면적이 80% 증가하고 **지세 수입 2배**나 신장되었다(1911년 624만 원 → 1920년 1,115만 원).

　㉢ 식민지 기간 동안 계속되었던 한국 농촌 붕괴의 시발점이었다.

사료

1. 토지 조사령(1912)

1조 토지 소유권은 조선 총독 또는 그 권한을 위촉받은 자가 결재, 확정한다.
2조 소유권의 주장에는 신고주의를 원칙으로 한다.
4조 토지의 지주는 조선 총독이 정한 기간 내에 그 주소, 씨명 또는 명칭 및 소유지의 소재, 지목, 자번호, 사표(四標), 등급, 지적, 결수를 임시 토지 조사 국장에게 신고한다. 단, 국유지에 대해서는 보관 관청에서 임시 토지 조사 국장에게 통지해야 한다.

〈「조선총독부 관보」, 1912. 8. 13〉

2. 토지 조사 사업의 약탈적 성격

어느 날까지 증명 서류를 제출하지 않으면 토지의 소유권을 잃게 된다는 것이므로 그날까지 제출해야만 함은 말할 것도 없다. 그러나 그 서류 수속의 빠뜨림, 가령 도장을 잊었다든가 형식에 잘못이 있으면 그 서류는 접수할 수 없다. 그래서 이것을 정정하기 위해서는 다시금 먼 오십 리, 백 리 길을 다녀오지 않으면 안 되므로 단 하루 늦어서 소유권을 잃고 이른바 재산의 보호를 받지 못하는 자도 있다.

〈조선총독부, 도지사 회의 속기록〉

(4) 동양척식주식회사의 토지 약탈

① 설립 : 1908년 설립되어 토지 약탈과 자원 수탈의 첨병 역할을 하며 조선 최대의 지주로 부상하였다.
② 자산 : 소유한 토지가 한국 논밭 경지의 12.3%에 달했으며 대다수가 소작농인 소속 농가는 전체 농가의 27.1%나 되었다.
③ 활동 : 토지 조사 사업으로 약탈한 토지를 불하하거나 소작을 주어 고율의 소작료를 징수하고, 농업 이민 온 일본인들에게는 토지를 싼값에 임대·양도하였으므로 농민들의 원성의 대상이었다. 1926년 의열단 나석주 의사가 폭탄을 투척한 이유가 여기에 있다.

자료

동양척식 주식회사가 일본인을 대상으로 모집한 농업 이민 광고 : '지주로 되는 지름길'

조선은 기후와 풍토가 일본과 다름없고, 작물 종류와 재배 방법도 거의 같다. 토지 가격은 대개 단당 70~80엔에서 300엔이다. 일본에서 1단보(매 300평)를 살 수 있는 금액으로 조선에서는 7단보를 살 수 있다. 토지 가격은 앞으로 더욱 오를 것이다. 회사로부터 양도받은 토지는 대개 철도나 일본인 부락 부근이다. 이미 회사가 경작하던 토지이기 때문에 홋카이도나 사할린 같이 새로이 개간된 토지와 근본적으로 다르다.

〈동양척식주식회사〉

▲ 동양척식주식회사 건물

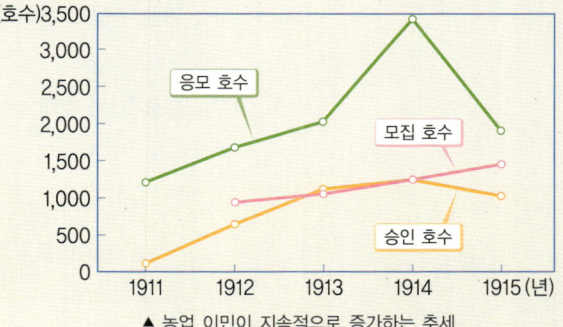
▲ 농업 이민이 지속적으로 증가하는 추세

3 문화 통치(민족 분열 통치, 1919~1931)

1. 배경과 본질

① 배경 : 일본 내의 민주주의 요구(다이쇼 데모크라시)가 분출하고, 3·1 운동으로 인한 한국 대중의 반발과, 악화된 세계 여론을 호도하려고 했다.
② 본질 : 3·1 운동 이후 3대 총독으로 부임한 사이토는 가혹한 식민 통치 내용을 은폐하고 친일파 양성을 통한 민족 분열과 이간을 이끄는 정책으로 **문화 통치**를 내세웠으며, 이후 민족 운동에 커다란 상처를 주었다.

> **자료** 일본의 다이쇼 데모크라시(1912~1926)와 문화 통치
>
> 다이쇼 천황(1912~1926) 시기의 일본은 정당의 활동이 늘어나고 민주주의 사상이 보급되던 시기였다. 1918년에 최초의 정당이 성립되었으며, 민주주의 사상의 보급, 정당 정치의 진전, 사회 운동의 격화에 따라 납세액을 기준으로 선거 자격 제한을 두지 말자는 보통 선거 실시 운동이 격화되었다. 그리하여 1925년에는 25세 이상의 모든 남자에게 선거권을 주자는 '보선안(普選安)'이 의회에서 통과되어 1928년 보통 선거가 실시되었다. 결국 일제의 '문화 통치'는 '조선인의 문화 창출'을 위한 일본의 시혜가 아니라, 일본 내의 정치적 변화 분위기와 3·1 운동이라는 전 민족적 저항에 부딪힌 일제의 선택이었다는 점을 간과해서는 안 된다.

2. 문화 통치의 시작

(1) 문화 통치의 구호와 실제

구호	실제
문관 총독 임명	패망까지 문관 총독 임명 없음
보통 경찰제와 일반 관리 및 교원들의 제복과 착검을 폐지	① 헌병 경찰제와 순사보 제도가 폐지되었으나 오히려 고등·사법의 전문화된 경찰 제도 도입 ② 경찰 기구와 인원의 대폭 증대(1郡 1경찰서, 1面 1주재소 설치) ③ 한국인을 대거 경찰에 임용하여 민족 간 대립 조성
한글 신문 허용	① 〈조선일보〉, 〈동아일보〉가 창간(1920)되었으나 **수시로 검열**·삭제·압수·정간 조치가 이루어졌다. ② 신문을 통해 한국 엘리트들의 사상을 감시·통제
교육 기회 확대	제2차 조선 교육령의 발표 → 각 학교의 수업 연한은 늘었으나 **여전히 초급·기술 교육 중심**

 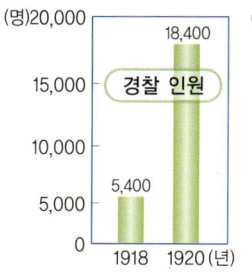 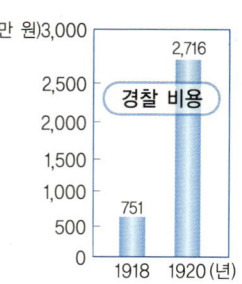

▲ 문화 통치기 경찰의 증가

(2) 민족의 분열과 이간 책동
① 1921년 5월 임시 정부에서 〈독립신문〉의 주필을 맡고 있던 이광수를 회유, 귀국시켜 〈동아일보〉 논설위원직을 제공하였다.
② 3·1 운동으로 복역 중이던 최린·최남선 등을 가출옥시켜 민족 개량주의로 유도하였다.

(3) 기만적인 지방 제도 개편안(1920)
① 내용
  ㉠ 부·면 협의회 구성 : 3·1 운동 이후 전국 12개 부에 설치된 협의회를 선거로 구성하고, 면 단위에도 자문 기구인 협의회를 신설하여 조선의 민의를 대변한다고 선전하였다(각 도의 평의회는 부·면의 협의회 의원 중에서 도지사가 임명).
  ㉡ 특징 : 일제는 마치 지방 의회인 양 선전하였으나, 협의회는 의결 기관이 아니라 자문 기구에 불과하였다.
② 극단적인 제한 선거 실시
  ㉠ 전국 12개 부와 24개 지정 면(전국 2,483면 중)에서만 실시되었으며, 일본인 유권자가 압도적 인구의 한국인보다 더 많았다.
  ㉡ 재산에 따른 선거권 차별 : 학교비 부과금 연 5엔 이상 납부자에게만 선거권을 부여하였으므로, 극소수의 친일 세력만 참여가 가능하였다.
③ 영향 : 민족 운동 내에 타협적인 세력 형성에 영향을 미쳐 **자치론**이 대두하였다.

> **자료** 문화 통치의 본질과 한국인의 저항
>
> **1. 문화 통치에 대한 일본 수뇌부의 본심**
> 생각건대 장래의 운동은 지난 봄에 일어난 만세 소요처럼 어린애 장난 같은 것이 아니다. 그 근저에는 앞으로 실력을 갖춘 조직적 운동으로 발전할 가능성이 있음을 예상하고 이에 대한 각오를 다져 두지 않으면 안 된다. 그러나 여기에 압박을 가해 질식시킨다는 것은 결코 바람직한 일이 아니다. 그렇다고 해서 아무런 방책도 강구함이 없이 그대로 내버려 둔다는 것은 위험스럽기 짝이 없다. …… 그 방책은 위력 있는 문화 운동뿐이다.
> 〈야마나시 한조(山梨半造)의 조선 통치에 관한 의견서〉
>
> • 친일 분자를 귀족·양반·유생·부호·실업가·교육가·종교가 등에 침투시켜 각종 친일 단체를 조직케 할 것
> • 수재를 교육한다는 명목으로 친일 지식인을 많이 양성할 것
> • 노동 쟁의·소작 쟁의를 통해 조선인 부호들을 민중과 대립하게 하고, 이들에게 일본 자본을 공급하여 친일화할 것
> 〈사이토 총독의 조선 민족 운동 대책〉
>
> **2. 강우규 의사의 사이토 총독 저격 사건**
> 1919년 9월 2일 65세의 강우규 의사가 남대문 정거장에서 부임 직후의 사이토에게 폭탄을 투척하였으나 실패하고 수행원 37명이 중경상을 입었다. 그는 서대문 형무소에서 1920년 11월 29일 사형이 집행되어 순국하였다. 그는 다음과 같은 말을 남겼다. "내 평생 나라를 위해 한 일이 없음이 부끄럽다. 내가 자나 깨나 잊을 수 없는 것은 우리 청년들의 교육이다. 내가 죽어 청년들의 가슴에 조그만 충격이나마 줄 수 있다면 그것은 내가 소원하는 일이다."

---

3. 1920년대의 경제 침탈

(1) 산미 증식 계획(1920~1934)
① 목적 : 공업화에 따른 일본의 식량 부족 문제의 해결
② 진행 과정 : 토지 개량(개간 장려, 천수답의 수리 답화), 농법 개량(품종·시비법), **수리 조합** 확대(수리 조합령, 1917) 등을 추진하였다.

> **수리조합**
> 일제에 의해 설립·운영된 대규모 관개 조직이다. 쌀 증산을 위해 총독부의 적극적인 지원 하에 지주층이 중심이 되어 설립되었다. 농민들은 과중한 조합비와 소작료 인상에 직면하여 생활이 어려워지자 광범위한 수리조합 반대 운동을 일으켰다.

③ 결과 : 증산량은 소폭 증가하였으나, 일본으로의 반출량은 대폭 증가하였다.
④ 영향
  ㉠ 한국인의 쌀 소비량이 감소하고, 쌀값이 폭등하여 만주에서 잡곡이 수입되었다.
  ㉡ 쌀 단작 농업 방식이 일반화되어 만성적인 농촌 공황을 초래하였다.
  ㉢ 농민 생활의 극심한 피폐 : 과도한 수리 조합비 부담, 비료 대금 부담으로 농민의 해외 유망이 심화되고 소작 쟁의가 빈번히 발생하였다. 그 결과 식민지 3대 빈민층이 증대하였다(농촌 빈민·화전민·**토막민**).

(2) 일본 자본의 조선 진출
① 회사령 폐지(1920) : 신고제로 전환
  ㉠ 의도 : 까다로운 규제를 철폐하여 일본 자본의 효과적인 조선 진출을 목적으로 하였다.
  ㉡ 영향 : 한국인 소유 회사도 증가하여 조선인 **자본가 출현**(김성수, 경성방직주식회사)하였으며, 본격적인 **노동자 계층**이 형성되면서 **노동 운동과 사회주의**가 확대되었다.
② 관세 철폐(1923) : 본격적인 일본 자본의 진출로 국내 자본가들은 물산 장려 운동을 전개하였다.
③ 신은행법(1928) : 은행의 자본금을 상향하는 규정을 두고(200만 원), 한국인이 소유한 은행들을 강제로 합병하여 조선은행에 예속시켰다.

토막민
농촌에서 토지를 잃고 도시로 몰려든 빈민들을 지칭하다. 변두리 야산지대에 판자로 얼기설기 엮은 토막집을 세우고 극빈의 생활을 영위하였다.

자료 1. 산미 증식 계획의 추진

일본 내 쌀 소비는 연간 약 6,500만 석인데 생산고는 약 5,800만 석을 넘지 못해 해마다 그 부족분을 제국 반도 및 외국의 공급에 의지하는 형편이다. …… 장래 쌀의 공급은 계속 부족해질 것이고, 따라서 지금 미곡의 증수 계획을 수립하여 일본 제국의 식량 문제를 해결하는 데 도움을 주는 것은 진실로 국책상 급무라고 믿는다. 〈조선 산미 증식 계획 요강, 1926〉

🔄 일본은 증산량이 계획에 미치지 못했음에도 일본으로의 쌀 반출을 계속 진행하여 한국 내의 식량 사정은 극도로 악화되었다.

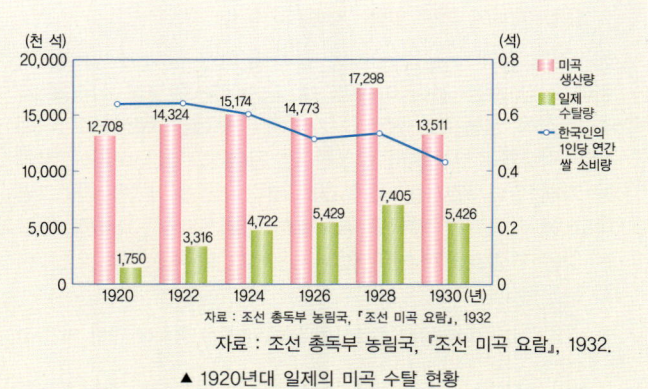

▲ 1920년대 일제의 미곡 수탈 현황

2. 산미 증식 계획의 중단

1929년 대공황의 영향으로 곡물가가 폭락하자 일본 농민을 보호하기 위해 조선에서의 미곡 반출이 중단되었다. 이 결과 조선의 농업은 심각한 공황에 빠지게 되었다. 중단되었던 산미 증식 계획은 1943년 침략 전쟁 막바지에 다시 부활하여 시행되기도 하였다.

4 민족 말살 통치(1931~1945)

1. 황국 신민화 정책

① 배경 : 1929년 세계 경제 공황으로 위기에 빠진 일본은 군국주의화를 통한 대외 침략 정책을 통해 모순을 해결하려 하였다.
② 민족 말살 정책 : 전쟁에 필요한 인적·물적 자원 동원을 위해 한국인의 민족의식을 말살하려 하였다.
  ㉠ 황국 신민화 강화 : 신사 참배, 황국 신민 서사 암송(1937), 궁성 요배 등을 강요하였으며, 이념적으로는 내선일체(內鮮一體, 1931)와 일선동조(日鮮同祖)·내선동조론(1940)을 내세웠다.
  ㉡ 민족의식 말살 : 국어·국사 교육을 금지(1938)하고 창씨 개명(創氏改名, 1939)을 강요하였으며 35권의 방대한 『조선사』(1938)를 간행하여 식민 사관을 완성했다.
③ 문화 통제 : 조선·동아 등 한글 신문을 폐간(1940)하고 일체의 문화 활동을 통제·금지하였다.
④ 사상과 주민 생활 통제
  ㉠ 조선 사상범 보호 관찰령(1936)을 제정하고, 조선방공협회(1938)를 조직하여 사회주의 운동에 대한 대대적 탄압에 나섰다.
  ㉡ 국민정신총동원 조선연맹(1938)을 조직하여 10호 단위의 애국반을 두고 정기적으로 반상회를 열어 총독부의 시책을 강요하였다.
  ㉢ 조선 사상범 예방 구금령(1941)을 공포하여 독립운동에 참여한 경력이 있는 사람들을 경찰이 언제라도 체포하여 구금할 수 있게 하였다.

궁성요배
일본 천황이 거주하는 궁성이 있는 방향으로 허리를 최대한 숙여서 절을 함으로써 절대적 복종을 표현하는 의식이다.

내선일체
섬나라라는 지리적인 현실고는 다르게 일본을 내지로 보아서 일본(내지)와 한국(조선)은 한몸이라는 뜻으로 민족의식의 약화를 노린 구호였다.

조선 사상범 보호 관찰령(1936)
조선인의 사상 통제책의 일환으로, 치안 유지법 위반자 중 집행 유예나 가출옥한 사람들을 2년 간격으로 보호 관찰할 수 있도록 정했다. 민족 말살적인 일제의 철저한 악법 중의 하나이다. 이후 사상법 예방 구금령(1941)으로 강화되었다.

국민정신총동원 조선연맹 참여 인사
조선의 명망 높은 인사들이 이사와 위원으로 위촉되었다. 이사에는 김성수, 윤치호, 최린, 김활란, 문화 위원에는 백철, 유진오 여성부 위원으로는 송금선, 이숙종 등이 위촉되었다.

자료 | 민족 말살 정책

1. 황국 신민 서사
- 우리는 대일본 제국의 신민입니다.
- 우리들은 마음을 합해 천황 폐하께 충의를 다하겠습니다.
- 우리들은 인고 단련하여 훌륭하고 강한 국민이 되겠습니다.
〈황국 신민의 서사, 1937〉

2. 내선 일체
내선 일체는 반도 통치의 최고 지도 목표이다. 형태도, 마음도, 피도, 육체도 모두 일체가 되지 않으면 안 된다. 내선 일체의 강화 구현이야말로 동아 신 건설의 핵심을 이루는 것이고 그것이 아니고서는 만주국을 형제국으로 하고 중국과 제휴하는 어떠한 것도 말할 수 없다.
〈미나미 총독, 1939〉

3. 심상소학교령과 황국 신민화 교육(1938)
심상소학교의 취지는 국민 도덕을 함양하고 국민 생활에 필수적인 보통의 지능을 갖게 함으로써 충량한 황국 신민을 육성하는 데 있다. 교과목은 수신, 국어, 산술, 국사, 지리, 이과, 직업, 도화, 수공, 창가, 체조이다. 조선어는 선택 과목으로 한다. 또한 교과서는 문부성에서 편찬한 것을 그대로 사용한다.
〈심상소학교 규정〉

🔎 초등학교 명칭의 변천 : 소학교(1895) → 보통학교(1911) → 심상소학교(1938) → 국민학교(1941, '황국 신민의 학교')

▲ 황국 신민 서사를 암송하는 학생들

▲ 목검 훈련 중인 여학생들

▲ 신사 참배·궁성 요배(1939)

▲ 창씨 개명(1940)

유조구 사건
1931년 일본 관동군 작전 참모가 주도하여 펑톈 교외 유조구(柳條溝) 열차 폭파 사건을 일으킨 후 중국인의 소행으로 뒤집어씌워 '만주 사변'을 일으킨 사건이다.

노구교 사건
1937년 베이징 남서쪽 소도시인 노구교에서 중국군과 일본군이 충돌한 사건으로, 일본은 이를 중국 침략의 기회로 삼아 중·일 전쟁을 일으켜 베이징과·톈진에 대한 총공격을 개시하고, 난징을 함락한 후 난징 대학살(1938)을 자행하였다.

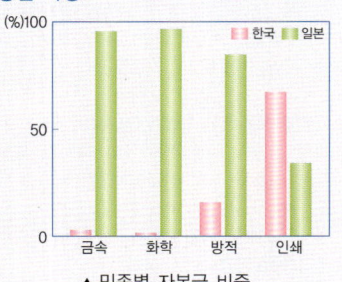
▲ 민족별 자본금 비중

산업 구조의 변화(1930년대) : 중화학 공업 육성

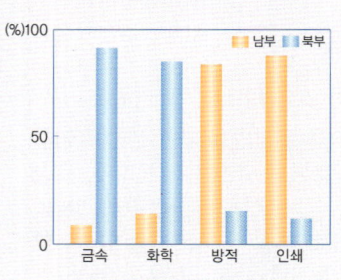
▲ 지역별 공업 생산액 비중

여자 정신대 근로령과 종군위안부 강제 동원
원래 정신대 근로령은 여성들을 군수 공장에 강제 취역시켜 노동력을 착취하고자 하는 의도로 제정 되었지만 동원된 여성의 일부는 일본군 위안부로 보내졌다. 현재 일본은 민간업자가 위안소를 합법적으로 운영했다고 주장하고 있으나 일본군이 군 위안소 계획을 입안하고 위안소를 설립, 통제 하였으며 여성들의 강제 동원 과정에 일본의 공권력이 개입된 다수의 증거가 있다. 일본군이 위안부를 동원한 것은 1930년대부터로 알려져 있다.

2. 1930년대 이후의 경제 침탈

(1) 일제의 침략 전쟁
① 만주 사변(1931) : 유조구(류타오거우) 사건을 일으켜 만주를 점령하고 청나라의 마지막 황제 푸이를 내세워 괴뢰국인 만주국을 설립하였다.
② 중·일 전쟁(1937) : 노구교(류거우차오) 사건을 일으켜 만리장성을 넘어 중국 침략을 본격화하였다.
③ 태평양 전쟁(1941) : 미국의 태평양 해군 기지인 하와이 진주만을 기습 공격하여 전쟁을 확대하였다.

(2) 대륙 침략을 위한 병참 기지화 정책
① 중화학 공업 육성 : 한반도 북부 지역에 군수 공업 지대를 조성하였다. 이로 인해 지역적 편차가 심화되고 농업과 공업·경공업과 중공업의 불균형 현상이 초래되었다.
② 남면 북양(1930)·농공 병진 정책 : 군수 공업을 위한 원료 확보(남면 북양)와 일본 과잉 자본의 조선 진출과 군수 공업을 연계시키려는 정책(농공 병진)이었다.

(3) 인적·물적 자원의 수탈 강화
① 국가 총동원법(1938) : 전시 동원(중·일 전쟁) 체제를 강화하였다.
② 물적 자원 수탈 : 전쟁이 격화되면서 공출제(1939), 식량 배급제(1943), 미곡 공출(1944)이 실시되었다.
③ 인적 자원 수탈 : 지원병(1938)·징용령(1939)·학도병제(1943)·징병제(1944)·여자 정신대 근로령(1944)·종군위안부 등 다양한 인적 수탈을 자행하였다.

> **사료** 인적·물적 수탈의 강화
>
> **1. 국가 총동원법(1938)**
> '앞으로 어떤 큰 사태가 닥쳤을 때, 가령 중국 대륙 작전군에게 일본 내지로부터의 해상 수송이 끊기더라도, 조선의 힘만으로 이것을 보충할 수 있을 정도로 군수 공업 육성 등 조선 산업 분야를 다각화해야 한다.' 〈미나미 총독, 1937〉
>
> 제1조 국가 총동원이란 전시에 국방 목적을 달성하기 위하여 국가의 전력을 가장 유효하게 발휘하도록 인적 및 물적 자원을 운영하는 것이다.
> 제4조 정부는 전시에 국가 총동원상 필요할 때에는 칙령이 정하는 바에 따라 제국 신민을 징용하여 총동원 업무에 종사할 수 있다.
> 제14조 정부는 전시에 국가 총동원상 필요할 때에는 칙령이 정하는 바에 따라 물자의 생산·수리·배급·양도 기타의 처분, 사용·소비·소지 및 이동에 관하여 필요한 명령을 내릴 수 있다.
>
> **2. 신고산 타령 : 1930~1940년대 노래에 나타난 사회상**
> 신고산이 우루루 화물차 가는 소리에
> 지원병 보낸 어머니 가슴만 쥐어뜯고요.
> 어랑어랑 어허야
> 양곡 배급 적어서 콩깻묵만 먹고 사누나
> 신고산이 우루루 화물차 가는 소리에
> 정신대 보낸 어머니 딸이 가엾어 울고요.
> 풀만 씹는 어미 소 배가 고파서 우누나
> 어랑어랑 어허야
> 금붙이 쇠붙이 밥그릇마저 긁어 갔고요.
> 이름 석 자 잃고서 족보만 들고 우누나.

(4) 일제의 농촌 진흥 운동(1932~1940) : 조선총독부가 주관한 관제 농민 운동
① 배경 : 농촌 경제 파탄으로 인한 농민의 반발을 무마·회유하고, 사회주의 농촌 운동을 통제하려 하였다.
② 활동 내용 : 농가 갱생 5개년 계획을 세우고 농촌진흥위원회를 설치하였다(1933).
  ㉠ 구호 : "춘궁 퇴치", "자력 갱생", "차금 예방"
  ㉡ 자작농 설정 사업(1932) : 농민에게 자작 농지 구입 대금을 대출해 주었으나 금융 조합의 이자율이 높아 소기 목적을 달성하지 못했다.
  ㉢ 부채 정리 사업(1933) : 농민에게 저리로 대부하여 고리대를 대체하게 하거나, 경찰력으로 채권자에게 삭감을 조정, 강요하는 방법으로 진행되었지만 성과는 미미하였다.
  ㉣ 조선 소작 조정령(1932)과 조선 농지령(1934) 공포 : 점증하는 소작 쟁의를 무마하기 위해 소작농의 권리를 인정하는 조치였으나 근본적인 해결책이 되지 못하였다.
③ 결과 : 일제는 이 운동을 심전(心田) 개발 운동(1935), ==색의(色衣) 착용 운동==(1938) 등 정신운동으로 확대하였으나 농민의 반감만 초래하고 정착시키지 못했으며, 1940년 국민총력운동으로 대체됨으로써 황국 신민화 정책으로 귀결되고 말았다.

색의 착용 운동
농촌 진흥 운동의 일환으로 일제가 추진한 흰옷 착용 금지 정책. 우리나라 고유의 민족 정서를 약화시키겠다는 황국 신민화 정책이었다. 초상집의 흰옷 착용까지 금지할 정도로 강압적으로 추진되었으나 우리의 민족 정서를 바꿀 수는 없었다.

자료 1930년대의 사회 분위기

1. 농촌
일제의 식민지 경제 정책이 전개됨에 따라 조선 민중들의 생활은 더욱 어려워졌다. 지주들은 조선총독부의 지원 아래 5할이던 소작료를 더 높여 받았고, 자신들이 처리해야 할 수리조합의 운영 비용이나 비료값을 소작 농민에게 떠넘기기도 하였다. 일부 자본가들도 일본 경찰의 도움 아래 노동자를 수탈하였다. 많은 농민들은 가을걷이를 하여도 소작료를 내거나 농사 비용을 제외하면 그해 겨울을 넘기기도 힘든 경우가 많았다. 농민들은 부족한 생활비를 보충하기 위해 농한기에는 날품을 팔았다. 그러나 아무리 열심히 일을 해도 받는 노임은 몇 푼 되지 않았다.

2. 서울
사회의 분위기는 어두웠다. 만주 지역의 정세는 불안하고, 경제는 가라앉아 있었다. 도시 변두리에는 농촌에서 몰려든 사람들의 토막집이 늘어나고, 시가지에는 하루 벌어 하루 먹는 사람들이 지게를 지거나 날품을 팔고 있었다. 그러나 일본인들이 많이 사는 경성의 중심가는 나날이 활기를 띠고 있었다. 남산 및 충무로, 진고개 일대에는 백화점을 비롯한 대형 유통 시설이 들어서 있었다. 조선 신궁과 총독 관저가 위치하며, 우체국, 은행 등이 자리 잡고 있는 이곳은 명실공히 경성의 중심 거리였다. 신궁에 참배하는 모습도 이제는 자연스러운 광경이 되었다. 단성사, 조선 극장 같은 영화관은 사람들로 북적댔다. 사람들은 영화를 보면서 이국적인 풍물을 배경으로 미모의 남녀 배우가 만들어내는 스크린의 환상에 빠져 들었다.

3. 금광 개발의 열풍 : 황금광 시대
1930년 1월 11일 일본의 하마구치 내각은 금 수출을 허용함으로써 제1차 세계 대전 이후 13년간 이탈했던 금본위제로 복귀했다. 일본 상품의 수출 경쟁력 강화를 위한 조치였으나 대공황으로 인하여 일본은행이 보유한 금의 40% 이상이 유출되는 금 부족 사태를 겪게 되자 1931년 12월 금본위제를 정지하였다. 이 과정에서 국내 금값은 폭등하였고 이후 일제의 금 비축 정책과 맞물려 전국적인 금광 열풍, 노다지 열풍, 일확천금의 분위기가 확산되었다. 최창학, 방응모 같은 벼락부자가 출현하여 세간의 화제가 되었으며 소설가 김유정은 단편 『금 따는 콩밭』(1935)에서 이러한 세태를 풍자했다. 당시 사람들은 이러한 풍조를 "황금광 시대(黃金狂時代)"(별건곤, 1933. 2)라고 불렀다.

4. 1930년대의 건축물

▲ 경성제대 본관(1931)

▲ 화신 백화점(1937)

02 3·1 운동과 대한민국 임시 정부

1 3·1 운동 이전의 독립운동(1910년대)

1. 국내의 항일 비밀 결사

(1) 독립의군부(1912)
① 조직 : 의병장 출신 임병찬이 고종의 밀지를 받아 결성하였으며, **복벽주의**(왕조 회복)를 표방하였다.
② 활동 : 일본의 총리대신과 총독 데라우치에게 국권 반환 요구서를 발송하였다(1913).

(2) 대한광복회(1915)
① 결성 : 애국 계몽 운동 계열의 박상진이 이끄는 조선국권회복단(대구, 1916)과 의병 계열의 채기중이 조직한 광복단(풍기, 1913)을 통합한 전국적 비밀 결사 조직이었다.
② 조직 : 총사령 박상진·부사령 김좌진을 중심으로 군대식 조직을 갖추고 각 도는 물론이고 해외까지 지부를 설치하였다.
③ 활동
　㉠ 목표 : 중국 신해혁명(1911)의 영향을 받아 공화제 건설을 위한 독립군 기지 건설을 목표로 하였다.
　㉡ 군자금 모금 : 일제의 우편 마차를 습격하여 자금 확보를 시도하였다.
　㉢ 친일파 처단 : 칠곡 부호 장승원, 도고 면장 박용하 등을 처단하였다(1917).
　㉣ 박상진의 순국 : 서대문 형무소에서 체포된 박상진의 사형이 집행되었다(1921. 8).
④ 의의 : 공화주의에 입각하여 양반과 평민 출신, 전통 한학과 신교육을 받은 사람들이 하나가 되어 투쟁함으로써 후일의 독립운동에 큰 영향을 주었다.

> **복벽주의(復辟主義)**
> 복벽이란 물러났던 왕을 다시 왕위에 오르게 하는 것으로, 왕정 복고와 비슷한 개념이다. 일제 강점기 유생들을 중심으로 고종을 복위시켜 대한 제국을 부활시키려는 움직임이 있었으나, 시대 착오적이라는 이유로 공화주의자들로부터 비판을 받았다.

사료 대한광복회 강령

오인은 대한의 독립된 국권을 광복하기 위하여 오인의 생명을 희생에 제공함은 물론, 오인이 일생의 목적을 달성하지 못할 시에는 자자손손이 계승하여 수적 일본을 완전히 구축하고 국권을 광복하기까지 절대 불변할 것을 천지신명께 서고함
1. 부호의 의연금 및 일인이 불법 징수하는 세금을 압수하여 무장을 준비한다.
2. 남부 만주에 군관학교를 세워 독립 전사를 양성한다.
5. 본회의 군사 행동, 집회, 왕래 등 모든 연락 기관의 본부를 상덕태상회에 두고 한만 각 요지와 북경·상해 등지에 그 지점 또는 여관 등을 두어 연락 기관으로 한다.
6. 일인 고관 및 한일 반역자를 수시 수처에서 처단하는 행형부를 둔다.
7. 무력이 완비되는 대로 일인 섬멸전을 단행하여 최후 목적을 달성한다.

> 박상진을 중심으로 한 대한광복회의 항일 투쟁은 후일 김원봉 같은 애국지사들에게 큰 영향을 미쳤으며 의열단의 결성은 그 연장선에 있다.

(3) 기타 비밀 결사 조직

① **송죽형제회(1913)** : 평양 숭의여학교 교사 중심의 비밀 결사로, 독립 자금 모금, 국내 잠입 독립군 지원 활동을 하였다.
② **기성단(1914) · 자립단(1915)** : 평양 대성학교 출신 학생들이 조직한 비밀 결사 단체이다.
③ **대한자립단(1915)** : 함경도 단천에서 조직되었으며 실업 경영과 청년 교육을 목표로 했다.
④ **선명단(1915)** : 친일 인사 암살 계획을 세웠다.
⑤ **조선국민회(1917)** : 평양 숭실학교 출신들을 중심으로 결성되었다. 박용만이 하와이에서 조직한 대조선국민군단의 국내지부로 활동했으나 1918년 일제에 의해 와해되었다.

이회영(1867~1932)

2. 만주와 연해주의 독립운동 기지

(1) 만주 지역

서간도 (남만주)	삼원보 지역	1910	• **이회영** · 이시영 6형제, 이상룡 등이 정착촌 건설 • **경학사**(이회영 · 이시영 · 이상룡) → 부민단(1912) → 한족회(1919)로 발전 • 한족회가 상하이 임정과 연합하여 군정부 기능을 갖는 **서로군정서**로 개편(독판 : 이상룡, 사령관 : 지청천, 1919)
	신흥강습소(삼원보)	1911	신흥강습소(1911) → **신흥무관학교**로 발전(독립군 간부 양성, 1919)
밀산부	한흥동	1909	**이상설**이 특사로 헤이그에 파견되었다가 돌아와 한인촌 건설
북간도	간민회	1913	**김약연**이 주도한 간도의 한인 자치 조직
	대한국민회	1919	간민회가 발전, 본격적 독립운동, 70여 개의 지회, 군사 조직인 **대한국민회군을 조직**(안무)
	중광단	1911	**대종교도의 단체**, 군사 기구로 북로군정서 조직(1919)
	학교(용정)		**서전서숙**(이상설, 1906) · **명동학교**(김약연, 1908)

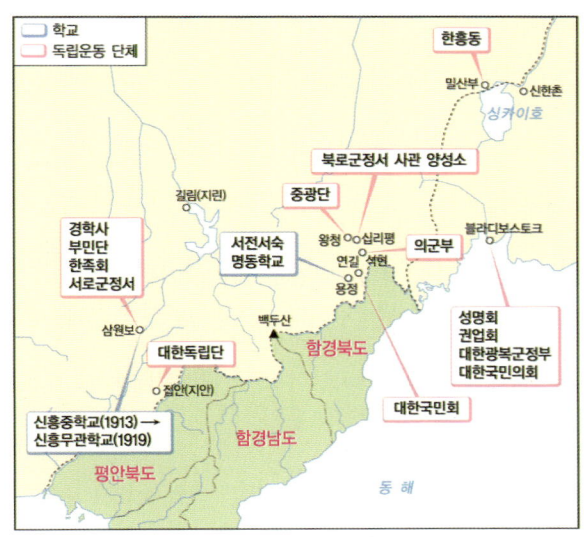

▲ 3 · 1 운동 직전의 만주와 연해주의 독립운동

이상설(1870~1917)의 활동

1870 : 충북 진천 출생. 강화학파 이건창에게 수학
1906 : 북간도 용정에 서전서숙 설립
1907 : 헤이그 밀사로 파견
1909 : 이승희 등과 밀산부에 독립운동 기지 한흥동 건설
1911 : 블라디보스토크에서 권업회 조직
1914 : 이동녕 등과 대한광복군정부 수립
1917 : 러시아 니콜리스크에서 지병으로 서거

사료 서간도 삼원보를 독립운동 기지로 만든 이회영 6형제

8월 초에 여러 형제분이 모여서 같이 만주로 갈 준비를 하였다. 비밀리에 땅과 집을 파는데, 여러 집을 한꺼번에 처분하니 얼마나 어려우리요. 그때만 해도 여러 형제분 집은 예전 대갓집이 그렇듯이 종살이를 하는 사람이 수없이 많았고, …… 우리 집 어른(이회영)은 옛날 범절을 따지지 않고 위아래 구분 없이 뜻만 같으면 악수하여 동지로 대접하였다. …… 1만여 석의 재산과 가옥을 모두 팔고 경술년(1910) 12월 30일에 큰집, 작은집이 함께 압록강을 건너 떠났다.
〈이은숙(이회영의 아내), 『서간도시종기』〉

> 조선조 명문가(이항복의 후손)의 자손인 이석영, 이회영, 이시영 등 6형제는 오늘날의 가치로 수천억 원대의 전 재산을 처분하여 서간도 삼원보에 한인촌을 건설하고 신흥무관학교를 세워 독립운동가를 양성하였다. 그 과정에서 이들이 겪은 고통은 이루 말할 수 없었다. 조선 최고의 지주로 이회영의 형이었던 이석영은 영양실조로 사망하였고 불굴의 의지로 일제에 저항하던 이회영도 상하이에서 동포의 밀고로 일본 경찰에 체포되어 고문을 받다 순국하였다. 6형제 중에 임시 정부에 참여하였던 이시영만이 광복을 맞이하였고, 초대 부통령을 역임하였다. 조선 대표 양반가의 노블레스 오블리쥬의 실천이었다.

(2) 연해주 지역

권업회(1911)
연해주 신한촌에서 조직한 독립운동 단체이다. 초대 회장은 최재형, 부회장에는 홍범도가 선임되었으며, 의장에는 이상설, 부의장에는 이종호가 선출되었다. 교민들의 지위 향상, 민족의식 고취, 항일 투쟁을 위한 경제적 실력 배양에 노력하였다.

대한광복군 정부(1914)
대한광복군 정부는 권업회가 비밀리에 독립군의 양성을 추진하는 과정에서 민족 운동을 추진할 중추 기관으로 결성한 단체이다. 러·일 전쟁 10주년인 1914년 당시 제2차 러·일 전쟁이 임박했다는 소문으로 전시 분위기가 조성되고 있었는데 이상설, 이동휘 등 권업회의 중심 인물들은 이러한 분위기를 활용할 계산이었다. 하지만 정부의 모체인 권업회가 1914년 9월 러시아 정부의 탄압으로 해체되자 대한광복군 정부도 해산하지 않을 수 없었다.

연해주	블라디보스토크 지역의 한인 단체	• **연해주 의병 결성**: 이범윤, 최재형 주도, 대규모 국내 진공 작전(안중근, 1908) • **13도의군**(우수리스크, 유인석·이상설, 1910) → **성명회**(블라디보스토크, 1910): 한·일 합병 반대 투쟁, 일본인 거류지 습격, 러시아의 체포령으로 해체 • **권업회 결성**(이상설·홍범도, 1911): 연해주 항일 운동의 중추기관 → **대한광복군 정부**로 발전(이상설, 이동휘, 1914): 무장 항일 투쟁의 터전 마련, 훗날 임시 정부 수립의 기초 마련, 소련에 의해 해체 • **전로한족회중앙총회**(1917)의 결성과 조직 확대 → • **대한국민의회**(이동휘·문창범, 1919): 연해주 지역의 임시 정부 역할, **상하이 임시정부와 통합 노력**, 무장 투쟁
	활발한 언론 활동	• 〈해조신문〉(1908, 주필 정순만·장지연, 75호로 종간) • 〈대동공보〉(1908, 주필 이강·정재관, 주 2회 발행, 러시아의 정간 조치로 50호로 폐간) • 〈대양보〉(1911. 5, 주필 신채호, 9월에 정간) • 〈권업신문〉(1912. 4, **주필 신채호·이상설**, 순 한글, 연해주의 대표적 항일 신문, 1914년 9월까지 126호 발간)

(3) 중국 관내와 미주 지역

중국 관내 (북경·상하이)	• **동제사**(1912): 신규식, 박은식 중심, 상하이 유학생들로 조직, 청년 교육 기관인 박달학원 설립 • **신한혁명당**(1915): 노령에서 이동한 이상설·이동휘 등과 박은식·신규식 등이 결성한 단체로 망명 정부 수립 및 고종의 망명을 추진했으나 실패 • **신한청년당**(1918): **여운형, 김규식, 김구** 등 상하이의 민족 지도자들이 조직, **파리강화회의에 대표 김규식 파견** • **대동 단결 선언**(1917): 신한혁명당 계열인 신규식, 박은식, 신채호, 조소앙 등이 독립운동 세력을 통합하는 공화주의적 기구 수립 제의 → 임시 정부 수립의 토대
미주	• **대한인국민회**(1910): **안창호 주도**, 기관지 〈신한민보〉 발행, 미국 대통령에게 독립 청원서 제출, 임시 정부에 독립운동 자금 지원, 시베리아·만주 등지의 해외 독립운동 단체와 연결 도모 • **대조선국민군단**(1914): 무장 투쟁론자 **박용만**이 하와이에서 결성, 군사 훈련 실시

2 3·1 운동(1919)

1. 배경

(1) <mark>민족 자결주의</mark> 대두 : 제1차 세계 대전 전후 처리의 원칙으로 제시되었다(승전국의 식민지에는 적용되지 않음).

(2) 국외의 독립 선언의 영향

① 신한청년당 : 파리강화회의에 김규식을 파견하여 윌슨 대통령에게 독립 청원서를 전달하였다(1918).

② 무오독립선언(대한독립선언, 1918) : 만주 지린에서 조소앙이 기초하고 민족 지도자 39명(김규식, 이동휘, 이상룡, 이시영, 안창호, 신규식, 신채호, 박은식 등)이 참여하여 한·일 병합의 무효를 선포하고 무력적 저항을 선언하였다.

③ 2·8 독립선언(1919) : 동경 유학생이 조직한 조선청년독립단이 주도하였다(이광수가 기초).

(3) 일제 무단 통치에 대한 분노 : 고종 황제의 독살설이 퍼지면서 온 국민이 분노했으며, 학생과 <mark>종교계 지도자</mark>들은 3·1 독립 선언을 준비하였다.

> **민족 자결주의**
> 제1차 세계 대전 이후 식민지 문제를 처리하는 방안으로 민족의 요구에 따라 독립을 시킨다는 원칙이었다. 미국 대통령 윌슨이 제창한 14개조 평화 원칙 중의 하나이다.

> **3.1 운동에 참여한 종교계 지도자**
> 천도교 계열(손병희), 기독교 계열(이승훈), 불교 계열(한용운) 등이 주도하였으며 종교계가 연합 전선을 결성했다는점에서 큰 의미가 있다.

자료 독립선언서

1. 무오독립선언(대한독립선언서, 1918)

▲ 무오독립선언서

우리 대한 동족 남매와 온 세계 우방 동포여! 우리 대한은 완전한 자주 독립과 신성한 평등 복리로 우리 자손 여민(백성)에 대대로 전하게 하기 위하여, 여기 이민족 전제의 학대와 억압을 해탈하고 대한 민주의 자립을 선포하노라. …… 아아! 우리 마음이 같고 도덕이 같은 2천만 형제자매여! 국민된 본령을 자각한 독립인 것을 명심할 것이요. 동양 평화를 보장하고 인류평등을 실시하기 위해서의 자립인 것을 명심하도록 황천의 명령을 받들고 일체의 사악으로부터 해탈하는 건국(建國)인 것을 확신하여 육탄혈전함으로써 독립을 완성할 것이다. ⇒ 무력 투쟁 강조

2. 2·8 독립선언(1919. 2)
조선 청년 독립단은 아(我) 2,000만 민족을 대표하야 정의와 자유의 승리를 득(得)한 세계 만국의 전(前)에 독립을 기성(旣成)하기를 선언하노라.

3. 기미독립선언(1919. 3)
오등(吾等)은 자(自)에 아(我) 조선의 독립국임과 조선인의 자주민임을 선언하노라. 이로써 세계 만방에 고(告)하여 인류 평등의 대의(大義)를 극명(克明)하며 이로써 자손만대에 고(告)하여 민족 자존의 정권(政權)을 영유(永有)케 하노라. ⇒ 평화적 저항 의지

2. 3·1 운동의 전개

단계	1단계	2단계	3단계
범위	서울	도시	농촌 등 전국적 확산 (200만 이상 참가), 국외 동포의 적극적 호응
주도층	학생과 종교계 대표	학생, 상인, 노동자의 호응	농민, 전 국민
특징	비폭력주의, 점화 단계	일제의 가혹한 탄압에 맞서 점차 무력 시위로 변화	• 헌병 주재소 습격 등 무력 투쟁으로 발전 • 1919. 3. 1~4. 30까지 207개 부·군의 최초 시위 형태 중 30.3%가 무력 투쟁

농민 시위의 무력 투쟁화 원인
농민은 무단 통치의 최대 피해자로, 일제의 토지 약탈로 인해 대다수가 소작농의 상태였다. 당시 구호가 "조선이 독립하면 부역, 세금 낼 필요가 없고", "조선이 독립하면 국유지는 소작인의 소유가 된다." 라는 주장에서 볼 수 있듯이 현실적 요구와 결부되어 과격화되었다.

▲ 시위 형태

▲ 검거자의 신분

3. 일제의 가혹한 탄압

① 폭압적 진압 : 총독 하세가와는 '추호의 가차도 없이 엄중 처단한다.' 는 협박문을 발표하고 발포 명령을 하였으며 전국적인 학살이 일어났다. 수원의 제암리 교회 학살 사건과 유관순의 순국 등은 그 대표적 예이다.

② 인명 피해 : 일본의 잔인한 진압으로 약 200만 명의 참가자 중 7,500여 명이 살해되고 4만 6,000여 명이 체포되는 등 엄청난 희생을 겪었다.

수원 제암리 교회 학살 사건
3·1 운동이 전국적으로 확산되던 4월 15일, 일본 헌병들이 15세 이상의 남자 21명을 제암리 교회에 모이게 한 후 지붕에 석유를 뿌리고 불을 질렀다. 밖으로 빠져 나오는 사람들에게 총격을 가하는 등 전원 살해하고 남편을 살려달라며 애원하는 부녀자 2명을 현장에서 무참히 살해한 후 마을의 민가 32가구를 불태워 초토화시켰다. 당시 한 선교사의 일기에 의하면 화성군에서만 16개 마을이 전멸되어 326채의 집이 불타고 1,600여 명의 이재민이 발생했으며 39명이 살해되었다고 기록되어 있다.

자료 | 일제의 잔인한 폭력과 3·1 운동의 피해

3·1 운동이 발발하자 조선 총독 하세가와는 즉각 '추호의 가차도 없이 엄중 처단한다.' 는 협박문을 발표하고 발포 명령을 내렸다. 이에 따라 전국 각지에서 일제의 야만적 탄압이 자행되어 3월 10일 평남 맹산읍에서 시위 군중 50여 명이 사망하였고, 4월 15일 수원 제암리에서 약 30여 명의 주민이 일제의 보복 만행으로 희생당하는 등 사상자가 속출하였다.

① 박은식, 『한국독립운동지혈사』: 사망 7,509명, 부상 1만 5,961명, 피체 4만 6,948명(3~5월 사이)
② 일본 측 자료(1년 기준) : 살해 7,645명, 부상 4만 5,562명, 피체 4만 9,811명

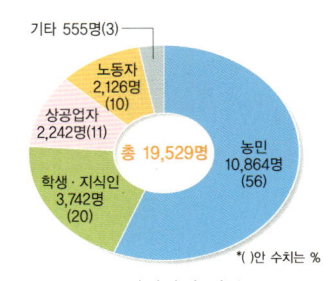
▲ 만세 시위로 투옥되어 옥중에서 순국한 유관순 열사

▲ 수원 제암리 교회 학살 사건

▶ 일제의 통계는 의도적 축소 경향이 있으므로 실제로는 훨씬 더 많은 동포가 학살당한 것으로 추정된다.

4. 3·1 운동의 영향

① 독립운동의 분수령 : 독립운동에 체계적 조직의 필요성이 제기되고 각지에 임시 정부가 수립되었다.
② 무장 투쟁의 필요성 인식 : 1920년대 봉오동 전투·청산리대첩 등 독립 전쟁으로 발전하였다.
③ 식민 통치 방식 변화 : 무단 통치에서 친일 세력을 포섭하는 문화 통치로 전환하였다.
④ 세계 피압박 민족주의 운동에 영향 : <mark>중국의 5·4 운동</mark>, <mark>인도의 비폭력 무저항 운동</mark>, 중동·터키 민족주의 운동에 깊은 인상을 주었다.

3 대한민국 임시 정부 수립(1919)

1. 통합 임시 정부 수립

(1) 각지의 임시 정부 수립

임시 정부	시기(1919)	위치	내용
대한국민의회	2. 25	블라디보스토크	대통령 손병희, 국무총리 이승만 추대
조선민국 임시 정부	4. 9	서울	정도령 손병희, 부도령 이승만 추대
대한민국 임시 정부	4. 10	상하이	국무총리 이승만, 의정원 의장 이동녕 추대
신한민국정부	4. 17	철산·의주 지역	집정관 이동휘, 국방총리 이승만 추대
<mark>한성 정부</mark>	4. 23	서울	13도 대표의 모임인 국민 대회의 명의로 집정관 총재 이승만, 국무총리 총재 이동휘 추대

(2) 통합 임시정부 수립(상하이 임시 정부, 1919. 9. 11)
① 법통 중심 통합 : 상하이 정부를 중심으로, 국내에서 수립된 한성 정부의 정통성과 인맥을 계승하여 행정부를 조직하고, 어느 정도 정부다운 실체를 지니고 있던 대한국민의회를 흡수하여 입법 기관을 형성하는 형태로 마무리되었다.
② 체제 특징 : 최초의 민주공화제 정부
  ㉠ 3권 분립 : 입법(임시 의정원), 행정(국무원), 사법(법원) 기구가 마련되었다.
  ㉡ 대통령 지도 체제 : 초대 대통령(집정관 총재) 이승만, 국무총리 <mark>이동휘</mark>(대한국민의회 계열)가 선출되었다.

▲ 상하이 임시 정부 청사

▲ 임시 정부 요인들

중국인 진독수(1879~1942)의 3·1 운동 평가
중국 신문화 운동의 지도자이자 북경대 교수였던 진독수는 「매주평론」에서 3·1 운동을 세계 혁명사의 신기원을 이룬 사건이라 높이 평가하고, 중국인도 조선인을 본받아 궐기할 것을 호소하여 북경대 학생들의 항일 시위인 5·4 운동에 영향을 미쳤다.

중국의 5·4 운동(1919)
제1차 세계 대전의 전후 처리 문제로 열린 파리 강화 회의에 참가한 중국은 연합국에게 열강들이 취한 특권의 취소 및 일본의 '21개조 요구' 폐지 등을 요구하였으나 거부되었다. 이에 5월 4일 북경대 학생들의 주도로 수천 명의 학생들이 톈안먼 광장에서 시위를 벌였으며, 전국적인 민족 운동으로 확산되었다.

인도의 무저항 운동에 영향
마하트마 간디(1869~1948)의 '사티아그라하'(비폭력 무저항 운동)는 1906년부터 시작되었다. 그 후 이 운동의 지도자인 네루와 시인 타고르는 3·1 운동에 깊은 공감을 표시하였다.

한성 정부
1919년 4월 23일 서울에서 24명으로 조직된 전국 13도 대표 국민 회의를 개최하고, 국민 대회 취지서, 임시 정부 선포문을 통하여 "3·1 민주 혁명을 바탕으로 국민 대회를 조직하고, 본 대회는 민의(民意)에 기(基)하여 임시 정부를 조직, 약법(約法)을 제정하여 이를 선포한다."고 선언하여 한국이 독립국임과 임시 정부의 수립을 포고하였다. 국내에서 수립되었고 대표성이 확보되었기 때문에 후일 정통 정부로서의 권위를 인정받았다.

독립운동가 이동휘(1873~1921)의 활동

1873 : 함경남도 단천 출생
1897 : 대한제국 무관학교 1회 졸업
1903 : 육군 참령(소령)으로 강화 진위대장
1907~1911 : 신민회 참여. 군대 해산 시 의병 봉기 주도로 투옥. 105인 사건으로 투옥
1914~1919 : 연해주 망명. 대한광복군 정부와 대한국민의회에 참여
1918 : 한국 최초의 사회주의 정당인 한인사회당 조직
1919 : 임시 정부 국무총리
1921~1928 : 고려공산당 결성. 임시 정부 탈퇴. 시베리아 지역에서 독립 운동 중에 순국

③ 임시 정부 지도 체제의 변천 : 지도 체제의 잦은 변화는 정부 내 지도급 인사들 사이의 노선 갈등을 반영한다.

개헌	지도 체제	내용
1차(1919. 9)	대통령제	'집정관 총재'에서 '대통령'으로 명칭 변화, **이승만의 탄핵(1925)**
2차(1925. 3)	내각 책임제	김구가 국무령에 취임
3차(1927. 3)	국무위원 중심	주석(主席)이 국무위원의 합의에 의해 정부를 운영
4차(1940. 10)	주석 중심제	강력한 지도력을 갖는 주석제 도입, **김구가 주석에 선임**
5차(1944. 4)	주석·부주석제	주석에 김구, 부주석에 김규식 취임

자료 임시 정부 상하이 통합안

① 상하이와 러시아령(연해주)에서 설립한 정부들을 일체 해소하고 오직 국내의 13도 대표가 민족 전체의 대표임을 인정하여 13도 대표가 창설한 한성 정부를 계승한다.
② 정부의 위치는 상하이에 둘 것이니 각지의 연락이 비교적 편리하기 때문이다.
③ 정부의 명칭은 대한민국 임시 정부라 한다.

▲ 각지 임시 정부의 수립과 통합

사료 대한민국 임시 헌장(조소앙 기초, 1919)

제1조 대한민국은 민주 공화제로 한다.
제2조 대한민국은 임시 정부가 임시 의정원의 결의에 의하여 이를 통치한다.
제3조 남녀 귀천 및 빈부의 계급이 없으며 일체 평등하다.
제4조 종교, 언론, 저작, 출판, 결사, 집회, 주소 이전 등 신체의 자유 및 소유의 자유를 향유한다.
제7조 대한민국은 국제 연맹에 가입한다.
제8조 대한민국은 구황실을 우대한다.
제10조 국토 회복 후 만 1년 내에 국회를 소집한다.

2. 임시 정부의 활동

(1) 국내 연결 비밀 행정 조직

① **연통제(1919)** : 국내에 조직된 비밀 행정 조직으로 도·군·면에 각각 독판·군감·면감을 두어 정부의 명령 전달, 독립운동 자금 조달 등의 업무를 담당하였다.
② **교통국(1919)** : 교통부 소속 통신 기관으로 각 군에 교통국, 각 면에 교통소를 두어 정보의 수집·분석 등의 역할을 수행하였으나 일제에 의해 급격히 와해되었다.

(2) 군자금 조달
① **애국 공채** 발행 : 국민 의연금 모금과 함께 공채를 발행하였으며 미주 동포가 적극적으로 참여하였다.
② 이륭 양행 설립(1919) : 만주에서 아일랜드인 조지 쇼(Show)가 설립한 회사로 독립운동가의 망명, 독립 자금 모집, 무기 반입, 연통제 운영 등 교통국의 역할을 하였다.
③ 백산상회(1919) : 민족 실업가 **안희제**가 부산에 설립한 회사로, 독립 자금을 모금하여 임시 정부에 송금하는 역할을 하였다.

(3) 군사 활동
① 무관학교의 설립(1919) : 상하이에서 군사 간부를 양성하여 1, 2기생 43명을 배출하였으나 재정 부족으로 폐교되었다(1920).
② 만주 독립군과 연계 : 한족회와 연합한 서로군정서(1919)와 북간도의 북로군정서가 임시 정부 군무부 산하 조직으로 편제되고, 서간도의 광복군 총영, 육군 주만 참의부(1924)를 설치하기도 했다.
③ 한국광복군(1940) : 본격적인 임시 정부의 무장 부대로 충칭에서 창설되었다.

(4) 외교 활동
① 파리강화회의에 신한청년당의 김규식을 파견하여 **독립청원서**를 제출하였다(1919).
② 이승만 주도로 미국에 외교 활동을 위한 **구미 위원부**가 설치되었다(1919).
③ **소련과 교섭** : 국무총리 이동휘가 일본을 견제하기 위해 소련 혁명 정부와 공수 동맹(1920)을 체결하고 독립 자금을 지원받았다.

(5) 문화 활동 : 기관지로 〈독립신문〉을 발행하고, **사료 편찬소**(박은식 중심)를 설치하여 독립운동 자료를 수집하였다.

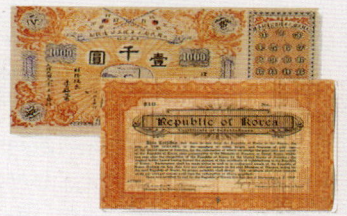

애국 공채(독립 공채)

안희제(1885~1943)
독립운동을 위해서는 자금 모금이 중요하다고 판단하여 백산상회를 설립한 뒤 실업가로서 독립운동을 재정적으로 지원하였다. 1931년 대종교에 입교하여 발해의 옛 수도 동경성에 발해농장과 발해학교를 설립하여 민족정신 고취에 힘썼으나 일제의 대종교 탄압 과정에서 고문을 받다가 순국하였다.

소련의 지원금과 임시 정부(1920)
1920년 12월 국무총리 이동휘의 비서인 한형권이 소련으로부터 약속한 독립운동 자금 200만 루블 중 60만 루블(금괴)을 받아 40만 루블만 상하이 임시 정부에 전달하였다. 전달되지 않은 자금은 사회주의 계열의 활동에 사용된 듯하다. 이 문제는 임시 정부 내에서 큰 분란을 일으켰고 이동휘는 1921년 1월 국무총리직을 사임하였다.

3. 국민대표회의(1923. 1~5)

(1) 배경 : 임시 정부의 분파적 대립
① 위임 통치론 문제 : 이승만이 국제 연맹에 일본의 지배에서 벗어나는 조건으로 한국의 위임 통치를 청원(1919. 2)한 사실이 알려지면서 큰 파문을 가져왔다.
② 북경 그룹의 형성 : 임시 정부 수립 시기에 신채호가 이승만의 집정관 총재 선출을 반대하고, 북경에서 박용만과 반임시 정부 활동을 전개하였다(1919. 4).
③ 이승만과 임시 정부의 충돌 : 이승만이 집정관 총재라는 공식 직함 대신 **대통령**이란 명칭을 사용하여 임시 정부 각료들과 마찰을 일으켰으며, 상하이 임시 정부에서는 불과 6개월만 체류(1920. 12~1921. 6)하고 주로 미국에서 활동하였다. 자의적으로 구미 위원부를 설치하여 독자적 활동을 전개하고, 재미 동포의 지원금을 임시 정부에 보내지 않고 임의로 사용하여 임시 정부 요인들의 공분을 일으켰다.
④ 임시 정부 외교 노선의 한계 : 파리강화회의, 워싱턴군축회의(1921) 등의 외교 성과가 미흡하자 임시 정부 안팎으로 **무장투쟁론** 강화 주장이 제기되었다.

⑤ 교통국·연통제를 통한 국내와의 연결망이 파괴되면서 국내로부터의 지원이 중단되어 임시 정부가 어려움을 겪고 있었다.

> **자료** **이승만의 위임 통치안(1919. 2)**
>
> "우리는 자유를 사랑하는 2천만의 이름으로 각하에게 청원하니 각하도 평화 회의에서 우리의 자유를 주창하여 참석한 열강이 먼저 한국을 일본의 학정으로부터 벗어나게 하여 장래 완전한 독립을 보증하고 당분간은 한국을 국제 연맹 통치 밑에 두게 할 것을 빌며, 이렇게 될 경우 대한 반도는 만국 통상지가 될 것이며, 그리하여 한국을 극동의 완충국 혹은 1개 국가로 인정하게 되면 동아시아 대륙에서의 침략 정책이 없게 될 것이며, 그렇게 되면 동양 평화는 영원히 보전될 것입니다."
>
> 🔎 이승만이 윌슨 미국 대통령에게 제출한 위임 통치안이다. 이 문제는 임시 정부 내에 큰 파장을 일으켰다. 아이러니하게도 해방 이후 이승만은 국제 연합(UN)의 신탁 통치안을 격렬히 반대하였다.

(2) 국민대표회의 소집

① 1923년 1월 국내외 대표 300여 명이 참가한 국민대표회의가 개최되었다.
② 의장에 김동삼, 부의장에 윤해·안창호가 선출되고 지역 대표와 단체 대표 130명을 정식 대표로 인정하였다.

(3) 창조파와 개조파의 대립 : 임시 정부의 존속 문제와 독립운동 방식때문에 대립하였다.

① 개조파
  ㉠ 상해 국민대표 기성회 조직(1921. 5) : 여운형·안창호·김동삼·이동휘·상해파 공산당 중심
  ㉡ 주장 : 임시 정부를 유지하되 이름에 걸맞게 개혁할 것을 요구하였다.
② 창조파
  ㉠ 군사통일회의 조직(1921. 4) : 신채호·박용만·문창범·윤해·이르쿠츠크파 공산당 중심
  ㉡ 주장 : 임시 정부의 폐지와 무장 투쟁 중심의 기구를 만주 지역에 설립할 것을 요구하였다.
  ㉢ 회의 결렬 후 '조선공화국 혹은 한(韓)'이라는 새 정부 수립을 결의하였다.

(4) 결과

① 개조파가 회의를 떠나자 임시 정부 내무총장 김구(임정고수파)는 창조파만의 회의에 대해 해산 명령을 내리고 결국 성과 없이 결렬되었다.
② 임시 정부의 활로 모색
  ㉠ 이승만은 탄핵되고(1925. 3) 후임으로 박은식이 선출되었다.
  ㉡ 대통령제가 폐지되고 국무령제가 도입되었다(이상룡·김구, 1925).
  ㉢ 임시 정부는 소수파로 전락하여 급격히 쇠퇴하였으며 독립운동의 주도권을 상실하였다.

(5) 의의 : 해외 독립운동 사상 최대 규모의 회의였으며, "민족 유일당 운동"의 필요성이 제기되는 계기가 되었다.

사료 창조파와 개조파의 대립과 임시 정부의 침체

- 국제적으로 열강이 우리 독립운동에 주목하지 않고 내적으로도 독립운동 단체의 움직임이 위축되고 있는 것은 단체들이 통일되지 못했기 때문이다. 지금 임시 정부는 이러한 사태에 어떠한 대응도 하지 못하고 그저 어딘가에 있다는 말만 듣는 정도이니 다시금 무장 운동을 준비할 책임 있는 독립운동 기관을 하나 세워야 할 것이다. ⇒ **창조파**
- 불과 2천만 동포를 통합하지 못하고 무슨 무슨 계열이니 하여 나뉘어 있다. 단체 불통일과 주도권 싸움 때문에 우리 군인들이 이국에서 무장 해제까지 당하고 목숨을 잃었다. 우리 정부는 마치 빈집과 같아서 이런 사태에 제대로 대응하지 못하고 있다. 그렇다고 해도 지난 5년 동안 활동한 역사가 있으니 이를 없애지 말고 고칠 것은 고쳐서 계속 유지하는 것이 가하다. ⇒ **개조파** 〈독립신문〉, 1923
- 이렇게 하여 정부는 자리가 잡혔으나, 경제 곤란으로 정부의 이름을 유지할 길도 막연하였다. …… 정부의 집세가 30원, 심부름꾼 월급이 20원 미만이었으나, 이것도 지불할 여력이 없어서 집주인에게 여러 번 송사를 겪었다. …… 나는 임시 정부 청사에서 자고, 밥은 돈벌이 직업을 가진 동포의 집으로 이 집 저 집 돌아다니면서 얻어먹었다. ⇒ **국민 대표 회의 이후 임시 정부의 침체** 『백범일지』

4. 국민대표회의 이후의 재정비

① 한인애국단 조직(1931) : 임시 정부의 침체를 극복하고 새로운 활력을 제공하기 위해 김구가 조직하였다.
② 삼균주의 선포(1931) : 임시 정부 외무총장 조소앙이 제창한 노선으로 개인·민족·국가의 정치·경제·교육의 균등을 주장하고, 좌·우 노선의 절충을 지향하였으며 1941년 대한민국 건국 강령으로 수용되었다.
③ 한국광복군을 창설(1940)하고 좌·우 통합의 임시정부 성립을 위해 노력하였다.

자료 1. 임시 정부의 시기별 활동

연도	1919	1923	1931	1940 이후
특징	통합 임시 정부 출범	노선 갈등과 분열	침체와 극복 노력	무장 투쟁, 좌우 통합
활동	독립운동의 중심 기구 역할	국민대표회의 개최→봉합 실패	한인애국단 조직과 윤봉길의 의거	한국광복군 조직

2. 1920년대 독립운동 방략

노선	무장 투쟁론	외교 독립론	실력 양성론	자치론	사회주의 혁명론
특징	만주 지역을 근거지로 항일 전쟁 시도	열강에 대한 적극적 외교 활동을 통한 독립 달성	교육·문화 활동을 통한 실력 배양 중시	선자치, 후독립을 기치로 한 점진적 독립론(친일화)	프롤레타리아 해방의 측면에서 우선적인 일제 타도의 필요성 강조
주요 인물	신채호, 박용만, 문창범	이승만	안창호	이광수, 최린	김재봉, 박헌영

3. 김구(1876~1949)의 활동

▲ 김구

- **1893** 동학에 입교하여 동학 농민 운동에 참여함. 이 과정에서 안중근의 집에 피신하여 교류
- **1895** 명성황후 시해범으로 오인하여 일본군 중위 쓰찌다를 격살, 사형 선고를 받았으나 고종의 특사로 감형(1896)된 후 탈옥함(마곡사에서 승려 생활)
- **1909** 기독교에 입교 후 비밀 결사 신민회에 참여
- **1911** 105인 사건으로 종신형을 받았으나 4년 만에 출옥
- **1919** 3·1 운동 후 상하이로 망명하여 임시 정부에 참여. 이후 경무국장, 내무총장 등을 역임
- **1931** 한인애국단을 조직하여 이봉창·윤봉길의 의거를 지휘
- **1940** 충칭에서 한국광복군을 창설
- **1944** 임시 정부의 주석에 취임하고, 45년 대한민국의 이름으로 대일 선전 포고와 국내 진공 작전을 준비. 광복 후 귀국하여 한국독립당을 이끌며 이승만의 단독 정부 수립 노선과 대립함
- **1948** 단독 정부 수립에 반대하여 남북 협상에 참여했으나 성과를 거두지 못함
- **1949** 안두희에게 암살됨. 저서 『백범일지』(자서전), 『도왜실기』(이봉창, 윤봉길 사건의 진상 보고서)

무장 독립 전쟁의 전개

1 3·1 운동 이후 국내의 저항

1. 3·1 운동 직후 국내 무장 독립군 단체의 활동

① 천마산대(1919) : 식민 통치 기관을 파괴하고, 친일파를 숙청하였으며 만주의 광복군 총영과 협조하고 후에 대한통의부에 편입되었다.
② 구월산대(1920) : 친일파인 황해도 은율군수를 처형하였다.
③ 보합단(1920, 의주) : 친일파·일제 관리와 경찰을 사살하였으며, 만주의 대한통의부에 편입되었다.
④ 전술의 변화 : 1920년대 초반 이후 대부분 일제의 탄압을 피해 만주로 이동하여 항일 무장 독립운동을 전개하였다.

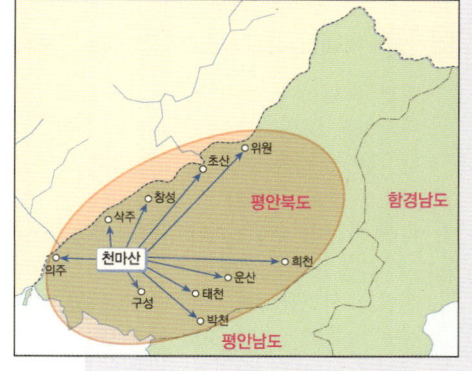

▲ 천마산대의 활동 범위

2 의열 투쟁의 전개

1. 의열단(義烈團, 1919)의 활동

(1) 결성 : 만주 길림성에서 김원봉, 윤세주 등 13명이 조직하였다.
(2) 활동 목표와 이념
① 의열 투쟁 : 박상진의 대한광복회를 계승하여 일제 침략 기관 파괴와 침략 원흉을 응징하는 저항 노선을 추구하였다.
② 주요 이념 : 구축 왜노(驅逐倭奴)·조국 광복·타파 계급·평균 지권(平均地權)
③ 결성 직후 상하이로 이동, 국내와 상하이를 중심으로 암살·파괴 활동을 전개하였다.

의열단 7가살(七可殺)과 5파괴 대상
① 7가살 : 조선 총독 이하 고관, 군부 수뇌, 대만 총독, 매국적, 친일파 거두, 적의 밀정, 반민족 토호 열신
② 5파괴 대상 : 조선총독부, 동양척식회사, 매일신보사, 각 경찰서, 기타

(3) 활동
① 박재혁 : 부산경찰서 투탄(1920. 9)
② 최수봉 : 밀양경찰서 투탄(1920. 12)
③ 김익상 : 조선총독부 투탄(1921. 9)
④ 김상옥 : 종로경찰서 투탄(1923. 1)
⑤ 김지섭 : 동경의 일본 황궁에 투탄(1924. 1)
⑥ 나석주 : 식산은행과 동양척식회사에 투탄(1926. 12)
(4) 투쟁 방향 전환
① 민중 직접 혁명론 : 신채호의 '조선 혁명 선언'(1923)의 영향으로 사상적 전환을 모색하였다.
② 군사 활동 노선 : 김원봉과 단원들이 황포 군관학교에 입교하였으며 졸업(1926) 후 대중 투쟁 노선과 군사 활동 노선을 지향하였다.
③ 국민당과 연합하여 적극적 항일 투쟁 모색 : 국민당 군부 핵심 기구인 '삼민주의 역행사'와 연대하여 1930년대 항일 투쟁을 전개하였다.

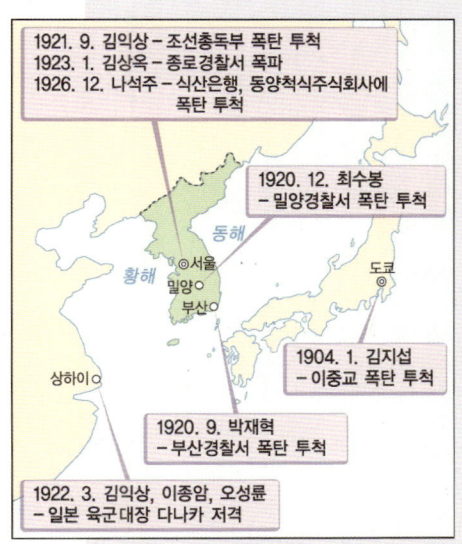

▲ 의열단의 활동

㉠ 레닌주의 정치학교 설립(1930. 4) : 북경에서 개교하여 21명의 졸업생을 배출하였으며 사회주의적 영향을 받기 시작하였다.
㉡ 조선 혁명 정치 군사 간부학교 설립(1932) : 국민당의 지원으로 난징에서 개교하였으며 4기에 걸쳐 이육사, 윤세주 등 150여 명에 이르는 애국지사를 배출하였다.
㉢ 민족혁명당으로 발전(1936) : 중국 관내의 주요 독립운동 세력으로 성장하였다.

사료 의열단의 강령인 '조선 혁명 선언'(1923)

내정 독립이나, 참정권이나, 자치를 운운하는 자가 누구이냐? 일본 강도 정치하에서 문화 운동을 부르는 자가 누구이냐? 검열, 압수 등 모든 압박 중에 몇몇 신문, 잡지를 가지고 이것을 문화 발전의 과정으로 본다 하면, 그 문화 발전이 도리어 조선의 불행인가 하노라. 이상의 이유에 의하여 우리는 '외교', '준비' 등의 미몽을 버리고 민중 직접 혁명의 수단을 취함을 선언하노라. 강도 일본을 쫓아내려면 오직 혁명으로서만 가능하며 양병 10만이 폭탄을 한 번 던진 것만 못하며, 천억 장의 신문, 잡지가 한 번의 폭동만 못할지니라. …… 민중은 우리 혁명의 대본영(大本營)이다. 폭력은 우리 혁명의 유일한 무기이다. 우리는 민중 속으로 가서 민중과 손을 맞잡아 끊임없는 폭력과 암살, 파괴, 폭동으로써 강도 일본의 통치를 타도하고, 인류로써 인류를 압박하지 못하며, 사회로써 사회를 박탈하지 못하는 이상적 조선을 건설할지니라.

〈신채호, '조선 혁명 선언', 1923〉

조선 혁명 선언과 신채호의 독립운동론
① 민족주의 진영의 독립운동 노선을 비판하고, 민중이 중심이 된 폭력 혁명을 주장하였다.
② 조선 혁명 선언(1923)은 의열단 단장 김원봉의 요청으로 작성한 것으로, '의열단 선언'이라고도 한다.

2. 한인애국단(1931)의 활동

(1) **결성** : 임시 정부를 이끌던 김구가 상하이에서 조직하였다.

(2) **활동**

① 이봉창(1932. 1) : 동경의 사쿠라다몬(櫻田門)에서 일본 천황에게 폭탄을 투척하였다.

② 윤봉길(1932. 4) : 상하이 훙커우 공원(虹口公園)에서 폭탄을 투척하였다.
  ㉠ 성과 : 관동군 사령관 시라카와 대장, 상해 일본 거류민 단장 가와바타가 현장에서 즉사하고, 3함대 사령관 노무라 해군중장은 실명, 9사단장 에우다, 주중 일본 공사 시게미쓰 등 7명은 중상을 입었다.
  ㉡ 중국 국민당의 지원 : <mark>상하이 사변</mark>으로 반일 감정이 고조된 중국인의 임시 정부에 대한 인식이 변화되었다. 국민당 장제스 총통은 '2억 중국인이 하지 못하는 일을 한 사람 한국인이 해냈다.'고 격찬하였고, 이후 국민당의 지원으로 낙양 군관학교 <mark>한인 특설반</mark>이 설치(1933)되었다.

③ 이덕주·유진만(1932) : 조선 총독 암살을 시도하였으나 실패하였다.

④ 최흥식·유상근(1932) : 만주 다롄(大連)에서 관동군 사령관 혼조의 암살을 시도하였으나 실패하였다.

상하이 사변(1차, 1932)
1931년 만주 사변 이후 전국적으로 중국인의 반일 감정이 고조되었으며, 특히 상하이 지역의 정세가 급속히 악화되었다. 이 과정에서 1932년 1월 28일 조계(租界) 경비를 담당하던 일본의 해군 육전대와 중국의 십구로군(十九路軍) 사이에 전투가 발발했다. 일본은 2월 중순에 육군 약 3개 사단을 파견하여 3월 상순에 중국군을 상하이 부근에서 퇴각시키고 상하이를 사실상 점령하였다. 일본의 훙커우 공원 승전 축하식은 이 과정에서 개최되었다.

한인특설반
윤봉길의 의거 이후 장제스의 배려로 중국 군관학교 낙양분교에 한국인 특설반을 설치하게 되었다. 이곳에서 북만주에서 남하한 독립군을 입교시켜 독립군 간부를 양성하였는데, 이들이 후일 한국광복군의 기간요원이 되었다.

> **사료** 한인애국단 이봉창과 윤봉길의 의거

- 1932년 1월 8일 앵전문 앞에서 자기 손으로 폭탄을 던진 이 의사는 일본 천황의 가슴을 서늘하게 하고 적의 군중들이 놀라 아우성을 칠 때 그 자리에서 가슴 속으로부터 태극기를 꺼내들고 바람에 맞추어 뒤흔들며 소리 높여 '대한 독립 만세'를 세 번 부르고 조용히 놈들의 체포를 받았다.
〈김구, 『도왜실기』〉
- 홍커우 공원의 천장절(일본 천황의 생일) 기념식장에서 윤봉길 의사가 폭탄 세례를 퍼부은 것은 4월 29일 정오쯤이었다. …… 당시 중국군에서 왕시웅(왕웅)이란 이름으로 활동하던 김홍일이었다. 그는 상하이의 조병창에서도 근무했는데, 이봉창 의사가 수류탄의 성능 때문에 왜왕을 죽이는 데 실패하자 백범은 그에게 특제 폭탄을 비밀리에 제조해 줄 것을 당부하였다. 그 결과 물통 모양과 도시락 모양으로 된 특제 폭탄 수십 개가 만들어졌고, 홍커우 공원 의거 때는 고성능의 폭탄을 사용하여 왜장들이 즐비하게 늘어서 있던 사열대를 단숨에 날려 버렸던 것이다.
〈정정화, 『장강일기』〉

▲ 이봉창

▲ 윤봉길

3. 개별적 의열 투쟁

① 강우규(1919) : 남대문 역에서 총독 사이토에게 폭탄을 투척하고 순국하였다.
② 양근환(1921) : 참정권 운동을 전개하던 친일파 민원식(국민협회 회장)을 처단하였다.
③ 조명하(1928) : 타이완에서 일왕의 장인인 구니노미야 육군대장을 저격, 살해하였다.
④ 여성 독립군 남자현(1933) : 서로군정서에 가입하여 투쟁하였으며, 검거된 독립운동가를 지원하였다. 60세가 넘은 나이에 만주의 일본대사 부토를 처단하려다 체포되어 순국하였다.

▲ 강우규

▲ 조명하

▲ 남자현

3 1920년대 독립 전쟁

1. 만주의 무장 독립 전쟁

(1) 배경 : 3·1 운동에 대한 일제의 폭압적 진압으로 무장 투쟁의 열기가 고조되고, 조직적 무장 전쟁의 필요성을 절감하였다.

(2) 만주 지역 무장 독립군의 편성(3·1 운동 이후 약 50여 개 조직)

독립군	창설	사령관	활동
서로군정서	1919	지청천	서간도 한족회 산하의 군사 기구, 임시 정부와의 긴밀한 협조 체제 구축, **신흥 무관학교** 졸업생 중심으로 조직됨
북로군정서	1919	• 총재 : 서일, • 사령관 : 김좌진	**대종교** 단체인 중광단 중심, 사관 양성소를 세워 수백 명의 사관 생도를 양성(신흥 무관학교 출신 교관) → 북간도의 가장 강력한 군사 조직으로 성장
대한독립군	1919	홍범도	간도 국민회의 적극적 지원, **봉오동 전투** 대승
대한독립단	1919	박장호	의병장 출신 주축으로 복벽주의 표방 → 광복군 사령부로 개편
광복군 사령부	1920	조맹선	남만주의 독립군 통합 단체. 3,700여 명의 병력으로 일본군과 78차례 교전. 일본군의 공세로 분산됨 → 광복군 총영으로 개편됨
광복군 총영	1920	오동진	국내외적 기관 파괴 활동 → 통군부로 개편
대한통의부	1922	김동삼	① **남만주 일대의 독립운동 단체를 통합하여 통군부 결성**(한족회, 대한독립단, 서로군정서, 광한단) → **통의부**로 개칭 ② 군사 조직과 행정 조직을 갖춤 ③ 후일 참의부와 의군부로 분리

(3) 삼둔자·봉오동 전투의 승리(1920. 6)
① 참가 부대 : 홍범도의 대한독립군·군무도독부군(최진동)·국민회군(안무)이 연합 부대를 조직하였다.
② 성과 : 일본군 1개 대대를 괴멸(일본군 120~150여 명 사살)시켰다.
③ 의의 : 처음으로 연합 독립군 부대가 대규모의 일본군을 격퇴했다는 점에서 큰 의미가 있으며 전 만주 지역 독립군의 사기가 진작되었다.

(4) 청산리 대첩(1920. 10)
① 배경 : 봉오동 전투에서 참패하자, 일제는 <mark>훈춘 사건</mark>을 조작하고 이를 구실로 삼아 일본군을 만주에 투입하여 독립군 소탕에 나섰다.
② 참가 부대 : 일본군의 공세를 피해 백두산 지역으로 이동하던 **북로군정서(김좌진)·대한독립군(홍범도)·국민회군(안무)**이 집결하여 연합을 도모하였다.
③ 성과 : 일본군 대부대와 6일간 10여 차례의 전투가 벌어졌으며, **백운평**(북로군정서), **어랑촌**(북로군정서, 대한독립군) 등에서 일본군 1,200여 명을 사살하는 대승을 거두었다.

훈춘 사건(琿春事件, 1920)
봉오동 전투로 큰 피해를 입은 일본은 대대적인 독립군 소탕을 계획하였다. 만주 출병을 위해 훈춘의 마적들로 하여금 일본 영사관을 공격하게 하고 이를 빌미로 마적을 토벌한다는 명목으로 대규모 병력을 출병시켰다. 이 과정에서 청산리 전투가 일어나게 된다.

▲ 무장 독립군(만주·연해주)

▲ 봉오동 전투·청산리 대첩

2. 독립군의 시련

(1) **간도 참변(경신 참변, 1920)** : 일제가 독립군에 패배한 보복으로 간도 주민 3,500여 명을 학살하였다.
(2) **독립군의 이동** : 청산리 전투 이후 이동하던 무장 독립군 부대들이 소·만 접경지대인 밀산에 모여 서일을 총재로 하여 대한독립군단(1920. 12)을 조직하고 소련 영토로 이동하였다.
(3) **자유시 참변(흑하 사변, 1921)**
① 배경 : 1921년 간도에서 이동한 대한독립군단과 연해주 각지의 한인 무장 부대들이 소련의 지원을 받아 항일전을 효과적으로 수행할 목적으로 자유시(알렉시에프스크) 일대로 집결하였다.
② 경과
  ㉠ 대립 : 자유시에 집결한 4,000여 명의 독립군 지휘권을 놓고 박일리야가 지휘하는 상해파 공산당(대한의용군)과 오하묵이 지휘하는 이르쿠츠크파 공산당(고려혁명군) 세력이 서로 대립하였다.
  ㉡ 충돌 : 소련의 지원을 받은 고려혁명군 지도부가 대한의용군의 무장 해제를 추진하는 과정에서 대규모의 전투가 발발하였다(1921. 6. 28).
  ㉢ 피해 : 대한의용군 2,000여 명 가운데 100여 명이 사망하고 800명 이상이 포로가 되었다.
③ 결과 : 한국 독립운동 사상 최대의 비극적 사건으로 무장 독립운동에 큰 타격을 주었으며, 이념적 대립을 심화시켰다.

▲ 독립군의 이동과 자유시 참변(1921)

사료 간도 참변(경신 참변, 1920)

촌락은 차례차례 매일 조직적으로 소각당하고 청년들은 사살되었다. 장암동에서는 높이 쌓아올린 곡물에 방화하고 촌민들에게 집 밖으로 나올 것을 명령하였다. 촌민들이 밖으로 나오면 늙은이든 어린이든 눈에 띄는 대로 사살하였다. 총알을 맞고도 죽지 않은 사람은 짚을 덮고 불로 태웠다. 새로 만든 무덤을 세어 보니 31개였다. 다른 두 마을을 방문하였다. 우리들은 불탄 집 19채와 무덤 또는 시체 36구를 목격하였다. 용정에 돌아오니 일본 병사들은 술에 취해 있었다.

〈미국인 선교사 마틴의 수기〉

3. 독립군의 재정비와 통합 노력

(1) **3부의 결성** : 만주 지역의 독립운동 단체 통합으로 3개의 군정부가 성립되었다.

명칭	설립	지도자	내용	특징
참의부	1923	채찬, 김승학	남만주 지역 관할, 임시 정부 직할 부대 표방	민정과 군정을 겸한 일종의 자치 정부
정의부	1925	오동진, 지청천	길림과 봉천 일대를 중심으로 활동	
신민부	1925	김혁, 김좌진	북만주 일대 관할, 연해주에서 돌아온 독립군이 중심(김좌진의 북로군정서는 자유시로 이동하지 않고 만주로 돌아옴)	

▲ 3부의 관할 지역

사료 | 참의부 독립군의 사이토 총독 습격

적괴(敵魁) 사이토 등 일행은 국경 방면을 정탐하려고 지난 5월 초순에 경성을 출발하여 압록강 상류 지방을 회탐 중이던 바 지난 5월 19일 오전 9시 5분에 평북 고산진 하류 위원군 마시 지방을 통과할 때 우리 (참의부) 독립군 10여 명의 정예 군사가 대안에 잠복하고 이를 고대하고 있다가 적선에 몰사격을 행하였으나 적선은 응사하면서 도망하여 피차에 총상을 입었다 한다. 아군 측에서는 빠른 속도로 달아나는 적선을 추격치 못하고 귀영했다고 하는데……   《독립신문》 제175호, 1924. 5. 31.

💡 임시 정부 직할 참의부 독립군의 활약을 보여준다. 총독 습격 사건에 경악한 일제는 참의부에 대한 대대적 공격에 나섰다. 이때 습격 작전에 참가했던 참의부 1소대장 이의준은 2년 후 일경에 체포되어 평양 형무소에서 사형당했으며 1925년 3월에는 일본 군경이 집안현 고마령에서 회의를 하던 참의부를 급습해 치열한 접전이 벌어졌고, 참의장 최석순 이하 29명이 전사하는 참변을 겪기도 했다.

(2) **미쓰야 협정(1925)** : 일제가 만주 군벌과 맺은 협정으로 군벌이 독립군을 체포·사살할 경우 현상금을 지급한다는 내용으로 독립운동에 큰 타격을 주었다.

자료 | 미쓰야 협정

1. 한국인의 무기 휴대와 한국 내 침입을 엄금하며, 위반자는 검거하여 일본 경찰에 인도한다.
2. 재만 한인 단체를 해산시키고 무장을 해제하며, 무기는 몰수한다.
3. 독립운동 지도자를 체포하여 일본 경찰에 인도한다.
4. 대종교의 간부인 서일이 독립군의 수령으로 그 교도를 이끌고 일본에 항전하였으니, 대종교는 곧 반동 군단의 모체로서 종교를 가장한 항일 단체이다. 이 단체가 중국의 영토에서 활동하고 있으므로 책임을 지고 이를 해산시켜야 한다.   〈일본 총독부 경무국장 미쓰야 – 만주 군벌 장쭤린〉

(3) 3부 통합 운동의 전개(1920~1930년대)
① 배경
  ㉠ 임시 정부가 만주 무장 투쟁에 대한 **지도력**을 상실하였다.
  ㉡ 중국의 국공 합작이 이루어지고, 민족 유일당 북경 촉성회(1926)가 결성되는 등 민족 유일당 운동이 일어났다.
② 통합 운동의 흐름

통의부·참의부의 무력 규모
통의부는 5개 중대가 있었는데 전성기 때 중대당 병력은 500~900명으로 총병력은 2,000~3,000여 명에 달했다. 이를 계승한 참의부는 1923년 결성 당시 5개 중대 600여 명의 무장 병력을 갖춘 행정·군사 조직을 구축하고 일제와 치열한 전투를 벌였다.

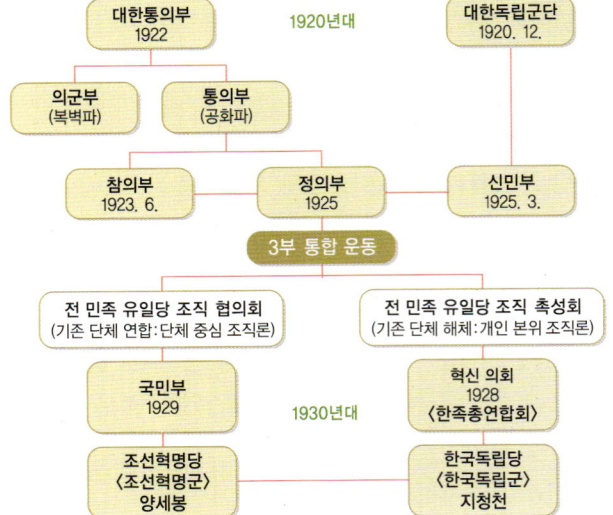

4. 1920년대 중국 관내의 항일 운동 세력

(1) 상하이

① 한국노병회(1922) : 김구·여운형 등이 조직, 1만 이상의 노병(勞兵) 양성을 목표로 했으나 자금 부족으로 실패하였다.

② 병인의용대(1926) : 이유필·나창헌 등이 조직, 상해의 일제 밀정 및 친일 분자를 색출·처단하였다.

③ 남화한인청년연맹(1930) : 이회영·신채호·유자명 등이 조직한 무정부주의 운동 단체로 여러 나라 무정부주의 운동과 국제적 연대를 모색하였다.

(2) 북경·천진

① 북경군사통일회(1921) : 신채호, 박용만, 신숙이 중심이 된 무장 투쟁 준비 단체로 창조파를 형성하였다.

② 다물단(1923) : 김창숙을 중심으로 50여 명의 비밀 단원이 조직한 친일파 암살 단체이다.

(3) 광주의 유월한국혁명동지회(1927) : 황포군관학교와 중산대학에 재학 중인 청년 학생들이 주로 참여하였다(==김산==). 1927년 12월 '광주 봉기'에 참여하여 상당수의 회원이 희생되었다.

4 1930년대 독립 전쟁

1. 1930년대 전반 만주 항일 투쟁

(1) 한·중 연합 작전

① 배경 : ==만보산 사건==(1931)과 일본의 만주 침략(1931)으로 한·중의 공동 항일 전선의 결집이 요구되었다.

② 특징 : 좌·우의 무장 세력 모두 한·중 연합 작전을 전개하였다.

(2) 조선혁명군(양세봉) : 남만주 일대에서 중국 의용군과 연합 작전을 수행했다.

① 대표적 승리 : 영릉가 전투(1932), 흥경성(1933) 전투

② 일제 간첩에 의해 전설적인 지도자 양세봉이 전사(1934)하였지만, 1938년 총사령 김활석이 체포될 때까지 항일 운동을 유지하였다.

③ 이후 일부 잔존 세력들이 동북항일연군에 합류하였다.

(3) 한국독립군(지청천) : 북만주 일대에서 중국 호로군과 연합 작전을 수행했다.

① 대표적 승리 : 쌍성보(1932), 경박호·사도하자·동경성(1933)·==대전자령 전투(1933)==에서 승리하였다.

② 이동 : 한·중 연합이 결렬되자(1933) 지청천과 남은 세력은 중국 관내로 이동하여 민족혁명당과 임시 정부에 참여하였다.

김산(장지락, 1905~1938)
평북 용천 출생, 어린나이로 일찍이 독립 운동에 투신하여 신흥무관학교를 졸업하고 의열단에 가입하였다. 중국 공산당에 가입한 후 광주 봉기에 참여하였으며 화북과 만주 지역에서 공산당의 조직 확대와 항일 활동에 전념하였다. 화북 연안의 항일 군정대학에서 교관의 임무를 수행하던 중 미국인 언론인 님웨일즈의 요청으로 자신의 혁명 활동을 구술하였는데, 후일 『아리랑』(Song of Arirang)이라는 제목으로 영문으로 출판되었다. 일본의 밀정으로 오인되어 중국 공산당에 의해 처형되었으나 1983년 무죄를 인정받아 당적과 명예가 회복되고 '혁명가'로 복권되었다.

만보산 사건(1931.7)
한국인이 길림성 장춘현 만보산 농장을 조차하여 수로 공사를 하던 중에 중국인 농민과 충돌한 사건이다. 일본은 일방적으로 중국인을 탄압하여 한·중 농민을 이간하고 이런 분위기를 만주 침략에 이용하였다. 이 소식이 국내로 전해지자 흥분한 국민들이 서울, 평양 등지에서 중국인들을 습격 살해하여 양국 간의 감정은 더욱 격화되었는데, 윤봉길의 의거로 중국인의 한국 이미지가 전환되면서 해소되었다.

대전자령 전투의 승리와 한·중 연합의 결렬(1933. 7. 2)
일본군이 대전자령을 통과한다는 정보를 입수하고 매복한 한·중 연합군은 한국독립군 500명, 중국군 2,000명이었으며 공격의 주력은 한국독립군이 담당하였다. 일본군 1,600여 명이 대전자령을 반쯤 넘었을 때 연합군이 일제히 공격을 개시했다. 일본군은 불과 4시간 만에 전멸되었으며, 한·중 연합군은 일본 군복 3,000벌, 군수품 200여 마차, 대포 3문, 박격포 10문, 소총 1,000여 정, 담요 300장 등 막대한 전리품을 노획했다. 그러나 전리품 분배 관계로 독립군과 중국군 시세영(柴世榮) 부대 사이에 알력이 일어났으며, 중국군은 지청천 이하 수십 명의 고급 간부를 구금하고 무장 해제시켰다. 곧 화해가 되었으나, 독립군은 중국군과 관계를 끊고 중국 방면으로 이동했다.

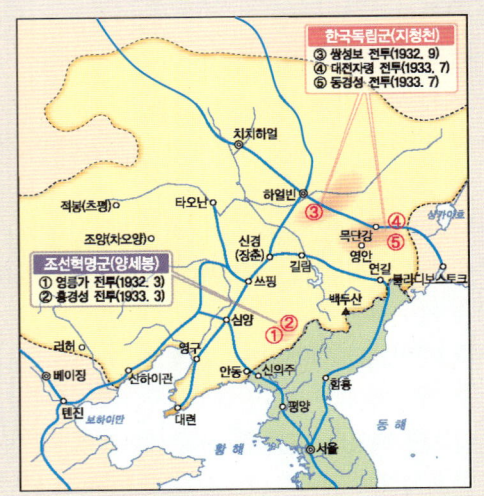

| 자료 | 만주의 한·중 연합 작전 |

1. 조선혁명군과 중국의용군의 합의 (1932)

중국과 한국 양국의 군민은 한마음 한뜻으로 일제에 대항하여 싸우고, 인력과 물자는 서로 나누어 쓰며, 합작의 원칙 하에 국적에 관계없이 그 능력에 따라 항일 공작을 나누어 맡는다.

2. 한국독립군과 중국호로군의 합의 (1931)

- 한중 양군은 최악의 상황이 오는 경우에도 장기간 항전할 것을 맹세한다.
- 중동 철도를 경계선으로 서부 전선은 중국이 맡고, 동부 전선은 한국이 맡는다.
- 전시의 후방 전투 훈련은 한국 장교가 맡고, 한국군에 필요한 군수품 등은 중국군이 공급한다.

▲ 조선혁명군과 한국독립군의 승리

〈한국광복군 사령부, 『광복』 제2권〉

2. 1930년대 후반 만주 항일 투쟁

(1) **항일 유격대의 활동** : 만주 사변 이후 공산주의자들의 주도로 추수(秋收) 투쟁, 춘황(春荒) 투쟁을 전개하였고 이후 항일 무장 투쟁으로 변화하였다.

(2) **동북인민혁명군(1933. 1)**

① 결성 : 중국 공산당의 주도로 조직되었으나 많은 한국인이 참여하였다.

② 활동 : 북간도의 왕청현, 안도현 등에서 일·만군과 900차례의 전투를 수행하였다.

(3) **동북항일연군(1936)** : 코민테른 7차 대회(1935) 이후 민족 통일 전선이 결의되자 각종 유격대를 통합하여 동북항일연군으로 재편되었다.

(4) **김일성 부대** : 동북항일연군 제1로군 2군 6사장의 직위로 대부분 조선인으로 구성된 부대를 이끌었다.

① 보천보 전투(1937) : 국내로 진공하여 함경남도 갑산의 보천보를 습격하여 경찰 주재소와 면사무소를 파괴하였다.

② 소련으로 이동(1940. 10) : 여러 차례 일본군과 공방전을 벌였으나 압도적인 일본의 공세에 밀려 항일 연군 잔여 부대와 연해주로 도피하였다.

(5) **조국광복회(1936)의 결성과 활동**

① 결성 : 동북항일연군 2군 정치 위원 오성륜이 주도하여 조직하였다.

② 활동 : 만주와 북부 지방에서 민족주의와의 통일 전선을 추구하고 무장 투쟁의 기반을 조성하였다.

③ 와해 : 김일성 부대의 보천보 전투와 국내 진공 작전을 지원하는 과정에서 일제에 의해 박달·박금철 등 지도부가 체포되어 조직이 무너졌다.

사료 조국광복회

- 전 민족의 계급·성별·지위·당파·연령·종교 등의 차별을 불문하고 백의동포는 반드시 일치단결 궐기하여 원수인 왜놈들과 싸워 조국을 광복시키자.
- 광범위한 통일 전선을 실현함으로써 일제의 통치를 전복하고 진정한 한인의 인민 정부를 실현하자.
- 조선의 독립을 위해 싸울 수 있는 혁명적 군대를 조직하자.

〈조국광복회 선언문〉

동북항일연군 내 한인들을 바탕으로 결성된 한민족 무장 결집체로, 만주의 장백현 일대와 국내의 함경남도 북부 및 평안북도 북부, 원산, 함흥 지역에 지부를 설치하였다. 그리고 박달, 박금철 등 국내 공산주의자들과 제휴하여 반일 투쟁을 전개하였다.

자료 보천보 전투

1937년 6월 동북항일연군 대원들이 압록강을 건너 함경남도 보천보를 습격 점령하였다. 이들은 국내 조국광복회 조직의 도움을 받아 경찰 주재소를 공격하고, 면사무소와 소방서 등 일제의 행정 기관을 불태우고 철수하였다. 돌아가던 중 추격해 오던 일본군을 기습 공격하여 피해를 입혔다. 김일성의 이름이 크게 알려지게 된 이 사건은 당시 국내 신문에도 크게 보도되었다. 놀란 일제는 조국광복회의 국내 조직 색출에 본격적으로 나서는 한편, 만주 지역의 유격대에 대한 공세를 크게 강화하였다.

북한에서는 이 사건을 크게 선전해왔으나, 국내외 학계에서는 이 전투에 대한 북한의 역사 기술이 지나치게 과장되었다는 비판과 논란이 있어 왔다.

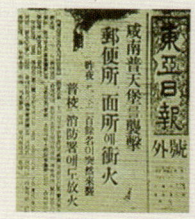

▲ 보천보 사건을 보도한 〈동아일보〉 기사

3. 1930년대 중국 관내의 항일 투쟁

(1) 민족혁명당(난징, 1935)

① 배경
  ㉠ 일제의 만주 침략으로 새로운 정세가 조성되어 독립운동 세력의 통합이 요구되었다.
  ㉡ 중국 국민당 군사 위원회의 지원을 바탕으로 통일 전선에 찬성하는 '반임정·비김구 세력'이 결집되었다.

② 참여 세력 : 중국 내의 의열단(김원봉·윤세주), 한국독립당(김두봉·조소앙), 신한독립당(지청천·김상덕·신익희), 조선혁명당(최동오·김학규), 대한독립당(김규식) 등 5개 정당과 미주의 4개 단체가 통합한 통일 전선 정당으로 결성되었다.

③ 주요 강령
  ㉠ 일제 침탈 세력을 박멸하여 **자주독립**을 완성할 것
  ㉡ 봉건 제도 및 일체 반혁명 세력을 숙청하여 진정한 **민주 공화국**을 건설할 것
  ㉢ 소수인이 다수인을 삭탈하는 경제 제도를 소멸시키고 **평등한 경제 조직**을 건립할 것 등

④ 변화 : 노선상의 차이로 어려움을 겪고 점차 좌파적 성향이 강해졌다.
  ㉠ 조소앙은 탈당 후 **한국독립당**을 재건하였으며 **지청천** 계열은 탈당(1937) 후 조선혁명당을 결성하였다.

김원봉(1898~1958?)은 의열단, 민족혁명당, 조선의용대, 임시 정부를 주도적으로 이끌었던 투철한 독립운동가였다.

ⓒ 김구는 민족혁명당에 참가하지 않은 세력을 규합하여 한국국민당을 창당(1935)하여 임시 정부를 유지·옹호하였다.

ⓒ 김원봉은 남은 세력을 의열단 중심의 조선민족혁명당으로 개편하였다(1937).

(2) 조선의용대(한커우, 1938)

① 결성 과정 : 약화된 통일 전선을 강화하기 위해 김원봉이 이끄는 민족혁명당(우파 탈퇴), 조선민족해방운동자동맹(김성숙, 박건웅), 조선혁명자연맹(유자명, 유림 등 무정부주의자), 조선청년전위동맹(최창익) 등 좌파적 단체가 모여 조선민족전선연맹을 결성하였다(1937).

② 조선의용대 창설 : 김원봉이 주도한 조선민족전선연맹의 예하 군대로 조직된 중국 관내 최초의 무장 군사 단체(사령관 김원봉)로 중국 국민당군과 함께 항일 전쟁에 참가하였다.

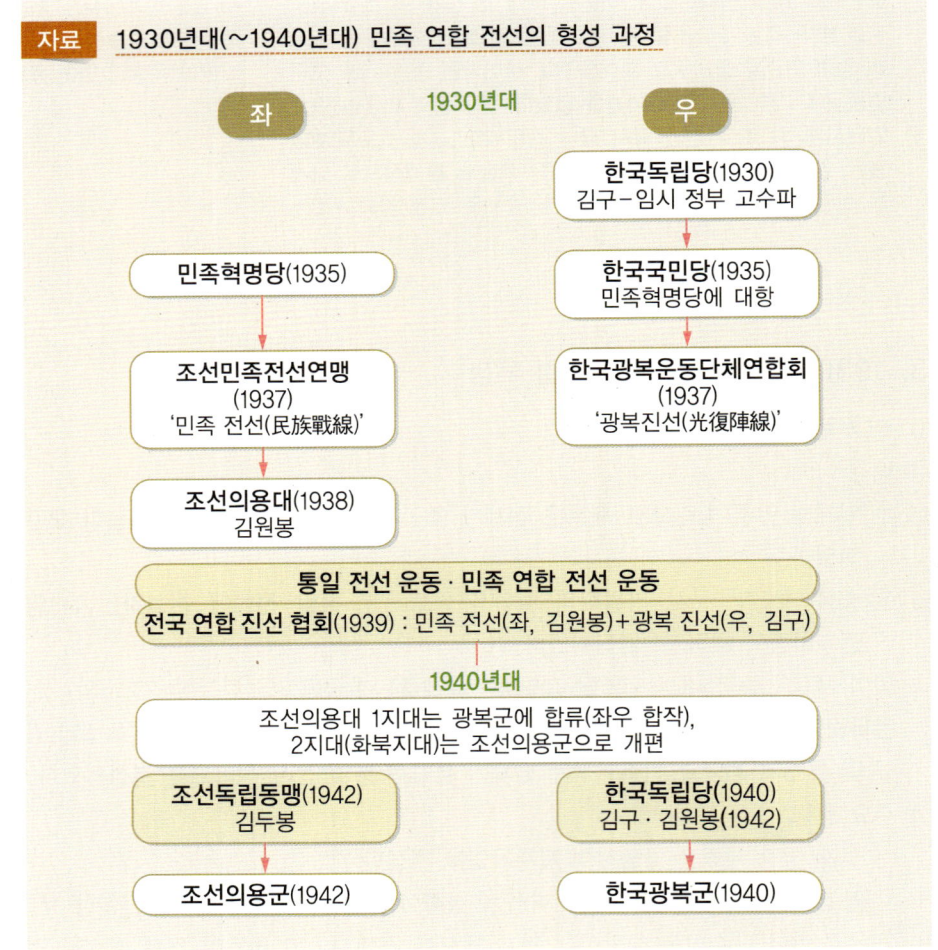

자료 1930년대(~1940년대) 민족 연합 전선의 형성 과정

> **사료** 1930년대 중국 관내의 독립운동
>
> **1. 조선의용대**
> 조선의용대는 조선 민족 해방의 선봉대임과 아울러 중국 항일 전쟁 가운데 선봉대의 하나이다. 조선의용대의 성격은 이중성을 갖고 있다. 즉 국제성과 민족성을 띤 무장 부대이다. 조선의용대는 중국 관내에서 중국 항일 전쟁의 승리를 추진하고 조선 민족이 한국의 독립을 해결, 회복하기 위하여 용감히 싸우는 국제적이고 민족적인 무장 부대이다. 〈〈신화일보〉, 1940. 7〉
>
> 🔖 중국인의 입장에서 조선의용대의 성격과 의미를 평가하고 있는 사료이다. 조선의용대가 한·중 연합적 항일 운동과 한국의 독립이라는 목표를 위해 투쟁하는 군사 조직임을 잘 보여주고 있다.
>
> **2. 조선민족전선 연맹 창립 선언문(1937)**
> 조선 민족의 유일한 활로는 단결된 전 민족의 역량에 의해 일본 제국주의를 타도하고 조선 민족의 자주 독립을 완성하는 데 있다. 그러므로 조선 혁명은 민족 혁명이며, 우리의 전선은 민족 전선이다. 계급 전선도 아니고 인민 전선도 아니고, 프랑스·스페인 등의 국민 전선과도 엄격히 구별된다.
>
> 🔖 1937년 김원봉이 민족혁명당을 모체로 해서 김구 중심의 광복 진선에 참여하지 않은 중간파 및 좌파 세력을 결집하여 조직한 단체이다.

4 1940년대 독립 전쟁

1. 통일 전선 임시 정부의 수립

(1) 한국독립당 결성(1940)

① 임시 정부 주도의 우파 통일 전선 : 한국국민당(김구), 한국독립당(조소앙), 조선혁명당(지청천)이 합당하여 결성되었으며 임시 정부에 참여하였다.

② 건국 강령 발표(1941) : 조소앙의 삼균주의를 그대로 채택하여 사회 민주주의에 가까운 성격을 띠었다.

(2) 임시 정부로의 통일 전선 형성(1942)

① 배경
  ㉠ 좌익 세력의 분열로 민족혁명당의 세력이 약화되고, 태평양 전쟁의 발발로 통일 전선의 필요성이 대두되었다.
  ㉡ 중국 국민당의 압력 : 중국 군사 위원회가 조선의용대 측에 광복군으로의 편입을 명령하여 좌·우익 무장 세력의 통일이 이루어졌다.

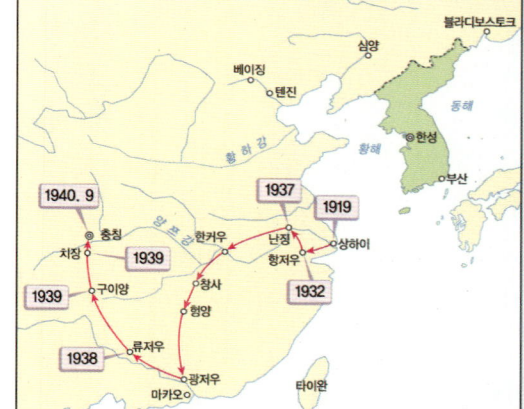
▲ 임시 정부의 이동

② 통일 전선 정부의 수립 : 임시 정부에 좌익 진영이 조직과 세력을 유지한 채 참여하여 한국독립당이 여당, 민족혁명당이 야당을 형성하였다.

③ 의의
  ㉠ 신간회(1927), 민족혁명당(1935)의 결성과 함께 민족 통일 전선 운동의 대표적 성과였다.
  ㉡ 통일 전선 정부의 결성으로 **임시 정부가 독립운동 최고 기구로서의 위상을** 되찾았다.
  ㉢ 통일 전선 정부가 해방 때까지 유지·발전되어 좌·우 세력의 단결된 모습으로 해방을 맞게 되었다.

2. 한국광복군의 창설과 활동

(1) 창설(1940) : 중국 국민당의 지원을 받아 충칭에서 창설되었다 (총사령관 지청천, 참모장 이범석).
(2) 좌·우 무장 세력의 통합 : 김원봉이 이끄는 400여 명의 조선의용대 1지대를 흡수하여 전력을 향상시켰다(1942. 7).
(3) 한국광복군의 활동
① 대일 선전 포고(1941) : 태평양 전쟁이 시작되자 임시 정부는 선전 포고를 하고 광복군의 참전을 준비했다.
② 연합군의 일원으로 참전 : 1943년 영국과 군사 협정을 맺고 일부 병력을 인도·버마 전선에 참전시켰다.
③ 독자적 군사권 제약 : 한국광복군 행동 준승 문제로 중국 군사위원회의 통제를 받았다(1941~1944).

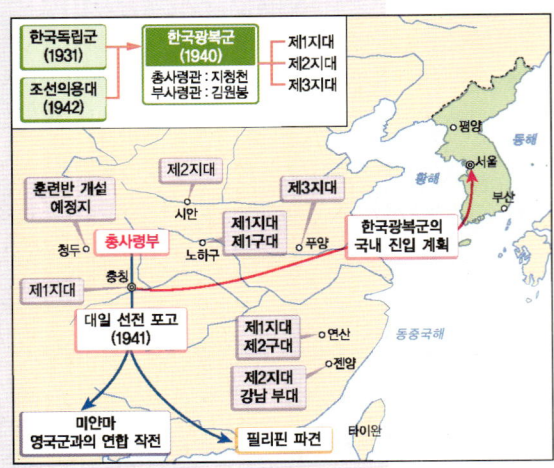
▲ 한국광복군의 활동

한국광복군 행동 9개 준승 문제(1941~1944)
광복군을 중국 군사 위원회에 귀속시켜 통할·지휘하였으며 광복군의 절반이 중국군 소속으로 편성되었고 1944년 8월 24일 '준승'이 취소될 때까지 독자적 행동권을 갖지 못했다.

사료 임시 정부의 대일·대독 선전 포고(1941)

우리는 3천만 한국 인민과 정부를 대표하여 다음과 같이 성명한다.
1. 한국 전 인민은 현재 이미 반침략 전선에 참가하였으니 한 개의 전투 단위로서 추축국에 선전한다.
2. 1910년의 합병 조약과 일체의 불평등 조약의 무효를 선포하며 반침략 국가인 한국에 있어서의 합리적 기득 권익을 존중한다.
3. 한국·중국 및 서태평양으로부터 왜구를 완전히 구축하기 위하여 최후 승리를 거둘 때까지 혈전한다.

〈임시 정부 주석 김구〉

▲ 한국광복군 창설

3. 조선독립동맹과 조선의용군

(1) 화북조선청년연합회 조직(1941. 1) : 중국 공산당(팔로군)과 연합하던 화북 지역의 한인 공산주의 운동가들이 태항산 지구에서 조직한 독자적인 항일 조직이었다(회장 무정).
(2) 조선의용대의 북상(1941. 3) : 중국 공산당 산하 팔로군과 연합을 추구하였으며 조선의용대 화북 지대를 결성하였다(박효삼, 윤세주 중심, 1941. 7).
(3) 조선독립동맹 결성(위원장 김두봉, 1942. 7)
① 화북조선청년연합회를 확대·개편하여 결성하였다.
② 산하 무장 조직으로 조선의용대 화북 지대를 조선의용군으로 개편하였다(1942).
③ 구성 세력
　㉠ 중국 공산당의 항일 대오에서 활동한 공산주의자 세력(무정)
　㉡ 민족혁명당에서 이탈, 옌안으로 온 공산주의 그룹(최창익, 한빈, 허정숙)
　㉢ 국민당 정부 지역에서 이동해 온 민족혁명당의 주요 성원과 조선의용대 세력(김두봉, 박효삼 등)

팔로군
중국 공산당 휘하의 군사 조직이다. 1937년 제2차 국·공 합작이 성립되자 중국 공산당 소속 군대가 국민당 소속 군대와 함께 중국군 제8로군으로 편제되었는데 이후 공산당의 군대를 통칭 팔로군이라 불렀다.

④ 활동 노선 : 특별히 공산주의 이념을 내세우지 않았으며, "계급·사상·신앙의 구별과 차이 없이 어제의 친일파라도 자기 과오를 청산하면 허용하고 전취하자."는 구호 아래 세력을 확대하여 1944년 말 화북 지역 일대 10개 분맹을 설치하였다.

(4) 조선의용군의 결성과 활동

① 조선의용대 화북 지대(1941. 7)

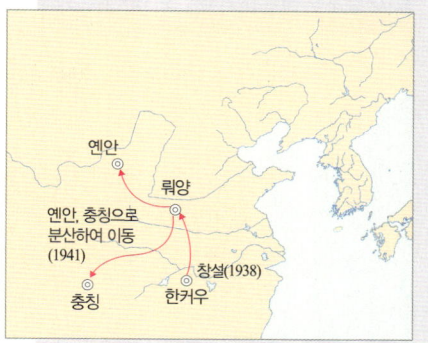

▲ 조선의용대의 창설과 이동

㉠ 국민당군이 항일전에 소홀하자 조선의용대 2지대는 이에 반발하여 화북 지역(옌안)으로 이동하였다(1940).

㉡ 일본군과 전투 : 중국 공산당과 연합하여 **조선의용대 화북 지대**로 재편(1941. 7)되어 호가장 전투(윤세주 전사, 1941), 반소탕전(反掃蕩戰, 박효삼이 지휘, 1942) 등에서 큰 희생을 치르면서 일본군과 격렬한 전투을 벌였다.

② 조선의용대가 화북조선청년연합회(무정, 1941)에 참여하고 이를 확대하여 조선독립동맹(1942)이 조직되었다.

③ 조선의용군 창설(1942. 7) : 조선독립독맹 산하의 군사 기구로 조선의용대를 흡수하여 확대·개편하였다(병력 약 500여 명).

㉠ 중국 공산당의 팔로군과 연합하여 **치열한 항일전**을 수행하였다.

㉡ 화북 조선청년학교를 설립하여 조직을 확대하였으며, 해방 직전에는 그 병력이 급속히 증가하였고 해방 후에는 북한 인민군에 편입되었다.

4. 국내 진공 작전 계획(1945)

(1) 한국광복군

① 미군과 연합 : 미 정보 기구 OSS의 지원으로 훈련에 참여하여 국내 정진군이 편성되었다.

② 국내 진공 작전의 취소 : 1945년 8월 작전 개시 예정이었으나 미국의 원자탄 투하로 취소되었다.

(2) 조선의용군

① 중국 공산당의 팔로군과 연합하여 **치열한 항일전**을 전개하였으며, 해방 전후에 만주 지역 일본군의 무장을 해제하며 한·중의 국경에 도착하였다.

② 국내 진공 실패 : 먼저 진주한 소련의 입국 거부로 일부 인사만 개인 자격으로 귀국하고, 주력 부대는 중국의 국·공 내전에 참여하였다.

(3) 의미 : 국내 진공 작전의 실패로 광복 이후 우리 민족의 운명을 스스로 결정할 수 없게 되었다.

> **사료** 국내 진공 작전의 실패
>
> 일본이 항복한 뒤 우리나라도 전승국이 되어야지, 만약 그렇지 못하면 우리나라의 국제적 지위가 떨어지게 된다. 왜적이 항복한다 하였다. 아! 왜적이 항복! 이것은 내게 기쁜 소식이라기보다는 하늘이 무너지는 듯한 일이었다. 천신만고 끝에 수년 동안 애를 써서 참전할 준비를 한 것도 다 허사이다. 〈김구, 『백범일지』〉
>
> 💡 김구의 우려는 현실화되었다. 미국과 소련을 중심으로 한 연합국들은 우리 민족의 독립운동을 지지하였으나 그 어떤 단체도 '정부'로 승인하지 않았다. 독립운동 단체의 분열·분파가 원인이었다. 결국 일제 패망 이후 한반도는 소련과 미국에 의해 분할 점령되었다.

04 국내의 사회·경제적 민족 운동과 실력 양성 운동

1 3·1 운동 이후 사회주의와 민족주의의 대립

1. 민족 운동의 변화
(1) 전체적 흐름

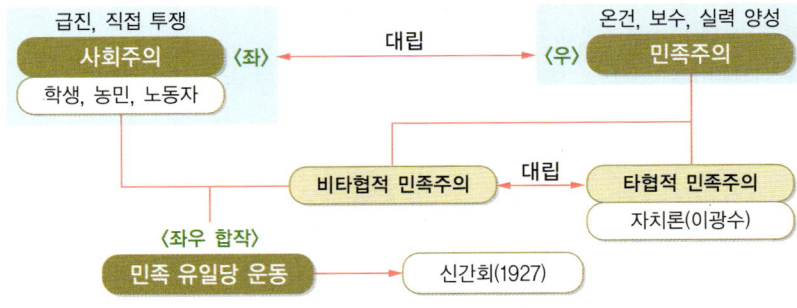

(2) 민족주의 운동의 노선 분화
① 배경 : 일본의 문화 통치 분위기 속에서 이광수의 「민족적 경륜」이 〈동아일보〉에 발표되자(1924. 1) 민족주의 진영 내부의 분열이 가속화되었다.
② 노선 분화
 ㉠ 민족주의 좌파 : '절대 독립론'을 기반으로 하여 반일 정치 투쟁을 주장하였다.
 ㉡ 민족주의 우파 : 선 실력 양성 후 독립 노선을 주장하였다.
(3) 자치론의 대두 : 민족주의 우파가 자치론으로 발전하였다.
① 배경 : 3·1운동 실패 후 국내 민족주의자들의 일부는 식민지화의 원인을 민족성의 낙후, 민족 실력의 미약 등에 있다고 보면서 적극적인 반일 투쟁보다는 '실력 양성 운동'에 치중하였다.
② 주장 : 이광수의 「민족 개조론」(「개벽」, 1922), 「민족적 경륜」(〈동아일보〉, 1924), 최남선 「조선민시론」(「동명」, 1922) 등에서 민족 개량주의와 자치론이 제기되었다.
③ 결과
 ㉠ 민중의 저항 : 민족 개조론, 자치론은 타협적 기회주의로 격렬한 비판을 받았다.
 ㉡ 이광수의 논설이 실렸던 〈동아일보〉에 대한 전국적인 불매 운동이 일어났으며, 상대적으로 진보적 색채를 보였던 〈조선일보〉가 민족지로 부상하였다.

민족 개조론
1922년 소설가 이광수가 잡지 「개벽」에 발표한 논설. 일제의 주장에 동조하여 우리 민족이 독립할 능력이 없다고 보고, 잘못된 민족성을 개량하여 민족의 내실을 다져야 한다는 주장이다. 논설 발표 후 각 계각층으로부터 엄청난 비난을 받았다.

> **사료** 이광수의 「민족적 경륜」과 신채호의 「조선 혁명 선언」
>
> - 지금까지 하여 온 정치적 운동은 전부 일본을 적대시하는 운동뿐이었다. 그러니 우리는 무슨 방법으로나 조선 내에서 전 민족적인 정치 활동을 하도록 새로운 국면을 타개할 필요가 있다. 우리는 조선 내에서 허락되는 범위 안에서 일대 정치적 결사를 조직해야 한다는 것이 우리의 주장이다.
>   ⇒ 민족주의 우파의 타협적 개량주의
>   〈이광수, 「민족적 경륜」, 〈동아일보〉, 1924〉
>
> - 너희들은 '동양 평화', '한국 독립 보전' 등을 조건으로 내건 조약이 먹도 마르지 아니하여 삼천리 강토를 집어먹던 역사를 잊었느냐? …… 설혹 일본이 관대한 도량이 있어 이러한 요구를 허락한다 하자. 소위 내정 독립을 찾고 각종 이권을 찾지 못하면 조선 민족은 온통 굶주린 귀신이 될 뿐이 아니냐? …… 제 나라의 무산 계급의 혈액까지 착취하는 자본주의 강도국의 식민지 인민이 되어 몇몇 노예 대의사(代議士)의 선출로 어찌 굶어 죽는 화를 면하겠느냐?
>   ⇒ 자치론 비판
>   〈신채호, 「조선 혁명 선언」, 1923〉
>
> 🌐 신채호는 국내에서 제기되고 있던 자치론에 대해 통렬한 비판을 가하고 있다. 그는 조선 혁명 선언에서 독립운동의 중심 노선으로 민중 직접 혁명을 주장하였다.

2. 사회주의의 수용 과정

(1) 사회주의의 수용

① 배경 : 레닌이 이끄는 소련의 피압박 민족에 대한 독립운동 지원으로 중국과 연해주의 독립운동가들이 적극적으로 받아들였다.

② 영향
  ㉠ 독립운동 노선의 좌·우의 이념 갈등이 심화되어 민족 유일당 운동이 대두되었다.
  ㉡ 청년·학생 운동과 농민·노동 운동 등이 활성화되었다.
  ㉢ 일제는 **치안 유지법(1925)**을 만들어 사회주의 사상을 탄압하였다.

(2) 국외의 사회주의 운동

① 한인사회당(1918) : 이동휘가 중심이 된 **최초의 사회주의 조직**으로 러시아 하바로프스크에서 창립되었다. 상해파 고려공산당으로 발전하였다.

② 이르쿠츠크파 고려공산당(1919) : 김철훈 등이 중심이 되어 이르쿠츠크에서 결성되었다. 1921년 여운형, 박헌영, 김단야 등이 활동하였으며 상해파와 대립하였다. 1922년 코민테른에 의해 해체되었으나, 국내의 화요회로 연결되었다.

③ 상해파 고려공산당(1921) : 이동휘를 중심으로 상하이에서 조직되어 이르쿠츠크파와 대립하였다. 대립이 심해지자 1922년 코민테른에 의해 해체되었다.

④ 북성회(1923) : 김약수가 일본 유학생들을 중심으로 조직하였으며, 국내의 북풍회로 연결되었다.

(3) 국내의 사회주의 운동

① 서울청년회(1921) : 서울에서 조직된 사회주의 단체(이영·김사국)로 전조선노농대회(1924)를 주최하였다.

② 화요회(1923) : 홍명희·김찬 등 신사상 연구회에서 출발하였으며, 박헌영, 조봉암 등과 일본 유학생 그룹이 참여하였다. 조선공산당 결성에 주도적 역할을 하였다.

③ 북풍회(1924) : 김약수 등 일본 유학생이 중심이 된 조직으로, 화요회와 긴밀한 협조를 유지하였다.

(4) 조선공산당의 결성과 와해

제1차	1925. 4	**김재봉**을 책임 비서로 화요회의 주도로 결성, 산하 기구로 **고려공산청년회**(권오설 주도) 조직, 일제의 체포로 와해
제2차	1925. 12	강달영을 책임 비서로 재건, **6 · 10 만세 운동 주도**, 지도부 검거(권오설 옥사)
제3차	1926. 9	김철수(책임 비서), 화요계 · 서울청년회계를 통합하여 결성, 1928년 와해
제4차	1928. 3	노동자 출신 **차금봉**을 책임 비서로 직제 정비, **신간회**와 긴밀한 관계 유지, 10월에 일제의 검거로 당 조직 와해, 차금봉 옥사
해체	1928. 7	코민테른에 의해 조선공산당 해체, 1930년대 : '일국 일당주의' 원칙에 따라 중국공산당에 편입되어 활동

> **사료** 1920년대 사회주의 운동의 확산
>
> **1. 1920년대 국내 민족 운동의 두 흐름**
> 지금 우리 사회에는 두 가지 조류가 있다. 하나는 민족주의 운동의 조류요, 또 하나는 사회주의 운동의 조류인가 한다. 이 두 가지 조류가 물론 해방의 근본적 정신에 있어서는 조금도 다를 것이 없다. 그러나 왕왕 운동의 방법과 이론적 해석에 이르러서 털끝의 차이로 천리의 차이가 생겨 도리어 운동의 전선을 혼란스럽게 하여 당파적 분규를 소생하게 하여 결국은 어부의 이(利)를 취하게 하며 골육의 다툼을 일으키는 것은 어찌 우리 민족의 장래를 위하여 통탄할 바가 아니랴.
> 〈동아일보〉, 1925〉
>
> **2. 치안유지법**
> • 국체(國體)를 변혁하는 것을 목적으로 결사를 조직하는 자 또는 결사의 임원, 그 외 지도자로서의 임무에 종사하는 자는 사형, 무기 또는 5년 이상의 징역 또는 금고에 처한다.
> • 사정을 알고서 결사에 가입하는 자 또는 결사의 목적 수행을 위한 행위를 돕는 자는 징역 2년 이상의 유기 징역 또는 금고에 처한다.
> • 사유 재산 제도를 부인하는 것을 목적으로 결사를 조직하는 자, 결사에 가입하는 자 …… 10년 이하의 징역 또는 금고에 처한다.
>
> 일본이 공산주의 운동을 탄압할 목적으로 제정한 법. 1925. 4월 일본 법률 제 46호로 공포되어 그 해 5월부터 조선에도 시행되었다. 무정부주의 운동, 공산주의 탄압의 목적으로 제정되었으나 실제로는 민족 운동을 억압하려는 법적 근거로 널리 이용되었다. 1928년 개악되어 적용 범위가 넓어지고 처벌 규정에 사형이 포함되었다. 사회주의 사상과의 관련성이 분명치 않았던 광주 학생 운동(1929), 조선어학회 사건(1942)에도 적용된 악법이었다.

2 6 · 10 만세 운동과 광주 학생 항일 운동

1. 국내 학생 운동의 특징

① 1920년대 국내 항일 운동은 학생들이 중심이었다.
② 사회주의의 영향 : 3 · 1 운동과 달리 정치 투쟁과 경제 투쟁을 병행하였다.
③ 이념의 차이 극복 노력 : 점차 사회주의와 민족주의 연합 전선을 모색하였다.

2. 6 · 10 만세 운동(1926)

① 배경 : 일제의 수탈과 식민지 차별 교육 정책에 대한 반발과 울분을 순종의 서거와 연결하여 항일 운동으로 발전시켰다.

② 주도 : 사회주의 계열(제2차 조선공산당, 조선학생과학연구회)이 주도하였으며 천도교 계열의 민족주의 세력이 함께 하여 부분적 통일 전선을 형성하였다.
③ 전개 : 일제의 경계 조치로 사전에 발각되어 전국적으로 확산되지 못하였지만, 학생들은 조직을 보전하여 6월 10일 서울에서 만세 시위를 일으켰다.
④ 영향
　㉠ 독립운동의 이념과 노선에 새로운 이정표 제시 : 만세 운동의 실패로 인하여 민족주의와 사회주의의 전면적인 통일 전선의 필요성이 대두되었다.
　㉡ 학생 운동의 격화 : 1927년 이후 학생 운동은 전국적인 동맹 휴학의 형태로 발전해갔다.

조선학생과학연구회(1925)
이선호, 이병립 등이 조직한 학생 단체로 사회주의 사상을 연구·전파하였다(화요회, 조선공산당과 연결). 1926년 6월 회원 수가 500여 명에 달해 학생 운동의 중심권으로 부상하였으며, 6·10 만세 운동을 주도하였다.

사료　6·10 만세 운동 격문(요약)

언론·집회·출판의 자유를!
학교의 용어는 조선어로!
조선인 교육은 조선인 본위로!
동양척식주식회사를 철폐하자!
8시간 노동제를 실시하라! 동일 노동 동일 임금!

소작제를 4·6제로 하고 공과금은 지주가 납부한다.
조선 민중아! 우리의 철천지 원수는 제국주의 일본이다.
이천만 동포야! 죽음을 각오하고 싸우자!
만세 만세 조선 독립 만세

3. 광주 학생 항일 운동(1929. 11~1930. 3)

(1) **발단** : 광주의 한·일 학생의 충돌에 대해 일제가 편파적 수사를 하고 한국 학생들을 처벌하였다.
(2) **경과**
① 학생 시위의 전개 : 광주의 학생 조직인 성진회(1926)와 그 후신인 독서회 중앙 본부의 조직적인 지도로 광주와 전라도 지역 학교로 시위가 확대되었다.
② 전국적 확대 : 서울의 신간회 중앙 본부와 조선학생과학연구회, 조선학생전위동맹의 진상 조사단이 파견되고 전국적 동맹 휴학으로 발전하였다.

1920년대 학생 조직의 확산
수원 고농(건아단), 부산 제2상업(독서회·흑조회), 보성 고보(철권단), 대구 고보(신우 동맹·혁우 동맹·적우 동맹·일우당), 북청 농업(독서회), 광주(성진회) 등 전국적으로 확산되고 비밀 결사적 형태로 발전하였다.

자료　광주 학생 항일 운동 격문과 동맹 휴학의 확산

학생 대중이여 궐기하라!
검거된 학생은 우리 손으로 탈환하자.
언론·결사·집회·출판의 자유를 획득하라.
식민지 노예 교육 제도를 철폐하라.
조선인 본위의 교육 제도를 확립하라.
사회 과학 연구의 자유를 획득하라.

400의 용사! 우리들의 투쟁이 점점 전개되어 가나, 투쟁은 단순히 전남에만 한정한 일이 아니다. …… 전 조선 수백만의 학생 대중은 우리들의 승리를 기다리고, 2,000만 민족은 우리들의 성공을 눈물을 머금고 갈망하고 있다.

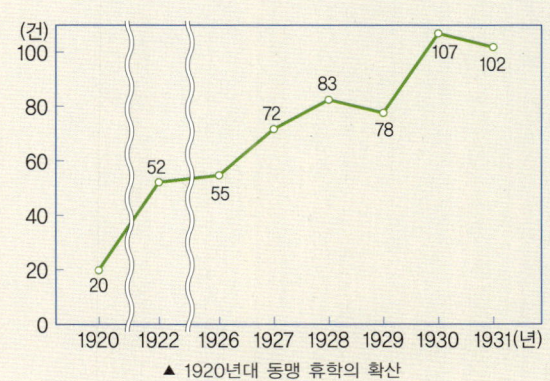
▲ 1920년대 동맹 휴학의 확산

(3) 의의
① 3·1 운동 이후 최대 민족 운동 : 5개월 간 전국 149개교, 5만 4,000여 명이 참가하였다.
② 성격의 변화 : 식민지 교육에 대한 항의 차원에서 식민 통치의 정면 부정으로 발전하였다(구호 : "일본 제국주의 타도", "피억압 민족 해방 만세").

3 민족 유일당 운동과 신간회의 결성

1. 민족 유일당 운동

(1) 국외의 상황
① 중국의 제1차 국공 합작(1924)으로 독립운동 지도자들이 좌·우 연합에 대한 관심이 나타났다.
② 안창호, 원세훈 등이 중심이 된 독립 유일당 북경촉성회(1926)가 결성되어, 만주와 국내로 민족 통일 전선의 분위기 확산되었다.

(2) 국내의 상황
① 1920년대 사회주의 사상의 유입으로 좌·우의 사상 대립이 심화되었다.
② 자치론의 대두하여 민족주의 진영의 위기감이 고조되었다.
③ 6·10 만세 운동의 실패로 사회주의 계열도 한계를 절감하고 있었다.

(3) 민족 유일당 운동의 진행 과정

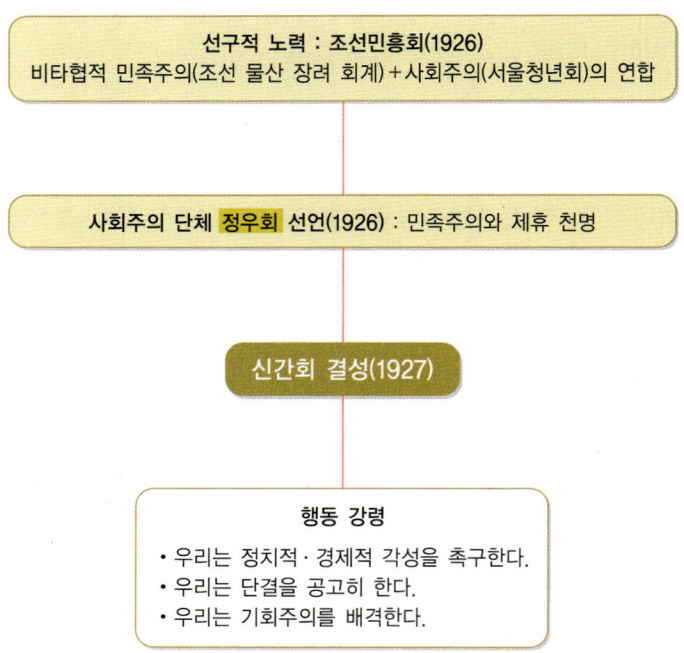

민족 유일당 북경촉성회(1926)
1923년 국민대표회의가 결렬된 이후 임시 정부를 떠난 안창호는 침체된 독립운동의 타개를 위해 부심하였다. 이에 중국내의 모든 세력과 집단을 하나로 통일하여 단일 정당을 건설하려는 목적으로 유일당 운동을 전개하였는데 북경의 좌파 세력 대표인 원세훈과 협상하여 대독립당 북경 촉성회를 결성함으로써 통일 전선의 분위기가 확산되었다.

정우회
1926년 4월 회요회·북풍회·무산자 동맹 등이 연합한 정우회는 조선공산당의 표면 단체로서 분파 투쟁의 청산, 사상 단체의 통일, 경제 투쟁에서 정치 투쟁으로의 전환 등 사회주의 운동의 방향을 전환시켜 신간회 결성의 계기가 되었다.

> **사료** 신간회의 결성 과정
>
> **1. 민족 유일당 운동의 배경**
> - 동일한 목적과 동일한 성공을 위하여 운동하고 투쟁하는 혁명자들은 반드시 하나의 기치 아래 모여 하나의 호령 아래 단결해야만 비로소 상당한 효과를 거둘 수 있다는 것은 말할 필요도 없다. 일본 제국주의를 타도하라! 한국의 절대 독립을 주장하라! 민족 혁명의 유일한 전선을 만들라!
> 〈한국 독립 유일당 북경 촉성회(1926)〉
> - 민족주의자든 사회주의자든 조선에서는 다른 국가와 다른 민족과는 입장과 사정이 특수한 것이므로 각자의 주의를 지니고 서로를 구별하여 파당을 세우지 말고, 서로 손을 잡고 전진하는 것이 좋겠지요. 〈홍명희〉
> - 승리를 향해 나아가기 위해서는 현실적으로 가능한 모든 조건을 충분히 이용하지 않으면 안 될 것이며 …… 민족주의적 세력에 대해서도 그 부르주아 민주주의적 성질을 분명히 인식함과 동시에 과정상의 동맹자적 성질도 충분하게 승인하여, 그것이 타락되지 않는 한 적극적으로 제휴하여야 할 것이다. 〈정우회 선언, 1926〉
>
> **2. 신간회 강령의 변화**
> - 우리는 조선 민족의 정치·경제적 해방의 실현을 기함
> - 우리는 전 민족의 총역량을 집중하여 민족적 대표 기관이 되기를 기함
> - 우리는 일체 개량주의 운동을 배척하여 전 민족의 현실적 공동 이익을 위하여 투쟁하기를 기함
> 〈신간회 행동 강령, 1927〉
>
> 결성 당시의 강령이 보다 구체적인 지향점을 제시하는 내용으로 발전하였다.

2. 신간회의 활동(1927~1931)

(1) 결성

① 성격 : 비타협적 민족주의 세력과 사회주의 세력의 연합 단체로, 고목에서 새 가지가 솟아난다는 뜻으로 신간회라 명명하였다(新幹出古木).

② 참여 인사 : 안재홍·홍명희·문일평 등 〈조선일보〉 계열의 민족주의자와 이승훈 등 기독교계, 권동진 등 천도교 구파, 한용운 등 불교 세력, 공산 당원 한위건 등 28명의 발기인이 참여하여 회장 이상재, 부회장 홍명희를 추대하였다.

(2) 조직 : 합법적인 대중 단체였으며 전국에 143개 지회와 4만여 회원을 확보하여 일제하 최대 규모의 민족 운동 단체로 성장하였다. 그러나 일제의 불허로 전 회원이 결집하는 전국 대회는 한 번도 개최하지 못하였다.

(3) 활동

① 전국 각 지방을 순회하면서 강연회를 열어 일본인의 조선 이민 반대 등 민족의식을 고취하였다.

② 노동·소작쟁의 지원 : 원산 총파업(1929)을 지원하고, 단천의 농민 운동, 갑산 화전민 학살 사건(1929)의 진상 규명 활동을 벌였다.

③ 학생 운동 지원 : 광주 학생 항일 운동(1929)에 대한 진상 조사단을 파견하였고, 각지의 동맹 휴학을 지도하였다.

(4) 근우회 창립(1927) : 신간회 산하의 전국적인 여성 조직으로 결성되었으며, 여성들의 좌·우익 연합(좌 : 주세죽·허정숙, 우 : 김활란)을 추구하고, 기관지인 「근우」를 발간하였다.

(5) 신간회의 해소(1931)

① 일제의 탄압(1929) : 전국 민중 대회를 불허하고, 이를 추진하던 위원장 허헌과 간부를 체포하였다.

② 신 지도부의 우경화 : 1930년 이후 신 집행부(김병로)가 자치 운동을 주장하는 천

코민테른의 노선 변화(1928)
모스크바에 본부를 두고 전 세계 공산주의 혁명 운동을 지도하던 국제 공산당 조직인 코민테른은 중국에서도 활동하였다. 이들의 노력으로 1924년 국민당과 공산당의 연합이 이루어졌으나(제 1차 국·공 합작) 이후 민족 협동 전선이 실패하자 식민지에서 진행되던 민족주의와 사회주의의 연합 전선의 해체와 사회주의적 계급 투쟁을 우선하는 정책의 12월 테제를 하달하여 투쟁 노선을 변화시켰다.

도쿄 신파(최린)와 관련을 맺자 지방 지회의 사회주의계의 불만이 심화되었다.
③ **코민테른 12월 테제** : 중국의 국공 합작 결렬 때문에 통일 전선에서 **계급 투쟁**으로 정책 노선 변경을 지시하였다.
④ 해소(1931. 5) : 민족주의 계열의 격렬한 반대에도 불구하고 각 지회를 장악한 사회주의계에 의해 해소되었다.

(6) 신간회 이후의 좌·우 합작 노력(민족·유일당)
① 1930년대 : 조선민족혁명당(중국, 1935), 국민부(만주, 1929), 조국광복회(만주·국내, 1936)
② 1940년대 : 임시 정부(중국), 조선독립동맹(화북, 1942), 조선건국동맹(국내, 1944)

사료 신간회 해소를 둘러싼 논쟁

- 소시민의 개량주의적 정치 집단으로 변질한 현재의 신간회는 무산 계급(농민·노동자)의 투쟁욕 성장에 장애가 되고 있다. 노동자 투쟁과 농민 투쟁을 강력하게 펼치기 위해서는 신간회를 해소하고 노동자는 노동 조합으로, 농민은 농민 조합으로 돌아가야 한다. ⇒ 사회주의 계열의 주장
〈삼천리, 1931〉

- 조선인의 대중적 운동의 목표는 정면의 일정한 세력을 향해 집중되어야 할 것이니, 민족 운동과 계급 운동은 동지적 협동으로 함께 나란히 나아가야 할 것이요, 역량을 분산시키거나 제 살 깎아 먹는 식의 과오를 범하지 않도록 하는데 주력해야 한다. ⇒ 민족주의 계열의 주장
〈안재홍, 1931〉

4 사회적 민족 운동

1. 사회 운동의 활성화

(1) 학생 운동
① 특징 : 계몽 운동(강연회, 토론회, 야학, 문맹 퇴치), 항일 투쟁(동맹 휴학, 시위) 등의 형태로 표출되었다.
② 조선청년연합회(1920) : 사회주의 계열의 서울청년회 등 116개 단체가 참여하였다. 교육 진흥·산업 진흥·도덕 수양을 통한 **지·덕·체의 함양**을 목표로 했다.
③ 조선청년총동맹(1924) : 서울청년회, 화요회 계열의 사회주의 세력을 중심으로 결성되었으며 조선청년연합회를 흡수하여 전국 250여 개의 청년 단체가 소속되었다. 신간회 결성 이후 지역 지회로 발전하였다.

(2) 소년 운동 : **방정환**을 중심으로 천도교 소년회가 조직되어 5월 1일을 어린이날로 선포(1922)하고, 잡지 「어린이」(1923)를 발간하였다.

(3) 여성 운동
① 조선여자교육회(1920) : 차미리사(김미리사)를 중심으로 야학 운동을 추진하고 근화여학교(現덕성여대)를 설립하였다. 기관지 「여자시론」을 발행하였다.
② YWCA(1922) : 김필례·김활란·유각경 등을 중심으로, 기독교 종교 활동을 포함한 여성 계몽 운동을 전개하였다.
③ 조선여자청년회(1922) : 손정규, 임영신 등을 중심으로 결성되어 가정부인을 대

소년 운동을 주도한 방정환 (1899~1931)

어린이날 포스터

상으로 '조선 여자의 문화 향상을 촉진하고 생활 제도를 개선함에 노력하자.'는 것을 목표로 하였다.

④ **조선여성동우회**(1924)와 근우회(1927) : 좌·우 합작을 지향한 여성 단체로 근우회는 신간회의 자매 단체였다.

> **사료** 근우회 선언과 행동 강령
>
> - 우리 여성은 각 시대를 통하여 가장 불리한 지위에 서 있어 왔다. …… 조선 여성 운동은 세계 사정 및 조선 사정에 의하여 또 조선 여성의 성숙 정도에 의하여 바야흐로 한 중대한 계급으로 진전하였다. 부분적으로 분산되어 있던 운동이 전선적 협동 전선으로 조직된다. 여성의 각층에 공동되는 당면의 운동 목표가 발견되고 운동 방침이 결정된다. …… 조선 여성에게 얽혀져 있는 각종의 불합리는 그것을 일반적으로 요약하면 봉건적 유물과 현대적 모순이니, 이 양 시대적 불합리에 대하여 투쟁함에 있어서 조선 여성의 사이에 큰 불일치가 있을 리가 없다. 오직 반동층에 속한 여성만이 이 투쟁에 있어서 회피, 낙오할 것이다.
>
> 〈근우회 선언, 〈동아일보〉, 1928. 1. 16〉
>
> - 근우회 행동 강령
> 1. 여성에 대한 사회적·법률적 일체 차별 철폐
> 2. 일체 봉건적 인습과 미신 타파
> 3. 조혼 폐지 및 결혼의 자유
> 4. 인신매매 및 공창(公娼)폐지
> 5. 농촌 부인의 경제적 이익 옹호
> 6. 부인 노동의 임금 차별 철폐 및 산전 산후 임금 지급
> 7. 부인 및 소년공의 위험 노동 및 야업 폐지
>
> 💡 근우회는 지방 순회 강연, 토론회, 야학 등을 통해 조직을 확대하여 1930년에는 64개의 지회가 조직되고 1931년에는 회원이 약 6천 명에 달했으나 신간회가 해소되면서 해체되었다.

조선여성동우회(1924)
한국 최초의 사회주의 여성 단체로, 주세죽, 정칠성, 허정숙, 정종명 등을 중심으로 조직되었다. 여성 문제의 근원이 사회 현상의 기초인 경제 조직의 불합리에 있다고 보고, 여성 해방은 무산 계급 해방이 전제되어야 한다고 주장함으로써, 그때까지 주로 기독교계 여성들에 의한 계몽 활동에 머물렀던 여성 운동을 사회 운동의 차원으로 끌어올렸다. 1927년 근우회가 결성됨으로써 해체되었다.

여성잡지의 발간

『신여성』(1923)·『동광』(1932)

2. 형평 운동

(1) **의미** : 형(衡)은 '저울'을 의미하며, 백정의 작업 도구인 저울처럼 평등한 사회를 만들자는 운동이다.

(2) **배경** : 진주 백정 이학찬이 아들이 백정이라는 이유로 학교 입학을 거부당하자 진주의 청년 운동가 **강상호**에게 호소하여 백정들의 조직적 운동으로 시작되었다.

(3) **조선형평사의 조직**(1923. 4)

① **결성** : 경남 진주에서 결성되어 백정의 권리 운동을 전개하였으나 일제는 대중의 **반형평 운동**을 지원하는 형태로 **탄압**하였다.

② **활동** : 의령 출신으로 메이지대학을 다녔던 백정 출신 **장지필**은 일본 백정 조직인 수평사와 제휴를 모색하고 **사회주의 조직과 연계 투쟁**을 전개하였다.

③ **해체** : 일제의 간섭과 탄압이 심화되자, 일제에 협력하여 **대동호**라는 비행기를 헌납하는 등 **친일화**되다가 1940년 이후 해체되었다.

(4) **의의** : 사회적 차별에 대한 저항 운동이었다.

> **사료** 백정의 형평 운동
>
> - 공평은 사회의 근본이고 사랑은 인간의 본성이다. 고로 우리는 계급을 타파하고 모욕적인 칭호를 폐지하여, 교육을 장려하고 우리도 참다운 인간으로 되고자 함이 본사의 주지(主旨)이다. 지금까지 조선의 백정은 어떠한 지위와 압박을 받아왔던가? 과거를 회상하자면 종일 통곡하고도 피눈물을 금할 수 없다. 따라서 이 문제를 선결하는 것이 우리들의 급선무라고 설정함은 당연한 것이다. 천하고 가난하고 연약해서 비천하게 굴종하였던 자는 누구인가? 아아, 그것은 우리 백정이 아니었던가? 그러나 이러한 비극에 대한 사회의 태도는 어떠했던가? 소위 지식 계층에 의한 압박과 멸시만이 있지 않았던가? 직업의 구별이 있다고 한다면 금수의 생명을 빼앗는 자는 우리들만이 아니다. 〈조선형평사 취지문〉
> - 본사는 계급 타파, 모욕적 호칭 폐지, 교육 장려, 상호의 친목을 목적으로 한다. 본 사원의 자격은 조선인은 누구든지 불문하고 입사할 수 있다. 형평 중학을 설립하고 형평 잡지의 발간을 도모한다. 〈형평사 사칙 19개조〉

5 실력 양성 운동

1. 실력 양성 운동의 성격

- 배경 : 사회 진화론의 영향으로 3·1 운동 이후 일부 지식인들은 '선 실력 양성, 후 독립'을 주장하였다.

2. 경제적 실력 양성 운동

(1) 한국인 기업의 설립
① 배경 : 회사령이 철폐되었다.
② 지주·대상인 계열 : 김성수의 경성방직주식회사(1919)가 대표적이다.
③ 중소 상인 : 평양 메리야스 공장, 양말 공장과 부산의 고무신 공장 등이 대표적이다.
④ 은행 설립 : 전라도 지역 지주들과 일본인이 합작한 삼남은행(1920)이 설립되어 지주 자본을 형성하였다.

(2) 물산 장려 운동(1920)
① 배경 : 일본이 면직업과 주류를 제외한 모든 상품에 관세를 철폐하려고 했다.
② 내용 : "내 살림 내 것으로"의 구호를 내세웠다. 원래 자급자족, 국산품 애용 등 민족 경제의 자립을 달성하는 것을 목표로 하였으나 점차 소비 절약, 저축·금주·단연 운동으로 확대되었다.
③ 단체
  ㉠ 물산장려회(1920) : 조만식이 평양에서 조직하였으며, 전국 조직인 조선물산장려회(1923)로 발전하였다.
  ㉡ 자작회(1922) : 연희전문 학생을 중심으로 한 조직으로, 국산품 애용 운동을 펼쳤으며 서대문에 전시장을 개설하였다.
  ㉢ 기타 : 토산애용부인회, 자작자급회, 조선상품소비조합 등 전국적으로 다양한 단체가 조직되었다.
④ 결과
  ㉠ 국산품에 대한 수요 증가로 가격이 폭등하여 오히려 대중이 피해를 입었다.
  ㉡ 지도부에 박영효, 유성준 등 친일 세력이 참여하면서 일제와 타협하였다.

일제의 관세철폐
한국을 강제 병합하면서 일본은 기득권 침해에 대한 열강의 불만을 해소하기 위해 과거 조선이 외국과 맺은 통상조약의 효력을 10년간 더 연장하였다. 기한이 만료되자, 1920년 8월 일본은 통일 관세를 실시한다는 칙령을 공포하고 먼저 조선에서 일본으로 건너가는 물품에 대한 관세를 철폐했다. 일본에서 조선으로 들어오는 물품에 대해서는 단계적으로 관세를 철폐한다고 규정함으로써 국내의 물산장려운동이 시작되었다.

경성방직회사의 국산품 애용 광고

물산 장려 운동 광고

ⓒ 이상재 등 민족주의 좌파 세력과 사회주의 계열의 비판과 외면으로 확대되지 못하였다.

> **사료** 물산 장려 운동과 각계의 반응
>
> **1. 물산 장려 운동 격문**
> 내 살림 내 것으로. 보아라. 우리의 먹고 입고 쓰는 것이 거의 다 우리의 손으로 만든 것이 아니었다. 이것이 제일 세상에 무섭고 위태한 일인 줄을 오늘에야 우리는 깨달았다. 피가 있고 눈물이 있는 형제자매들아. 우리가 서로 붙잡고 서로 의지하여 살고서 볼 일이다. 입어라, 조선 사람이 짠 것을. 먹어라, 조선 사람이 만든 것을. 써라, 조선 사람이 지은 것을. 조선 사람, 조선 것.
>
> **2. 물산 장려 운동에 대한 지지와 반대**
> - 물산 장려 운동의 사상적 도화수가 된 것이 누구인가? 중산 계급의 이익에 충실한 대변인인 지식 계급이 아닌가. 실상을 말하면 노동자에게는 이제 새삼스럽게 물산 장려를 말할 필요가 없다. 그네는 벌써 오랜 옛날부터 훌륭한 물산 장려 계급이다. 그네는 자본가 중산 계급이 양복이나 비단 옷을 입는 대신 무명과 베옷을 입었고, 저들 자본가가 위스키나 브랜디나 정종을 마시는 대신 소주나 막걸리를 먹지 않았는가? 저들은 민족적, 애국적 하는 감상적 미사로써 눈물을 흘리면서 저들과 이해가 전연 상반한 노동 계급의 후원을 갈구하는 것이다. ⇒ **사회주의 계열의 주장**
> 〈이성태, 〈동아일보〉, 1923〉
>
> - 유산자는 무산자를 약탈하여 먹는 자라 단합할 수가 없으니 서로 전쟁을 하여야 하겠다 하면, 그로 말미암아 조선 사람의 산업은 어찌 발달이 되며 그 결과 무산자의 생활은 어찌될까. 생산력을 염두에 두지 아니하고 오직 무산자 유산자의 싸움만 제창함은 사회 발달의 계단을 부정하며 더욱이 조선의 목하 형편으로 논지하면 단순한 이론에 의하여 민족의 분열을 용허치 못할 시대에 처하였도다. 이러므로 우리는 소비에 단결하고 동시에 생산 방면에 노력을 합하는 것이 가할까 하나니. ⇒ **민족주의 계열의 주장**
> 《동아일보》, 1920
>
> 🔄 좌파는 일제에 타협적인 중산 계급의 이기적 운동으로 보고 반대하고, 우파는 사회주의는 계급 투쟁만 지나치게 강조한다고 비판하고 있다.

3. 교육 운동

(1) **교육 기관 설립 노력** : 사립학교, 개량 서당, 야학이 설립되어 민족의식을 고취하였다.

① 조선교육회(1920) : 한규설, 이상재 등이 조직하였으며 한국인 본위의 교육을 위해 고등 교육 기관의 설립을 촉구하였다.

② 조선여자교육회(1920) : 차미리사(김미리사)를 중심으로 결성되어 야학 설립·토론회·강연회 등 여성 계몽에 힘썼다.

(2) **민립 대학 설립 운동(1923)**

① 배경

ⓐ 일제의 식민지 차별 교육(우민화 교육)에 대항하여 한국인 본위의 고등 교육 기관을 설립하려 하였다.

ⓑ 제2차 조선교육령(1922)에 대학 설치 규정이 포함되었다.

② 주도 : 이상재, 이승훈, 조만식 등을 중심으로 조선민립대학 기성회(1923)가 조직되었다.

③ 성격 : 비타협적 민족주의 진영의 실력 양성 운동이었다.

④ 결과 : 일제가 ==경성제국대학==을 설립(1924)하고, 대학 설립을 불허하면서 실패하였다.

민립대학 설립 운동의 구호

"한민족 1천 만이, 한 사람이 1원씩!"

경성제국대학(1924)
법문 학부(법과, 철학과, 사학과, 문과)와 의학부, 예과로 구성되었다. 설립 초기에는 공학부가 없었는데, 이는 한국인에게 고등 교육을 제공하지 않겠다는 일제의 우민화 정책의 일환이었다. 해방까지 조선인 졸업생은 800여 명에 불과했으며 대부분 고등 문관 시험을 거쳐 행정관, 판사, 검사 등의 고위직으로 진출했다.

> **사료** 1920년대 민립 대학 설립 운동과 일제의 대응
>
> **1. 우리 손으로 대학을 세우자!**
> 우리들의 운명을 어떻게 개척할까? 정치냐? 외교냐? 산업이냐? 물론 이러한 사업들이 모두 다 필요하도다. 그러나 그 기초가 되고 요건이 되며, 가장 급무가 되고 가장 선결의 필요가 있으며, 가장 힘있고 가장 필요한 수단은 교육이 아니면 불능하도다. 이제 우리 조선인도 세계의 일각에서 다른 나라 사람과 어깨를 나란히 하려면 대학의 설립을 빼고는 다시 다른 길이 없도다.
> 〈조선민립대학설립기성회, 1923〉
>
> **2. 경성제국대학의 설립(1924)**
> 예과와 법문 학부, 의학부만 완성하는 데 임시비만 500만 원가량 들었고, 경상비는 매년 40~50만 원이었다. 조선에 있는 10여 개 전문학교 경상비를 다 합친 금액보다 많았다. 그 엄청난 경비는 물론 조선인의 고혈을 짜내 벌어들이는 세금으로 충당됐다. 그런데 그 학교에서 가르치는 사람 중에서 조선인은 한 사람도 없었다. 168명 학생 중에서 조선인은 고작 44명이었다. 출입문에서 사무원이 주는 그 학교 일람 비슷한 인쇄물을 읽을 때, 나는 이루 말할 수 없는 서글픈 느낌이 전광같이 머리로 지나가는 것을 느낄 수 있었다.
> 「개벽」

▲ 〈동아일보〉 1923년 3월 20일자에 게재된 민립 대학 기성회 발기 총회 공고

상록수 운동
1930년대 수원 고농의 학생들이 전개한 농촌 계몽 운동으로 수원 근교 농촌에 야학 개설과 계몽 운동을 전개하였다.

(3) 문맹 퇴치 운동

① 배경
  ㉠ 일제의 우민화 교육으로 한국인의 문맹률이 높은 상태였다.
  ㉡ 일제의 농촌 진흥 운동의 실시로 농촌 계몽 운동에 대한 관심이 높아졌다.

② 문맹 퇴치 운동의 전개
  ㉠ 야학 : 1920년대에 활발히 전개되었으며, 민족 운동의 성격을 띠자 일제가 탄압하였다.
  ㉡ 문자 보급 운동(1929) : 〈조선일보〉가 '아는 것이 힘, 배워야 산다.' 라는 구호를 내걸고 주도하였다.
  ㉢ 〈동아일보〉의 브나로드 운동(1931~1934)
    • 신문사 측 의도 : 일제의 농촌 진흥 운동의 일환으로 참여하였으며, 신문 독자층 확대라는 현실적 목적도 있었다.
    • 참여 학생의 활동 : 신문사의 의도와 다르게 독자적으로 민족의식 고취를 위해 노력하자 일제는 강습 중지 등 감시를 강화하였다.
  ㉣ 한글 강습회(1931) : 조선어학회가 주도하여 문자 보급 운동의 교재를 만들고 전국을 순회하며 강습회를 개최했다. 일제는 모든 문맹 퇴치 운동을 금지하였다(1935).

 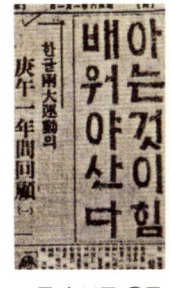 

▲ 문자 보급 운동 ▲ 문자 보급 운동 ▲ 브나로드 운동

6 노동 운동과 농민 운동

1. 노동 운동의 전개

(1) 노동자와 농민의 조직화
① 조선노동공제회(1920) : 최초의 전국 노동자 단체가 결성되었다.
② 조선노농총동맹(1924) : 조직이 확대되어 가입 단체 260여 개, 회원 수 5만 3천으로 증가하였으며, 노동 쟁의, 소작 쟁의를 적극적으로 해결하려고 노력하였다.
③ 직능화 : 조선노농총동맹이 **조선노동총동맹**과 **조선농민총동맹**으로 분리되었으며(1927), 합동 노조는 점차 직업별 노동 조합으로 발전해갔다.

(2) 노동 쟁의의 전개
① 1920년대 : 총 891건의 노동 쟁의가 발생하였는데, 주로 임금 인상 등의 생존권 투쟁이 중심이었다.
 ㉠ 배경 : 회사령 철폐로 일본 자본이 진출하자 노동자 수가 증가하였다.
 ㉡ 경과 : 조선노동총동맹이 결성(1927)되어 조직화가 진전되었으며, 1920년대 중반 이후 참가 인원이 증가하고, 전국적으로 확대되었다.
② 파업의 확산
 ㉠ 1920년대 초반 : ==부산 부두 운반 노동자 총파업==(1921), 경성 인력 거부 파업(1922), 경성고무 여직공 파업(1923), 평양 양말 직공 파업(1923), 인천·군산 정미소 직공 동맹 파업(1924)
 ㉡ 1925년 이후 : 경성 전차 종업원 쟁의(1925), 평양·경성 인쇄공 파업(1925), 목포 제유공장 노동자 파업(1926), 영흥 흑연광산 노동자 총파업(1928~1929), 원산 총파업(1929)
③ 1930년대 : 노동 운동이 급진화되고, **정치적 투쟁의 형태로 변화되었다.**
 ㉠ 배경 : 일제의 탄압과 가혹한 노동 조건에 대한 노동자들의 저항이 심화되고, 사회주의자들과 연결되면서 조직적 역량이 증대되었다.
 ㉡ 경과 : 비합법 조직인 ==적색노동조합==의 형태로 전개되었다.

부산 부두 운반 노동자 총파업(1921)
대규모 파업으로 한국 노동 운동사에서 큰 의미를 갖는다. 이 파업은 몇몇 주동자의 지도에 의해서가 아니라 1,000여 명의 노동자가 일제히 탄원서를 제기하며 단행되었다. 또한 파업기간 내에 5,000여 명의 노동자가 합심하여 동맹 파업으로 이끌었다는 점에서 노동자의 힘을 보여주는 사건이었다. 9월 12일에 일어난 파업은 10월 4일 성공적으로 종료되었다.

1930년대 혁명적 적색노동조합 운동
세계 경제 공황, 일제의 병참 기지화 정책에 따른 노동 조건 악화 및 탄압의 강화로 노동 운동이 침체기에 들어서고 지도부가 약화·변질되는 가운데 사회주의적 노동 운동의 영향을 받아 혁명적 비합법적 노동 조합 운동이 일어났다. 이는 노동 운동이 정치 투쟁으로 발전했음을 보여주는 것이지만 시간이 지나면서 지나치게 과격성을 띠면서 참가 세력이 줄어들어 항일 운동 역량을 분산시키는 문제점도 있었다.

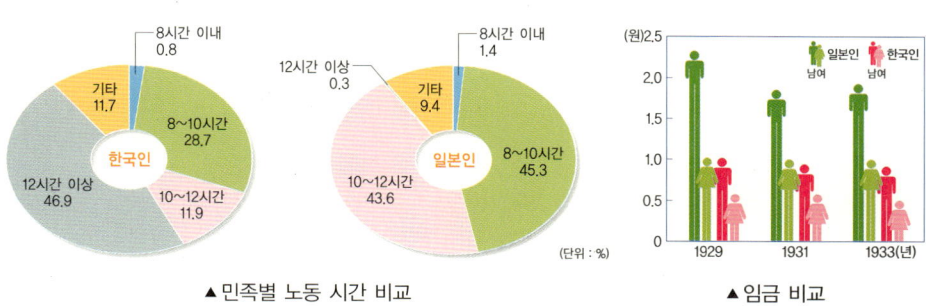

▲ 민족별 노동 시간 비교   ▲ 임금 비교

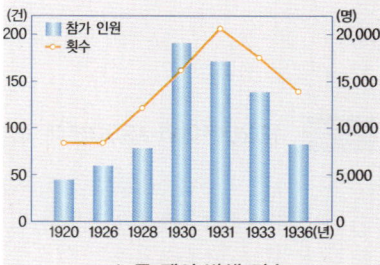

▲ 노동 쟁의 발생 건수

① 1929년 대공황 이후 발생 건수 급증
② 1930년대 후반 일제 탄압의 심화로 점차 감소(지하 조직화)

사료 원산 노동자 총파업(1929)

원산의 2,000여 명의 노동자가 총파업을 단행한 결과 운수 기타 모든 기관이 일제 정돈 상태에 빠지자 일본 측 자본가와 상업회의소와 국수회 등 온갖 단체의 알선으로 시내 각 상점의 점원과 목수와 미장이 등 약 50여 명의 일본인 노동자가 의용적으로 매일 부두에 나가 중사라는 가장 중요한 작업을 맡아보아 오던 중 지난 2일 아침에 우리들도 노동자인 점에서는 같아 서로 동회 회원들이 가지고 있던 노동 시장을 빼앗을 수 없다 하여 일종의 동정 의식으로부터 마침내 상업회의소에서 영구하게 또 도맡아 일하여 달라는 요구를 일언하에 일축하는 동시에 오후부터는 전부 폐업 귀가하였다는데, 이와 같은 일본인 노동자의 태도에 대하여 고용주 측과 상업회의소 당사자들은 놀라서 그 대책을 강구 중이라 하더라.

〈조선일보〉, 1929. 2. 4〉

① 총파업의 과정
- 1925년 원산 노동연합회 결성
- 1928년 영국인이 경영하는 라이징 선이라는 석유 회사의 일본인 감독의 한국인 구타 사건 발생
- 1929년 1월 총파업 돌입, 최저 임금제 확립, 8시간 노동제, 감독 파면, 단체 협약권 확립 등 요구 → 지도자 체포, 노동자들의 생계 곤란 등으로 4개월 만에 파업 중단

② **노동사적 의미** : 일제와 자본가에 맞선 노동자들은 단결을 강화하고 전국적으로 여론을 확산시키는 데 힘썼다. 전국 각지에서 성금과 식량이 들어오고 일본·중국·프랑스·소련 등지의 노동자들도 격려 전문을 보내왔다. 일제 강점기 최대 규모의 파업이었던 원산 총파업은 4개월 만에 실패로 끝났지만 투쟁의 폭넓은 연대 등으로 1920년대 후반 노동 운동의 백미를 장식하였다.

2. 농민 운동의 전개

(1) **1920년대의 소작 쟁의** : 소작료 인하 요구 등 생존권 투쟁 중심

① 배경 : 토지 조사 사업·산미 증식 계획으로 인한 농민 수탈 증대와 농촌의 피폐로 농민의 불만이 고조되었다.

② 조직 : 조선노농총동맹(1924)으로부터 직능 조직인 **조선농민총동맹(1927)**이 결성되었다.

③ 대표적 소작 쟁의
  ㉠ 암태도 소작 쟁의(1923) : 최초의 소작 쟁의로 지주와 일본 경찰에 맞서 소작료 인하의 성과를 얻어냈다.
  ㉡ 불이 농장 소작 쟁의(1929~1931) : 평북 용천의 일본인 소유 농장에서 발생하였으며, 2년여의 끈질긴 투쟁을 하였으나 일본 경찰에 의해 소작인 조합이 해체되어 실패하였다.

(2) **1930년대의 소작 쟁의** : 식민지 정책에 반대하는 **정치 투쟁**으로 변화

사료 1920년대와 1930년대 소작 쟁의 특징 변화

- 우리는 먹을 것이 없고, 입을 것이 없고, 또 있을 곳이 없어 길가에서 방황하고 있지 않은가. 이것이 우리의 팔자이며 운수인가? 우리는 우리의 힘으로 정정당당히 무리한 지주의 부당한 요구를 거절하며 우리의 생활 안정을 도모하려 한다.
  ⇒ 생존권 투쟁 성격 〈대전 임시 농민 대회 선언문, 1922〉
- 종래 조선의 농민 운동이 치열하였다고는 하나 무리한 소작권 이동과 높은 소작료 반대 등이 주요한 원인이었다. 그러나 1930년경부터 쟁의 형태가 차츰 전투적으로 변해 갔다.

그것은 이미 단순히 경작권 확보를 위해서가 아니라 '토지를 농민에게'와 같은 슬로건을 내걸고 농민 야학, 강습소 등을 개설하여 계급적 교육을 실시하고, 또 농민 조합의 조직도 크게 달라져 청년부, 부인부, 유년부 같은 부문 단체를 조직하여 지주에 대한 투쟁이 정치 투쟁화하는 경향이 생겼다. ⇒ 정치적 투쟁 성격
〈조선총독부 경무국 비밀 보고서, 1933〉

자료 시기별 소작 쟁의의 성격 변화

구분	1920년대	1930년대
형태	생존권 투쟁	혁명적 농민 조합 운동
목표	지주에 대한 투쟁	일본의 식민 정책 반대 투쟁
특징	경제 투쟁	정치 투쟁(계급 투쟁), 사회주의와 연계
활동	• 소작료 인하, 수리 조합 반대 • 곡물 검사제 반대, 산림 조합 반대	• 소작권·소작지 보호 투쟁(소작료 불납, 토지 분배 주장) • 고리대 상환 반대 • 부역 동원 반대, 군수용 물자 강제 수매 반대

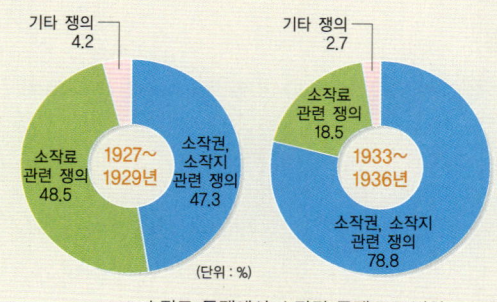

▲ 소작료 투쟁에서 소작권 투쟁으로 변화

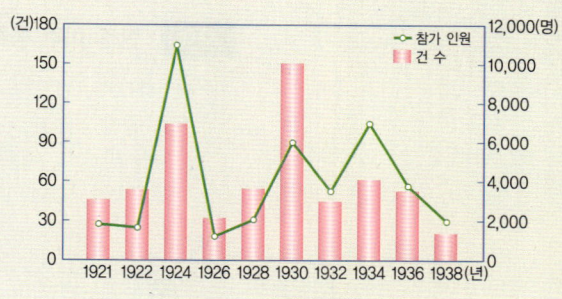

▲ 소작 쟁의 발생 건수

① 3·1 운동 이후 일제의 토지 조사 사업의 피해자인 농민의 쟁의 건수 급증
② 1929년 대공황 이후 참가 인원 수 급증
③ 1930년대 후반 일제 탄압의 심화로 점차 감소

① 배경 : 농촌의 피폐가 가중되고, 사회주의의 영향이 확대되면서 저항의 수준이 고양되었다.
② 경과 : 혁명적 농민 조합 운동이 전개되었다.

(3) 소작 쟁의에 대한 일제의 회유책
① 조선소작조정령(1932)
  ㉠ 배경 : 소작 쟁의를 조정·억제하기 위해 일제가 만든 법령이다.
  ㉡ 내용 : 자본가, 지주, 금융 조합 간부를 중심으로 구성된 소작 위원회에서 소작 쟁의를 조정하였다. 당연히 소작 쟁의의 조정은 지주 측에 유리하게 진행되었고, 소작권 문제는 근본적 해결을 보지 못해 오히려 소작 쟁의가 빈발하게 되었다.
② 조선농지령(朝鮮農地令, 1934)
  ㉠ 배경 : 일제가 소작인 보호라는 명목 하에 발표한 법령으로 본질적으로는 대륙 침략에 나선 일제가 조선 농민을 회유, 단속하여 사회주의에 영향받는 소작 쟁의에 대항하기 위한 목적이었다.
  ㉡ 내용 : 농민의 소작권 확립을 위해 마름을 단속하고, 임대인의 배신 행위가 없는 한 임대 계약 갱신의 거부를 금지하고, 소작료의 분납과 3년 이상의 소작권을 인정하도록 했다. 그러나 실제로는 지주가 소작인 선정을 엄격히 하게 되면서 빈약한 소작인은 점차 도태되어 오히려 소작 쟁의가 증가하였다.

7 국외 이주 동포의 활동과 시련

1. 만주 이주 동포의 시련

(1) **간도 참변**(1920) : 일명 경신 참변으로 청산리 전투에 패한 일본이 간도 지역 동포 3,500여 명을 학살하여 보복하였다.

(2) **만보산 사건**(1931) : 만주 지린성에서 발생한 조선·중국 양국 농민들 사이의 충돌 사건으로, 일본의 악의적 이간 정책으로 국내에서는 화교에 대한 보복이 일어났고, 중국인의 재만 한국 동포에 대한 적대감이 고조되었다.

만보산 사건과 윤봉길의 의거
만보산 사건으로 인한 한·중 국민 간의 적대감 고조는 일본의 의도대로 큰 사회 문제가 되었다. 이때 일어난 윤봉길의 훙커우 공원 폭탄 투척은 이러한 양국의 적대감을 해소하는 데 결정적 역할을 하였다.

> **사료** 만주 이주 동포의 어려운 생활
>
> 아, 가도다, 가도다, 쫓겨 가도다. 잊음 속에 있는 간도와 요동벌로. 주린 목숨 움켜 쥐고 쫓겨 가도다.
> 진흙을 밥으로, 해채를 마셔도 마구나 가졌드면, 단잠을 얽맬 것을
> 사람을 만든 검아, 하루 일찍 차라리 주린 목숨, 빼앗 가거라.
> 〈이상화, 가장 비통한 기원〉
>
> 해채(시궁창에 고인 더러운 뻘물), 마구(마굿간), 검(신, 조물주)

2. 연해주 동포의 활동과 시련

(1) 러시아는 변방 개척을 위해 일찍부터 한국인의 연해주 이주를 허용하였다.
  ① 1860년대 : 최초로 조선인의 연해주 이주가 시작되었다.
  ② 1920년대 : 자유시 참변(1921)으로 다수의 독립군이 사망하고 포로가 되었다.
  ③ 1930년대 : 소련 당국에 의해 중앙아시아로 강제 이주(1937)
    ㉠ 배경 : 소련은 일본과의 전쟁에 대비하여 외모가 비슷한 한인들이 일본 스파이 활동을 할지 모른다고 생각하여 중앙아시아로 강제 이주시켰다.
    ㉡ 내용 : 20만 명이 넘는 동포들이 재산을 잃고 강제 이주당했으며 그 과정에서 1/10 가량의 사망자가 발생하였다. 봉오동·청산리 전투의 영웅 홍범도 장군도 이때 카자흐스탄으로 강제 이주되어 그곳에서 생을 마감하였다.

▲ 연해주 동포의 중앙아시아 강제 이주

> **자료** **1. 최초로 러시아에 이주한 한인 13가구(1863)**
>
> 결핍과 기근을 견디다 못한 한인 13가구는 1863년 어느 야밤에 두만강을 넘어 러시아 우수리 지역으로 이주해 갔다. 당시 러시아 외무부에서 연해주에 파견되었던 그라베는 바로 이 해를 '한인들의 러시아 이주 원년'으로 간주했다. 1864년에는 60가구 308명이 연해주에 거주하고 있었다. 1867년 초 주민 등록상으로도 한인 999명이 남우수리 지방에 살고 있었다고 한다. 이주의 직접적인 동기는 함경도의 흉작 때문이었다. 1882년 경에는 연해주 인구 9만에서 한인이 1만 명 이상을 차지했다. …… 이민을 막기 위해 조선 정부는 국경을 넘는 자에 대해 참수형이라는 극형을 내렸다. 〈박종수, 『러시아와 한국』〉
>
> **2. 중앙아시아로의 강제 이주(1937)**
>
> 강제 이주령이 내린 이튿날 새벽 화물선에 실려 나호드까에 이송되었다. 그곳에서 4일을 굶다시피 하였다. 5주일 만에 우리들은 가축을 실어 나르는 화물차에 실리게 됐다. 우리는 화물 열차에 실려 3주간이나 가다 근방의 벌판에 내려졌다. 집 한 채 없는 허허벌판에 내려진 것이다. 한인들은 자기 자신의 피땀으로 대대로 모은 자산을 잃었음을 스스로 깨닫게 됐고 정의에 대한 신념을 잃게 됐다. 〈우즈베키스탄 김연옥 할머니의 회고〉

3. 일본으로의 노동 이주

(1) **1910년대** : 취업 노동자의 진출이 이루어졌으며, 각종 민족 차별로 수모를 겪었다.

(2) **1920년대** : 관동 대지진(1923)이 발생하자 악화된 민심을 돌리기 위한 희생양으로 6,000여 명의 동포를 학살하였다.

(3) **1930년대 이후** : 침략 정책을 위해 약 150만 명을 강제 징용하였다.

> **사료** **관동 대지진(1923)**
>
> 지진과 동시에 시내 각처에 있는 가스관이 파열되어 가스가 분출하고 있다. 여기에 조선인들은 단체를 만들어 가지고 불을 지르며 다닌다. 그렇기 때문에 시내 120여 개소에서 불이 났으며, 각처에서 폭탄을 던져 불길을 조장하고 있다. 각처의 우물에 독약을 넣고 이재민의 자녀에게 주는 빵 속에 독약을 뿌려서 준다고 하니 기가 막히는 일이다. 내 부모를, 자식을, 아내를, 형제를 죽인 것도 다 조선 놈들이다. …… 민중은 불령선인(不逞鮮人)의 피에 주리고 있다. 이런 상태였기 때문에 조선 사람은 말할 것도 없고, 일본인을 조선인으로 잘못 보고 죽인 일이 도쿄에서는 중대한 문제가 되고 있는 것이다. 〈《기와기타신문》, 1923〉
>
> 👉 대지진으로 인해 민심의 동요를 막기 위해 일본 정책 당국자들은 유언비어를 조장하여 재일 한국인에 대한 일본인의 증오를 증폭시켰으며 폭도로 변한 일본인 자경단은 수 많은 한국인을 잔인하게 학살하였다.

4. 미주 이주 동포의 생활

(1) **하와이 이민(1902)** : 사탕수수 농장의 노동 이민으로 이주하였다.

① **1910년대** : 대한인국민회(하와이·본토, 1910), 흥사단(안창호, 로스앤젤레스, 1913) 등이 조직되었다.

② **구미위원부(1919)** : 임시 정부 외교 기구로 이승만이 조직하였다.

③ **모금 활동** : 재미 동포들이 모금한 달러는 상하이 임시 정부의 운영에 가장 중요한 재정적 바탕이 되었다.

> **자료** **하와이·멕시코 이민 생활**
>
> • 30분 정도의 점심 시간을 제외하고 하루 10시간 일하는 동안에는 허리를 펴거나 담배 피울 겨를도 허락하지 않았다. 루나(농장 감독)는 우리들을 마치 소나 말과 같이 채찍으로 다스렸다. 노동자들의 이름은 없다. 오로지 죄수와 같이 번호로 부를 뿐이다. 나는 1414번이었다.
> 〈하와이 이민 1세대 이홍기 옹이 전한 농장 생활〉
>
> • 그들은 유랑 생활을 하면서도 가는 곳마다 한글학교를 세워 2세들에게 모국어와 민족의식을 가르쳤고 비록 3년간이지만 메리다에 승무학교를 설립해 광복 정신을 고취하기 위한 군사 훈련을 연마하기도 했다. …… 각종 민족 관계 기념식을 매년 거행했고 국민회에 납세 의무를 충실하게 이행했는가 하면 상하이나 충칭의 임시 정부로 독립 성금을 보내는 일에도 누구보다 열심이었다.
> 〈이자경, 『한국인 멕시코 이민사』〉

05 민족 문화 수호 운동

1 일제의 식민지 교육·문화 정책

1. 일제의 식민지 교육 정책

(1) **목표** : 우민화 교육을 통한 황국 신민화를 추구하였다.

(2) **내용**

① 민족주의 교육 기관을 억압하고 보통·실업 교육을 강조하여 하급 인력 양성에 치중하였다.

② 국어·국사를 금지하는 등 민족의식의 약화에 초점을 두었다.

(3) 일제의 조선교육령과 교육 정책

제1차 조선교육령(1911) (충량한 제국 시민 양성)	내용	보통·실업·전문교육을 강화, 일본어 보급 강조
	1911	각급 학교 규칙 : **보통학교 4년**, 고등보통학교 4년
	1911	사립학교 규칙 : 인가 조건 강화, 역사 교육 금지
	1918	서당 규칙 : 서당의 학동 수 제한(30명 이하), 총독부 지정 교과서 사용 → 서당의 수 대폭 감소됨
	1918~1922	3면(面) 1교제 : 잘 지켜지지 않았고 학교 수 부족
제2차 조선교육령(1922) (조선인의 회유)	내용	• 사범학교·대학 설치 규정 → 민립 대학 설립 운동이 일어남 • **보통학교 수업 연한을 6년, 중등학교를 5년으로 개정** : 보통학교의 경우 '사정에 따라 선별적으로 6년제로 한다.'는 단서 조항에 따라 6년제 학교는 매우 희소함, 고등보통학교(중등)도 1930년대에 전국에 42개교에 불과하여 입시난 초래 • 조선어 필수 : 주당 2시간
	1930	1면 1교주의 : 학교 부족으로 인한 조선인의 감정 무마 의도, 증설은 더디게 진행됨
제3차 조선교육령(1938) (황국 신민화)	내용	• **조선어를 필수에서 선택으로 제한** • 조선어·조선사 교육 일체 금지 • 학교 명칭을 일본과 동일하게 통일 : 보통학교 → 심상소학교, 고등보통학교 → 중학교로 개편
	1941	수업 연한을 일본과 동일하게 통일 : 국민학교(6년)
	1941	체련과 신설 : 무도·체조 수업 실시
제4차 조선교육령(1943) (군사화)	내용	군부의 교육 통제, 전시 비상 조치령
	1943	**학도 지원병제** : 약 4,500여 명의 전문학교생과 대학생을 학병으로 징병
	1945	전시 교육령 : 전 학교에 **학도대 조직(군사화)**

> **자료** **조선교육령(1차)**
>
> **제2조** 교육은 충량한 국민(천황에 충성하는 선량한 국민)을 육성하는 것을 본의로 한다.
> **제5조** 보통 교육은 보통의 지식·기능을 부여하고, 특히 국민된 성격을 함양하며, 국어(일어)를 보급함을 목적으로 한다.
> **제6조** 실업 교육은 농업·상업·공업 등에 관한 지식과 기능을 가르치는 것을 목적으로 한다.
> **제7조** 전문 교육은 고등 학술과 기예를 가르치는 것을 목적으로 한다.   〈조선총독부〉

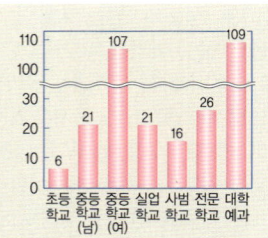

▲ 한국인 대비 일본인 취학자 비율(1925)
(한국인을 1로 할 때 일본인의 배수)

2. 언론 탄압

① 3·1 운동 이전 : 무단 통치로 언론·출판·결사·집회의 자유를 박탈하였다.
② 3·1 운동 이후 : 한국인의 회유를 위해 일부 언론 정책을 완화하여 언론 매체의 설립이 허용되었으나(〈조선일보〉·〈동아일보〉 창간, 1920) 검열과 정간·폐간 등 통제가 강화되었다.
③ 1940년대 : 총독부 기관지 〈매일신보〉를 제외한 한글로 된 신문·잡지를 거의 모두 폐간시켰다.

> **자료** 일장기 삭제 사건
>
> 1936년 8월 25일 석간 〈동아일보〉를 받아든 총독부는 온통 뒤집히고 11명을 검거했으나 일제의 형법을 샅샅이 뒤져도 해당 조문이 없었다. 형법으로 다스릴 수 없게 되자 8월 27일자로 〈동아일보〉를 제4차 정간 처분하고 만 것이다. 심한 문초를 받은 사람은 11명이지만 불려 다닌 사람은 50여 명이었다.
> 〈조지훈, 『한국민족운동사』〉
>
> 🌏 1936년 8월 13일 여운형이 사장으로 있던 〈조선중앙일보〉는 베를린 올림픽 마라톤 우승자 손기정의 사진을 일장기를 지운 채로 게재했다. 뒤늦게 이 사실을 안 〈동아일보〉 체육 기자 이길용은 〈조선중앙일보〉에서 사진을 빌려다가 8월 25일 이를 크게 게재했는데 조선군 참모부가 이를 발견하고 문제화했다. 관련자는 구속되었고 〈조선중앙일보〉와 〈동아일보〉는 무기 정간을 당했다. 특히 이 사건으로 인하여 〈조선중앙일보〉는 복간되지 못하고 폐간됐다.

▲ 일장기가 지워진 손기정의 사진

3. 일제의 종교 탄압

① 천도교·대종교 : 천도교를 사이비 종교로 규정하여 탄압하고, 대종 교도를 체포·고문·살해하였다.
② 불교 : 조선 총독이 주지를 임명하는 내용의 **사찰령**(1911)으로 친일화를 도모했다.
③ 유교 : 친일 단체인 대동학회(1907)를 설립하고 성균관을 폐지하여 **경학원**(1911)을 설치하는 등 유림의 친일화를 시도하였다.
④ 개신교 : 안악 사건(1910), 105인 사건 등을 조작하여 황해도 지역의 배일 기독교인을 탄압했다.

> **사료** 사찰령(1911)
>
> 제1조 사찰을 병합(倂合), 이전(移轉) 또는 폐지하고자 할 때 조선총독부의 허가를 받아야 한다.
> 제2조 사찰의 기지(基址)와 가람(伽藍)은 지방 장관의 허가를 받지 않고는 전법(傳法), 포교(布敎), 법요집행(法要執行)을 할 수 없다.
>
> 🌏 ① 허가제 : 사찰의 주지(住持)는 총독의 인가를 받아야 한다.
> ② 사찰 행정 및 종교 활동 자체를 통제하려는 의도가 명확히 나타난다.

4. 일제의 역사 왜곡·날조(식민 사관)

(1) **배경** : 민족사를 왜곡하여 식민 지배의 당위성을 강조하려 했다.
(2) **특징** : 단군 조선의 부정, 임나 일본부설 등 고대사 부문의 왜곡이 심하였다.
(3) **식민 사관 강조**
① 타율성론 : 반도 사관(만주를 제외), 지리적 결정론·환경 결정론(대륙과 해양 세력의 희생양적 운명 강조)
② 정체성론의 논리
  ㉠ 한국은 고대-중세-근대의 역사 발전 과정 중에서 '중세 봉건사회가 없다.'
  ㉡ 한국은 사회 발전 단계상 일본의 고대와 비슷한 단계에서 정체되어 있다.
  ㉢ 한국을 근대화할 수 있는 것은 일본밖에 없으며 일본의 식민 지배는 한국에게 유리하다.
(4) **역사 왜곡 기관 설립**
① 고적조사위원회(1916) : 한국의 문화 유적과 유물에 대한 파악을 실시하고 일부 문화재는 약탈·파괴하였다.
② 조선사편수회(1925)
  ㉠ 배경 : 박은식이 저술한 『한국통사』(1915)가 널리 읽히는 것에 충격을 받아 대대적인 역사 왜곡 작업에 나섰다.
  ㉡ 활동 : 1922년 총독부 산하에 조선사편찬위원회(1925년 조선사편수회로 개편)를 설치하고 일본인 어용학자와 일부 한국인 역사가를 참여시켜 35권의 방대한 자료집인 『조선사』를 간행하였다(1938).
③ 청구학회(1930) : 경성제대의 일본인 교수들이 만든 조직으로 역사 왜곡에 앞장섰다.

사료   역사를 날조한 식민 사관

- 아시아 대륙의 중심부에 가까이 부착된 한반도는 정치적, 문화적으로 반드시 대륙에서 일어난 변동의 여파를 받음과 동시에, 또 주변 위치 때문에 항상 그 본류로부터는 벗어나 있다. 여기에서 한국사의 두드러진 특성인 부수성이 말미암은 바가 이해될 것이다. ⇒ 타율성론 〈미지나, 『조선사개설』〉
- 한국은 일본사와 비교해서 약 1,000년 정도 일본보다 뒤떨어져 있다는 것입니다. 한국에는 봉건제도가 없으며, 봉건사회의 무사라고 하는 계급도 없으며, 지배자인 양반은 단지 자기 노예를 가지고 있을 뿐이라는 것입니다. 한국은 자력으로 근대화하는 것은 전혀 불가능하며, 일본이 한국을 지도하여 근대화로 인도하여야 한다는 것입니다. ⇒ 정체성론 〈히타다 다카시〉
- '한국통사'라고 하는 재외 조선인의 저서는 진상을 깊이 밝히지 않고 함부로 망령된 주장을 펴고 있다. 이들 역사책이 인심을 어지럽히는 해독은 헤아릴 수 없다. 〈조선사편수회〉

---

2 국학 운동의 전개

1. 국어 연구와 한글 보급

(1) **조선어연구회(1921)** : 한글 대중화 운동을 추진하고 잡지 「한글」을 간행하였으며, '가갸날'을 제정(1926)하여 우리말에 대한 관심을 불러 일으켰다.

(2) 조선어학회(1931)
① 창립 : 조선어연구회가 확대·발전된 단체로 한글 보급 운동을 추진하였다.
② 활동과 탄압
  ㉠ 한글 맞춤법 통일안(1933)·표준어를 제정하고 이윤재, 이희승, 최현배 등을 중심으로 『우리말 큰 사전』 편찬을 준비하였다.
  ㉡ 일제의 탄압 : '조선어학회 사건'(1942)을 조작하여 학자들을 가혹하게 고문하였으며 이 과정에서 한징과 이윤재는 옥사하였다.
③ 결과 : 『우리말 큰 사전』 편찬 작업(1929~1942)은 일제의 탄압으로 조선어학회가 해체되어 해방 이후에야 출판될 수 있었다.

> **자료** 조선어학회의 활동
>
> 말은 사람의 특징이요, 겨레의 보람이다. 조선말은 우리의 조상들이 물려준 거룩한 보배이다. 그러므로 우리말은 곧 우리 겨레가 가진 정신적, 물질적 재산의 총목록이라 할 수 있으니, 우리는 이 말을 떠나서는 하루 한 때라도 살 수 없는 것이다.
>
> 〈『우리말 큰 사전』 머리말〉

▲ 조선어학회 회원들
아래줄 왼쪽에서 세 번째가 옥사한 이윤재

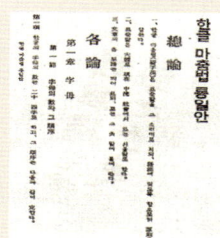
▲ 한글 맞춤법 통일안(1933)

'조선어학회 사건'과 『우리말 큰 사전』 편찬
1942년 "조선어학회의 사전 편찬 등 이른바 어문 운동은 민족 운동이며 조선의 독립을 도모한다."는 이유로 조선어학회 회원 11인은 징역을 선고받고 이 과정에서 이윤재, 한징 등은 심한 고문으로 옥사하였다. 사건의 증거물로 일제에 압수당한 『우리말 큰 사전』 원고 2만 6천 5백여 장(원고지)은 1945년 9월 서울역 조선통운 창고에서 극적으로 발견되어 우여곡절 끝에 1947년 역사적인 첫 권을 세상에 선보이고 1957년에는 6권이 완간되었다.

한글 연구기관의 변천

2. 한국사 연구의 다양한 전개

(1) 민족주의 사학의 발전 : 민족적 정신 사관을 강조
① 신채호(1880~1936)
  ㉠ 사관 : 민족의 본류 정신으로 '낭가(郎家, 화랑도의 정신)' 사상을 주목하였으며, '역사는 아(我)와 비아(非我)의 투쟁'이라고 주장하여 민족 정신의 중요성을 강조하였다.
  ㉡ 대표적 저술 : 『독사신론』(〈대한매일신보〉에 연재, 1908), 『조선사연구초』(〈동아일보〉에 연재, 1929), 『조선상고사』(〈조선일보〉에 연재, 1931)
② 박은식(1859~1925)
  ㉠ 사관 : 민족의 '혼(魂)'을 강조하였다.
  ㉡ 대표적 저술 : 『한국통사』(1915), 『한국독립운동지혈사』(1920)
③ 문일평(1888~1939)
  ㉠ 사관 : 조선의 '심(心)'을 강조하였다.
  ㉡ 대표적 저술 : 『대미관계 50년사』(〈조선일보〉 연재, 1934), 『史眼으로 보는 조선』(〈조선일보〉 연재, 1933)

박은식의 『한국통사』
일제의 침략과 조선의 식민지화 과정을 담은 저술로 1915년 상하이에서 발간되었다. 이 책이 국내로 유입되자 일제는 민족의식 고양을 막기 위해 역사 왜곡 관련 기구인 '조선사편수회'를 설치하였다.

최남선의 불함 문화론(1927)

1927년 『조선급 조선 민족』 1호에 발표된 우리 문화의 근원을 탐구한 문화사 이론이다. 일본의 단군 말살론에 맞서 언어학·민속학·신화학을 이용하여 한국 고대 문화의 독자성을 규명하려고 했다. 동아시아 문화가 집결되고 종합된 곳이 우리나라이며 그 근원을 〈단군 신화〉에서 찾아볼 수 있다고 주장했다. 그러나 이후 최남선은 1929년 조선사편수회에 참여하였으며, 친일적 성향으로 변해갔다.

④ 정인보(1893~1950)
  ㉠ 사관 : 민족의 '얼'을 강조하고, "오천 년간의 조선의 얼"을 〈동아일보〉에 발표하였다(1936).
  ㉡ 대표적 저술 : 『조선사연구』(1946)를 저술하였으며, 문일평·안재홍과 함께 1930년대 조선학 운동을 주도하였다.

⑤ 안재홍(1891~1965)
  ㉠ 사관 : 신채호를 계승하여 신민족주의 사학을 제창하였다.
  ㉡ 대표적 저술 : 『불함철학대전』(1940), 『조선상고사감』(1947)

사료 1. 민족주의 사학

- 역사란 무엇인가. 아(我)와 비아(非我)의 투쟁이니, 세계사라 하면 세계 인류의 그리되어 온 상태의 기록이며, 조선 역사라 하면 조선 민족의 그리되어 온 상태의 기록인 것이다. 무엇을 '아'라 하며, 무엇을 '비아'라 하는가? 간단히 말하면 무릇 주체적 위치에 선 것을 '아'라 하고, 그 밖에는 '비아'라 하는데, 이를테면 조선 사람은 조선을 '아'라 하고, 영국, 미국, 프랑스, 러시아 등을 '비아'라 하지만, 그들은 각기 제 나라를 '아'라 하고, 조선은 '비아'라 하며, 무엇이든지 반드시 중심이 되는 '아'가 있으면 '아'와 대립하여 맞서는 '비아'가 있고, 역사는 '아'와 '비아'의 투쟁의 기록인 것이다.
  〈신채호, 『조선상고사』〉

- 옛 사람이 이르기를 나라는 없어질 수 있으나 역사는 없어질 수 없다고 하였으니, 그것은 나라는 형체이고 역사는 정신이기 때문이다. 정신이 있어 멸망치 아니하면 형체는 때때로 되살아 날 수 있는 것이다.
  〈박은식, 『한국통사』〉

- 조선 글은 조선 심(心)에서 생겨난 결정인 동시에 조선학을 길러주는 비료라 하려니와 조선 글이 된 이래 9세기 동안에 조선의 사상계는 자는 듯 조는 듯 조선학의 수립에 대하여 각별한 진전을 보지 못하였다.
  〈문일평, 『호암전서』〉

- '얼'은 인간 존재의 핵이며, 자성(自性)이자 불사불멸의 존재일 뿐 아니라 끊임없이 활동하는 것으로서 역사의 원동력이 된다. 따라서 역사 연구의 궁극적인 목적은 이 '얼'을 찾는 데 있다.
  〈정인보, 『조선사연구』〉

2. 신민족주의 사학으로의 발전

우리 민족사는 우리 민족만으로 만들어진 것이 아니요, 우리 민족이 세계 여러 민족 중의 하나임과 마찬가지로 우리 민족사도 또한 세계사 속의 하나이다. 우리는 고대로부터 이웃한 여러 다른 민족과 직접, 간접으로 복잡한 문화 관계, 투쟁 관계를 맺어 왔으므로, 세계사를 통하여서만이 비로소 우리 민족사를 이해할 수 있고, 또 우리 민족사를 빼고는 세계사를 완전하게 이해할 수 없다. 수천 년 전 옛날부터도 그러하였거늘, 하물며 세계가 이웃화한 금일에 있어서랴. 우리는 쇄국적인 배타적, 독선적 사이비한 민족 사상을 버리고, 개방적이요, 세계적이요, 평등적인 신민족주의의 입지에서 우리 민족사를 연구하고 이해하여야 할 것이다.
〈손진태, 『국사대요』〉

안재홍과 손진태의 신민족주의 사학

안재홍은 민족사의 특수성과 세계사의 보편성을 조화시키는 역사학을 지향하였으며 해방 이후 신민족주의를 정치까지 확장하여 신민주주의 이념(모든 계급의 협조와 공생)으로 발전시켰다. 해방 이후 손진태는 역사학이 나아갈 방향으로 신민족주의를 통한 민족의 단결과 평등·친화·자주 독립을 제창하였으며, 사회·경제사학의 수용, 계급보다는 민족 우선을 주장하는 등 신민족주의 사상을 더욱 발전시켰다.

⑥ 조선학 운동의 전개(1934)
  ㉠ 배경 : 1920년대 후반 민족 운동계는 개량화되어 가고, 계급주의 사관에 입각한 사회·경제사학이 대두되고 있었다.
  ㉡ 시작 : 정인보·안재홍·문일평 등 민족주의 사학자들은 1934년 다산 정약용 서거 99주기를 맞아 『여유당전서』(與猶堂全書)의 간행을 계기로 '조선학 운동'을 전개하였다.
  ㉢ 특징 : 조선학 운동은 "조선에 고유한 것, 조선 문화의 특색, 조선의 전통을 천명하여 학문적으로 체계화하는 것"을 지향한 민족 문화 수호 운동이었다. 특히 자주적 근대 사상의 맥을 조선 후기 실학에서 찾고 이에 대한 연구를 활발히 하였다.

사료 조선학 운동

근일에 사용하는 조선학은 …… 넓은 의미로는 종교, 철학, 예술, 민속 할 것 없이 조선 연구의 학적 대상이 될 만한 것은 모두 포함된 것이나, 좁은 의미로는 조선어, 조선사를 비롯하여 순 조선 문학 같은 것을 주로 지칭하여야 한다…… 다시 말하면 조선인의 특수성을 표시하는 언어를 비롯하여 조선인의 과거상을 비추어 나타내는 그 역사이며, 또 조선인의 실생활을 조선말로 써 놓은 조선 문학 같은 것이 조선학의 중심 골자가 되어야 한다.

〈문일평, 『호암전서』〉

(2) 실증 사학
① 특징 : 객관적·실증적 역사 연구를 지향하였으며 19세기 서양 랑케 사학의 철저한 고증주의를 표방하는 일본 학계의 영향을 받았다.
② 한계 : 실증적 입장에 매몰되어 식민 사관에 맞서는 역사 인식이 부족하다는 비판적 평가를 받기도 하였으며 **이병도** 등은 조선사편수회에 참여하였다.
③ 진단학회(1934)의 결성
  ㉠ 배경 : 일본 학자들이 조직한 **청구학회**의 역사 왜곡에 맞서기 위해 조직되었다.
  ㉡ 활동 : 이병도·손진태(민속학)·이윤재·이희승(국어학) 등이 중심이 되어 학회지인 「진단학보」(1934)를 발간하는 등 활발한 활동을 전개하였으며, 독립운동에 직접 기여하지는 않았지만 우리나라 문화사 연구의 지평을 넓혔다.

(3) 사회·경제 사학
① 특징 : 마르크스의 사적 유물론과 변증법적 역사 발전의 법칙을 기반으로 세계사적 보편성을 강조하였다.
② 활동 : 백남운(『조선사회경제사』, 1933), 전석담, 이청원 등이 주도하였으며, 식민 사학의 '정체성론'을 극복하려고 노력하는 한편 민족주의 사학의 정신 사관에 대해서도 비판적 입장이었다.

사료 사회·경제 사학

최근 우리 선배는 조선 사학을 위하여 어떠한 공헌을 하였는가? 문헌 고증을 위해서 또는 고적 답사나 유물 수집을 위하여 심혈을 기울였다. 물론 모두 필요한 일이겠지만 …… 조선 민족의 발전사는 그 과정이 아시아적이라 하더라도 사회 구성 내면의 발전 법칙은 동일하다. 조선사에서 역사 발전의 법칙성을 보편적으로 이해해야 한다. 〈백남운, 『조선사회경제사』〉

백남운(1897~1979)의 활동

『조선사회경제사』(1933), 『조선봉건사회경제사』(1937)를 저술하였으며 1938년 '치안 유지법' 위반으로 옥고를 치렀다. 1948년 월북, 초대 교육상, 과학원 원장, 최고 인민회의 의장을 역임하고, 최초의 원사(권위 있는 학자에게 주는 칭호) 학직을 받았다.

3 교육·종교 활동

1. 교육 운동

(1) 민족의식 고취

① 1910년대 : 사립학교(종교계), 개량 서당, 강습소 등이 설치되어 학생들에게 민족의식을 심어주었다.

② 1920년대의 야학 설립 운동
  ㉠ 특징 : 야학에서는 반일 애국 사상을 고취하는 교육이 이루어졌다.
  ㉡ 내용 : 조선어, 조선의 지리, 역사, 창가 등과 같은 과목을 통해 민족의식을 일깨웠으며, 실용 교과로 『노동독본』, 『노동산술』, 『농민독본』, 『경제학』 등을 가르쳤다.
  ㉢ 일제의 탄압 : 1931년 만주 사변을 계기로 야학에 대한 일제의 탄압이 강화되면서 애국적 야학 운동은 점차 사라져 갔다.

(2) 과학 대중화 운동(발명학회, 1924)

① 배경 : 일제의 한국인에 대한 체계적인 과학 교육이 부재한 상황에서 과학 교육의 필요성을 인식한 민족 지도자들이 과학의 진흥 운동을 추진하였다.

② 전개 : 김용관 등을 중심으로 발명학회(1924)·과학문명보급회(1924)·고려발명협회(1928) 등이 창립되고 잡지 「과학조선」(1933)이 간행되었으며, '과학데이'를 제정(1934)하여 대중적 참여를 유도하였다.

③ 탄압 : 1938년 일제가 독립운동으로 파악하여 지도자 김용관을 체포하고, 일본의 과학보급협회에 강제로 흡수시켰다.

> **김용관(1897~1967)**
> 과학 대중화 운동을 주도하였다. 요업 전문가로 요업학교를 설립하고, 발명학회와 과학문명보급회 창립의 산파역을 했으며 민족의 과학 의식을 높여 실력을 배양하고 종국적으로 일제로부터 독립을 쟁취하자고 주장하였다.

사료 새로운 과학 기술 수용에 대한 열망

- 새 못되야 저 하늘 날지 못노라 그 옛날에 우리는 탄식했으나 프로페라 요란히 도는 오늘날 우리들은 맘대로 하늘을 나네 (후렴) 과학 과학 네 힘의 높고 큼이여 간데마다 진리를 캐고야 마네"
〈김억 작사, 홍난파 작곡, '과학의 노래', 1935〉

- '떴다 보아라 안창남 비행기, 내려다 보아라 엄복동 자전거'
여러 일본 비행가들을 볼 때마다 우리 조선 사람도 언제나 저렇게 나라보나 하던 가슴에 사무치는 섭섭함을 마음껏 풀어보는 날이요 조선 사람도 하면 된다는 굳세인 마음과 넘치는 기쁨으로 우리의 앞길을 축복하는 만세를 불러 볼 날도 오늘이다.
《동아일보》, 1921. 12. 10〉

👉 한국인 최초의 비행사 안창남의 고국 방문 기념 비행(1921)에 대한 당시 대중들의 벅찬 감격을 잘 나타내고 있다.

▲ 『과학조선』 창간호

2. 종교계의 저항 운동

① 개신교 : 남장로 선교회를 중심으로 신사 참배 거부 운동을 벌였으며 일제의 탄압으로 주기철 목사가 옥사하였다.

② 천주교 : 천주교 신자를 중심으로 만주에서 조직된 무장 항일 단체인 의민단

(1919)이 결성되어 청산리 전투에 참여하였다.
③ 천도교 : 제2의 독립선언 계획(1922)을 추진하였으나 일제의 방해로 실패하였다. 잡지 『개벽』, 『신여성』, 『어린이』를 발간하여 문화 운동을 주도하였다.
④ 대종교 : 대표적인 항일 종교로 만주에 중광단을 조직하였으며, 산하 무장 단체인 북로군정서는 청산리 대첩을 이끌었다.
⑤ 불교 : 한용운은 불교의 친일화를 비판하면서 조선불교유신회(1921)를 조직하였다.
⑥ 원불교(1916) : 박중빈이 창도한 민족 종교로, 허례 폐지, 미신 타파, 개간·저축·금주·단연 등 새 생활 운동을 전개하였다.

> **사료** 천도교의 '제2의 독립선언'
>
> 존경하는 천도교인과 민중 여러분! 우리 대한은 당당한 자주 독립국이며 평화를 애호하는 세계의 으뜸 국민임을 재차 선언합니다. 지난 기미년의 독립 만세 운동은 곧 우리의 전통적인 독립의 의지를 만방에 천명한 것이고 국제 정세의 순리에 따르는 자유·정의·진리의 함성이었습니다. 〈단기 4255년, 1922〉

한용운(1879~1944)
승려이자 민족주의자로 법명은 만해이다. 3·1운동 때 대표 33인의 한 사람으로 독립선언서에 서명하였으며 항일 운동으로 여러 차례 옥고를 치렀으나 끝까지 지조를 꺾지 않았다.

4 문학과 예술 활동

1. 문학 활동

(1) 문학

① 1910년대 : 이광수·최남선 등이 활약하였으며 계몽 문학적 성격을 띠었다.
② 1920년대 : 본격 문학의 시작
  ㉠ 동인지의 창간과 활동 : 동경 유학생 김동인 등이 최초의 문예 동인지 「창조」(1919)를 창간한 이후 「백조」(염상섭, 1920), 「개벽」(천도교, 1920) 등이 발행되었다.
  ㉡ 계급 문학의 시작 : 신경향파, 프로 문학이라고 불리는 사조가 나타났으며, 단체로 카프(KAPF, 1925)가 결성되었다.

▲ 「개벽」의 표지

③ 1930년대 : 정지용·김영랑 등을 중심으로 순수시 동인지 『시문학』(1930)을 발행하는 등 신경향파에 대항하는 국민 문학 운동이 전개되고, 순수 문학(청록파)이 나타났다.
④ 일제에 대한 저항 문학
  ㉠ 염상섭, 이상화, 윤동주(참회록, 1942) 등은 문학을 통해 일제에 저항하였다.
  ㉡ 이육사(1904~1944) : 의열단에 참여하여 조선혁명간부학교 1기로 졸업하였으며, 수십 회나 투옥되는 고난을 치르면서도 민족 해방에 대한 확신을 가지고 〈청포도〉(1940)를 노래하다가 옥사하였다.

「개벽(開闢)」
천도교에서 펴낸 월간 잡지이다. 1920년 6월 25일 창간되어 1926년 8월 1일 통권 72호를 끝으로 강제 폐간되었다. '개벽'이란 명칭은 천도교의 '후천 개벽 사상'에서 비롯된 것이다. 집필자로는 주로 당시 계급주의 경향 문학을 내세운 신경향파 작가들이 참여했다. 정신의 개벽과 사회의 개조를 적극적으로 주장하다가 창간호가 압수당한 것을 시작으로 1926년 일제에 의해 폐간될 때까지 발매금지 34회, 정간 1회, 벌금 1회의 탄압을 받았다

카프(KAPF : korea prole-tariat artist federation)
1925년 결성된 사회주의 문예 운동 단체로, 박영희·김기진·임화 등 약 200여 명의 회원이 활동하였다. 일제의 탄압으로 1935년 해산되었다.

| 자료 | 저항주의 문학 |

• 그날이 오면, 그날이 오면은
  삼각산이 일어나 더덩실 춤이라도 추고,
  한강 물이 뒤집혀 용솟음칠 그 날이
  이 목숨이 끊기기 전에 와 주기만 하량이면,
  나는 밤하늘에 나르는 까마귀와 같이
  종로의 인경(人磬)을 머리로 들이받아 울리오리다.
  두개골이 깨어져 산산조각이 나도
  기뻐서 죽사오매 무슨 한이 남으오리까.
  〈심훈, '그날이 오면', 「그날이 오면」, 1930〉

• 지금은 남의 땅 – 빼앗긴 들에도 봄은 오는가
  나는 온 몸에 햇살을 받고 푸른 하늘 푸른 들이 맞붙는 곳
  으로 가르마 같은 논길 따라 꿈속을 가듯 걸어만 간다.
  내 손에 호미를 쥐어 다오 살진 젖가슴과 같은 부드러운 이
  흙을 발목이 시도록 밟아도 보고, 좋은 땀조차 흘리고 싶다.
  그러나, 지금은 들을 빼앗겨 봄조차 빼앗기겠네
  빼앗긴 들에도 봄은 오는가.
  〈이상화, '빼앗긴 들에도 봄은 오는가', 「개벽」, 1926〉

2. 예술 활동

① 음악 : 창가(학도가, 한양가)가 유행하였으며, 홍난파(봉선화, 반달, 고향의 봄), 안익태(코리아 환상곡, 1936), 윤심덕 등이 활약하였다.

② 미술 : 장승업의 제자인 **안중식**(한국화), 서양 화가로 **고희동**(최초의 서양 화가), 나혜석(최초의 여성 서양 화가) 이중섭·박수근이 활동하였다.

③ 무용 : 숙의여학교 출신의 **최승희**는 세계적인 무용가로 명성을 떨쳤다.

④ 연극
  ㉠ 신파극(1910년대) : 혁신단(1911)이 조직되어 신파극을 공연하였다.
  ㉡ 토월회(1923) : 동경 유학생 박승희가 주도한 신극 단체로 민중 계몽을 목표로 남녀평등·유교 사상 비판·일제에 대한 저항을 주제로 하여 **국내 순회 공연**을 하였다.
  ㉢ 극예술연구회(1931) : 유치진이 주도한 연극 단체이며 후에 친일화되었다.

⑤ 영화 : <mark>나운규</mark>(1902~1937)는 홍범도가 이끄는 독립군에 참여한 경력이 있는 영화인으로 아리랑(1926)을 제작하여 일제 강점기 민족의 아픔을 노래하였다.

⑥ 문화재 수호 : 간송 <mark>전형필</mark>(1906~1962)은 막대한 재산을 아낌없이 쏟아부어 해외로 반출되던 국보급 문화재를 수집·보존하였고, 한국 전통 미술사 연구에 지대한 공헌을 하였다. 그가 지킨 유물은 간송미술관에서 관리·전시되고 있다.

춘사 나운규

우리 문화재를 수호한 간송 전형필

영화 '아리랑'의 포스터 (영화 필름은 전하지 않음)

| 자료 | 민족의 정서를 담은 영화 '아리랑'(1926) |

줄거리 : 영진은 전문학교를 다닐 때 독립 만세를 부르다가 왜경에게 고문을 당해 정신 이상이 된 청년이었다. 한편 마을의 악덕 지주 천가의 머슴이며, 왜경의 앞잡이인 오기호는 빚 독촉을 하며 영진의 아버지를 괴롭혔다. 더욱이 딸 영희를 아내로 준다면 빚을 대신 갚아줄 수 있다고 회유하기까지 하였다. …… 영진의 손에 포승이 묶였다. 영진이 일본 순경에 끌려가고, 주제곡이 흐른다.

💡 1926년, 나운규가 만든 '아리랑'은 2년간 연속 상영이라는 흥행 기록을 세웠다. '아리랑'이 상영되는 극장의 분위기는 마치 어느 의열단원이 서울 한 구석에 공개적으로 폭탄을 던진 듯한 설렘으로 가득했다고 한다.

3. 문인 · 지식인 · 자본가의 친일 행위

문인	① **최남선** : "미 · 영 격멸의 용사로서 황군이 된 참정신을 떨치라." ② **이광수**는 학생들에게 공부는 나중에 하고 당장 전쟁에 참여해야 한다는 등의 친일시 집필, 조선문인협회(1939) · 조선문인보국회(1943) 회장 ③ **주요한** : "너도 나도 바다로 나가 힘차게 전쟁을"(1943) ④ **모윤숙, 노천명** 같은 여류 문인들도 적극적인 친일 활동 ⑤ "아시아의 세기적인 여명은 왔다. 영미의 독아에서 일본군은 마침내 신가파(싱가폴)를 뺏어내고야 말았다." 〈노천명, 「싱가폴 함락」〉
예술	① 중 · 일 전쟁이 발발하자 음악가들은 일제의 침략을 찬양하는 노래들을 지었다. ② 음악 : **이면상**의 '종군 간호부의 노래'(김안서 작사), **홍난파**의 '정의의 개가'(최남선 작사), 현제명의 '장성의 파수'(최남선 작사) ③ 미술 : **김은호**는 친일 미술 전람회에 참여하여 일본 승전을 위한 국방 기금 마련 활동(금비녀 헌납도)
교육	① 일제 말기 교육계에서도 **송금선**, 김활란 등 친일 활동을 한 사람이 적지 않았다. ② 이화여전 교장이었던 **김활란**은 각종 친일 단체의 임원직을 맡고 강연, 방송 등을 통해 일제의 정책을 미화하였다. "이제야 기다리고 기다리던 징병제라는 커다란 감격이 왔다. 이제 우리에게도 국민으로써의 책임을 다할 기회가 왔고, 그 책임을 다함으로써 진정한 황국 신민으로서의 영광을 누리게 된 것이다." 〈징병제와 여성의 각오, 1942〉
자본가	① 경성방직 사장 **김연수(김성수의 동생)** : 1940년 전후부터 기업 활동의 영역을 넘어서 본격적으로 전쟁 협력 행위를 하였다. ② 화신 백화점 사장 **박흥식** : 일본인의 전략 기업인 조선석유, 동양척식 등의 이사로 있었다. 이들은 국방 헌금을 내거나 항공기와 무기 등을 사서 일본군에 헌납하였다.
친일 경찰	① **최연** : 일제 때 고위 경찰직, 해방 후 종로경찰서장 ② **최운하** : 종로경찰서 고등계에서 독립운동에 대한 사찰 업무 담당 ③ **김태석** : 사이토 총독에게 폭탄을 던진 강우규 의사를 검거하고 고문 자행 ④ **노덕술** : 일제 고문 경찰의 대명사로 수많은 민족 운동가를 체포 · 고문, 고위직인 경시까지 승진, 해방 직후 임시 정부 요인이던 김원봉을 체포 · 고문하는 만행 ⑤ **김종원** : 일제 때 악질 경찰로 '백두산 호랑이'라 불림, 해방 후 군인으로 변신하여 여 · 순 사건 때 무고한 수많은 양민 학살

9

현대 사회의 발전

01 대한민국의 수립
02 민주주의의 시련과 발전
03 통일 정책
04 경제 발전과 사회·문화의 변화

01 대한민국의 수립

1 8·15 광복(1945)과 군정의 실시

1. 광복 직전의 건국 준비 활동

(1) 건국 준비 활동의 흐름

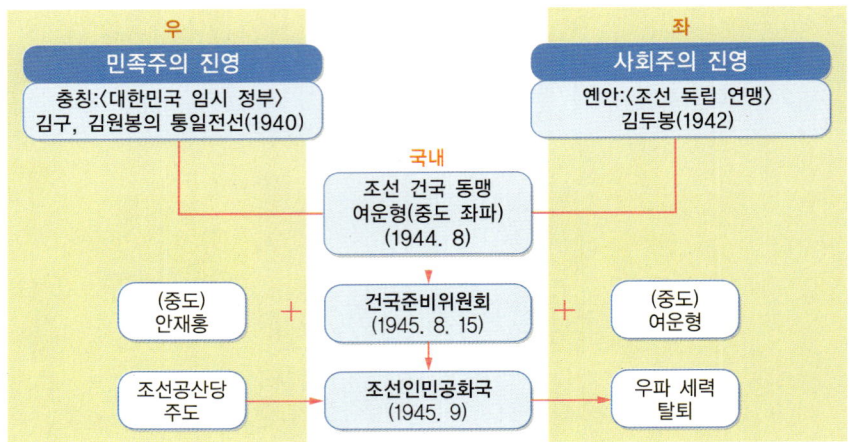

(2) 일제 패망을 대비한 건국 강령

| 충칭 | 한국독립당(김구, 대한민국 임시 정부, 1940) |

삼균 제도를 골자로 한 헌법을 실시하여 정치·경제·교육의 민주적 시설로 실제상 균형을 도모하며, 전국의 토지와 대생산 기관의 국유가 완성되고 전국의 학령 아동 전체가 고급 교육의 무상 교육이 완성되고 보통 선거 제도가 구속 없이 완전히 실시한다.

| 옌안 | 조선 독립 동맹(김두봉, 1942) |

본 동맹은 조선에 대한 일본 제국주의의 지배를 전복하고 독립 자유의 조선민주공화국을 수립할 목적으로 다음 임무를 실현하기 위하여 싸운다.
1. 전 국민의 보통 선거에 의한 민주 정권의 수립
6. 조선에 있는 일본 제국주의자의 일체 자산 및 토지를 몰수하고, 일본 제국주의와 밀접한 관계에 있는 대기업을 국영으로 귀속하며, 토지 분배를 실행한다.

| 국내 | 조선 건국 동맹(여운형, 1944) |

1. 각인 각파를 대동 단결하여 일본 제국주의 제(諸) 세력을 구축하고 조선 민족의 자유와 독립을 회복할 것
2. 반추축 제국(연합국)과 협력하여 조선의 완전한 독립을 저해하는 일체 반동 세력을 박멸할 것
3. 건설 부면에 있어서 일체 시위를 민주주의적 원칙에 의거하고, 특히 노농 대중의 해방에 치중할 것

2. 광복 직후의 건국 준비 활동

(1) 8·15 광복 : 연합국의 승전으로 일본은 무조건 항복하였으며 국내외의 꾸준한 독립 투쟁의 결과였다.

(2) 조선건국준비위원회(1945. 8. 15)
① 성격 : 좌우 합작을 지향하여 위원장 여운형(중도 좌파), 부위원장 안재홍(중도 우파)이 협력하였다.
② 전국 조직 결성 : 치안대, 보안대, 조선 학도대 등 자치적인 조직이 결성되고, 8월 말까지 전국 145개의 지부가 조직되었다.
③ 친일 경력 있는 민족주의 우파(송진우, 김성수)는 불참하였다.

(3) 조선인민공화국(1945. 9. 6)
① 성격 : 미군이 진주하기 이전 건국준비위원회가 중심이 되어 전국 인민 대표자 회의 개최 후 수립한 해방 후 최초의 공화국이었다.
② 경과
  ㉠ 좌익의 영향력 강화에 반발하여 안재홍 등 우파가 탈퇴하였다.
  ㉡ 대표성이 약화된 좌파는 이를 보완하기 위해 미국에 있는 이승만을 주석으로 추대하고, 지방의 건준 지부를 인민위원회로 개편하여 시·군·면까지 조직하였다.
  ㉢ 실권은 조선공산당을 재건한 박헌영이 장악하여 실제로는 좌익 정부나 다름 없었다.
③ 해체 : 1945년 9월에 진주한 미 군정은 38도선 이남에서는 미 군정만이 유일한 정부라고 하여 인민공화국을 해체시켰다.

안재홍(1891~1965)
민족주의 사학자이자 언론인으로 일제 시대 내내 비타협적 노선을 고수하며 굳건히 저항하였다. 광복 직후 조선건국준비위원회의 부위원장이 되었으나 좌익에 반대해 탈퇴하였다. 그 후 좌·우합작위원회에 참여했으며 남조선 과도 정부의 민정 장관을 역임하였다.

인민위원회
광복 직후 전국적으로 조직된 자치 기구로 조선건국준비위원회의 지방 지부가 개편되어 조직되거나 일본 패망 직후 자체적 치안 유지를 위해 자발적으로 조직되기도 하였다. 미군정이 실시된 남한에서는 해체의 수순을 밟았으나 소련군이 진주한 북한 지역에서는 대표성을 인정받고 과도기의 권력 기구적 역할을 하였다.

자료 1. 일본의 항복 직전(1945. 8. 14) 여운형이 조선 총독에게 요구한 5개항의 조건

① 전 조선의 정치범·경제범을 즉시 석방할 것
② 서울의 3개월분 식량을 확보할 것
③ 치안 유지와 건국 운동을 위한 정치 운동에 간섭치 말 것
④ 학생 및 청년의 조직화에 간섭치 말 것
⑤ 노동자와 농민을 건국 사업에 동원하는 일에 대하여 절대 간섭하지 말 것

어제 엔도(정무총감)가 나를 불러 "과거 두 민족이 합하였던 것이 조선에게 잘못됐던가는 다시 말하고 싶지 않다. 오늘날 나누는 때에 서로 좋게 나누는 것이 좋겠다. 오해로 피를 흘리고 불상사를 일으키지 않도록 민중을 지도하여 주기를 바란다."라고 하였습니다. 나는 다섯 가지 조건을 요구하였습니다.

▲ 연설하는 여운형

〈여운형의 연설, 1945. 8. 16〉

2. 조선건국준비위원회의 강령
1. 우리는 완전한 독립 국가의 건설을 기함
2. 우리는 전 민족의 정치적·사회적 기본 요구를 실현할 수 있는 민주주의 정권 수립을 기함
3. 우리는 일시적 과도기에 있어서 국내 질서를 자주적으로 유지하여 대중 생활의 확보를 기함

총독부는 여운형의 5개 조건을 수락하였으나, 미군이 통치 기구를 미국에게 인도할 것을 지시하자 갑자기 태도를 바꾸어 행정권 이양을 취소하였다.

3. 국제 회담과 미·소 군정

(1) 8·15 이전의 국제 회담과 한국 문제 처리 방향

카이로 회담 (1943. 11)	① 열강이 한국의 독립을 최초로 인정 ② 주도 : 미국(루스벨트)·영국(처칠)·중국(장제스) ③ 최초로 한국 독립 보장 : "현재 한국민이 노예 상태 아래 놓여 있음을 유의하여 앞으로 적당한 시기에 한국의 자유와 독립을 줄 것이다." "in due course Korea shall become free and independent."
얄타 회담 (1945. 2)	① 주도 : 미국(루스벨트)·영국(처칠)·소련(스탈린) ② 소련의 대일전 참전 결정 ③ 한국의 신탁 통치 문제 논의(루스벨트가 주도했으나 합의된 사항은 없음)
포츠담 회담 (1945. 7)	① 주도 : 미국(트루먼)·영국(처칠)·소련(스탈린) ② 카이로 회담의 재확인 ③ 패전국 독일의 관리, 일본에 무조건 항복 요구

(2) 미·소 군정의 실시

① **38선**의 합의(1945. 9. 2) : 일본에 원폭 투하(1945. 8. 6) 이후 소련군이 참전(1945. 8. 9)하여 미군이 한국에 도착하기 전에 한반도 북쪽을 장악하자 미국은 소련의 한반도 점령을 막기 위해 38선 분할 점령을 제의하였고 소련은 이를 수용하였다.

② 미 군정의 실시(1945. 9. 9~)
  ㉠ 임시 정부(우)와 조선인민공화국(좌)을 모두 인정하지 않았다.
  ㉡ 미군의 진주까지 조선총독부(친일파)의 현상 유지를 명령하고, 하지(John R. Hodge) 중장을 사령관으로 하는 군정을 실시하였다.

③ 소(蘇) 군정(1945. 8. 12~)
  ㉠ 북한의 건국준비위원회와 인민위원회를 인정하였다.
  ㉡ 좌파적인 인민위원회를 지원하고 우파적 민족주의(조만식)를 억압하였다.

사료 **태평양 방면 미 육군 총사령관 맥아더 포고령 1호**

본관에게 부여된 태평양 방면 미국 사령관의 권한으로써 여기에 북위 38도 이남의 조선과 조선 주민에 대하여 군정을 펴고 다음과 같은 점령에 관한 조건을 포고한다.
제1조 북위 38도 이남 지역과 주민에 대한 모든 행정권은 당분간 본관의 권한하에서 실행한다.
제2조 정부 공동 단체 또는 기타의 명예 직원과 고용인, 또 기타 제반 중요한 사업에 종사하는 자는 별도의 명령이 있을 때까지 종래의 직무에 종사하고 또한 모든 기록과 재산을 보존하고 보관해야 한다.
제3조 주민은 본관 및 본관의 권한하에 발포한 명령에 즉각 복종하여야 한다. 점령군에 대한 모든 반항 행위 또는 공공 안녕을 교란하는 행위를 감행하는 자에 대해서는 용서 없이 엄벌에 처할 것이다.
제5조 군정 기간 동안 영어를 모든 목적을 위해 사용하는 공용어로 한다.

〈맥아더 사령관 포고문 제1호, 1945. 9. 9〉

미군 대령이 결정한 38선

1945년 8월 10~11일 심야, 美國방성에서 열린 긴급 회의는 만주를 통해 한반도로 진군하는 러시아 군대와 미국 간에 한반도를 분할·점령하는 문제를 놓고 열띤 토론을 벌였는데 국무부측은 미군이 가급적 한반도 북쪽에서 일본군의 항복을 받아야 한다는 견해를 표명했으나, 당시 마샬 참모총장의 보좌관으로 있던 러스크 대령과 본스틸 대령은 30분이라는 짧은 시간의 논의 끝에 신속한 미군 투입이 어렵다는 군사적 이유를 들어 38선안을 제시하여 결정되었다. 당시 러스크 대령은 서울을 미군의 관할 아래 두는 것이 중요하다고 보고 38선案을 건의했으나 의외로 소련측이 반대하지 않아서, '다소 놀랐다.'고 한다.

박헌영(1900~1956)

충남 예산 출신으로 1919년 경성제일고등보통학교(경기고 전신)를 졸업한 후 1920년 상해로 망명하여 1921년 고려공산청년단 책임 비서가 되었다. 이해 5월 고려공산당(이르크츠크파)에 입당, 다음 해 입국하다가 체포되어 평양 형무소에서 복역, 1924년 출옥했다. 1924년 〈동아일보〉에 입사, 동맹 파업을 주동한 혐의로 곧 해고되고, 〈조선일보사〉에 입사했으나 총독부의 강압으로 퇴직했다. 1925년 공산당 검거 사건 때 체포되었다가 병으로 보석되었다. 1928년 소련으로 망명, 다음 해 모스크바 국제레닌학교에 입학하여 1930년 졸업했다. 코민테른 조선 문제 트로이카 위원이 되어 상해로 가서 활동 중 체포되어 1934~1939년 옥중 생활을 보냈고, 출옥 후 경성콤그룹 지도자가 되었다. 1940년 12월 검거 선풍을 피하여 광주 벽돌 공장으로 은신했다. 해방이 되자 상경하여 조선공산당을 재건하고 총비서가 되었다.

(3) 미 군정 아래에서의 남한 : 좌우의 분열

우익	한국민주당	1945	김성수, 송진우	임정 지지, 인공 반대, 친미
	독립촉성중앙협의회	1945	이승만	좌익의 참여 거부
	한국독립당	1940	김구	임시 정부, 단독 정부 수립 불참
	국민당	1945	안재홍, 김규식	신민주의, 신민족주의
	민족자주연맹	1947	김규식	좌우 합작 추진, 단독 정부 수립 불참
좌익	조선인민당	1945	여운형	중도 좌파, 좌우 합작 추진
	조선공산당	1945	박헌영	남로당(남조선노동당)으로 개편, 미 군정의 탄압

자료 해방 직후의 정당 분포 및 특징

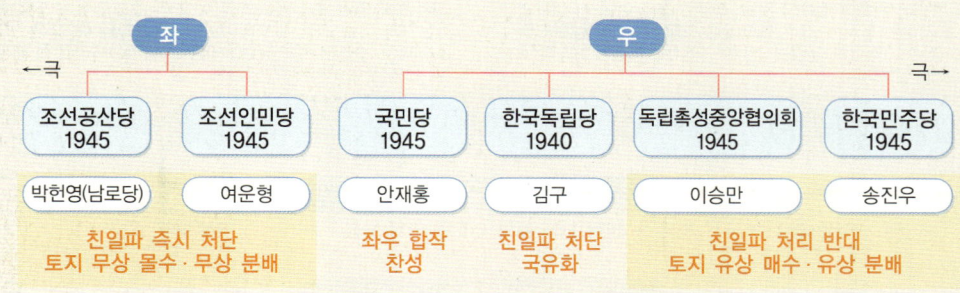

조선공산당	해방 직후 박헌영이 중심이 되어 조직되었다. 박헌영은 해방 직후 이른바 '부르조아 민주주의 혁명론(8월 테제)'을 주장하여 노동자, 농민을 주축으로 도시 소시민, 지식인과의 통일 전선을 추구하고, 대지주 토지의 무상 몰수를 정책으로 내세웠다. 공산당은 당 조직 이외에도 노동자 단체로 노동조합전국평의회(전평), 농민 단체로 전국농민조합총연맹을 외곽 단체로 조직하여 강력한 세력을 형성하였다.
조선인민당	조선건국준비위원회를 주도했던 여운형이 중심이 되어 결성했는데, 조선인민공화국이 극좌로 선회하는데 반대하여 탈당한 후 중도 좌파 노선을 견지하기 위해 독자의 정당을 만들었다. 조선인민당은 진보적 민주주의를 표방하면서 좌우 합작을 추진했다.
국민당	지도자는 일제 시대 신간회를 주도했던 안재홍으로서, 그는 한국의 전통 사상인 공동체 정신(불함 철학)을 토대로 하여 서양의 자본주의와 사회주의를 더 높은 차원에서 통합시킨 새로운 민주주의, 즉 '신민주의'를 창안했다. 신민주의는 모두가 다 함께 공생하는 이른바 '만민 공생'의 민주주의이며, 이를 다 함께 사는 철학이라는 뜻에서 '다사리' 철학이라고도 불렀다. 안재홍은 신민주의를 바탕으로 하여, 대외적으로는 국제적 민족주의, 민족적 국제주의를 제창하여 이를 '신민족주의'라고 호칭했다.
독립촉성중앙협의회	1945년 10월 귀국한 이승만이 한민당 인사들과 적극 손을 잡고 조직한 직계 조직이다. 정당은 아니었으며 조선의 완전한 독립을 추구하는 모든 개인·단체의 참여 조직을 표방했다. 설립 초기에는 좌익 세력(박헌영, 이현상)이 참여했으나 친일파 처리 문제로 갈등 끝에 탈퇴하였다.
한국민주당	주요 인사는 송진우, 김성수, 장덕수, 조병옥, 백관수, 김병로, 원세훈 등으로서 일본 혹은 미국에서 대학을 나오고, 일제 시대 국내에서 언론계, 교육계, 법조계에서 활약하던 인사들이었으며 친일 시비에서 자유롭지 못한 인사들도 다수 있었다. 김병로(대한민국 초대 대법원장)와 원세훈 등은 곧 탈퇴하였다.

2 모스크바 3국 외상 회의와 좌우 대립

1. 신탁 통치 문제와 좌우의 대립

(1) 전체적 흐름

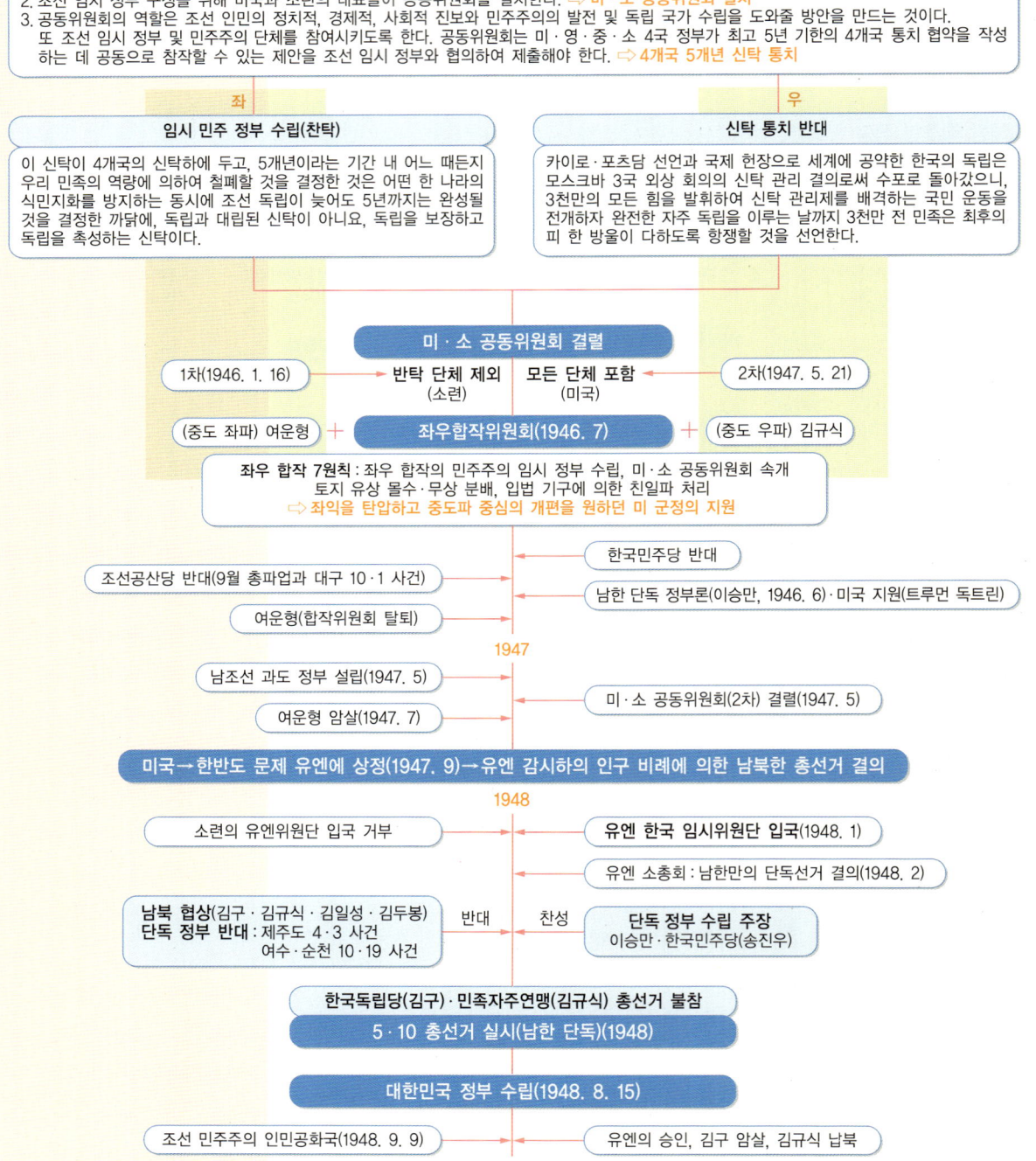

(2) 모스크바 3상 회의와 그 여파

① 결정 내용 : 한국의 독립 문제를 처리하기 위해 미국, 영국, 소련의 외상들이 모여 '한국 문제에 관한 4개항 결의서'가 결정되었다.
  ㉠ 민주주의 원칙 아래 독립 국가를 건설하기 위해 **임시 민주 정부**를 수립할 것
  ㉡ 임시 정부 수립을 원조하기 위해 **미·소 공동위원회**를 설치할 것
  ㉢ 미·영·소·중은 한국을 최고 5년간 공동 관리(신탁 통치)할 것
  ㉣ 2주일 이내에 미·소 사령부의 대표 회의를 개최할 것

② 신탁 통치 문제의 대두
  ㉠ 신탁 통치를 먼저 주장한 미국 : 미국은 10년 기간의 신탁 통치안을 제시했으나 즉각 독립을 주장하던 소련의 반대로 5년으로 합의하였다.
  ㉡ 〈동아일보〉의 오보 : 12월 27일자 〈동아일보〉의 기사는 이러한 내용을 소련이 신탁 통치를 주장했다고 정반대로 보도하여 전국적인 반소 운동과 신탁 통치 반대 운동에 영향을 주었다.

③ 신탁 통치안에 대한 국내의 반응 : 3상 회의 결정은 현실적으로는 합리적인 면도 없지 않았으나 정국은 신탁 통치에 대한 찬반 운동으로 진행되었으며, 좌우의 격렬한 대립이 발생하였다.
  ㉠ 김구와 임정 세력 : 반탁 운동을 주도했으며, 즉각적인 남북한 통일 정부 수립을 목표로 하여 ==임정 포고문==을 발표하는 등 미 군정과 정면 충돌하였다.
  ㉡ 이승만과 한민당 : 남한만에서라도 빠른 시일 내에 단독 정부를 수립하려는 의도에서 반탁 운동에 참여하였다.
  ㉢ 좌익 세력 : 북한의 지령에 따라 신탁 통치를 찬성하였으며, 임시 민주 정부 수립의 우선적 설치를 주장하였다.

(3) 좌우 합작 운동(1946. 7~1947. 12)

① 배경
  ㉠ 기대를 모았던 제1차 미·소 공동위원회(1946. 1. 16)가 결렬되었다.
  ㉡ 이승만이 일부 우익 세력의 주장에 동조하여 처음으로 남한 단독 정부 수립을 주장하자(정읍발언, 1946. 6) 뜻있는 민족 지도자들은 분단을 우려하였다.
  ㉢ 북한 김일성의 지배권이 빠르게 확립되는 데 대한 남측 인사들의 불안감이 고조되었다.
  ㉣ 미 군정은 좌우 합작의 입법 기구를 설립하고자 하는 의도에서 합작 운동을 지원하였다.

② 경과
  ㉠ '좌우합작위원회' 구성 : 김규식을 대표로 하는 5명의 우익과 여운형을 대표로 하는 5명의 좌익 인사들로 구성되었다.
  ㉡ 중도적 조정을 거친 '좌우 합작 7원칙'이 발표되었다(1946. 10).

③ 결과
  ㉠ 김구는 좌우 합작을 **지지**하였으나 공산당(토지 문제)과 한민당(친일파 처리 문제)이 7원칙에 반대하였다. 당시의 여론은 좌우 합작 운동을 지지하였다. 공산당은 ==9월 총파업==을 주도하면서 미 군정과 맞섰다.

임정 포고문 발표와 미 군정

1945년 12월 30일 임시 정부 내무장관 신익희는 임정 포고 제1호를 발표했다. 즉 임시 정부가 대한민국의 주권자이며 모든 경찰과 관료들은 즉각적으로 임정의 지휘를 받으라고 촉구하는 내용이었다. 미 군정은 즉각 반발하였으며 군정청장 하지는 격노하여 김구의 체포를 고려하기도 했다. 결국 미 군정의 압력으로 임정의 의도는 좌절되었으며, 임정과 미 군정의 갈등은 증폭되었다.

9월 총파업과 대구 10·1 사건

조선공산당은 좌우 합작에 반대하여 1946년 7월 26일 이른바 '신전술'을 표방하고 강력한 대중 투쟁을 전개하기 시작했다. 9월 전국노동조합평의회(전평)의 총파업으로 전국적인 혼란이 발생하고 10월 1일 대구 민중 봉기가 일어났다. '대구 사건'은 경찰과 테러단의 탄압에 항의하고, 쌀을 요구하던 대구 시민들에게 경찰이 총을 난사함으로써 대규모 유혈 충돌이 발생한 사건이다. 이 사건은 다른 지역으로 확산되어 10월 한 달 동안 전국 각지에서 쌀 공출 폐지, 토지 개혁 실시, 극우 테러 반대 등을 요구하는 시위가 일어났다.

제2차 미·소 공동 위원회

제1차 미·소 공동 위원회는 임시 정부 수립 문제 협의의 대상이 될 정당, 사회 단체 선정을 둘러싸고 미·소의 의견 대립으로 결렬되었다. 2차 위원회는 협의할 대상으로 정당·사회 단체의 등록을 받았다. 상당수의 우익 세력도 "신탁 통치 문제는 임시 정부 수립 뒤 민족 총의로 반대해야 한다."는 입장을 표명한 뒤 공동위원회에 참가 신청서를 제출하였다. 이후 미·소 대표와 남·북의 정당·사회 단체 대표들은 서울과 평양에서 회의를 열었으나 합의점을 찾지 못하고 결렬되었다.

ⓛ 미 군정이 좌우합작위원회와 한민당계를 중심으로 '남조선 과도입법의원'을 구성하였다(1946. 12).
ⓒ 여운형의 중도 좌파가 미 군정의 입법 기구의 조직 의도에 반대하여 합작위원회에서 탈퇴하였다.
ⓒ 미 군정은 '남조선 과도 정부'(1947. 5)를 설치하였다.
ⓜ 제2차 미·소 공동위원회가 결렬되고(1947. 5), 여운형이 암살(1947. 7)되면서 사실상 유명무실화되었고 1947년 12월 해체되었다.

> **자료** 좌우 합작 7원칙
>
> 1. 모스크바 3상 회의 결정에 따른 좌우 합작의 민주주의 임시 정부 수립
> 2. 미·소 공동위원회 속개
> 3. 토지 개혁(몰수, 유조건 몰수, 체감 매상 등으로 토지를 농민에게 무상 분배)과 중요 산업의 국유화, 지방 자치제 실시
> 4. 친일파 및 민족 반역자 처리는 입법 기구에서 심리 결정
> 5. 정치범 석방과 테러 행위 중단
> 6. 언론·집회·출판 등 모든 자유 보장
> 7. 합작위원회에 의한 입법 기구의 구성
>
> 토지 개혁 조항에서 **몰수**는 일본인의 토지를 무상으로 몰수한다는 것이고, **유조건 몰수**는 공공 기관의 토지를 수입을 보전하는 등의 일정한 조건으로 매입한다는 뜻이다. **체감 매상**은 대지주의 토지보다는 소지주의 토지에 대해 할인의 비율을 낮춰서 매입한다는 것으로, 결국 개인 소유 토지는 유상으로 매입하는 것이 원칙이었다.

2. 미 군정의 단독 정부 수립 의도와 남북 협상

(1) 남조선 과도 입법 의원(1946. 12)

① 성격 : 미 군정의 임시 입법 기관으로, 의장 김규식을 중심으로 민선 의원 45명(간접 선거), 관선 의원 45명으로 구성되었다.
② 목적 : 법령의 심의·제정과 중도 세력 기반 조성, 미 군정에 대한 지지 확보가 목적이었다.
③ 경과 : 미국의 정책이 단독 정부 수립으로 바뀌고 좌우 합작 운동이 실패하면서 제 기능을 못하고 정부 수립 후 해산되었다.

(2) 남조선 과도 정부(1947. 5)

① 성격 : 미 군정이 설립한 민정 이양을 위한 과도 정부로, 제1차 미·소 공동위원회 결렬 후 입법 의원과 함께 설치하였으며 안재홍을 민정장관에 임명하고, 8부 6처를 설치하였다.
② 경과 : 군정장관(미군)의 거부권 행사로 사실상 민정장관은 무력한 존재였으며, 정부 수립 시 행정권을 이양한 후 흡수되었다.

> **사료** 남조선 과도 입법 의원 설치의 성격
>
> 이 입법 의원은 명실상부한 과도 입법 의원인데도 초보적 과도 입법 의원인 것을 본원의 현재 의원으로서는 명확히 인식하여야 할 것이다. 입법 의원의 사명은 최소한 기간 내에 남북이 통일한 총선거식으로 피선된 확대된 입법 의원을 산출하는 제1계단으로 들어가야 할 것이고, 그 확대 입법 의원은 미·소 공동위원회의 계속 개회가 되면 더욱 좋거니와, 속개되지 아니하더라도 최소한 기간 내에 우리의 손으로 우리를 위한 우리의 임시 정부를 산출하여 ……
>
> 〈남조선 과도 입법 의원 의장 개회사, 1946. 12〉

(3) 미국의 한반도 문제 UN 상정

① 배경 : 미국이 모스크바 회의 내용을 파기하고 소련의 반발에도 불구하고 한국 문제를 UN에 상정하였다(1947. 9).

② 경과

　㉠ 유엔 총회의 표결에서 **미국안(유엔 감시하의 총선거)**과 **소련안(양군 동시 철군)** 중 미국 측 안이 통과되었다(1947. 11).

　㉡ 인구 비례에 의한 남북 총선거가 결정되자, 소련은 남북 총선거와 '유엔 한국 임시위원단(UNTCOK)'의 설치안을 거부하였다.

　㉢ 남북 총선거 실시를 위해 메논(Menon)을 단장으로 하는 유엔위원단이 방한하였으나, 소련은 북한 지역 방문을 거부하였다(1948. 1).

③ 결과 : 곤경에 처한 미국이 유엔소총회를 소집하여 유엔위원단이 임무를 수행할 수 있는 남한에서만 총선거(5·10 총선거)를 실시하는 안을 가결시켰다(1948. 2).

> **사료** 유엔 한국 임시위원단 설치와 총선거에 관한 결의문
>
> 조선 국민의 독립에 대한 긴박하고 정당한 요구를 인정하여 조선을 민족적 독립 국가로 재건할 것과 그 후 전 점령군을 최단기일 이내에 철퇴시킬 것을 확신하여 조선인 대표자의 참가 없이는 조선 국민의 자유와 독립은 공명정대히 해결될 수 없다는 종래의 결정과 조선 국민 중에서 선출된 대표자들에 의한 참가를 촉진할 목적으로 국제조선(한국) 임시위원회의 설치안을 재인식하여…
>
> 1. 위원회는 호주, 캐나다, 중국, 엘살바도르, 프랑스, 인도, 필리핀, 시리아, 우크라이나(소비에트) 공화국의 각 대표로 (유엔 한국 임시 위원회를) 구성하기로 결정함… 〈1947. 11. 14〉
>
> 👉 미국이 한국 문제를 유엔에 상정하자 유엔 정기 총회는 미국이 제안한, 신탁 통치를 거치지 않는 한국 독립과 유엔 감시하의 남북 총선거를 통한 한국 통일안을 43 대 0(기권 6)으로 결의하였다.

(4) 통일 국가 수립 노력

① 배경 : 일부 우파의 단독 정부 수립 주장과 미 군정의 3상 회의 결정 파기로 분단이 가시화되자 중립적 민족주의자들은 통일 정부 수립을 위한 마지막 노력을 기울였다.

② 경과

　㉠ 민족자주연맹 결성(1947. 12) : 김규식을 중심으로 한 중도파 민족주의자들의 구심체로 단독 정부 반대와 통일 국가 수립을 목표로 하였다.

　㉡ 김구의 호응 : 김구는 유엔 한국 위원단과 협의한 후 미·소 양군 철수 →

남북요인회담 → 총선에 의한 통일 정부 수립 방안을 제시하여 단독 정부 세력을 놀라게 했다(1948. 1).

③ 결과 : 민족자주연맹은 김구·김규식의 '남북요인회담' 개최를 제안하였으며, 김구는 「삼천만 동포에게 울며 호소함」을 발표하여 통일 정부 수립 의지를 확고히 했다.

(5) 남북 협상(1948. 4. 19~30)
① 배경 : 김구(한국독립당)·김규식(민족자주연맹)이 남북 협상 제안에 대해 북측은 남북 정당 사회단체 대표자 연석회의를 제의하였다(1948. 3).
② 경과 : 김구, 김규식의 북행으로 4金 회담(김구·김규식·김일성·김두봉)이 개최되고 미·소 양군의 철병을 요청하는 결의문이 채택되었으나 미 군정은 이를 거부하였다.
③ 결과 : 돌아온 김구·김규식은 5·10 총선거에 불참하였으며 선거 후 북한의 2차 협상 제의를 김구가 거절함으로써 회담은 실패하였다.

자료 해방 정국을 주도하던 정치 지도자들의 입장 차이

1. 이승만의 정읍 발언(1946. 6)
이제 우리는 무기 휴회된 공동위원회가 재개될 기색도 보이지 않으며, 통일 정부를 고대하나 여의치 않게 되었으니, 남쪽만이라도 임시 정부 혹은 위원회 같은 것을 조직하여 38도선 이북에서 소련이 철퇴하도록 세계 공론에 호소하여야 될 것이니, 여러분도 결심하여야 될 것이다.
〈《서울신문》, 1946. 6. 3〉

2. 김구의 '삼천만 동포에게 읍고함'(1948. 2)
요즈음 우리 땅 한반도에서는 외세에 아첨하는 자들이 떼를 지어 남침이니 북벌이니 하면서 전쟁 얘기만을 획책하고 있지만 실지로 그리되는 날엔 세계 평화의 파괴는 물론이요 동족의 피를 흘려서 외세를 이롭게 하는 것밖에는 아무것도 아니게 될 것이다. …… 한국이 있고야 한국 사람이 있고, 한국 사람이 있고서야 민주주의도 공산주의도 또 무슨 단체도 있을 수 있는 것이다. …… 나는 통일된 조국을 건설하려다 38선을 베고 쓰러질지언정 일신의 구차한 안일을 위하여 단독 정부를 세우는 데는 협력하지 않겠다.

▲ 남북 협상을 위해 38선을 넘는 김구

💡 신탁 통치 문제에 대해 함께 반대 입장을 보였던 김구와 이승만은 정부 수립 방안에 대해서는 첨예한 입장차를 보였다. 이승만은 일찌감치 단독 정부를, 김구는 시종일관 통일 정부 수립을 주장하였다.

사료 전 조선 제 정당·사회 단체 지도자 협의회(남북 협상) 공동 성명

1. 우리 강토에서 외국 군대가 즉시 철거하는 것은 조선 문제를 해결하는 유일한 방법이다.
3. 외국 군대가 철퇴한 이후 모든 정당·사회 단체들은 공동 명의로써 전 조선 정치 회의를 소집하여 조선 인민의 각층 각계를 대표하는 민주주의 임시 정부를 수립할 것이며 …… 이 정부는 …… 통일적 민주 정부를 수립해야 할 것이다.
4. 본 성명서에 서명한 모든 정당·사회 단체들은 남조선 단독 선거의 결과를 결코 인정하지 않을 것이며 지지하지도 않을 것이다.
〈1948. 4. 30〉

💡 남북 협상의 성명은 남쪽의 우익적 정치 세력과 미군정에 의해 거부되었다.

3 대한민국의 수립(1948)과 6·25 전쟁

1. 대한민국 정부 수립(1948)

(1) 5·10 총선거와 제1공화국의 수립

5·10 총선거(제헌국회) 정당별 당선자	
무소속	85
대한독립촉성국민회(이승만계)	55
한국민주당	29
대동청년당(지청천계)	12
조선민족청년당(이범석계)	6
대한노동총연맹(이승만계)	1
대한독립촉성농민총연맹(이승만계)	2
기타	10
총 300석(북한 100석 유보)	200

제1공화국 내각 명단			
대통령	이승만	재무	김도연(한민당)
부통령	이시영(임정)	법무	이인(무소속)
국무총리	이범석(족청)	문교	안호상(무소속)
내무	윤치영(독촉국민회)	사회	전진한(독촉국민회)
외무	장택상(무소속)	교통	민희식(무소속)
상공	임영신(여자국민당)	농림	조봉암(진보)

- 이승만에 협조적이었던 한민당은 1명에 불과
- 임시 정부 계열은 철저히 배제(이시영은 국회 선출)
- 국회의장 신익희, 대법원장 김병로, 조봉암(진보) 입각

> **5·10 총선거 법적 규정**
> 5·10 총선거의 근거가 되었던 최초의 국회 의원 선거법은 1948년 3월 17일 미군정 법령 제 175호로 공포되었다. 이 선거법에 따르면, 먼저 선거권을 만 21세 이상의 국민에게 부여하였으며(제1조), 친일 이력을 가진 자에게는 선거권과 피선거권을 제한하였고 소선거구 제도를 채택하였다.

(2) 제1공화국 헌법의 특징
① 대통령 중심제 : 대통령을 국회에서 선출하는 내각제적 요소가 가미되었다. 임기는 4년이며 1차에 한하여 중임할 수 있었다. 부통령제를 두었다.
② 국회 : 단원제였으며, 임기는 4년이었으나 제헌국회에 한해 임기 2년이 규정되었다.

▲ 5·10 총선거 포스터

▲ 제헌국회 개원식

> **대동청년당을 조직한 지청천 장군 (1888~1957)**
>
>
>
> 1913 일본 육군사관학교 졸업
> 1919 만주로 망명, 신흥무관학교 대장
> 1920 서로군정서에 합류
> 1920 대한독립군단 합류, 자유시로 이동
> 1925 정의부 조직
> 1930 한국독립군 총사령관(쌍성보, 대전자령 전투)
> 1940 한국광복군 총사령관
> 1947 대동청년단 조직
> 1948 제헌국회 의원
> 1948 초대 무임소 장관
> 1950 제2대 국회 의원, 민주국민당

2. 정부 수립 전후의 혼란과 친일파 처리 문제

(1) 제주 4·3 사건(1948. 4. 3)
① 배경 : 단독 선거 반대 시위를 경찰과 우익 단체(서북청년단)가 폭력적으로 진압하는 과정에서 제주도민의 미 군정에 대한 여론이 악화되었다.
② 경과 : 좌익들이 단독 정부 반대를 기치로 무장 봉기하여 일부 지역에서 5·10 총선거가 무산되었다.
③ 결과 : 진압 과정에서 군경의 초토화 작전으로 많은 무고한 양민이 희생되었다 (3만 명 이상 사망 추정).

(2) 여수, 순천 10·19 사건(1948. 10. 19)
① 전개 : 제주 사건을 진압하기 위해 여수 주둔 14연대를 출동시키는 과정에서 군부 내 좌익 세력이 통일 정부 수립 등을 주장하며 봉기하였다.
② 결과 : 진압과 숙군 과정에서 군대 내 좌익 세력을 제거하였지만, 여수와 순천 지역의 무고한 민간인이 많이 희생되었으며 국가보안법 제정(1948)의 직접적 계기가 되었다.

(3) 반민특위의 활동과 좌절

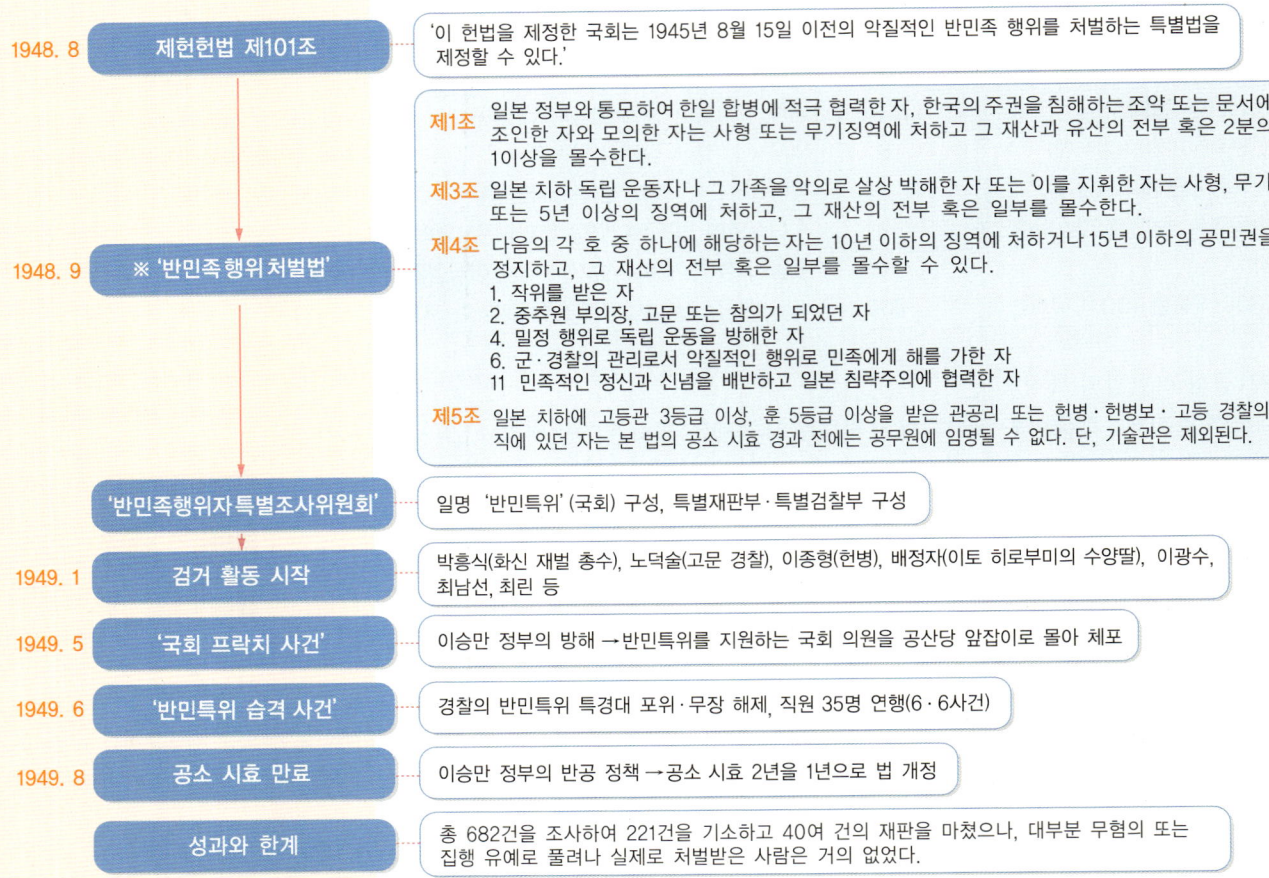

1948. 8	제헌헌법 제101조	'이 헌법을 제정한 국회는 1945년 8월 15일 이전의 악질적인 반민족 행위를 처벌하는 특별법을 제정할 수 있다.'
1948. 9	※ '반민족 행위 처벌법'	제1조 일본 정부와 통모하여 한일 합병에 적극 협력한 자, 한국의 주권을 침해하는 조약 또는 문서에 조인한 자와 모의한 자는 사형 또는 무기징역에 처하고 그 재산과 유산의 전부 혹은 2분의 1이상을 몰수한다. 제3조 일본 치하 독립 운동자나 그 가족을 악의로 살상 박해한 자 또는 이를 지휘한 자는 사형, 무기 또는 5년 이상의 징역에 처하고, 그 재산의 전부 혹은 일부를 몰수한다. 제4조 다음의 각 호 중 하나에 해당하는 자는 10년 이하의 징역에 처하거나 15년 이하의 공민권을 정지하고, 그 재산의 전부 혹은 일부를 몰수할 수 있다. 1. 작위를 받은 자 2. 중추원 부의장, 고문 또는 참의가 되었던 자 4. 밀정 행위로 독립 운동을 방해한 자 6. 군·경찰의 관리로서 악질적인 행위로 민족에게 해를 가한 자 11 민족적인 정신과 신념을 배반하고 일본 침략주의에 협력한 자 제5조 일본 치하에 고등관 3등급 이상, 훈 5등급 이상을 받은 관공리 또는 헌병·헌병보·고등 경찰의 직에 있던 자는 본 법의 공소 시효 경과 전에는 공무원에 임명될 수 없다. 단, 기술관은 제외된다.
	'반민족행위자특별조사위원회'	일명 '반민특위' (국회) 구성, 특별재판부·특별검찰부 구성
1949. 1	검거 활동 시작	박흥식(화신 재벌 총수), 노덕술(고문 경찰), 이종형(헌병), 배정자(이토 히로부미의 수양딸), 이광수, 최남선, 최린 등
1949. 5	'국회 프락치 사건'	이승만 정부의 방해 → 반민특위를 지원하는 국회 의원을 공산당 앞잡이로 몰아 체포
1949. 6	'반민특위 습격 사건'	경찰의 반민특위 특경대 포위·무장 해제, 직원 35명 연행(6·6사건)
1949. 8	공소 시효 만료	이승만 정부의 반공 정책 → 공소 시효 2년을 1년으로 법 개정
	성과와 한계	총 682건을 조사하여 221건을 기소하고 40여 건의 재판을 마쳤으나, 대부분 무혐의 또는 집행 유예로 풀려나 실제로 처벌받은 사람은 거의 없었다.

사료 이승만 정부의 반민특위 활동 방해

국회에서는 치안 혼란을 선동하고 있다. 즉 경찰을 체포하여 경찰의 동요를 일으킴은 치안의 혼란을 조장하는 것이다. 우리가 공산당과 싸우는 것은 그들이 조국을 남의 나라에 예속시키려는 반역 행위를 하기 때문에 싸우는 것이다. 과거에 친일한 자를 한꺼번에 숙청하였으면 좋을 것인데, 기나긴 군정 3년 동안에 못한 것을 지금에 와서 단행하면 앞으로 우리나라가 해나갈 일에 여러 가지 지장이 많을 것이다. 반민특위(반민족행위특별조사위원회)에서 반역자의 징치를 목적으로 한다면 해당자를 비밀리에 조사하여 사법부로 넘겨야 한다. 〈이승만 대통령 담화, 1949〉

이승만 행정부와 경찰은 반민특위의 활동을 공공연히 방해하였으며 급기야 불법적으로 반민특위 특경대를 체포·해산시키는 6·6 사건을 일으켰다.

3. 6·25 전쟁(1950)

(1) 전쟁 전 남한의 혼란
① 정판사 사건(1946) : 조선공산당이 위조 지폐 유통 혐의로 기소되었다.
② 공산당의 반발 : 9월 총파업, 대구 10·1 항쟁, 남로당 결성(1946).
③ 국회 프락치 사건(1949) : 13명의 제헌의회 소장파 의원들이 남로당의 지령을 받아 활동했다는 혐의로 구속되었다. 해당 의원들은 혐의를 부인하였으며 사건의 진상은 명확하게 규명되지 못했다.

(2) 전쟁의 배경
① 국제 정세의 변화 : 중국의 공산화(1949), 주한 미군 철수(1949), 미국의 방위선 작전 개념인 애치슨 라인 선언(1950. 1) 등으로 침략에 유리한 상황이 조성되었다.
② 김일성의 모험주의와 소련, 중공 공산주의 세력의 적극적 지원이 있었다.

▲ 반공 의거와 공산 폭동

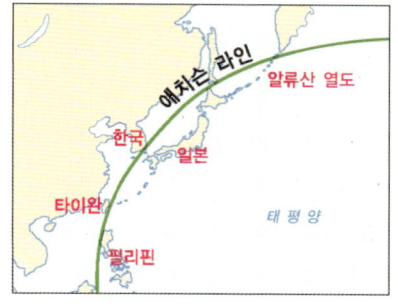

▲ 애치슨 라인(1950. 1)
한국이 방어선에서 제외되었다.

(3) 전개 과정

연도		주요 사항
1949	6. 30	주한 미군 철수
1950	1. 10	애치슨 라인 발표
	6. 25	한국 전쟁 발발
	6. 28	북한군 서울 점령
	7. 15	이승만 대통령 군 작전권 UN군에 이양
	9. 15	유엔군 인천 상륙 작전
	9. 28	서울 수복
	10. 19	국군 평양 탈환
	10. 25	중국 인민해방군 개입
1951	1. 4	북한 지역에서의 전면적 후퇴
1953	6. 18	이승만, 반공 포로 2만 5천 명 석방
	7. 27	휴전 협정(판문점)
	10. 1	한·미 상호방위조약 체결
1954	4. 26	제네바 정치회의 개최 및 결렬

▲ 6·25 전쟁의 전개 과정

(4) **휴전의 성립** : 이승만은 휴전을 반대하고 북진 통일을 주장하였으며, 반공 포로를 석방하는 강수를 두어 전 세계를 놀라게 하면서 미국을 압박하였다. 이에 미국은 한·미 상호방위조약(1953. 10)과 경제 원조·한국군 증강을 제시하였으며 이승만도 이에 동의하여 휴전 협정이 조인되었다(1953. 7. 27).

(5) **전쟁의 영향**

① **정치적 영향** : 분단 체제가 고착화되고, 남북 모두 권위적인 정치 지형이 형성되었으며 동·서 냉전이 심화되었다. 그 결과 휴전 협정에 근거하여 개최된 ==제네바 정치회의==(1954)가 성과 없이 결렬되었다.

② **사회적 변화** : 격심한 인구의 이동으로 전통적 공동체가 붕괴하였으며 서구의 대중 문화가 무분별하게 유입되었다.

> **자료** 휴전과 국제 관계
>
> **1. 한·미 상호방위조약(1953)**
> 각 당사국은 상대 당사국에 대한 무력 공격을 자국의 평화와 안전을 위태롭게 하는 것이라고 인정하고, 공동의 위험에 대처하기 위하여 각자의 헌법상의 절차에 따라 행동한다. 이에 따라 미국은 자국의 육·해·공군을 대한민국 영토 내와 그 부근에 배비(配備)할 수 있는 권리를 갖고 대한민국은 이를 허락한다.
>
> ▶ 한반도 유사시 국제연합을 거치지 않고 미국의 즉각 개입이 가능하였다.
>
> **2. 제네바 정치회담의 근거 조항(1954)**
> 정전 협정 성립 후 3개월 이내에 고위급 정치회담을 개최할 것을 권고한다. 관계 각국 정부는 이 회담에서 모든 외국 군대를 한국에서 철수시키는 사항과 한국 문제 및 기타 문제를 평화적으로 해결하는 사항을 고려하도록 요청한다.
> 〈정전 협정 제60조, 1953. 7. 27〉

제네바 정치회의(1954)
6·25 정전 협정의 결의에 따라 한국의 통일 문제와 인도차이나 문제를 토의하기 위해 스위스 제네바에서 열린 회의로 유엔 참전 16개국과 한국·북한·중국·소련이 참가했다. 한국은 '유엔 감시하의 남북한 자유 총선거 실시' 등을 골자로 하는 〈한국 통일에 관한 14개 원칙안〉을 제안했으나 북한은 '외국군의 철수 및 감군' 등을 포함한 6개항을 주장하였다. 성과 없이 회담은 결렬되었고 16개국은 대표단을 철수시킴으로써 회의는 성과 없이 끝났다.

민주주의의 시련과 발전

02

1 제1공화국(1948~1960)과 4·19 혁명

1. 이승만 정부의 독재화

(1) **발췌 개헌**(1952) : 대통령(부통령) 직선제와 양원제 국회를 규정하였으며, 대통령 직선제 정부안과 내각 책임제 국회안을 발췌·혼합하였다.

배경	제2대 국회 의원 선거(1950. 5)에서 **이승만 계열 대거 낙선** → 국회 의원에 의한 대통령 선출 시 재선의 가능성이 희박해짐 → 대통령 **직선제 개헌의 필요성** 대두		
과정 및 결과	1951년	11	이승만 정부, 대통령 직선제 개헌안 제출
		12	자유당(여당) 창당
		1	정부의 직선제 개헌안 부결(찬 19, 반 143, 기 1)
	1952년 (**부산 정치 파동**)	4	야당(민주국민당), 내각제 개헌안 제출, **지방자치법에 의한 최초의 지방 의회 구성**(시, 읍)
		5	**비상 계엄 선포** → 내각제 개헌 주동 의원 공산당으로 몰아 구속
		7	**발췌 개헌 : 대통령 직선제, 양원제 가결**(찬 163, 반 0, 기 3)
		8	제2대 대통령 선거 : 대통령 이승만(자유당), 부통령 함태영(무소속) ※부통령 후보 이범석(자유당)은 이승만의 견제로 낙선

(2) **사사오입 개헌**(1954) : 초대 대통령에 한해 3선 금지 조항 폐지

배경	이승만의 대통령 연임 야욕 → 초대 대통령에 한해 **3선 금지 조항 폐지** 추진		
과정	1954	11	• 개헌안 표결 : 부결(찬 135, 반 60, 기 7, 결 1) • 개헌안 통과에 필요한 국회 의원 수 : 재적 203명×2/3= 135.333, 즉 136명 → **사사오입(四捨五入)으로 통과 선언**(인간은 나눌 수 없으므로 135명도 가능하다고 주장)
이후의 정국 추이	1955	9	민주당(야당) 창당 : 신익희, 장면, 조병옥 등
	1956	5	**제3대 대통령 선거 : 대통령 이승만(자유당), 부통령 장면**(민주당) ※자유당 부통령 후보 이기붕 낙선, 민주당 대통령 후보 신익희 선거 도중 사망
	1958	2	**진보당사건** : 진보당의 등록을 취소
		12	**보안법 파동**('신국가보안법'으로 반공 체제 강화) : 언론과 야당 탄압
	1959	4	언론 탄압 : 야당지 〈경향신문〉 폐간, 지방자치단체장 직선제 폐지
		7	진보당 당수 **조봉암** 간첩 혐의로 처형

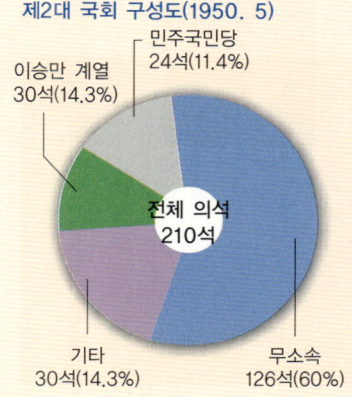

제2대 국회 구성도(1950. 5)
- 민주국민당 24석(11.4%)
- 이승만 계열 30석(14.3%)
- 전체 의석 210석
- 기타 30석(14.3%)
- 무소속 126석(60%)

중앙 선거 관리 위원회, 2012

부산 정치 파동(1952)
1950년 5월 30일 선거에서 야당이 압승하여 이승만의 재선이 어려워지자 1951년 11월 30일 정부는 대통령 직선제 개헌안을 국회에 제출하였으나 부결되었다. 그러자 1952년 임시 수도 부산에서 계엄령을 선포하고 경찰과 군인을 동원하여 국회의사당을 포위한 가운데 대통령 직선제 정부안과 내각책임제 국회안을 발췌·혼합한 '발췌 개헌안(拔萃改憲)'을 강제로 통과시킨 정치 파동이다.

조봉암(1898~1959)
강화에서 출생. 강화보통학교와 농업보습학교를 졸업하고 상경, 3·1 운동에 참여하여 1년간 복역했다. 일본 중앙대에서 공부하고 흑도회에 참여, 사회주의 이념을 수용했다. 1925년 제1차 조선공산당 중앙 간부로 활약하다 공산청년회 대표로 모스크바 동방 노력자 공산대학에서 2년간 유학했다. 귀국하여 ML당을 조직 활약하다 체포되어 7년간 복역했다. 해방 이후 조선공산당 중앙 간부로 있다가 1946년 박헌영에게 보내는 공개 서한을 발표하고 탈당 전향하였다. 제헌국회 의원, 초대 농림부 장관을 역임했으며 2·3대 대통령 선거에 출마 낙선했다. 1956년 진보당 창당. 1959년 간첩 혐의로 사형되었다. 2011년 재심으로 무죄가 선고되었다.

> **자료** 3대 대통령 선거(1956)와 진보당 사건

1. 각 당의 선거 구호

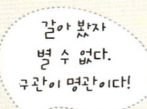
못살겠다. 갈아 보자!

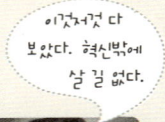
갈아 봤자 별 수 없다. 구관이 명관이다!

이것저것 다 보았다. 혁신밖에 살 길 없다.

▲ 민주당(신익희)   ▲ 자유당(이승만)   ▲ 진보당(조봉암)

2. 진보당 사건

1958년 1월 조봉암을 비롯한 진보당의 전 간부가 북한의 간첩과 내통하고 북한의 통일 방안을 주장했다는 혐의로 구속 기소된 사건이다. 1956년 대통령 선거에서 진보당 조봉암이 4년 전보다 무려 3배 이상의 득표(30%인 216만 표)를 하며 강력한 경쟁자로 등장하자 이에 위협을 느낀 이승만과 자유당은 조봉암을 제거하기 위해 사건을 조작, 일련의 정치 재판을 진행하여 1959년 2월 대법원 사형 확정 판결로 이끌었다. 각계의 구명 노력에도 불구하고 1959년 7월 31일 조봉암의 사형이 집행되었다. 이는 정적을 제거하려는 이승만의 사법 살인이었다. 2011년 열린 재심에서는 그의 간첩 혐의에 대해 무죄가 선고되었다.

2. 4·19 혁명(1960)

(1) **배경** : 제4대 대통령 선거가 실시되어 자유당(여당)은 이승만·이기붕 ↔ 민주당(야당)은 조병옥·장면이 출마하였으나 조병옥 후보는 선거 도중 **병으로 사망**하였다.

(2) **원인** : 자유당 이기붕을 부통령에 당선시키기 위한 3·15(1960) 부정 선거가 자행되었다.

(3) **진행 과정**

	3. 15	민주당 선거 무효 선언, 1차 마산 시위
	4. 11	마산상고 1학년 김주열 시체 떠오름, 2차 마산 시위, 경찰 공산당의 선동으로 발표
	4. 19	경무대로 향한 대규모 도심 시위, **경찰 무차별 총격, 사망 21명**
1960	4	• **교수들의 시국 선언문 채택**(4. 25) • 이승만 "국민이 원한다면 물러나겠다."는 **하야 성명 발표**(4. 26) • 이승만 사퇴, 대통령 권한 대행 허정 임명 → 허정 과도 정부 수립(4. 27) • 이기붕 일가 자살(4. 28)
	5. 29	이승만, 하와이로 망명
	6. 15	**내각책임제(양원제)** 개헌안 국회 통과 → 참의원(상원), 민의원(하원, 국무총리 선출)
	7. 29	총선거 → 민주당(여당) 압승(175/233명)
	8. 19	제2공화국 탄생(민주당 정권) : **국무총리 장면** 당선, **4대 대통령 윤보선**(국회 선출)

(4) **의의**

① 학생과 시민이 중심이 되어 독재 정권을 무너뜨린 **아시아 최초의 민주 혁명**이었다.
② 한국 민주주의 발전의 초석이 되었으며, 통일 운동을 활성화시키는 계기가 되었다.

김주열 사망 사건

3·15 부정 선거에 대한 시위가 전국적으로 벌어지던 즈음 마산에서 시위에 참여했던 마산상고 김주열 군이 실종되었다. 가족과 친구들의 수색에도 행방을 알 수 없었으나 4월 11일 한쪽 눈에 최루탄이 박힌 참혹한 모습의 김주열의 시신이 마산 앞바다에서 떠올랐다. 경찰의 소행이 분명해지자 마산 시민들을 중심으로 한 격렬한 시위가 벌어졌고 수그러들던 부정 선거 규탄 시위가 전국적인 정권 타도 투쟁으로 변화되면서 4·19 혁명의 불길로 번져나가게 되었다.

최초의 양원제 국회 구성

대통령제에서 내각 책임제로 개헌(3차 개헌)이 이루어진 후 초대 참의원(상원) 58명과 제5대 민의원(하원) 233명이 선출되어 최초의 양원제 국회가 구성되었다.

> **사료** 4.19 혁명의 전개

1. 학생들의 시국 선언

민주주의와 민중의 공복이며 중립적 권력체인 관료와 경찰은 민주를 위장한 가부장적 전제 권력의 하수인으로 발 벗었다. 민주주의 이념의 최저의 공리인 선거권마저 권력의 마수 앞에 농단되었다. 언론·출판·집회·결사 및 사상의 자유의 불빛은 무식한 전제 권력의 악랄한 발악으로 하여 깜박이던 빛조차 사라졌다.

〈서울대학교 문리대학생회 4·19 선언문, 1960〉

▲ 4·19 혁명(1960)

2. 시위의 분수령이 된 교수들의 시국 선언
- 이 데모를 공산당의 조종이나 야당의 사주로 보는 것은 고의의 왜곡이며 학생들의 정의감 모독이다.
- 합법적이요 평화적인 데모 학생들에게 총탄과 폭력을 주저 없이 남용하여 공전의 민족 참극을 빚어낸 경찰은 자유와 민주를 기본으로 한 대한민국의 국립 경찰이 아니라 불법과 폭력으로 권력을 유지하려는 일부 정치 집단의 사병이다.
- 누적된 부패의 부정과 횡포로써 민권을 유린하고 민족적 참극과 국제적 수치를 초래한 현 정부와 집권당은 그 책임을 지고 물러가라.
- 3·15 선거는 불법 선거이다. 공명선거에 의하여 정·부통령 선거를 다시 실시하라.

〈4·19 당시 대학 교수단의 시국 선언문 일부〉

2 제2공화국(1960~1961)

1. 장면 내각의 취임

(1) 개혁 시도

① 각종 규제 완화 : 노동 운동의 활성화(교원 노조 설립)와 통일 운동이 활발히 진행되고 사회 각계의 거센 민주화 움직임이 분출되었다.

② 경제 제일주의 : 장기 ==경제 개발 계획==을 수립하고, 국토 개발 사업에 착수하였다 (1961).

③ 혁명 입법 : 부정선거관련자처벌법, 부정축재자특별처리법을 제정하고, 지방 자치의 실시와 평화 통일론을 구상하였다.

(2) 제2공화국의 한계

① 정국(政局) 대처 미흡 : 4·19 혁명의 여파로 인한 혼란을 적절히 통제하지 못하였고 박정희의 군부 쿠데타에 무력하게 무너지면서 9개월간의 짧은 집권 기간에 그치고 말았다.

② 리더십의 결여 : 사회 혼란의 와중에 민주당 신파(장면)·구파(윤보선)가 분열하고 민주당 구파의 신민당이 창당되었다.

③ 4·19 혁명 이념의 실천에 소극적 : 국민의 기대와는 달리 부정 선거 책임자·부정 축재자 처벌에 소극적이었으며, 통일 운동과 민주화 시위를 탄압하였다.

경제 개발 계획

민주당 정부는 이승만 정부 때 부터 준비해오던 장기 경제 개발 계획의 입안을 서둘러 이를 완성하였다. 이를 바탕으로 박정희 군사정부때인 1962년 1월 부터 제1차 경제 개발 계획이 추진되었다.

2. 5·16 군사 정변(1961)과 군정의 실시

연도	월	내용
1961	5. 16	군사 정변 → **군사혁명위원회**(의장 장도영, 부의장 박정희)
	5	장면 내각 사퇴, 혁명위원회 → **국가재건최고회의**(직속 기구로 중앙정보부)
	7	• 최고회의 **의장 박정희** 취임 • '반공법' 공포 : 진보적 지식인, 노조, 학생 간부 등 체포
1962	1	**제1차 경제 개발 5개년 계획의 시작**
	3	• '정치활동정화법' : '구정치인'에 대한 정치 활동 규제 • 윤보선 대통령 사임 : 박정희 최고회의 의장 대통령 권한 대행
	6	**통화 개혁** : '환' → '원'(지하 자금 양성화 시도 → 실패)
	12	헌법 개정안 국민 투표로 가결 : 대통령 중심제(4년 1차 중임), 단원제
1963	2	**민주공화당** 창당(대통령 후보 박정희 민정 참여)
	5	민정당(야당) 창당(대통령 후보 윤보선)
	10	※제5대 대통령 선거 : 박정희 당선(470만 표, 윤보선 454만 표)
	11	국회 의원 선거 : 민주공화당 승리(110/175명)
	12	제3공화국 수립

> **군정 최고 기구인 국가재건최고회의**
> 군사 정변이 성공하여 안정화되자 정변 직후의 군사혁명위원회를 확대한 최고 통치 기구인 국가재건최고회의가 발족되었다. 박정희를 의장으로 한 이 기구는 군정 최고 중심 기구로써 대통령 중심제의 개헌을 단행하는 등 무소불위의 권력을 행사하였다.

사료 5.16 군사 정변과 군정

1. 군사혁명위원회의 혁명 공약
1. 반공을 국시의 제일로 삼고, 형식적이고 구호에만 그친 반공 체제를 재정비 강화한다. ⇒ 반공
2. 미국을 위시한 자유 우방과의 유대 관계를 더욱 견고히 한다. ⇒ 친미
3. 사회의 모든 부패와 구악을 일소하고 청신한 기풍을 진작한다.
4. 국가 자주 경제 재건에 총력을 경주(競走)한다. ⇒ 경제 성장
5. 공산주의와 대결할 수 있는 실력 배양에 전력을 집중한다.
6. 과업이 성취되면 참신하고 양심적인 정치인들에게 정권을 이양한다.

〈군사혁명위원회, 1961. 5. 16〉

2. 박정희의 민정 참여 선언(1963)
본인은 군사 혁명을 일으킨 책임자로서 이 중대한 시기에 처하여 일으킨 혁명의 결말을 맺어야 할 역사적 책임을 통감하면서 2년에 걸친 군사 혁명에 종지부를 찍고 혁명의 악순환이 없는 조국 재건을 위하여 항구적 국민 혁명의 대오, 제3공화국의 민정에 참여할 것을 결심하였습니다. …… 다시는 이 나라에 본인과 같은 불운한 군인이 없도록 합시다.

3 제3공화국(1963~1972)

1. 박정희 정부의 국정 지표
① 경제 제일주의 : 조국 근대화의 구호 아래 성장 위주의 공업화 정책을 추진하였다.
② 국가 안보 : 반공(反共)을 국시로 내세웠다.

2. 한·일 국교 정상화(1965)
(1) 배경 : 경제 개발에 필요한 자금을 확보하려 하였다.

(2) 김종필 – 오히라 각서(1962)
① 무상 원조 3억 달러를 '독립 축하금' 명목으로 10년에 걸쳐 제공한다.
② 유상 원조 정부 차관 2억 달러, 상업 차관 1억 달러를 제공한다.
(3) '6·3 시위'(1964) : 굴욕적인 대일 외교에 대한 학생들의 반발로 계엄령, 휴교령이 내려지고 김종필은 사임하였다.
(4) 한·일 협정의 체결(1965. 6)과 문제점
① 일본의 명확한 배상이나 사죄 없이 체결되었다.
② 문화재 반환, 군대 위안부, 원폭 피해자 배상, 재일 동포의 법적 지위 확보 등은 소홀하였으며, 독도 문제는 포함되지 않았다.

> **자료 한·일 기본 조약(1965년 한·일 협정)**
> 1. 한·일 양국은 외교 및 영사 관계를 수립하고 대사급 외교 사절을 교환한다.
> 2. 1910년 및 이전에 한·일 양국 간에 체결된 모든 조약 및 협정은 무효임을 확인한다.

▲ 한·일 협정 반대 시위 (6·3 사태)

3. 베트남 파병(1964~1973)

(1) 현황 : 1964년 의무 부대가 최초로 파견된 이후 1965년에는 전투 병력이 파병되었으며, 1973년에는 약 5만 명에 이르렀다.
(2) 브라운 각서(1966) : 한국군 전투 부대의 증파 요청
① 미국 측 : 한국군의 현대화, 차관 제공 및 군사 원조 제공을 약속하였다.
② 한국 측 : 베트남 참전 병력을 증파하고, ==베트남 특수를 통한 경제 성장==과 한·미 동맹 강화를 추구하였다.
(3) 후유증 : 수많은 장병의 희생(전사자 5,000여 명, 부상 1만여 명)과, 베트남 민간인 학살, 고엽제 문제 등이 발생하였다.

베트남 파병의 경제적 효과
베트남 파병의 또 다른 성과는 그것이 한국 경제 성장의 주춧돌이 되었다는 점이다. 베트남 파병으로 벌어들인 외화는 약 10억 달러. 당시의 화폐 가치를 고려할 때, 대단한 액수임에 틀림없다. 그 중 상당 부분은 군인들의 봉급이었다. 한국군은 사령부가 직접 군인들의 봉급을 관리하면서 본국으로 송금시켰다. 1972년까지 송금된 파월 한국군의 봉급 총액은 2억 달러가 넘었으며 그 중 40%가 은행에 저축되었다. 전사자나 부상자에게 지급된 보상금 송금액은 1972년까지 총 6,500만 달러였는데 문자 그대로 목숨값, 피값이었다. 파병의 경제적 효과는 계산에 따라 조금씩 다르지만 적게는 30억 달러, 많게는 100억 달러로 추산한다.

> **자료 제3공화국의 국민교육헌장(1968) 선포**
> 우리는 민족 중흥의 역사적 사명을 띠고 이 땅에 태어났다. 조상의 빛난 얼을 오늘에 되살려, 안으로 자주 독립의 자세를 확립하고, 밖으로 인류 공영에 이바지할 때다. 이에, 우리의 나아갈 바를 밝혀 교육의 지표로 삼는다. …… 반공·민주 정신에 투철한 애국애족이 우리의 삶의 길이며, 자유 세계의 이상을 실현하는 기반이다. 길이 후손에 물려줄 영광된 통일 조국의 앞날을 내다보며, 신념과 긍지를 지닌 근면한 국민으로서, 민족의 슬기를 모아 줄기찬 노력으로 새 역사를 창조하자.   〈대통령 박정희, 1968. 12. 5〉

▲ 국민교육헌장 선포식(1968)

  취지는 민족 주체성 확립이었으나, 집단주의·국수주의로 비판받기도 하였다. 1994년 폐기되었으며, 2003년 노무현 대통령 때 기념일(12월 5일)마저 폐지되었다.

4. 박정희 정부의 영구 집권 기도

(1) **6대 대통령 선거**(1967) : 경제 성장에 힘입어 박정희가 **야당 후보 윤보선**을 누르고 재선에 성공했다. 총선에서도 민주공화당이 압승을 하여 개헌선을 확보하였다.

(2) **3선 개헌**(1969)

① 배경 : 한반도 긴장 고조(1968)와 박정희의 권력욕

  ㉠ 1·21 사태 : 김신조 등 북한의 무장 공비 31명이 **청와대 습격**을 시도하였다. 이후 정부는 **향토예비군**을 창설하였다(1968).

  ㉡ 푸에블로호 사건(1. 23) : 미 첩보함 푸에블로호가 원산 앞바다에서 **북한에 납치**되었다.

② 경과 : 대통령 3선 금지 조항이 삭제된 개헌안이 국민 투표를 통과하였다(찬성 65%).

(3) **7대 대통령 선거**(1971) : 박정희가 신민당 김대중 후보를 누르고 당선되었으나, 국회 의원 선거에서는 민주공화당(여당) 113석, 신민당(야당) 89석을 확보하여 야당이 선전하였다(독재 견제 심리 작용).

1968년 한반도 긴장과 3선 개헌

1968년 한반도는 전쟁 일보 직전의 상황이었다. 미·소 냉전이 절정에 이르고 이에 편승한 북한의 모험주의 대남 정책의 결과 한반도의 평화를 위협하는 사건들이 연이어 일어났다. 북한 무장 게릴라의 청와대 습격 사건, 미국 정보 수집함 푸에블로호의 강제 납치, 울진·삼척 무장 공비 침투 사건 등으로 미국, 북한, 남한 모두 전시 상태에 돌입하는 분위기였다. 박정희의 3선 개헌은 이런 분위기에서 순조롭게 진행되었다.

사료 박정희의 3선 개헌(1969)

현직 대통령으로서, 임기가 2차로만 제한되어서는, 그 어느 대통령도 소신 있는 국정을 다할 수 없다는 것이 나의 의견이다. …… 헌법에 주어진 기회를 다하고 못하고는 차치하고 적어도 3차에 걸친 임기만큼은 그 기회를 주는 것이 대통령 중심제의 헌정에 있어서 절실히 요청되며, 특히 발전도상에 있는 우리나라 형편으로서는 더욱 절실한 것으로 본다.

👉 국민과 야당은 3선 개헌을 적극적으로 반대하였으나 집권당인 공화당은 1969년 9월 14일 야당 의원들이 시위하던 국회 본회의장이 아닌 별관에서 개헌안을 편법으로 통과시켰다.

---

4 유신과 제4공화국(1972~1980)

1. 10월 유신(1972)

(1) 배경

① 국내 : 야당의 성장, 경기 침체, 물가 상승, 시위 증가 등 어려움에 직면하여 영구 집권을 도모하였다.

② 국외 : 닉슨 독트린이 발표되고 냉전 체제가 완화되기 시작했다.

(2) 성립 : 비상계엄을 선포하고 국회를 해산하였으며 정당 및 정치 활동을 금지하고, 10월 유신을 선포하였다.

(3) 10월 유신의 진행 과정

1971	2	제3차 경제 개발 5개년 계획
	8	광주(현재의 성남) 대단지 사건 발생
	9	남북적십자회담 → 남북 이산가족 찾기 운동
	12	• 국가보안법 → 비상사태 선포 • 새마을 운동 전국 운동으로 확대
1972	7	7·4 남북공동성명 → 남북조절위원회 설치
	10	'10월 유신' → 비상계엄 선포, 국회 해산
	11	국민 투표 → 유신 헌법 확정
	12	※8대 대통령 선출 : 통일주체국민회의(99.9% 찬성, 장충 체육관 선거)

▲ 새마을 운동 로고

광주 대단지 사건(1971. 8)
경제 성장에 따른 서울의 급격한 도시화로 인해 도시 빈민이 급증하자 박정희 정부는 경기도 광주(지금의 성남시)에 대단지를 건설하고 서울의 철거민들을 강제 이주시켰다. 하지만 과중한 이주민 분양가와 열악한 기반 시설로 인하여 불만이 고조된 주민들이 폭동을 일으켜 공권력을 해체시키고 도시를 점거하였다. 정부의 회유로 3일 만에 진정되었으나 상당수의 주민이 구속되었다. 이 사건은 산업화·도시화에 따른 실업 문제 같은 70년대의 사회 구조적 모순이 집약적으로 표출된 사건이었다.

자료 1. 닉슨 독트린(1969)
- 미국은 앞으로 베트남 전쟁과 같은 군사적 개입을 피한다.
- 미국은 아시아 각국과의 조약상 약속을 지키지만, 강대국의 핵에 의한 위협의 경우를 제외하고는 내란이나 침략에 대하여 아시아 각국이 스스로 협력하여 그에 대처하여야 할 것이다. ⇒ 냉전 체제 종식, 데탕트(긴장 완화)

2. 비상사태 선언에 즈음한 특별 담화문
이제 일대 개혁의 불가피성을 염두에 두고 우리의 정치 현실을 직시할 때 나는 정상적인 방법으로는 도저히 이 같은 개혁이 이루어질 수 없다는 판단을 내리게 되었습니다. …… 이에 나는 평화 통일이라는 민족의 염원을 구현하기 위하여 …… 약 2개월간의 헌법 일부 조항의 효력을 중지시키는 비상 조치를 국민 앞에 선포하는 바입니다. ⇒ 유신 체제
〈박정희, 1972. 10. 17〉

(4) 유신 헌법의 골자(제4공화국, 1972~1980)
① 대통령에게 초헌법적 권한 부여
  ㉠ 헌법보다 우선하는 긴급조치권이 규정되었다.
  ㉡ 국회 해산권과 국회 의원(유정회) 및 법관 1/3 추천권을 갖게 되었다.
② 대통령 간선제
  ㉠ 국민이 선출한 통일 주체 국민 회의 대의원에 의한 간접 선거
  ㉡ 임기 6년, 중임 제한이 철폐되어 영구 집권이 가능하였다.
③ 성격 : 유신 헌법은 대통령이 3권을 모두 장악하고, 종신 집권을 가능하게 한 유례없는 독재적 헌법이었다.

유정회
통일 주체 국민 회의에서 의장이 추천하여 추인된 국회 의원들이 구성한 교섭 단체인 유신정우회의 약칭이다.

통일 주체 국민 회의
유신 헌법에 의해 설치된 헌법 기관으로, 국민의 직접 선거에 의해 선출된 대의원으로 구성되었다. 의장은 대통령이 겸임했으며 대의원의 무기명 투표에 의한 대통령 선출, 국회 의원 정수의 1/3 선출(의장이 추천한 인물에 대한 찬반 투표), 헌법 개정안의 최종 확정권 등 막강한 권한을 가지고 있었다.

자료 긴급조치권
① 유신 체제에서 대통령이 헌법의 일부 기능을 정지시킬 수 있는 권한
② 대통령이 '천재지변 또는 중대한 재정·경제상의 위기에 처하거나 국가의 안전 보장 또는 공공의 안녕 질서가 중대한 위협을 받거나 받을 우려가 있어 신속한 조치를 할 필요가 있다고 판단할 때' 시행할 수 있도록 규정
③ 유신 체제에 도전하는 민주화 운동을 탄압하는 수단으로 사용되었다.
④ 긴급조치는 모두 9차례 선포되었는데, 1호(1974)는 유신 헌법에 대한 비판이나 개헌 주장을 일체 금지하는 것이었고, 긴급조치 4호(1974)는 반정부 운동 단체인 전국 민주청년학생총연맹(민청학련)의 가입 및 활동과 대학생들의 집회, 시위를 금지하는 조치였다. 긴급조치 9호(1975)에서는 유신 헌법에 대한 논란마저 포괄적으로 금지하였다.

▲ 긴급조치권의 발동

(5) 유신 체제에 대한 저항 일지

1973	8	김대중 납치 사건(일본에 체류하던 김대중을 정보부가 암살시도 → 실패)
1974	1	긴급조치 1호(영장 없이 체포 가능)~1975년 9호까지 발표
	4	민청학련 사건 : 민주화 운동 탄압, 민중 봉기 혐의로 학생 180명 구속
	8	육영수 여사 피격
1975	2	유신 헌법에 대한 찬반 국민투표 → 찬성 73%
1976	3. 1	3·1 민주구국선언(명동 사건) : 윤보선, 함석헌, 김대중, 문익환 등 정권 퇴진 운동
1978	7	※9대 대통령 선출 : 99.9% 찬성으로 박정희 선출
	12	국회 의원 선거 → 야당인 신민당이 득표율에서 여당인 공화당을 앞지름
1979	8	경찰, 신민당사에서 농성 중인 YH무역 여공 강제 진압 과정에서 여공 1명 사망
	10	• 국회, 야당 총재 김영삼 의원 제명 • 부마 항쟁 : 부산과 마산에서 대규모 반정부 시위 • 10·26 사태 : 박정희 대통령 김재규 중앙정보부장에 의해 피격 사망

3·1 민주구국선언(명동 사건)
1976년 명동성당에서 열린 '3·1절 기념 미사 및 기도회'에서 발표된 성명이다. 서명자는 함석헌, 윤보선, 정일형, 김대중 등 10명이었으며 긴급조치 철폐, 민주 인사 석방, 언론·출판·집회의 자유, 사법권의 독립 등과 박정희 정권 퇴진을 요구하였다. 유신 정권은 이를 '일부 재야 인사들의 정부 전복 선동 사건'으로 규정하면서 관련자 20명을 긴급조치 9호 위반으로 구속했다. 반 유신 운동이 조직화 되는 계기가 된 사건이었다.

5 5·18 광주 민주화 운동과 제5공화국의 강압 정치

1. 5·18 민주화 운동(1980)

(1) 배경 : 전두환이 이끄는 신군부 세력이 12·12 쿠데타(1979)를 일으키자, 계엄령 해제와 민주화를 요구하는 대규모 시위가 전개되었으며(서울의 봄), 신군부는 계엄령을 전국적으로 확대하고 정권 장악에 나섰다(1980. 5. 17).

(2) 광주 민주화 운동(1980. 5. 18~5. 27)

① 경과 : 광주 시민을 계엄군인 공수 부대가 무차별 살상하여 엄청난 인명 피해가 발생하고, 이에 시민들이 자체 무장을 하여 계엄군과 정면으로 맞서 싸우는 초유의 사태가 발생하였다.

② 진압 : 시민의 저항에 밀린 공수 부대가 철수하였으나 광주는 고립되었으며, 군사 작전권을 가지고 있던 미국이 신군부의 광주 진압을 동의함으로써 계엄군이 진주하였다(1980. 5. 27).

(3) 광주 민주화 운동의 의의

① 1980년대 민족 민주 운동의 분수령이 되었다.
② 한국인의 미국에 대한 인식 변화의 계기가 되었다.

> **사료** 5·18 광주 민주화 운동 당시의 「투사회보」 격문
>
> 우리는 왜 총을 들 수밖에 없었는가? 그 대답은 너무 간단합니다. 너무나 무자비한 만행을 더 이상 보고 있을 수만 없어서 너도 나도 총을 들고 나섰던 것입니다. 그러나 아! 이럴 수가 있단 말입니까. 계엄 당국은 18일 오후부터 공수 부대를 대량 투입하여 시내 곳곳에서 학생, 젊은이들에게 무차별 살상을 자행하였으니! …… 너무나 경악스러운 또 하나의 사실은 20일 밤부터 계엄 당국은 발포 명령을 내려 무차별 발포를 시작했다는 것입니다. 〈시민군인 우리는 왜 총을 들 수밖에 없었는가!〉
>
> 💡 시민들이 무장을 통해 자신을 지킬 수밖에 없었던 이유가 잘 나타나있다. 5·18 민주화 운동은 비록 신군부 세력에 의해 진압되었지만 시민이 자발적으로 국가 폭력에 맞서 싸웠다는 점에서 80년대 민주화 운동의 상징적 사건으로서 한국 현대사의 분수령이 되었으며 대외적으로도 제3세계 민주화 운동에 커다란 영향을 미쳤다.

(4) 신군부의 정권 장악 과정

1979	12	※10대 대통령 최규하 선출
	12. 12	**12·12 사태** : 신군부(전두환 소장) 쿠데타 → 정승화 육참 총장 체포
1980	5	'서울의 봄' : 서울역 대규모 민주화 시위(유신 헌법 폐지, 계엄 철폐, 신군부 퇴진 요구)
	5. 17	'비상계엄 전국 확대', 3김(김대중 내란 음모죄, 김종필 부정 축재, 김영삼 연금) 탄압
	5. 18 이후	• '광주 민주화 운동' → 계엄군을 동원하여 시민군 진압 • 국보위(국가보위비상대책위원회) 설치 • 정치 활동 규제, 언론 통폐합(TBC 동양방송 → KBS), 민주화 교수 및 기자 해직 • **삼청 교육대** : 신군부가 '사회악 일소'를 내걸고 폭력배 등을 강제 군부대 훈련 교육
	8	※11대 대통령(통일 주체 국민 회의) → 국보위 상임위원장 전두환 선출 (99.9% 찬성)
1981	1	민주정의당 창당(총재 전두환)
	2	※12대 대통령(대통령 선거인단 투표) → 전두환 당선(7년 단임, 간접 선거) → 제5공화국

12·12 사태
국군 보안 사령관 전두환, 9사단장 노태우 중심의 신군부 세력이 자신들의 사조직인 '하나회' 장교들을 동원하여 지휘 계통을 무시하고 최규하 대통령을 겁박하여 무력화시키고 계엄 사령관인 정승화 참모 총장 등을 연행한 군사 반란 사건이다. 이후 전두환은 정보 라인과 군권을 장악하고 정치적 실권을 휘둘렀다.

삼청 교육대 강제 수용자들의 피해
신군부가 '사회악 일소'를 내걸고 폭력배 등을 강제로 군부대로 끌고 가 혹독한 훈련을 시켰으나, 재야 인사·광주 관련자·대학생·일반 시민 등도 상당수 포함되었다.

국방부가 국회에 제출한 삼청 교육대 자료

피해자 배상 청구 접수 결과

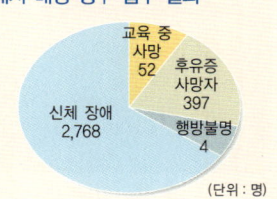

2. 전두환 정부의 정책(1981~1987)

① 국정 지표 : '정의 사회 구현'과 '복지 사회 건설'을 내세웠다.
② 민주주의 억압 : 민주화 운동·노동 운동·언론 등에 대한 전 방위적 탄압이 가해졌다.
③ 유화책 : 국풍 81(관제 축제 행사), 프로야구 출범, 야간 통행 금지 해제, 학도 호국단 폐지, 학생의 날 부활, 해외여행 자유화, 교복 자율화, 장발 단속 완화, 정치 규제 해금, 해직 교수 복직, 독립기념관 건립 등의 정책이 시행되었다.
④ 정치 : 잇따른 권력형 부정부패·비리가 만연하였다.
⑤ 경제 : 3저 호황(저금리, 저유가, 저달러)으로 경제 상황이 호전되었다.

6 6월 민주 항쟁

1. 6월 민주 항쟁의 전개 과정

1985	1	신한민주당(김영삼·김대중) 제1야당으로 약진
1986	7	'부천 경찰서 성고문 사건'
1987	1	'박종철 고문 치사 사건' : 서울대생 박종철 물고문 치사
	4	'4·13 호헌 조치' : 대통령 간선제 유지 발표
	5. 27	야당과 재야의 연합 기구인 '민주헌법쟁취 국민운동본부'가 발족
	6. 10	6월 민주 항쟁('6·10 항쟁') : 호헌 철회, 직선제 개헌 요구, 연세대생 이한열 사망
	6. 29	'6·29 선언' : 대통령 직선제 개헌 약속, 김대중 사면 복권

박종철 고문 치사 사건
서울대생이던 박종철이 경찰에 의해 서울 남영동의 대공분실 건물로 연행되어 외부와의 연락이 차단된 채로 물고문을 받던 중 숨졌다. 경찰은 이 사건을 은폐하기 위해 급급했는데, 수사 과정에서 '탁' 하고 책상을 치니 '억' 하고 쓰러졌다는 웃지 못할 내용의 발표가 이어졌다. 폭압적 살인 정권에 대한 전 국민적 분노가 일어났고 6월 민주 항쟁의 도화선이 되었다.

이한열의 사망
1987년 6월 9일 연세대 정문에서 경찰과 대치하여 시위를 벌이던 이한열이 경찰이 쏜 최루탄에 맞아 의식을 잃었는데(7월 5일 사망), 이 사건은 6월 항쟁을 더욱 격화시키는 불쏘시개 역할을 하였다.

※ 13대 대통령 선거
① 직선제(5년 단임)
② 3김 분열(야당 단일화 실패)
③ 제6공화국 수립(1988~)
④ 최초의 여소야대(與小野大)

대선 득표율 (1987)
- 노태우(민주정의당) 36.6
- 김영삼(통일민주당) 28.0
- 김대중(평화민주당) 27.0
- 김종필(신민주공화당) 8.1
- 기타 0.3
(단위 : %)

▲ 제13대 대통령 선거 후보자별 득표율(1987)

2. 6월 민주 항쟁의 의의
① 4·19혁명 이후 가장 규모가 큰 민주화 운동이었다.
② 국민의 힘으로 반 민주적 헌법을 개정하여 오늘날 민주주의 발전의 기틀을 세웠다.

자료 | 6월 민주 항쟁의 격문

▲ 6월 민주 항쟁(1987)

• 국가의 미래요, 소망인 꽃다운 젊은이를 야만적인 고문으로 죽여 놓고 그것도 모자라서 뻔뻔스럽게 국민을 속이려 했던 현 정권에게 국민의 분노가 무엇인지를 분명히 보여주고 국민적 여망인 개헌을 일방적으로 파기한 4·13 호헌 조치를 철회시키기 위한 민주 장정을 시작한다.
〈호헌 반대 민주헌법쟁취 국민운동본부, 6·10 대회 선언문〉

• 6·10 국민 대회 이후 오늘에 이르기까지 우리 국민은 한국 현대사에서 보기 드문 장엄한 민주화 행진을 전개하고 있다. 이는 어느 정파나 특수 계층에 국한된 것이 아니라, 공부하는 학생에서부터 직장인, 상인, 변호사, 의사, 약사, 연예인, 성직자, 택시 기사, 그리고 평범한 주부에 이르기까지 온 국민의 애국적 충정과 열망이 한 데 어우러져 연출하는 역사적 행진이며, 우리 국민의 높은 정치적 의식 수준과 안목을 유감없이 드러내 주는 대장정이다. 전국에 걸쳐 연인원 수백만 명이 넘는 국민들의 항의 시위와 끊이지 않는 경찰과의 충돌에도 불구하고, …… 장기 집권만을 위해 오히려 국민을 협박하고 있는 현 정권의 정치적 무감각이 오늘 우리의 현실을 한치 앞도 내다볼 수 없는 극한적 대결 상황으로 몰아가고 있다.
〈민주헌법쟁취 국민운동본부, 1987. 6. 20〉

한눈에 보기 | 민주화 운동의 흐름 정리

구분	내용	의미 및 결과
4. 19 혁명 (1960)	• 배경 – 미국의 경제 원조 축소로 인한 경제 침체, 3. 15 부정 선거 • 전개 – 마산 시위(4. 11, 김주열 시신 발견) → 경찰 발포(4. 19) → 교수단 시위 → 이승만 하야(4. 26)	• 학생과 시민들의 힘으로 이룬 아시아 최초의 민주 혁명 • 내각 책임제 개헌 → 2공화국(1960. 8. 12 ~1961. 5. 16)
5. 18 민주화 운동 (1980)	• 배경 – 신군부 세력의 12. 12 사태, 신군부의 계엄령 전국 확대 실시(1980. 5. 17), 정치 활동 금지 및 민주화 운동 무력 진압 • 전개 – 광주 민주화 시위 전개 → 계엄군의 발포 → 시민군의 저항 → 계엄군의 무력 진압	• 1980년대에 전개된 민주화 운동의 바탕
6월 민주 항쟁 (1987)	• 배경 – 전두환 정부의 독재 → 야당·재야 인사들의 직선제 개헌 운동 • 전개 – 박종철 고문 치사 사건(1. 14) → 4. 13 호헌 조치 → 호헌 철폐 운동(6. 10) → 범국민적 반독재 민주화 운동(이한열 사망) → 6. 29 민주화 선언	• 4. 19 혁명 이후 가장 규모가 큰 민주화 운동 • 직선제 개헌 → 6공화국(1988. 2. 25~)

7 제6공화국(1988~)

1. 노태우 정부(1988)

① 여소야대(1988) : 국회 의원 선거에서 야당이 다수 의석 차지했다.
② 5공 청문회 : 광주 민주화 운동 진상·언론 탄압 진상 규명을 시도했고 전두환은 백담사에서 은둔 생활을 하였다.
③ 3당 합당(3당 통합)
④ 민주화의 진전 : 지방자치제 실시(기초·광역의회, 1991), 언론기본법 폐지, 노동 운동 활성화(전국 교직원 노동 조합 결성, 1989)
⑤ 북방 외교 : 동유럽·소련(1990)·중국(1992)과 수교하고, 북한과 유엔에 동시 가입하였다(1991).

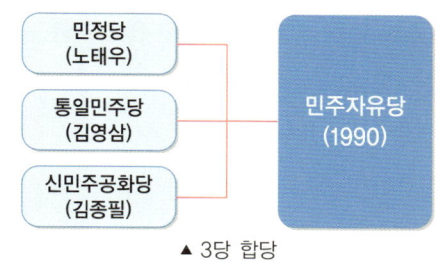

▲ 3당 합당

5공 청문회
청문회에 출석하여 증인 선서를 하고 있는 전두환

북방외교
노태우 정부의 외교 정책으로 소련 및 동유럽 공산 국가와의 수교를 통해 북한의 개방과 개혁을 이끌어 한반도 평화 및 통일을 지향하는 정책이다.

자료 | 우리나라 지방 자치 제도의 변천

① 1949년 7월 4일 제헌 국회는 지방자치법을 제정 → 이승만 정부는 이 법의 시행을 보류
② 이승만은 국회에 대항하는 정치 세력을 육성하기 위한 방편으로 지방 의회 선거 실시(1952. 4)
③ 지방 의회가 선출하는 시·읍·면장에 대한 간선제를 부민 직선제로 개정(1956. 2)
④ 이승만은 법을 재개정하여 시·읍·면장을 임명제로 환원(1958)
⑤ 민주당 정권은 지방 의회와 자치단체장 선거를 실시(1960. 12) → 시작도 하기 전에 5·16 군사 정변에 의하여 폐기
⑥ 노태우 정부 때인 1989년 마련된 지방자치법에 의하여 1991년 기초 의회 선거와 광역 의회 선거 실시됨 → 법의 일부를 개정하여 자치단체장 선거는 1995년으로 연기. 따라서 6공화국의 지방 자치는 지방 의회만 있고 자치 단체는 구성되지 못함
⑦ 문민정부 때 4대 지방 선거(기초 의회, 광역 의회, 기초단체장, 광역단체장) 비로소 시작(1995. 6)

남북 정상 회담(2000. 6. 15)

김대중 노벨평화상 수상

6자 회담
북한의 핵 문제를 해결하고, 한반도 비핵화를 실현하기 위해 남·북뿐만 아니라 미국, 중국, 러시아, 일본 등 6개국이 참가하는 다자간 회담이다. 2003년부터 2007년까지 6차례에 걸쳐 중국 베이징에서 진행되었으나 현재는 답보 상태에 있다.

2. 김영삼 정부(문민정부, 1993)

① 14대 대통령 선거(1992) : 민주자유당 김영삼(득표율 42%)
② 의의 : 최초의 민간 정부로 군부 지배를 청산하였다.
③ 공과
   ㉠ 경제 정의 수립 : 금융 실명제, 부동산 실명제를 실시했다.
   ㉡ 역사 바로 세우기 : 4·19 묘지 성역화, 광주특별법(전두환·노태우 구속), 조선총독부 청사 철거 등이 이루어졌다.
   ㉢ 시장 개방 : 세계무역기구(WTO) 가입(1995), OECD(서방 선진국 경제 개발 협력 기구) 가입(1996, 29번째 회원국)
   ㉣ IMF 체제(1997) : 외환 위기로 구조 조정, 실업자 양산 등의 어려움 초래

3. 김대중 정부(국민의 정부, 1998)

① 15대 대통령 선거(1997) : 국민 회의(야당) 김대중 당선(득표율 40.3%)
② 의의 : 최초로 선거를 통해 여야 간의 평화적 정권 교체가 이루어졌다.
③ 공과
   ㉠ '햇볕 정책' : 남북 관계 개선 → 6·15 남북 공동 선언, 노벨평화상 수상
   ㉡ 경제 회생 : IMF 체제 탈피
   ㉢ 구조 조정 : 대규모 공적 자금 투입(150조 원)

4. 노무현 정부(참여 정부, 2003)

① 김대중 정부의 대북 화해 협력 정책을 계승하였다.
② 제2차 남·북 정상 회담이 이루어졌다(2007. 10. 4 선언).
③ 북핵 문제 해결을 위한 6자 회담을 추진하였다.

통일 정책

1 북한 사회의 변화

1. 북한 정권의 수립 과정

시기	내용
1945. 10. 13	조선공산당 북조선 분국 조직 → 소련군과 김일성 일파 주도
1945. 10. 28	북조선 5도 행정국 설치 → 사실상 북한 정권의 기능 수행
1946. 2~ 1946. 8	북조선 임시인민위원회 출범(위원장 김일성) → 토지 개혁, 남녀 평등, 중요 산업 국유화 법안 통과
1946. 8	북조선노동당 결성(책임 비서 김일성) : 조선공산당 북조선 분국과 김두봉의 조선신민당의 합당으로 결성됨
1948. 2. 8	조선 인민군 창설
1948. 9. 9	조선 민주주의 인민공화국 수립(수상 김일성)

8월 종파 사건(1956)
김일성의 '중공업·농업 동시 발전 노선'에 대해 연안파(최창익, 윤공흠)들은 인민 생활 향상을 위한 경공업·소비재 공업과 농업 발전이 우선되어야 한다고 주장. 소련에서 일어난 스탈린 격하 운동의 분위기에 편승하여 김일성이 동구권을 방문하던 중에 김일성 1인 독재 비판과 당의 주도권을 장악하려 했던 사건으로 김일성은 급거 귀국하여 연안파의 숙청을 주도했다.

2. 김일성 체제의 성립과 사회주의 경제 체제의 확립

구분	김일성 유일 지도 체제 구축 과정	사회주의 경제 체제 확립 과정
1950년대	① 6·25 전후 반대 세력 숙청 → 소련파 **허가이 제거**(1950), 남로당 계열 제거(1955, 박헌영 처형) ② **8월 종파 사건**(1956. 8) → 조선독립동맹 계열인 **연안파 숙청**(김두봉 제거)	① 6·25로 철저한 경제 파괴 : 전후 복구 노력 집중, 중공업 우선의 농업과 경공업 동시 발전 추구 → 3개년 계획(1954~1956)으로 전쟁 이전 수준 복구 ② 5개년 계획(1957~1961) : 본격적인 사회주의 경제 추구 → **농지의 협동농장화**, 개인 상공업 금지, 사유 재산 부정 ③ **천리마 운동 추진**(1956~1960년대) : 중공업 우선 정책으로 농업과 공업 간의 불균형 심화
1960년대	③ **갑산파 박금철, 이효순 숙청**(1967) → 김일성 우상화와 가계의 성역화 강력 추진 ④ **주체 사상 강조** → 김일성 주체 사상을 노동당의 유일 사상으로 규정(1969)	④ 제1차 7개년 계획(1961~1967) : 소련의 원조 중단과 경제의 역동성 상실로 어려움, 1970년에 가까스로 마무리 함
1970년대 이후	⑤ 유일 지도 체제 확립(1972. 12) → 주체 사상을 규범화한 **사회주의 헌법 제정**, 김일성의 **국가 주석 취임**, 1인 독재 개인 숭배 강화 ⑥ 김일성 사망(1994. 7) → 김정일의 권력 세습	⑤ 제2차 7개년 계획(1978~1984), 제3차 7개년 계획(1987~1993) 추진 → **더딘 경제 발전으로 인민 생활의 어려움 초래(과도한 국방비 지출이 원인)** ⑥ 경제적 어려움 돌파 시도(적극적 외자 유치 노력) → **합작 회사 경영법(합영법**, 1984 → 1994년 개정), 나진·선봉 경제 특구 지정(1980년대 말) ⑦ 신의주 경제 특구(2001), 유럽 연합의 대부분 국가들과 수교(2001) ⑧ 김대중 정부 이후 남북 경협 확대 → **개성 공단 가동**

북한의 주체 사상탑

자료	조선 민주주의 인민공화국 합영법(1994년 개정)

- **제1조** 합영법은 우리 나라와 세계 여러 나라들 사이의 경제 기술 협력과 교류를 확대 발전시키는 데 이바지한다.
- **제5조** 합영 기업은 당사자들이 출자한 재산에 대한 소유권을 가지며 독자적으로 경영 활동을 한다.
- **제7조** 공화국 령역밖에 거주하고 있는 조선 동포들과 하는 합영 기업, 일정한 지역에 창설된 합영 기업에 대하여 세금의 감면, 유리한 토지 리용 조건의 제공 같은 우대를 한다.

3. 김정일·김정은 후계 체제의 성립

① 김정일 후계 체제 : 1980년 조선 노동당 대회에서 공식화되었다.
② 김정일 체제의 확립
   ㉠ 1990년대 김정일 권력 세습 마무리 : 1992년 '공화국 원수' 칭호와 인민군 최고 사령관으로 추대
   ㉡ 국방위원장으로 선출(1993) : 군권을 사실상 장악하였다.
   ㉢ **유훈 통치** : 김일성 사망 후 김정일의 권력 승계(1994. 7)
   ㉣ 1998년 헌법 개정(김일성 헌법) : 권력 승계가 완료되었으며, 김일성이 가졌던 주석직을 폐지하고(유훈 통치의 지속) 국방위원장을 최고 직책으로 높였다.
③ 김정은의 권력 세습 : 김정일의 사망(2011. 12) 이후 아들 김정은이 국방위원장 직을 계승하여 3대째 권력을 세습하였다.

유훈 통치(1994~1997)
김일성이 남긴 정치적 교훈에 따른 통치를 해나간다는 의미로 김일성 사후 김정일이 위기 타개책으로 아버지의 정치적 권위에 편승하면서 전개한 북한의 정치 형태이다.

자료	북한 헌법의 변화

헌법	조선 민주주의 인민공화국 헌법 (1948)	조선 민주주의 인민공화국 사회주의 헌법(1972. 12)	김일성 헌법 (사회주의 헌법 개정, 1998)
특징	• 국가의 주권은 노동자, 농민이 아니라 인민에게 있는 것으로 규정 • 생산 수단은 국가, 협동 단체뿐만 아니라 개인에게도 귀속 가능 • 권력 구조 특징 : 내각과 최고 인민 회의 상임위원회가 권력을 균분하는 내각제 형태	• 스스로를 자주적인 사회주의 국가로 규정 → 주체 사상을 자기 활동의 지도적 지침이라고 천명 • 프롤레탈리아 독재의 실시 명문화 → 주권의 소유 주체를 노동자, 농민, 병사, 근로 인텔리로 제한시켰으며, 생산 수단도 국가 및 협동 단체로 국한 • 권력 구조 특징 : 절대 권력을 가진 국가 주석제 규정	• 국가 주석은 김일성으로 규정 → 본문 조항에서는 주석직 폐지 • 당, 정을 포괄하여 명목상 국가 주권의 최고 지도 기관이었던 중앙 인민위원회 폐지 • 군사 최고 기관인 국방위원회의 위원장이 실질적인 국가 지도자 → 김정일의 권력 기반을 강화

2 남북한 통일 정책 비교

1. 남북 대결과 통일 정책의 변화

남한	북한
1950년대	
북진 통일론(이승만 정부)	
1960년대	
남북한 자유 총선거(장면 정부)	연방제 통일 방안(1960)
1970년대	
8·15 평화 통일 선언(1970)	
7·4 남북 공동성명 : 평화 통일 3대 기본 원칙(1972)	
6·23 선언(1973)	고려 연방제 통일 방안(1973)

할슈타인 원칙(1995)
독일 통일 전의 서독의 외교정책. 서독은 동독을 승인하는 나라와는 외교관계를 단절시키겠다는 원칙으로 당시 외무장관 할슈타인이 천명하였다.

자료 1. 7·4 남북 공동 성명(1972)
1. 쌍방은 다음과 같은 조국 통일 원칙에 합의를 보았다.
   첫째, 통일은 외세에 의존하거나 외세의 간섭을 받음이 없이 자주적으로 해결하여야 한다.
   둘째, 통일은 서로 상대방을 반대하는 무력 행사에 의거하지 않고 평화적으로 실현하여야 한다.
   셋째, 사상과 이념, 제도의 차이를 초월하여 우선 하나의 민족으로서 민족 대단결을 도모하여야 한다.
4. 쌍방은 지금 온 민족의 거대한 기대 속에 진행되고 있는 남북 적십자회담이 하루빨리 성사되도록 적극 원조하는 데 합의하였다.
6. 쌍방은 남북 조절위원회를 구성·운영하기로 합의하였다.

① 통일의 3대 원칙 천명(자주 통일·평화 통일·민족 대단결)

② 남북 조절위원회 구성 합의 : 7차에 걸친 회담이 있었으나 더 이상 진전되지 못함
③ 남북 모두 체제 강화에 이용 : 남한(유신 헌법), 북한(사회주의 헌법)

2. 6·23 선언(1973)
① 상호 내정 불간섭
② 남북한의 유엔 동시 가입 및 북한의 국제 기구 참여에 반대하지 않음
③ 호혜평등(互惠平等)의 원칙 아래 모든 국가에게 문호 개방

기존의 '**할슈타인 원칙**'의 파기

남한	북한
1980년대	
민족 화합 민주 통일 방안(전두환 정부, 1982)	
최초의 남북 이산가족 고향 방문(전두환 정부, 1985)	고려 민주 연방제(1980)
한민족 공동체 통일 방안(노태우 정부, 1989)	

자료 | 남북 적십자 회담과 이산가족 상봉

1971년	8월 12일	대한적십자사 남북 적십자 회담 개최 제의
	8월 14일	조선 적십자회(북한) 방송을 통해 제의 수용
1985년	8월 22일	제8차 남북 적십자 본회의 20개항 합의
	9월 20~23일	3박 4일간 최초의 '남북 이산가족 고향 방문 및 예술 공연단'의 동시 교환 방문 실현
1998년		바닷길로 금강산 관광
2000년		6·15 남북 정상 회담에서 남북 이산가족 상봉 합의
2003년		육로 금강산 관광 시작 → 남북 이산가족 상봉 정례화(2004) → 이명박 정부의 중단

▲ 최초의 남북 이산가족 상봉(1985)

▲ 남북 이산가족 상봉(2004)

금강산 관광
햇볕정책으로 대변되는 김대중 정부의 대북 화해정책을 배경으로 꾸준히 대북 접촉을 가져온 현대그룹이 1998년부터 금강산 해로 관광 사업을 시작했다. 2003년부터는 육로 관광이 이루어지고 2007년에는 개성 관광까지 이루어졌으나 현재는 잠정 중단되었다.

남한	북한
1990년대	
3단계 민족 공동체 통일 방안(1994)	고려 연방 제안 유지
남북한 유엔 동시 가입(1991. 9), 남북 기본합의서(1991. 12)	
1992. 2 한반도 비핵화 공동 선언	
1998 정주영, 소 떼 몰고 방북, <mark>금강산 관광</mark> 시작	

자료 | 남북 기본합의서(1991)

제1조 남과 북은 서로 상대방의 체제를 인정하고 존중한다.
제5조 남과 북은 상대방에 대하여 무력을 사용하지 않으며, 상대방을 무력으로 침략하지 아니한다.
제7조 남과 북은 민족 경제의 통일적이며 균형적인 발전과 민족 전체의 복리 향상을 도모하기 위하여 자원의 공동 개발, 민족 내부 교류로서 물자 교류, 합작 투자 등 경제 교류와 협력을 실시한다.
제18조 남과 북은 흩어진 가족과 친지의 자유로운 서신 거래와 왕래, 상봉 및 방문을 실시하고 자유의사에 의한 재결합을 실현하며, 기타 인도적으로 해결할 문제에 대한 대책을 강구한다.

> 남북한 정부 당사자 간에 공식 합의된 최초의 문서 : 남북 화해·상호 불가침·남북 교류 협력이 천명됨

남한	북한
2000년대	
제1차 남북 정상 회담(2000) : 6·15 남북 공동선언	
남북 경협 사업인 **개성 공단** 착공(2000. 8)	
남북 경의선·동해선 철도 복원 시작(2000. 9)	
제2차 남북 정상 회담(노무현-김정일) : 남북 관계 발전과 평화 번영을 위한 선언 (2007. 10. 4 선언)	

자료 1. 6·15 남북 공동 선언(2000)

대한민국 김대중 대통령과 조선 민주주의 인민공화국 김정일 국방위원장은 2000년 6월 13일부터 6월 15일까지 평양에서 역사적인 상봉을 하였으며 정상 회담을 가졌다.
1. 남과 북은 나라의 통일 문제를 그 주인인 우리 민족끼리 서로 힘을 합쳐 자주적으로 해결해 나가기로 하였다.
2. 남과 북은 나라의 통일을 위한 남측의 연합 제안과 북측의 낮은 단계의 연방 제안이 서로 공통성이 있다고 인정하고 앞으로 이 방향에서 통일을 지향시켜 나가기로 하였다.
3. 8·15에 즈음하여 흩어진 가족, 친척 방문단을 교환하며 비전향 장기수 문제 등 인도적 문제를 조속히 풀어 나가기로 하였다.
4. 남과 북은 경제 협력을 통하여 민족 경제를 균형적으로 발전시키고 사회·문화·체육·보건·환경 등 제반 분야의 협력과 교류를 활성화하여 서로의 신뢰를 다져 나가기로 하였다.
5. 남과 북은 이상과 같은 합의 사항을 조속히 실천에 옮기기 위하여 빠른 시일 안에 당국 사이의 대화를 개최하기로 하였다.

> 최초로 남과 북이 상대방의 통일 방안에 대해 인정

2. 남북 경의선·동해선 철도 복원 시작

"오늘 우리는 역사적인 민족사의 현장에 서 있습니다. 우리는 이제 끊겼던 민족의 동맥을 다시 잇습니다. 지난 반세기 동안 남북으로 끊어졌던 경의선 철도는 분단과 냉전의 상징이었습니다. 둘로 갈라진 우리 민족의 실의와 비원(悲願)이 서린 곳이었습니다. 민족의 화합과 발전을 가로막는 높은 장애물이었습니다. 그런 의미에서 끊어진 경의선을 다시 잇는 오늘의 이 기공식이야말로 우리 민족이 화해와 협력과 번영의 새 시대로 나아가는 민족사의 새로운 출발점이 아닐 수 없는 것입니다."
〈김대중 대통령의 경의선 철도 연결 기공식 연설, 2000. 9. 18〉

2. 현재 남북한의 통일 방안 비교

구분	남한	북한
명칭	민족 공동체 통일 방안	고려 민주연방공화국
통일 과정	• 화해·협력 단계 • 남북 연합 단계(남북 연합 기구 구성) • 통일 국가 완성 단계(총선거)	• 남한의 국가보안법 폐지, 미군 철수 • 고려 연방공화국 수립
과도 체제	남북 연합	없음
국가 형태	1민족 1국가 1체제 1정부	1민족 1국가 2제도 2정부
특징	**민족 사회 우선 건설**(민족 통일 → 국가 통일)	**국가 체제 수립 우선**(국가 통일 → 민족 통일)

04 경제 발전과 사회·문화의 변화

1 경제 혼란과 전후 복구

1. 광복 직후의 경제 실태

(1) **일본 경제와의 단절** : 공장 가동 중단이 증가하였다.
① 일본 기술과 자본이 이탈하였다.
② 원료와 부품 공급이 중단되었다.

(2) **남북 분단으로 인한 산업의 불균형**
① 산업의 특성 : 남한은 농업과 경공업이 중심이었고, 북한은 풍부한 지하자원과 중공업이 발달하였다.
② 분단의 영향 : 남북한의 경제적 보완 관계가 단절되었다.
③ 남한 경제의 어려움 심화
  ㉠ 북으로부터 전기 공급마저 중단되었다(1948).
  ㉡ 북에서 남으로 내려오는 인구 증가로 식량 부족이 심화되었다.

(3) **극심한 인플레이션**
① 일제 말기의 조선총독부와 미 군정이 화폐를 초과 발행하였다.
② 극심한 생활고와 실업이 발생하였다.

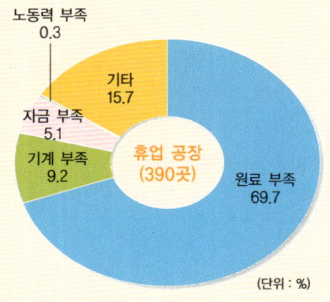

광복 직후의 경제 실태

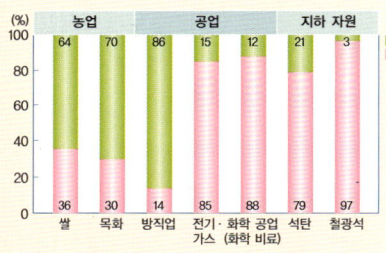

남북 분단으로 인한 산업의 불균형

2. 미 군정(1945~1948)하의 경제

(1) **막대한 재정 적자 발생**
① 원인 : 생산 활동 위축으로 인한 세원의 축소와 조세 제도 미비, 공무원 수 증가, 미국의 소극적 정책 등이 복합적으로 작용하였다.
② 미 군정의 해결 방법 : 조선은행을 통한 화폐의 남발로 1945년 114억의 화폐 발행이 1948년 5배로 증가하였다.
③ 결과 : 극심한 인플레이션이 발생하였다.

(2) **해방 직후 미국의 원조** : 단순 구호적 성격 원조
① 내용 : 점령 지역 구호 원조(GARIOA), 경제협력법 원조(ECA)
② 성격 : 체제 안정을 위한 소비재 중심의 원조가 이루어졌다.

(3) **농업 정책**
① 토지 개혁에 소극적 : 본격적인 농지 개혁은 정부 수립 이후 실시되었다.
② 소작료 3·1제 실시 : 미 군정은 「최고 소작료 결정의 건」을 발표하여(1946. 10) 수확량의 1/3 초과하는 소작료 계약을 불법화했다.
③ 식민지 정책의 잔재인 공출 제도 유지 : 1946년 봄 추곡 수매령을 공포하고 공출을 실시하였는데 수매가는 시장가의 5분의 1도 안 되는 헐값이었으며, 일제 시

미 군정기 물가 폭등

연도	물가 지수
1936	100
1944	241
1945	259
1946	8,415
1947	35,676
1948	67,066

대에도 없던 하곡 수매까지 강행하여 전국 여러 곳에서 농민들과의 충돌 사건이 벌어지고 농민의 불만은 폭증하였다.

3. 6·25 전쟁 이후 복구와 경제 정책 : 삼백 산업의 성장

(1) **삼백(三白) 산업의 발달** : 미국의 경제 원조로 밀가루, 면화, 설탕을 원료로 한 제분업, 방적업, 제당 공업이 발달하였는데 이를 삼백 산업(三白産業)이라 한다.

(2) **원조 경제**

① 미국 원조에 힘입어 발전 : 1945~1961년까지 제공된 미국의 원조는 총 31억 4천만 달러로 1957년 GNP의 10% 이상을 차지하였으며, 정부 세입(1957~1960)의 35%~53%를 차지하는 등 절대적 비중을 차지하고 있었다.

② 전쟁 후 원조 특성 : ICA 원조, PL 480(미공법 480호, 잉여 농산물 원조) 등 경제 부흥 및 개발 지원적 성격이 강했다.

③ 미국 변화 : 1958년부터 원조가 줄고 유상 차관으로 전환되면서 국내 경기 불안이 심화되었다.

④ 원조 경제의 부작용

  ㉠ 각종 특혜로 독점 자본(재벌) 성장
  - 원면 수입 환율 특혜 : 1957년 1$당 500환을 적용하였는데 시장 기준 환율은 1$당 1,255원이었으므로 수입만 하면 막대한 차익을 볼 수 있었다.
  - 대출 특혜 : 일반 대출 금리보다 3~8% 낮은 은행 대출을 제공받았다.
  - 원조 물자를 확보하기 위한 정경 유착이 심화되었다.

  ㉡ 경제 구조의 왜곡 : 경제가 소비재 중심으로 변형되고 미곡과 밀의 대규모 원조에 따른 농촌 경제 몰락이 초래되었다.

자료 '미공법 480호'와 '대충 자금'(代充資金)

미국에서 원조받은 농산물을 판매한 돈은 흔히 '미공법(公法, public law) 480호'라고 불리는 미국의 '농산물무역촉진원조법'에 따라 대충 자금(代充資金)으로 적립되었다. 대충 자금이란 미국의 원조를 받은 나라가 원조액에 해당하는 자기 나라 돈을 별도의 특별 계정을 만들어 적립한 것을 말한다. 이 대충 자금은 미국과의 협의에 따라 사용되었다. 대충 자금은 국내 미군의 유지에 필요한 비용으로도 사용되었으며, 절반 가까이는 미국의 무기를 사들이는 데 소비되었다. 이에 경제뿐만 아니라 무기 체계에 대한 미국 의존도 역시 높아지게 되었다.

---

(3) **귀속 재산 불하(적산 불하)**

① 미 군정은 1948년 7월 법령을 발표하고 <mark>신한 공사</mark>가 관리하던 해방 전 일본인 소유의 귀속 재산에 대한 불하를 실시하였다.

② 귀속 재산 매각 : 정부 수립 이후 미 군정으로부터 이승만 정권에게 약 33만 건의 귀속 재산권이 이양되어, 6·25 전쟁이 끝날 무렵부터 대규모 매각이 실시되었다.

③ 특혜 시비 : 판매 가격이 기업체의 재산 가치보다 낮았으며, 대금은 15년간 분할 상환이 가능하였다. 이러한 특혜를 바탕으로 1950년대 한국 사회에서는 점차 독점 자본이 성장하였다.

> **신한 공사**
> 미 군정이 설립한 관리 회사이다. 동양척식주식회사의 토지와 일본인이 두고 간 공장 및 시설에 대한 유지와 관리를 총괄하였다.

사료   귀속 재산 불하

- 1945년 8월 9일 이후 일본 정부와 기관, 일본인, 일본인의 회사·단체·조합 등이 직·간접으로 전부 또는 일부를 소유하거나 관리하는 모든 종류의 재산 및 수입에 대한 소유권은 1945년 9월 25일부터 군정청이 갖고 재산 전부를 소유함   〈조선 내 소재 일본인 재산권 취득에 관한 건, 1945. 12〉
- 귀속 기업체의 매수 우선 순위는 그 기업체의 ① 임차인 및 관리인, ② 주주, ③ 관리직 사원, ④ 조합원 및 계속 근무한 종업원, 그리고 ⑤ 농지개혁법에 따라 농지를 매수당한 지주 출신으로 한다.   〈귀속 재산 처리법 시행령, 1950. 3〉
- 1947년 30여억 원으로 평가되었던 이 공장은 7억 원으로 감정되었고 3억 6천만 원에 불하되었다. 불하 가격은 시가의 10분의 1에 지나지 않았고, 감정 가격의 반밖에 되지 않았다.   〈김성두, 재벌과 빈곤〉

💡 귀속 재산에 대한 불하 조건이 매수자에게 유리했기 때문에 불하 과정에서 특혜 시비가 끊이지 않았다.

정보
약 9,917m²의 면적으로 평수로는 약 3,000평 정도에 해당한다.

4. 농지 개혁(1949. 6)

(1) **배경** : 북한의 '무상(無償) 몰수, 무상 분배' 원칙의 토지 개혁(1946. 3)에 자극받아 대다수의 소작농의 토지 분배와 지주제 개혁에 대한 요구가 거세었다.

(2) **실시 목적** : 소작제(지주제) 폐지, 경자 유전(耕者有田)의 원칙, 토지 자본을 산업 자본으로 전환 등의 의도가 있었다.

(3) **농지개혁법의 내용**(1949. 6)
① 1가구당 농지 소유 면적을 3정보로 제한하고, '유상(有償) 매수와 유상 분배'를 원칙으로 했다.
② 상환액은 주 생산물의 1.5배로 하고, 5년 동안 분납하도록 규정했다.
③ 이승만 정권에 참여한 초대 농림부 장관 조봉암이 주도하였다.

(4) **농지 개혁의 효과**
① 수천 년간 지속된 지주제가 철폐되고 자영농 중심 체제가 구축되었다.
② 소작 쟁의가 해소되어 사회 안정이 이루어졌다.

(5) **농지 개혁의 한계**
① 분배된 토지가 소작지 면적 38%에 불과하였으며 과수원·임야는 제외되었다.
② 연간 수확량의 30%에 달하는 상환액이 과도하여 농민 부담이 가중되었다.
③ 유상 매수를 위해 발행한 지가 증권이 현금화가 잘 안 되면서 지주층의 토지 자본을 산업 자본으로 전환하는 데 실패하였다(지주층의 몰락).

사료   남한의 농지개혁법

- 법령 및 조약에 의해 몰수하거나 국유로 된 농지, 직접 땅을 경작하지 않는 사람의 농지, 직접 땅을 경작하더라도 농가 1가구당 3정보(1정보는 약 1만m²)를 초과하는 농지 등은 정부가 사들인다.
- 분배 농지는 1가구당 총 경영 면적이 3정보를 넘지 못한다.
- 분배 받은 농지에 대한 상환액은 평년작을 기준으로 하여 주 생산물의 1.5배로 하고, 5년 동안 균등 상환한다.   〈농지개혁법, 1949. 6〉

자료 남·북한의 농지 개혁 및 결과

구분	북한	남한
실시 시기	1946	1949
분배 원칙	무상 몰수 · 무상 분배	유상 매수 · 유상 분배
토지 소유 상한선	5정보(15,000평)	3정보(9,000평)
분배 총면적	95만 정보(45%)	55만 정보(38%)
분배 농가 총호수	68만	180만
분배 후 호당 평균 소유	4,500평	1,000평

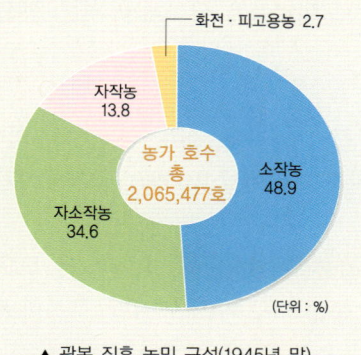
▲ 광복 직후 농민 구성(1945년 말)

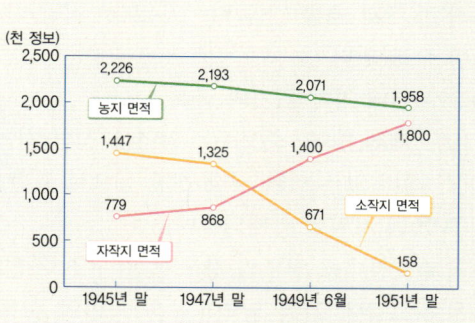
▲ 농지 개혁 실시 전후의 소작 면적 변화

2 경제 성장과 노동 문제

1. 경제 개발 5개년 계획의 추진

(1) 배경 : 미국의 원조 감소로 위기를 느낀 이승만 정부가 '경제 개발 7개년 계획'을 마련했으나(1959), 4·19 혁명으로 시행하지 못했으며, 민주당 정부가 수립한 경제 개발 계획을 박정희 정부가 적극 추진하였다.

(2) 제1·2차 경제 개발 5개년 계획(1962~1971)

① 수출 주도형 성장 전략 : 경공업 육성 정책을 우선으로 섬유 산업 등 저임금의 노동 집약적 산업을 중점 육성하였으며 그 결과 수출은 20배, 1인당 국민 총생산은 2배가 되었다.

② 기간 산업과 사회 간접 자본 확충 : 포항제철이 가동되고(1968), 경부고속도로가 완성되는 등 빠르게 성장하였다.

(3) 제3·4차 경제 개발 5개년 계획(1972~1981)

① 특징 : 중화학 공업을 육성하였고, 1970년대 초 석유 파동으로 인한 경제 위기를 건설업의 중동 진출로 극복하였다.

② 정부의 노력 : 1970년대 초 어려움을 극복하기 위해 기업의 사채빚을 대폭 줄여 주고, 갚는 시기를 늦춰 주는 이른바 8·3 조치(1972) 같은 특단의 조치도 마다하지 않았다.

③ 결과 : 중화학 공업의 생산이 경공업을 앞서면서 산업 구조의 고도화에 성공하였다.
④ 새마을 운동의 전개(1970) : 낙후된 농촌 개발을 위해 추진하였다.

2. 1980년대 이후의 경제 성장

(1) 1980년대의 경제 상황
① 경제 위기 : 중화학 공업에 대한 지나친 투자와 제2차 석유 파동으로 1980년대 초 어려움에 직면했다.
② 극복 : 전두환 정부는 산업 구조 조정으로 위기에 대처하였으며 1986년부터 시작된 '3저 호황'(저금리·저유가·저달러)으로 어려움을 극복하고 빠른 성장을 할 수 있었다.

(2) 1990년대 경제 위기와 극복
① IMF 체제(1997~2001) : 김영삼 정부 시기 무역 적자의 지속, 금융 기관의 부실, 대비 없는 외환 시장 개방 등으로 외환 위기가 일어났고(1997), 국제통화기금(IMF)의 지원을 받게 되었다.
② 극복 : 김대중 정부의 강도 높은 구조 조정(노·사·정 위원회 설치)과 금 모으기 운동(모금액 21억 달러) 같은 국민의 고통 분담으로 외환 위기를 극복하였다(2001).

3. 한국 경제의 성과와 과제

(1) 성과 : 무역 규모 세계 10위권의 신흥 공업국으로 성장하였다.
(2) 그늘 : 소득 불균형·도농 간 격차·대외 의존도 심화·노사 갈등·빈부 격차 심화 같은 어려움도 직면하고 있다.

4. 노동 운동의 발전

(1) 1970년대 : 전태일의 분신(1970.11)으로 노동 문제에 대한 사회적 인식이 대두하기 시작했다.
(2) 1980년대
① 6월 민주 항쟁 이후 정치적 민주화와 더불어 노동 운동이 활성화되었다.
② 전국적 노동조합 운동이 지역별, 업종별 조직으로 확대되어 전국교직원노동조합(전교조)이 결성되었다(1989).
(3) 1990년대 이후 : 전국민주노동조합총연맹(민주노총) 결성되고(1994), 노동자의 정당인 민주노동당이 창당되어(2000) 노동자 대표가 국회에 진출하였다.

석유 파동
1차(1973), 2차(1978)의 국제 석유 가격의 급등으로 일어난 세계 경제의 혼란을 말한다. 산유국들이 갑자기 원유 가격을 인상하고 생산량을 제한하자 석유를 수입에 의존하던 많은 나라들이 심각한 불황에 직면하게 되었다.

경제 개발 계획의 변화
1982년부터 '경제 사회 발전 계획'으로 바꾸어 실시되었다. 5차(1982~1986), 6차(1987~1991), 7차(1992~1996)까지 추진되었다.

노·사·정 위원회
국제통화기금(IMF) 관리 체제와 경제 위기를 극복하기 위한 노동자, 기업, 정부 대표의 협의 기구로서 상시적 구조 조정 및 노동 시장 유연화 정책을 이끌어 내면서 위기를 타개하는 데 일조하였다. 하지만 오늘날 소득 양극화 같은 부작용이 초래되기도 하는 등 부담이 노동자 계층에게 더 크게 전가되었다고 볼 수 있다.

전태일의 분신(1970)
가난으로 초등학교도 못 나오고 일찍부터 노동시장에 내몰린 평화시장 재단사 전태일은 열악한 노동환경을 개선하기 위해 노력하였으나 차별의 높은 벽을 넘을 수 없음에 절규하였다. 결국 그는 '근로 기준법을 준수하라'는 구호와 함께 분신하여 사회에 큰 충격을 주었다. 그의 외침에 영향을 받은 학생·지식인들이 열악한 노동 현장에 관심을 갖게 됨으로써 노동 운동이 새로운 국면을 맞게 되었다.

> 자료 열악한 노동 조건에 대한 노동자들의 호소

1. 전태일의 호소 "우리는 기계가 아니다"(1969)

대통령 각하
저는 서울특별시 성북구 쌍문동 208번지 2통 5반에 거주하는 22살의 청년입니다. …… 저희들의 요구는 1일 15시간의 작업 시간을 1일 10시간~12시간으로 단축해 주십시오. 1개월 휴일 2일을 늘려서 일요일마다 휴일로 쉬기를 원합니다. 건강 진단을 정확하게 하여 주십시오. 시다공의 수당(하루 70~100원)을 50% 인상하십시오. 절대로 무리한 요구가 아님을 맹세합니다. 인간으로서 최소한의 요구입니다.

〈노동자 전태일이 대통령에게 보내는 편지, 1969. 11〉

2. YH 무역 근로자의 호소문(1979)

우리는 더욱더 잘 사는 나라를 기대하며 열심히 일해 왔습니다만 뜻하지 않은 지난 3월 30일 폐업 공고에 놀라지 않을 수 없었습니다. …… 저희 근로자들이 신민당에 올 수밖에 없었던 것은 회사, 노동청, 은행이 모두 문제를 해결할 수 없다기에 오갈 데 없었기 때문입니다. 악덕한 기업주가 기숙사를 철폐하여 밥은 물론 전기, 수돗물마저 먹을 수 없었을 뿐 아니라, 6일 새벽 4시경 여자들만 잠자고 있는 기숙사 문을 부수고 우리 근로자들을 끌어내려 하였습니다.

▲ YH 노동자들의 저항

한눈에 보기 | 1950년대 이후의 경제 정책과 노동 운동 정리

구분	6.25~제1공화국 (1950~1960)	제2·3공화국 (1960~1971)	유신 체제 (1972~1980)	제5공화국 (~1987)	제6공화국 (김영삼 정부)
경제 특징	삼백 산업 발달(밀가루, 면화, 설탕) 미국의 원조 경제	1·2차 경제 개발 5개년 계획의 수립과 추진 → 수출 주도형 성장 전략, 경공업 육성	3·4차 경제 개발 계획 추진 → 중화학 공업 육성, 석유 파동을 중동 건설 진출로 극복	제2차 석유 파동 → 산업 구조 조정 정책	외환 시장 개방과 외환위기 → (IMF) 구제 금융
내용	원조 경제와 귀속 재산 불하 과정에서 독점 자본의 형성	기간 산업과 사회 간접 자본의 확충 → 포항제철 설립(1968), 경부고속도로 건설(1971)	정부의 적극 지원 → 기업의 사채를 줄여 주고, 상환을 늦춰주는 8·3 조치(1972)	3저 호황(저금리, 저유가, 저달러)	김대중 정부의 구조 조정과 금 모으기 운동
노동자·농민의 상황	농지 개혁 실시(1950~1956) → 지주제 소멸	• 수출 우선의 저임금·저곡가 정책 • 전태일의 분신(1970)	노동 운동 탄압 → YH 사건(1979)	6월 민주 항쟁 이후 노동 운동 활성화	민주노총 결성(1994)

3 현대의 사회와 문화

1. 시민 운동·사회 제도의 발전

시민 운동	6월 민주 항쟁 이후 다양한 시민 단체(NGO)의 결성과 활동 확대
여성 권리의 신장	• 남녀 고용 평등법(1987), 남녀 차별 금지법(1999) 제정 • 호주제 폐지(2005) → 개인 중심의 가족 관계 등록부 실시(2008)
사회 보장 제도의 확대	• 의료 분야 : 의료보험법 제정(1963) → 전 국민 대상으로 확대(1989) → 국민 건강 보험으로 통합(2000) • 공적연금 : 국민연금 제도 도입(1988) → 전 국민 대상으로 확대(1999)

2. 교육 정책의 변화

시기	정책 내용
이승만 정부	홍익인간(교육 이념), 초등학교 의무 교육(1959), 멸공 통일 교육 강조
박정희 정부	국민 교육 헌장 제정(1968), 중학교 무시험 진학(1968), 고교 평준화(1974)
전두환 정부	과외 전면 금지, 대학 본고사 폐지(1980), 대학 졸업 정원제 실시
김영삼 정부	열린 교육·평생 교육 지향
노무현 정부	중학교 의무 교육의 전면적 확대 시행(2004)

3. 언론 활동의 진전

시기	특징
미 군정기	다양한 언론 공존 → 신문 발행 허가제
이승만 정부	〈경향신문〉 폐간(1959) → 4·19 혁명 이후 일시적으로 언론 자유 획득
박정희 정부	언론 통제(〈동아일보〉 사태), 민영 라디오 방송 → 대중문화 발달, 유신 정권 이후 언론 통제
전두환 정부	==언론 통폐합==(1980), 언론 통제를 목적으로 언론사에 '보도 지침' 시달
1987년 6월 항쟁 이후	점차 언론의 자유 확대

언론사 통폐합
신군부 세력은 언론을 통제하기 위해 전국의 언론 기관을 통폐합하였다. 방송은 KBS와 MBC 양대 공영 방송 체제로 정리되었고, 지방 신문도 각 도마다 1개사로 축소되었다. 이 과정에서 신군부에 협조적이지 않았던 많은 언론인이 해직되었다.

부록

01 유네스에 등재된 한국의 유산

02 개화기와 대한제국시기 군사제도의 변천

03 역대 대통령 선거와 공화국의 변천

04 한 눈에 보는 한국사 흐름도

부록 1

유네스코에 등재된 한국의 문화 유산

순번	유산 명칭	등록 연도	사진	세계 유산적 가치
1	석굴암과 불국사	1995		석굴암은 건축, 수리, 기하학, 종교, 예술이 총체적으로 실현된 유산이며, 불국사는 불교 교리가 사찰 건축물을 통해 잘 형상화된 대표적인 사례로 유례를 찾기 어려운 독특한 건축미를 자랑한다.
2	해인사 장경판전	1995		대장경의 부식을 방지하고 온전한 보관을 위해 15세기경에 건축된 건축물로 자연환경을 최대한 이용한 보존 과학의 소산물로 높이 평가된다.
3	종묘	1995		제왕을 기리는 유교 사당의 표본으로서 16세기 이래로 원형이 보존되고 있으며, 세계적으로 독특한 건축 양식을 지닌 의례 공간, 단일 목조 건물로는 세계에서 가장 긴 건축물이다.
4	창덕궁	1997		동아시아 궁전 건축사에 있어 비정형적 조형미를 간직한 대표적 궁으로, 주변 자연환경과의 완벽한 조화와 배치가 탁월하다.
5	수원 화성	1997		동서양의 군사 시설 이론을 잘 배합시킨 독특한 성으로서 방어적 기능이 뛰어난 특징, 모든 건조물이 각기 모양과 디자인이 다른 다양성이 있다.
6	경주 역사 유적 지구	2000		신라 천년의 고도 경주의 역사와 문화를 고스란히 담고 있는 불교 유적으로 이미 세계 유산으로 등록된 일본의 교토, 나라의 역사 유적과 비교하여 유적의 밀집도, 다양성이 더 뛰어난 유적이다.
7	고인돌 유적	2000		거대한 석조로 만들어진 2000~3000년 전의 무덤과 장례 의식 기념물로서 선사 시대 문화가 가장 집중적으로 분포되어 있으며, 당시의 기술과 사회 현상을 가장 생생하게 보여주는 유적이다.
8	조선 왕릉	2009		조선 왕조의 독특한 장묘 문화이다. 조선 왕조의 세계관, 종교관 및 자연관을 바탕으로 타 유교 문화권 왕릉들과는 다른 형태를 띠고 있는 것이 특징이다. 남한의 왕릉 40기가 등재되었으며, 북한에 위치한 제릉(태조비 신의 왕후)과 후릉(정종, 정안왕후), 폐위된 연산군, 광해군 묘는 제외되었다.
9	한국의 역사 마을 (안동 하회 마을, 경주 양동 마을)	2010		14~15세기 조성된 한국의 대표적인 전통 마을로서 자연과 조화를 이루는 조선 시대 유교적 삶의 양식과 전통 문화·전통 건축 양식을 현재까지 잘 계승하고 있다.
10	남한산성	2014		지형을 이용한 축성술과 방어전술의 시대별 층위가 집결한 초대형 포곡식 산성으로 7세기부터 19세기에 이르는 축성술의 기술적 발달 단계와 무기 체제의 변화상을 잘 나타낼 뿐만 아니라 16~18세기 동아시아의 한국과 중국 일본 간에 산성 건축술이 상호 교류한 중요한 모습을 가진 유적이다.

순번	유산 명칭	등록 연도	사진	세계 유산적 가치
11	백제역사 유적지구	2015		공주 공산성, 송산리 고분군에서 익산의 미륵사지에 이르는 유적들은 5~7세기 백제 왕국의 찬란한 역사를 보여줄 뿐만 아니라 세련된 도시 계획, 건축기술을 일본에 전파한 사실을 보여주고 있다.
12	산사, 한국의 산지 승원	2018		한국 불교문화 전통을 잘 간직하고 있는 유산으로 높은 가치를 가짐 (통도사, 부석사, 봉정사, 법주사, 마곡사, 선암사, 대흥사, 이상 7곳).
13	서원, 한국의 유교학교	2019		서원은 성리학 교육의 역할과 함께 지역 양반의 거점이 되었으며, 출판, 건축, 제례 등 조선의 유교 문화가 보편화되고 전승되는데 큰 역할을 하였다. (소수, 남계, 옥산, 도산, 병산, 필암, 도동, 무성, 돈암서원 등 9곳)

유네스코에 등재된 한국의 기록 유산

순번	유산 명칭	등록 연도	사진	세계 유산적 가치
1	『조선왕조실록』	1997		태조부터 철종까지 25대 472년간(1392~1863)의 역사를 연월일 순서에 따라 편년체로 기록한 책이며, 총 1,893권 888책으로 되어 있어 가장 오래되고 방대한 양의 역사서이다.
2	『훈민정음』	1997		33장에 지나지 않으나, 이론 전체가 정연하고 서술이 과학적인 내용의 책으로, 문자를 만든 원리와 문자 사용에 대한 설명에 나타나는 이론은 현대의 세계 언어 학자들이 높이 평가한다.
3	『직지심체요절』	2001		독일의 구텐베르크보다 70여 년이나 앞선 것으로 1972년 유네스코가 지정한 "세계 도서의 해"에 출품되어 세계 최고(最古)의 금속 활자본으로 공인(프랑스 국립 도서관 소장)받았다.
4	『승정원일기』	2001		1623(인조 1)~1894(고종 31)까지 승정원의 활동을 기록한 세계 최대의 연대 기록물(총 3,243책, 글자 수 2억 4천250만 자)이며, 당시의 정치·경제·국방·사회·문화 등에 대한 생생한 역사를 그대로 기록한 조선 시대 1차 사료로, 원본 1부밖에 없는 귀중한 자료이다.
5	『팔만대장경판』	2007		81,258목판에 새긴 대장경판으로 아시아 전역에서는 유일하게 완벽한 형태로 현존하는 판본 자료이다. 현재 세계에서 가장 오래되고 가장 정확하고 가장 완벽한 불교 대장경판이다.
6	『조선왕조 의궤』	2007		3,895여 권의 방대한 분량에 국가의 중요 행사를 행사 진행 시점에서 작성한 기록물로 중국, 일본 등에서도 유례를 찾을 수 없는 체계적 기록물이다.
7	『동의보감』	2009		한국적인 요소를 강하게 지닌 동시에, 일반 민중이 쉽게 사용 가능한 의학 지식을 편집한 세계 최초의 공중 보건 의서라는 점을 인정받아 등재되었다.
8	『일성록』	2011		조선 영조 즉위 36년인 1760년부터 1910년까지의 국정 전반을 기록한 왕의 일기로, 정조가 처음 시작하였다.
9	『5·18 민주화 운동 기록물』	2011		광주 민주화 운동의 발발과 진압, 그리고 이후의 진상 규명과 보상 등의 과정 등 방대한 자료를 포함하고 있는 문건이다.

순번	유산 명칭	등록 연도	사진	세계 유산적 가치
10	『난중일기』	2013		이순신 장군이 임진왜란 중 쓴 일기이며, 임진왜란 관련 자료중 해전 관련 사료로는 거의 유일할 정도로 사료의 가치가 높다.
11	『새마을운동 기록물』	2013		새마을운동은 농민들의 열정적 참여와 정부의 적극적인 지원으로 농촌 개발과 빈곤퇴치를 달성한 성공적 사례이며 많은 개발도상국들의 모델이 되고 있다.
12	『KBS 이산가족 찾기 기록물』	2015		전쟁으로 인한 이산가족의 아픔을 담은 기록물은 전쟁과 분단의 참상을 세계에 알리고 평화의 메시지 전달을 통해 인류애를 고취시킨 기록이다.
13	『한국의 유교책판』	2015		조선조 유학자들의 책 발간을 위해 판각한 책판으로 후대 학자들이 선현의 학문적 상징으로 간주하여 보관,전승해온 유교 500년 집단 지성의 결정체이다.
14	『국채보상운동 기록물』	2017		1907년 국권피탈의 상황에서 진행된 국채보상운동과 그 기록물은 국민적 연대와 책임의식에 기초한 위기극복 사례로 시민운동의 효시적 사례로 볼 수 있다.
15	『조선통신사 관련기록』	2017		임진왜란 이후 일본에 파견된 조선통신사는 전쟁을 경험한 양국이 평화를 구축하려는 지혜와 상호간의 성신교린을 지향하려는 노력의 소산이었다.
16	『조선왕실 어보와 어책』	2017		어보는 조선왕실의 권위와 신성성을 표시하는 의례용 도장, 어책과 교명은 왕실 전례를 기록하여 후대에 전달하는 교서로써 조선 왕실의 시대적 변천을 잘 반영하고 있다.

유네스코에 등재된 한국의 무형 유산

순번	유산 명칭	등록 연도	사진	순번	유산 명칭	등록 연도	사진
1	종묘 제례 및 종묘 제례악	2001		2	판소리	2003	
3	강릉 단오제	2005		4	강강술래	2009	
5	남사당놀이	2009		6	영산재	2009	
7	제주 칠머리당 영등굿	2009		8	처용무	2009	
9	가곡	2010		10	대목장 (大木匠)	2010	

순번	유산 명칭	등록 연도	사진	순번	유산 명칭	등록 연도	사진
11	매사냥	2010		12	택견	2011	
13	줄타기	2011		14	한산모시짜기	2011	
15	아리랑	2012		16	김치	2013	
17	농악	2014		18	줄다리기	2015	
19	제주해녀문화	2016		20	씨름, 한국의 전통레슬링	2018	

순번	유산 명칭	등록 연도	사진
21	연등회	2020	

유네스코에 등재된 한국의 자연 유산

순번	유산 명칭	등록 연도	사진	세계 유산적 가치
1	제주 화산섬과 용암 동굴	2007		한라산 천연보호구역, 거문오름 용암동굴계, 성산일출봉 응회환의 3개 구역으로 구분되어 지정되었다. 세계 자연 유산 등재기준인 '최상의 자연 현상이나 뛰어난 자연미와 미학적 중요성을 지닌 지역을 포함하여야 한다.', '생명의 기록, 지형의 발달에 있어 중요한 지질학적 진행 과정, 또는 지형학적이나 자연지리학적 측면의 중요 특징을 포함하여 지구 역사상의 주요 단계를 입증하는 대표적 사례이어야 한다.'를 충족한 것으로 평가되었다.
2	한국의 갯벌	2021		우리나라 서남해안의 대표적 갯벌인 서천,고창,신안,보성~순천 갯벌 등 4곳은 모두 습지보호지역으로 지정된 곳들인데, 위기종으로 인정된 27종의 철새를 비롯해 약 2,000종 이상의 생물이 서식하는 등 세계유산 등재 기준 중 하나인 '생물다양성의 보존을 위해 가장 중요하고 의미 있는 자연서식지'라는 점 등이 인정되었다.

부록 2

개화기와 대한제국시기 군사제도의 변천

시기		군제	특징
1881		5군영 → 무위영·장어영으로 통합(2영)	전통적인 군제에서 변화 시도
1881		별기군 설치	• 최초의 신식군대로 무위영 소속하에 80명을 선발 • 일본군 소위 호리모토를 초빙하여 신식훈련
임오군란 1882		별기군폐지 → 5군영 부활	구식군인의 불만해소
갑신정변 이후 군제개편 1885		• 5군영 폐지 • 중앙군 : 친군 4영(좌·우영, 전·후영, 약 5,077명) • 지방군 : 친군별영 설치	• 청의 영향 하에 추진된 변화 → 5군영보다 병력 수 감소 • 청의 군사교관이 훈련 담당
1893		• 해군제 도입 • 통제영학당 설립(해군사관학교)	1여년 동안 유지되다가 청·일 전쟁 시기에 폐교
제2차 갑오개혁 1895. 1~		• 친군 4영 폐지 • 중앙군 : 훈련대와 시위대 창설 • 지방군 : 3도 통제군·병영·수영 폐지(소속군인 해산) • 훈련대 사관양성소 설립	• 일본의 영향력 하에 병력 수 대폭 감소 • 훈련대 사관양성소를 통한 친일적 간부 배출 시도

을미개혁 1895. 8~		• 훈련대에 시위대 통합 → 이후 폐지
		• 군제개편
		  중앙 : 친위대(2개 대대)
		  지방 : 진위대(평양, 전주 등)
			• 명성황후 시해사건 이후 일본의 영향력이 강화된 시점에서 추진
			• 명성황후 시해 후 사건에 참여한 훈련대 폐지

대한제국	1897	• 중앙군 시위대 신설(2개 연대), 친위대 증설(3개 대대 → 2개 연대) • 지방군 : 진위대(14개 대대)	고종의 군사력 강화책으로 꾸준한 병력 증강이 이루어짐
	1898	대한제국 육군 무관학교 설치	1909년 일제에 의해 폐교될 때까지 다수의 장교를 배출 → 상당수가 독립운동에 투신
	1899	원수부 창설 : 황제의 군통수권 강화	• 황제가 군정권과 군령권 장악 → 원수부 휘하 4개의 국(局) 총장들의 입지 강화 • 군부대신의 권한 축소
	1903	• 해군건설계획 추진 • 징병조례 발표	• 양무호(1903), 광제호(1904) 구입 → 러일전쟁 시 일본에게 징발 당함 • 징병제는 실시되지 못함

부록 3

역대 대통령 선거와 공화국의 변천

代	공화국	연도	대통령 (부통령)	여당	야당	특징	사건 연표
1대	1공	1948	이승만 (이시영)	대한독립촉성 국민회	• 한국독립당(김구) • 무소속(안재홍) • 무소속(서재필)	• 간선제(국회 선출) • 제헌국회(임기 2년) • 국회의장 신익희 • 농림부장관 조봉암	• 1949 반민특위 • 1949 농지 개혁(북한은 1946) • 1950 국회의원 선거 • 1952 발췌 개헌(부산정치 파동, 1차 개헌)
2대	〃	1952	이승만 (함태영)	자유당	무소속(조봉암·이시영)	직선제(4년), 양원제	
3대	〃	1952	이승만 (장면)	자유당	• 민주당(신익희) • 무소속(조봉암)	• 신익희 유세 도중 사망 • 부통령 이기붕 낙선 • 장면(민주당) 당선	• 1954 사사오입 개헌 (2차 개헌) • 1958 진보당 사건 • 1959 조봉암 처형
4대	〃	1960	이승만 (이기붕)	자유당	민주당 (조병옥/장면)	• 조병옥 유세 중 사망 • 3·15 부정선거 • 무효(4대 대통령 윤보선)	• 1960 이승만 망명, 이기붕 자살 • 1960. 6 내각제(양원제) 개헌(3차 개헌) • 1960. 11 3·15 부정선거 소급특별법(4차 개헌)
4대	2공	1960	장면 내각	자유당	신민당 (민주당 구파)	• 내각제·양원제 • 대통령 간선제(국회 선출, 4대 윤보선)	• 1961 5·16 군사정변 • 1962 윤보선 대통령 사임 • 1962 개헌(대통령 직선, 단원, 5차 개헌)
5대	3공	1963	박정희	민주공화당	민정당(윤보선)	단원제, 직선제	• 1964 6·3 시위 • 1965 한·일 국교 정상화
6대	〃	1963	박정희	〃	신민당(윤보선)		1969 3선 개헌(3기에 한함, 6차 개헌)
7대	〃	1971	박정희	〃	신민당(김대중)	야당의 선전	1972 10월 유신(6년, 간선제, 7차 개헌)
8대	4공	1972	박정희	〃	신민당	• 통일주체국민회의 • 단일 후보	• 1973 김대중 납치 사건 • 1974 긴급 조치 1호 • 1974 육영수 여사 피격
9대	〃	1978	박정희	〃	신민당	〃 (단일 후보 99.9% 찬성)	• 1979 YH 사건, 부마항쟁 • 10·26 사태(박정희 피격)
10대	〃	1979	최규하			〃 (단일후보)	• 1979 12·12 사태(전두환) • 1980 5·18 광주 민주화 운동
11대	〃	1980	전두환			〃 (단일후보)	1980 개헌(선거인단, 대통령 간선제 임기 7년, 8차 개헌)

代	공화국	연도	대통령(부통령)	여당	야당	특징	사건 연표
12대	5공	1981	전두환	민주정의당	• 민주한국당(유치송) • 한국국민당(김종철)	대통령선거인단 (단일후보)	• 1987 6·10 민주 항쟁 • 1987 6·29 선언, 직선제 개헌(9차 개헌)
13대	6공	1988	노태우	민주정의당	• 통일민주당(김영삼) • 평화민주당(김대중) • 신민주공화당(김종필)	• 5년 단임, 직선제 • 3김 분열, 여소야대	1988 5공 청문회, 3당 합당
14대	〃	1993	김영삼	민주자유당	• 민주당(김대중) • 통일국민당(정주영)	문민정부	1997 IMF 구제 금융
15대	〃	1998	김대중	한나라당(이회창)	• 새정치국민회의(김대중) • 국민신당(이인제)	• 평화적 정권 교체 • 국민의 정부	
16대	〃	2003	노무현	새천년민주당	한나라당(이회창)	참여정부	
17대	〃	2008	이명박	통합민주당(정동영)	• 한나라당(이명박) • 무소속(이회창)		

부록 4 한 눈에 보는 한국사 흐름도

청동기·초기 철기 시대와 고조선의 성립·발전

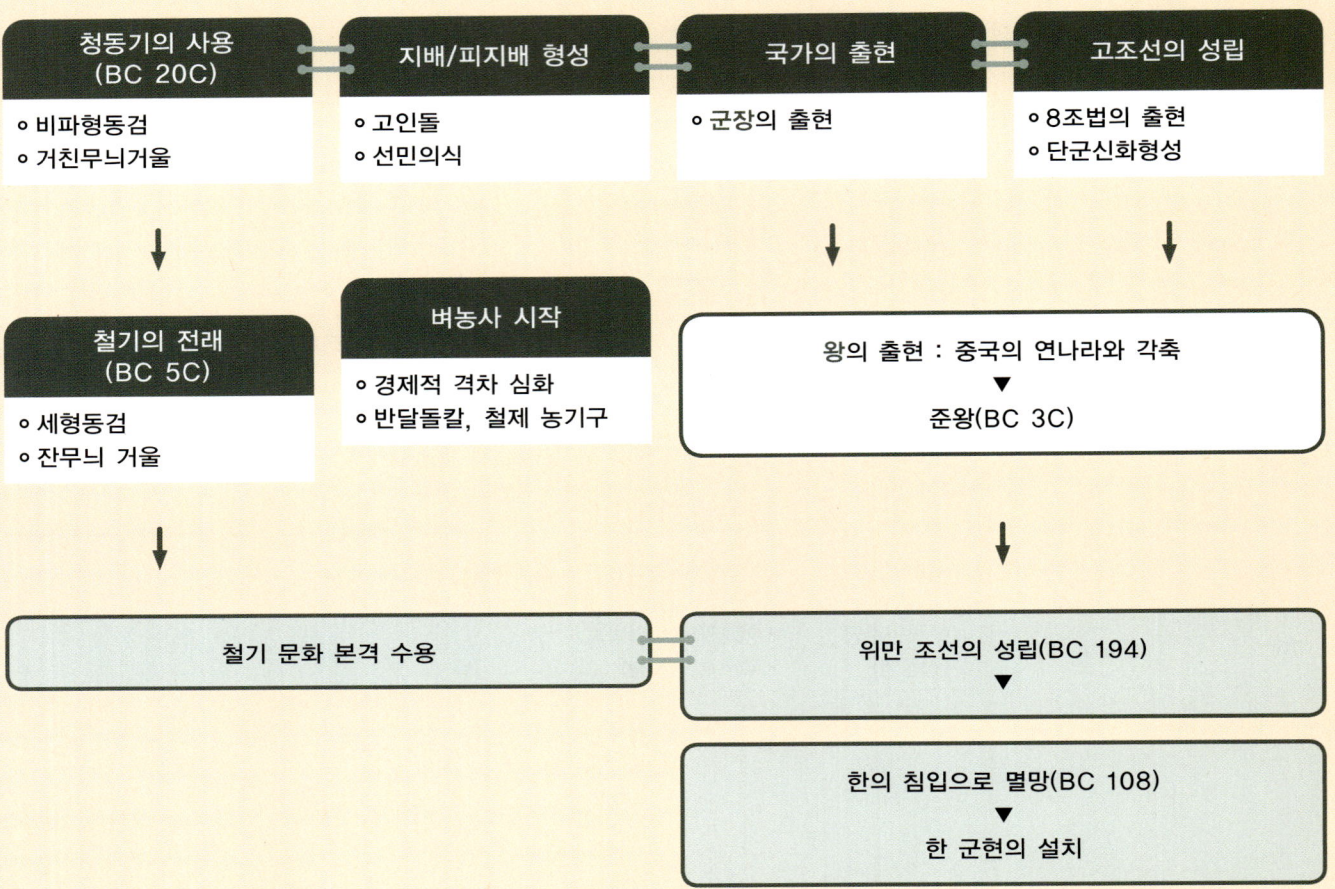

초기 국가와 삼국시대의 정치적 특징

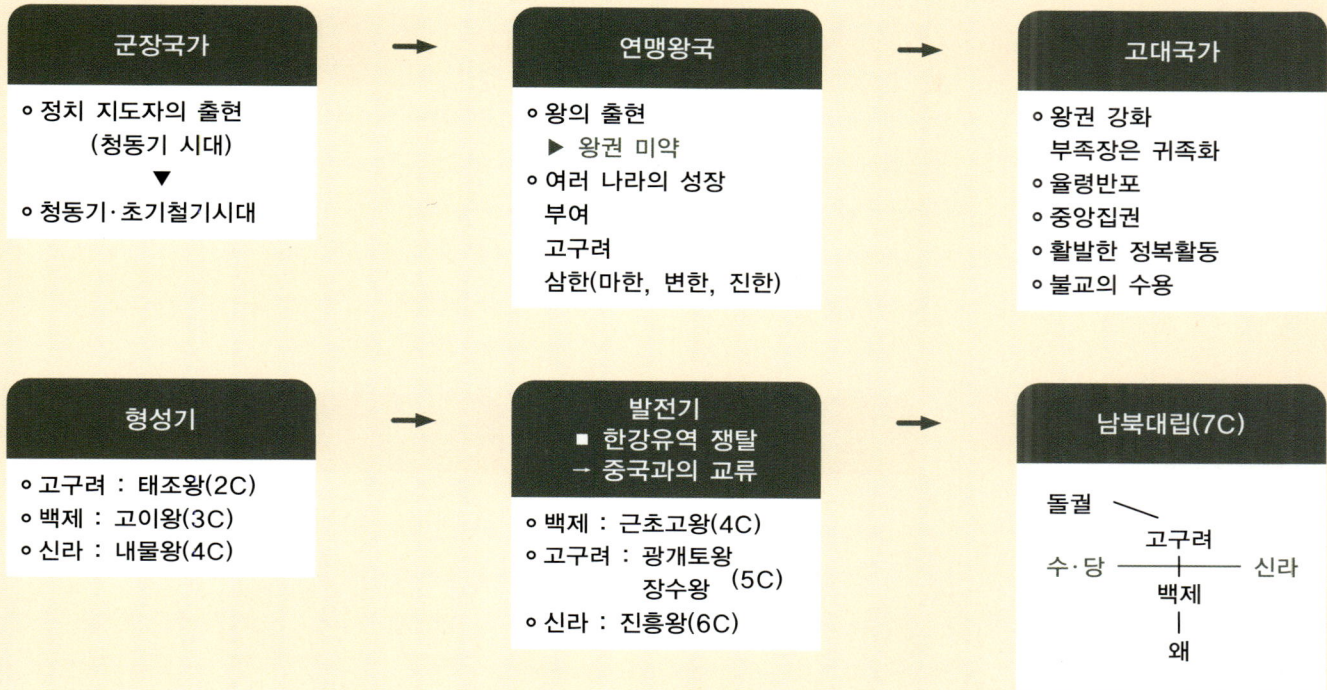

남북국의 형성과 신라하대의 특징

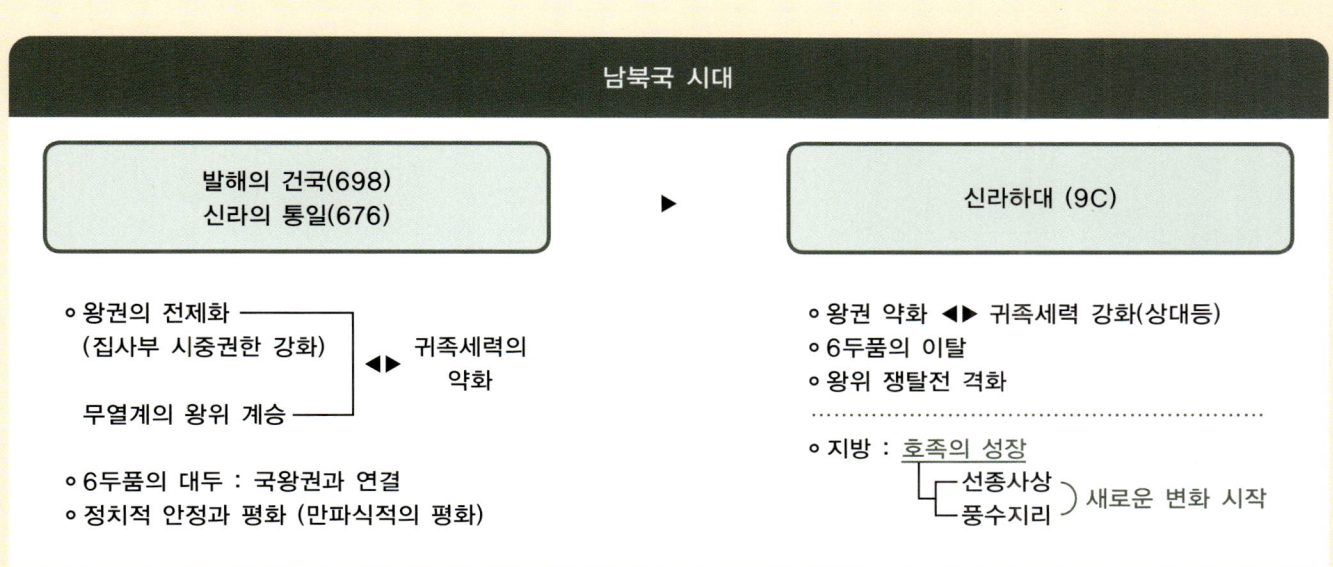

고려 시대의 정치적 흐름과 대외 정책

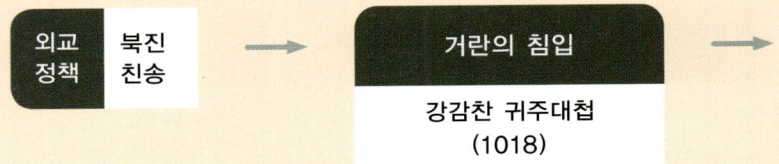
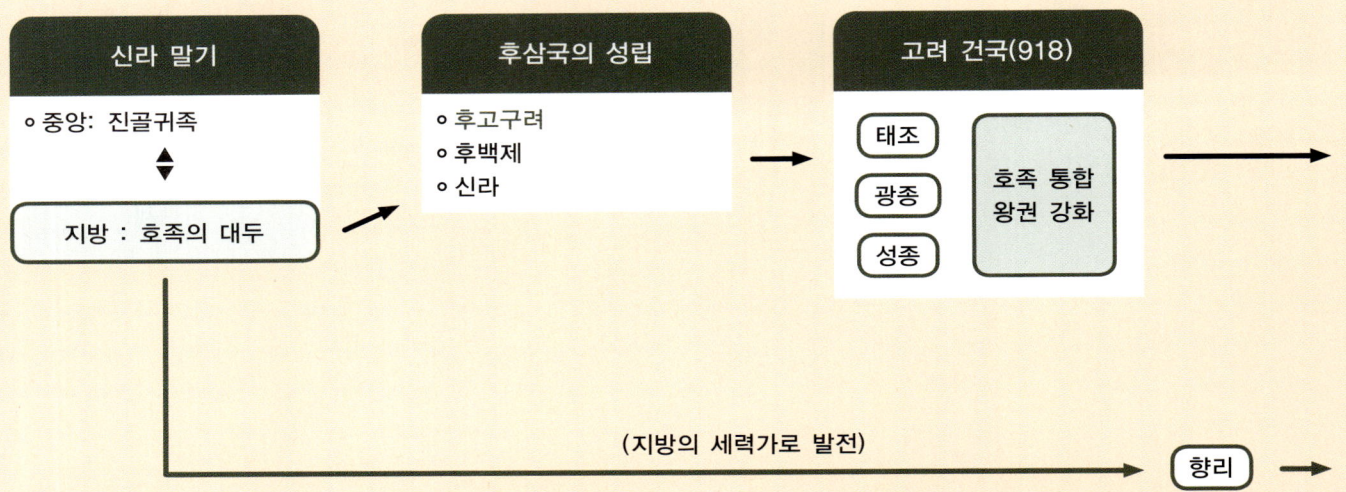

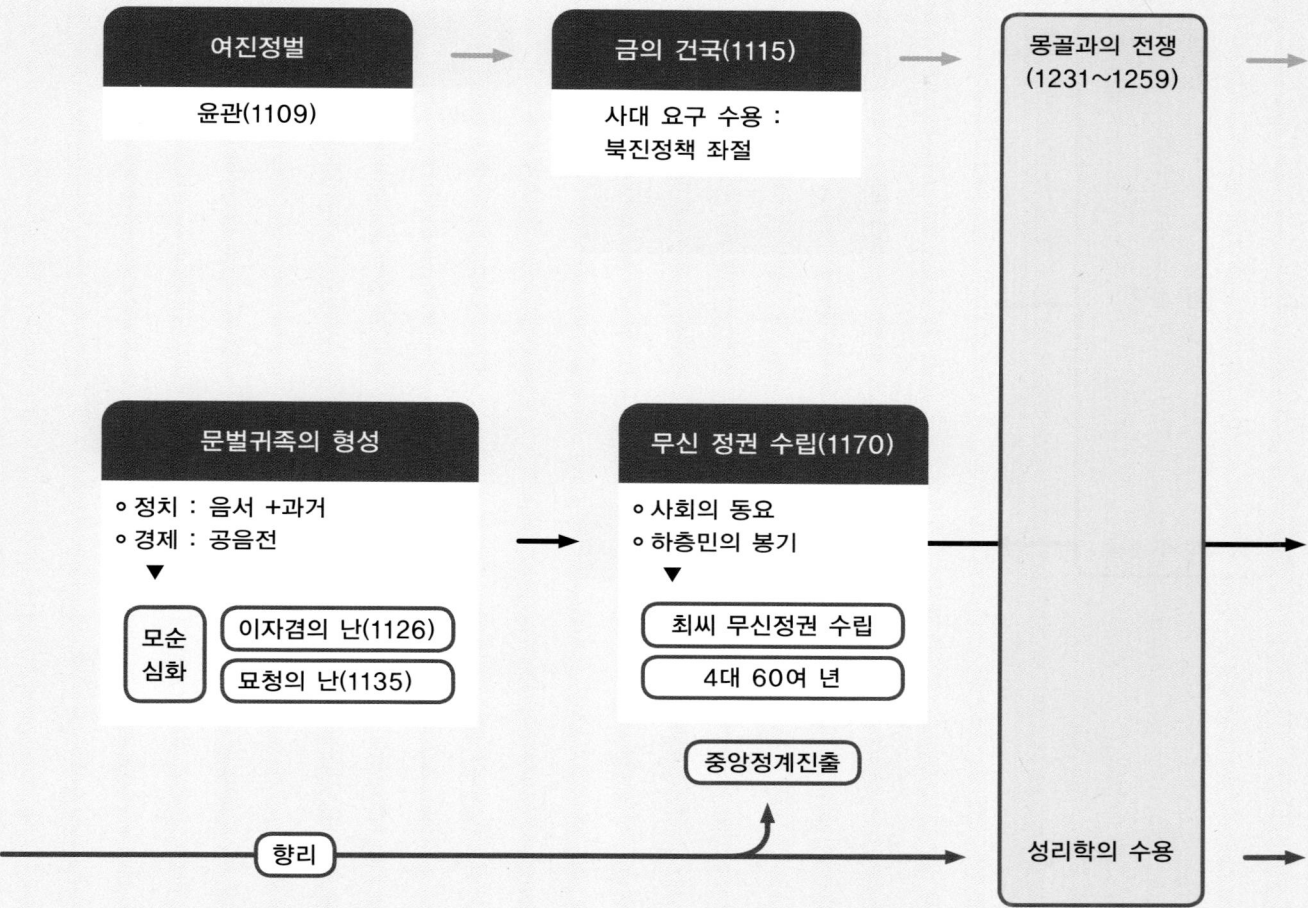

고려 시대의 정치적 흐름과 대외 정책

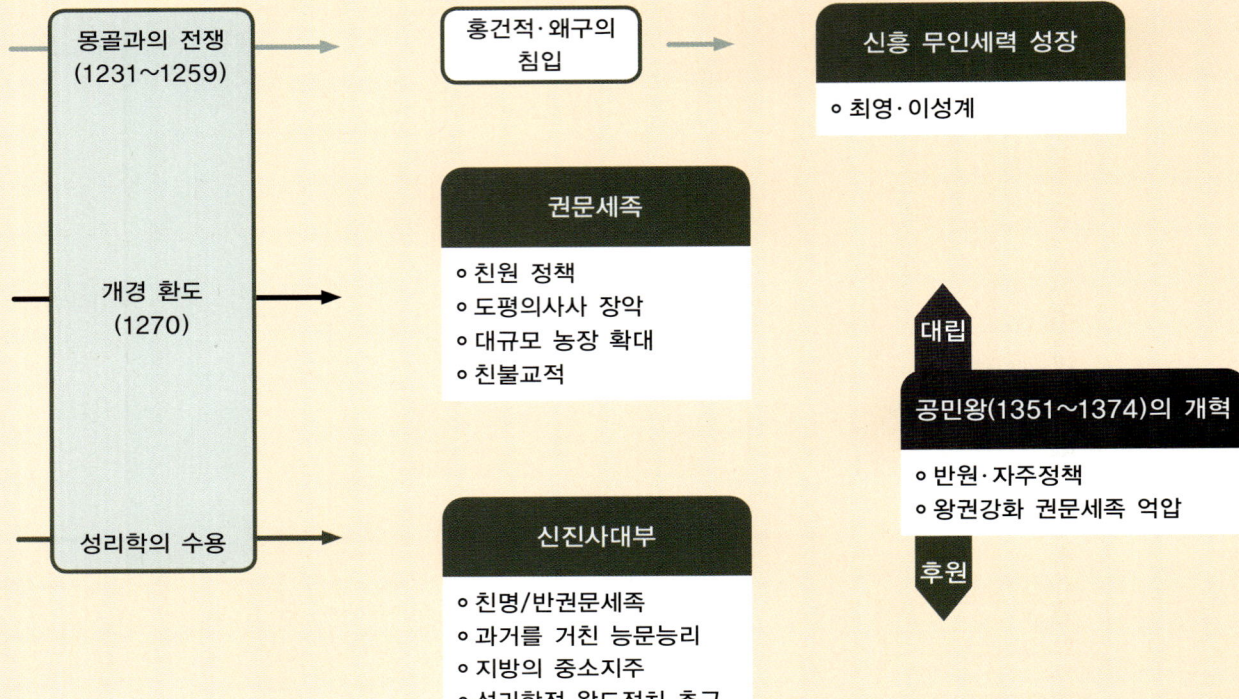

근세(조선전기) 정치 흐름의 특징

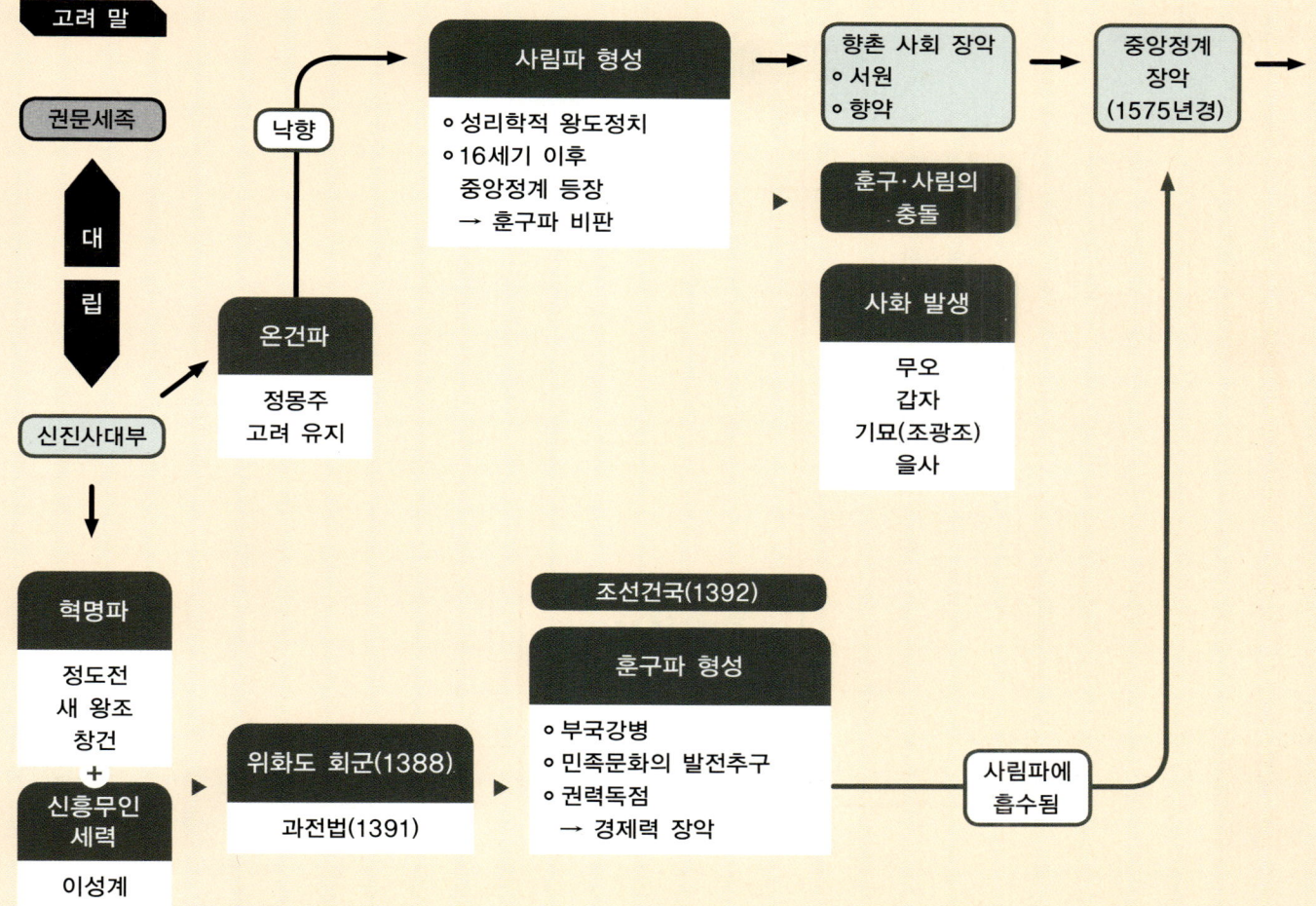

사림의 분열

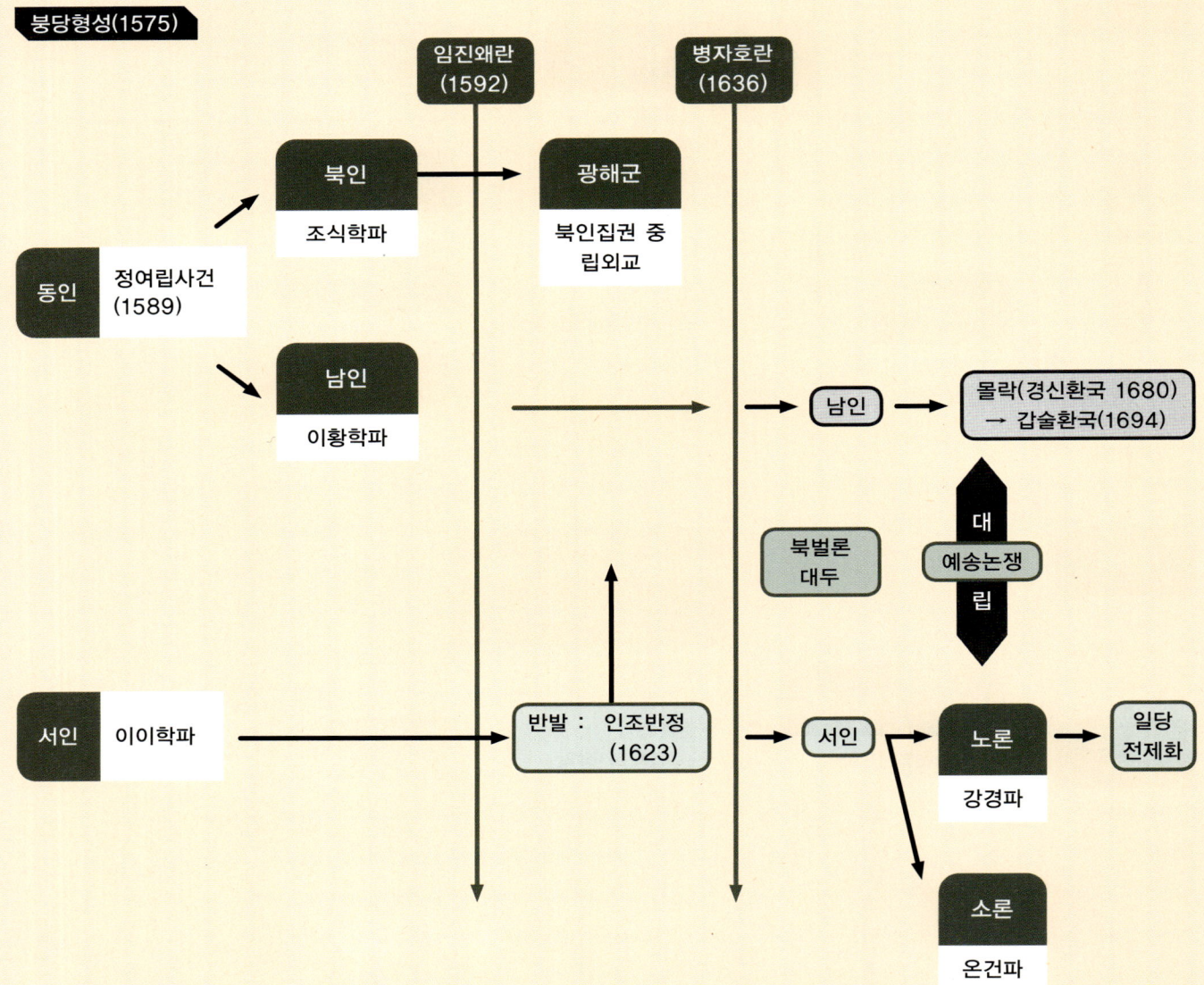

조선 후기(근대 태동기) → 변화의 시대

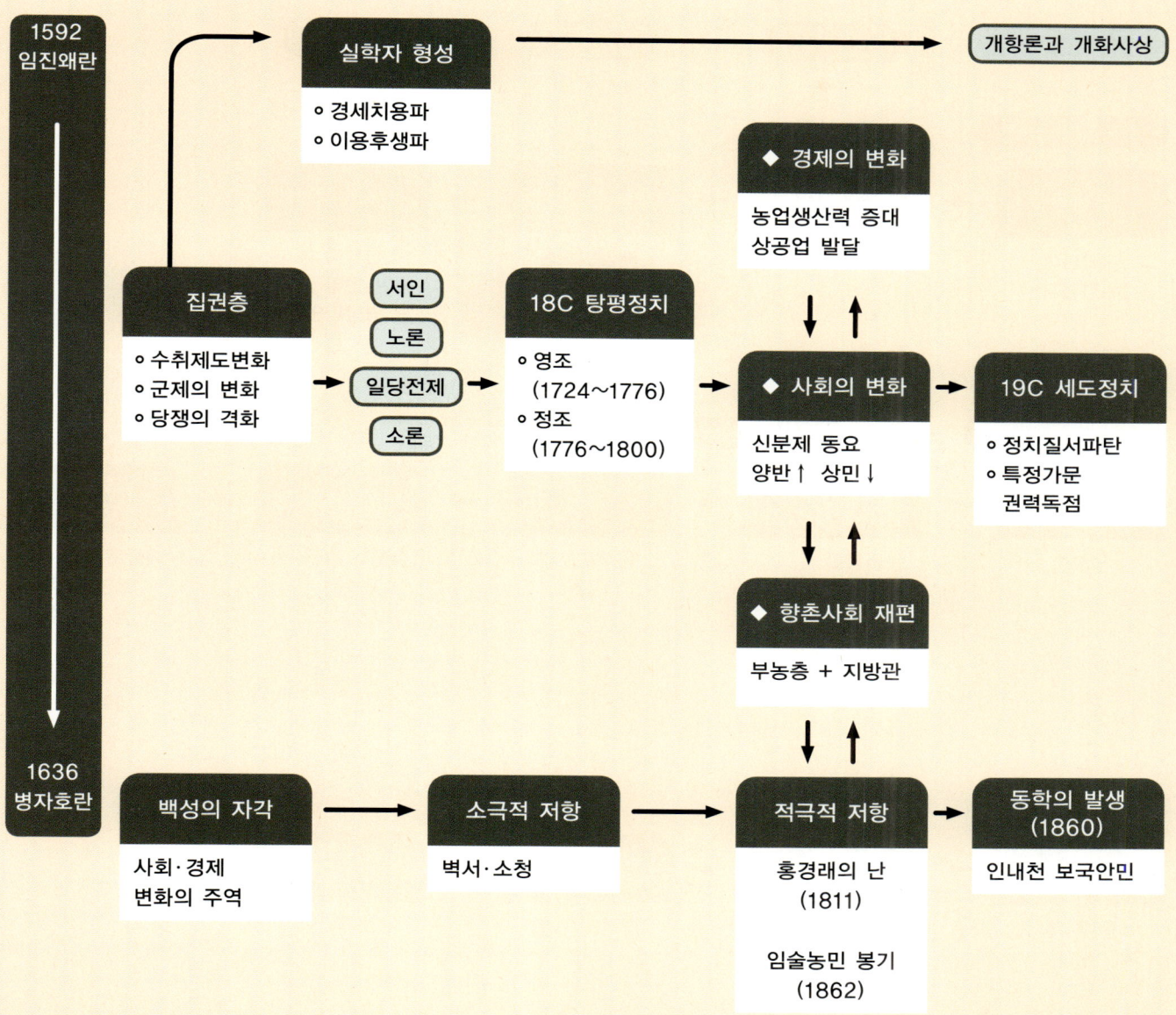

외세의 압력과 대응

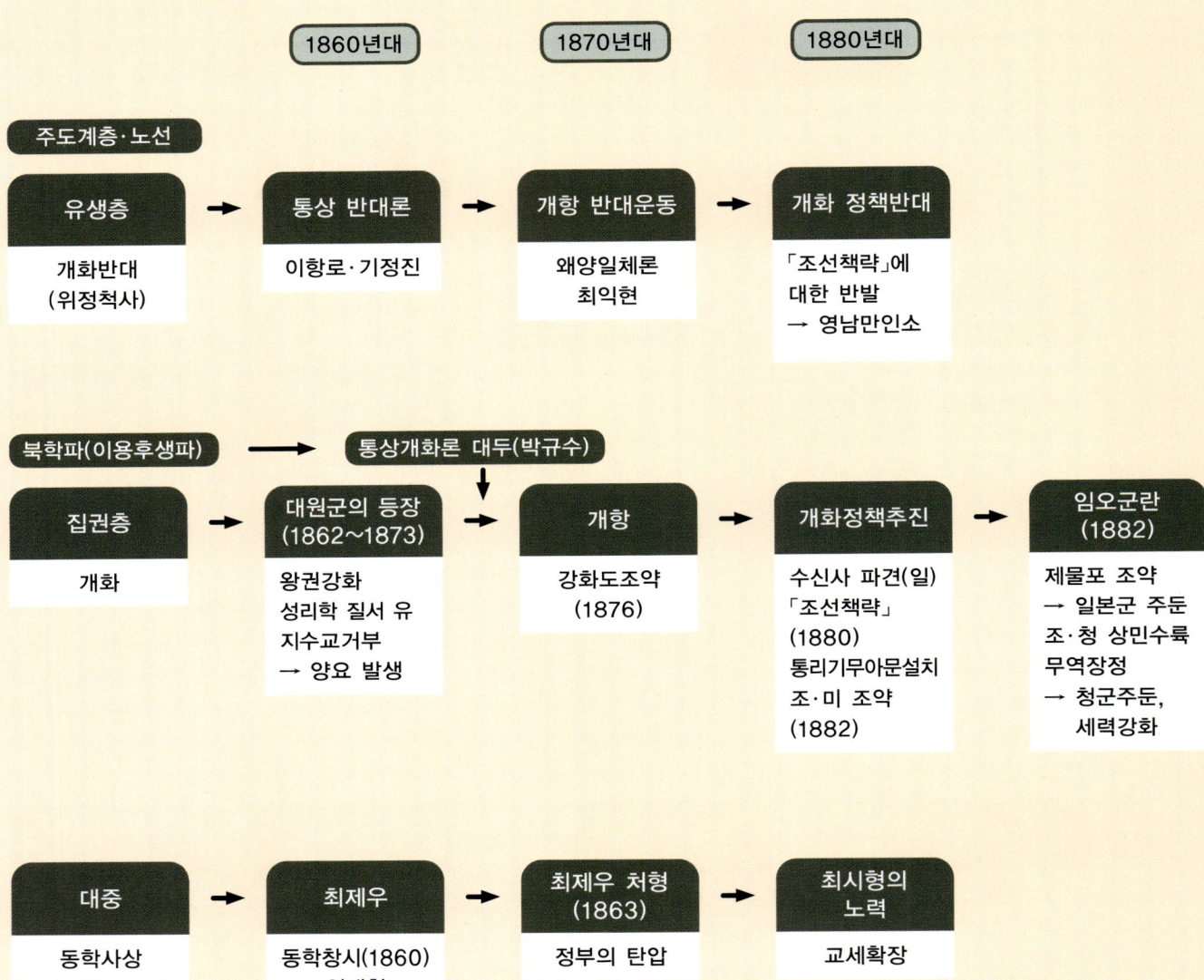

1880년대
1890년대
개화 정책반대
외세에 대한 불만고조
임오군란직후 개화세력의 분화
온건개화
친청 동도서기
김홍집·김윤식
민씨 세력강화
친청적 온건개화
교정형 설치
자주적 개혁시도
일본 경복궁 점령
갑오개혁
(1894~95)
1차: 군국기무처
2차: 홍범 14조
(박영효)
삼국간섭
3차 김홍집 내각
(친러정권)
급진개화
친일 문명개화
김옥균·박영효
갑신정변
(1884) 14개조
정강 → 실패
열강러의 각추
러
청
일
영
거문도 사건 (1885)
한반도 중립화론 대두
청·일전쟁
(1894. 6)
교조신원 운동
보은집회
(1894. 6)
동학농민전쟁
(1894, 3월~11월)
1차: 반봉건 → 폐정개혁안
2차: 반침략 → 서울로 진격
→ 우금치 패배

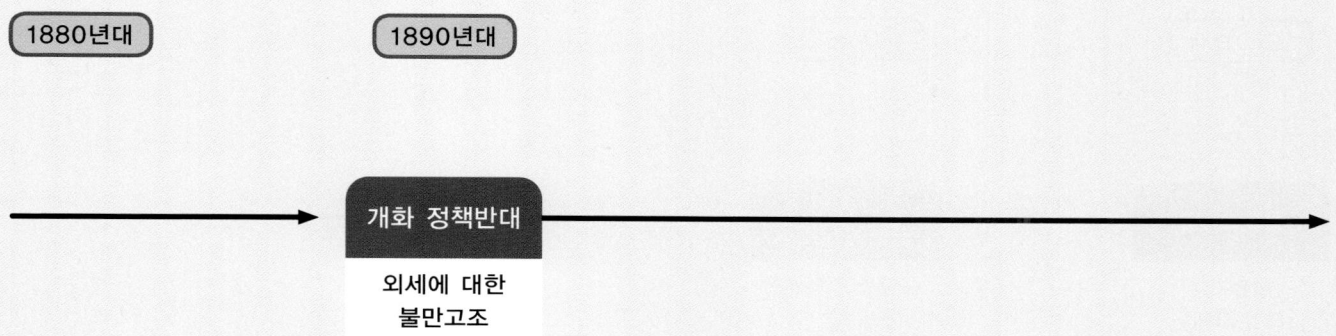

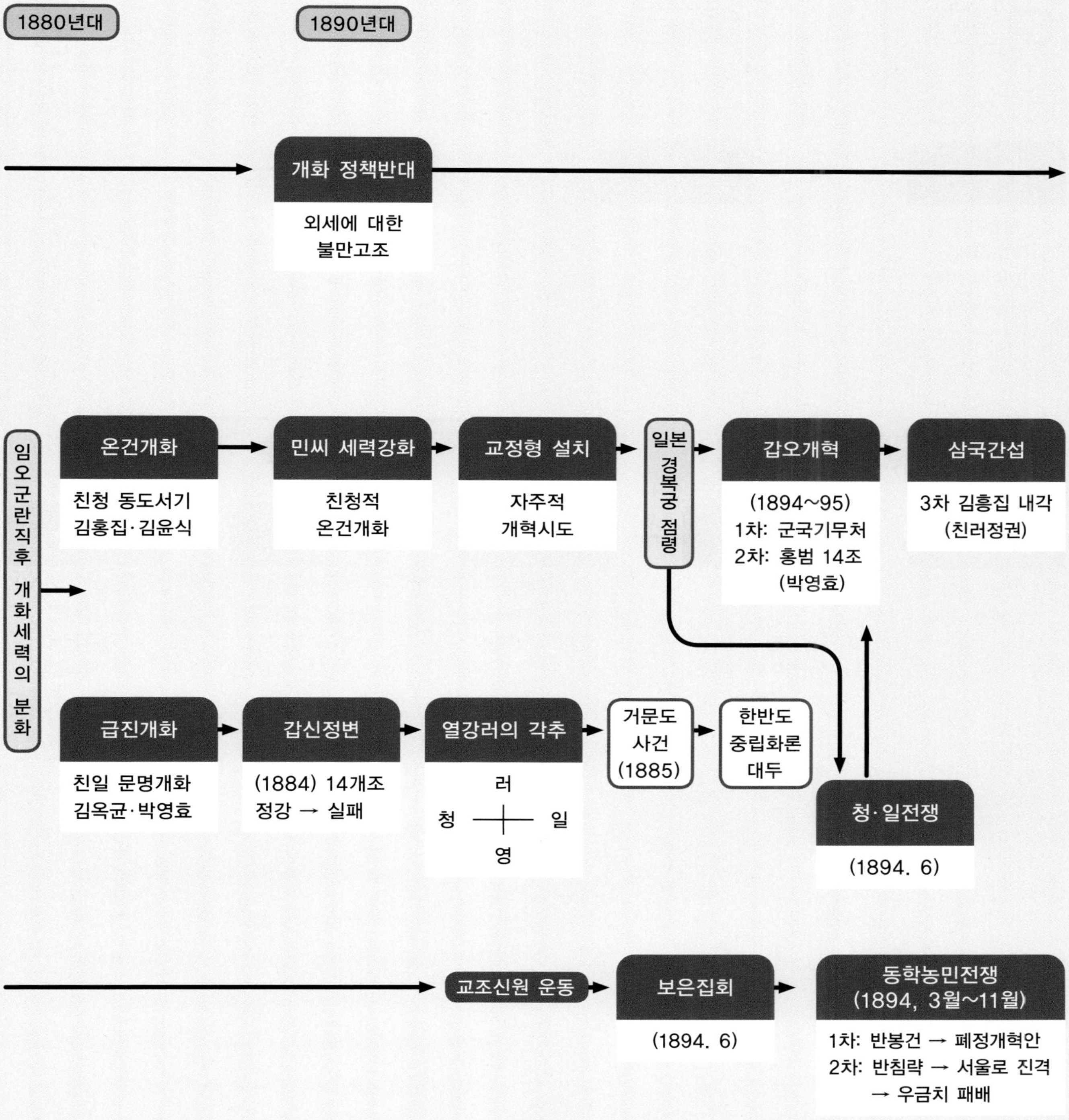

외세의 압력과 대응

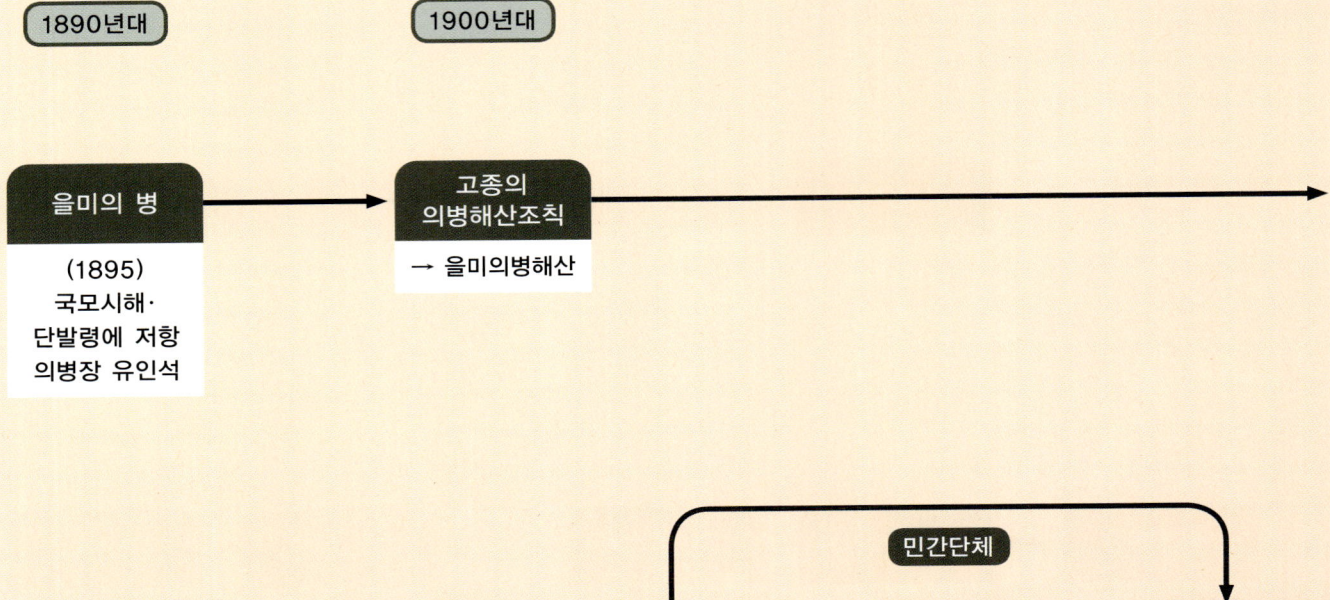

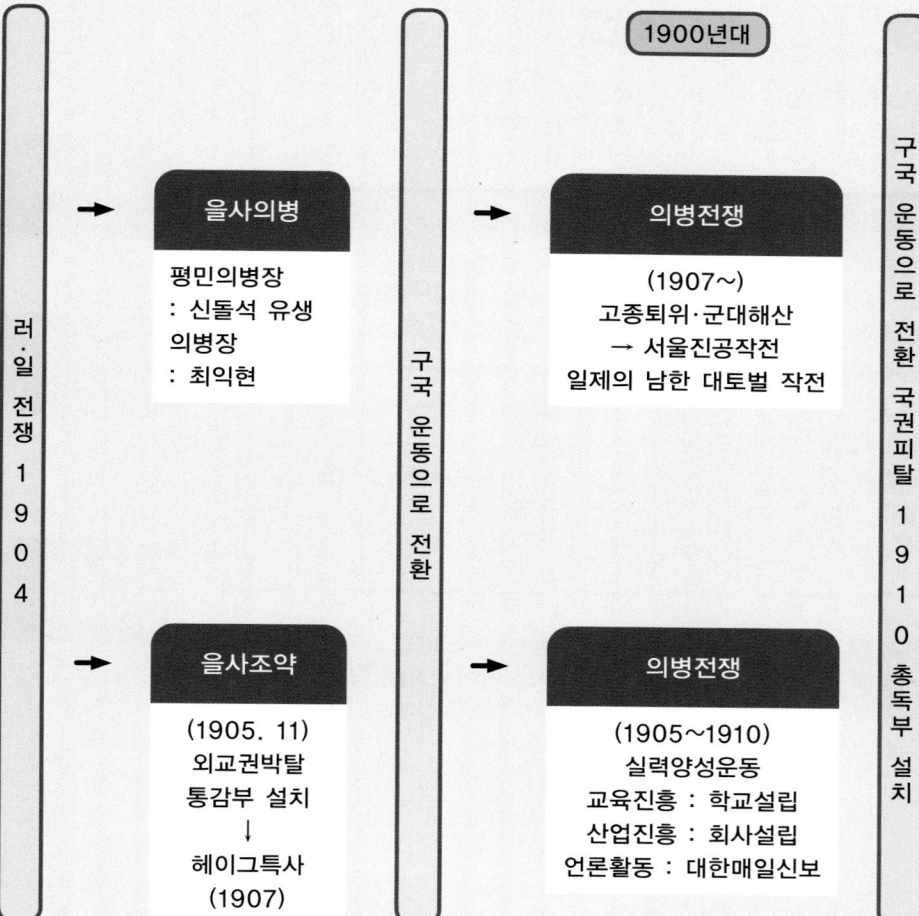

일제의 침략 정책

시기	목표	정치	경제	
1900년대	조선병합	조선지배열강승인 → 을사조약 : 통감부	○ 화폐정리(1905. 2) ○ 경부·경의 철도 부설	
				조선병합 총독부설치 (1910)
1910년대	식민지배 기반조성	무단통치 ○ 헌병경찰 통치 ○ 언론·결사자유박탈 ○ 무관총독	○ 각종 산업 침탈 (회사령·광업령·어업령) ○ 토지조사사업(1912~1918) ⇒ 토지약탈(동양척식회사)	
				3·1 운동 (1919)
1920년대	고도의 식민통치	문화통치 ○ 보통 경찰제 ○ 문관총독가능 ○ 친일파 육성	○ 산미증식계획(1920~1934) ⇒ 소작쟁의 ○ 회사령 폐지(일본자본조선진출) ⇒ 노동쟁의 ⇒ 물산장려운동	
				대공황 (1929)
1930년대	대륙침략 (1937)	민족말살통치 ○ 신사참배 ○ 창씨개명 ○ 황국신민서사	○ 국가 총동원령(1938) ○ 인권 물적 수탈 ⇒ 공출·징용 ○ 징병제 (1944)·정신대(1944)·종군위안부	

민족의 독립운동

3·1 운동 이전의 독립운동

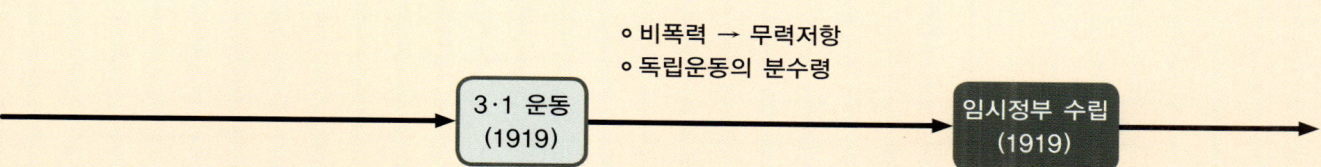

국내 : 비밀결사조직
- 독립의군부(임병찬, 1912)
- 대한광복회(1915)
  ⇒ 박상진, 김좌진,
     공화정 지향

- 비폭력 → 무력저항
- 독립운동의 분수령

3·1 운동 (1919) → 임시정부 수립 (1919)

- 한성정부 + 상하이정부 + 대한민국의회 통합
- 상하이에서 결성
- 외교독립론
- 3권 분립·공화제

국내 : 비밀결사조직
- 서간도 : 삼원보(신흥무관학교)
- 북간도 : 북로군정서(중광단)
  연해주 : 권업회
          대한광복군정부(1914)
          대한민국의회(1919)

민족의 독립운동

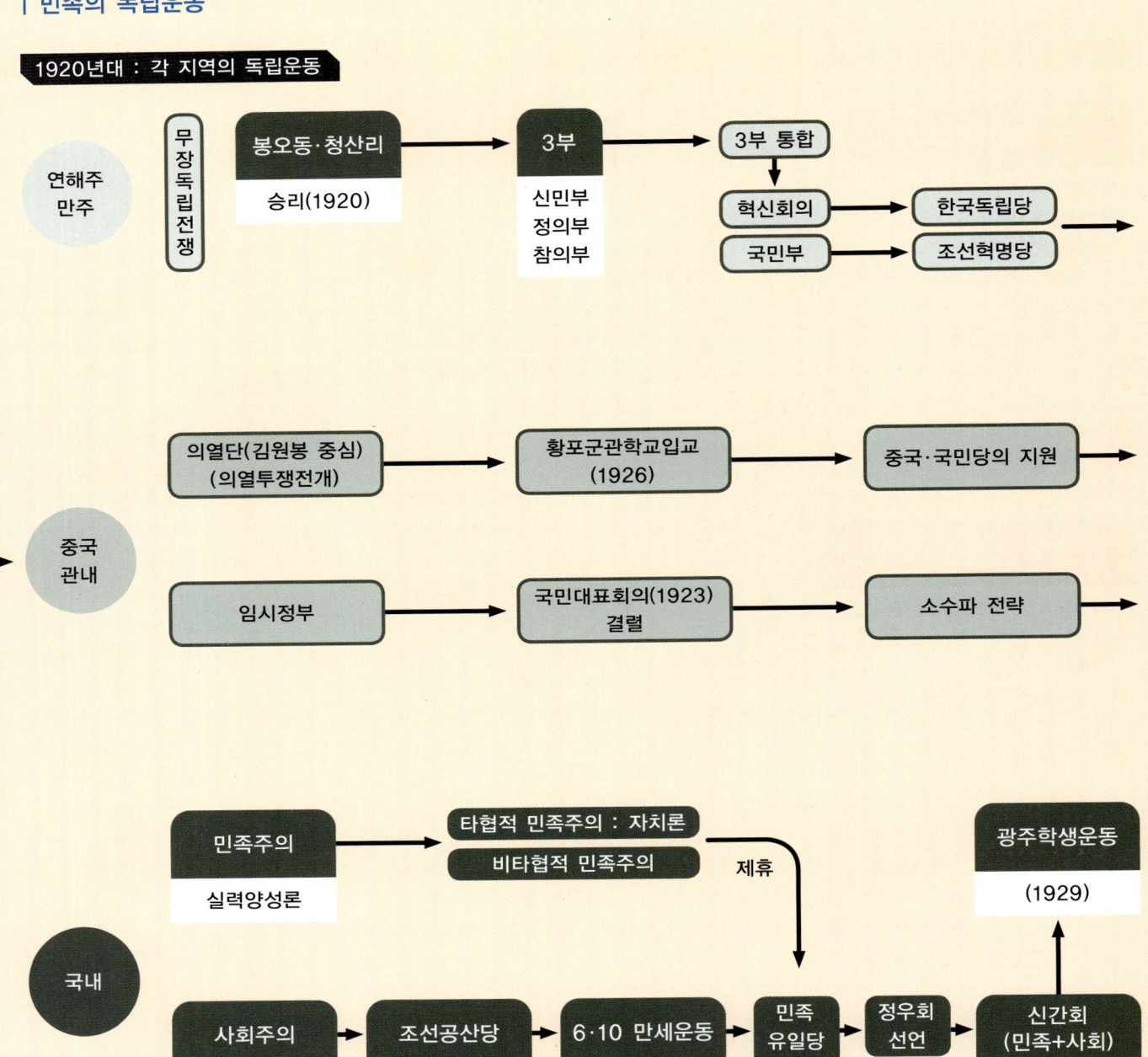

1930년대

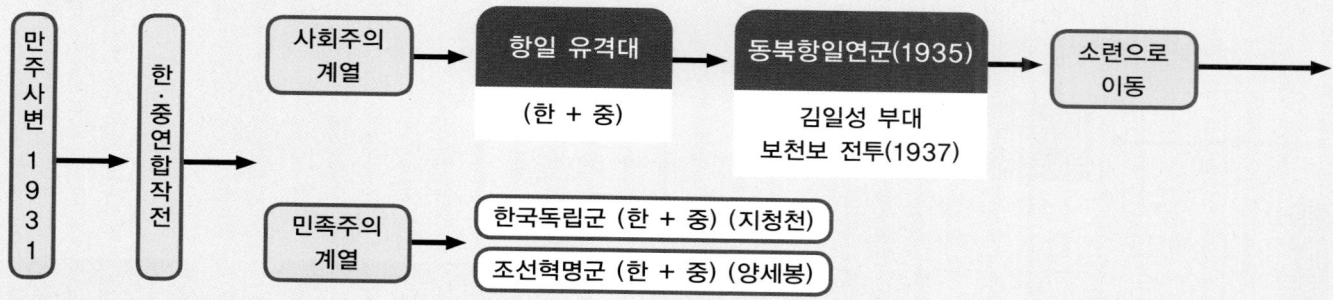

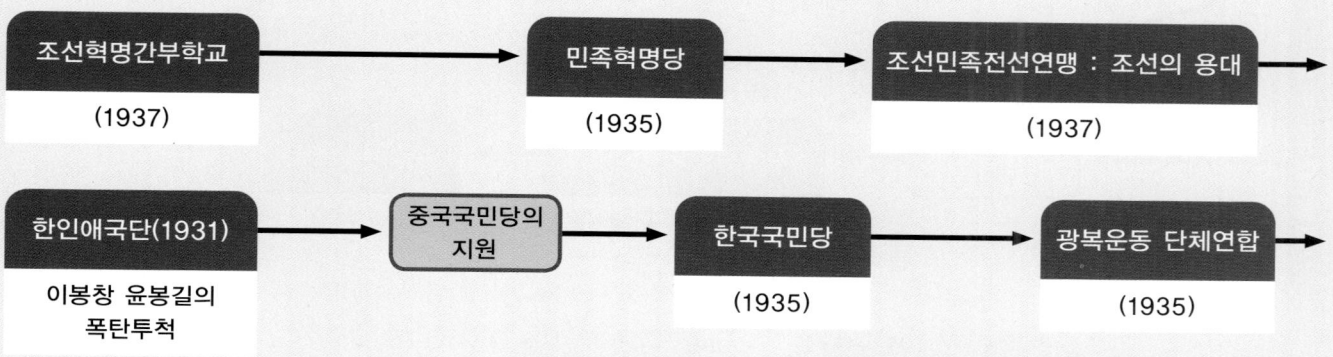

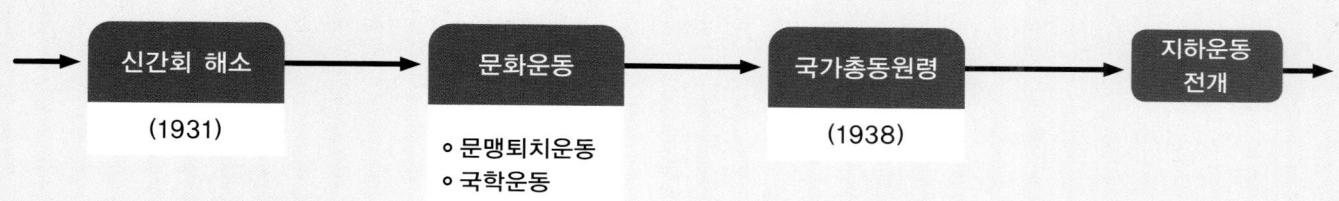

민족의 독립운동

1940년대 : 건국준비 활동

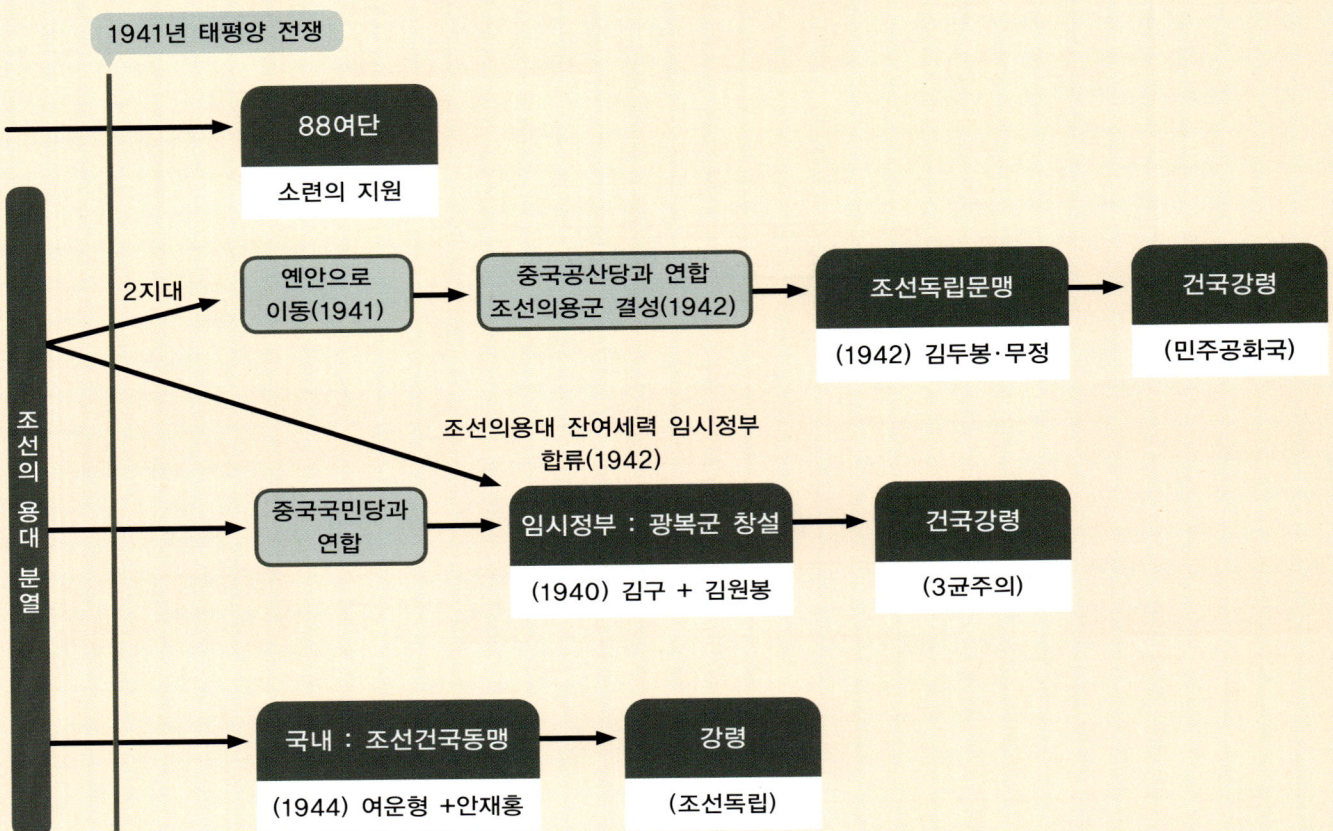

8·15광복(1945)과 군정의 실시

광복 직전의 건국 준비 활동

01. 건국 준비 활동의 흐름

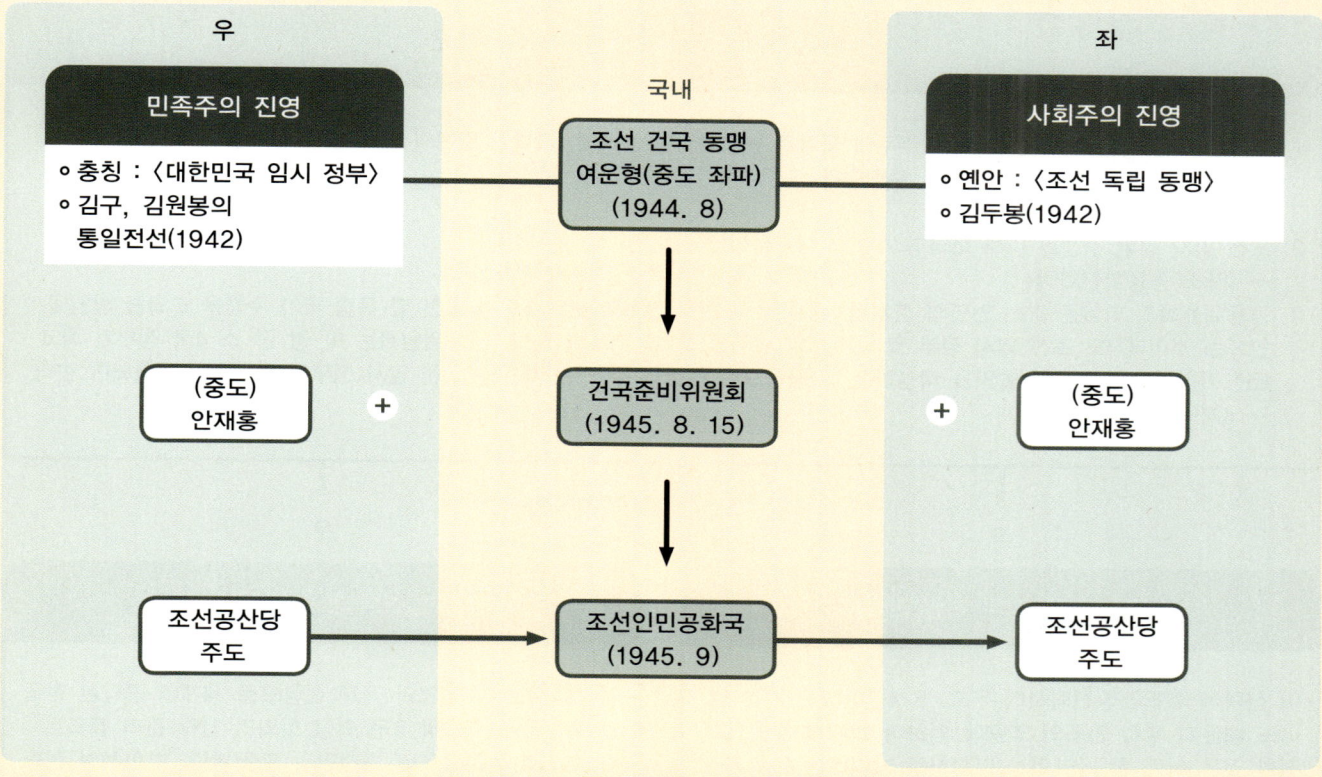

모스크바 3국 외상 회의와 좌우 대립

신탁 통치 문제와 좌우 대립

02. 전체적 흐름

모스크바 3상 회의(1945. 12)

1. 조선을 독립 국가로 재건설하며 민주주의 국가로 발전시키는 동시에, 가혹한 일본의 조선 통치 잔재를 빨리 청산하기 위해 조선에 임시 민주주의 정부를 수립한다.
   → 임시 정부 수립
2. 조선 임시 정부 구성을 위해 미국과 소련의 대표들이 공동위원회를 설치한다.
   → 미·소 공동위원회 설치
3. 공동위원회의 역할은 조선 인민의 정치적, 경제적, 사회적 진보와 민주주의의 발전 및 독립 국가 수립을 도와줄 방안을 만드는 것이다. 또 조선 임시 정부 및 민주주의 단체를 참여시키도록 한다. 공동위원회는 미·영·중·소 4국 정부가 최고 5년 기한의 4개국 통치 협약을 작성하는 데 공동으로 참작할 수 있는 제안을 조선 임시 정부와 협의하여 제출해야 한다.
   → 4개국 5개년 신탁 통치

좌

임시 민주 정부 수립(찬탁)

이 신탁이 4개국의 신탁하에 두고, 5개년이라는 기간 내 어느 때든지 우리 민족의 역량에 의하여 철폐할 것을 결정한 것은 어떤 한 나라의 식민지화를 방지하는 동시에 조선 독립이 늦어도 5년까지는 완성될 것을 결정한 까닭에. 독립과 대립된 신탁이 아니요, 독립을 보장하고 독립을 촉성하는 신탁이다.

우

신탁 통치 반대

카이로·포츠담 선언과 국제 헌장으로 세계에 공약한 한국의 독립은 모스크바 3국 외상 회의의 신탁 관리 결의로써 수포로 돌아갔으니, 3천만의 모든 힘을 발휘하여 신탁 관리제를 배격하는 국민 운동을 전개하자 완전한 자주 독립을 이루는 날까지 3천만의 전 민족은 최후의 피 한 방울이 다하도록 항쟁할 것을 선언한다.

좌우합작 운동

03. 전체적 흐름

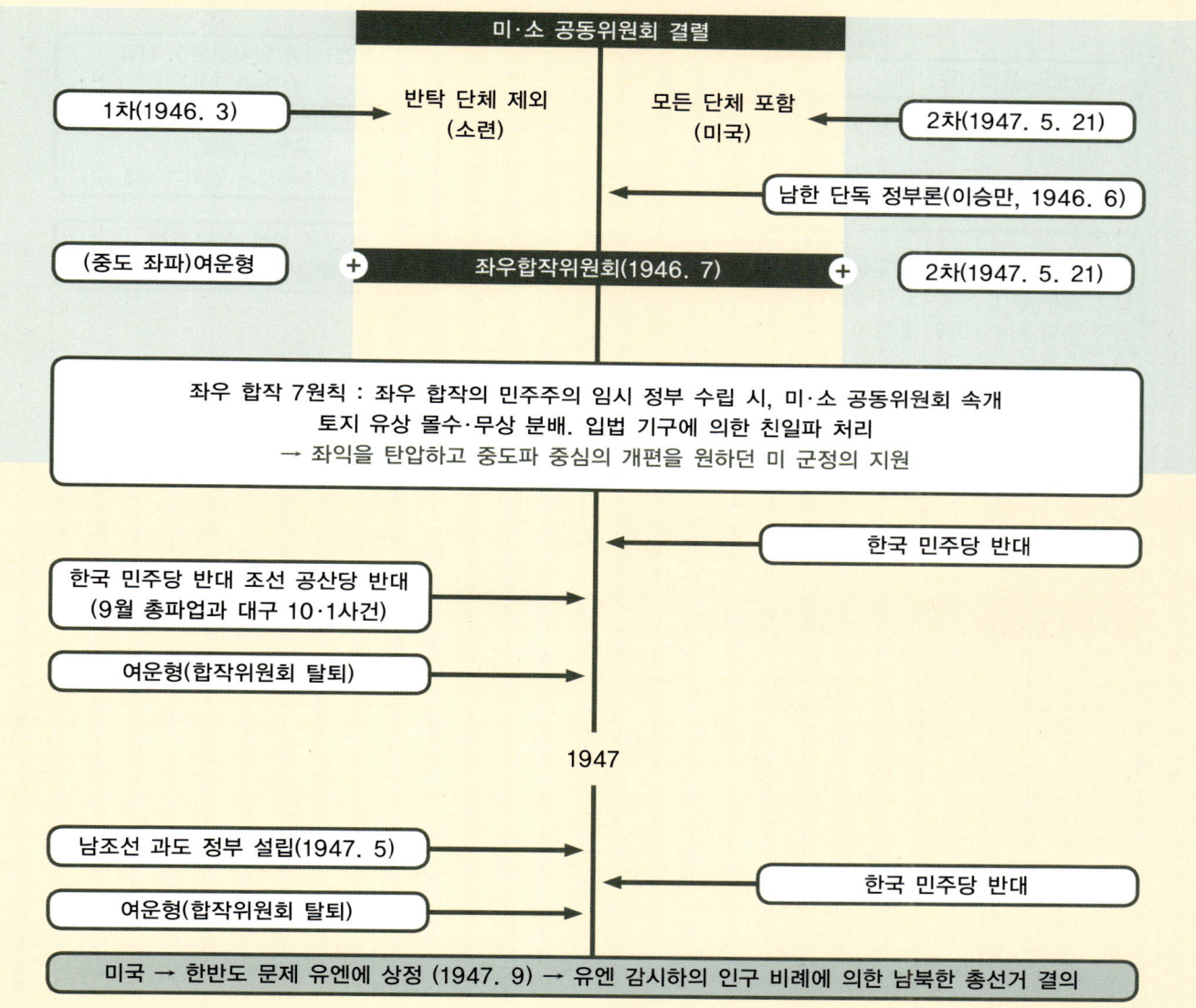

남·북협상과 분단

04. 전체적 흐름

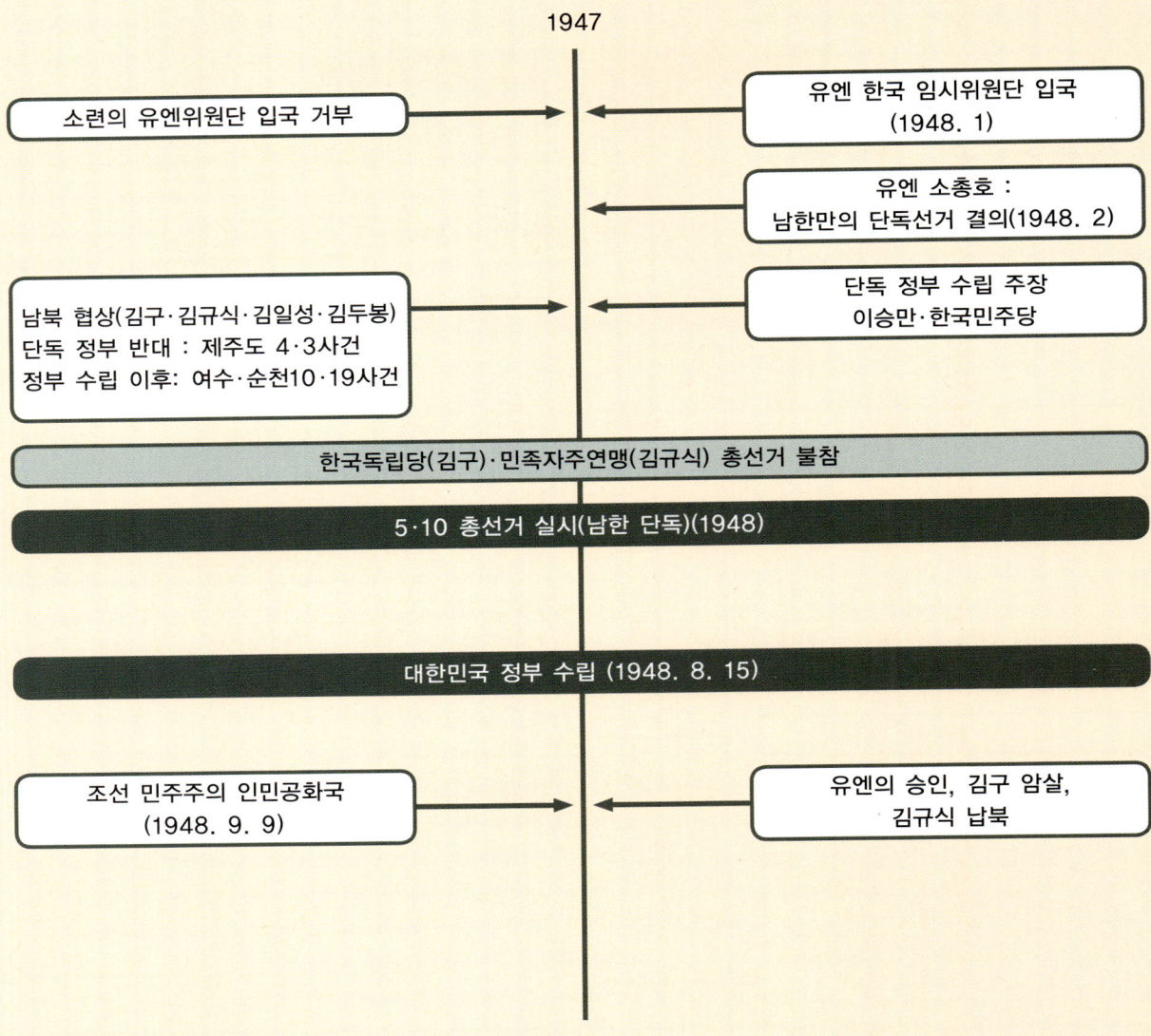

민주주의의 발전, 통일노력, 경제성장

제 1공화국 : 대통령제(이승만), 임기 4년

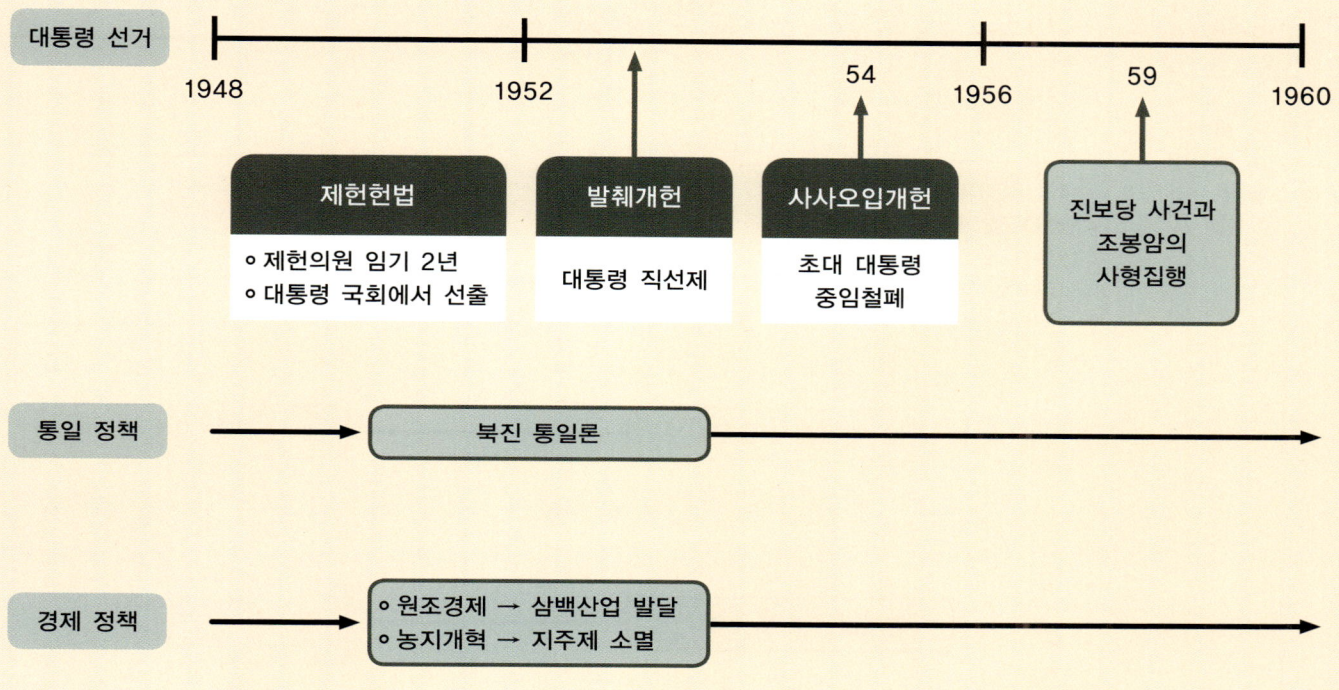

민주주의의 발전, 통일노력, 경제성장

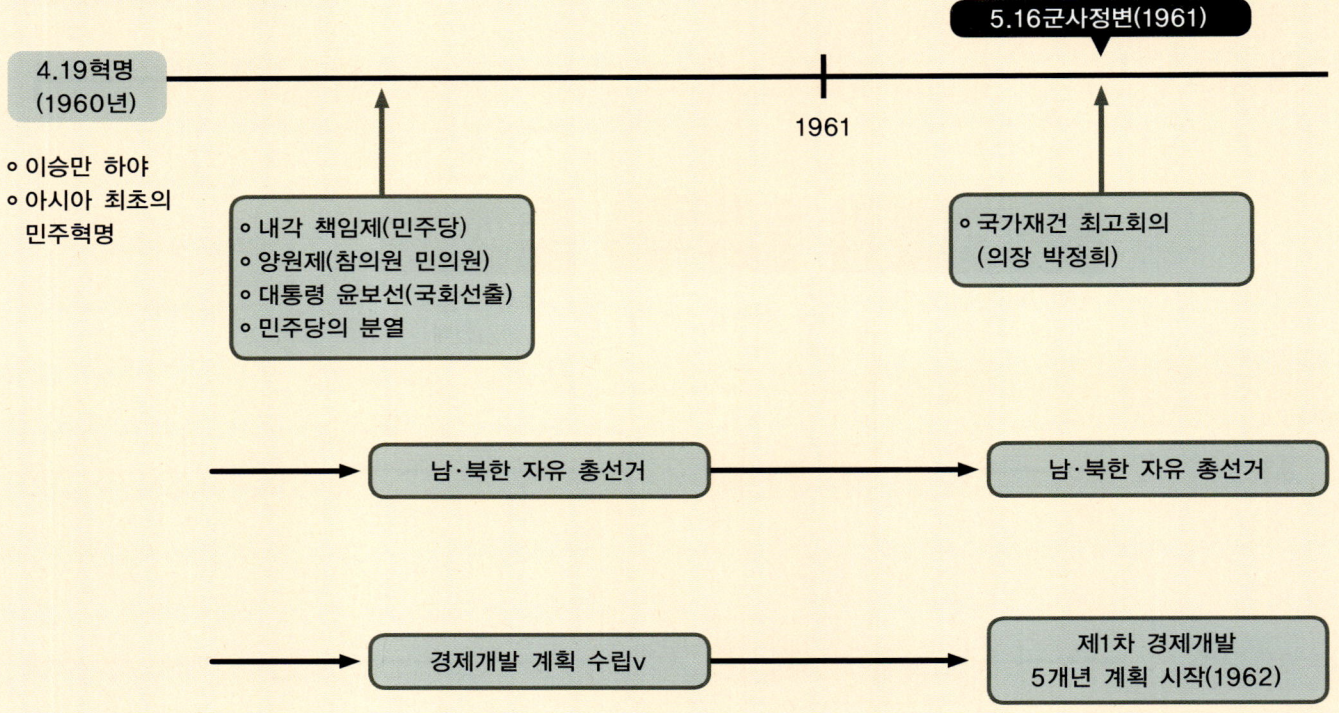

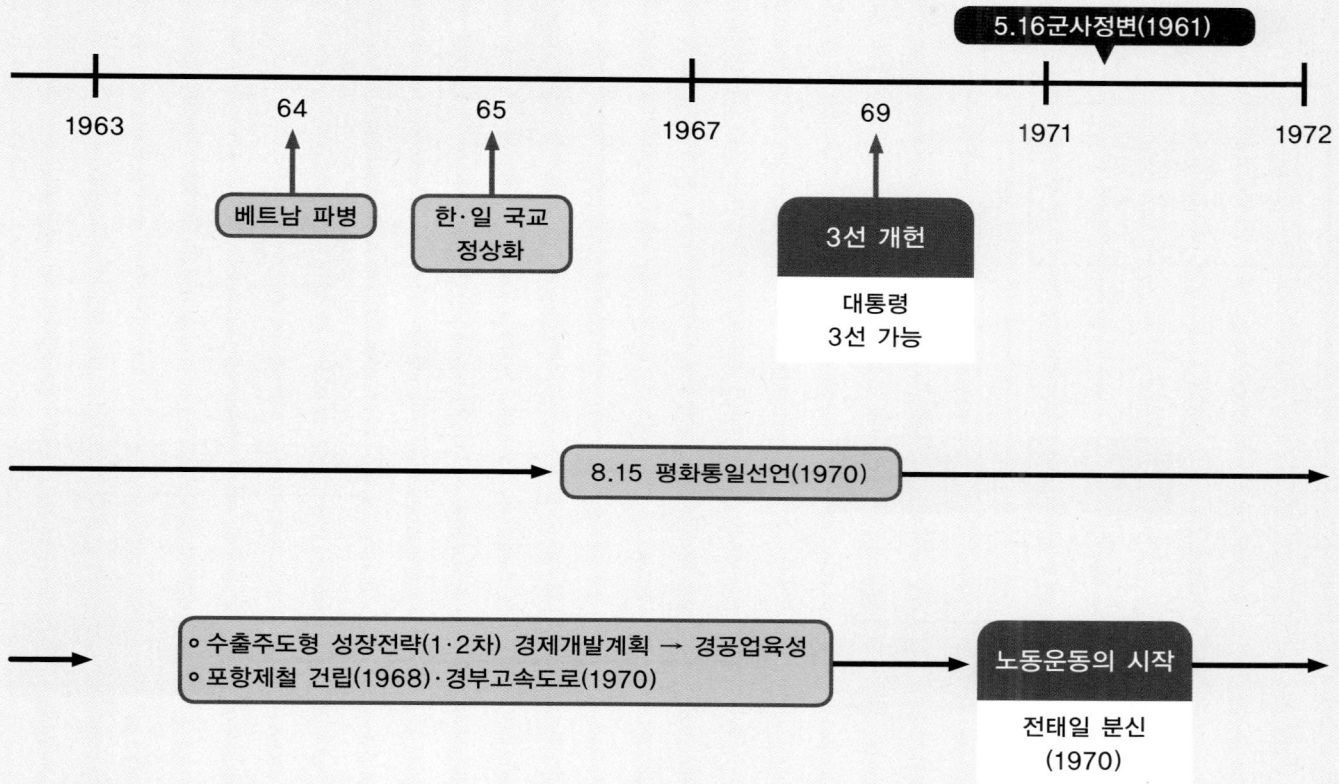

민주주의의 발전, 통일노력, 경제성장

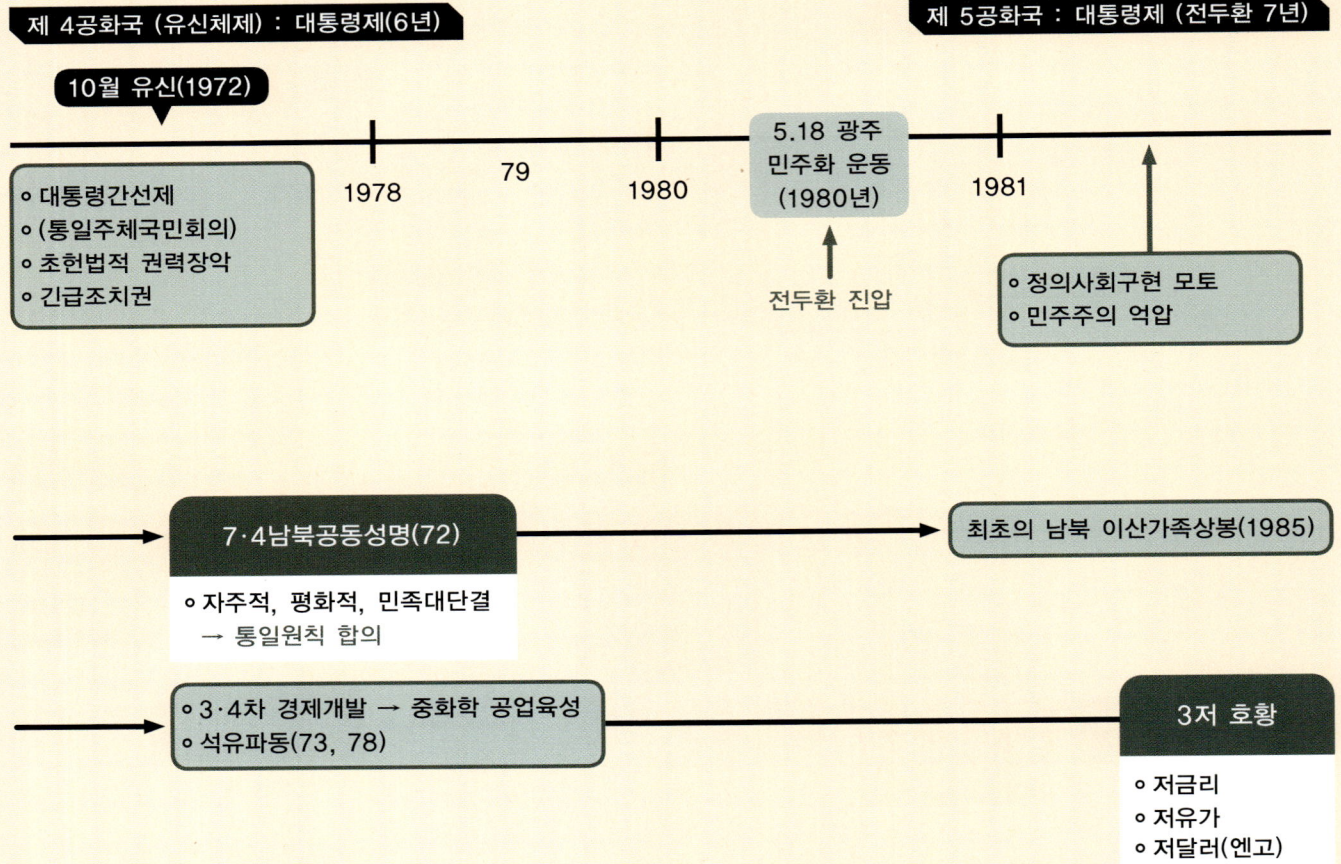

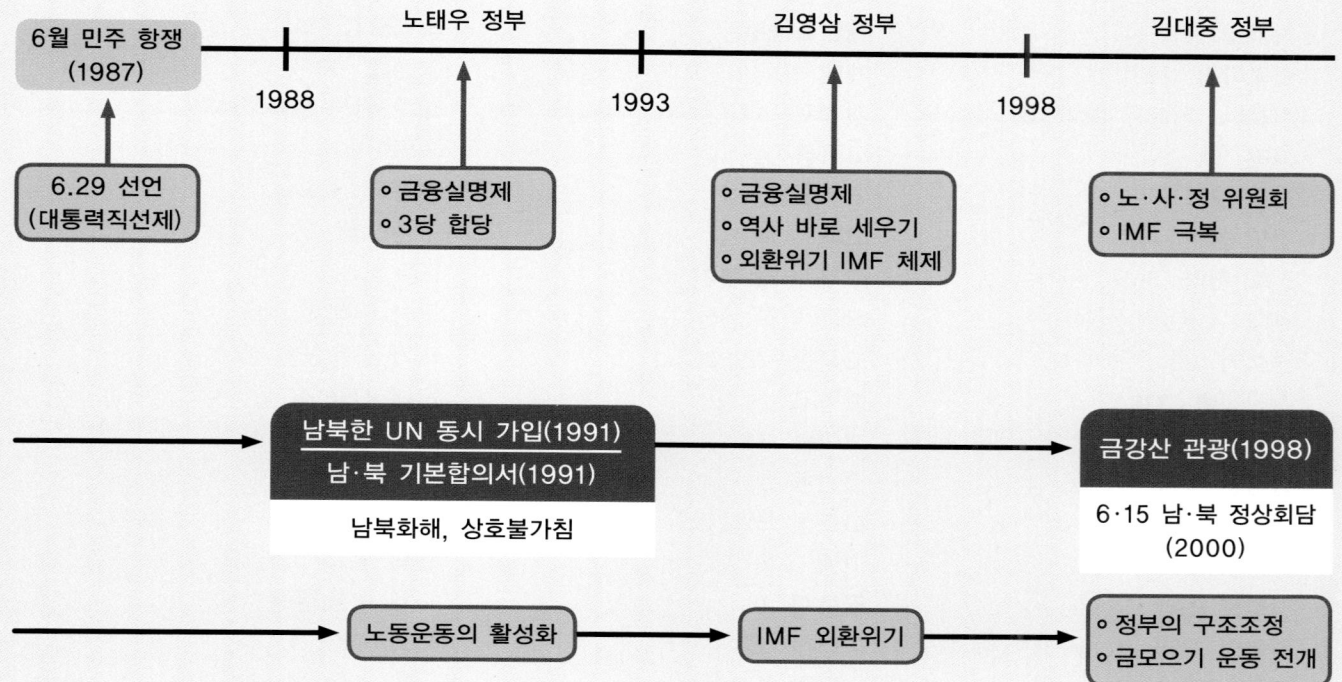

찾아보기

[ㄱ]

가갸날 452
가락바퀴 29
가쓰라·태프트 밀약 396
가야 64
간도 271
간도 참변 425
간도 협약 361
간디 415
간석기 28
갑신정변 338
갑오개혁 348
강감찬 136
강수 65
강홍립 225
강화도 조약 326
강희안 255
개성 공단 487
개시 284
개화파 330
거류지 무역 375
거문도 사건 341
거북선 223
거친무늬 거울 32
검모잠 71
견종법 311
견훤 84
결사 운동 181
경국대전 200
경당 52
경부고속도로 495
경부선 376
경연 177

경원선 376
경인선 376
경제 개발 5개년 계획 478
서방 선진국 경제 개발 협력 기구 (OECD) 486
경종 134
계림도독부 71
계백 67
계절제 45
고구려 41
고국천왕 48
고려 130
고부 농민 봉기 343
고분 벽화 96
고사관수도 255
고연무 71
고이왕 55
고인돌 31
고조선 37
고종 146
골품제 98
공명첩 224
공민왕 139
공음전 141
공인 274
공장안 164
과거제 130
과전법 158
과하마 43
관료전 74
관민 공동회 354
관수관급제 204
관찰사 140
광개토 대왕 49
광무개혁 357
광성보 325
광업령 401
광제원 383

광종 133
광주 학생 항일 운동 436
광해군 219
교관겸수 181
교린 정책 220
교육입국 조서 389
교정도감 145
교정청 348
교조 신원 운동 343
교종 107
교통국 416
구본신참 357
9주 5소경 79
국가 주석제 488
국가 총동원법 408
국내 진공 작전 433
국민대표회의 417
국자감 175
국제 연맹 416
국제 연합 17
국채 보상 운동 379
국학 73
국회 프락치 사건 473
군국기무처 348
군장 35
군정청 467
궁예 86
권문세족 163
권업회 412
규장각 267
균역법 275
근초고왕 48
금강산 관광 490
금관가야 64
금난전권 234
금수회의록 392
금양잡록 252
금융 실명제 486

급진 개화파 331
기인 제도 80
김구 420
김규식 390
김대문 103
김대중 480
김부식 17
김사미 147
김영삼 486
김옥균 330
김원봉 410
김유신 62
김육 219
김윤식 330
김윤후 151
김일성 487
김정일 488
김정호 306
김정희 314
김조순 219
김종직 203
김좌진 410
김주열 476
김헌창 82
김홍도 235
김홍집 327
김흠돌의 난 73

[ㄴ]

나선 정벌 226
나라 40
나운규 458
나진·선봉 경제 특구 487
나혜석 458
낙랑군 40
난징 조약 322
남면 북양 408
남북 정상 회담 486
남북 협상 468
남한 대토벌 작전 369
내물왕 60
내선일체 407
냉전 체제 480
널무덤 31
네루 415
노리사치계 58
노무현 486
노비안검법 133
노비종모법
녹봉 136
녹읍 75
농사직설 252
농지 개혁 494
농촌 진흥 운동 409

[ㄷ]

다루가치 152
다포 양식 188
단군 37
단발령 336
단종 202
담징 71
당백전 323
당항성 62
대공황 406
대동법 219
대동여지도 306
대성학교 373
대조선국민군단 411
대조영 75
대종교 371
대한광복회 410
대한자강회 372
대한제국 357
대한 협회 372
대한 광복군 정부 369
대한독립군단 425
대한매일신보 453
대한민국 건국 강령 419
대한민국 임시 정부 410
대한인 국민회 412
덕대 281
도고 283
도방 145
도병마사 66
도요토미 히데요시 223
도조법 277
도침 71
도쿠가와 이에야스 272
독도 272
독립 공채 417
독립문 353
독립신문 353
독립의군부 410
독립 협회 353
독무덤 31
독서삼품과 82
동경대전 294
동도 서기론 331
동맹 42
동명왕편 178
동문학 389
동북공정 75
동시전 88
동양척식주식회사 378
동예 43
동의보감 225
동학 271

동학 농민 운동 342
뗀석기 25

[ㄹ]

러·일 전쟁 224
레닌 435

[ㅁ]

마립간 59
마한 43
막집 23
만달인 25
만민 공동회 354
만보산 사건 427
만적 147
만주 19
만주 사변 361
망이·망소이 146
메가타 377
메이지 유신 322
명도전 33
명동학교 411
모내기 163
모스크바 3국 외상 회의 466
목지국 44
몽골 121
몽유도원도 255
묘청 144
무구정광대다라니경 114
무령왕 58
무령왕릉 58
무신 정변 146

무왕 70
문맹 퇴치 운동 444
문무왕 73
문벌 귀족 142
문왕 77
문익점 154
문화 통치 404
물산 장려 운동 406
미륵 신앙 106
미쓰야 협정 426
민립 대학 설립 운동 443
민며느리제 43
민무늬 토기 28
민영환 363
민정 문서 90
민족 말살 정책 407
민족 유일당 운동 418
민족 자결주의 413
민족혁명당 422
민주노총 496
민청학련 사건 482
민화 315

[ㅂ]

바위그림 36
박영효 330
박은식 37
박제가 267
박종철 고문치사 사건 484
박혁거세 59
반계수록 265
반달돌칼 31
반량전 33
반민족 행위 특별 조사 위원회 472

반어피 43
발췌 개헌안 475
발해 75
발해고 75
발해관 94
방곡령 379
방납 231
방정환 440
배재학당 354
배중손 152
백남운 455
백두산정계비 271
백서 사건 293
105인 사건 374
백운동서원 242
백자 255
백제 54
백제 금동 대향로 114
법흥왕 61
베트남 파병 479
변한 43
별기군 333
별무반 150
병인박해 324
병인양요 324
보부상 339
보빙사 328
보안법 388
보안회 372
보우 183
보천보 전투 429
복신 71
봉사 10조 148
봉수제 209
봉오동 전투 415
부여 40
부천 경찰서 성고문 사건 484
북벌 운동 225

북학론 226
북학파 271
분청사기 317
불국사 121
붕당 212
브나로드 운동 444
브라운 각서 479
비류국 49
비변사 66
비파형 동검 32
빗살무늬 토기 28

[ㅅ]

사간원 205
사로국 59
사림 212
사립학교령 390
사문난적 297
사민 정책 221
사사오입 개헌 475
사신도 111
사심관 제도 131
사이토 총독 405
4·19 혁명 475
사정부 62
사찰령 451
사창제 204
사화 213
사회주의 헌법 487
사회 진화론 371
산림 219
산미 증식 계획 406
살수 대첩 69
3경 140
삼국 간섭 350

삼국사기 17
삼국유사 37
삼로 43
삼림령 401
삼백 산업 493
삼별초 152
3부 통합 운동 426
삼사 134
3사 176
3선 개헌 480
삼심제 136
3·1 운동 410
3저 호황 483
삼정의 문란 312
삼정이정청 271
삼청 교육대 483
38도선 463
삼한 43
상수리 제도 80
상평통보 264
상평창 172
상품 작물 278
상피제 204
상회사 374
새마을 운동 481
서당 443
서로 군정서 424
서방 145
서얼 236
서옥제 42
서울 진공 작전 369
서울의 봄 482
서원 242
서재필 334
서전서숙 411
서학 192
서희 149
석굴암 113

선교일치 182
선대제 279
선덕여왕 62
선무군관 275
선왕 77
선조 224
선종 136
설총 85
성균관 205
성리학 154
성왕 58
성종 134
세계무역기구(WTO) 486
세도 정치 270
세속 5계 62
세조 202
세종 201
세형 동검 34
소도 44
소손녕 149
소수림왕 51
소청 운동 287
속오군 262
속오법 262
손기정 451
손병희 345
솔거 노비 170
솟대 44
송시열 219
수릿날 44
수신사 327
숙종 143
순수비 62
순장 40
스에키 65
스티븐스 366
슴베찌르개 25
시모노세키 조약 351

시비법 89
10월 유신 480
시전 159
시전 상인 234
시중 79
시지 161
식목도감 134
식민 사관 452
식읍 87
신간회 431
신돈 156
신돌석 368
신라 59
신라원 92
신량역천 208
신문왕 73
신문지법 388
신미양요 324
신민부 425
신민회 373
신사임당 254
신여성 441
신유박해 270
신윤복 313
신재효 312
신지 43
신진 사대부 148
신채호 390
신탁 통치 466
신한촌 374
신해통공 235
신향 290
신흥무관학교 371
신흥 무인 세력 158
실력 양성 운동 371
실사구시 299
실학 299
심훈 458

14개조 개혁 정강 338
13부 79
12·12 사태 483
12목 134
10·26 사태
11월 혁명 482
쓰시마 섬 222

[ㅇ]

아관 파천 253
아미타 신앙 108
아악 193
아직기 56
아편 전쟁 322
안견 255
안동도호부 71
안용복 264
안익태 458
안정복 18
안중근 366
안창호 373
안핵사 259
안향 154
암태도 소작 쟁의 446
암행어사 291
애국 계몽 운동 297
양무운동 330
양반 133
양직공도 58
어사대 139
어업령 401
어재연 325
여수·순천 10·19 사건 472
여운형 390
연개소문 54

연등회 132
연맹 왕국 40
연산군 216
연통제 417
영·일 동맹 363
영고 41
영남 만인소 332
영사 재판권 326
영정법 226
영조 265
예송 219
오경박사 101
5군영 261
5·4 운동 415
오산학교 373
5·10 총선거 469
5·16 군사 정변 478
5·18 민주화 운동 482
오페르트 325
옥저 43
온건 개화파 331
온조 54
왕건 130
왕도 정치 201
왕사 제도 180
왕오천축국전 109
왜구 60
외거 노비 163
외국어학교 관제 349
외규장각 324
외환 위기 486
용담유사 294
우경 61
우산국 61
운요호 사건 326
움집 28
웅진도독부 70
원납전 323

원산 총파업 439
원효 107
위만 39
위정척사 운동 334
위화도 회군 158
윌슨 413
유관순 414
유교 구신론 393
유득공 75
유신 헌법 481
6월 민주 항쟁 484
유인석 335
유향소 131
유형원 265
유훈 통치 488
6조 직계제 200
6·10 만세 운동 436
육영 공원 328
육의전 234
6·29 민주화 선언 485
6·25 전쟁 473
윤관 141
윤동주 457
윤봉길 373
윤선도 220
윤심덕 458
윤작법 163
율령 48
을미사변 351
을미의병 351
을사 5적 363
을사의병 368
을사조약 368
읍군 43
읍차 43
의림지 44
의민단 456
의상 73

의열단 390
의자왕 70
의정부 서사제 201
의창 201
의천 136
이괄 216
이광수 330
이규보 148
이기붕 475
이동휘 369
이명박 324
이방원 198
이병도 455
이봉창 420
이사금 59
이산가족 481
이색 156
이성계 155
이순신 223
이승만 353
이승훈 371
이승휴 39
21개조 요구
이양선 322
이육사 422
이의방 145
이이 231
이익 232
이인영 369
이인직 386
이자겸 142
이조 전랑 206
이중섭 458
이차돈 61
이토 히로부미 338
2·8 독립선언 413
이한열 484
이화 학당 390

이황 214
인내천 294
인조반정 297
일본군 위안부 408
일연 39
임술 농민 봉기 295
임신서기석 101
임오군란 331
임진왜란 223

[ㅈ]

자유시 참변 425
잔무늬 거울 34
잔반 277
잔석기 27
장면 내각 477
장보고 83
장수왕 115
장안 82
장영실 250
장용영 267
장인환 366
장제스 422
전두환 482
전명운 366
전민변정도감 156
전봉준 343
전시과 제도 161
전주 화약 344
전지 57
전태일 496
절영도 조차 요구 354
정감록 292
정도전 156
정동행성 153

정몽주 156
정묘호란 226
정미 7조약 365
정미의병 368
정선 313
정신학교 390
정약용 37
정여립 모반 사건 219
정우회 선언 439
정유재란 223
정의부 425
정조 266
정족산성 324
정중부 145
정철 219
정한론 326
정혜공주 묘지 104
정효공주 묘지 104
제가회의 68
제국주의 322
제너럴셔먼호 사건 322
제물포 조약 337
제승방략 체제 262
제암리 교회 학살 사건 414
제왕운기 39
제2차 미·소 공동 위원회 468
제1차 국공 합작 438
제1차 한일 협약 359
제정일치 38
제주 4·3 사건 471
제천 행사 41
조·일 수호 조규 326
조광조 212
조만식 443
조·미 수호 통상 조약 327
조사시찰단 334
조선 196
조선 건국 동맹 462

조선농민총동맹 445
조선 농지령 409
조선 독립 동맹 462
조선인민공화국 463
조선의용대 431
조선총독부 379
조선 혁명 선언 421
조선사편수회 452
조선어연구회 452
조선어학회 453
조선책략 327
조선혁명군 427
조위총 146
조창 160
조·청상민수륙무역장정 337
조보 244
족외혼 30
종두법 310
좌우 합작 운동 467
좌평 67
주먹도끼 22
주몽 41
주시경 371
주심포 양식 188
주자가례 201
주자감 79
주전론 227
주체 사상 487
중·일 전쟁 408
중립 외교 224
중립화론 341
중서문하성 137
중앙 집권 국가 48
중종반정 215
중추원 354
G20 324
지눌 181
지방자치제 485

지증왕 61
지청천 411
직선제 개헌 475
직전법 202
진경산수화 313
진관 체제 202
진대법 50
진덕여왕 63
진보당 사건 476
진성여왕 84
진한 43
집강소 344
집사부 62
집현전 143
찍개 22

[ㅊ]

참성단 249
참의부 417
책화 43
척준경 143
척화 주전론 334
척화비 325
천군 44
천리마 운동 487
천리장성 69
청·일 전쟁 338
청동기 19
청산리 대첩 424
청자 191
청해진 83
청화 백자 317
초계문신제 267
최남선 371
최승로 132

최시형 294
최영 155
최우 181
최익현 323
최제우 342
최충 136
최충헌 145
최치원 64
최혜국 대우 327
추사체 315
치안 유지법 435
치외 법권 326
친명배금 정책
7·4 남북 공동 성명 489
칠정산 250
칠지도 56
침류왕 57

[ㅋ]

카이로 회담 464
쿠빌라이 153

[ㅌ]

타조법 277
탁지아문 349
탈춤 256
탕평책 261
태조 199
태종 200
태종 무열왕 73
태평양 전쟁 408
태학 51

태형 388
택리지 218
텐진 조약 338
토막민 406
토월회 458
토지 조사 사업 359
통감부 361
통리기무아문 333
통상 수교 거부 정책 324
통신사 224

[ㅍ]

파리 강화 회의 415
판소리 312
8월 종파 사건 487
팔관회 62
페리제독 322
포츠담 회담 464
포츠머스 조약 396
풍수지리설 111

[ㅎ]

하쿠호 문화 127
한·일 의정서 358
한국광복군 417
한국 국민당 431
한국독립군 427
한국독립당 431
한글 소설 311
한성사범학교 389
한성사범학교 관제 349
한성 조약 338

한성순보 380
한용운 393
한인애국단 419
한·일 협정 479
한호 256
협작 회사 경영법 487
해동성국 77
햇볕 정책 486
향·부곡·소 140
향교 143
향도 171
향약 215
허균 225
허난설헌 254
헌의 6조 354
헌정연구회 371
헤이그 특사 364
현량과 214
협동농장 487
형평 운동 441
혜심 182
혜초 109
호남선 401
호부 79
호우명 그릇 60
호족 84
호패법 200
호포제 323
홍경래의 난 271
홍난파 456
홍대용 298
홍문관 203
홍범 14조 349
홍범도 369
화랑도 453
화백 회의 66
화성 267
화엄종 107

화쟁 사상 109
화폐 정리 사업 377
환구단 357
활구 166
황국 신민 서사 407
황국 협회 355
황성신문 361
회사령 401
효심 147
후고구려 86
후백제 86
후시 284
훈련도감 308
훈민정음 201
훈요 10조 132
흉노 50
흑치상지 71
흥선 대원군 204

단비 한국사능력검정시험 심화·이론

2022년 11월 18일 초판 1쇄 인쇄 | 2022년 11월 25일 초판 1쇄 발행

대표 저자 정한진 | **발행인** 장진혁 | **발행처** ㈜형설이엠제이
주소 서울시 마포구 월드컵북로 402 KGIT 상암센터 1212호 | **전화** (070) 4896-6052~3
등록 제2014-000262호 | **홈페이지** www.emj.co.kr | **e-mail** emj@emj.co.kr
공급 형설출판사

정가 28,000원

ⓒ 2022 정한진 All Rights Reserved.

ISBN 979-11-91950-29-8 13370

* 본 도서는 저자와의 협의에 따라 인지는 붙이지 않습니다.
* 본 도서는 저작권법에 의해 보호를 받는 저작물이므로 동영상 제작 및 무단전재와 복제를 금합니다.
* 본 도서의 출판권은 ㈜형설이엠제이에 있으며, 사전 승인 없이 문서의 전체 또는 일부만을 발췌/인용하여 사용하거나 배포할 수 없습니다.

한국사능력검정시험